POLITICAL SCIENCE RESEARCH METHODS

FIFTH EDITION

政治科学研究方法

第五版

[美] 珍妮特·巴托尔夫·约翰逊（Janet Buttolph Johnson）
H. T. 雷诺兹（H. T. Reynolds） 著
燕继荣 李风华 王 清 张 宁 杨晓曦 译

中国人民大学出版社
·北京·

前　言

《政治科学研究方法（第五版）》继续秉持在以前的版本中主导我们的三个基本目标。第一个目标是，说明研究过程的一些重要方面，并运用书中所描述的各种方法阐明政治学家如何形成有关重大政治现象的相应知识。为此，我们再次以政治科学的几个案例研究为开始，这些案例来自该学科的不同领域，针对的是政治研究中的一些核心问题和争论。不过，在本版修订中，我们增加了一些新的研究案例——有关收入再分配问题、谁会投票而谁又不会投票，以及有关参战问题的民意测验方面的案例——同时修改了有关消极的选战（negative campaigning）对于投票人影响的案例。

为了实现另外两个目标，我们也做了相应修改：为读者提供了一些必要的工具，以引导他们形成自己的经验研究方案，并能对别人的研究做出评价，帮助学生运用适当的数学背景知识来理解社会科学研究中的统计计算问题。我们修改了有关政治学家所用方法的讨论，并将之列入正式的模式构建部分。我们扩充了有关互联网资源的讨论，也进一步澄清了有关生态学推论的一些讨论。我们简化或删除了有关学生在一般的研究中不太可能使用或在已经出版的研究成果中不太常见的一些方法和技术的冗长讨论。最后，我们修正了方程式和科学符号中的一些错误，这些错误是由我们的父母记录下来的，为此该感谢他们。希望这个修订版本能够继续满足我们的本科生和研究生在这一领域从事其研究的需求。

这本书是用来说明一项研究如何起始于某些想法——我们把这些想法称为假设（hypotheses）——又怎样遵循一系列的逻辑步骤。第1章介绍了几个研究案例，这些案例贯穿于我们在后几章有关研究过程的讨论之中。我们选择这些案例作为本书的骨架，是要展现政治学科内部研究主题所涉及的广泛领域：美国政治、公共行政（public administration）、法院、国际关系、比较政治和公共政策。我们在书中经常提到这些案例，以便说明各种问题、选择和决定，以及政治学家在从事研究时所面临的典型障碍。我们想要展示一项研究在产生过程中“幕后”（behind the scenes）所发生的事情，而这样做的最佳方式就是查阅第一手资料。我们认为这种研究方法多年来为许多成功的著述所证实，其优势就在于，它能帮助学生在研究内容与研究方法之间建立联系。这些案例显示了研究方法与统计内容（statistical topics）的关联性，并使之变得更加直接。第2章考察了科学研究的定义以及经验性政治科学的发展。我们也讨论了理论在研究过程中的作用，并对现代政治科学中的一些争论作了综述。

为了对资料的运用更加逻辑流畅，我们改变了某些话题的讨论顺序。现在，第3章讲述研究设计（research design），并告诫读者在实施研究方案之前应该做好某些重要决定。这一章更加集中地讨论了因果推理的必要条件，并说明在研究设计中的各种选择如何影响我们进行如此推论的能力。我们希望第3章能够帮助学生更好地掌握双变量（bivariate）和多变量（multivariate）分析的一些根本问题。我们还为该章增加了讨论正式建模（modeling）和模拟的内容。第4章用来探讨形成分析的种种概念（concepts）、假设（hypotheses）、变量（variables）、单位（units）以及社会理论和各种假设之间的关系。在介绍研究过程的一些构成要素之后，我们在第5章中转而讨论如何进行文献综述（literature review）。我们认为，学生一旦形成了开展某一研究课题（research proposition）的初步想法，他们应该学会如何查找资料，以便选择和完善研究主题，并对与该主题相关的文献进行调研。在第6章中，我们讨论了有关概念测量（measurement of concepts）的问题，包括：对抽象的政治现象进行概念化处理并予以测量所面临的挑战、测量的信度和效度（measurement reliability and validity）、测量的层级（levels of measurement）以及测量的精确性（measurement precision）。

第7～10章讨论数据收集的问题，同时，特别强调了研究方法的重要性，这些研究方法是政治学家经常使用的，也是学生们在主持或评价一项经验研究时非常管用的。我们讨论了道德性研究（ethical research）的各种原则和人文学科审查委员会（human subjects review boards）的角色，并对与数据收集方法相关的各种道德问题予以关注。我们检测了第7章中的观察（报告）以及第8章中的资料分析（document analysis）和汇总数据的使用。响应读者和评论家们的建议，我们把有关建模问题的讨论挪到第9章，以便这种讨论能被安排在包括精英访谈（elite interviewing）在内的专门论述调查研究（survey research）问题的章节（第10章）之前。在第8章和第10章中，我们使用了最新的基于网络的综合统计资源以及调查的问题和数据。

第11～13章聚焦于数据分析：我们应当如何解释数据并展现给他人？所有这三章都包含了最新的案例和讨论，并且补充了大量的计算和丰富的图表，以说明各种数据分析技术。我们还加强了对于一些重要检测方法（tests）的讨论。第 13 章包括了一些逻辑回归（logistic regression）的材料，逻辑回归被认为是社会研究中日益重要的新型的统计工具。总之，我们力图给读者提供简要的理论说明，尽可能避免叙述过于详尽而让人晕头转向。对于任何一个具有高中代数理解力的人来说，本书的内容依然是简单易懂的。我们的目的一如既往，就是要为这些有时令人发怵的话题提供一种直观的理解，既不曲解概念，也不误导读者。

最后，在第 14 章中，我们提供了一份研究报告，使用了一篇已经发表的期刊论文，该论文考察了可以用来解释女性在各州立法机关人数增长及变化的各种理论。我们强烈建议，布置研究论文的教师应该让自己的学生参考本章案例，并模仿它来进行自己的写作。

本书继续保持了第四版的特色，采用有效提示框给学生一些非常实用的点拨。这些提示框便于学生查找和复习。书的各章都附有建议阅读书目和术语介绍。

本书第五版的最大变化也许在于，它通过加入大量最新习题，创制了一种练习手册（work-book）①。我们认为，这种形式是对以前版本练习部分的重大改进。练习手册的每一章都简要复习该章文本部分所涉及的概念。同时，我们还配备了 CD-ROM，为练习手册提供相应的数据集。这些数据集也可以被指导教师用来创制新的习题和考试题目。教师可以根据需要在数据集上附加内容，也可以让学生去做这件事情作为他们研究设计的一个部分。提供参考答案的练习手册对于采用本书的教师开展课堂教学也会大有帮助。本书的网址（http://psrm.cqpress.com）通过适时更新将有助于学习各章内容的相关站点链接起来，也实现了网站与各类有助于研究者开展工作的站点、丰富的数据资源以及有关研究方法的最新消息的链接。

在即将结束的时候，我们愿意对统计软件发表一点意见。教师们在使用程度上一直存有分歧。一种意见认为，计算机应该成为介绍性研究课程的内容，而另一种意见则认为，计算机不过是某些特别项目的特殊要求。我们相信，许多学科的研究人员都依附于诸如 SPSS 之类的整套程序，而另一些人宁愿学生采用更多的手工研究途径，使用诸如 R 这样的“环境”（environment）软件，这种软件提供了分步控制、交互式数据分析、丰富的图形计算和各种模拟工具以及常见的统计程序。对此，我们不发表任何看法。我们有时确实会明确提到 SPSS，但那并不是因为我们推荐它或认可它，而仅仅是因为它在我们所力求拓展的介绍性课程中被广泛采用。同时，我们一直努力保持我们的讨论和对于“结果”的描述能够全面适用于几乎每一种系统（system）。对于我们当中一些依然看重最基本的手工计算价值的人来说，我们继续提供计算公式和一些有益的提示。

致　谢

我们将衷心感谢帮助我们形成这一新的版本的评论家们：堪萨斯大学（Universi-

① 中文译本未附。——译者注

ty of Kansas）的保罗·约翰逊（Paul Johnson），克拉克大学（Clark University）的莎伦·克雷菲兹（Sharon Krefetz），密苏里大学圣路易斯分校（University of Missouri St. Louis）的布赖恩·马歇尔（Bryan Marshall），得克萨斯农工大学（Texas A&M University）的克里斯托弗·斯普雷彻（Christopher Sprecher）。我们还要感谢加利福尼亚大学戴维斯分校（University of California Davis）的杰夫·吉尔（Jeff Gill），他不仅为我们审查了以前版本的原文，而且还完成了本版文稿的技术编辑。每一位评论家都为第五版的产生提供了比以往更大的帮助，对此我们感激不尽。

我们也衷心感谢为本版作出贡献的几位工作人员：CQ出版社（CQ Press）的编辑埃莉斯·弗雷泽（Elise Frasier），技术编辑乔安妮·安斯沃思（Joanne Ainsworth），制作编辑克里·克恩（Kerry Kern）以及同样参与制作的贝琳达·乔西（Belinda Josey）。我们也要感谢我们的排版员吉姆·泰勒（Jim Taylor）和勒罗伊·斯泰里沃尔特（Leroy Stirewalt）。像我们这样一本内容广泛的书，总需要有许多双眼睛盯着。很高兴，我们得到了如此多的关注。

珍妮特·巴托尔夫·约翰逊（Janet Buttolph Johnson）

H. T. 雷诺兹（H. T. Reynolds）

目 录

第 1 章

导 论

获取有关各种重要政治现象的知识并理解这些政治现象是政治学家的兴趣所在。例如，我们当中有些人关注于能够导致免除民众骚乱、暴动或政府镇压的稳定安全的政权制度（political regimes）的诸种条件；有些人则关心民族（nations）之间的关系及其交互作用，一些民族如何对另一些民族实施权力。有的政治学家对于民主国家平民与政府官员的关系更感兴趣，特别关心民意能否影响政府官员的政策决定。而另外一些政治学家则关心特定的政治制度会如何运行，他们研究这样一些问题：议会确实是在为有组织的集团而不是为普通民众谋取利益吗？司法决议到底是依赖于个体判断所体现的个人价值，还是司法团体的有组织活动？或者依赖于诉讼人的相关能力？美国总统究竟能在多大程度上影响各联邦局成员的行为？利用非营利性服务组织（nonprofit service organizations）来提供公共服务能够改变政府对于这些事务的控制和责任吗？政党会加强或阻碍民主进程吗？国家的政策输出在多大程度上会发生变化？为什么会发生变化？

本书介绍了**经验研究**（empirical research）——基于对现象的实际的和“客观的”观察——的过程和方法，目的在于获取有关政治现象的科学知识（scientific knowledge）。科学知识——它将在第 2 章中得到更加详细的阐释——不同于其他类型的知识，如直觉的知识、常识、迷信或神秘知识。构成其不同的一个重要方面根源于科学知识的获取方式。在从事经验研究的时候，研究者遵循明确定义的原则去搜集、分析和评价信息。所以，简言之，**政治科学**（political science）就是应用这些原则对现实中具有政治属性的各种现象所进行的研究。

为什么学生们应该学习了解政治学家如何开展经验研究？有两个原因。第一，当代美国社会的公民被要求对有关政治现象的经验研究做出评价。例如，有关死刑的争论通常以它能否对犯罪行为产生有效的威慑为焦点，而有关条款限制的争论所关心的问题则是这样的限制是否有助于提高官员的选举竞争力。同样，要对当前东欧、南亚、中美洲和南非的发展状况做出评价，就需要理解民主制度和信念发展中竞选的作用、表达的权利、宗教宽容以及私人财产所有权等问题。在这些案例以及其他的案例中，富有思想和热心的公民会发现，他们必须首先对政治（以及其他社会）科学家的各种理论和研究是否精确恰当做出评估。

第二，学生们自己也经常需要掌握一些科学知识，不管是为了完成有关美国政府的介绍性课程的学期论文，或者是为了高级研修班的研究设计，还是为了完成经验研究方法课程所要求的一系列作业。一般来说，熟知经验研究的各种方法是开展这些有益工作的先决条件。

学生们常常对于学习经验研究方法感到发怵。他们有时候不喜欢这种形式的科学研究，因为它涉及数字和统计。虽然说要真正理解和明白一项研究就必须具备基本的统计学知识，并懂得运用统计学知识来分析和报告研究中的发现，但是，我们在这里所描述的经验研究过程却是一种首要的也是最重要的思维方式和严格的推理法则。只有在学生对科学研究的思维过程有了一定理解之后，统计学才会被推荐给他们，而且会采用一种让任何熟悉基本代数的学生都能明白的非专业方式。

学生们有时还会为选择一门社会科学研究方法的课程而担心，因为他们认为这种课程与他们所修的其他政治学课程没有关联。但是，整体地看，社会科学研究方法类课程通常包含许多概念，对于这些概念的理解与学生消化和评价其他课程中的知识并形成自己的知识密切相关。理解了科学研究的过程，学生就可以开始更加独立地思考其他课程和读物所提到的概念和理论。例如，可能有学生就会说："在一定的条件下，那可能是正确的，但在以下条件下，我相信它不再正确了。"或者会说："如果这个理论是对的，我认为应该能够得出以下结论。"也许还会说："在我接受那种解释之前，我愿意补充一些新的信息。"学生如果能够明白支持其想法所需要的信息以及需要观察的现象之间的关系，那么，他们就更有希望深化其对于所修科目的理解。

研究者从事经验研究的主要原因有两个：一是为了积累用来解决某一特定问题或用于改善某种条件所需要的知识。例如，研究犯罪的原因有助于降低犯罪率，研究贫困的原因有助于政府制定成功的收入保障制度和社会福利政策。这样的研究通常被称为**应用研究**（applied research），因为它可以被直接和即时地应用于现实世界。

研究者从事经验研究也是为了满足其对于某一问题的好奇心，他们也不一定在意这种研究是否能够带来政府政策或个人行为的变化。比如，许多政治学家研究选民决策过程，并不是因为他们要为政治候选人提供什么特别的建议，而是因为他们想要知道选举是否给平民提供了影响官员行为的手段。这种研究有时候被称为**纯粹的**（pure）、**理论的**（theoretical）或**兴趣性（消遣性）的研究**（recreational research），因为它并不关心现实的应用。[1]

政治学家通常会在其著作中或者在发表于政治学学术刊物的文章中报告他们的研究结果（第5章将讨论如何从这些杂志上查找学术论文）。学术期刊上发表的研究成果特别包含了能够支持其结论的数据和信息。这些研究成果经受了同行的评论，那是论文在发表之前需经其他学者对研究结论是否成立做出评价的程序。在有些情况下，政治学研究和分析的问题也会出现在拥有广泛读者的报纸与杂志上。这种对大众公开的研究项目也采用了政治学经验研究的方法和技术。

我们在本章中将叙述几个政治学的研究计划，这些计划被设计用来形成有关重大政治现象的科学知识。我们让这些案例贯穿全书，用以说明研究过程的各方面情况。现在，我们把这些案例详细地展现出来，为的是让您更加容易理解以后的讨论。我们并不期待您在此时就能精通所有细节，只是希望您在阅读这些案例的时候能够始终记得，引用这些案例的目的在于展现各种实际研究的课题和调查方法。这些案例也显示了有关研究过程各个方面的决定如何影响着就研究对象所形成的结论。它们反映了政治学家希望通过他人的研究来获取知识，努力对政治行为和过程做出更加完善的解释。

一、政治中的输者与赢者

60多年前，哈罗德·拉斯韦尔（Harold Lasswell）出版了《政治：谁得到什么、什么时候和如何得到》一书。[2]从那时到现在，政治学家一直喜欢这个书名，因为它十分简洁地表达了这样一个重要的真理：政治是有关输赢的较量。没有任何一个政治体系可以让所有的人得到所有的东西，即便是最完善的民主政体也不例外。一项政策对某些人有利，必然对另外一些人不利。这种观察如此重要，乃至表明政治科学的主要任务就在于准确地揭示哪些个体或团体在政治斗争中获利最大，为什么其能够获利最大。

正如人们所认为的那样，对于政治的不同结果，人们努力从不同的角度予以解释。一种解释途径被称为"权力资源理论"（power resources theory）。该理论断言，任何一个社会阶层或阶级，之所以能够获胜，主要取决于其政治资源，而不是取决于其诉求的合法性或公务员的公平办事。根据这种观点，民主政治体系可以被看作人们为了物质的和象征性的利益而展开斗争的舞台。不管在什么问题上，最具力量的"团队"，也就是说，在组织技术和规模方面最具优势的一方，最容易获取专门技术和财富，他们的日子也会比那些力量较弱的人过得好。这个赛场的建立方式——政府的结构——之所以能够发挥作用，是因为它偏向一方而不偏向另一方。但是，决定最终结果的确实是参赛者的力量对比。[3]这种观点既是乐观的也是悲观的，因为它坚持认为，尽管"平均"意义上说公民可以参与政策制定，但实际上，除了工会（labor unions）一类的强有力的组织成员之外，他们很少参与政策制定。

其他一些社会科学家则反对这一理论，因为这种理论把政治家和官僚或多或少地看作一个被动地依照某一方的命令去做事的旁观者。所以，另一个学派，通常被称作国家中心论（state-centered theory）或制度主义（institutionalism）理论认为，即使是民主政府的官员（他们通常被称为国家经理人），也有其自身的利益，他们经常对政治体系之外的人施加影响。国家远不仅仅提供了一个舞台，它本身就该被看作为政治得失而斗争的几个参与者之一（一种团队）。[4]

可能有人会提出，人们就“谁得到什么”这一问题还给出了许多其他的答案，那么，哪种理论才算是正确的呢？鉴于这一问题意义重大，所以，自然会有大量的研究和思考加入这种争论当中。然而，对这些争论做出评判并不是本书的目的。我们的目的只是要说明人们在研究问题时所使用的各种方法。

一种常见的有效的研究途径是，先对每一种理论做出预先判断，然后再从中找到支持一方观点而削弱其他方观点的信息或“数据”。这种研究假定，从某种意义上说，由经验证实的（empirically confirmed）命题所支持的理论是最好的。这种研究的一个非常有趣的案例是由戴维·布拉德利（David Bradley）和他的合作者提供的，他们撰写的题为“后工业民主国家的分配和再分配”（Distribution and Redistribution in Postindustrial Democracies）[5]一文描述了其所开展的工作。他们的论文清楚地显示了研究过程的各个步骤，因此，被我们用来作为本书案例的一个来源。

在提出如何解释政治输出这个问题——用作者的话说就是，什么决定了“分配和再分配的过程”——之后，他们进行了全面的文献综述。有关文献综述的话题我们将在第 5 章中展开讨论。依据这些背景知识，他们提出了可以得到经验验证的一系列假设（hypotheses）或命题（statements）。比如，权力资源理论认为，能够通过诸如选举一类的民主手段控制一届政府的集团或阶级可以为自己赢得切实利益。更准确地说，代表工人和工会利益的政党如果可以主导政府的立法和行政机关，那么，它们就能够制定有利于下层阶级的经济和就业政策。相反，如果下层阶级贫穷且组织脆弱，而代表社会经济上层群体利益的政党掌权，那么，政府政策就会倾向于商业阶层和富裕阶级。因为工人阶级政党通常被称为“左派”或甚至是社会主义者，所以，检验权力资源理论的一个有效方法就是看左翼控制政府的程度与分配和再分配结果是否有关。

在界定所谓因变量（dependent variable）（参见第 4 章）的基础上，布拉德利和他的同事用公式表示了他们的分析。他们把其中的一种变量称为“税前的和转移的不平等”（pre-tax and transfer inequality）。它通过税前或政府转移支付项目实施之前家庭收入分配的平等程度来衡量。[这一变量的数字显示就是基尼系数（gini coefficient）。该数值在 0 和 1 之间变动。如果一国所有家庭的收入完全相同，那么，就不存在不平等问题，此时基尼系数显示为 0；如果一个家庭拥有所有收入而其他家庭收入为 0，那么，基尼系数显示为 1，那就意味着完全的不平等。] 由于定义表示数值接近 1 意味着不平等，而数值接近 0 意味着平等，所以，这一指标为比较一国收入分配状况提供了一种系统的定量方法。他们所提供的另一个因变量是政府税收后或转移支付后不平等的缩小程度（百分比）。[6]因为这个变量也提供了准确的数量指标，所以它也可以被用来进行经验性的预测。他们所谓的解释性变量或自变量（independent variables）包括衡量左翼政党（left-wing parties）控制政府的各种指标。（不同变量之间的差异以及在形成假设过程中各种变量的综合使用将在第4章中详加讨论。）

布拉德利小组项目研究背后的观点是，如果权力资源理论成立，而且如果一个国家中下层阶级或工人阶级能够通过左翼政党动员起来并控制政府足够长久，那么由于政府的作为，该国的不平等差距将会大大地缩小。相反，如果左翼政党的力量受到国家经理人（state managers）的制衡，那么，政府的党派特性与不平等差距的缩小之间便少有或没有关联。当然，除了政治体系的特性之外，还有其他无数的要素影响着收入分配。所以，要充分地分析这些理论，研究者还需要测量和控制其他一些变量，如该国在全球经济体系中的地位、女性参与劳动力市场的水平，以及工业化的发展程度。

有关这些因变量，即解释性变量和控制变量的数据来自十几个工业化民主国家，如美国、澳大利亚、加拿大和许多欧洲国家，并经过了被称为回归分析（regression analysis）的统计技术处理（参见第12章）。这种技术允许研究者在其他要素不变的情况下，考察两个变量之间是否相关和有多大的关联性。

这种分析结论大力支持了作者的重要假设。他们推论认为，“综合起来看，我们的研究结果是对权力资源理论的有力支持”[7]。他们发现，不平等差距的缩小与处于从属地位的阶级动员和支持左翼政府的能力之间有着“极大的相关性”（strong relationship）。例如，在美国，左翼政党或自由主义政党民主党（Democratic Party）在政府中至多也不过是微弱多数，所以，可以料想的是，与左翼政党强大的瑞典和挪威这样的国家相比，它的不平等差距便不会有明显缩小。

从另一个角度看，这一研究结果会让人感到更加有趣：在最近的50年中，美国社会下层阶级不参与选举政治的可能性在不断增加。这也就意味着，贫穷的、熟练的和非熟练的工人以及其他社会成员不能被左翼政党动员起来在政治舞台上争取自身的利益。如果这样，布拉德利及其同事的研究所给出的结论是，这些群体在政治过程（political process）中所得利益要小于其他国家的类似群体。政治学家本杰明·佩奇（Benjamin Page）几年前也有过同样的预见。他首先断言，“由于缺乏能够吸引人们关注分配问题并动员贫困的工人阶级参与政治的左翼工会或社会主义政党，美国在企业和职业团体影响政策方面或许是与众不同的”[8]。因而，对他来说，毫不奇怪的是，“美国的税收对于收入再分配贡献甚微，或者根本没有作用”，“尽管占据了政府预算的一大部分，社会福利（social welfare）的再分配效果之微令人惊奇”[9]。

引用以上案例的要旨并不在于说明特殊的意识形态或政党的价值，而在于强调，一些重大问题——如，什么问题会比知道谁从政治体系中获得什么更加关键？——经过慎重思考和分析，可以得到系统和客观的回答，即使这种努力还只是试探性的。此外，我们也希望通过展示说明，这些讨论所使用的技术其实并没有超出一个社会科学的学生的理解范围。

二、谁会去投票，谁不会去投票?

前面的研究案例说明了团体权力（group power）对于政治输赢的重要意义。政治参与（political participation）是一个主要因素：那些在政治上能够发出声音的人的确要比那些默默无闻的人“混得好”。那么，人们自然会提出一个问题：为什么一些人会比另一些人参与更多?

考察投票决定（the decision to vote）是如何做出的不失为探寻问题答案的一个很好起点。除下面我们将简要说明的新研究成果外，大多数政治学家就美国的选举投票问题接受两种一般性概括。一是，投票行为依社会经济阶层（social economic class）的不同而有所改变。下层阶级的成员通常比相对富裕和接受过良好教育的公民参与得要少。简言之，公民参与率呈现明显的“阶层差距”（class gap）[10]。二是，从 20 世纪 50 年代开始，参加投票的人越来越少。投票率一直持续下降，直到 2000 年总统选举，刚好超过一半的符合条件的公民去参加了投票。在最近的议会选举或“非大选年”（off-year）的选举以及在南部地区的选举中，投票率甚至更低。

政治学家沃尔特·迪安·伯纳姆（Walter Dean Burnham）将这些发现与众所周知的所谓“特定阶层的遣散”（selective class demobilization）① 争论结合了起来。[11] 简单地说，伯纳姆的论题是，参与人数的下降在下层工人阶级以及所受教育少、收入低、工作不熟练、从事日常服务和非技术性职业的人群中尤其明显。而处于上层阶级的人群，其投票率在最近 50 年中可以说变化甚微。用他的话说，“工人阶级群体的参与减少率是上层职业化和技术性群体的参与减少率的三倍，从总体上看超出中层阶级两倍”[12]。换句话说，上层阶级每有一个不投票者（nonvoter），下层阶级就会有 2～3 个不投票者。对于伯纳姆和其他学者来说，事情似乎是这样的，下层阶级正在显著地抛弃选举政治（electoral politics）。结果，与有关政治输赢的研究结论相一致，政治回报愈加有利于中上层阶级。

依据现代政治科学传统，伯纳姆运用有力的经验数据——可以测量不同社会阶层参与率的数据——来支持他的案例。（他依靠人口普查数据，运用图形和图表的展现方式来说明他的观点。）但是，更加重要的是，他提供了一种理论来解释这种显然的选择性遣散现象。他的论点是，美国的政党从来就不是很强大，而且，在二战以后的这些年里，由于许多因素的影响，包括以候选人为中心的竞选（candidate-centered campaigns）的兴起，以及政党提名过程中初选（primary elections）程序的广泛采纳，已经变得更加虚弱。政党组织的不断弱化特别明显地表现在民主党身

---

① 我们将“selective class demobilization”译成“特定阶层的遣散”，这里的“遣散”（demobilization）可以被视为“动员”（mobilization）的反义词。根据作者的意思，本来左翼政党可以用来对下层民众进行社会动员，即将下层民众组织起来为了统一的目标而行动。但是，由于左翼政党的衰落，下层民众不能实现有效的社会动员，因而也不可能组织起影响政府决策的有效行动。这就意味着下层阶级被“遣散”了。——译者注

上。[13]政党的衰退特别加重了下层工人阶级的负担。为什么？因为这些下层人群所受教育不高，所拥有的政府信息也很少，他们的行为更多地依赖于政党的提示和诱导。没有这种引导，这部分公民在政治上就失去了方向，通常会放弃政治。[14]

所以，特定阶层遣散的原因在于政党的衰落，其结果则是政治影响的丧失。如果这的确存在，那么，伯纳姆的分析完全可以用来理解美国政治。坦率地说，公共政策将带有上层阶级的偏好。伯纳姆的论文所激发的值得思考的意见和争论，很自然地成为颇有刺激性的事实，它表明了科学研究的一个重要方面。

正如下一章讨论所指出的，科学要求对每一个发现进行独立的证明。诸如伯纳姆所得出的种种结论之所以被接受，不仅要看它的表面价值，而且必须要得到其他独立研究的证明。既然如此，另外的研究便产生了混合的结果。一些研究人员赞同伯纳姆的观点，认为参加选举的人数下降不成比例地集中于社会经济的下层阶级当中。[15]但是，也有其他研究人员，利用其他的阶级测量标准和其他数据，得出了不同的结论。例如，简・E・莱利（Jan E. Leighley）和乔纳森・纳格勒（Jonathan Nagler）就发现，“1964 年以来，（因弃权而形成的）阶级偏好并没有增加”[16]。

事情还在进一步复杂化。一些最新的研究甚至导出这样的问题：从总体上看，投票人对投票本身的基本信心也在下降。这些最新的研究认为，选举参与率在表面上的降低取决于如何测量投票人群。我们将在第 6 章中讨论测量方法如何影响最终的结论。眼下，说明投票率一般通过实际投票人数除以合格投票者人数来测量就够了。这种程序看起来简单明了，但也引发了问题。到底应该如何界定合格的投票人口？人口普查局（The Census Bureau）使用所谓的投票人口（voting as population，VAP）来衡量合格选民。但是，正如迈克尔・P・麦克唐纳（Michael P. McDonald）和塞缪尔・L・波普金（Samuel L. Popkin）所认为的，这种方法实际上“将不合格的投票人，如非公民、重罪犯、智障人士以及居住在海外不能投票但从其他方面看却合格的（美国人）包括其中”[17]。他们发展了一种测量合格投票人可供选择的方法，运用这种方法来计算投票率时，“自 1972 年以来，从全国和非南方地区来看，并不存在任何可以确认的投票率趋势，但从南方地区来看，却存在明显的日益增长的投票率趋势”[18]。

最后，在投票参与率的研究中还有另外一种奇特的手法。一些研究者通过建立“形式化的模型”（formal models）来研究政治现象。尽管我们会在第 3 章中专门讨论这种研究方法，但在这里需要说明的是，建模者从一系列推理的假定和命题（a priori assumptions and propositions）出发，运用逻辑推理得出进一步的观点。从这点来看，研究结论的正确性完全依赖于逻辑，并不需要经验证明。但是，这些结论有时候被转化为一些操作性的术语（operational terms），并且得到来自抽样调查（sample survey）和其他资料的检验。

在投票者投票率研究中，模型化研究方法首先假设所有公民都是“理性的”（rational），他们努力以最小的付出获取最大的效用（他们认为有价值的事情）。所以，一个可能的投票人会考虑前往投票站所得到的个人利益，同时衡量这样做所付出的代价（例如，要花时间去了解信息、进行选民登记、找到并驾车前往投票站）。令人惊奇的是，许多模型都得出这样的结论：一个理性的人——希望以最小的成本获取最大效用的人——实际上会做出决定认为，投票不值得去尽力，甚至简直就该放弃。[19]因为单独个体的参与极少有可能会影响选举的结果，所以，根据推论，投票所带来的利益很难超过为此所付出的代价，无论如何，收益很低。结果，模型预测得出这样的结论：几乎没有人会去投票。但实际上，数百万美国人又确实去投了票，这似乎与形式化的模型结论相矛盾。这种被称为“投票悖论”（paradox of voting）的状况在最近的 50 多年中引发了大量的讨论和争论。[20]

这里并不是将这些争论拿出来讨论的地方。我们借用有关投票人投票率的种种研究不过是要举例说明研究工作的一些特征，包括既有理论假设的来源、概念的测量、以及判定各种竞争性想法的客观标准。这些问题我们将在以后的章节中做进一步的描述。关键的一点可能在于，通过清晰陈述某人的研究程序，别人可以找到分析思路，对问题展开独立的研究。从这个意义上说，经验型的政治研究也像所有科学研究一样，是一个累积的过程。通常而言，对于诸如投票或不投票这样的复杂现象来说，没有哪个人或哪个研究小组能够找到一种终极的答案。如果他们真想找到答案的话，这个答案可能来自为互相验证彼此不同的主张而展开独立工作的众多研究者所逐步积累形成的种种发现。

三、打压人权

近年来，各国政府的人权实践日益成为公众议论和学术研究的兴趣点。一些组织机构（如国际特赦组织、美国国务院、Freedom House）都出版了有关世界各国人权表现的年度报告。研究人员斯蒂芬·C·波（Stephen C. Poe）和 C·尼尔·泰特（C. Neal Tate）研究了国家恐怖主义（state terrorism），包括侵害个人权利，诸如谋杀、拷打、武力消失和因政治观点而遭到关押等行为的原因。[21]波和泰特寻求解释不同的政府和制度在 80 年代 153 个国家或地区中不同的人权表现。以前有关人权问题的大部分研究在有限的几个国家就某一个方面的实践进行了比较，波和泰特以这些早期研究为基础，考察了特定时间段中选定的国家所发生的变化。

波和泰特认为，以下各项或许可以用来解释国家恐怖主义的种种变异：

● 民主程序和（民主）保护性措施的存在与否。民主程序和保护性措施提出了解决冲突的另外一种方法，也为公民提供了将可能的独裁领袖赶出办公室的手段，所以能够最大限度地减少对于人权的严重威胁。实际上，一些有关人权的定义中包含了需要通过民主程序和保护性措施来保障人权的措辞。（在集中讨论国家强制行为的种种变异的时候，作者确切地指出，他们对民主的衡量标准与对人权问题的衡量标准截然不同。）

● 人口规模和增长。大量的人口会增加政府强制的机会，会造成对于可利用资源的压力。快速的人口增长甚至带来更大的压力。此外，快速的人口增长会提高年龄分组中年轻人口的比例，他们更容易从事犯罪行为，对公共秩序造成威胁。

● 经济发展水平和经济增长。快速的经济增长会在没有得益于新财富积累的阶级内部产生怨恨。这种怨恨会动摇政权，进而引发镇压行为。然而，较高水平的经济发展以较少的镇压行为为结果，因为高度发达的国家一般能够满足其人民的要求。

- 左翼政权的建立。左翼政权不允许反对派进行有效的选举竞争，也不准许将专权领袖免职，预示着具有较高的国家恐怖主义倾向。
- 军人政权的建立。军人政权被认为比其他形式的政权带有更大的强制性，但是，这一假设有待验证，因为一些军人政权声称，它们之所以要夺取政权，是因为以前的政权侵犯了公民权利。
- 英国文化的影响。与英国政治和文化影响相关的殖民联系比与其他殖民影响相关的联系更有利于保护人权。
- 国际的或国内战争的经历。一国具有国际或国内战争的遭遇，影响着该国政府为控制国民而使用武力镇压的行为。

波和泰特发现，建立了民主程序并具有民主保护措施的政府不太容易卷入践踏人权的活动之中。他们还发现，拥有众多人口之国家的政府，要比人口稀少之国家的政府更有可能侵犯人权。然而，就其本身来说，人口增长并不会自行地影响政府的镇压程度。能够发挥作用的既不是英国文化影响的历史，也不是已经建立的军人政权的存在。经济发展对于减少侵权只具有微弱的效果，而左翼政府的影响也不是纯粹的。波和泰特认为，一国具有国际和国内战争的经历，“从统计意义上说，对于该国尊重公民个人权利具有实质性的重大影响……具有内战经历的国家要比参加国际战争的国家对于尊重公民权利具有更大影响”[22]。在拥有民主政府的国度，内战的经历看起来不再容易激发践踏人权的行径。波和泰特得出结论认为，“基本权利因一些行动者（actors）而得以加强，这些行动者鼓励各国在战争之外解决政治冲突，使用在这样做的时候对其有用的任何手段”[23]。

四、探究司法决策

一旦公职人员的决定明确而显著地影响了平民的生活，政治学家就会对形成这种决定所经历的过程产生兴趣。不管公职人员是作为立法者（legislators）或执行官（executives），还是作为法官（judges），事实都是如此。正如一位法律学者在有关司法决策经验研究发展回顾的文章中所指出的，“在我们的宪法安排和政治与社会生活中，法官通常扮演的是评判者的角色，所以，不言自明的是，我们需要更好地理解他们在履行其司法职责期间是如何和为什么决策的”[24]。美国最高法院（Supreme Court）九名法官的决策行为对于研究者来说具有特别的吸引力，因为他们并非选举产生，他们的商讨过程是秘密的，他们终身任职，而且他们的决定对于其他法官和公职人员具有约束力。因此，一段时间以来，政治学家对最高法院如何形成司法决策怀有极大的好奇心。

研究者从几个不同的视角出发来研究司法决策。起初，一些研究着力考察法官的背景（如，他曾经出任过检察官还是辩护律师）以及诸如种族或性别这样的个人属性的影响。这种研究的结论是非常含糊的，很少有证据来支持这些因素的影响力。[25]有一派学者坚持认为，司法决策主要来自法律学说和司法先例。因为最高法院的大多数法官都在下级法院从事过多年的司法实践，而且，一般来说，他们也要尊重以前的法院所做出的司法决策，所以，这种研究方法断定，最高法院的审判取决于对相关司法先例的搜索和发现。

研究司法决策的另一种观点认为，法官也像其他政治家一样，他们做出决策部分的是基于其个人的政治信念和价值观念。另外，因为最高法院的法官不是选举产生的，而且终身任职，他们很少考虑去追求其他职位，也不期望向公众证明自己的决策，所以，他们处在一个理想的位置（ideal position），完全凭借其个人价值体系来行动。[26]

揭示司法过程中的个人态度与法院公布的决定之间的关系所遇到的障碍之一，是很难对司法实践中的个人态度进行检测。最高法院的法官们在工作的时候，通常不会接待研究者的访谈，也不会填写反映个人态度的调查问卷。他们的商讨是秘密进行的，在任期之内也很少在公开场合发表演说，他们撰写的出版物主要由他们做出的审判案例所组成。因此，我们所能观察到的最高法院法官们任职期间的政治态度，仅仅是他们所提供的书面决定，而这些决定又恰恰是研究者要努力予以解释的。一些研究人员还使用了政党和在任总统（appointing president）作为衡量司法态度的指标，但那也远不是什么令人满意的办法。

杰弗里·A·西格尔（Jeffrey A. Segal）和艾伯特·D·科弗（Albert D. Cover）的文章《意识形态价值观和美国最高法院的司法表决》（Ideological Values and the Votes of U. S. Supreme Court Justice）[27]为克服上述难题进行了创新性的尝试。西格尔和科弗认为，衡量法官态度以及他们决策独立性的一种较为合适的办法是，分析法官在总统任命到参议院批准之间美国四大主流日报的专栏对他们的报道。一些研究者坚持认为，这些数据资源独立于已经做出的司法决策，也不存在系统错误（systematic errors），为一切法官个人态度研究提供了一种可以比较的测量方法。不过，在此还需要明确，这些研究者接受这样一种并不完美的方法完全是不得已而为之，因为专栏报道所反映的与其说是法官的态度，不如说是新闻记者对于法官态度的理解。

尽管存在这样的局限性，但是，专栏报道毕竟为衡量 1953 年到 1987 年期间任职的 18 位最高法院法官的个人态度提供了一种独立的考察方法。西格尔和科弗发现，法官在涉及公民自由的案件中所做出的判决与专栏报道所显示的法官的个人态度有着高度的关联。那些在出任最高法院职务之前就被认为是自由主义者的法官，在走上法院岗位之后仍然会根据一贯的主张去投票。因而，法官的态度好像确实是司法决策重要的构成要素。

还有一些人注重研究所谓法律之外（extra-legal）的因素对最高法院法官决策的影响。除意识形态外，还有司法判例之外的因素影响司法决策吗？法官的行为会从战略上强化其威望或影响在场的其他法官和政府其他部门吗？[28]他们会受其他法官和政府行为者的影响吗？来自国会的影响（除从事一般活动外，国会审查通过法律，发起宪法修订）是各种可能的要素之一。[29]总统的影响和民意也被认为是重要的因素。杰夫·耶茨（Jeff Yates）和安德鲁·惠特福德（Andrew Whitford）研究了法治（rule of Law）、法官态度（judicial attitudes）以及法律之外的各种因素的相关影响。[30]耶茨和惠特福德研究了1949—1993年间最高法院对于在涉及总统正式的宪法和法定权力的案件中所作的有利于总统的裁决的解释。在他们之前，曾经有人考察了联邦地方法院对于总统权力的支持。[31]以这些研究为基础，他们提出了自己的研究模型。早先的研究发现，总统的威信（prestige）——通过每三个月一次的盖洛普（Gallup）调查总统平均支持率来衡量——与法官对于任命他们的总统的忠诚度（loyalty），是总统在联邦地方法院判决中获胜的决定性因素。另外一个重要的因素是，涉及总统权力的案件是属于外交或军事事务，还是国内事务。

耶茨和惠特福德界定了可能影响法官决策的六个要素：（1）案件所涉及的政策领域；（2）法官是否得到涉案总统的任命；（3）法官和总统是不是具有同一个政党从属关系；（4）法官所属党派；（5）法官是否在行政部门服务过；（6）总统平均支持率。他们发现，法官在涉及外交或军事事务的案件中要比在涉及国内政策的案件中更有可能支持总统。他们还发现，作为共和党人的法官要比作为民主党人的法官更有可能支持总统。由民主党人出任的法官往往对总统的权力要求持怀疑态度。与早先时候的研究结论相反，总统对法官的任命并不能帮助预测法官表决时的选择。或许，在获得最高法院的位子后，法官便失去了作为一名联邦地方法官可能会关心总统任命的动机。所以，总统任命法官职位对于法官的决策没有什么影响。

耶茨和惠特福德还考察了意识形态的影响。他们使用西格尔和科弗有关意识形态分值和总统任命倾向的测量办法。耶茨和惠特福德假设，一种正向的趋势会影响法官对总统的支持。他们还考察了引发争论的案件类型、法官的行政经验（executive experience）、委任法官的总统、法官与总统的政党从属关系这些要素对法官决策的影响。耶茨和惠特福德运用这6种要素分析方法，能够准确地预测所研究的61.1%的判例中法官的投票决定。在他们的研究中，法官的意识形态、总统任命的倾向性以及案件的类型成为重要的预测性因素。当他们将外交或军事案件与国内政策案件分开来予以分析时，他们发现，他们所界定的这些要素在涉及国内政策的案件中要比在涉及外交或军事事务的案件中具有更好的预测性。这说明，在涉及国内政策的案件中，法律之外的因素（extra-legal factors）对于法官的决定具有更加重要的影响力，而在外交或军事案件中，有关总统在外交政策和军事事务上的权力规则或明确的规范（如法律先例）对于法官的决定更有影响力。然而，无论哪一种情形，意识形态都在法官决策中发挥了重要的作用。

相对于其他主题而言，对法官决策的经验研究是一种新生的由大型数据库的发展所推动的专题研究，这种大型数据库为许多研究者所共享，大大改进了计算机的分析能力，使多重的理论研究视角成为传统案例法研究之外的另一种可供选择的途径。

五、影响官僚机构

对官僚机构实施政治控制（political control）是政治学家们正在讨论和研究的议题。对官僚活动施加政治影响的各种理论不断浮现，将来只能被研究更加多样的各种新式理论取代。这些理论将严格区分政治与行政的两分方法（the politics-administration dichotomy）发展成一种铁三角理论（the iron triangle theory）或俘获理论（capture theory），该理论认为，官僚机关对少数有重要影响的众议院议员所支持的狭小而特殊的利益做出回应，所受总统的影响要相对小得多。一种新近出现的理论——代理理论（agency theory）——认为，总统和众议院各自拥有控制官僚活动的方式。根据这种理论，当行政机关偏离由选举所产生的政治家的政策偏好太远的时候，决策者会利用奖赏和惩罚手段将其拉回来。这些控制机制包括预算编制、政治任命、结构和组织改组、人事权力以及监督。[32]

研究表明，办事机构的输出（outputs）随着政治的变化而变化。新一届总统的产生、法院新的人事任命、国会监督委员会意识形态立场的变化，所有这些因素都影响着办事机构的输出。B·丹·伍德（B. Dan Wood）和理查德·W·沃特曼（Richard W. Waterman）力图对官僚机构的政治控制获得更多的了解。他们广泛研究了不同种类的办事机关，以明确这些办事机关是如何受到控制，并对不同控制机制的相应效果做出评价。[33]他们对于总统和国会究竟哪一个对于官僚机构的输出更有影响效力的问题也表现了很大的兴趣。

伍德和沃特曼选择了七个联邦办事机构，每一个办事机构都代表一种不同组织设计。通过查阅档案文件和对办事机构高层官员的访谈，他们首先确定能够引起官僚机构输出变化的事件。然后，收集办事机构执行过程的一些活动信息，诸如有关诉讼（litigations）、惩罚（sanctions）和行政决定方面的信息。与以往的研究者不同，他们按月或按季度来获取有关输出方面的信息，然后再考察办事机构的输出在政治方面发生变化的情况下是否也发生了相应的变化。伍德和沃特曼找到了证据，证明政治控制确实引起了所有七个办事机构的输出变化。政治任命对于政治控制具有非常重要的作用；机构改组、国会的监督以及预算编制，也是引起办事机构活动变化的重要因素。这些发现表明，官僚机构的输出结果确实是对政治操控行为的反应。因此，伍德和沃特曼认为，对于联邦机构来说政策监控（policy monitoring）应该变成一种常规事务。官僚机构输出方面的信息可以让政治家和行政官员更富有责任心，消息更加灵通，也可以帮助决策过程的所有参与者更好地使用信息。这些信息也有助于学者进一步研究作为公共部门的官僚机构的行为和决策。

六、选战广告对投票者的影响

庞大的金额被竞争政治职位的候选人花在选战广告上。政治学家们很久以来就对选战广告之于投票者的效用怀有极大兴趣。有的人认为，因为公众有能力筛选与其既有看法相冲突的信息，所以选战广告效果甚微。而有人则坚持，选战活动包括广告，激发选民兴趣，会提高选民投票率。新近常规的说法认为，消极的选战广告，特别是电视广告，已经对民主程序构成了伤害：消极的选战广告被认为加剧了政治的犬儒主义（cynicism）倾向，导致选民对选举产生厌恶情绪。这种现象被称为“公民的反动员”（demobilization）。

1994年一项抨击广告行为的研究是由斯蒂芬·D·安瑟拉贝赫尔①（Stephen D. Ansolabehere）、尚托·延加（Shanto Iyengar）、亚当·西蒙（Adam Simon）和尼古拉斯·瓦伦蒂诺（Nicholas Valentino）所提供的。这项研究被普遍认为为反动员理论（the demobilization theory）提供了支持。他们指出，“通常的情况是，候选人主要不是正面地表明自己的观点，而是以反面批评、败坏或贬低对手为能事”。因此，他们提出假说认为，如此选战，与其说在促进投票率，不如说在抑制投票率。[34]

上述研究的研究人员采用了一种可控实验，让可能的选民接受三种广告效果实验：积极的（positive）政治广告、没有政治广告和消极的（negative）政治广告。在考察了可能影响个人投票意图的其他要素之后，安瑟拉贝赫尔和他的同事们发现，接受消极广告的影响让选民的投票意图降低了5个百分点。

这些研究人员承认，“实验结果”——广告影响人们行为的程度——与现实效果可能并不完全等同。因此，他们还设计了一套测量实际选战中消极广告效果的计划。他们对1992年举行参议院选举的34个州的选战基调（the tone of campaigns）作了测量，统计了每个州参议院竞选的投票率（turnout rate）和弃权率（roll-off rate）。弃权率通过积极参加总统选举投票而不参加参议院竞选投票的人数来衡量。他们发现，无论是投票率还是弃权率，都受实际选战基调的影响；公民投票率在选战基调积极（positive campaign tone）的州要比基调消极的州高4个百分点；那些实施消极选战广告的州的弃权率较高，弃权率相差为2.4个百分点。这一结果印证并显示了这样的结论：选战广告实际上可能会降低投票率。

安瑟拉贝赫尔和他的同事们认为，1960年以来总统选举和中期选举投票率下降的部分原因可以归结为全国选战中消极选情的不断升级。他们还提出了非常有趣的问题：候选人是不是应该“不受限制地使用可能会降低投票率的广告手段”，“在公共财政所支持的总统选举中，候选人将公共资金用在可能会对投票造成损害的行为上是不是合理”[35]。

后来的研究者们从不同的途径出发开展多种研究以验证这一发现。例如，金·弗里德金·卡恩（Kim Fridkin Kahn）和帕特里克·J·肯尼（Patrick J. Kenney）利用来自1990年全国选举研究参议院选举研究（the 1990 National Election Studies Senate Election Study）的调查反馈来“探究选战一般趋向和投票倾向的关系”[36]。他们以候选人竞选的电视广告和参议院选举的各州拥有最大发行量的报纸文章为例来判断选情。他们还联系了竞选管理人员（campaign managers），要求他们描述竞选过程中

① 哈佛大学政治学博士，麻省理工学院政治学教授。——译者注

政敌之间诽谤中伤的程度（the level of mudslinging）。卡恩和肯尼还引入一些可能影响个人投票倾向的要素，诸如参议院选举的封闭性（the closeness of Senate election），本州近期其他选举的特点，以及一些个人特性，包括个人对主要政党的从属关系。他们发现，消极的选战信息对个人投票倾向并没有产生相同的效果；各种选战消息和媒体有关候选人的批评性报道与投票人较高的投票率有一定的联系。然而，他们的资料确实显示，政敌之间的中伤诽谤对投票率存在负面影响。卡恩和肯尼得出的结论是：

> 对于消极选情的回应取决于政治倾向（political predisposition）。明确地说，竞选基调（campaign tone）更多地对无党派人士（即不太关心政治、也很少了解政治的人们）产生影响。合理的批评意见大量出现在新闻媒体上的时候，这批人会更倾向于参加选举。中伤诽谤的宣传也会对他们产生相反的作用。当选战中的花言巧语超出了文明和恰当的范围，他们可能会选择放弃政治过程。[37]

在另一项研究中，马丁·P·瓦滕伯格（Martin P. Wattenberg）和克雷格·伦纳德·布赖恩斯（Craig Leonard Brians）研究了这样的观点："大多数广告的意图是通过关注某一候选人能够处理而其对手却软弱无力的问题来改变人们的投票行为的。"[38]他们运用调查以及 1992 年和 1996 年美国总统选举的选民投票数据，根据受访人回忆当初所看广告的情况，将其划分为消极广告受众、积极广告受众和无广告影响者，然后再比较其投票率。瓦滕伯格和布赖恩斯发现，消极广告并没有降低投票率。实际上，对于被认为不太可能去投票的人群（如年轻人或没有受过高等教育的人）来说，那些记得看过广告（不管是消极广告还是积极广告）的人群，其投票率要比不记得看过任何广告的人群来说要高。那些被预期拥有较高投票率的人群，广告记忆对他们的投票率只产生轻微的影响。考虑到与投票有关的各种因素后，他们发现，对于消极政治广告的记忆在 1992 年的选举中与较高的投票率明显相关。而在 1996 年的选举中，广告记忆，无论是消极广告还是积极广告，对于投票率都没有影响。他们还得出结论认为，消极广告并没有对人的政治效能感（sense of political efficacy）产生抑制效应。他们建议，安瑟拉贝赫尔及其同事的实验性发现在现实选举中并不成立。尽管那些实验性的发现得到了他们对 1992 年参议院竞选投票统计数据所作分析的支持。瓦滕伯格和布赖恩斯也质疑这些发现，并指出，安瑟拉贝赫尔及其同事所使用的选举数据与联邦选举委员会（Federal Election Commission, FEC）发布的有关 1992 年选举的官方反馈数据不一致。

正如本章稍早时候所言，政治科学是一种交互的或累积的活动。因此，安瑟拉贝赫尔及其同事回应瓦滕伯格和布赖恩斯的研究指出，有关选民记忆的调查数据难以做到准确：用"记忆"来衡量实际的曝光状况，说明那些去参加投票可能是因为记得看过一则政治广告的人群，这本来就不是一个好办法。[39]他们分析了瓦滕伯格和布赖恩斯不曾分析过的 1992 年和 1996 年选举的调查数据，并用数据来测量不同的参议院选举中的广告量，指出，情绪高涨的选战有着不成比例的更多的消极的广告。他们还指出，选战基调（the tone of campaigns）随着选举的深入而变得更加消极。因此，选举早期的调查对象要比选举晚期的受访者较少受到消极选战的影响。他们的分析表明，在广告频繁的州和选战的后期阶段，人们对于消极的广告的记忆相当深刻；在具有更多电视广告的州和选战的后期阶段，人们的投票意向较低。他们由此得出结论，调查数据显示，消极广告对于投票率有着消极影响。他们还使用FEC公布的官方数据（以前他们使用的数据直接来自每个州的选举官员）重复了他们的分析，得出结论认为，积极选战的投票率要比消极选战的投票率平均高出约5个百分点。

最后，我们还应该指出，其他政治学家一直在积极探究一个重要的相关问题：攻击性广告管用吗？有关这一话题的一项分析的作者们得出结论认为，就统计学的意义而言，消极的广告并没有表明比积极的政治广告更加有效，但其结果在一些选战中可能“具有政治意义或者甚至具有决定意义”[40]。只要作为以往智慧的攻击性广告的作用依然存在，竞选经理人和候选人是不大可能放弃它们的。

在第3章，我们将讨论研究“设计”的一些方法，以考察广告对政治行为的效果。现在，我们只要谨记，这个问题一定还会继续引起研究者的关注，并将表明政治学经验研究是如此复杂和令人激动。[41]

七、公众对美国外交参与的支持

最近的事件，如科索沃、利比里亚、阿富汗和伊拉克战争，凸显了研究与公众支持美国外交参与，尤其是军事介入有关的各要素的相关性，显示了美国公众在何种程度上可以评判总统在外交政策问题上的表现。让我们看看这样的两个研究事例。

在一篇题为《国内成本、美国公众和孤立主义演算》的文章中，米罗斯拉夫·宁西科（Miroslav Nincic）检验了美国公众的两种孤立主义模型。[42]“松紧带”模型（the“elastic band”model）假定，美国公众基本上对外交事务不感兴趣，不愿意从事外部参与活动，除非“松紧带”延伸触及重大的外交事件。“国内成本”模型（the“domestic costs”model）假定，公众对参与的支持相对稳定，其波动与公众对国际参与所造成的国内机会成本的理解有关。

积极参与世界事务与远离世界事务，哪一种选择对国家的未来会更好？这是1945年以来民意调查者测量孤立主义时一再使用的问题。宁西科利用这个问题的回答结果指出，国际主义的支持率一直保持在60%以上，直到苏联解体后的最初几年从未曾有明显下降，这与冷战最激烈时期的支持水平相似。[43]此外，赞同美国在国际事务中扮演积极角色的受访者发生变化的只有大约10个百分点。所有这些观察数据并没有支持孤立主义的“松紧带”模型，国际主义似乎倒像是常规而不是例外。

无论如何，对美国在外交事务中扮演积极角色的支持变化确实提出了一个问题，即为什么公众的态度会出现波动？一种20世纪60年代以前不曾提出的有关对外参与的调查版本探讨了这一问题并进一步支持了“国内成本”模型。这个版本的调查要求受访者在集中精力解决国内问题和在世界事务中扮演积极角色之间做出明确的选择。由于调查要求提供受访者信息，所以，宁西科能够看出支持积极参与世界事务者的受教育水平（他们毕业于哪个学院、哪所中学）。他发现，受教育多的人对参与世界事务有更大的承诺。他还发现，有“三组人群”对于国际参与的态度大概互相关联。[44]

宁西科探讨了国际态度在何种程度上随着国内失业率、通货膨胀率、总统对世界事务的重视程度（根据总统年度国情咨文重点阐述对外目标来衡量）的变化而变化。他发现，这三个因素的变化在国际主义支持变化中占46%。其中，失业率变化的影响最大，两倍于通货膨胀率的影响。总统对国际主义的重视对公众态度影响不大。

宁西科随后重复这一分析，分别考察了不同教育分组的状况。他发现，受过大学教育的人，其态度受通货膨胀率的影响特别明显，受教育较少的人对国际主义的支持更多地受失业率的影响，所受教育最少的人更多地受到总统国情咨文所提及的外交政策的影响。宁西科得出结论认为，“总统很可能在经济上升时期而不是在经济衰退时期寻求积极外交政策的更多支持”[45]。

另一个研究小组专门研究美国人是如何决定美国是否应该在海外使用武力的问题。在《大众决定去打仗》(Mass Public Decisions to Go to War) 一文中，理查德·K·赫尔曼（Richard K. Herrmann)、菲利普·E·泰特洛克（Philip E. Tetlock）和彭妮·S·维瑟（Penny S. Visser）考察了个人性格和外交政策情境特点对于个人支持战争决定的作用。[46]作者所谓的“个人性格”，指的是个人属于国际主义者还是孤立主义者，他倾向于用哪种方法来界定美国海外利益（用军事的和武断的方法，还是和平的和合作的方法)，以及他的意识形态特点（保守主义的还是自由主义的)。他们所考察的外交政策的三种情境特征是：(1) 美国之于对手的相对权力；(2) 所理解的对手的目的及与美国利益的关系；(3) 对手的政治文化。

为了检测上述个人性格与政策情境因素对于发动战争意愿的影响，研究人员在一项全国性的调查中，设计了众多的实验条件，向受访者系统地提出了不同假设特征的战略情境。他们的研究发现不胜枚举，在此难以充分讨论，但我们可以做出简短总结，以说明其研究所考虑的因素的范围以及与研究目前事件的相关性。他们的研究结果表明，受访者在以下情境中更可能支持使用武力：牵涉美国利益；攻击者被视为强大或拥有核能力；发生无端攻击；受害者是一个先进的民主国家，而不是一个落后的独裁国家；冲突是由入侵而不是内战所造成。

赫尔曼、泰特洛克和维瑟还发现，政策情境因素与美国外交参与的个人倾向性相互影响，其中一些研究结果见图1—1。

三个部分的数字演示了条形图的使用方法（第11章会讨论)，并说明如何用适当的图形显示传达数据信息。第一张图显示，如果牵涉美国的利益，受访者的孤立主义倾向对使用武力的意愿影响不大，但是，如果与美国利益无关，使用武力的意愿则随着受访者孤立主义倾向的增强而降低。第二张图显示，军事自信的态度和使用武力意愿的关系受攻击国家的身份影响。如果攻击者的身份类似伊朗这样的国家，使用武力

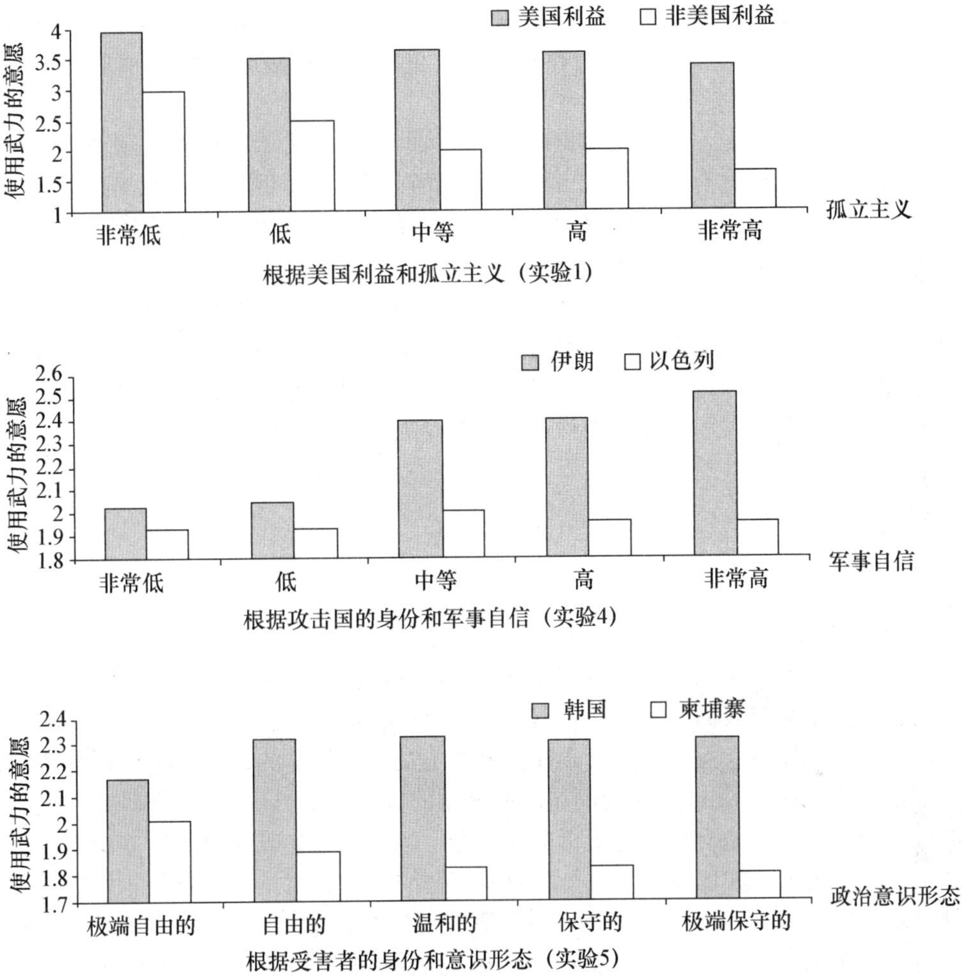

图 1—1　使用武力的意愿

资料来源：Richard K. Herrmann，Philip E. Tetlock，and Penny S. Visser，“Mass Public Decisions to Go to War：A Cognitive-interactionist Framework”，*American Political Science Review*93：3（September 1999）：563，565. Repinted with permission of Cambridge University Press。

的意愿与军事自信度高度关联；如果攻击者的身份类似以色列这样的国家，使用武力的意愿则与军事自信度没有关联。最后一张图显示，当受害者是韩国（被认为与美国利益攸关）这样的国家时，受访者的意识形态与使用武力的意愿无关；相比之下，当柬埔寨这样的国家是受害者的时候，使用武力的意愿随着保守主义倾向的增强而降低。

像宁西科认为教育会影响个人意见一样，赫尔曼、泰特洛克和维瑟也觉得，对于世界事务的认识，会影响人们对情境因素的反应，也会影响个人性格与情境因素之间的相互作用，所以，他们的研究还包括如何衡量受访者的知识水平。他们发现，“有知识的受访者，不管其世界观如何，往往对情境因素能够做出积极反应……通常情况下，知识较少的受访者对情境因素少有系统反应，其态度更多地受个人性格影响”[47]。“我们的研究结果还表明，情境特性（the nature of the situation）也会像一些基本原则问题一样，很可能成为在有知识的美国人中间就使用武力而展开辩论的话题。”[48]。

一个有趣的问题是，有一定知识的人在多大程度上独立于国内政治领袖的解释而对外交情境做出判断。有知识的人更有可能了解政府政策，但也更可能受其影响。研究人员指出，一个值得进一步研究的假设是，具备一定知识的人（知道领导人意见但还不足以提出批评意见的人）易受政治领袖的影响。

显然，无论是公民还是政界人士，都有相当多的东西需要就教于最近的政治科学研究，这些研究对公众支持使用军事力量和赞同国内政治领袖所主张的外交政策的诸种条件进行了专门的探讨。对于一个研究者来说，探讨这些问题，并寻求对这些问题以及其他相关问题更大和更多的理解，那将是令人兴奋的事情。

结　论

政治学家们不断增加和修改我们对政治和政府的理解。正如上述几个案例所显示的，政治科学的实证研究对于满足求知欲和评价现实世界的政治条件大有裨益。调查设计的新方法、新型数据的可用性，以及新的统计技术，所有这些都有助于不断变化的政治科学知识体系。但是，进行实证研究并不是一个简单的过程。一个研究者选择使用的信息（information）、研究问题时所遵循的方法（method）、报告研究发现所使用的统计资料，都可能会影响他所得出的结论。例如，有些研究使用抽样调查方法来衡量某些重要现象，如民众对不同公共政策问题的意见。但是，调查并非始终能够准确地反映人们的信念和态度。此外，一个研究者如何衡量（measure）他所关注的现象，也会影响他所得出的结论。最后，有的研究者从事实验研究，在实验中控制实验要素的应用；而有的研究者依赖于对自发案例进行比较研究，在这些案例中其感兴趣的要素则各不相同。

有时候，研究者自己无法衡量政治现象，必须依赖他人特别是政府机构所收集的信息。难道我们总能为某一研究主题找到现成可用的资料吗？如果不能，我们需要换一个不同的研究主题还是去收集我们自己的数据？那么，我们又如何收集第一手资料？当试图测量现实世界中而不是严格控制的实验室环境下政治生活的因果联系时，如何确信我们已经确定的可能影响我们力求做出解释的现象的所有因素？最后，基于某些特定人群、机构、法庭、社区或国家的研究发现，可以普遍应用于所有人群、机构、法庭、社区或国家吗？要进一步回答这些问题，我们需要理解科学研究的进程。这正是本书的主题。

注　释

[1] 消遣性研究是由 W. P. 夏夫利在《政治研究构思》第二版第一章中提出的。

[2] Harold Lasswell，*Politics：Who Gets What ，When，How*（New York：Hittlesey House，1936）。关于这个想法最近的说明可见 Benjamin I. Page，*Who Gets What from Government*（Berkeley：University of California Press，1983）。

[3] 参见 Gosta Esping-Andersen and Walter Korpi，"Social Policy as Class Politics in Postwar Capitalism：Scandinavia，Austria，and Germany，" in John Goldthorpe，ed.，*Order and Conflict in Contemporary Capitalism：Studies in the Political Economy of Western European Nations*（New York：Oxford University Press，1984），esp. 181。

[4] 参见 Theda Skocpol，ed.，*Bringing the State Back In*（New York：Cambridge University Press，1985）。

[5] David Bradley，Evelyne Huber，Stephanie Moller，Francoise Nielsen，and John D. Stephens，"Distribution and Redistribution in Postindustrial Democracies，" *World Politics* 55 (January 2003)：193-228.

[6] 换句话说，这一变量所显示的是国家所实施的社会项目在多大程度上缩小了基尼系数。

[7] Bradley and othes，"Distribution and Redistribution，" 227.

[8] Page，*Who Gets What from Government*，218.

[9] Ibid.，211，218.

[10] Thomas E. Patterson，*The Vanishing Voter*（New York：Vintage Books，2003），44-46.

[11] Walter Dean Burnham，"The Turnout Problem，" in A. James Richley，ed.，*Elections American Style*（Washington D. C.：Brookings Institution，1987).

[12] Ibid.，125.

[13] 伯纳姆写道，"尽管没有人怀疑共和党遭受了一些内部分化以及支持者偶尔有选择的弃权……但是，用比较的观点看，这个大佬党比今天的民主党更像一个真正的政党"（同上书，124页）。在21世纪初期做出这样的评论，一如80年代中期伯纳姆所言正确。

[14] Ibid.，123-124.

[15] 参见 Stephen E. Bennett，"Left Behind：Exploring Declining Turout among Noncollege Young Whites，1964-1988，" *Social Science Quarterly* 72（1991）：314-333，and Patterson，*The Vanishing Voter*，chap. 2。

[16] Jan E. Leighley and Jonathan Nagler，"Socioeconomic Class Bias in Turnout，1964-1988：The Voters Remain the Same，" *American Political Science Review* 86 (September 1992)：734. 另见 Ruy A. Teixeria，*Why Americans Don't Vote：Turnout Decline in the United States，1960-1984*)（Westport，Conn.：Greenwood，1987）。

[17] Michael P. Mcdonald and Samuel L. Popkin，"The Myth of the Vanishing Voter，" *American Political Science Review* 95 (December 2001)：963.

[18] Ibid.，968。另外参见 Michael P. McDonald，"On the Overreport Bias of the National Election Study Turnout Rate，" *Political Analysis* 11 (Spring 2003)：180-186.

[19] 最先得出这个结论的人是经济学家安东尼·唐斯，他的创新著作《民主的经济理论》一书激发了人们对看起来非理性的投票行为的研究。

[20] 参见 Donald P. Green and Ina Shapiro，*The Pathologies of Rational Choice Theory：A Critique of Applications in the Social Sciences*，New Haven：Yale University Press，1994。另外参见 Jeffrey Friedman，ed.，*The Rational Choice Controversy：Economic Models of Politics Reconsidered*，New Haven：Yale University Press，1996。

[21] Stephen C. Poe and C. Neal Tate，"Repression of Human Rights to Personal Integrity in the

1980s：A Global Analysis，" *American Political Science Review* 88 (December 1994)：853-872.

[22] [23] Ibid.，866.

[24] Michael Heise，"The Past，Present，and Future of Empirical Legal Scholarship：Judicial Decision Making and the New Empiricism，" *University of Illinois Law Review* 4 (2002)：832.

[25] Ibid.，834-835.

[26] 既关注司法先例又关注价值体系的研究案例，可参见 Youngsik Lim，"An Empirical Analysis of Supreme Court Justices' Decision Making，" *Journal of Legal Studies* 29 (June 2000)：721-752。

[27] Jeffrey A. Segal and Albert D. Cover，"Ideological Values and the Votes of U. S. Supreme Court Justices，" *American Political Science Review* 83 (June 1989)：557-565.

[28] 这样的研究案例可参见 Forrest Maltzman and Paul C. Whalbeck，"Strategic Policy Considerations and Voting Fluidity on the Burger Court，" *American Political Science Roview* 90 (September 1996)：581-529。

[29] 参见 Thomas G. Hanford and David E. Damore，"Congressional Preferences，Perceptions of Threat，and Supreme Court Decision Making，" *American Politics Quarterly*28 (October 2000)：490-510。

[30] Jeff Yates and Andrew Thitford，"Presidential Power and the United States Supreme Court，" *Political Research Quarterly* 51 (June 1998)：539-550.

[31] 参见 Craig R. Ducat and Robert L. Dudley，"Federal District Judges and Presidential Power during the Postwar Era，" *Journal of Politics* 51 (February 1989)：98-118。

[32] [33] 这段讨论基于 B. Dan Wood and Richard W. Waterman，"The Dynamics of Political Control of the Bureaucracy，" *American Political Science Review* 85 (September 1991)：801-828。

[34] Stephen D. Ansolabehere，Shanto Iyengar，Adam Simon，and Nicholas Valentino，"Does Attack Advertising Demobilize the Electorate?" *American Political Science Review* 88 (December 1994)：829-838.

[35] Ibid.，835.

[36] Kim Fridkin Kahn and Patrick J. Kenney，"Do Negative Campaign Mobilize or Suppress Turnout? Clarifying the Relationship between Negativity and Participation，" *American Political Science Review* 93 (December 1999)：877-890.

[37] Ibid.，887.

[38] Martin P. Wattenberg and Craig Leonard Brians，"Negative Campaign Advertising：Demobilizer or Mobilizer?" *American Political Science Review* 93 (December 1999)：891-900.

[39] Stephen D. Ansolabehere，Shanto Iyengar，and Adam Simon，"Replicating Expenments Using Aggregate and Survey Date：The Case of Negative Advertising and Turnout，" *American Political Science Review* 93 (December 1999)：901-910.

[40] Richard R. Lau，Lee Sigelman，Caroline Heldman，and Paul Babbitt，"The Effects of Negative Political Advertisements：A Meta-Analytic Assessment，" *American Political Science Review* 93 (December 1999)：859.

[41] 有关这方面以及相反观点的文章可以参见"Forum" section of the *American Political Science Review* 93 (December 1999)：851-909。

[42] Miroslav Nincic，"Domestic Coats，the U. S. Public，and the Isolationist Calculus，" *International Studies Quarterly* 41 (1997)：593-610.

[43] Ibid.，596.

[44] Ibid.，603.

[45] Ibid.，607.

[46] Richard K. Herrmann, Philip E. Tetlock, and Penny S. Visser, "Mass Public Decisions to Go to War: A Cognitive-Interactionist Framework," *American Political Science Review* 93 (September 1999): 553-574.

[47] Ibid.，568.

[48] Ibid.，569.

术语介绍

应用研究：为了产生有用的知识而设计的研究，以改变现实世界的条件或情形。

经验研究：基于对现象的实际的和“客观”的观察。

政治科学：运用获取科学知识的方法研究政治现象。

纯粹研究、理论研究或兴趣研究：为了满足个人对于一些现象的求知欲而设计的研究。

第 2 章

科学地研究政治

多数美国人认为我们的司法系统象征着公平，严格遵守法律可以指引法官做出宣判。那么，他们一定会奇怪为什么总统对联邦司法部的提名经常会在国会中引起党派间的对抗。毕竟，对于准法官应该测试他的法律推理能力而非他的政治党派阵营。然而正如我们在第 1 章中看到的例子，许多政治学家已经研究了司法决策的产生过程，并总结出法官在审理案件时倾向于追随他们的政治意识形态及信仰，而非抽象的法律条文。例如，西格尔和科弗通过研究发现了法官们的个人态度与民事案件内容之间的关系。[1]不用说，这个结果与多数人认为的理所当然的东西是相冲突的。

该案例提供了一个关于政治常识或对政治的传统理解与系统性的、经验性的研究之间经常性冲突的清晰案例。反过来，这种冲突可能促使人们考虑“该相信谁”。在这个案例中，调查人员的论点一度是违反直觉并具有争议的，违反直觉是因为它与我们身处一个法治政府之下这一流行的、常识的信条相冲突，而具有争议是因为它与其他历史的、政治的研究相悖。因此，就有无数的问题产生了：为什么我们要接受西格尔和科弗的观点？他们是如何得出结论的？他们的方法合理可靠吗？什么样的证据支持了他们的假设？我们是否应该因为作者是著名学者而接受他们的结论？如果其他人发现了这一问题，他或她是否会得出同样的结论？

反过来，这些都属于更广泛的一个问题。在研究这种不仅仅关乎事实且声称世界是怎样的而不是它应该是怎样的政治现象中，是否存在一种比其他都好的方法或途径？在第 1 章中我们含蓄地给出了肯定的答案。我们强调了实证研究方法，即一套运用科学原则和技术的程序。既然科学只是人类获得知识的途径之一，在这一章中，我们将探寻科学知识不同于其他类型知识的途径。我们也会讨论科学实验过程中的重要特征，因为它们关乎对于政治的科学研究及对在研究政治行为和机构中使用科学方法相关争论的评估。最后，我们以政治学作为一门学科的这一简短历史来总结此章。

一、科学知识的特点

日常生活中我们通过许多不同的途径“了解”事物。比如说，我们知道水在华氏 212 度时沸腾，一种被称为 HIV 的病毒会导致艾滋病。我们也或许“了解”自由主义者对犯罪比保守主义者更温和，并且民主比独裁“更好”。有时候我们了解某事是因为我们相信在报纸上读到的和在广播中听到的。在其他情况下，我们了解事情是通过亲身经历或者那件事情与常识相符合，又或者是某个我们信任的人告诉我们的。

现代政治学非常倚重于从科学过程中获得的知识。这种了解的方式与来自神话、偶然的观察、直觉、信仰或常识的信息不同。它有其他类型知识所没有的某些特征。科学家相信他们的发现是建立在客观、系统的观察基础上的，他们的主张原则上能够且必须被一套标准和程序验证或证伪。此外，科学的最终目标是通过实证结果来构建与现象的因果关系，使之能够解释为什么现象会有自己的表现形式，而这种目标通常达不到。[2]

要想让知识被认为是科学的，它必须展现出几个特征。首先，科学知识需要**经验证实**（emperical verification）。也就是说，一个观点必须被客观的观察方法证实是真实的。“经验主义”意味着“依赖或基于观察或经验”。[3]一位政治学家运用理性去观察和记录诸如政治抗议、选举投票数以及一个国家被另一国占据领土这些现象，并尽可能准确地描述和解释观察到的这些现象。

用“证实”这个词意味着对于一个关于某些“已知”事物的观点，我们必定会在实际观察的影响下接受或者拒绝它。[4]因此，如果我们说上层社会的人比下层社会的人更频繁地参与投票，我们必须能提供实际的证据来支持这一观点，例如普查或民意测验的数据。同样地，正如我们将在第 3 章中指出的，一个**解释**（explanation）或关于某个现象存在的原因的系统的、经验性的验证理解必须有观察的支持，不能没有证据就简单地假设或者断言其真实性。

实证性科学知识把自己区别于神秘的知识。对于后者，唯有“真正的信徒”才能观察到支持他们信仰的现象，剥夺他们信仰的观察是不可能成立的。来自迷信或偏见的知识通常得不到经验证实。迷信或偏见的人可能只关注加强他们信仰的现象，而忽略或排除那些不符合的现象。因此，他们的知识是基于选择性的和偏向性的经验和观察。迷信的人常常害怕用实证验证他们的迷信行为并且他们也拒绝这样做。

请注意，常识和来源于偶然观察的常识性知识可能是有效的。然而，除非他们以一种系统性的和不带偏见的方式被实证验证，否则他们并不构成科学知识。艾伦・艾萨克（Alan Isaak）指出，常识经常被认为是“一个毫无疑问的信念”，这就意味着许多事情在没有被通常所认可的规则和程序验证的情况下就被接受了。[5]

有时研究常识的努力会得到有趣的结果。举例来说，我们可能会假设，由于美国高水平的识字率、大众传媒的出现以及过去200年里选举权的稳定增长，全国大选的参与度将会很高，甚至随着时间的推移还会不断增加。但是，正如我们在第1章中所看到的，这两种情况可能都不会发生。有很多证据表明，半数以上有资格的美国人经常放弃投票，尽管经济和文明已经取得进展，但实际上这样做的人数可能还在增加。或者，考虑戴维・布拉德利和他的同事们提供的关于民主社会利益分配的证据。常识和我们广泛接受并珍视的信仰建议政策要对一个团体或阶级的照顾不超过另外一个。然而，实证研究告诉我们另一个事实。即便在法律和政治平等被认为占据主导地位的宪法体制中，赤裸裸的权力仍在很大程度上影响着胜负。

在第1章所描述的研究中，每一位研究人员的观点和解释都得到了经验证实。他们观察自己试图理解的现象，记录这些现象发生的实例，并在观察中寻找符合他们期望的模式。换句话说，他们积累了大量证据，为其他社会科学家对这一现象的进一步研究提供了实证基础。

单就其范围和直接目的而言，科学知识也是独特的。实证研究过去常常告诉我们科学知识“是什么”，未来我们要追问的是“为什么”。科学知识通常不会告诉我们事物是好是坏或者应该是什么，尽管它有可能对做这些类型的判断有所帮助。政治学家运用“规范的”和“不规范的”来阐述区别。涉及价值判断和评价以及应然判断性的知识，通常被称为**规范性知识**（normative knowledge）。当知识无涉价值判断和规定，而可以通过事实或客观判断检验时，通常被称为**非规范性知识**（nonnormative knowledge）。大多数科学家都同意科学是（或应该努力成为）一个非规范性的事业。

这并不是说实证研究进入了一个无价值的真空中。一位研究者的价值观和利益的确是主观的，会影响研究主题、时间段和群体及类似方面的选择。例如，一位犯罪学家可能会觉得犯罪是一个极其严重的问题并认为对犯罪者长时间的入狱课刑能够阻止潜在罪犯，因此，他或她可能会提倡将强制性的惩罚作为一种减少犯罪的方法。但对“严刑峻法能够降低犯罪率”这一主张的验证应该在研究者的价值和偏好不影响研究结果的前提下进行。其他社会科学家的责任是评估这一研究是否符合实证验证的标准。科学的原理和观察的方法因此有助于研究人员和那些必须评估及使用他们研究结果的人。但是，请注意在政治学这一学科内部，价值和科学研究之间的关系是会经常被讨论的，当然，其他学科也一样。在本章后面的部分，我们将对这个话题展开更多的讨论。

即便政治学家极力减少偏见对他们工作的影响，以实现完全客观，虽说这并非完全不可能，但的确是极为困难的。科学知识的另外一个特点是帮助我们识别和剔除从事科研活动过程中逐渐产生的偏见（不慎或其他）。[6] 科学知识必须是**可传播的**

(transmissible)，也就是说，科学发现过程中的方法必须是明确的，以便别人能分析和复制结果。科学知识的可传递性表示，“科学是一种社会行为，它需要许多科学家同时进行研究并相互批评，以创造更多可靠的知识”[7]。为取得结果，人们必须了解收集什么样的信息以及如何分析它们，以及对研究程序的清楚描述并允许客观评价。它也允许其他科学家收集相同信息并验证原命题本身，如果使用相同的程序却不能得到同样的结果，它们就可能是错误的。

区分实证和规范

有时把实证的和规范的观点区分开来是很复杂的。其关键是要揣测作者的意图：他或她是否坚持事实是什么就是什么，而不管任何人的偏好如何？或者此人是在陈述意见、渴望抑或是愿望？有时规范的观点包含助动词，例如“必须”或“应该”，这表达了一种义务或警告，以此建议规范的态度。与此形成鲜明对比的是，实证的观点经常使用“应当是”或命令性动词这些变量来表达“这就是它在世界上的真相”的看法。当然，人们有时候会相信他们的价值观念就是事实真相，但是，科学家们必须严格区分这两种类型。

这并不意味着科学知识仅仅或主要是通过精确重复先前的研究而积累的。通常，会刻意改变研究程序以观察不同条件下是否能得到类似的结果。在第 1 章中我们已经提到了有关投票研究的不同方法的重要性。或者再考虑一个更加详细的例子。两个有关电视暴力和儿童反社会行为间关系的研究项目。[8]在最初的研究中，研究人员比较了加拿大两个城镇间儿童的攻击性行为。其中一个城镇能接受电视信号，而另一个不能。令人惊讶的是，研究人员发现住在能接触电视节目的城镇的年龄较小的孩子们（年龄为 11 岁、12 岁）更少而不是更多地具有攻击性（15 岁、16 岁年龄较大的儿童也没有区别）。这一研究随后就受到了批评，因为两个城镇的社会经济情况不是十分相配，并且其他与孩子攻击性相关的因素间的差异没有被考虑到，例如学校纪律的差异。随后第二项研究关注同一个小镇里的孩子们。孩子们被分成“高龄”和“低龄”的电视观众。“高龄”的电视观众被发现比“低龄”的电视观众略微具有攻击性。然而这项研究也存在缺陷，因为没有评估“高龄”的电视观众实际上在电视上看到的暴力数量。“低龄”的电视观众可能看了很多暴力节目，因此群体差异应该被降低到最小程度。测量攻击性的方法也值得怀疑。但关键是研究程序都清楚地描述了，这些不足应该能被发现。

因此研究方案的缺陷经常使别人怀疑结果，促使其设计他们自己的测试。但是，如果研究人员没有详细说明他们的研究策略和方法，这将是不可能的。这种描述能更好地评估结果，并且允许他人在做进一步研究时能在设计和测量上做出调整。这些新的研究结果可以与早些时候的结果相比。这个过程可以累积问题中相关现象的知识。第 1 章的每一个例子中，研究人员给出了足够的关于其方法的信息，使其他人可以评估他们的测量方法、解释和成果的优势与劣势。这个方法使得有关社会和政治生活中的这些特殊方面的知识变得日趋丰富。

科学知识的另一个重要特征就是它能**普遍**（general）地适用于多个案例而不只是几个案例。科学方法的支持者认为，描述、解释和预测许多现象或一系列类似情况的科学知识比解决一个单一现象的知识更有价值。[9]例如，在美国，有较为简单的选民登记系统的州比有较为复杂的选民登记系统的州的投票率高这一知识比威斯康星州比亚拉巴马州投票率高这一知识更具有说服力。对于那些试图了解选举的人来说，了解党派对许多选民的有力影响比一个简单的事实更有用，例如一位民主党人约翰·多伊（John Doe）被选举为2002年国会民主党候选人。对考虑强制性检查程序价值的立法者而言，拥有安全检查程序的州比没有安全检查程序的州的交通事故致死率更低这一知识比要求汽车检查经历的州比不要求的州有更低致死率这一知识来说，具有更少的有用信息。

传达一般知识的陈述被称为**经验概括**（empirical generalization）。经验概括总结了个体事件之间的关系。[10]例如，简单的美国选民登记系统比复杂系统更容易有较高投票率这一陈述将选民登记系统和投票结果联系在了一起，并总结出了其信息可作为政策辩论或进一步调查的基础的更为广泛的建议。

利用重复

当选择一个研究主题时，记住科学调查的一个基本前提：独立的验证。如果遇到一个有趣的或令人兴奋的或与常识有悖的论述，你应该至少重复部分研究。假如报纸报道公众普遍支持某项政策，但由于其提问的方式和情形，你会怀疑调查的结果是对人的误导。你可以采用一系列不同的数据进行反复研究。（第5章中你会发现很容易对一些公众观念进行分析。）换句话说，不要犹豫去研究一个可能已经被很好研究了的问题。

科学知识的另一个特点是它具有**解释性**（explanatory）。在科学论述中，“解释”这一术语具有多种含义，但是，当我们说知识具有解释性时，我们是指可以通过一组一般命题和特定初始状态得出（逻辑上）一个结论。一般命题断言，当X类型的事情发生时，Y类型的事情也会接踵而至。一种初始状态可能会指明，X事实上已经发生，然后对Y的观察就会通过状态与命题之间的关联来解释。解释有时是为了说明一个特定的事件——例如苏联的解体——但是更经常的是用来解释一般种类的现象，例如战争、革命或投票行为。

然后，解释开始回答关于这些问题的“为什么”。这些问题可能比较具体，例如：“为什么一个特定的事件发生在一个特定的时间?”或者更为一般，如：“为什么上流阶层的人比蓝领工人更经常地投票?”当然，观察和描述事实是很重要的。但是，大部分政治学家想要的不仅是简单的事实。他们通常感兴趣的是寻找那些能够说明和解释人类行为的因素。投票研究是有价值的，因为他们不只是对特定的选举结果进行简单描述，还为政治行为提供了一般性的解释。

科学解释的一种非常重要的类型就是确定两个事件或趋势的**因果关系**（causal relation）。一个因果关系意味着在某种意义上一个因素的出现或发生总是（或很有可能）导致另一个因素。经济状况与政治参与水平相关联是一回事。而宣称经济决定或导致行为又是完全不同的另一回事。那些能够指明起因和结果的论断通常被认为比那些只能指出某一尚未解释的联系的论断包含更多的信息也更加有用。毕竟，也许一个国家的出生率会和它的鹳的数量有关，但是这种关联纯粹是“伪”的，或者是错的，因为它还可以用其他因素进行解释。我们将会在下一章更详细地讨论因果关系。

在这一点上，解释性的知识也很重要，因为它具有**预测性**（predictive），并为未来事件提供了系统的和理性的预期。需要注意，基于解释的预测与预报、预言或占星术是不一样的，后者并非建立在经由实证检验的解释基础之上。一个解释往往能够给出一个科学的**原因**（reason）——也就是说，对于一种基于信仰和欲望的行动或行为的辩解——为什么我们能够预料到某一结果。事实上，许多人认为对一项解释的最终验证就是它在预测上的有用性。预测是一种极其有价值的知识，因为它可以被用于避免不理想和代价高昂的事件并取得预期的结果。当然，一项预测究竟是否有用是一个规范性问题。试想一下，一个政府使用科学研究预测国内暴力事件的发生，但是却不是用这个知识来缓解暴力产生的内在条件，而是用武力压制不满的人群。

在政治学中，解释很少能够说明在行为或属性中所观察到的全部变量。那么，科学解释究竟需要多么精准呢？它们必须百分之百地解释或者预测当今时代的现象吗？大多数政治学家和其他学科的科学家一样接受**概率性解释**（probabilistic explanation），在这些解释中并没有必要用 100 分的精确度来解释或预测一种现象。然而有些人认为，一种解释只有在原则上以接近 1.0 的概率进行解释或预测时才是可以接受的。

在这一点上，我们应该承认，很多政治学预测以及它们赖以存在的解释基础最终证明是不堪一击甚至是错误的。一些预测有着如此多的反例，以至于它们看起来似乎不值得被冠以“科学”的名号。正是出于这一原因，一些学者认为社会科学家无法获得自然科学家们一样的精确度和准确性，所以他们应该转而试图了解行为而不是做出解释。[11]毋庸置疑，我们对这一观点难以苟同。我们将在这一章的后面对我们的位置进行简要说明。

相关解释的积累有时会带来一种**理论**（theory）的创立——一项或一系列组织、解释和预测知识的论述。一项政治学理论包括广义的泛化和一整套的假设或公理、概念定义和对某一特定方法论手段的承诺。“一项理论的主要功能是……解释单一的事实或事件，但是更重要的可能是解释经验的泛化。”[12]理论不只是解释经验发现的集合，因为它们更为有力和抽象。正如艾萨克所言，“一种理论之所以能解释经验的泛化是因为它更为一般，且比它们更具包容性”[13]。理论还有两种其他功能：“组织、系统化和协调某一领域的现有知识”和“预测一种经验的泛化——预测某一特定的关系包含了什么”[14]。一项投票理论可能通过提出影响人们对投票成本和收益认知的因素来解释投票结果：社会经济阶层、党派之争的激烈程度、选民登记的方便性和选举法规、不同候选人的选择以及媒体上选举新闻的可获得性等。[15]一项理论的系统性和组织性越具有一般性，它所能指示和预测的就越多，其本身也就越强大。

政治理论激发了对政治科学研究的兴致并刺激了学习。为了寻求理解我们的生活和我们周围的世界以及在复杂的环境中创造秩序，我们诉诸理论。然而，并非所有的人都求助于同一个理论，也并不是所有的人都想投身于政治研究。每种理论都提供了一种不同的政治观点或都使我们专注于一系列不同的政治现象。

我们可以在布鲁斯·A·威廉斯（Bruce A. Williams）和艾伯特·R·马西尼（Albert R. Matheny）的著作中看到构建理论的刺激和价值，他们在检视州关于有害垃圾处置条例变化时，评估了若干相互竞争的理论。[16]有害垃圾处置条例是社会管理的一个典型，它通过将成本施加给特定团体来保护公众或一部分公众的利益。不当的垃圾处置会让环境和人类健康付出代价。这些代价，即我们所知的负外部性，它们并没有在产品的价格中反映出来。换句话说，那些生产和使用产生有害垃圾的产品的人并没有因垃圾不当存放威胁社区所形成的成本付费。避免或预防要求对有害垃圾进行安全处置带来的负外部性意味着让企业付出大量的成本。至少有三种理论可以用来解释和预测由州政府所制定的垃圾处置条例的数目和本质。

根据经济学理论，因为市场不能解决这个问题，所以负外部效应是市场失灵的一种类型。当市场失灵发生时，政府对市场的管制就变得正当和必要了。政府管制的市场失灵理论预示着社会性管制与市场失灵的严重程度相关，而且行业管理的成本应该等于不安全的废物处置所带来的成本或危害。

另一些人则争辩说，社会管制不只与市场失灵的存在有关，他们声称社会管制是政治行为的结果。这一理论断言必须对市场失灵的危害夸大其词，以此来引发公众的意识，并由此产生对管制的支持，结果将导致管制的不必要的高成本。这个理论的另一面是行业通过经济减速、失业甚至是区位改变等威胁方式来反对管制或控制管制过程。一个产业的政治力量与其对于经济的重要性和政府实施管制的水平有关系。重新择址的威胁相对于国家层面会对当地或本州有更大的影响，因此管理应该参考相关产业的优势条件，而不是市场失灵的程度或实际的污染。

第三个理论认为，虽然行业控制管理过程，但行业没有必要反对所有的管制。据此，只要管理成本可转移到政府并远离行业，行业就会支持调控监管。这种监管的结果被称为生产成本的社会化并被新马克思主义者预测，他们认为不规避实际生产成本，很多私营行业都无法获利。他们还认为，缺乏对政府和经济的基本体制改革，有效的监管和避免负外部性也是不可能的。那么，对于政府为什么管制和政府对危险废物处置发生的管制程度，我们有三个完全不同的理论。每个理论关于公共利益集团、行业团体和社会监管努力成果都有不同的说法。这些理论代表的相互冲突的观念，引发了许多有关环保法规和政府及经济情况的辩论。相比于具体管制方案的实际后果，调查社会调控案例的研究人员可能会对决定哪种理论更符合所观察到的数据更感兴趣。事实上，研究人员或许更喜欢某一特定的理论，并相信这个理论是正确的。但研究人员必须永远牢记科学知识的最后一个特征。这个特征指出，科学知识是**临时性**（provisional）的，这意味着它需要不断进行修订和变化。未来的研究或许会证明，我们认为我们所知道的科学实际上是部分或完全错误的。新的观测、更精确的测量、完善的研究规划以及对替代性解释的测试可能会揭示科研机构的局限性或经验不足。[17]

科学家们应该始终不断地改变和完善他们对现象的理解。我们说科学知识是暂时的，并不意味着积累至今的证据可以被忽略或者不名一文。它真正指的是未来的研究总是会极大改变我们现在所信仰的东西。总之，科学知识是试验性的。当人们想到科学和科学知识时，他们往往想的是科学“法则”。科学法则是一种“由经验证实所检验和确认的泛化”[18]。但是这些法则在面临新证据出现时常常会被修改或摒弃，所以即使政治学家试图建立起法则式的一般化理论，他们也理解和接受这样一个事实，即这些论述将会被重新修订。

二、获得科学知识：归纳和演绎

归纳就是从具体的观察中推理出普遍的准则或理论的过程。在归纳中，观察先于理论。研究者们观察并记录现象，然后试着去获得或定义一种模式或者规律，从这种模式或规律里面就能形成解释性的理论。这个理论也可能解释其他同类观察得到的模式。比如，设想一下你观察到以下三种现象：第一，非洲中南部的本巴人只能维持基本的生活，一年中他们有九个月有充足的食物，另外三个月忍饥挨饿。尽管那三个月日子很艰难，部落里却不会爆发暴力冲突或者抗议。[19]第二，20 世纪四五十年代，美国黑人的收入与同等教育水平的白人相比快速增长，然后到 1960 年突然下降，黑人们失去了一半的相对收益。随后，居住在美国城市地区的黑人在 20 世纪 60 年代爆发了暴力事件。[20]第三，在欧洲，政治暴力也在工商业中心不断增长期间发生了，尽管与此同时农民的艰难生活有了改观。[21]

在第一个和第二个案例研究中人们的客观福祉下降了，但只在第二个案例中发生了暴力事件。在第三个案例中，人们的客观福祉并没有下降，却引发了暴力事件。我们做如下假设：在寻求对第一个案例的解释中，我们的理由是季节循环、饥寒交迫时期已持续多年，而且似乎不会改变。在第二个案例中，我们的理由是非裔美国人期望继续保持他们在过去十年中所取得的经济收益。而在第三个案例中，我们的理由是：在新兴工业化时期，所有人都期望改善他们的生活条件，但部分社会成员在不断增长的工商业中获得的确实比其他人多。据此推理，我们可以得出结论，第二个和第三个案例是相似的，因为这两个案例中存在预期和实际情况之间的差异，而在第一个案例中没有。由此看来，我们可能会得出一般理论，预期和实际的经济收益之间的大的差异会造成不满，这反过来又导致暴力。因此，通过对剥夺和暴力事件的几个具体案例的观察我们可能会“归纳”出相对剥夺理论。一般来说，由于一位研究员往往先有预期，然后收集他所希望显示特定模型的并与预期相一致的信息，因此很难通过纯归纳的例子得到正确的思想。尽管这不是一个完全成熟的理论，但预期会使研究者更深入地研究而不仅仅是观察。

演绎法（deduction），作为科学研究的第二种模式，是从一般原则或理论出发到具体观察的过程。在理论基础上，某些现象能够被预测。然后，通过观察和检验这些事件，来看它们是否和预测中一致。前面的章节对“解释”一词的释义就是演绎的一个例子。例如，为了验证“地球是平的”这一理论，它应该有可能找到地球的边缘，并且从起点开始沿直线走到尽头后能够直接回到原点。举个例子，模仿理论声称，新的行为是部分模仿他人的行为获得的。如果这个理论是正确的，那么，是否可以预期电视上暴力行为的增长会导致观众间这种行为的增加?[22]为了验证这一理论，可以安排具有类似生活习惯或攻击水平的两个小组进行实验，让其中一组观看色情和暴力的电视节目，另一组不给看。如果接触到色情和暴力电视节目的一组性侵犯和侵略性或暴力行为增加，而没有看相关电视节目的一组没有如此表现，那么，我们可以得出结论，电视节目的确可以影响观众的行为，这就与模仿理论相一致。我们会在第 3 章中将建模作为研究方法讨论时对演绎法进行更多的讨论。

科学研究通常涉及演绎和归纳。因此，研究人员可能从理论开始，推导出某些他们尝试去观察的现象。如果观察到的同已有的预测不同，理论会被进行一些修改，修改后的理论会受到进一步的测试。有时理论可能会被否定，只有在观察的基础上，一个新的理论才会产生。

例如，公元前 2 世纪，托勒密提出了有关天体绕地球旋转的理论。[23]这个理论曾相当成功地预测了行星和恒星的位置变换，却不能成功地预测其他天文现象。实际的天文观测和根据理论得出的预测之间有许多差异。天文学家首先在托勒密的理论系统内进行调整，这些调整本来是为了在一些地方消除差异，但却以在其他地方创造更多的差异告终。千百年来，这一理论变得越来越复杂，而不是更加准确。到 16 世纪，托勒密的理论体系被认为不再是自然的真理，原因就在于其复杂不堪且不准确。然后，哥白尼提出了替代性的日心说理论，即行星围绕太阳运转。这一理论能够更简单、更准确地预测天文现象。后来的物理学家，包括牛顿和爱因斯坦，都极大地修改了天文学理论，他们的工作也创造了一个**科学革命**（scientific revolution），即科学研究中的竞争传统。[24]

涉及社会科学研究中归纳和演绎的一个很好的例子，就是两位研究人员对新闻报道和社会信任的研究。[25]心理学家斯蒂芬·霍洛韦（Stephen Holloway）和哈维·A·霍恩斯坦（Harvey A. Hornstein）在一段时间内通过观察在纽约市街道上拾到能够确定失主地址的钱包的返还率来研究社会信任。研究人员定期将钱包放在不同的地点，等待并观察被退回来的钱包个数。通常情况下，约一半的钱包最终被返还。然而，有一天发生了一件以前从未发生过的事情：钱包一个也没有被退回。这个意想不到的结果让霍洛韦和霍恩斯坦致力于寻找一个合理的解释。他们着手开发一个基于观察的解释，这就是他们进行归纳的过程。

碰巧在 1968 年 6 月这个特别的日子，一位来自纽约的参议员和民主党提名的总统候选人罗伯特·肯尼迪遇刺身亡。调查人员怀疑肯尼迪的暗杀事件可能与未归的钱包有关。也许新闻事件的报道让人心烦，不信任陌生人，不愿意帮助他们不知道或没有见到过的人。霍洛韦和霍恩斯坦的推测揭露了“坏”的消息会使人们减少社会信任与合作。

为了检验这一假设，研究人员设计了一系列实验。实验中的人们被分成两组，他们巧妙地接触到“坏”或“好”的新闻广播。然后，他们被要求展现他们对其他人的态度，并且观察他们在与他人游戏中的合作程度。霍洛韦和霍恩斯坦通过旨在测量某些预测观察的事件来验证一般性理论——也就是说，他们用的是演绎法。

实验表明，那些面临“坏”消息的人，确实拥有更少的社会信任感和合作感，这证实了研究者的假设。归纳和演绎都涉及一个重要的社会现象，即积累一种实证性的、可验证的、可传递的、解释性的、一般性的（非临时性的）证据。

运用现有理论到新情况，决定观察哪些现象以及如何衡量它们，同时发展一个能够解释多数事物而非仅仅是具体观察的理论，这些所导致的发现都是创造性的事业。遗憾的是，创造力是很难教授的。但是，只要明白归纳和演绎的过程，铭记科学知识的特性，会使自己的评定和研究行为更具价值。

三、政治学真的是一门“科学”吗?

我们在本章中暗含的政治活动应该也必须被科学地研究。一些人质疑这一立场，然而，由于这一学科的研究涉及人类的政治行为，研究人员随即提出了各种复杂性。尤其是对行为规律的研究，假设男性和女性采取一贯地、显露的方式。此外，如果政治科学和自然科学是同一类型的科学，行为就必须被描述为偶然因果关系。[26]然而，如果人类不可预见地行动，或者，如果他们的行为与普遍规则的描述不一致，政治学家会像科学家一样遭遇到极大的困难。

即使我们接受个人行为通常是可预测的，但有些人可能故意以不可预测的或误导性的方式行事。这个问题偶尔会在以“合作”为主题的研究项目中遇到。例如，一个研究项目是为了弄清楚他或她作为实验的一部分，在遇到困难、压力、混乱的局面时会有怎样的行动。他或她可能采取的不是被理论预测到的方式，甚至是与理论相冲突的方式。或者，被试者可能努力让自己的行为符合他们认为研究者正在寻找的行为方式。同样，人们可能永远不会透露他们脑子里的想法，或者透露他们过去做了什么以及将来会做什么。换句话说，我们准确观察人们行为特征的能力有时被严重限制。这就是经常难以衡量和解释非法的或社会不可接受的行为，例如吸毒。

测量问题的出现，是因为对许多政治学家来说，其感兴趣的概念抽象却负载着一定的价值。上一章表明，长期作为看似简单的“合格选民的数量”能够呈现一些问题，并能够影响我们对于美国人如何进行公民性思考的实质性结论。再如失业，似乎是一个明确的概念，即一种衡量失业率的方法是通过考虑那些失去工作但积极寻求就业的人。一种说法认为这样的衡量极大地低估了失业率，因为它不包括那些因未能找到工作而非常气馁且不再积极寻找工作的人。要找到一个对贫困适当的定义也很困难，因为人们生活在不同类型的家庭，并且在他们被观察到的所得之外还拥有不同类型的收入。这导致一位学者认为构成贫困的因素在另一位学者看来可能只是一种可接受的困难。

此外，政治学家必须面对的事实是，连续的和理性的行为是复杂的，也许比其他学科（如基因、次原子粒子、昆虫等）更加复杂。复杂性是探索能够准确解释和预测几乎每一种行为的一般理论的一个重大障碍。毕竟，建立具有广泛适用性的理论需要找到无数具有确定性和规范性的变量以及它们之间的联系。因此，当一个具有广泛适用性的理论被提出时，它可以被攻击，原因就在于它过于简单或者有太多的例外存在。迄今为止，在政治科学领域中，从简单性和解释力方面来说，是没有能够与爱因斯坦著名公式质能相当性定律 $E=mc^2$ 相媲美的实证验证理论的。[27]

还存在其他的实际障碍吗？[28]验证解释和理论所需的数据可能极难获得。有所需要信息的人可能因政治或个人原因而不想说出来。或者他们可能不想诚实或完全地回答具有潜在尴尬的或威胁性的问题。你可能还记得在第 1 章中，我们注意到对那些没有投票却力争让访问者相信他们有公民意识的公民进行的过度报道。例如，民意调查发现他们长期拒绝回应的某些问题，如对待种族群体的态度是衡量公共舆论的一个重大问题。同样，一些实验需要人为的操纵。但由于人类作为被试者，研究者必须兼顾有关伦理方面的问题，这些问题可能会妨碍他们获得想要的信息。询问某些问题会干扰他人隐私权，并且把某些刺激事物揭露给被试者，可能对参与者造成生理或情感上的伤害。举一个明显的例子，有关遵守法律方面，诱使某人犯案可能会对一个社会科学家启示许多，但却仍然不被接受。

所有这些有关研究政治行为科学性的要求都有可取之处，虽然它们存在夸张之嫌。例如，设想科学家们研究自然现象时会遭遇许多相同的问题。古生物学家必须尝试解释发生在亿万年前的大事件。天文学家和地质学家不能对他们极其感兴趣的大部分现象进行重复实验。他们也必然不可能访问他们深入研究的许多地方，例如其他星球或地心。那么，什么会比由数千个化合物及其化学相互作用构成的生物体及其组件更加复杂呢？简单地说，严肃的实践问题把政治科学同其他科学区分开来，这一问题并不清楚。

在开始下一节之前，我们要强调，科学的方法不是唯一的知识路径。事实上，一些学者认为，因为社会科学试图解释人类**行为**（actions）——即行动皆出于某种原因——而不是单纯的物理运动，他们面临着在自然科学中没有遇到过的问题。然而，这些有关方法论性质并且提出了深刻哲学问题的探讨，远远超出了学科中描述实证研究方法的任务。[29]因此，我们承认，对政治的科学研究是存在争议的，但我们仍然坚持在后面的章节中描述被广泛接受的并且在许多情况下可以带来对政治过程和行为理解的程序。此外，他们已经极大地改造了研究议程和学科教学，这一点可以从该领域在过去一个世纪的发展中看出来。

四、作为一门学科的政治科学简史

史蒂文·B·史密斯（Steven B. Smith）曾写道："从一开始政治科学就充满复杂冲突。"[30]许多政治科学历史研究者将政治学史的发展分为两个阶段：传统政治学和行为主义政治学。传统政治学直到 60 年代初都是以法学、伦理学的研究和教学为主。在这之后，行为主义政治学采用科学的方法发现知识，直至今日政治学研究中仍然主要采用这种方法，尽管它依然会引起激烈的辩论和分歧。

传统政治学

传统政治学强调历史、法律和制度等。[31]对历史的强调产生了对有关政治事件和政治实践发展的详细说明。相比之下，法律包含了宪法和法律法规研究；制度核心包括对政治机构的权力和职能的研究，如立法机构、官僚机构和法院。一般来说，传统政治学的重点是正式的政府和法定意义的权力。法律和历史文件，包括法律、宪法、声明与条约，都是出于追寻国际组织的发展和关键概念而研究的，例如主权、国家、联邦和帝国主义。非正式政治进程常常被忽视，如非正式权力行使和内部机构的动态发展。

在传统方法的鼎盛时期（约 1930—1960 年），政治学通常在高校的历史和哲学系讲授。政治学理论涉及人性与政治、政府存在的目的与理想的政府形式以及通常在哲学系讲授的法哲学。当政治成为独立的系时，它通常被称为政府系，反映的重点是正式结构，而不是政治过程和行为。事实上，一些大学现在仍然存在政府系。

传统政治学主要是描述而不是解释，因为其大部分实践者觉得没有必要进行解释，认为这是“硬”科学的特性，不适用社会行为和制度。后来有批评者指出传统研究缺乏严密性和普遍性，即使理论家偶尔想出耐人寻味和理由充分的口头理论，但这些发现通常不会受到严格和广泛的实证检验。

现代政治学

有关政治学科学研究出现在美国可以归因于几个发展。[32]首先，许多在 20 世纪 30 年代移民到美国的欧洲社会科学家和理论家能够熟练地使用新的、科学的研究方法。[33]其次，在接下来的十年里，与战争有关的社会研究促进了有科学头脑的人们在政治学、社会学、心理学和经济学等学科上的思想交流。事实上，有相当多的证据证明美国政府期待科技性高校进行社会科学的研究，并使用在对苏联的冷战战斗中。[34]系统的研究由两项相关发展辅助进行：对大量经验数据的收集以及存储和处理信息的技术发展。例如，从 20 世纪 30 年代后期开始，保罗・F・拉扎斯菲尔德（Paul F. Lazarsfeld）在二战期间为联邦政府率先使用大型抽样调查或民调来研究投票行为，并进行了持续的技术改进。战后他将该调查研究方法应用于对 1948 年和 1952 年的总统选举的研究中。[35]

1950 年前的大部分政治科学研究侧重于**行为主义政治学**（behavioralism），或研究个人和团体的政治行为。与传统的学科不同，新的政治科学自觉地接受科学方法，正如戴维・B・伊斯顿（David B. Easton）1967 年具有巨大影响力的文章所介绍的“当前意义的‘行为主义’”。

> 政治行为具有明显的一致性。这些可以通过概括或具有解释和预测价值的理论来表述。获取和解释数据的方法，需要被证明自觉的、精练的和可验证的。记录中的数据和报告结果的精确性需要测量和量化。道德评价与实证解释涉及不同

种类的命题，为明确起见，应保持分析的差异性。研究应当是系统化的。[36]

行为主义政治学认为且主张寻求基本分析单位，以使能够为所有研究人类行为的社会科学家提供一个共同的基础。例如，一些政治学家建议团体是一个重要聚焦单位，但其他人却对决策和决定更感兴趣。[37]希望能够发现并侧重于一些分析单位，如同物理学家和化学家关注像对原子、分子等的方式一样。

对于行为主义政治学崛起的反应并不完全都是积极的。实证主义政治学的批评者指向了一些结果和应用的细微之处，他们认为，常识会告诉我们同样的事情。然而，如前所述，直觉和科学知识是有区别的。为政治科学知识的进一步研究和积累建立一个坚实的基础，常识知识必须是经过经验证实的，并且通常情况下，当其被证明是错误时应被抛弃。

一些政治学家一直关注解释政治行为中突出的非政治性因素。心理学对政治行为的解释强调人格对政治行为的影响，而经济学的解释则试图说明成本和效益如何影响人的行为。这些相互竞争的方法在理解政治行为时，有时会干扰过去研究的政治体制或政治哲学。在他们看来，“政治”正被带离政治研究。

对政治科学研究更为严厉的一个批评认为，它会导致无法集中足够的学术研究注意力在重要的社会议题和问题上。在保持科学严谨的努力过程中，一些批评者认为，政治科学忽视了与学科相关的真实世界的道德和政策问题。结果是重要的公共政策选择或政治改革的研究结果的影响很少得到解决。换句话说，对于政治科学知识的寻求已经导致了一个焦点话题，即那些可量化且相对容易经验证实的，却不涉及显著的、实际的与社会相关的话题。[38]

20 世纪 60 年代后期，美国政治学协会主席宣布了“后行为主义革命”。[39]**后行为主义**（postbehavioralism），作为对行为主义的反思，被称为政治科学研究，以更切合当前重大的政治问题，它包括以下原则：

> 实质必须先于技术。如果必须为了一个而牺牲另一个——并不是总需要这样——那么，相关的和有意义的当代紧迫的社会问题比对调查工具的熟悉更为重要。
>
> 行为主义科学中隐含着经验保守主义的思想。把自己完全限制在对事实细节的描述和分析中，就是妨碍了以最广泛的视角理解同样的事实。因此，实证政治科学必须支持且维护它所发现的实际条件。它不知不觉地使社会保守主义的思想受到温和渐进的改变。
>
> 行为主义研究不能脱离现实。行为主义调查的核心是抽象和分析隐含在政治中的残酷现实。后行为主义的任务是打破行为语言创造的沉默壁垒，并帮助政治科学在人类危机时刻满足真正的需要。
>
> 关于价值的研究和建设性发展是政治研究不可或缺的部分。尽管有争议，但科学不能也从未中立。因此，要了解我们知识的界限，我们需要知道知识所依赖价值的前提和可以被知识所运用的替换选择。
>
> 学科成员必须承担的责任。知识分子的历史作用是必须保护人类文明价值。这是他们独特的使命和责任。

了解是为了承担行动的责任，行动是为了改造社会。知识分子作为科学家负有使知识在工作中运用的特殊义务。

如果知识分子有义务应用自己的知识，这些由知识分子组成的组织、职业协会以及大学本身，不能回避现实的奋斗。职业的政治化是无法逃避的，同时也是理想化的。[40]

对行为主义研究方法的反思带来了在规范性哲学问题上新的兴趣：应该是什么而非什么。[41]许多人已经将他们的注意力转向公共政策——政策制定过程和政策分析，以此作为回应。[42]许多研究这些课题的政治学家将科学方法应用到社会有关的重要问题中。

政治科学作为一门学科包含了影响政治研究中的科学方法，后现代行为主义并没有停止对其批判性反思。[43]新的关注陆续浮现出来。例如，一些人哀叹政府未能受益于政治学家的知识和观点以及在政策制定中过度依赖经济学家和经济计量方法。[44]

研究政治学（同样存在于其他社会科学学科，如社会学）的一个重要挑战来自女权主义社会科学家。他们批评说“政治行动的性质和政治研究的范围特别排斥女性的解释，正如排斥女性进入政治一样”（额外强调）。[45]因此，“女权主义政治学需要做的是发展一个新的政治词汇，以便以具体和不同的方式来表达女性掌握权力，拥有权威，履行公民权利以及理解的自由”[46]。即使从男性的视角来制定政治科学的概念和理论缺少争论，列举政治学研究中的性别偏见的例子还是十分容易的。如政策问题忽略了女性的重要性，以男性为主导的人口研究结果想当然地推广到每个人，以及调查问题带有偏见的措辞。[47]

一个相关的抱怨是说以往政治科学忽略了穷人、下层人群和弱势群体的需要、利益及观点，而主要服务于强化现存的制度就是好的这样的信念。因为社会科学家坚持研究“是什么”的问题，而忽略了关于“必须是什么”或者“应该是什么”的几乎所有重要的问题。虽然几乎所有的研究人员和教师都认为需要在考虑实践的困难和道德难题的情况下去平衡科学的道路，但是，对于政治科学固有的领域和发展方向的关注从来就没有减少。[48]

结　论

在这一章，我们描述了科学知识和科学方法的特征。我们已经提出了为什么政治学家试图使研究变得更科学的原因，并讨论了一些与实证政治学联系在一起的困难。我们也谈到了用科学的方法来研究政治学问题的价值。尽管有许多困难和不确定性，实证的方法还是被广泛接受，并且政治学专业的学生需要熟悉它。在下一章，我们开始研究如何制定一个调查一般问题和政治现象的科学策略。

注　释

[1] Jeffrey A. Segal and Albert D. Cover, “Ideological Values and the Votes of U. S. Supreme Court Justices,” *American Political Science Review* 83 (June 1989): 557-565.

［2］政治学或者别的社会科学能否找到因果规律是一个富有争议的哲学问题。参见 Alexander Rosenberg，*Sociobiology and the Preemption of Social Science*（Baltimore：Johns Hopkins University Press，1980）。

［3］Alan C. Isaak，*Scope and Methods of Political Science*，4th ed.（Homewood，Ill.：Dorsey，1985），106.

［4］Ibid.，107.

［5］Ibid.，66；see also 67.

［6］Isaak，*Scope and Methods*，30.

［7］Ibid.，31.

［8］相关研究报告见 H. J. Eysenck and D. K. B. Nias，*Sex*，*Violence*，*and the Media*（London：Temple Smith，1978），103-104。

［9］大家可能认为史学家感兴趣的只是对独特的事件和一次性事件进行描述，如战争的爆发。但这是不对的。许多史学家研究一些具体事件的概括。有些人甚至声称已经发现了“历史的规律”。

［10］Isaak，*Scope and Methods*，103.

［11］参见 R. G. Collingwood，*The Idea of History*（Oxford：Oxford University Press，1946）. 霍尔斯很好地介绍了理解行为而不是解释行为，参见 *The Philosophy of Social Science*：*An Introduction*（Cambridge：Cambridge University Press，1994），chap. 7。

［12］［13］Isaak，*Scope and Methods*，167.

［14］Ibid.，167，169.

［15］参见 Raymond E. Wolfinger and Steven J. Rosenstone，*Who Votes*？（New Haven：Yale University Press，1980）。

［16］Bruce A. Williams and Albert R. Matheny，“Testing Theories of Social Regulation：Hazardous Waste Regulation in the American States，” *Journal of Politics* 46（May 1984）：428-458.

［17］对于科学知识的变化过程的讨论，参见 Thomas Kuhn，*The Structure of Scientific Revolutions*，2d ed.（Chicago：University of Chicago Press，1971）。

［18］Isaak，*Scope and Methods*，297.

［19］Ted Robert Gurr，*Why Men Rebel*（Princeton，N.J.：Princeton University Press，1970），57.

［20］Ibid.，54.

［21］Ibid.，51.

［22］对于模仿理论以及该理论在解释模仿色情、暴力电视节目可能产生的影响方面的应用，参见 Eysenck and Nias，*Sex*，*Violence*，*and the Media*，56-59。

［23］［24］关于这个例子的讨论，参见 Kuhn，*Scientific Revolutions*，68-69。

［25］隐去的一段，参见 Stephen Holloway and Harvey A. Hornstein，“How Good News Makes Us Good，” *Psychology Today*，December 1976，76-78。关于随后的试验结果的讨论在于 are discussed in Stephen Holloway，Lyle Tucker，and Harvey A. Hornstein，“The Effects of Social and Nonsocial Information on Interpersonal Behavior of Males：The News Makes News，” *Journal of Personality and Social Psychology* 35（July 1977）：514-522；and in Harvey A. Hornstein，Elizabeth Lakind，Gladays Frankel，and Stella Manne，“Effects of Knowledge about Remote Social Events on Prosocial Behavior，Social Conception，and Mood，” *Journal of Personality and Social Psychology* 32（December 1975）：1038-1046。

［26］参见 Alexander Rosenberg，*The Philosophy of Social Science*，2d ed.（Boulder：Westview，1998）.

［27］进一步的完全讨论和部分解释，参见 Isaak，*Scope and Methods*，143。

[28] 参见 Charles A. McCoy and John Playford, eds., *Apolitical Politics: A Critique of Behavioralism* (New York: Thomas Y. Corwell, 1967).

[29] 对研究人类行为科学的优秀文章集合，参见 Michael Martin and Lee C. Anderson, eds., *Readings in the Philosophy of Social Science* (Cambridge: MIT Press, 1966)。

[30] Steven B. Smith, "Political Science and Political Philosophy: An Uneasy Relationship," *PS: Political Science and Politics* 33 (June 2000): 189.

[31] Isaak, *Scope and Methods*, 34-38.

[32] Ibid., 38-39. 对历史发展的调查研究，参见 Earl F. Babbie, *Survey Research Methods* (Belmont, Calif.: Wadsworth, 1973), 42-45。

[33] 早期美国行为主义，参见 Charles E. Merriam, *New Aspects of Politics* (Chicago: University of Chicago Press, 1924)。

[34] 例如，收集的题为《科学和冷战：一次圆桌会议》的优秀文章："Science and the Cold War: A Roundtable," in *Diplomatic History* 24 (Winter 2000). Jefferson P. Marquis, "Social Science and Nation Building in Vietnam," 79-105，这篇文章与此尤为相关。

[35] Paul F. Lazarsfeld, Bernard Berelson, and Hazel Gaudet, *The People's Choice* (New York: Duell, Sloane and Pearce, 1944).

[36] David B. Easton, "The Current Meaning of 'Behavioralism,'" in James C. Charlesworth, ed., *Contemporary Political Analysis* (New York: Free Press, 1967), 16-17.

[37] David B. Truman, *The Governmental Process* (New York: Knopf, 1951); and Robert A. Dahl, *Who Governs? Democracy and Power in an American City* (New Haven: Yale University Press, 1961).

[38] 参见 McCoy and Playford, *Apolitical Politics*。

[39] David Easton, "The New Revolution in Political Science," *American Political Science Review* 63 (December 1969): 1051.

[40] Ibid., 1052.

[41] Isaak, *Scope and Methods*, 45.

[42] Ibid., 46.

[43] 例如，参见 David M. Ricci, *The Tragedy of Political Science: Politics, Scholarship, and Democracy* (New Haven: Yale University Press, 1984)。

[44] 参见 Richard P. Nathan, *Social Science in Government: Uses and Misuses* (New York: Basic Books, 1988)。

[45] Kathleen B. Jones and Anna G. Jonasdottir, "Introduction: Gender as an Analytic Category in Political Science," in Kathleen B. Jones and Anna G. Jonasdottir, eds., *The Political Interests of Gender* (Beverly Hills, Calif.: Sage Publications, 1988), 2.

[46] Kathleen B. Jones, "Towards the Revision of Politics," in Jones and Jonasdottir, *The Political Interests of Gender*, 25.

[47] Margrit Eichler, *Nonsexist Research Methods: A Practical Guide* (Boston: Allen and Unwin, 1987).

[48] 参见专题 "Special to PS: Political Science and Political Philosophy" in *PS: Political Science and Politics* 33 (June 2000): 189-197。

术语介绍

行为：因为某种原因人体运动或行为。

行为主义政治学：侧重于政治行为和其他科学方法的政治研究。

因果关系：因为一个程序使两个实体间发生联系，或带来其他完整的或显著的规律。

演绎法：从一般原则或理论出发到具体观察的过程。

经验概括：一个总结了两个独立事实之间关系的声明，这样的表达使其成为一般知识。

经验证实：科学知识的特点；以客观观察的方式来证明一个观点的正确性。

解释：一个系统的、以经验为主的实证来理解为什么一个现象会这样发生。

解释性：科学知识的特点；表示一个结论可以从一套一般命题和具体的初步考虑得来的意思。

普遍：科学知识的特点；适用于许多案例。

归纳：从具体观察到一般原则的推理过程。

非规范性知识：知识不涉及评价或法规，但涉及客观事实或决定。

规范性知识：可评估的、具有价值的以及涉及应然判断性的知识。

后行为主义：对行为主义的反应需要与政治科学研究相关的当前重要的政治问题。

预测性：解释性知识的特点；表示有能力正确地预测未来事件。对未来事件解释的运用形成预测。

概率性解释：一种无法百分之百准确解释或预测事件的解释。

临时性：科学知识的特点；需要调整和改变的主题。

原因：为一个动作或行为进行解释的信念和欲望。

科学革命：一个针对科研传统快速发展的竞争对手；通常持久伴随着科学家在理论视角上的冲突。

理论：有关组织、解释并预测知识的一个声明或一系列观点。

可传播的：科学知识的特点；表明在制造科学发现中使用的方法是明确的。

建议阅读书目

Eichler, Margrit. *Nonsexist Research Methods: A Practical Guide*. Boston: Allen and Unwin, 1987.

Elster, Jon. *Nuts and Bolts for the Social Science*. Cambridge: Cambridge University Press, 1990.

Heil, John. *Philosophy of the Mind: A Contemporary Introduction*. London: Routledge, 1998.

Isaak, Alan C. *Scope and Methods of Political Science*. 4th ed. Homewood, Ill.: Dorsey, 1985.

Kuhn, Thomas. *The Structure of Scientific Revolutions*. 2d ed. Chicago: University of Chicago Press, 1971.

Martin, Michael, and Lee C. McIntyre, eds. *Reading in the Philosophy of the Social Sciences*. Cambridge: MIT Press, 1994.

McCoy, Charles A., and John Playford, eds. *Apolitical Politics: A Critique of Behavioralism*. New York: Thomas Y. Corwell, 1967.

Nielsen, Joyce McCarl, ed. *Feminist Research Methods: Exemplary Readings in the Social Sciences*. Boulder, Colo.: Westview, 1990.

Rosenberg, Alexander. *The Philosophy of Social Science*. 2d ed. Boulder, Colo.: Westview, 1998.

第 3 章

研究设计

消极的政治广告有什么影响？它们是否通过激发民众兴趣从而鼓励其参与投票？抑或只是让民众感到厌烦，以至于使他们觉得自己与选举政治无关？第 1 章的讨论表明，这是一个正在研究的有趣的政治学问题。现在正是思考如何解决这类问题的契机。我们需要拟订计划或战略来收集和分析信息，以这样一种方式才能相信我们的结论是建立在确凿的证据之上，而不是建立在错误的推理或单纯的意见之上。

研究设计（research design）是一项旨在说明研究人员打算如何研究一个经验性问题的计划。它指明研究将验证哪些具体的理论或命题；确定何种恰当的“分析单位”（例如个人、民族、国家、组织）；需要什么样的测量方法或数据；所有信息将如何收集；确定最佳的分析和统计程序。研究设计的所有内容都服务于一个共同的目的——得出有根据的合理结论。

戴维·纳赫亚斯（David Nachmias）和查瓦·纳赫亚斯（Chava Nachmias）把研究设计定义为一项计划，这项计划是指导研究者搜集、分析和解释观察的过程。这一计划是一种允许研究者推测正在调查中的变量之间的因果关系的推论模型。此外，它也界定了普适性解释的范围，即得到的解释能否推广到更大的范围或其他不同的情形。[1]

无论研究者的想法和假设多么具有原创性和新颖性，一个蹩脚的研究设计可能会产生毫无意义且错误的结论。在这一章中，我们将讨论各类研究设计以及它们的优缺点。同样重要的是，我们将展示一个蹩脚的研究策略如何导致产生无效性或误导性的结论。

很多因素会影响一项特定研究设计的选择。其中一个因素是研究目的。无论研究是探索性的、描述性的还是解释性的，研究目的都是影响研究设计选择最大的因素。另一个因素是研究人员检验研究假设的现实局限性。一些研究设计可能是不道德的，另外一些研究设计则可能因为缺少数据或缺乏足够的时间和金钱而流产。在研究一个特定假设时，研究人员常常必须在什么是可能完成的和什么是理想中应该完成的之间做出平衡。研究人员事实上对研究中出现的不幸采取了必要的妥协，因此，据此得出的结论往往比人们预料的还要不确定和不完备。

研究人员为了验证假设，所有的研究设计都试图：（1）建立两个或多个变量之间的相互关系；（2）证明结论在现实世界中是普遍真实的；（3）揭示是否一个现象在时间上先于另一个现象；（4）尽可能排除对于某一现象其他可替代的解释。在本章中，我们解释了各种研究设计如何允许或不允许研究人员来完成这四个目标。

一、因果推理和控制实验

因果关系和虚假关系

让我们简要地回顾一下竞选广告对投票行为的影响问题。一个试验假设是不断重复的消极的广告会让潜在的选民厌烦、失望甚至愤怒，这将使他们认为没有一个候选人值得他们去投票。据此，我们可以推测选民越是受到诽谤候选人的商业和广告的影响，他们越是不愿意投票。因此，一场充斥消极的竞选广告的竞选将比政治候选人坚持自己观点的竞选的投票率更低。我们甚至可以得出一个更有力的断言：消极的政治广告导致政治参与程度降低。

如何验证我们的假设呢？在一次选举之后可采访一些选民，问他们是否听到过或注意到电视上具有攻击性的政治广告，这些政治广告是否影响了他们的选举。我们甚至可以发现公开广告与出席选民的关系或联系。例如，我们可以假定所有注意过消极的政治广告的选民告诉我们，他们没有投票，而那些没有注意到这些广告的选民则都参与了投票。我们可以用一个简单的表格总结一下这一假设的结论。让我们用 X 来代表选民是否注意到这些政治广告，Y 代表他们是否投票。（我们马上就可以明白用这些字母的原因。）这个表格会体现 X 和 Y 之间的关系。

这种方法通常被称为民意调查，它主要是调查者通过询问投票者相信什么和他们如何行动来间接地分析行为。由于这种方法并不需要实地观察投票者的行为，故我们只需询问受访者，他们是否参与了投票以及是否看到了攻击性的政治广告。

我们应该如何理解这些研究发现（见表 3—1）？的确，它们之间是有联系的。在这些被采访的对象中，只要他们看了攻击性的政治广告，他们百分之百没有去投票，反之，那些没有观看任何攻击性政治广告的则都去投了票。但是，这是否就意味着消极的政治广告导致了投票率的下降？毕竟，没有看到广告的人可能在其他方面和看过广告的人存在不同。那些去投票的人可能受教育程度较高，教育程度高决定了投票率高。或者那些去投票的人有较强的公民责任感，不管候选人在竞选活动中做了什么或者说了什么，他们总是去投票。

表 3—1　　攻击性政治广告对投票意向的影响

Y 是否投票	X 是，注意到攻击性政治广告	X 否，没有注意到攻击性政治广告
是		100%
否	100%	

注：假设数据。

同时，那些受教育程度较低的人可能会经常观看电视，刚好他们在每次选举中都不厌烦投票。如果这种假设能够立足，那么，我们虽然观察到了政治广告与投票率之间的关系，但是它们之间却不是因果关系。而且，那些不合法的消极的政治广告并不必然对政治结果有影响，因为它们之间不具有因果联系。在这种情况下，它们之间的关系就是我们所说的“伪”关系或虚假关系。

伪关系的产生是由于两个因素都受到第三种因素的影响，因此它们看起来好像有联系，如对政治广告和投票的观察。一旦第三种因素被发现并且被控制，那么最初的关系就会跟着削弱甚至消失。用一个简单的例子来说明，在医院我们可能会发现病人动手术的数量和病人死亡的数量之间有一种正相关的关系。但是，这并不意味着手术会导致死亡。相反，往往是那些患有严重疾病或受重伤的病人需要手术，是他们自身的状况引起了死亡。

图 3—1 说明了因果关系和虚假关系。[2]

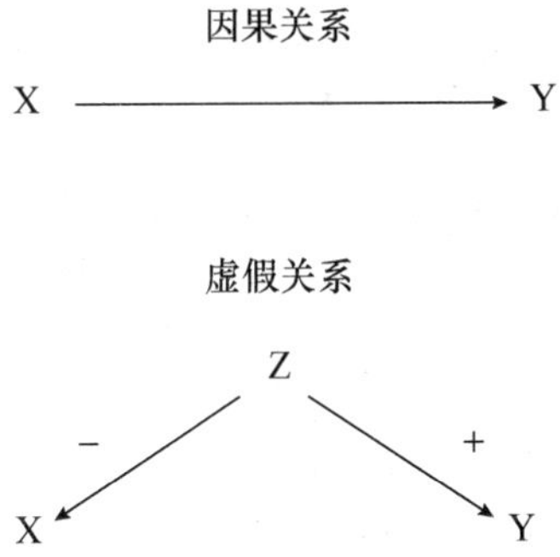

图 3—1　因果关系和虚假关系

区别真实的因果关系和虚假的因果关系是任何科学研究的重要组成部分。要解释现象，我们必须知道两件事情是如何以及为什么会联系在一起，不能简单地说它们之间相关。因此研究设计的主要目标之一，就是寻找一种能够做出有效因果推论的方法。理想情况下，这样的设计需要三个要素。

● 共变。首先，它表明了被指明的原因 X 事实上和被假定的结果 Y 之间是一种共变关系。[①] 我们的粗略研究——消极的政治广告和投票间关系——就是这样，因为正如我们在表 3—1 中所看到的，观看消极的政治广告与不投票是相关联的，而不观看消极的政治广告和投票是相关联的。民意调查或测验能够比较容易地识别这种联系。但是，要证明是因果关系还需要进一步的研究。

- 时间顺序。其次，研究必须指明原因发生在结果之前：在时间上，X 必须先于 Y。毕竟，结果是不能出现在原因之前的。在我们的调查中，我们可以合理地假设消极的电视广告发生在决定投票或不投票之前。但要注意，不管这个假设多么合理我们还没有从经验上证明它。在其他观察背景下，如果想说明 X 先于 Y 或者后于 Y，可能会非常困难。不过，即使我们对时间顺序有充分的信心，我们也必须证明第三个条件成立。

- 排除可能的替代原因，有时被称为“混淆因素”。最后，该研究必须把连接 X 和 Y 的所有可能的原因都消除。可以肯定消极的电视广告直接抑制了投票，但是我们需要排除其他第三个因素，如受教育程度或对政治的兴趣。

图 3—2 显示了第三个要素的可能性。第一个图（因果关系）显示一个 X（观看消极的政治广告）和 Y（投票）的“真实”因果关系。箭头表示因果关系：X 引起 Y。如果现实的确如此，那么消极的政治广告和拒绝投票具有直接因果关系。减号（—）意味着消极的政治广告越多，投票倾向越低（这被称为一种负相关关系）。箭头所指的方向表示因果关系的方向，因为在这个例子中，是 X 引起 Y，而不是 Y 引起 X。相比之下，在第二个图（虚假关系）中，X 和 Y 是不直接相关的。它们之间没有因果关系箭头。然而，它们之间有一个明显的联系，这个联系是由第三个因素 Z 引起的。带负号的箭头表示，与受教育程度低的人相比，受教育程度较高的人看的广告较少。同时，受教育程度高的公民更倾向于去投票，而受教育程度较低的公民不愿意参与投票（带有加号［+］的箭头表示教育程度和投票之间的正相关关系）。因此，第三个因素 Z（受教育程度）的存在，创建了一个 X 和 Y 之间具有因果关系的表象，但这种表象是一种误导，因为一旦我们考虑第三个因素 Z，原来的关系就会减弱或者消失。

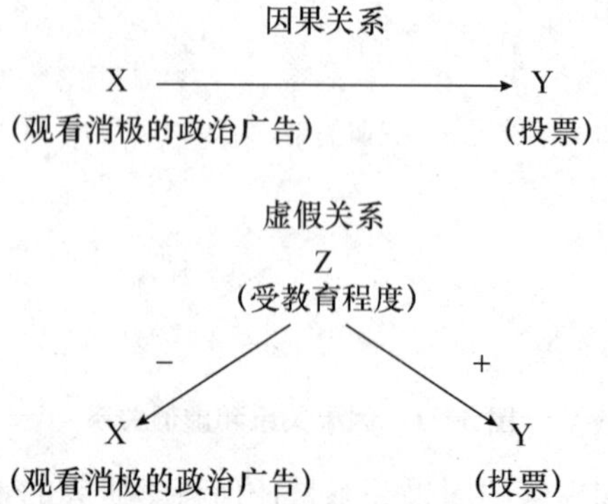

图 3—2　攻击性政治广告和投票关系模型

---

① X 与 Y 共变（covary），也就是 X 增加（或减少）Y 也增加（或减少）。——译者注

考虑到伪关系存在的可能性，我们该如何进行有效的因果推论呢？答案指向了研究设计，因为如何界定问题和规划解决问题的方案，极大地影响了我们对于研究结果的信心。询问一群人，问他们在媒体上看到和听到了什么，然后把他们的答案与他们先前所说的行为也就是投票行为进行对比。一个更加正式的长期**调查研究**（survey research）要求：通过向人们询问问题、填写表格或其他手段，直接或间接地来搜集信息。（我们将在第10章讨论调查研究。）这种方法也许是社会科学中最常见的办法，它是上述假设的例子之一。然而，调查研究的困境在于它并不是作出可靠的因果推论的最好方法。为此，许多社会科学家认为实验室实验才能得到更有效的结论。

随机对照实验

实验法要求研究人员控制实验变量的暴露（通常被称为一个测试因素或独立变量），如分配任务给不同的测试群体，以及对他们的反应与行为的观察或测量。正如我们将看到的，实验设计使研究人员在进行因果推论时，在理论上比非实验方法（如调查法）对数据的可靠性有更大的信心。虽然一些政治学家进行了行为延加实验，如安瑟拉贝赫尔、西蒙以及瓦伦蒂诺对消极的竞选广告效果的研究说明，该领域中的大多数研究还是采用调查或其他方法。[3]（正如我们下文和第10章所言，一项调查可以被认为是另一种研究设计。但是我们也可以在实验中应用问卷调查的方式搜集关于观点和信念的数据。）这种情形部分是由于对政治现象本质的巨大兴趣，如在选举过程中，谁参与了投票。然而，重要的是理解实验设计，因为它提供了一个如何评估因果推论与解释的标准。

正如我们前文指出的，得出一个有效的因果关系需要指明三个要素：共变、时间顺序和排除可能的替代原因。从理论上讲，一项实验完全可以毫无疑问地达到所有这些目标。如何完成呢？让我们来看看一个典型的随机实验设计包含的五个基本特征[4]：

- 第一，实验者要建立两个小组：一个是**实验组**（experimental group）（实际上，也可以不止一个小组），该小组接受或者置身于实验因素或**测试参数**（test stimulus or factor）中；第二个可以称为**控制组**（control group），因为该小组成员不进行实验操作。因此，举例来说，安瑟拉贝赫尔和他的同事们让一些公民（实验组）观看消极的政治广告，让另外一些人（控制组）观看一个非政治化的商业广告。调查者确定哪些人观看政治广告，哪些人观看非政治的商业广告，而不依赖于收看者的自我报告。对这两个实验小组的控制正好类似于生物学家进行实验时，让某些动物接触某种化学物品而让另外一些不接触。
- 第二，同样重要的是，研究人员随机分配人员到实验组和控制组。受试者不能决定加入哪一个组。这种随机分配实验组和控制组的方法被称为**随机选择**（randomization），它意味着各组的成员具有随机偶然性，而不是自我选择。此外，如果我们从这些被实验者开始，随机分配能够确保实验组和控制组的起始状态几乎在所有方面都是相同的。换句话说，他们将在男女比例、种族比例、共和党和民主党的比例（党派比例)、政治狂热者和冷漠者等比例上相似。一般而言，两个小组在任何方面都不会有所不同，因为它们是通过随机方法建立的。[5]正如我们将看到的，随机化是实验过程中进行因果推论的一个非常强大的工具。

● 第三，研究者控制实验因素（测试因素）的施行或采用。也就是说，研究者可以决定何时、何地以及在什么情况下，实验组接受刺激因素。

● 第四，在一个实验中，研究者建立并测量因变量——对兴趣的反映——刺激之前和之后的反映。测量通常被称为实验前测和后测，它们表明是否存在**实验效果**(experimental effect)。顾名思义，实验效果反映两个实验小组对测试因素反应的差异。

● 第五，实验环境——实验时间、地点和其他自然因素——是在实验者的指导下选择的。这种控制意味着实验者可以控制或排除**外部因素**（extraneous factors）和外部影响，此外也可以控制或排除自变量对因变量的影响。例如，如果每天在同一时间对控制组和实验组进行研究，这两个小组之间的任何分歧并不能被归结为时间因素。

为了弄清楚这些特征是如何吻合因果推论要求的，让我们进行一次假设性的随机实验，以分析消极的政治广告是否会抑制投票意向。这个案例纯粹是假设的，但它类似于安瑟拉贝赫尔和他的同事所作的研究，更重要的是它展示了实验的推理能力。(这个例子也显示了这种设计的一些弱点。)

我们的假设是接触消极的政治广告会导致人们对政治失去兴趣，进而导致他们不愿去投票。测试因素或实验变量为是否看到了消极的广告（“是”或“否”），对实验变量的回应是投票意向（“可能”或“不可能”）。现在，我们从某个地方招募一些实验对象，并随机分配给某一实验小组（实验组或控制组）。随机分配是至关重要的。例如，我们不希望把大多数女性分在一个小组，而把大多数男性分在另外一个小组。因为如果随后发现一个投票倾向的差异，我们如何才能够弄清楚这个倾向到底是由于政治广告的影响还是由于性别的影响。我们在图 3—3 里说明了这个过程。

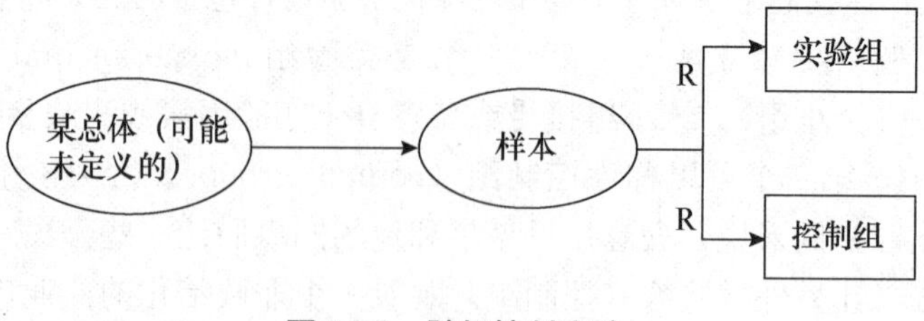

图 3—3 随机控制实验

注：R＝随机选择。

请注意，我们招募实验对象，也许是通过在报纸上做广告，也许是通过在美国政府中给予额外信贷。实验对象的选择并没有采用随机的人口抽样。毕竟，实验对象是自愿参加的，我们没有随机选取他们。但这里的关键是，一旦我们确定了实验对象，我们就可以随机把实验对象分配到实验组或是控制组。假设第一个实验对象到达测试现场。我们可以采用抛硬币的办法把他分配到实验组或控制组。当下一个实验对象到测试现场时，我们仍然采用抛硬币的办法把他分配到实验组或控制组。如果我们的实验对象由 100 人组成，我们用抛硬币的办法决定每组约 50 人。

现在假设我们分配问卷给两个小组的成员，询问他们的个人特征（如年龄、性别、家庭收入、受教育程度、出生地）和政治信仰与观念（如党派、关于枪支管制的态度、意识形态、对政治的了解）。当然，我们也会询问主要的因变量——投票意向。如果比较两个小组的平均变量，我们应该发现它们基本上是相同的。实验组可能由 45%的男性组成，平均 33.5 岁，并且多数（75%）不支持变革。但是，控制组也反映了这些特点和倾向。控制组可能只有 40%的男性，平均年龄 35 岁，但是这些差异反映的仅仅是偶然性（或者正如我们在第 9 章所要说的“抽样误差”）。最重要的是，因变量的比例在下次选举中的投票意向应该是大致相同的。因此，在实验开始时，我们有两个几乎相同的群体。

随机抽样与随机选择

要明确区分“随机选择”与“随机抽样”的不同。前者指的是一个把每个人随机地分配到组中的过程。这属于调查者做的工作。而随机抽样指的是，怎样从一个比较大的“群体”中选出的这一小部分群体。

对变量进行初步的测定后［即**前测**（pre-test）］，我们开始实验。为了隐瞒我们的目的，我们告诉实验对象我们对电视新闻很有兴趣。把实验组安排到 101 室，把控制组安排到 106 室。两组同时看相同的 15 分钟新闻广播。到目前为止，两组被同等对待。如果两组中存在任何差异，那只是偶然事件的结果。

下一步，首先安排一组测试对象观看 30 秒钟消极的政治广告，这些消极的政治广告我们已经提前把它构建得尽可能真实；另外一组测试对象观看了 30 秒钟关于牙膏的商业广告，我们也尽可能地把其安排得接近生活。不同的处理方法构成了实验控制（看或不看消极的政治广告）。播出广告后，我们给这两个组又播放了 15 分钟的短片。当播放结束的时候，我们再次发放问卷，测量投票倾向。这种计算为我们提供了一个实验变量效果大小的标示。根据这个实验所得出的假设结果如表 3—2 所示。

表 3—2　　假设媒体实验的结果

组别	实验前（前测）投票意向的测量	实验后（后测）投票意向的测量
实验组	70%	20%
控制组	68%	66%

注：假设数据。

首先，正如我们所期望的那样，由于被随机分配，控制组和实验组的测试对象在实验前有几乎相同的投票意向（分别为 68%和 70%）。但是，在**后测**（post-test）中，测量结果表明实验组成员投票意向的比例已经从 70%下降到 20%，下降了 50 个百分点。而控制组的投票意向几乎没有改变。

因此，我们可以得出结论，实验因素的确导致了投票意向的下降。那我们如何进行这种推论呢？当然，为了得出这一结论，研究设计符合了所有必要条件。在表 3—2 中，我们表明这两种因素发生了共变：观看那些消极的政治广告的测试对象投票倾向低于那些没有观看的测试对象（20%与 66%）。我们的实验当然也建立了时间顺序，因为实际上我们确定了实验处理的时间和随后后测的测量法。最后也是最令人信服的，我们已经能够排除共变的任何可能的其他解释，因为我们进行了随机化和实验操纵，这个实验操纵确保了差异（平均而言），是由于实验组接受了实验刺激，而控制组没有。由于这是唯一的区别，两组测试对象测试后的投票倾向之间的差异只可能来自观看广告。

为了简化随后的解释，我们引入一个描述研究设计的总体框架（如图 3—4 所示）。我们用 X 代表实验控制（例如播放消极的政治广告），用 M 表示对因变量的平均测量值。在上面的案例中，M 表示小组成员打算在下次选举中参与投票的百分比。下标只是为了确定测试小组和测试时间。实验效果可以通过多种方法界定。我们最感兴趣的是与控制组相比，实验组投票倾向比例前后的变化。根据推测，除了搜集和记录数据出现的一些偶然错误会导致控制组投票倾向的细微变化外，控制组的投票倾向不会改变。因此，对于控制组，测试前和测试后数据之间的差应为零。但是，对于实验组，我们推测测量前后的数据差异会很大。在本案例中，我们可以推测实验后投票倾向的百分比将小于实验前。那么，我们可以说结果是：$E=M_{exp2}-M_{exp1}$，或 $E=(M_{exp2}-M_{exp1})-(M_{control2}-M_{control1})$，这两者的结果应该是相同的，因为在这个案例中第二项即（$M_{control2}-M_{control1}$）的期望值为零。

	前测		后测
R 实验组	M_{exp1}	X	M_{exp2}
R 控制组	$M_{control1}$		$M_{control2}$

X＝实验操作
M＝测量
实验效果＝$(M_{exp2}-M_{exp1})-(M_{control2}-M_{control1})$
R＝受试者随机分组

图 3—4　随机控制实验设计

一项实验的目的是分离和测量自变量对于一个反应的影响。研究人员希望能够区分自变量和其他因素（这些因素也可能影响因变量）对实验结果的影响。对随机安排实验组和控制组人员的控制是实验的关键要素，因为它可以帮助研究者“清除”、排除或控制其他因素（这些因素可能会导致建立一个伪关系）的影响。

随机选择和分配实验对象

像我们强调的，实际上研究人员分配被试者到实验组和控制组的方法是非常重要的。最好的办法是随机分配，在这种安排下外在因素对所有组的影响都是相同的，并由此达到“平衡”。当研究人员无法预先确定可能的外部因素，或者当有如此多的测试对象以至于无法确定如何平均分配给实验组和控制组时，随机分配是一个特别有吸引力的选择。

即使研究人员随机安排实验对象，外部因素可能不完全随机分布，因此也会影响实验结果。尤其是实验对象数量少的时候，这种情况更有可能出现。谨慎的研究人员并不因为他们随机安排了参与者而去假设所有的显著因素都会随机分布。因此，除了随机分配之外，调查人员使用了前测，通过观察那些会影响结果的已知因素或者可疑因素，来看实验组和控制组是否相同。在这方面尤其重要的衡量标准是 $M_{\text{exp1}}-M_{\text{control1}}$，其结果应该为零。

而且，如果研究人员提前知道某些特征与因变量的差异相关，他或她可以使用**精确匹配**（precision matching）以实现控制。这需要创造尽可能相似的配对对象，指定一个给实验组，另一个给控制组。如此，没有人可以仅仅靠随机选择就能消除或控制这些因素。这种方法的一个问题是，当有许多因素要加以控制时，就很难符合所有具有相关特点的被试者，同时需要较大数量的预期被试者。第二个问题是，研究人员可能不会提前知道所有外部因素。为避免配对分配的偏好，每个配对的成员应该是随机分配到控制组和实验组。

社会科学研究实验中最大的障碍之一就是研究者在把被试者分配到控制组还是实验组上的无能为力。在涉及公共政策时表现得尤为明显。尽管进行实验的意义是测试一个处理方式或项目是否有有效影响，但是通常在分配被试者到控制组时存在政治性的困难；人们假定实验处理肯定是有益的，否则这个处理方式或项目不会被作为一个公共政策问题的回应而提出。在确定实验组和控制组时，社会科学家通常缺乏足够的权威或激励来提供给被试者。

二、解释和归纳实验结果

我们希望大部分读者能遵循我们假设的逻辑。但是，他们一定惊诧于我们所介绍的假设案例的不真实性并且吃惊于竟然有人能对于一个消极的广告做出十分确定的正面论断，即使我们实际上通过真实的人使用实时电视新闻广播和广告来进行实验。可能有人会惊呼：“这次实验是无效的。”或许是这样，但在得出这个结论之前我们需要仔细、严密地考虑一下术语的“有效性”。

统计理论告诉我们，适当开展实验可以对因果关系得出有效的结论。然而在这种情况下，“有效性”有着特殊的意义，即对实验的操纵或自变量本身而不是其他因素影响着因变量。社会科学家称这种有效性为**内部效度**（internal validity）。内部效度展示了一个真正的而不是通过一个假的数据产生的因果关系。社会科学家普遍认为我们一直讨论的研究设计类型——随机控制实验——具有强大的内部效度。但它并不是万无一失的。

有几个因素会影响内部效度。正如我们所指出的，实验研究的主要优势是研究人员能够对实验环境有着充分的控制，以确保接触实验刺激是实验组和控制组之间唯一的区别并且在一开始各组进行对比时除了抽样误差外具有相同的特征。然而，有时除了在前测和后测的实验刺激之外，个人**历史**（history）或一些事件也会影响因变量。例如，假设在被选择后被安排到一个房间里，实验对象碰巧听到一个使他们失去选举信心的电台节目。如果在他们第一次态度测量和实验开始之间有一个比较长的时间间隔，这种可能性就会出现。这种情况如图 3—5 所示。在这种情况下，没有人会说是否电台节目（图中 Z）或实验处理方式影响了投票意向。

	前测			后测
R 实验组	M_{exp1}	Z	X	M_{exp2}
R 控制组	$M_{control1}$	Z		$M_{control2}$

X=实验操作
R=随机选择
Z=非实验事件
M=测量

图 3—5 “历史”事件在实验中的影响

另一个潜在的混淆影响因素是**成熟度**（maturation）或者被测试者随时间产生的变化，这个变化可能使实验组和控制组之间产生差异。举个不同的例子，如被试者可能会在实验的过程中感到劳累、困惑、心烦或无聊。这些变化可能会影响他们对测试因素的反应并在后期测试上引发意想不到的结果。

标准的实验研究设计涉及测量或观察，有时被称为测试。然而，实验刺激前测量因变量过程中的**测试**（testing），本身可能影响实验者后期的测试分数。例如，直接询问个人关于政治事宜作为初探，这可能会让他警觉实验的目的。而这又可能导致研究人员意想不到的行为方式。同样，假定一名研究人员想了解观看总统候选人辩论的观众比没有观看的观众是否更有参与感。如果研究人员在辩论之前对实验组和控制组的政治意识进行了测试，他或她就会面临使实验对象对既定主题或问题变得敏感的风险，就会促使产生一个更留心测试的观众。因此，我们肯定不会知道任何意识的增加是否主要是由于辩论还是前测或两者的结合。幸运的是，一些研究设计已经区分了这些不同的影响。

选择偏好（selection biases）也可能产生问题。如果被试者根据一定的准则而不是随意被选择（有意或无意的），这些偏好会渗入一个研究当中。例如，实验组可能由显著不同于非志愿者的志愿者构成。有时一个人可能会因一个因变量的极端测量（非常高或非常低）而被挑选参加实验。极端的分数可能不会稳定；如果再次测量时，他们可能回迁走向平均分数。因此，因变量的变化可能会被错误地归咎于实验因素。这个问题被称为**统计回归**（statistical regression）现象。

正如我们前面所强调的，研究人员在将实验对象分配到实验组和控制组时希望这两个组相同。如果有部分被试者退出了研究，开始时相同的实验组和控制组将不再相同。因此，**实验失败**（experimental mortality）或者比较群体参与者的差别损失，会产生一种疑虑，这种疑虑就是在因变量中的变化和差异是否是由于对自变量的操纵产生的。当实验对象自愿参加项目时，一个普遍的选择问题就出现了。志愿者显著区别于非志愿者的是，他们可能会更顺从、更热情、更健康和更外向。

有时在一个测量过程中，测量因变量的**设备衰变**（instrument decay）或者实验仪器的变化会使我们前后测量的条件产生差异。例如，研究人员可能由于疲劳使后测不如前测仔细。或者拥有不同偏好的人控制前测和后测。因此，因变量的变化可能是由于测量方法的变化而不是实验的刺激因素。

另一个可能出现的问题来自**需求特征**（demand characteristics），或者来自这些能够让参与者猜测出这项研究的目的然后去调整他们自身的行为或者观点的研究情形。研究发现，人们往往为了迎合调查者的目的而故意做出一些支持主要假设的行为。[6]一些政治广告的实验可能会暗示被试者，我们的研究人员希望得出消极的广告降低投票率的结论，所以他们（也许在不知不觉中）为了证明这一结论并取悦我们而调整自身的知觉。在这种情况下，他会满足于研究者的目的，这种目的而不是广告本身会影响投票的倾向。这不是一个小问题。你可能已经听说过医学研究中的“双盲研究”。这种设计的目的是向病人和服务人员隐瞒谁正在接受真正的实验药物，谁正在接受传统的药物或对照剂。

总之，即使在一个精心策划的实验中也有可能出现很多问题。然而，实验研究设计能够比其他类型的研究设计更好地抵御内部效度的威胁。（事实上，他们提供了一个相对其他研究策略更理想的设计。）下面我们将讨论可以缓和这些潜在错误的一些方法。然而，即使我们制定最严格的实验室实验来测试媒体对政治行为的影响，一些读者可能仍然不相信我们已经找到了适用于“现实世界”的原因和结果的关系。他们担忧的是对**外部效度**（external validity）的忽略，以及实验结果能够推广到更广的人口、时间和环境的程度。

一个对实验结果可能的异议，就是当用另外一个群体做测试的时候结果可能就不会出现。回过头来看图 3—3，图中显示参与者选自某群体，然后被分配到两组中的一个组。但是被选择的那些人可能不能反映具有代表意义的普遍人群。比如，我们选择一个特定院校的大二学生来进行这个广告实验。对那些大学二年级的学生来说结果可能是可靠的，但是对大多数人来说却不一定。实际上，这些结论在该学校的其他班级或者其他大学就不一定适用。再举个例子，直播电视新闻报道对州立法者行为影响的实验，如果涉及调查的州立法者少于 100 人，那么调查结果可能就不能推广到更大的州立法机构或者国会。一般而言，如果被研究的人群不能代表一个更大人群的话，那么研究结果对更大人群的适用性就会受到限制。

另外一个问题就是实验中微小的不同处理方式是否会导致相同的结果或者致使结果大不相同。例如，在城市开支中社区改善费用的小幅提高，可能不会导致居民对社区或者城市抱有更加积极的态度。而一个幅度稍微大点的提高就可能起到作用，也许是因为它引起了更显著改善的缘故。

实验环境或处理的不自然会造成实验结果难以适用于更加自然的环境，并对实验的外部效度产生威胁。在我们的案例中，只对实验组展示了一组广告，但是“真正”的选民在家或者其他地方都会看到成千上万吸引眼球的广告。他们可能会也可能不会注意到这样的广告，或者已经被家庭成员或朋友的评论“过滤”了。但是以上情况都不是我们的研究内容。此外，我们注意到当实验对象知道他们在被实验时，他们可能对一个刺激物做出不同于身处自然环境时的反应。

尽管实验结果在推广上存在困难，但是实验依然对研究人员具有吸引力，因为研究人员可以控制实验对象及其面对的不同层次的实验变量或因变量，并且在有限适用性的情况下追求有效的因果推理。[7]在考虑其他替代方法之前，让我们考虑另一个应用实验方法的现实研究。

延加、马克・D・彼得斯（Mark D. Peters）和唐纳德・R・金德（Donald R. Kinder）试图确定在多大程度上接触有关特定公共政策问题的电视网络报道，才能增加公众对那些问题的关注。[8]为了测试假设自变量（接触电视新闻）的效果，研究人员采用了一个随机的设计。首先，他们为实验招募参与者（付给每位参与者 20 美元），让他们填写一份涵盖各种重要国家问题的调查问卷（前测）。参与者随后被随机分配到实验组和控制组，在四天的时间内让他们观看之前晚间网络新闻报道的录像带。

参与者不知道的是，这些新闻报道已经被剪辑，包含（或不包含）已经报道过的处理特定公共政策问题的真实故事。在一段时间里实验组观看了声称美国国防能力不足的新闻报道，而控制组则观看了同国防无关的新闻报道。在另外一段时间里第一个实验组再次观看有关美国国防能力不足的新闻报道，而第二个实验组则观看有关环境污染的新闻报道，第三个实验组观看有关通货膨胀的新闻报道。当天最后一段观看时间结束后，参与者们再次填写了一份关于国内各种重要政策问题的调查问卷。除一个组外，其他所有组的参与者都对他们所观看的新闻报道故事表现出的关心显著增加。例外的一组观看的是关于通货膨胀的报道。在这个问题中，之前关注水平已经很高（高达 18.5 分，总分 20 分），所以观看通货膨胀报道并没有起到显著的效果。

调查人员对测量**工具反应性**（instrument reactivity）以及前面所讨论的外部效度问题敏感。在实验中，参与者没有显示他们知道关于实验的任何迹象，而且他们能够代表更多的成人人群，所以研究者认为他们已经提供了相当自然的观察条件（长达数天观看新闻报道、以小组为单位、在非正式的环境、没有施加更多关注的压力）。因此，他们认为实验结果证明了新闻报道的范围可以极大地改变公众对于不同政治问题的重要性的理解。

我们注意到，有人也许会争论在他们实验的第二部分，因为没有控制组而称不上是一个传统的实验，只有三个实验组用于前测和后测的设计。前测和后测的设计允许研究者对比各小组接受不同处理的变化。任何不同都可能归因于处理方式的改变。然而没有控制组，我们无法从实验的前后总结出哪些因素会引起这个过程的变化。如果没有施加任何处理方法，研究者根本就不可能知道被试者会发生什么变化。不过，省略掉控制组应该是事出有因的。因为研究者在有控制组的第一次实验中已经证明了新闻报道对相关问题关注的影响，所以在第二次实验就合理地省略了控制组。

三、实验设计的其他描述

我们已经大致讨论了实验研究及其相关的问题，下面我们将简要地描述这种处理方法的一些变量。每一个变量都代表了一次在不同实验环境下保持实验控制的尝试，与此同时，我们还要处理来自内部效度和外部效度的威胁。虽然你可能没有机会利用这些设计，但是对它们的认识可以帮助理解已经公布的研究结果，同时也可发现正在被使用的研究设计是否支持作者的推论。

简单后测设计

最简单的实验，即**简单后测设计**（simple post-test design），涉及两个小组和两个变量，如前所述，一个是自变量、一个是因变量。实验对象被随机地分配到两个小组中的一个。一个是实验组，接受处理方式和刺激，而另一个就是控制组，不接受任何刺激物或者给予对照。每一个组都要测量因变量。利用之前的注释，这个设计如图 3—6 所示。

		后测
R 实验组	X	M_{exp}
R 控制组		$M_{control}$

X=实验操作
M=测量
R=受试者随机分组

图 3—6　简单后测实验

有人利用这个设计可以得出合理的因果关系推论，因为他或她可以确信对被试者的处理发生在测量因变量之前。另外，他或她知道两组中对因变量测量的不同之处可能是因为不同的处理方式所导致的——换句话说，是两组中自变量的引入所导致的。为什么？这个设计依然要求实验对象被随机分配到实验组和控制组，因此认为外部因素受到控制（对两个组来说都是一样的）。也同样假定，在运用实验刺激之前，两个组对因变量的关注都是一样的。

我们举一个简单的例子说明。比如我们想验证一个假设，即在电视上观看全国候选人提名代表大会让人们更加了解政治。利用这个研究设计，我们可以随机地分配实验对象到观看会议的一个小组或另一个不观看的小组，然后在会议结束后测量两组成员的了解程度。两组成员在看完会议后任何认识上的不同都可以归结为观看会议报道的影响。

简单后测实验设计假设，在引入实验刺激因素之前，随机分配实验对象到实验组和控制组，可以形成在所有重要方面都相同的两个小组。如果分配到实验组和控制组是随机的，并且两个小组的样本很大，这通常就被认为是一个完善的假设。但是，如果不是随机分配或者样本很小，抑或两种情况都存在，那么两个小组在后期处理的不同可能就归结为前期处理的不同，就不再是自变量所引起的。因为不可能用这个设计来说明后期处理的不同仅仅是前期不同处理的反映，一个实验研究设计使用前测，正如我们在**经典实验设计**（classical experimental design）（见图 3—4）中描述的那样，就被认为是一个更好的设计。

时间序列设计

当然，前测发生在实验开始之前，而后测则在实验开展后进行，但是是确切的多久之前和多久之后呢？研究者们并不能确切地说清楚。因此，实验的**时间序列设计**（times series design），即一个研究设计所包含的若干对前期处理和后期处理的测量，可能会在研究者不确定多快能够观察到自变量的影响时对因变量进行最可靠的前测。

下面我们举一个尝试验证观看总统选举辩论和支持候选人的关系的实验时间序列设计的例子。假设我们开始进行一个经典实验，随机安排一些人在一个小组中去观看辩论，而另一组不观看辩论。通过前测和后测，我们得到以下数值：

	辩论前		辩论后
	对候选人 X 的支持率	实验处理	对候选人 X 的支持率
实验组	60	是	50
控制组	55	否	50

这些数值似乎表明在辩论之前控制组稍微倾向于支持候选人 X（即随机分配并不完美），并且辩论导致候选人对 X 的支持率下降了 5 个百分点［(60－50)－(55－50)］。

然而，假设我们做出如下的附加测量：

	前测				后测		
	第一次	第二次	第三次	实验处理	第一次	第二次	第三次
实验组	80	70	60	是	50	40	30
控制组	65	60	55	否	50	45	40

似乎实验组和控制组对候选人 X 的支持率在整个期间都受到不利影响，实验组对候选人 X 的支持率持续下降得更快（在辩论开始之前，两个小组就不是一样的）。基于这个观点，似乎辩论对实验组没有任何影响，因为支持率的下降在辩论开始之前和之后都是一样的。因此在引入自变量之前和之后都对因变量使用多种测量方法，会导致在这一案例中考虑到自变量的影响下得出更加准确的结论。

多小组设计

在这一点上我们已经讨论的研究多数只包括一个实验组和一个控制组，尽管在先前的例子中有一次实验包含三个实验组，而非只有一个实验组和一个控制组。在**多小组设计**（multigroup design）中存在超过一个的实验组或控制组，这样就可以对比不同维度的实验变量。当自变量具有多重意义或者当研究者想看看用几种不同方式操作自变量的影响时，多小组设计就会派上用场。多小组设计可能只包含一次后测或者同时包括一次前测和一次后测。它们可能还包含一个时间序列组成部分。在图 3—7 中，我们展示了这个设计的图解和分析。和先前用 R 代表随机选择，以及用 M 代表不同的前测和后测测量相同，所用的注释也是一样的。给定不同的实验组，我们就可以对不同的自变量做出一些对比。[9]

	前测		后测
R 实验组 A	M_{exp1A}	X	M_{exp2A}
R 实验组 B	M_{exp1B}	X	M_{exp2B}
R 实验组 C	M_{exp1C}	X	M_{exp2C}
⋮	⋮	⋮	⋮
R 控制组	M_{control1}		M_{control2}

X＝实验操作
R＝受试者随机分组
M＝测量

图 3—7　多小组实验设计

这里有一个例子。用邮件回复调查问卷的被调查者①比例往往较低。因此，调查者通过在调查中运用刺激手段或赠送礼物的方式来提高回复率。这样一来就增加了调查的成本，研究者想要知道这些方法是否提高了回复率，如果真的起到了作用，他们想知道哪一种方法最有效并且最经济。

为了测试不同刺激手段的效果，我们可以利用多小组后测设计。如果想测试五种不同方法的效果，可以随机把实验对象分为六个小组。一组没有收到任何奖励（控制组），反之其他每一个小组的成员都收到不同的奖励，例如 25 美分、50 美分、1 美元、一支笔或者一个钥匙扣。我们可以比较不同小组的回复率（因变量的后期处理测量）。在表 3—3 中，我们给出了这个实验的一组假设结果。

表 3—3　　通过邮件测量刺激因素的实验

（随机分配）	实验处理	回复率（%）
实验组 1	25 美分	45.0
实验组 2	50 美分	51.0
实验组 3	1 美元	52.0
实验组 4	笔	38.0
实验组 5	钥匙扣	37.0
控制组	无奖励	30.2

注：假设数据。

不同的回复率表明奖励提高了回复率，而且金钱刺激比纪念品更加有效。另外，似乎 1 美元的刺激并不是有效的，因为花费比 50 美分更多的费用并不能保证比花费 50 美分所带来的回复率更高。也可以进行这种类型的其他实验，来比较邮件调查问卷的其他方面的影响，例如利用预付的或承诺的货币奖励，或者是包含或不包含邮票的回复信封。

① 本书亦译作“应答者”或“受访者”，视具体语境不同而异。——译者注

田野实验

不难猜测，实验室实验得出的具有因果关系的推论无论有多大的用处，也不能用来研究政治学家感兴趣的许多（即使不是大部分）现象。但是一些实验设计的基本理念可以在实地中采用。

田野实验（field experiments）或者相似实验，都是在自然环境下进行实验设计。正如我们所说的，调查者在一个真正的实验中要做两件事：（1）随机分配参与者到不同的小组（例如实验组和控制组）；（2）控制实验变量。相比之下，在田野实验中并不随机分配参与者到不同小组，但是调查者的确尝试着操纵一个或者多个自变量。因果推论可能不是那么有效，但是设计可能更加实用。

在任何实验设计中，研究者试图控制实验对象的选择并操纵自变量。但是在田野实验中，兴趣引导下的行为是在一个自然环境中观察得到的，从而增加了例如历史事件这样的外部因素侵扰并影响实验结果的可能性。最重要的是，实验对象不是随机选择的，所以不同的小组并非在所有相关方面都相同。虽然可以选择一个在某些方面被隔离的自然环境（近似于一个可控制的环境），但通常研究者仅仅只能寄希望于他或她的整个实验过程的环境保持不变。

但是，田野实验不能完全被认为比实验室实验差。实验室的人造环境或者受到控制的环境可能会严重影响一个研究结果的外部效度。某些因素在实验室中可以被控制，而在现实世界中却只有有限的适用性。因此，一个程序或者实验在受到控制的环境中被认为是有效的，在自然环境中可能无效。相较于研究者在受到控制环境下的实验操作，田野实验更可能产生反映一个项目或处理对真实世界影响的结果。

在政治科学中有一个有趣的田野实验，即从 1967 年到 1971 年由美国经济机会办公室赞助的新泽西州收入补助实验。[10]这次实验是其他为检测社会事业效果的大规模社会实验设计的鼻祖。这种实验是一个解决难以在自然环境中大规模测试公共政策影响这类问题的好办法。

在实验过程中，人们对现行的福利体系不满情绪很高，因为该体系耗费高而且被认为不利于鼓励穷人脱贫致富。福利体系还被指责不利于婚姻和破坏家庭。由强壮的男性主导的家庭通常被排除在各种福利项目之外，而且福利享受者的收入被征收高比例的税，以至于许多人认为福利享受者失去了工作的动力。

1965 年推行了负所得税，提供给所有家庭一个最低限度的不收税补贴，试图通过允许穷人保有他们大部分收入的方法来保持大家的工作动力。例如一个四口之家，可能被保证得到 5 000 美元的补贴，可以被允许拥有他们一半的收入来保持家庭收支平衡，即可以选择是把钱存下来还是花出去。如果收支平衡的收入是 10 000 美元，一个可以挣 10 000 美元的家庭可以得到最低 5 000 美元的补贴，加上 10 000 美元的一半（5 000 美元）。或者他们可以留着挣得的 10 000 美元的收入，而不接受来自政府的任何补贴。该项目的批评者则认为，有保证的最少收入补贴会促使人们降低其工作动力。其他有限的关注则在家庭将会怎样利用这笔津贴。许多对于该项目的管理问题也被提了出来。因为这些不确定性，研究者设计出新泽西州收入补助实验，来测试在自然环境下最低收入补贴体系对实际福利享受者的重要影响。

这个实验设计包括两个实验因素。一个是收入保障水平，以贫困线的百分数形式表达。这个水平代表一个家庭没有其他收入时所能得到的货币数量。另外一个因素是每挣1美元收取的税率。

表3—4表明了研究者感兴趣的两个自变量的实验环境。政策分析者一开始感兴趣的是占贫困线50%、75%、100%和125%比例的收入保障水平以及30%、50%和70%的税率。在表3—4中展现的4×3**因子设计**（factorial design）允许研究者在保持另外一个因素不变的情况下检查一个因素变化的影响，并测量自变量不同组合变化的影响。例如，这个设计允许研究者在保证占贫困线75%比例水平不变的情况下，检测税收率从30%到50%再到70%变化的影响。

表3—4　　新泽西州收入补助实验的实验设计

确定因素（贫困线比例）	税率		
	30%	50%	70%
125		X	
100		X	X
75	X	X	X
50	X	X	

注：X代表实际上进行测试的实验条件。

实验条件的某些理论上的组合没有被研究选择，因为它们是不切实际的政策选择或者是增加了研究成本，因此实际收入补助实验的结果是在选取12种可能实验条件中的8种的条件下调查得出的，其中参与到研究中的家庭均被指定为这8种条件中的一种。将家庭指定为“基本单位”代表着实验处理方法，它要求纳入研究的家庭数量和被安排到每个基本单位的家庭数量二者之间保持平衡，因为一些基本单位比其他的成本更高。

这些最可能代表国家政策选择的基本单位（100～50和75～50计划）被分配给更多的家庭，以保证有足够数量的家庭来完成实验。最后，对于那些报酬不是那么好的实验，研究者体验到了找到符合条件并愿意参加实验的家庭的困难。被安排为基本单位的家庭可能最多得到一小笔报酬，因为他们接近收支平衡点。这种情况造成了社区的不满，因为所有参与这个项目的家庭都希望在每次完成收入调查报告的时候能够获得比名义上的报酬更多的好处。如果研究者对实验对象具有完全的控制能力，分配问题会变得更少。但是研究中涉及人这样的实验对象，这种完全控制力的缺失是可以理解的。

由于对贫困家庭工作投入项目影响的巨大兴趣，只有具有完全行为能力的男性主导的家庭才符合这次实验的要求。需要抚养孩子的女性的工作行为信息，并不是反映健全男性对公共援助工作反应的好指标。对于男性的工作反应我们知之甚少，因为作为一个健全群体的男性，他们的家庭通常不具备获取公共援助的要求。

在接下来的部分，我们将探讨研究人员在田野实验过程中面临的一些问题及相关结论。

普遍性（generalizability）。为了限制可能的外部因素，最初从新泽西州选择了具有基本相同背景的家庭。由于没有在全国范围内选择样本，因此将研究结果推广到全国性项目的普遍性就受到局限。普遍性同样也受到持续三年的实验时间的影响。家庭了解到这个项目不是长期持久的，这也可能影响他们的行为。

测量困难（instrumentation difficulties）。实验也遭遇到了收益测量的困难。参与者被要求报告他们的总收入，但是家庭在区分总收入和净收入上存在困难。相较于控制组的家庭，实验组的家庭能够更快学会如何正确填写报告，因为他们被要求每月报告收入。控制组的家庭（即其余低收入的家庭）只被要求每三个月报告一次收入。结果，收入数据的准确性随着时间而改变，并且随实验组和控制组家庭的变化不同。设计一个月和三个月的差别，是因为研究者担心如果与控制组家庭接触太过频繁的话会改变他们的行为（工具反应），让他们不是受到真正的控制。这是研究者必须权衡的一个例子，即研究者必须来规避影响实验有效性的任何因素。

不可控的环境（uncontrolled environment）。在田野实验中，不同于实验室研究的是研究者不能全面控制实验对象所处的环境。在新泽西州收入补助实验中，这一点得到了很好的体现。在实验中期时，新泽西州采用了一个被称为“需要抚养孩子且家长失业家庭的援助”（AFDC-UP）的公共援助项目。符合条件的家庭包括：需要抚养孩子和一个男性或女性的失业家长。把新泽西州选作第一个进行收入补助实验的恰当地点，其首要的原因是新泽西州并没有提供 AFDC-UP 项目。然而，当可开展实验时，AFDC-UP 为一些实验基本单位的家庭提供了一个更具吸引力的选择，导致许多家庭退出了实验。

另外一个问题是，新泽西州的社区中没有足够多被选出来符合条件的家庭以保证充分的种群多样性。结果，一个位于宾夕法尼亚州东北部的城市就被选了进来。然而，这个地区的家庭和新泽西州的家庭面临着不同的环境，并且在一些重要的特性上存在差异，例如房屋所有权。这个研究的目的之一，就是研究种族群体是否对收入补助计划反应不同。因为白人代表者大部分来自一个地方，因此就很难区分是种族差异还是地域差异。

伦理问题（ethical issues）。虽然参加这个计划的对象是自愿的，研究者依然担心实验结束对那些已经收到报酬的家庭产生影响。在实验开始时，每个家庭都会收到一张印有支付截止日期的卡片。研究人员考虑逐渐减少报酬，并当实验快要结束时给家庭提示。他们打算一旦实验快要结束时就提醒家庭，并且把田野研究办公室作为一个咨询机构对家庭开放以备其需要帮助。但是一直无人寻求帮助。最后一次付款三个月后的一份调查问卷答复显示，实验对参与家庭没有造成严重的不利影响。

主要发现（major findings）。在接受最低收入补贴的白人男性家庭中，只有5%～6% 家庭的平均工作时间减少。尽管不显著，但黑人男性家庭的平均工作时间增加了。西班牙裔男性家庭的平均工作时间减少了，且减少幅度同样不大。研究人员无法解释这个没有预计到的发现，因此这个发现可能并不可靠。在职的黑人妻子没有改变他们的工作状态，然而西班牙裔和白人的在职妻子大幅降低了她们的工作努力程度。实验组家庭在住房和耐用商品上的花费比控制组家庭更多。同样也有迹象显示，亲身参与的实验组家庭提高了他们的教育程度。

正因为上面谈到的许多难题，收入补助实验没有对可替代的负所得税计划提供精确的成本估算，也没有给出各种税率对工作影响的清楚结果。因为这些不足，实验没能提供确凿证据来支持或者反对负所得税计划。

新泽西州收入补助实验是一个很好的例子，它展示了在实验环境和自然环境下研究一个重要政治现象所面临的困境。进行这个实验的研究人员建立了可信的、重要的和可验证的假说，然后运用了一个富有想象力的实验设计去验证那些假说。他们发现了最有意思的实验处理方法，包括试图把实验对象分配到这些处理方法中来完成相同的前期处理，在一个相当长的时间里引导完成他们的实验，以及在自然环境中提高他们研究发现的外部效度。尽管如此，由于实验对象在现实世界的行为，以及研究者不能完全控制操作实验的处理方法和实验环境，他们在这一问题上想要剥离自变量的影响时受到了阻碍。对那些掌握少量资源甚至对实验对象和实验处理方法的引入不能施加控制的研究者来说，想要进行有意义的实验研究就更加困难。

我们花了大量的时间来描述一些实验研究设计，以此说明实验设计怎样能帮助研究者得出关于自变量影响的合适结论。实验设计具有潜在的重要意义，因为通过控制分配实验对象的实验处理、引入实验刺激和外部影响的出现，实验设计可以允许研究人员剥离自变量的影响。因此，一个有效控制的实验可以评估研究假设并积累因果关系的认识。

遗憾的是，许多政治学家感兴趣的各种各样的假设和行为现象并没有增加他们对实验研究设计的使用。政治学家因能力有限不能完全控制感兴趣的各种变量和实验对象。举个例子，比如一个研究者想验证贫困会导致人们抢劫犯罪的假设。运用实验研究的逻辑，研究者随机把人们分成两组，实验前测量两组成员犯下抢劫案件的次数后，迫使实验组成员变穷，然后在一段时间后再次测量所犯下的抢劫案数量。很显然，研究者想要对实验对象施加这样的控制是不可能的。尽管实验研究设计的逻辑让人很感兴趣，但是许多对解释重大政治现象感兴趣的研究者已经开发和运用其他的研究设计。

四、非实验设计中的因果推理

当研究者想要研究像城市、县、组织或者国家这样的一些集合体时，实验室和田野实验就难以进行了，社会科学家就发展出了一些更加实用的非实验方法。大多数这些非实验方法（不是全部方法）都要通过调查问卷的方式向实验对象或者调查对象收集信息。但不论是哪一种情况，一个**非实验设计**（nonexperimental design）至少具有以下特点之一：存在一个单一组；不控制实验对象如何分配；不控制自变量的运用；在接触自变量之前或之后不测量因变量。尽管非实验设计可以运用于各种各样的主题，但是不能得出像实验方法那样可信的因果关系推论。非实验设计在非实验室环境下收集数据时，可作为可供选择的方案或者策略。

● 正如我们之前看到的那样，调查研究意味着收集经常被归类为“群体”的较大规模相关人群的特性、行为或态度的信息。主要工具就是对实验对象进行问卷调查，他们可以在明确选项中做出选择或对开放式的问题做出回答。当为了商业目的进行时，这种方法通常被叫作“市场调查”；报纸上经常说成是民意测验（公众观点）。我们要记住的是，当调查者决定用民意测验的方法而不是实验的方法来研究一个问题的时候，这种调查方法经常被认为是一“类”研究设计。但是实验中所用的测量结果通常来自调查问卷所收集的信息。我们将在第 10 章中详细讨论。

● 一个讨论小组由少量在特定场所聚集的个体（比如 20 人）组成，他们在一位负责人的引导下一起讨论一个主题或像竞选手册一样的研究刺激。讨论小组表面看上去像一个实验，但它不是把参与者随机分配到实验组和控制组。这些研究可能被也可能不被（秘密地）记录或被研究组其他成员观察到。

● 按照惯例，政治学家通过各种渠道收集“总体”数据来描述集体（例如选区、州、国家），收集渠道包括普查报告、国家档案或已有研究。上面提到的对政治中“输赢”的决定因素的研究为这种分析类型提供了一个例子。

● 调查者有时候会利用内容或文献分析方法来收集信息。例如，早些时候我们讨论的安瑟拉贝赫尔关于消极的广告的调查，它的后续研究分析了很多实际竞选商业广告的风格和内容，目的是找出选民们真正看到和听到了什么。[11]还有一个例子，即第 1 章中提到的一个利用报纸评论的研究来给法官提名者的形态意识打分的研究。

● 从短期来看，案例研究提供了另一种选择。这种方法要求研究者细致地研究一个或多个人、小组或机构。这种方法不是“测量”一些变量，而是获取对一个现象的深入了解或试图像实验对象一样了解这个世界。

无论是什么方法，非实验设计的目标就是收集让研究者获得实验数据并因此得出粗略因果关系推论的信息。为弥补非实验设计中推理的不足，经常需要利用统计手段来获取随机的粗略估计。例如，在下面章节中所展示的，尤其是第 13 章，研究调查可以收集到定量的和定性的数据，这可以通过数学运算来控制一个或者多个外部变量的影响，同时在这个过程中观察主要的自变量如何影响因变量。在本章和随后的几章中我们会讨论一些这样的设计。通过回顾这些实验设计，我们将把它们的特点和之前提到的理想实验的特点进行对比。

非实验时间序列设计

非实验时间序列设计具有这样的特点，即在自变量引入之前或者之后都可以对因变量进行有效的测量。研究者不用控制自变量的引入，而是通常利用其他人已收集的数据而非自身收集来测量因变量。

在一种非实验时间序列设计（有时称作“中断时间序列分析”）中，在自变量出现之前或之后都对因变量进行大量的测量。我们形象地说，自变量的出现是被观察到的，不是随便引进或控制的。（例如，我们可以通过观察左翼政党上台之前或之后的年度贫困率，来看政权更迭是否让人们的生活水平有所改变。）这个前期测量可以让研究者建立一个因变量不受自变量影响的发展趋势，从而可从对后期处理的测量中得出一个合适的结论。这些趋势可能是线性的（递增或者递减）或曲线的，如图3—8所示。前期测量产生的趋势建立之后，研究者在自变量发生之后对因变量再做更多的测量。因变量的改变与已有趋势的脱离，表明自变量可能对其产生了影响。（在图3—8中，这种影响可能出现在例子B和例子C中，而不是例子A中。）这表明没有什么改变可能影响因变量，并且如果自变量不发生变化的话这一趋势将继续不受影响。

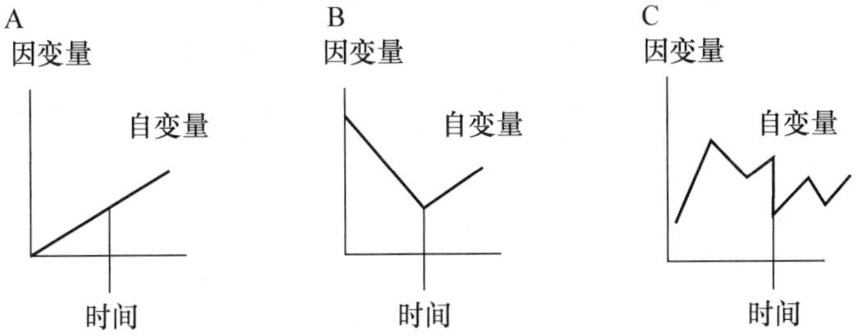

图3—8 因变量前期处理趋势举例

当自变量在特定时刻或者在一个相对短的时间内出现并影响了通过常规测量或者提前通过前期测试而知晓的因变量时，时间序列设计能起到很好的作用。因此，如果我们想评估一个新计划或者新政策倡议的影响时，这个设计将会有效。举个例子，我们可以通过检查在引入酒精测试之前或之后各年份的酒后驾车交通事故数量，以此来评估酒精测试的效果。如果我们看到交通事故有所减少，那么我们就可以认为酒精测试是有效的。但是酒精测试是否导致了交通事故的减少是不确定的，因为其他没有被测量的因素（可能是人群的年龄分布）在研究的过程中也在发生改变。如果是这样的话，我们就不知道是检查因素还是其他因素（可能不止一个），抑或是两者同时影响了交通事故的死亡率。当然，问题就在于没有控制组来对比分析一组或多组的自变量。如果研究者可以识别准实验组和准控制组，并为每一组因变量的测量方法创造一个时间序列，那么时间序列的结果就可以得到改良。通过这种方法，研究者会更有信心地相信观察到的因变量的变化是由于自变量的引入或存在所引起的。我们这里用“准”（quasi）这个字来表明，研究者没有控制实验组和控制组的人员分配。

例如，一些州政府可能采用儿童健康保险计划，而其他州却不这样做。研究人员可以比较这两种类型的州政府定期收集的儿童健康指标，以此来判断有此计划州的孩子是否比没有此计划州的孩子更健康。即使研究者没有控制有无该计划的州的分组情况，也没有控制计划的内容和执行，我们依然把它看作一个“自然”实验，因为它已经有了对准实验组和准控制组的前后测量。

还有一个例子，假定我们对一个利益集团的积极媒体竞选运动是否会影响大众对公共政策计划的支持这个问题很感兴趣，例如强制性全面医疗保险。我们首先要调查获得一系列公众对医保强制性保险的民意测验。采用全面的媒体报道，我们可以将被调查者分为两个组：一组可能接触媒体宣传而另一组不接触媒体宣传。在媒体宣传期间和之后对大众医疗保健支持进行时间序列研究并对比准实验组和准控制组的整个序列分析，我们就可以评估媒体宣传对强制性全面医疗保险计划的影响。

在图 3—9 中，我们看到这样一个时间序列和准控制组设计的假设结果。我们可以看到在自变量引入之前，较少接触媒体宣传的小组（准控制组）更加支持强制性健康保险计划，并且在较少接触媒体宣传的小组中已经有支持的趋势，而较多接触宣传的小组中有了不支持的趋势。（这也许是因为较少接触的小组比另一组更有民主精神和更不富裕，或因为两组在媒体宣传开始之前就已经对华盛顿的政客和利益集团的说辞有所反应。）在媒体宣传的过程中，准实验组中不支持的趋势发生了改变，到媒体宣传快结束时，较多接触的小组和较少接触的小组一样支持强制性健康保险计划。媒体宣传结束后，较多接触的小组对计划的支持率又开始下降，相比之下，另一组的支持率一直保持稳定。这就是媒体宣传的确起作用的一个强有力的佐证，尽管随着时间的变化其作用将减小。

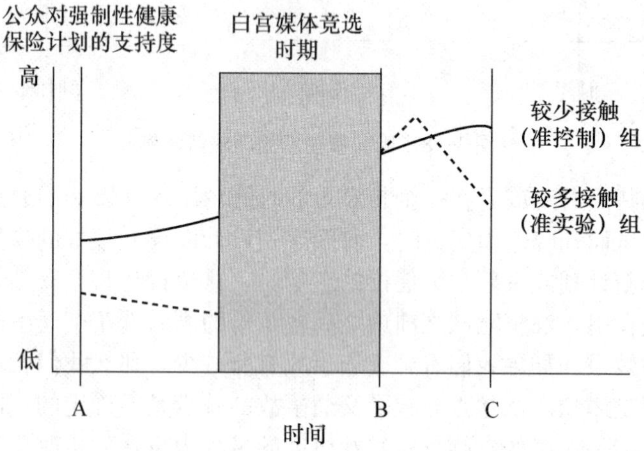

图 3—9 准控制组时间序列假设结果研究设计：白宫媒体竞选结果

有时候时间序列分析并不仅包含持续对因变量的测量，也包含在此期间对自变量的测量。挑战就在于寻找一个来说明自变量和因变量关系的适合两种测量的模式。

有关该研究一个很好的例子就是最近对一个假说的验证，即随着时间的推移公共舆论的变化会影响最高法院的判决。[12]研究者威廉·米什勒（William Mishler）和雷金纳德·S·希恩（Reginald S. Sheehan）发展了一个测量从 1956—1989 年每一年最高法院（因变量）判决的整体思想要旨的方法。他们又通过公众民意调查补充了每一年对公众思想意识的时间序列测量。这两个持续 30 年之久的时间序列结果如图 3—10 所示。

虽然这两个时间序列看上去有相同的趋势，但关于两个变量的时间差有很多问题有待回答：哪种替换方式会影响司法判决；是否存在影响法院判决思想性的其他因素，例如国会的政治构成以及总统的意识形态。米什勒和希恩通过修正他们的时间序列设计来研究这些问题。

时间序列研究可能会被许多影响内部效度的因素影响。例如，研究工具随时间

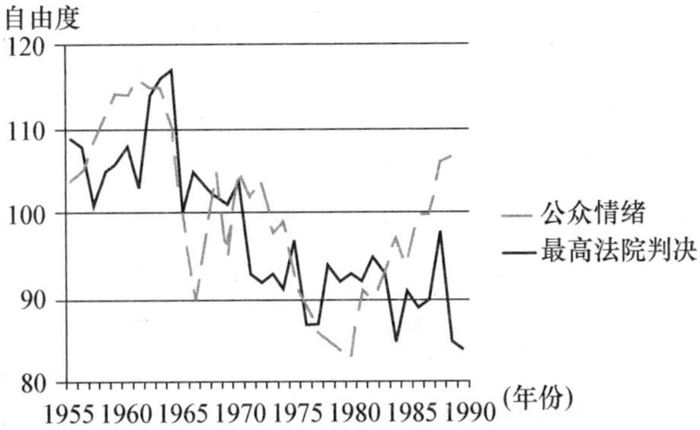

图 3—10 对公众情绪自由度和最高法院判决自由度的测量所形成的时间序列分析

资料来源：William Mishler and Reginald S. Sheehan，"The Supreme Court as a Countermajoritarian Institution? The Impact of Public Opinion on Supreme Court Decisions，" *American Political Science Review* 87：1 (March 1993)：91. Reprinted with permission of Cambridge University Press。

的改变可能影响因变量的测量。如果研究者依赖其他人所收集的既有数据的话，这可能就会是一个问题。例如，连续几年城市犯罪率被做比较，遇到了在犯罪数据的收集方法前后的改变。学生的成绩评估，遇到了在教学阅读计划前后的改变。城市财政预算的核实，遇到了城市部门重组前后变化。在这些例子中，研究者的结论可能会受到记录犯罪案件的不同方式的影响，受到新的测试阅读计划的影响，或者受到城市不同的预算方法的影响，研究时间越长，研究方式改变的可能性就越大。

横向设计

另一个比较常见的非实验研究设计就是横向分析。在**横向设计**（cross-sectional design）中，对自变量和因变量的测量大约在同一时间进行[13]，并且研究者对自变量的引入、分配实验对象到实验组和控制组以及对自变量所处的环境都没有任何控制。事实上，这些仅仅是被观察和记录的，在研究中的调查对象要经常报告他们接触的各种因素。通过利用统计方法，这些测量数值被用来建立自然条件下产生的后期处理的准实验组和准控制组，并且通过测量因变量以评估各组之间的差异。因果关系推论的基础是数据分析而不是对变量的物理控制。

尽管这种方法让测量因果关系效果变得愈加困难且都归于自变量的存在或引入（实验处理），但是这种方法也有其优点，它让研究者在一个更加自然和真实的环境中对现象进行观察；增加研究人群的规模并提高其代表性；同时对假说的验证不会变成实验控制。简而言之，横向研究设计在降低了内部效度的同时提高了外部效度。

在这一章开头时所提到的例子就是一个典型的横向研究。我们尝试访谈（即调查）一个公民样本来评估消极的竞选广告对公众投票可能性的影响，然后根据他们对问题的回答将其分为不同的种类。考虑一个更真实的情况，我们可以用横向设计来验证"受到更多正规教育的人收入更大"的假说。我们可以随机调查一组成年人，询问他们的收入和教育背景，然后根据他们不同的受教育程度分成不同的小组。我们通过这种方法来观察准控制组（那些没有接受正规教育的人）和准实验组（其他所有人）。（注意我们没有通过强迫人们拥有不同的教育程度的方式决定谁应该进哪一个组。这些小组是自然生成和观察到的。）我们可以测量和对比这些小组不同的收入水平，来评估教育程度对收入的影响。

如果接受更多教育人的收入比那些接受较少教育人的收入高，我们就可以积累有关教育和收入存在联系的证据。然而因为我们的研究设计以及我们不能确保那些受教育多和受教育少的人在其他任何方面都是一样的，我们就不能得出受教育程度决定收入这样的结论。这两类人在其他方面（例如性别、年龄、种族、地理位置）的不同也可能对收入产生影响。通过运用横向设计，我们可以采用数据分析方法来控制可能对自变量和因变量产生影响的各种因素。所以如果想控制这些因素，我们就应该在调查中设置适当的问题并运用统计方法来使其保持不变。

横向设计经常被运用在调查研究当中（参见第 10 章）。例如，在一个对公共汽车态度的研究中，研究者用调查数据在同一时间点测量因变量（支持公共汽车）和自变量（种族偏见、政治保守主义以及公车问题中的利己主义，即调查对象是否有在上学的孩子）。[14]他们根据对自变量的测量将人们分成不同的小组，然后观察各小组因变量的数量。他们发现对公共汽车的支持度同种族偏见、政治保守主义的测量值是反相关的，而利己主义和对公共汽车的支持是不相关的。

这个研究和其他同类研究存在一些局限性。因为所有的测量都发生在同一时间点，研究者不能确定种族偏见或者政治保守主义是否在对公共汽车态度调查之前就存在。因此，他们不能断定种族偏见影响了对公共汽车的态度，虽然二者之间有很大的联系。毕竟，调查对象对公共汽车的态度也许在他们种族偏见态度形成之前就有了。另外，因为被试者并不是被随机分配到各实验小组，各实验小组间的不同可能由这些因素而不是我们所认为的自变量引发的。

之前提到的横向设计的局限——即缺少对自变量的控制并且难以组成纯粹的实验组和控制组——迫使我们依靠数据分析技术来隔离相关自变量的影响。这个过程要求研究者构建一个相关外部因素保持不变的对照组，然后观察自变量和因变量的关系，我们将在第 13 章中详细讨论这个程序。但是保持这些因素不变是不容易的，因为要肯定所有相关变量都得到清楚的确认和测量是非常困难的。需要重点强调的是如果一个因果变量没有得到识别和进行分析，它的效果依然是有效的。

爱德华·塔夫特（Edward Tufte）运用横向设计来研究强制汽车安全检查程序是否有助于降低交通事故死亡率，以此来试图控制可能会掩盖自变量在横向研究中效果的各种变量。[15]塔夫特的假设是“有该检查程序的州比没有该检查程序的州的交通死亡率低”。尽管他把三年内的平均交通事故死亡率当作因变量，他也同时测量了相关变量。有强制车检的州每 10 万人平均交通事故死亡率是 26.1%，而没有强制车检的州该数据为 31.9%。

基于塔夫特的数据，我们是否就能肯定地得出强制车检程序导致了较低死亡率这样的结论？有可能，但是对于这一结论还存在一些疑问。第一，因为这个研究没有对因变量进行前测，可能是因为这两组各州的交通事故死亡率一直存在差异，因此有无州强制车检程序和死亡率是无关的。即使是在采用该检查程序之前，一些州的死亡率就可能因为各种原因而非常低，这就和车检一点关系都没有。第二，因为塔夫特没有控制如何把各州分配到两个小组中，他不能肯定所有的外部因素都是随机分布的。塔夫特确实通过统计方法控制了各州的一些相关差异，但是在可能会和交通事故死亡率联系的其他方面，执行检查的州和没有执行检查的州之间依然存在系统性的差异。所以我们不能将导致两组中各州死亡率的差异归因于车检程序。

这就说明，如果许多检查程序没有得到有效执行的情况下，这两组中各州的平均死亡率差异就实际上低估了检查程序的作用。这种可能性是有道理的，因为对有该检查的州的处理没有被塔夫特控制而且不能被仔细地观察到。很明显，缺少前期测试以及缺少对准实验组和准控制组分组的控制，给运用横向设计的研究者带来了不少困难。一个改善横向设计的办法就是引入对自变量的前期测试。

固定样本连续研究

假设公共舆论分析家想要研究因变量（如对某个候选人的偏好）是否以及怎样随一个或多个自变量（对竞选的不断关注）的变化而发生变化。**固定样本连续研究**（panel study）是一个引入了时间因素的横向研究设计。选择这个方法的研究者在同一分析单位、不同的时间里多次测量相关变量。这个策略可以用来观察随时间推移的改变，也可在自然环境接触实验刺激前进行前期测量。小组测试类似于横向研究，然而在横向研究中实验对象是同时测量的而且研究人员对接触实验刺激因素的实验对象无法控制。

让我们回到这一章前面所讨论的一个经典前测/后测实验假说的例子。在那个例子中我们想知道，观看候选人的电视竞选广告是否会在竞选中提高选民鉴别重要问题的能力。如果我们利用具有前测/后测的实验设计来验证这个假设，我们会测量接触问题前的认识，且随机分配人员到实验组或控制组，只让实验组观看竞选广告，然后再测试接触问题后的认识。

运用固定样本连续研究设计时，研究者会以稍微不同的方法进行。首先，会测试一组实验对象在接触问题前的认识（假定在竞选广告播放之前）。然后研究者等待时间慢慢过去，等待竞选开始和竞选广告的播放。其次，研究者会再采访同样的调查对象，测量观看竞选广告的数量和每个人接触问题后的认识。最后，研究者会利用对观看广告的测量数据来建立准实验组和准控制组，并对比两组中对问题认识的改变。

固定样本连续研究和经典实验的最主要区别在于，小组研究的研究人员需要等待实验刺激因素的自然产生，然后通过实验对象提供的反馈来建立准实验组和准控制组。所以，研究者是观察而不是控制对实验刺激因素的产生。

因为固定样本连续研究存在前期测量和准控制组，相比于横向来说，研究者对他或她的结论更加有信心。但是，其中对谁接触了自变量缺乏控制，同时也对在什么情况下非等效的实验组和控制组产生了问题缺乏控制，以至于在我们的例子中，那些在自然状况下观看了更多竞选广告的人比不因任何原因而是因无聊观看了的广告人，可能对政治更感兴趣并因此更可能形成问题意识。

固定样本连续研究对随时间推移而导致个体变化的研究特别有用。然而，固定样本连续研究的困难在于人们会去世、搬迁或退出研究，研究人员把这些叫作**固定样本失败率**（panel mortality）。如果这些人与一直参与研究的人不同，那么研究结果就可能是偏颇的和不具代表性的。

固定样本连续研究经常用在选举活动中来调查被归于选举活动各方面的选民信仰、态度、行为改变。例如，在 1980 年的总统竞选意向改变的固定样本连续研究中，依据的就是对 1980 年 1 月、2 月、6 月和 9 月符合选举年龄的国家公民样本所进行的调查。[16]拉里・M・巴特尔斯（Larry M. Bartels）对总统竞选期间的媒体曝光的效果感兴趣，主题有“关于总统候选人的 37 个不同的看法和意见，包括他们的性格特征，他们的问题立场，调查对象自己的问题偏好，以及（在现任总统吉米・卡特的案例中）工作绩效的许多方面”[17]。在 1 月和 2 月，巴特尔斯没有接触竞选新闻报道，而在接下来的 4 个月和 7 个月，他接触了竞选新闻报道，在前后两个时期，用同一组变量进行测量，据此可以分析出选民观点和意见的改变。对竞选期间观看电视网络新闻报道和报纸的测量产生了准实验组和准控制组以及对其他属性的测量，例如政党身份，对其他重要政治因素的统计控制。结果，即使没有媒体宣传引入的实验控制，研究者依然能够有足够的信心证明媒体传播效果是显著的。

案例研究设计

我们最后要讨论的一种非实验设计就是案例研究。在**案例研究设计**（case study design）中，研究人员通常运用多种数据收集方法，如个人访谈法、文献研究法和观察法，相当详细地研究有关某种现象的一个或几个案例。多年以来，案例研究一直被人们认为是一种不佳的研究策略，但现在被认为是一种“实证调查的独特形式”，也是一个用来发展和评估公共政策和有助于解释与验证有关政治现象理论的重要设计。[18]

作为案例研究的倡导者之一，罗伯特・K・尹恩（Robert K. Yin）把案例研究定义为：(1) 在真实环境中研究当前现象的实证研究；(2) 现象和环境的界限并非泾渭分明；(3) 其中需要使用多种来源的证据。[19]尹恩区分了历史研究和案例研究，为当下事件的研究保存了长期研究案例。[20]其他研究者没有做这样的区分，但是对当下事件的研究确实给研究者提供了更广泛的数据收集方法和选择空间，包括观察法和访谈法。[21]

案例研究可以用于探究、描述或解释目的。当对政治现象知之甚少时，我们可以运用探究性的案例研究。最初研究者可以观察该现象的一个或几个案例。对少数案例的仔细观察可能能够对观察到的行为或特性提供一般性的可能解释。这些以假说形式存在的解释可以通过观察更多案例进行系统的验证。仔细研究同一地方同一组人政治分歧的起源可以推测分歧的一般性解释，同时，观察几个回到自己选区的现任代表可以提出一个涉及当下属性、选区设置以及当前选民关系的假说。[22]在描述性案例中，案例研究的目的可能是找出并描述在少数情况下所发生的事情。其研究重点不是找出所发生情况的一般性解释。

根据尹恩的研究，案例研究最适合用来回答“如何”或“为什么”这样的问题。[23]这些问题引导我们关注于解释事件。最有效的案例研究一开始就拥有可以解释这些事件的明确的确定理论。案例研究对从已有政治理论中推断验证假说特别有用。

支持者认为，案例研究比实验设计和横向设计在特定条件下验证假说具有一些明显的优点。例如，案例研究在评定自变量和因变量之间的相关性是否是因果关系上是有效的，我们知道横向设计是利用调查数据来分析自变量和因变量的关系。[24]通过选择自变量和因变量已经具有一定价值的案例，研究者可以尝试着决定自变量的引入时间以及自变量如何引起因变量的变化。也就是说，他们可以知道在变量之间是否存在实际联系，也因此更可能为统计关联提供一个解释。本杰明·佩奇和罗伯特·夏皮罗（Robert Shapiro）正是利用大量的案例研究来完成公共舆论和公共政策之间的统计关系研究的。[25]

案例研究设计和实验设计不同的是，研究人员既不能分配被试者或案例到实验组和控制组，也不能控制自变量。此外，研究人员不像在一个实验室环境下能够控制实验内容或环境。但是研究人员可以通过对一个或多个案例的仔细选择来达到一个准实验环境。例如，研究人员可以选择具有不同值的自变量却同时具有相同值的重要控制变量的案例。我们可以选择具有相似环境的案例。另外，没有完全控制一个现象的环境和背景可以被看作有利的。如果能够证明一个理论可行并且能够在一个真实环境里运用，那么人们就可能接受这个理论。例如，这一点在验证公共政策和公共项目的基础理论上显得十分重要。

如同实验和其他非实验研究设计那样，案例研究设计也有许多形式的变化。在一个案例研究中，研究者关注一组分析单位，例如一个单独的组、社区、官僚组织或项目。在一些条件下，一个案例可能代表着一个理论的关键性检验。[26]

证明单一案例研究具有解释的可能性的一个例子，就是杰弗里·L·普雷斯曼（Jeffrey L. Pressman）和阿伦·B·威尔达夫斯基（Aaron B. Wildavsky）对加利福尼亚州奥克兰实施的经济发展项目的研究。[27]虽然和之前失败的项目相比，奥克兰项目缺少某些与失败相关的因素：大量的矛盾冲突、过度宣传、政治重要性和敏感性以及资金不足。但是奥克兰项目最终还是失败了。普雷斯曼和威尔达夫斯基把项目的失败归因于需要从各种各样的参与者中获得大量的审批和许可这一事实。这些“非常普通的情况”导致先前达成的协议破裂，最终致使奥克兰项目失败。[28]

选择一个看起来比较容易实施的案例，普雷斯曼和威尔达夫斯基能够清楚地阐明执行的过程。这类案例研究设计被称为**反常案例研究**（deviant case study），它同主流理论引导的研究者的期望不同。研究人员寻找可能解释为什么这个案例会不同的原因。这类研究可能会对已有理论进行修正或澄清。

另一个有关反常案例研究较好的例子就是由西摩·马丁·李普塞特（Seymour Martin Lipset）和詹姆斯·科尔曼（James Coleman）研究的民主联盟。[29]这一研究早就观察到志愿性组织符合罗伯特·米歇尔斯（Robert Michels）的“寡头政治铁律”。[30]然而，李普塞特和他的同事发现，国际印刷联盟（ITU）就不符合一般寡头政治的模式，即“管理控制，权力无限，极少面对组织化的反对派，并且当遇到有这样的反对派时经常使用不民主的手段铲除它”[31]。ITU 拥有一个制度化的两党制度，通过两年一次的选举定期推举候选人竞争工会首席职位。在民主联盟中，作者试图理解那些异常的事，借此来帮助解释一般民主程序的运作。

案例研究可能涉及不止一个案例。多案例研究可能比单一案例研究更具有解释力，因为它提供了重复验证的机会，即多案例研究让研究者对一个理论进行多次验证。对某些案例而言，可以预测出相似的结果；但对另一些案例来说，则预测到不同的结果。[32]多案例不应该被认为是一个“样本”。案例不是通过统计手段为形成一个“代表性”的样本而被选择的，尽管这个样本可以计算某特殊现象出现的频率并可从一个大样本中得出推论。[33]恰恰相反，政治理论认为在重要的因素存在或缺失的情况下我们选择了案例。

尽管研究者使用的案例研究对我们理解政治现象具有重要贡献，但是对案例研究所产生的认识让人担忧。[34]担忧之一就是案例研究在提供证据上“缺乏严密性”且在运用证据中可能存在偏差。比较典型的是，研究者仔细筛选有关案例的大量详细信息。在研究当前事件时，研究者可能是唯一记录某些行为和现象的人。当然，潜在的偏差不仅仅存在于案例研究当中。

另一个经常提到的案例研究批评就是：不能从一个单独的案例推而广之。对该批评的一个回应是运用多案例研究。事实上，正如尹恩所指出的，一个科学实验知识是通过多次实验而不是一次实验得到的，这也可以回击类似的批评。[35]人们并未说只做一个实验是没有价值的。此外，尹恩强调：“像实验一样，案例研究可以适用于理论命题而不是所有人或者全世界。在这个意义上，案例研究就像实验一样，不代表一个‘样本’，而且调查者的目的是扩大和归纳理论（分析归纳），而不是统计频率（统计概括）。”[36]

案例研究第三个潜在的不足是，因为需要呈现足够多的文献来支持研究者的结论，案例研究可能需要耗费很长时间来进行并产生冗长的结果报告。这一批评可能源于混淆了案例研究和一些特殊的数据收集方法，例如通常需要长时间数据收集的参与观察（第 8 章中有讨论）。[37]

尽管如此，在许多情况下案例研究设计依然是一个有足够信息量且合适的研究设计。这个设计能够更加深入地理解因果程序，一般解释性理论的说明和难以观察现象的假说的发展。我们对政治和政治过程的理解，实际上来自有关对总统个人、参议员、众议员、市长、法官、法令、竞选、条约、政策措施和战争的案例研究。案例研究设计应被视为是对其他实验和非实验设计的补充而不是相冲突的研究。

五、替代性研究策略

研究诸如媒体如何影响选民或者联邦法官的行为，政治学家经常使用上述的实验设计或非实验设计。这种倾向源于他们致力于用实证来验证假设，以力图得出有效的因果推论。但是这些方法并没有穷尽所有的可能性。现在，我们简要地描述另外两种方案，这两种方案同样产生于对科学知识努力探索的尝试，但依据的是完全不同的方法。

形式建模

所有看见过或者甚至自己做过飞机模型的人都清楚地知道，这些复制品不能载人载物或者投掷炸弹，它们只是对真实的反映。然而，它们除了娱乐之外还是非常有用的，至少它们展示了“真实”飞机的样子，许多还可以用于科学目的。例如航空工程师用模型来观察某些模型机翼的形状如何影响飞机的平衡，或者一个突然的下沉气流对飞机结构完整性有什么影响。所以，即使模型飞机在某种意义上是“不真实的”，它们依然有用，有时甚至是学习如何飞行的必要器件。事实证明，模型在政治科学中也同样十分有用。

形式建模（formal model）（经常被称为“分析模型”或者“模型”）是对现实的简化和抽象代表，是可以被口头上、数学上或一些其他符号系统表达的，展现各变量或系统各部分是如何联系在一起的。[38]这个定义可能看上去比较模糊，所以我们将讲述一个模型的组成要素并举一个例子。[39]

模型的主要组成部分包括：（1）一系列“基元”，或未定义的术语或含义被认为是理所当然的词语；（2）一系列假设，即有效性被认为是理所当然的声明或断言；（3）一系列把模型的各个部分联系起来并做出推论的规则或逻辑；（4）一系列借助规则推导出来正确的导出命题。就我们看来，这些命题并没有得到经验的支持。一个建模者必须从某些地方开始着手，这样系统最主要的组成部分就必须像给出的那样采用。做一些假设也同样必要。举个例子，许多政治学家在之后的讨论中未用数据证明就假定人们在某种意义上是“理性的”。这些基元和假设同建构几何学的原理是类似的。像几何学或符号逻辑学那样，对规则的运用让基本表述和假设转变为有效的陈述，从而让模型变得强大。如前所述，如果规则得到正确的运用，那么一个模型得出的结论就是真实可信的。这些陈述在现实世界中可能或也不可能站得住脚。但是许多建模者相信它们具有近似实证的有效性，如果有一个好的模型，那么它们提供的解释就不仅仅只是弥补预测中的误差。

举一个形式建模的例子，让我们回到投票和不投票原因的问题。这一次我们从一个理论视角来处理这个问题。所有定义的模型都简化了现实，呈现给我们的模型结构并不复杂，有的甚至只有基本框架，它们被用来完成说明的目的。[40]考虑一个单个公民。我们假定这个人有渴望或需求，在建模中通常被称为“效用”。这个人可能希望少缴税，结束联邦枪支管制，在军费上少花钱。[41]用 $\boldsymbol{U}$ 来代表总效用。这个模型已经开始变得抽象，我们已经几乎理所当然地使用了“效用”的含义。实际上，我们可以引入另外的符号来阐明这个人从两党或两个候选人那里获得的效用的数量。例如，U_A代表党（或者候选人）A 当选后在这三个问题上给选民带来的价值。同样，U_B代表另外一个党（或者候选人）当选后带给选民的价值。现在模型假设选民是理性的，意味着他们会从自己的行为中获得最多或最大化的价值或效用。这个对理性的设想或定义通常被称为“主观的”或“心理的”，因为如预期快乐和满足这样内在的心理状态一样都是很难客观测量的。似乎人们是从心理上计算效用 A 和效用 B 的不同，并用这个结果来指导他们的决定：如果 $U_A>U_B$，就选 A；如果 $U_B>U_A$，就选 B；如果 $U_A=U_B$，就弃选。（为什么这样选呢？答案如下。）当然没有人会这样做，但是人们看起来好像是这样做的。[42]更正式地说，可以把效用的对比符号化，我们叫作“政党微分”。具体如下：

$$U_{AvB}=U_A-U_B$$

“效度”的含义

区分实验和形式建模的评估标准是必要的。对于后者，我们在进行研究时采用基于经验的观察做出有效因果推理的方法。模型中的效度类型是不同的，在这种情况下，我们说推论只有在通过前面的论述被合理推论出来时，才能说其是有效度的。从经验角度说，这样推论可能是也可能不是有效的。直角三角形的内角和是 180 度的结论符合欧几里得几何中的公理，而这并不是自然状态存在的，因此建模程序的推导发展要依靠前面的推论和逻辑而不是经验事实。正如我们将看到的，我们可能想测试一个模型的预见性。但是如果我们发现没有能够发挥作用，也没必要说这个模型不正确，它仅仅是没能描述真实的世界。

注意一个要点：如果 U_{AvB} 等于零，即如果这个人看到各党或各候选人之间没有区别（效用一样），他就没有去选举的动力，并因此弃选。[43]

在这一点上，我们引入一些基本术语（例如“效用”）和一个关键假设，即选民是理性的，这就意味着选民会选择那个带给他最大好处的，用建模者的话来说就是最大的效用。对于这些要素，我们利用代数规则来推导出人们将会怎么做。（这是个简单的代数运算，即如果 $U_A=U_B$，那么它们差别为零。根据假设，如果效用为零的话，人们就不会采取任何措施。）实际上，这个结论看上去没有价值——人们会选择他们最偏好的政党——但是我们可以扩展这个模型而得到一个令人吃惊的结论。

这个模型隐含的假设是人们都有偏好并很容易根据偏好采取行动。但是这个假设可能过于简单，因为它没有考虑到“信息和交易成本”。潜在的选民必须花时间搞清楚各党在相关问题上的立场。这个任务看上去很小，但事实上并非如此。政策不得不对选民具有重要性的许多事项进行更好的匹配，包括工作和家庭事务、放松娱乐的欲望和健康问题。了解选举政治至少需要一定的时间来倾听或者阅读有关竞选的情况。因为要购买报纸和杂志，它们可能会需要货币成本。此外，各政党或者各候选人经常模糊他们的立场，或者试图扭曲他们对手的形象。更糟糕的是，潜在的选民在登记注册的时候会带来一些麻烦，如寻找投票站，并且需要花费时间进行实际投票。[44]这些成本看上去可能不大，但是研究者告诉我们它们可能会影响政治行为。所以让我们用符号 C 来代表了解竞选和投票的成本。不可否认，这是个抽象的符号，因为人们不会用单个数字来汇总各种成本。尽管如此，它依然象征性地代表了当分配时间和精力到某些任务时人们必须体会到的成本。

现在可以做出预测，如果 C 大于或者等于 U_{AvB} 的绝对价值，我们假设公民会感觉到投票的成本超过了一个候选人比另一个候选人带来多出的效用。用符号来说，如果投票的成本大于一个或另一个政党（或候选人）带来的利益，选民会再次弃选。理性假说（即人们追求效用最大化）解释了人们为什么会这么做：如果行为的成本大于收益，行为就是不理性的。

建模时，我们可能会遇到另一个困难。我们都知道，无论选举规模大小，出现关键性一票这样的可能性几乎没有。例如成千上万的人去投票选举一个众议院代表，而一个人的选票决定竞选结果的可能性有多大呢？选举竞争并没有那么激烈（有多少选举结果是靠 5 001 票对 5 000 票这样微弱的优势险胜的呢）。所以，每个人都必定知道，即使是在选举日当天他或她待在家里，对选举结果也没有很大的影响。这就意味着，从支持的政党当选中获得收益的机会，不受任何特殊选民行为的影响。公民是否参选很可能不会影响我们支持的政党获胜或落败的概率。因为有太多人投票，所以任何一张选票都不是决定性的。

让我们来看一看，如果加入这个小概率会对模型的结果产生什么影响。一张选票具有决定性的这种可能性用 P 代表，在任何真实的选举中，这个值将会非常小，比如说只有万分之一。如果我们低估一个人从一个政党获得的超过另一个政党的效用，那么结果也会非常小，实际上接近于零。低估（或者增加）P（即 $P\,|U_{AvB}|$）的效用被称作 A 对 B 的“预期”或者“主观预期”。

举个例子：对 A 预期的收益超过 B 100 单位效用，投决定性一票的可能性并因此实际带来的总效用是万分之一，结果是 0.01。现在就可以比较投票的成本了。毕竟，并不是所有人都会比较预期收益和获得这些所付出的成本。了解选举信息和投票的成本超过这一数额时，比如 1 单位效用，将意味着理性的选民没有投票的动力。如果假设所有的选民都是理性的，都做类似的计算，我们推论没有人会去投票。

这个结果可能很牵强。但这确实是许多选举模型得出来的结论，被称作“投票悖论”。[45]这个悖论已经困扰了许多社会科学家，他们试图弄明白为什么逻辑推理（从模型的基本元素和假设中推导）出人们不会去投票，但在现实中很多人确实投了票。

我们通过引入另一种“效用”来改进模型，这个效用是观察一个或另一个当选政党而得来的。这个额外的价值可能源于一个人参与政治活动所获得的快乐以及了解普遍的政治冷漠会破坏民主。[46]让我们把这个因素称作 $\boldsymbol{E}$，也就是积极参与公民生活所获得的额外效用或价值。它作为一个附加或额外的效用进入潜在选民的“计算”。表 3—5 说明了我们的模型。

表 3—5　　公民 X 在理性选择基础上参与投票的简单形式建模

原始条件

- U_{AvB}：公民 X 选择政党（候选人）A 所获得的效用或价值相对选择政党（候选人）B 的数值。
- P：公民 X 对他或她投票起决定作用预计的可能性。
- C：公民 X 了解信息、注册及投票的成本。
- E：公民 X 参与民主政治和投票的收益。

假设

- 理性选择：公民行动的效用最大化。

预测

- 决定投票或不投票：

1. $P\mid U_{AvB}\mid + E > C$	投票（参见后面 3、4 点）
2. $P\mid U_{AvB}\mid + E \leqslant C$	不投票，直接参看后面 6、7 点

- 决定如何投票（如果前面第 1 点成立）：

3. $U_{AvB} > 0$	选举 A
4. $U_{AvB} \leqslant 0$	选举 B
5. $U_{AvB} = 0$	不投票，直接参看后面 6、7 点

- 如果各政党不存在分歧（$U_{AvB} = 0$）：

6. $E > C$	在投票站投掷硬币决定（因为 $\mid U_{AvB}\mid = 0$）
7. $E \leqslant C$	不投票

我们可以用几种方法来解读这个表。这些推论是从既有前提的基础上通过逻辑推导出来的。不管在现实世界中发生了什么，它们都是对的。如果受到这个情况的困扰，你可能会主张存在一种"内部"效度，但是由于研究结果不适用任何有意义的人群，导致它的外部效度很低。这是一个合理的论点，但是它让我们在政治科学中的讨论了形式模型的价值。[47]

许多社会学家认为建模作为一个研究方法有许多优点。他们相信模型能让我们清晰准确地思考。就如莫里斯·菲奥里纳（Morris Fiorina）说的那样，建模需要我们把"所有牌都放在桌子上"[48]。对一个有用的模型来说，必须有清晰的定义和明确的假设。如果这些条件都成立并且规则都被知晓和接受，其他的研究者就可以验证这些推论。我们可能不喜欢定义一个术语的方式或者引入假设的方式。但是如果我们至少知道模型反映了什么，我们就可以提出选择方案并发现和更正错误。相比之下，口头的理论或者历史经常有隐含的或模糊定义的术语和假设，因其模糊性人们经常会相互讨论。模型也比较精简。它们只留下一个问题最关键的部分。也许模型过分简化，但是研究复杂的政治现象时简化是必需的。此外，几乎任何种类的研究都会把问题缩小到可以掌控的程度并依赖简化的假设，这一点有时会被对这种方法持批评态度的人忘记。

最后，政治学家将形式建模的方法应用在广泛的领域中，从国际关系（例如结盟、爆发战争、军备竞赛）到组织和团体的行为（例如做出立法和司法决策、唱名投票和国会委员的分配），再到个人行为（例如对候选人的偏好、候选人竞选策略）等。实际上，这些程序在许多专业的报纸杂志和研究生课程中占有重要位置。

总结这一部分，尽管在社会科学领域中建模方法越来越受欢迎，但是也有许多批评家很反感利用假设来让模型"运转起来"。例如人们对理性假设感到怀疑，因为它定义的方式让许多人觉得奇怪。一个抽烟上瘾的人以最低价格买香烟是理性的吗？形式建模者会说："是的，如果他或她在行动上追求效用最大化（主观上或心理上）。"但是估计没有医生会同意这个观点。[49]

模拟

一个和建模紧密相连的研究设计就是模拟。为了达到我们的目的，我们把**模拟**（simulation）定义为一个用来研究其随时间而发生行为变化的系统装置的代表。分析单位不是像一个样本研究中的离散个体，其最根本的关注在一个进程或结构，例如一个大型组织、一个立法机构或者一个政党系统，它们都由一些或很多部分组成。当个体进入模拟中，他们行为在一个集体（例如一个群体、一个委员会、一个联盟）中，是主要的关注点。用来调查现象的"装置"可以是一个电脑程序，一个棋类游戏，角色扮演或者是让其他研究者能够观察这个系统的组成部分是如何相互作用和改变的其他方法。至少对调查目的来说，这个系统或者进程通常被认为是"封闭的"，或是不受外在因素影响的。

对模拟研究首要担心的问题就是时间。模拟研究看重内在元素的动态互动：如果其中一部分改变了，其他部分会发生什么？有反馈循环还是有互为因果的路径？这个系统会在一个均衡条件下运行还是会失控？结果是模拟正常"运行"。各部分从一开始或从一组"假设"开始就互动来观察两个内容：它们会如何影响对方和被对方影响；在不同的时间间隔或者"反复"下系统的整个状态会有何变化。

制造模拟需要我们尽可能多地去了解研究内容。虽然它们对探索工作不是非常有用，但是对发现"意外的"属性很有帮助，这些属性不能在静态模型中找到或者很难用传统方法计算。调查者可能很清楚系统的组成部分以及它们是如何联系的，但是当它们开始了长时间运作而研究者不易预测会发生什么时，一系列的运作提供的见解可能无法计算或推导。因此，当研究者对如何去运行有广泛而可靠的知识时，模拟效果最佳或者能提供最多有用信息。

尽管不是模拟这个名字，但是你可能非常熟悉模拟。一些类似大富翁（Monopoly）的游戏就是模拟的例子。角色扮演的练习，例如模拟议会或者法庭，就是参与者对立法或司法行为的模拟。模拟被广泛应用在学术和应用上，来研究无法通过实验室或者研究工具调查的复杂现象。许多模拟出现在新闻报道上，例如经济学家用模型预测未来的就业水平和通货膨胀率水平。在这些模型中，他们设定了一些参数然后让一个或者更多的因素变化。他们可能会问，如果人们突然决定提早退休会发生什么？对生产力会有什么影响？对医保费用有什么影响？对社会保障信托基金有什么影响？另外举一个例子，国会预算办公室（CBO），一个国会非党派研究机构，定期预测其他政策选择（可能是减税）对政府支出状况或者整个经济的影响。正如你所知道的那样，自然科学经常利用模拟来研究复杂现象，例如越来越多的温室气体（如二氧化碳）对全球气候的影响。

用由理查德·J·斯特罗（Richard J. Stroll）从事的一个实际研究的简单例子来说明模拟的可能性。[50]几代研究国际关系的理论家想知道在一个利己主义和独立国家所组成的世界（有时候也被称为"霍布斯世界"）里，尤其在缺少类似于世界政府这样一个外部权威的情况下，权力平衡是否能够以及如何“自动”地达到和维持。在这个研究中，我们假设这个世界是由几十个拥有不同权力的国家所组成，这些国家都假定在为生存而挣扎。我们想知道在这种无政府状态下，如果一个国家攻击另外一个国家会发生什么。它们最终将会达到一种均衡或者是权力的平衡？或者它们最终将消灭掉对方？或者一个国家将会主宰其他国家？这些都是有意思的问题，因为毕竟每个人都生活在一个多种权力和利益并存的主权国家的世界里，并且总是存在致命冲突的可能性。

我们用来组成和“运行”模拟的机制，取决于我们的研究目的、必要的计算和类似的考虑。我们用一个计算机程序来说明这个例子。这个方法允许我们尝试不同的配置和初始值，插入随机的误差，然后运行数百甚至数千遍的实验来看通常会发生什么。当然，这里我们不能做一个实际的模拟，但是在图 3—11 中，我们描绘了一个具有连续步骤的“流程图”或者图表，即我们假定的程序将会通过每次循环继续进行。这个流程图并没有完整地描述这个机制的内在作用，但是它给我们展示了一个模拟是怎样运作的。

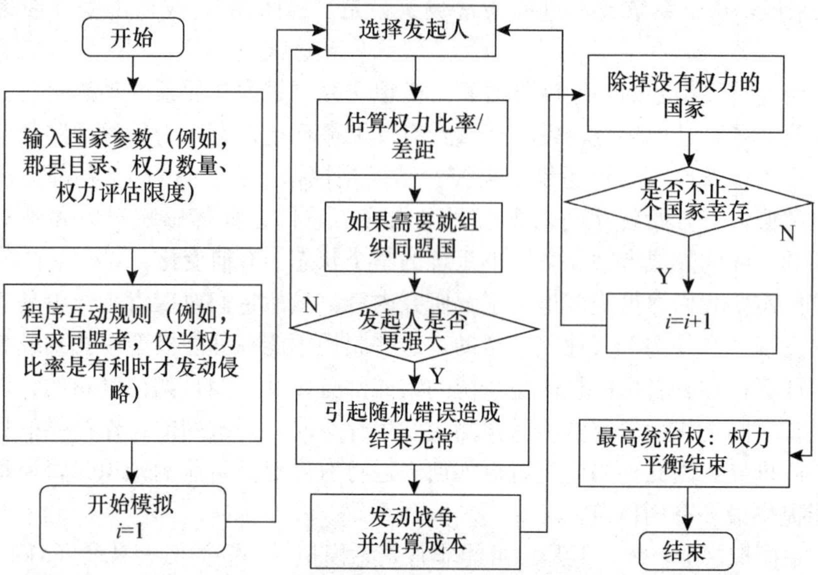

图 3—11　政权平衡模拟

注：i 表示循环次数。

资料来源：Adapted from Richard J. Stoll, “System and state in intenational Politics,” *International Studies Quarterly* 31 (December 1987): 387-402. Reprinted with permission of Blackwell Publishing。

我们通过“创造”一组国家和给它们分配初始值来开始。像斯特罗所做的那样，在这个例子中我们可以运用计算机制作像一个 5 行 10 列包括 50 个国家的表。这个程序也会为每一个国家——仅仅是一个计算中的存储地址——赋予不同变量的价值，例如它初始的权力。（一开始，权力的数值可以随机分配。）我们可以编写代码来制定游戏规则。例如只有相邻近的国家才能对其发起攻击。这些程序语句代表了我们所认识和理解的一个无政府体系。如果我们严重地不切实际，批评家会告诉我们要做出相应的调整。这里所描述的模型理所当然地选择国家政权的类型，但也可以制定一个规则（编程代码）来防止民主国家彼此相互攻击。[51]

模拟从第一轮或者重复开始。侵略者是随机选择的，关于邻国的权力值也被计算出来，国家结盟形成后再一次计算权力值，然后根据规则做出了开战的决定。接下来会计算参与国的损失（成本），然后根据规则会分配新的权力数值。一些国家可能在这个过程中被消灭了。现在这个程序做了一个决定：是否不止一个国家幸存？如果是，模拟进入下一轮，这一轮会选择新的战争挑起国然后做新的计算。我们可以让这个最大的重复轮回数是任何一个数值，比如说 500 或者 1 000。经过多次尝试后如果还有国家幸存下来，我们可以得出系统已经被保存的结论。但是如果只有一个国家留了下来，那么这个游戏以一个超级大国的绝对主导结束。我们可以反复运行这个过程来看平均起来会发生什么。在斯特罗的研究里这样的过程重复了 270 次。

模拟很明显类似一个“思维实验”，在这个思维实验中研究者会想“如果 A 这样做接着 B 回应，将会发生什么”。这种行为可能看上去是枯燥的或是徒劳的，这是因为我们只提供了一个关于模拟是什么和模拟能做什么的简单描述。正如我们所说的那样，它们已经成为社会科学不可或缺的部分。[52]我们对这个世界的很多思考和理解部分来自模拟研究。

结　论

在这一章中，我们讨论了为什么在研究过程中选择一个研究设计是重要的一步。一个设计可以让研究者达到他或她的研究目的，并能得出有效的、包含有大量信息的结论。我们提供了两种基本的研究设计类型——实验设计和非实验设计——同时介绍了一些其他的方法（见表 3—6）。我们讨论了它们各自的优缺点。实验设计——研究者可以控制自变量、分析单位和它们的实验环境——比非实验设计要好，因为研究者可以利用实验设计建立更有效的因果解释。因此，实验设计在内部效度上比非实验设计要好。但是，实验设计也并不是在任何时候都比较合适或者能够进行。非实验设计观察可能经常以一个有意义的方式来验证假设，并能提高结果的外部效度。在这些情况下，因果推论的依据并不十分可靠，经常要用统计方法来进行估算（参见第 13 章）。但是无论实验设计还是非实验设计，其实验设计目的都是一样的。

表 3—6　　选择的研究设计对比

设计类型	设计目标			
	确立 X 和 Y 共变	确立 X 先于 Y 变化	确立真实关系	确立普遍性
经典实验	是	是	是	可能
非实验的时间序列	是	是	可能	可能
横向研究	是	通常不	可能	可能
固定样本连续研究	是	是	可能	可能
描述性案例研究	可能	可能	可能	否
探索性案例研究	可能	可能	否	否
解释性案例研究	是	是	可能	可能

单一的研究设计可能会影响内部效度和外部效度的有效性。研究者经常会同时采用几个研究设计来扬长避短，也就是利用一个设计的长处来弥补另一个设计的不足。同样，如果一个比较蹩脚的研究设计证实了以前应用不同的研究设计所得出的实验结果，那么，这个蹩脚的研究设计所得出来的研究结论有可能更加容易让人接受。

在下一章中，我们将讨论研究过程的下一步骤：识别变量和说明测试命题。我们将研究其中一个设计的具体说明。接下来的章节将介绍完成一个设计需要的多种数据收集方法。

注　释

［1］David Nachmias and Chava Nachmias，*Research Methods in the Social Sciences*（London：Edward Arnold，1976），29.

［2］伪关系的另一个案例参见第 13 章。

［3］Stephen Ansolabehere，Shanto Iyengar，Adam Simon，and Nicholas Valentino，“Does Attack Advertising Demobilize the Electorate?” *American Political Science Review* 88（December 1994）：829-838.

［4］参见 Donald T. Campbell and Julian C. Stanley，*Experimental and Quasi-Experimental Designs for Research*（Chicago：Rand-McNally，1966），5-6；and Paul E. Spector，*Research Designs*（Beverly Hills，Calif.：Sage Publications，1981），24-27. Four components of an ideal experiment are identified by Kenneth D. Bailey in *Methods of Social Research*（New York：Free Press，1978），191。

［5］如果你难以理解这个想法，想象你有一大瓶弹珠，弹珠的多数是红色的，只有少数是蓝色的。现在，随机从瓶子中取出一颗弹珠放在第一个盒子里，然后再随机取出一颗弹珠放在另一个盒子里。重复这一操作超过 20 次。最后你有两个盒子，每个盒子有 20 颗弹珠。如果你是随机选择的，那么每个盒子里的红蓝弹珠的比例应该大体一样。如果瓶子中的红弹珠占 90%，蓝弹珠占 10%，那么，两个盒子里每个都应该是 18 颗红弹珠 2 颗蓝弹珠。这个数字可能不精确，但是两个盒子只有微小的差异。

［6］Martin T. Orne，“On the Social Psychology of the Psychological Experiment：With Particular Reference to Demand Characteristics and Their Implications，” *American Psychologist* 17（November 1962）：776-783.

［7］此讨论基于 Bailey，*Methods of Social Research*，204-206，and Jarol B. Mannheim and Richard C. Rich，*Empirical Political Science*（Englewood Cliffs，N. J.：Prentice-Hall，1981），76-77。

［8］Shanto Iyengar，Mark D. Peters，and Donald R Kinder，“Experimental Demonstrations of the ‘Not-So-Minimal’ Consequences of Television News Programs，” *American Political Science Review* 76（December 1982）：848-858.

［9］事实上，应用统计学的很大一个次领域就是复杂实验设计和分析。一些此类导论可见 Steven R. Brown and Lawrence E. Melamed，*Experimental Design and Analysis*（Thousand Oaks，Calif.：Sage Publications，1998），and Larry Toothacker，*Multiple Comparisons*（Thousand Oaks，Calif.：Sage Publications，1990）. 此类书的经典的一本是 Donald T. Campbell and Julian C. Stanley，

Experimental and Quasi-Experimental Designs for Research (Chicago: Rand-McNally, 1966)。

[10] 此讨论基于 Joseph A. Pechman and P. Michael Timpare, eds., *Work Incentives and Income Guarantees: The New Jersey Negative Income Tax Experiment* (Washington, D. C.: Brookings Institution, 1975), esp. chaps. 2 and 3。

[11] 参见，例如 Ken Goldstein and Paul Freedman, "Campaign Advertising and Voter Turnout: New Evidence for a Stimulation Effect," *Journal of Politics* 64 (August 2002): 721-740。

[12] William Mishler and Reginald S. Sheehan, "The Supreme Court as a Counter majoritarian Institution? The Impact of Public Opinion on Supreme Court Decisions," *American Political Science Review* 87 (March 1993): 87-101.

[13] 尽管测量需要几天甚至几个星期，横向分析仍然认为它们是同时获得的。

[14] David O. Sears, Carl P. Hensler, and Leslie K. Speer, "Whites' Opposition to 'Busing': Self Interest or Symbolic Politics?" *American Political Science Review* 73 (June 1979): 369-384.

[15] Edward R. Tufte, *Data Analysis for Politics and Policy* (Englewood Cliffs, N. J.: Prentice-Hall, 1974), 5-17.

[16] Larry M. Bartels, "Messages Received: The Political Impact of Media Exposure," *American Political Science Review* 87 (June 1993): 267-285.

[17] Ibid., 269.

[18] Robert K. Yin, *Case Study Research: Design and Methods*, rev. ed. (Beverly Hills, Calif.: Sage Publications, 1989), 21.

[19] Ibid., 23.

[20] Ibid., 19.

[21] Ibid., 19-20.

[22] 参见 Richard F. Fenno Jr., *Home Style: House Members in Their Districts* (Boston: Liffle, Brown, 1978)。

[23] Yin, *Case Study Research*, 17-19.

[24] Alexander L. George, "Case Studies and Theory Development: The Method of Structured, Focused Comparison," in Paul Gordon Lauren, ed., *Diplomacy: New Approaches in History, Theory and Policy* (New York: Free Press, 1979), 46.

[25] Benjamin Page and Robert Shapiro, "Effects of Public Opinion on Policy," *American Political Science Review* 77 (March 1983): 186.

[26] Yin, *Case Study Research*, 47.

[27] Jeffrey L. Pressman and Aaron B. Wildavsky, *Implementation* (Berkeley: University of California Press, 1973).

[28] Ibid., xii.

[29] Seymour Martin Lipset, Martin Trow, and James Coleman, *Union Democracy* (Garden City, N. Y.: Anchor, 1962).

[30] Robert Michels, *Political Parties* (New York: Dover, 1959).

[31] Lipset, Trow, and Coleman, *Union Democracy*, 1.

[32] [33] Yin, *Case Study Research*, 53.

[34] Ibid., 21-22.

[35] Ibid., 21.

[36] [37] Ibid., 23.

[38] 单独使用“模型”一词可能引起误导，因为社会科学家在不同目的上使用这个词。在本文中，有其特定的意思。

[39] This discussion is based on Morris P. Fiorina, “Formal Models in Political Science,” *American Journal of Political Science* 19 (February 1975): 133-159. Also see Michael Laver, *Private Desires, Political Action: An Invitation to the Politics of Rational Choice* (Beverly Hills, Calif.: Sage Publications, 1997).

[40] 一个经典研究投票结果的案例是：Anthony Downs, *An Economic Theory of Democracy* (New York: Harper and Row, 1957). Also see William H. Riker and Peter C. Ordeshook, “A Theory of the Calculus of Voting,” *American Political Science Review* 62 (March 1968): 25-42。

[41] 注意此处的理性意愿不需要逻辑上的一致。低税收意愿与低军费支出可能不一致。但是政治学家习惯把偏好当作给定。这也是政治模型被批评的一点。

[42] 这只不过是这样的一个形式化表述：“好吧，整体上我倾向布什而不是他的对手。”

[43] 这是不投票者的一个简化抱怨表达：“在×××与×××之间没有什么区别。”

[44] 不是社会上的每一个人都能平等地承担这一代价。大学毕业生觉得可能没有高中辍学者工作繁重，这也部分地可以解释为什么受教育程度高的人比受教育程度低的人更愿意投票。

[45] John A. Ferejohn and Morris P. Fiorina, “The Paradox of Not Voting: A Decision Theoretic Analysis,” *American Political Science Review* 68 (June 1974): 525-536.

[46] Downs, *An Economic Theory of Democracy*, added exactly this sort of ad hoc term into his model. 他称之为“长期参与价值”。

[47] 一个经典的批评参见 Donald P. Green and Ian Shapiro, *Pathologies of Rational Choice Theory: A Critique of Applications in Political Science* (New Haven, Conn.: Yale University Press, 1994)。他们的分析指出了许多模型的缺陷在于得出简单结论和错误预测。几位政治家对上述观念的批评参见 Jeffrey Friedman, ed., *The Rational Choice Controversy* (New Haven, Conn.: Yale University Press, 1996)。

[48] Florina, “Formal Models in Political Science,” 137.

[49] Green and Shapiro, *Pathologies of Rational Choice Theory*, and Jeffrey Friedman, *The Rational Choice Controversy*，更详细地探讨了这个问题。

[50] Richard J. Stroll, “System and State in International Politics: A Computer Simulation of Balancing in an Anarchic World,” *International Studies Quarterly* 31 (December 1987): 387-402.

[51] 尽管我们为了说明的目的而呈现这一模拟没有顾及实际，但是最后一句提醒了我们重要的一点。科学是一个基于其他人的著作建设再建设的累积过程。然后，我们清晰提出我们的模型，其他人可以看到它的弱点，而我们也可能做出改正与增补。在这个例子中，国际关系学者已经注意到在国际关系中民主国家之间没有发生战争，并投入时间和精力去解释在考虑国际关系中我们应该包含进去的答案。

[52] 讨论社会科学中模拟案例的课参见 Robert Axelrod, “Advancing the Art of Simulation,” in Rosario Conte, Rainer Hegelsmann, and Pietro Terna, eds., *Simulating Social Phenomena* (New York: Springer, 1997): 21-40; and Nigel Gilbert, “Simulation: An Emergent Perspective,” Centre for Research in Social Simulation, n. d. (based on lectures given in 1995 and 1996), available online at http://www.soc.surrey.ac.uk/research/cress/resources/emergent.html。

术语介绍

随机分配：将实验对象随机分配到实验组和控制组。

案例研究设计：有一个案例或多个案例组成的综合和深入的研究。案例研究设计是一个调查者几乎不对实验要素实施控制的非实验设计。

经典实验设计：将实验对象随机分配到实验组和控制组，并对两组都进行前测和后测的一种实验。

控制组：不接受实验处理或测试刺激的一组实验对象。

横向设计：作为一种研究设计的横向设计中，自变量和因变量的测量是同时进行的；自变量在自然条件下产生的不同被用来建立准实验组和准控制组；其他外部因素通过统计方式进行控制。

需求特征：研究现状的一部分引起实验参与对象猜测研究的目的和原理，并据此改变自己的行为和选择。

反常案例研究：研究与其他案例反常的一个案例，并从中促使研究者对普遍盛行理论的思考。

实验效果：自变量对因变量的影响。

实验组：接受实验处理或测试刺激的一组实验对象。

实验失败：实验组和控制组之间实验对象的差别损失导致了两组情况的不相同，而影响内部效度。

实验法：在研究设计中研究者控制测试因素或自变量的出现，实验对象组别的分配以及回复的测试的一种研究。

外部效度：能够将一种研究的结果推广到其他情形的程度。

外部因素：自变量以外的可能影响因变量的其他因素。

因子设计：被用来测量两种或多种自变量单独和共同的影响的实验设计。

田野实验：在自然环境下进行的实验设计。

形式建模：对现实的简化和抽象。可以通过口头的、公式的或一些其他象征系统表达，来表明变量或系统的部分是如何相互联系的。

历史：因变量在事件推移的背景下随着环境的变化而产生的变化，影响内部效度。

设备衰变：被用来测试因变量的测试设备的改变导致了测量的变化，影响内部响度。

工具反应性：实验对象对前期实验的反应。

内部效度：能够说明自变量的控制或改变确实导致了因变量的变化的程度。

成熟度：实验对象随时间的变化影响了因变量的变化，影响内部效度。

多小组设计：具有超过一个控制组和实验组的实验设计。

非实验设计：至少具有以下特征之一的实验设计：存在一个单一组；不控制实验对象如何分配；不控制自变量的运用；在接触自变量之前或之后不测量因变量。

固定样本失败率：固定样本连续研究中实验参与对象的退出和消失。

固定样本连续研究：变量在同一地点、多个时间点连续测量的一种横向研究。

后测：因变量在自变量操控完成后的测量。

精确匹配：将两组实验对象一组匹配到实验组，另外一组匹配到控制组。

前测：因变量在自变量的管理或操控之前的测试。

随机选择：将实验对象随机分配到实验组和控制组。

研究设计：一项旨在说明研究者打算如何实现研究目标的计划，一个为验证假设的合乎逻辑的计划。

选择偏好：将实验对象分配到实验组和控制组中产生的偏差，影响内部效度。

简单后测设计：有实验组和控制组但缺少前期测量的较差的实验设计。

模拟：通过一个系统的简化装置来研究其行为。

统计回归：因变量因为临时性的极端值而发生变化，影响内部效度。

调查研究：通过提问问题填写表格或应用其他方式直接或间接向个体收集信息。

测试刺激因素：研究者通过引入和控制自变量来测试自变量对回复或因变量的影响。
测试：对因变量前测的影响，影响实验的内部效度。
时间序列设计：在实验处理前后描述因变量多次测量的一个实验设计。

建议阅读书目

Campbell，Donald T.，and Julian C. Stanley. *Experimental and Quasi-Experimental Designs for Research*. Chicago：Rand-McNally，1966.

Cook，Thomas D.，Donald T. Campbell，and Thomas H. Cook. *Quasi-Experimentation：Design and Analysis Issues*. New York：Houghton Mifflin，1979.

Creswell，John W. *Research Design：Qualitative and Quantitative Approaches*. Thousand Oaks，Calif.：Sage Publications，1994.

Downs，Anthony. *An Economic Theory of Democracy*. New York：Harper and Row，1957.

Hakim，Catherine. *Research Design：Strategies and Choices in the Design of Social Research*. London：Allen and Unwin，1987.

Hanley，Ryan Patrick. "What Is a Case Study and What Is It Good For?" *American Political Science Review* 98 (May 2004)：327－354.

Laver，Michael. *Private Desires，Political Action：An Invitation to the Politics of Rational Choice*. Thousand Oaks，Calif.：Sage Publications，1997.

Spector，Paul E. *Research Designs*. Beverly Hills，Calif.：Sage Publications，1981.

Yin，Robert K. *Case Study Research：Design and Methods*. Rev. ed. Beverly Hills，Calif.：Sage Publications，1989.

第 4 章

社会科学研究的模块：假设、概念与变量

在第 1 章和第 2 章，我们讨论了何谓获取科学知识，并提供了致力于生产这类知识的政治科学研究的事例。第 3 章介绍了各种类型的进行科学研究的“设计”或总体计划。现在我们来看经验研究计划的一些初始步骤。我们将着重探讨政治现象之间的各种关系。这些初始步骤要求我们：（1）规定研究所关注的问题；（2）提出一种有关所要研究的现象的恰当解释；（3）表述出一些可检验的假设；（4）界定这些假设中的概念。我们在介绍这些步骤时将按照一种逻辑上的顺序来做，但实际上的顺序往往千差万别。无论如何，研究项目要想取得成功，最终都必须采取这些步骤。如果我们能够尽早处理这些步骤中的问题与选择，那么研究计划的其他方面也能够尽早完成。

一、规定研究问题

社会科学研究最重要的目的之一是回答有关社会现象的问题。第 1 章概括了研究项目，比如回答有关重要的政治态度或行为的问题。为什么一些国家要比另外一些国家的财富分配更为平均？为什么一些人投票而另外一些人不去投票？最高法院的法官们面对着送来的案卷时是如何做出决定的？在什么样的情况下，

人们最有可能支持美国卷入外国事务？那些消极的竞选广告对选民有影响吗？公共机构的官员是根据什么理由来制定公共政策的？在任何一种情况下，研究者要确定一种政治现象，然后试图回答有关该政治现象的问题。政治学家所探讨的问题千差万别，他们选取问题的因素有：这些问题是否有价值（亦即是否能推进我们对于政治和政府的理解）、能否观察以及是否属于政治问题。政治学家所致力回答的有关政治问题涉及个人（投票者、公民、特定区域的居民、最高法院的法官、国会议员、总统）、群体（政党、利益群体、工会、国际组织）、机构（州议会、市议事会、官僚、地方法院）和政治辖区（城市、州、国家）。

研究者的第一项任务是规定研究所要探讨的问题。提出一个具有吸引力的恰当研究问题让研究项目有了一个良好的起步，它限制了研究的范围，并清晰确定了所要收集的信息内容。问题表述不当必然会使得研究浪费时间和精力。下面这些问题也许有助于进行一项有意义和内容的政治研究项目：

为什么一些城市地方选举的投票率（voter turnout）要高于其他城市？

为什么一些社区的垃圾回收率要高于其他社区？

为什么一些国会议员投票赞成医保计划下的处方用药优惠，而另一些议员反对？

为什么一些国家立法严格限制游说行为，而另外一些国家没有？

为什么宾夕法尼亚州各个学区的生均教育支出存在差别？

为什么开战后民众对伊拉克战争的支持率在下降？

为什么长期看来民众支持通常乃至总是下降？

为什么一些法官更愿意保护被告权利而不是原告权利？

为什么一些国家侵犯人权的现象要比其他国家更为严重？

为什么各州的医疗事故保险成本存在差异？

为什么一些国家支持设立限制二氧化碳排放的具体目标，而其他国家并不支持？

如果研究项目不能针对政治现象提出恰当的问题，这将使得研究项目走入歧途，要么所涉事实过于散乱而无法控制，或者过多关注规范性的结论。政治现象的界定是相对含混的，但不管怎么说，它也不可能把所有人类特征或行为都纳入进来。

研究问题如果局限于狭隘的事实之上的话，将限制其研究意义。我们必须记住，虽然事实非常重要，但事实本身并不足以产生科学解释。这里，人们所忽略的是**关系**（relationship），亦即一个变量的值与其他变量的值的关联、相依和共变。研究者通常所关注的是如何推进和检验一种现象与其他现象之间的关系的一般性概括。由于没有这种一般性概括，下列研究问题所涉及的有待解释的事实知识将严重降低其研究价值：

你所在州的最近一次州议会选举中，有多少席位是无须竞争的（只有一位竞争者）？

上年有多少州议会通过了比前一年削减了不低于10%的预算？

在上一次国会会议期间有多少有关环境立法的议员赞同票记录？

在过去五年中，有多少贸易争端提交到世界贸易组织（WTO）？

在最近一次美国参议员选举中，登记投票者的比例是多少？

在过去三届总统任期中，有多少内阁成员被替换？

在艾奥瓦州民主党地方选举中，向民主党总统候选人初选捐款最多的前十位是谁？他们一共捐款多少？

有多少人反对《平权法案》？

不管怎么说，事实信息有助于研究者提出“为什么”的问题？比如，研究者获悉非竞争性的议员席位数目并注意到各州的非竞争性席位数存在显著的差异，就可以提出一个具有研究价值的问题：“为什么一些州的州议会选举要比另外一些州更具竞争性？”反过来，如果一个人只拥有某个州的数据，他可以探讨：“为什么一些地区的选举要比另外一些地区更具竞争性？”这就需要辨识出那些解释这些差异的地区和选举的特征。

研究者还可能注意到提交到 WTO 的贸易争端数量各年度有别。为什么会这样？在收集争端数目的数据时，他可能会留意到，起诉来自不同的国家。重要的是弄明白这些争端是如何处理的。这些处理争端的仲裁是否存在某类国家获益的模式、原则？理由何在？同样，国会议员在环保议案上的投票记录并不一致，为什么？政党是否构成一种可能的解释？或者是意识形态？或者是因为其他因素？

一些重要的研究贡献来自事实性或描述性的研究，这或者是因为事实信息难以获得，或者是因为——正如本章后面以及第 6 章所要讨论的——研究者在用以测量概念的事实或信息上存在争议。在这种情况下，研究需要证明，为什么不同的测量概念的方法对于构建“事实”方面有着重要的影响。

另外一类与本书所探讨的研究方法背道而驰的研究问题是追问规范性结论的问题（见第 2 章有关规范性陈述与经验性陈述的区分）。诸如“美国是否应当与那些支持伊拉克战争的国家在重建伊拉克的建设合同方面予以优先考虑”，或“名誉损害案的诉讼中拿实际恶意检验作为判案方式是否过于严格”，或“各州是否对那些意欲在其境内新设企业的公司赋以税收优惠”之类的问题，它们都是非常重要并且会引起政治科学（事实上，还有所有公民）的关注，但就我们本书的目的来说，这些问题却并不合适。它们都要求得到一种规范性的回应，亦即有关何者是好的或应当如何去做的判断。虽然科学知识在回答这类问题方面提供某些帮助，但它必然涉及个人的价值观或偏好。这些问题蕴含着一个人到底喜欢还是不喜欢什么，重视或者反对什么的因素。比如，作者的一个学生认为，宾夕法尼亚州使用党派选举来选择法官的办法并不好。为了在这个问题上给出有意义的讨论，她收集了法官候选人所募集和花费的金钱、与其他州相比司法竞争中每票所耗费的金钱数，以及与其他政治竞争相比司法竞争的投票率。这些信息有助于阐明反对党派性司法选举的理由。

学生往往很难提出有意义的恰当问题。构成一个适当的研究主题的因素复杂多变，它取决于各种情形。通常情况下，人们的选择会受到研究项目发表研究论文的要求的制约。选择恰当的主题，需要我们花费时间熟悉此前研究的范围与案例。你要广泛撒网，最终确定某个主题。虽然我们在那些放弃的主题上耗时不少，但这并不是浪费时间。它的回报就是你终于能够选择一个最贴近你兴趣的主题。

一般来说，对你的研究问题进行“那又怎么样”（so what）的检验颇有助益。对该问题的回答能否在积累我们的政治知识方面作出显著贡献？它对于实践者和政策制定者有用吗？它是否提供了某种理论的有益检验？

政治学家的研究主题源自哪里呢？答案各种各样。一些研究者基于个人的观察或经验而对某个主题感兴趣。比如，某个为败选的候选人工作过的研究者也许思考什么因素有助于竞选成功，而一个在内战期间逃离祖国的研究者更愿意探讨政治混乱的根源。一些研究者则因为其他人的研究和作品而对某个主题感兴趣。一个熟悉国会决策过程的研究文献的学者也许想探讨各种公共政策提案成功或失败的原因。还有一些研究者选择研究主题的考虑是对更为广泛的社会理论的兴趣，比如信奉理性决策理论的学者乐于研究联邦政府机构的行为；同样，对一般民主理论感兴趣的研究者往往会分析是什么原因导致民众参与政治。最后，研究主题的选择还可能是基于一些实际的理由：获得了某个特定主题的研究资助，或者证明自己在某个领域的专业能力将对日后的职业目标有帮助。

如何提出一个研究主题

1. 早做准备。

2. 提出一个包含“多少个”的问题。只要可能，数据收集就不应限于某一段时间（比如，多少年、多少次选举），也不限于单个案例（比如一个以上的城市、州、国家、多次初选）。在这些多次出现的政治现象中能否凸显某些模式？哪些因素能够解释这些模式？要回答这个问题是否存在获取信息的困难？为什么？你认为其他研究者在测量你所感兴趣的问题上的方法是否恰当？这些测量是否存在效度或信度方面的问题？（有关测量效度和测量信度的问题参见第6章的讨论。）

3. 找到你认为发表在大众刊物上的某个错误的论断或陈述或者学术论文的结论。寻求你可以用来评估该陈述的经验证据，或者检验作者所使用的证据，看是否存在影响结论的错误。

4. 找到两篇结论冲突的论文。解释或者试图调和该冲突。

5. 参看第1条。

注：感谢本书的一位匿名评论者，他提出本书应当包括提出论文主题的提示并建议了相关内容。

二、提出解释

研究者在确定适当的研究问题或主题后，接下来的步骤是提出研究者试图理解的政治现象的解释。提出解释包含这些事情：确定我们认为能够解释研究对象的其他现象以及规定这两种（或更多）的现象是如何相关以及为什么相关。

在第 1 章所提到的研究案例中，研究者为他们所研究的政治现象提出了各种解释。扬西利姆（Youngsik Lim）认为，影响最高法院法官的判决因素有：该法官之前是否参与审判当前诉讼的先例以及该法官在先例判决的投票中是处于多数派还是少数派。西格尔和科弗试图找到最高法院法官的个人态度影响司法判断的证据。伍德和沃特曼研究联邦机构的作为，看总统和国会在影响它们的时候，机构的回应是否不同。而波和泰特探讨的问题是，政府侵犯公民人权是否与人口的迅速增长、军事制度、殖民史以及经济发展水平相关。布拉德利与其合作者认为，一个国家中家庭收入的分布将受到左翼政党是否控制政府的影响。安瑟拉贝赫尔与其合作者则认为，投票率受到竞选广告调子的影响。

那种我们认为有助于解释政治特征或行为的现象叫作**自变量**（independent variable）。自变量是我们认为影响或引发其他现象的现象。**因变量**（dependent variable）由自变量所引发、决定，是自变量的函数。因此，如果研究者假设，获得更多的正式教育有助于提高未来的收入（换言之，教育可以解释收入），那么正式教育年限就是自变量，而收入则为因变量。

对政治现象提出解释并不仅仅限于找到一个我们认为能够解释因变量的自变量。对于绝大多数政治行为来说，通常需要找到许多种现象来解释它。打个比方，研究者认为，政府管制污染的投入与污染所带来的潜在危害相关，污染威胁（自变量）越高，管制污染的投入（因变量）就越大。富有洞见的研究者认识到还有其他的可能，诸如国家财富的现象也可能会影响政府的投入。因此，有关政府管制投入的解释就会涉及最初自变量之外的替代性变量。我们还可以回忆第 1 章提到的另一个事例，宁西科认为，那些教育水平更高的人群中，对于政府卷入国际事务的支持度也更高，但这一支持度还受到失业、通货膨胀等国内政策考虑的影响。通常较好的办法是比较各个自变量影响因变量的程度。办法是“控制”某个自变量或将它视为“常量”，从而观察其他变量影响因变量的程度。第 12 章将深入探讨这个问题。

有时候研究者还提出各个自变量彼此相关的解释。尤其是我们需要了解，哪个自变量出现在其他自变量之前，并判定哪个自变量要比其他自变量对于所要解释的现象（因变量）具有更直接的影响。那种出现其他自变量之前并影响其他自变量的变量叫作**前因变量**（antecedent variable）。而出现时间接近因变量并且本身受到其他自变量影响的变量则叫作**中间变量**（intervening variable）。前因变量和中间变量在因变量的解释方面存在很大的差别。我们来看下面这些事例。

设想，研究者假定一个支持全国医疗保险的人要比不支持如此广泛保险的人更有可能在 2000 年大选中投票给艾尔·戈尔。在这里，在全国医疗保险上的态度为自变量，而大选投票则为因变量。研究者也许想了解是什么原因导致了全国医疗保险的态度取向，于是提出解释，那些没有购买足够的医疗保险的人更愿意支持全国医疗保险。这个新的变量（个人的目前医保状态）因此而成为一个前因变量，因为它要比自变量来得更早并影响（我们认为）了后者。将前因变量考虑进来，从而将我们的解释框架得以进一步推进，这将有助于我们加深对于某个特定现象（这里指的是总统大选投票）的理解。注意，最初假设中的自变量（在全国医疗保险上的态度）成为包括前因变量（医疗保险状况）进来后的假设中的因变量。还要注意，在该案例中，购买医疗保险的现在状态通过影响人们全国医疗保险的态度，从而对于因变量（总统大选投票）起到了间接的作用。

我们来看第二个事例。研究者假设，投票者的受正式教育年限影响了他或她投票的倾向。在这里，教育是自变量，而投票率为因变量。如果研究者接下来考虑为什么受教育年限影响了他或她的投票行为，他或她就要找到教育与投票率的中间变量。比如，研究者也许假定正式教育创造或导致了一种公民义务感，后者反过来鼓励了选民的投票，或者正式教育促进了选民理解候选人在不同问题上的立场，后者再影响了投票率。中间变量处在自变量与因变量之间，有助于解释前者影响后者的过程。

那些包含许多自变量、替代变量、前因变量和中间变量的解释框架将变得非常复杂。**箭头图**（arrow diagram）将有助于表达和跟踪这些复杂的解释。（上一章我们简短地提到了这些图形。）它规定了所关注的现象，标明哪些变量是自变量、替代变量、前因变量、中间变量以及因变量，并且表示出这些变量是如何影响其他变量的。图4—1中的两个箭头图就是刚才的两个事例的图示。

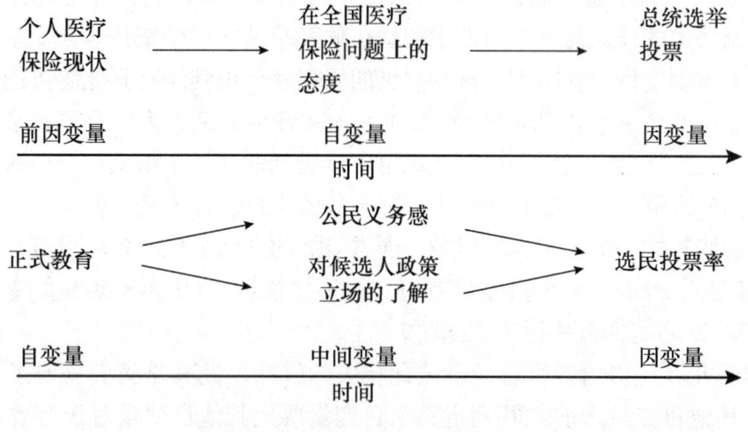

图4—1　医疗保险状况和选民投票率事例的箭头图

在这两个图中，因变量处在时间线的终端，自变量、替代变量、中间变量和前因变量则处在相应的位置来表示何者出现最早。箭头表示一个变量是用来解释其他变量的（或者与之相关）；箭头的方向表示在这一关系中，哪个变量为自变量，哪个变量是因变量。

图4—2给出了政治学家所提出并检验的两个事例的实际箭头图。两者都是用来解释总统大选的投票行为。在第一个图中，最终的因变量投票是由候选人评价和政党认同来解释的。反过来，候选人评价的解释变量有议题得失、政党认同和感知到的候选人个性。这些变量又需要由图中的其他概念来解释。那些处在图中顶端的变量是

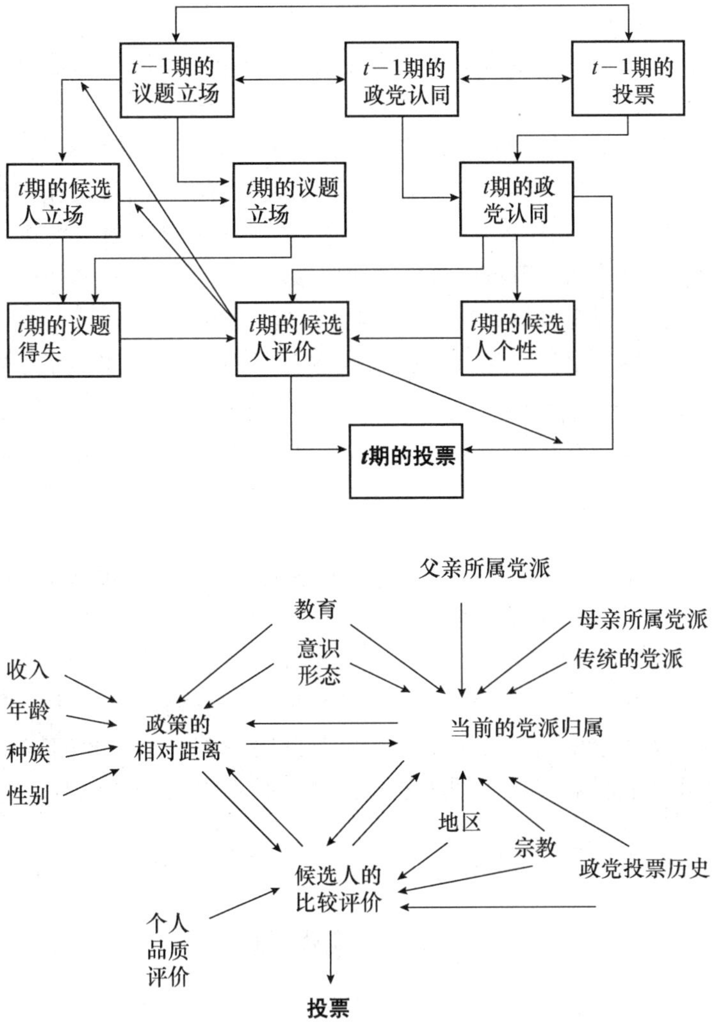

图 4—2　两种投票选择的因果模型

资料来源：Gregory B. Markus and Philip E. Converse, "A Dynamic Simultaneous Equation Model of Electoral Choice," *American Political Science Review* 73 (December 1979): 1059. Reprinted with Permission; Benjamin I. Page and Calvin C. Jones, "Reciprocal Effects of Policy Preferences, Party Loyalties and the Vote," *American Political Science Review* 73 (December 1979): 1083. Reprinted with permission of Cambridge University Press。

前因变量（下标 $t-1$ 表示这些变量处在下标为 t 的变量的前面，t 表示时间）；处在图形中间的为中间变量。在投票的解释问题上，共有 9 个自变量，它们或为前因变量或为中间变量。

在第二个图中，投票也是终极的因变量，直接解释它的只有一个自变量——候选人的比较评价。后者反过来又取决于 6 个自变量：个人品质评价、教育、当前的党派归属、地区、意识形态以及政党投票历史。该图中共有 16 个变量——或直接或间接——共同做出了投票的解释，其中前因变量处在图形的周边，而中间变量则接近于图形中央。这两个图非常有力地说明了解释一个因变量所意味着的复杂和博洽。

注意，狭义的箭头图表示虚拟的因果关系。一条连接两个变量的单向箭头是“X直接导致Y”的简便表示。如果箭头并未直接连接两个变量，这两个变量可能是联系或相关，但它们的关系是间接而非直接的。我们来考虑下面这种情形：想象在其他因素不变的情况下，你确实能够改变一个人对候选人的评价（这可以让实验室实验获得某种解释力）。然后，如果在评价和投票之间存在某种因果关系，投票本身也会发生变化。如果情形相反，两者只有间接的（非因果的）联系，那么其他因素不变的情况下改变评价并不会对因变量投票有任何影响。

我们回想一下第3章的讨论，当我们宣称X导致Y，我们事实上做出了3个陈述。首先，X与Y共变（covary）——其中一个变量的变化与另一个变量的变化相联系。其次，我们认为，自变量（X）的变化先于因变量（Y）的变化。最后，它还说明，X与Y的共变关系并不仅仅只是一种巧合或表象——由某个其他变量所引发——而是直接的。

迄今为止，我们已经讨论了研究过程的前两个步骤——提出问题然后给出解释——这两者经常按先后次序发生，但也看到，现实的研究中这两者次序往往并非如此。第2章中指出，研究者有可能从理论出发，然后据此演绎得出结论。这样的话，研究者往往从解释开始，然后寻求他们想回答的适当问题。理论是解释的一个重要方面，因为为了能够有效主张某些事情导致另一些事情，我们有必要提出一种理由或者使用来自自然科学的术语来辨识这两种关系中内在的机制。这就是理论的功用。

三、形成假设

到目前为止，我们已经讨论了研究过程的两个阶段：确定研究问题并对相应的现象提出解释。接下来，研究者就要陈述他或她的假设。**假设**（hypothesis）是一种明确的陈述，它表示研究者认为各种重要的现象是如何联系的。假设是一种猜想（具有“有依据的”性质），它表示针对某些现象所作出的解释以及自变量是如何影响或改变因变量的方式。由于假设只是一种建议性的关系，它们有可能是错误的。

良好假设的特征

要想恰当并令人信服地检验假设，假设本身就必须做到合理表述。从事研究过程的一个重要事情就是给出清晰陈述的假设，因为假设提供了之后研究过程中决定和步骤的基础。表述不当的假设往往说明了有待检验的关系的混乱，并引向错误结论从而局限了研究发现的价值与意义。我们的经验表明，对于许多学生来说，撰写一条能够恰当表述有待检验的关系的假设是一项富有挑战性的任务。下面对良好假设的六条特征的讨论将能够提醒同学们避免某些常见的错误。

第一，假设应当是经验性陈述（empirical statement），也就是说，它们应当是真实世界中所存在关系的有依据的猜想（educated guesses），而不是何者应当是真实的陈述，也不是研究者所认为应当如此的陈述。设想，某个人对民主感兴趣。如果研究者假定“民主是最好的政府形式”，他或她在此就构建了一个规范性的、非经验的陈述，这是无法进行检验的。该陈述表达了研究者的偏好，而不是对某个现象的解释。现在，该研究者应当界定其中心概念——这里指民主——以及与民主相关的那些概念（比如识字率、人口规模、地缘状况和经济发展）。因此，为得出一个合理的假设，研究者应当在民主与其他这些概念之间的关系做出有依据的猜想。比如：“高识字率的国家要比低识字率的国家更有可能出现民主。”现在该假设构成了一个能够在经验上观察到的现象的解释。或者，我们还可以认为，民主所以比其他政制好，因为它能够提供更高的生活水平。我们无法“证明”某件事情要比其他事情更好，但我们肯定能够比较国家之间的各个方面的福利水平，如健康状况。于是结论可以如下：“与那些生活在专制之下的人们相比，民主国家的公民具有更高的预期寿命”。该假设在经验是否得到证实，这涉及研究者是否正面评价该现象（这里指民主）。无论如何，这并不是说经验知识与规范探索毫无关联。通常情况下，人们往往根据他们对经验关系的评价得出规范性的结论。比如，一些人也许会断定，消极的竞选广告将导致投票者厌恶政治，从而不去参加选举投票，并且由于低投票率并非一件好事，那么消极的竞选广告也是不好的。这一陈述的前半部分是经验陈述，它可以用本书所提出的技术来进行检验，而后半部分（低投票率与消极的广告不好）是规范性陈述。

规范性思考是有益的，因为它迫使个人澄清他或她的价值观，并且鼓励人们在重要的经验问题基础之上进行研究。比如，对于犯罪的厌恶是规范性的，它鼓励人们对犯罪根源进行经验研究，或者探讨具体的判罚政策的效率。相应地，两种研究模式——规范性和经验性——应当是互补的，而不是相互冲突的。

好的假设的第二个特征是一般性（generality）。它应当解释了一种普遍的现象，而不是某次具体的现象。比如，人们也许会假设第二次世界大战的原因是德国的经济崛起。如果假设得到证实，我们所获得的知识范围是否得到了扩展呢？现在我们了解了某个战争的根源。该知识是重要的，但更重要的知识是，经济崛起一般地都会导致战争。后者是有关多次发生的现象（这里指各种战争）的知识，而不是有关只发生一次的现象的知识。因此，一个更一般的假设将会是“那些处在经济崛起的国家要比其他国家更有可能卷入战争”。有关特定发生的某个现象的知识有助于我们对各个概念之间的关系提出更为一般性的猜想，但只有达到一般性假设，我们才有望扩展超出某些个案的知识范围。以复数形式而不是单数形式表述陈述，这样能够清晰地表明假设的检验将不限于单个事例。

下面左栏的四个假设是非常狭隘的，而右栏的四个假设则更具一般性，也更有理由成为研究命题。

参议员X投票赞成某个法案因为这是总统所提出的，并且他和总统都属于民主党。	参议员更有可能投票赞成总统所提出的法案，如果他们与总统同属一个政党的话。
美国是一个民主国家，因为其人口富足。	更富裕的国家要比不富裕的国家更有可能成为民主国家。
美国比其他国家更有可能发生谋杀案件，因为那里太多的人拥有枪支。	人均拥有枪支数更高的国家要比低的国家人均谋杀案件发生率高。
乔是一位自由主义者，因为他的母亲也是自由主义者。	人们倾向于采纳与其父母相似的政治观点。

好的假设的第三个特征是它应当是合乎情理的（plausible），也就是说，这些有待证实的判断包含某些合乎逻辑的理由。当然，由于假设是一种有关关系的猜想，我们无法确切地知道它能否被证实。我们可以设想出无数假设并对之进行检验，但只有少数假设是合乎情况的。比如，研究者假设"早餐吃干性谷类食品的人要比那些早餐吃鸡蛋的人更有可能是自由主义者"，我们将会质疑该研究者的逻辑，虽然这一假设在形式上毫无瑕疵。我们无法想象，人们怎么能够证实这样的假设。

但是，怎样才能确保我们的假设很有可能得到证实呢？有时，我们是通过一些具体的事例来支持假设从而完成证明的（用第2章所讨论过的运用具体知识推断一般知识，即归纳法）。比如，研究者观察到，在某次选举中，一次激烈竞争的初选使得最终胜出的提名者减少了在大选中获胜的机会。研究者也许会得出结论，"候选人在确保其获得党内提名的过程愈加艰难，这些候选人在大选中获胜的希望也愈渺茫"。

正如前面讨论提出解释时所指出的，假设还可以通过演绎过程而得到证明。研究者可能会从更为一般的理论推导出某个具体的假设。比如，某种一般性的心理理论认为，挫折导致进攻。某些政治学家采用了这种一般性理论来研究政治暴力、国内骚乱，并假设众多普通民众遇到挫折感时就会发生国内骚乱。当许多人感到他们的经济状态或政治状态比自己预期——而不是比过去或者别人所认为他们的那样——差的时候，人们的挫折感就会出现。现在我们知道，这种感觉叫作相对剥夺感，它在各种解释国内骚乱的假设中占据了一个突出位置。在这里，一般性的挫折—进攻理论通过演绎而得出有关国内骚乱发生的具体假设。

构建合理假设是研究者在研究过程的早期进行文献综述研究的一个原因。文献综述（第5章将对此深入讨论）可以让研究者了解其他人所提出的一般理论和具体假设。不管是一般理论还是具体假设，对某个主题的文献阅读都会有助于我们的假设得以证实的概率。无论如何，这里并没有放之四海而皆准的确保假设合理性的规则。人们甚至曾经认为，"细菌产生疾病"是一个不合理的假设，而"脏东西有益健康"是一个合乎情理的假设。

所有好的假设的第四个特征是它是明确而具体的（specific）。研究者应当能够陈述一条**定向假设**（directional hypothesis），也就是说，他或她能够确定两个或更多变量之间的预期关系。下面就是一些规定概念之间关系性质的定向假设事例：

城镇县（counties）的中位家庭收入要高于农业县的中位家庭收入。

具有道德主义政治文化特征的国家的投票率要高于那些具有“个人主义”或“传统主义”政治文化特征的国家。

第一个假设表明，中位家庭收入的相对值与其所处县的类型有关。同样，第二个假设预测政治文化（自变量）与投票率（因变量）存在特定的关系。

我们把概念之间的关系方向称为**正向关系**（positive relationship），如果各个概念的数值有望一起增加或一起减少。下面是预期正向关系的假设事例：

个人受教育年限越多，其收入就越高。

当一个国家的人口识字率比例增加的时候，该国政治过程的民主性也在提高。

当人们变老时，他们更有可能成为保守主义者。

那些读报多的人要比读报少的人更加了解当前形势。

一个州的人均收入越低，其生均教育经费也越低。

但是，如果研究者认为，一个概念的数值增加，而另外概念的数值则会减少的话，这里存在**负向关系**（negative relationship）。下面是这样的事例：

老年人对社会抗争的容忍度要比年轻人低。

一个人的收入越高，他就越不关心大众交通。

富裕国家要比贫穷国家财产犯罪更少。

此外，假设所使用的概念应当小心界定。比如，一个假设认为“个性与政治态度之间存在关系”，这是非常模糊的说法。何谓个性？与哪种政治态度相关？这一假设的更为具体的表述可以改成“一个人的自尊越强，他就越不可能成为一名孤立主义者”。这样，个性缩小到自尊，而政治态度现在界定为孤立主义，两个概念就更为准确了，虽然还有待进一步深化。最终，当研究者要测量它们的时候，就必须对这两个术语给出更为准确的定义。（我们将在第 6 章介绍测量问题。）注意，当概念得到更为清晰的界定之后，研究者得以更为明确地规定假设关系的方向。

下面就是四个模糊假设得以具体化澄清的事例。

人们基于他或她所获得的信息而做出总统选举的投票选择。	政治竞选运动中出现越多的有利于候选人 X 的信息，人们就越有可能投票选候选人 X。
一个国家的地理位置影响它所采纳的政治制度。	一个国家的相邻国家数目增加时，该国就更有可能实行非民主的政治过程。
个人的能力影响了他或她的政治态度。	个人的知识水平越高，他或她就越倾向支持公民自由。
枪支并不会导致犯罪。	那些拥有枪支的人要比不拥有枪支的人更少可能成为犯罪的牺牲品。

一个好的假设的第五个特征是，其陈述方式应当对应于研究者所打算检验的方

式，也就是说，它应当“与数据相符”[1]。比如，虽然“更高的识字率与更高程度的民主相关”这一假设确定表明了概念之间的关系，但它并未表明研究者如何计划去检验该假设。相反，“当一个国家的人口识字率比例增加的时候，该国政治过程的民主性也在提高”这一假设表明，研究者将通过一个或数个国家不同时间段的测量识字率和民主程度来进行时间序列分析，以观察民主程度的提高是否与识字率的提高相关（也就是说，一个概念的变化导致另外一个概念的变化）。但是，如果研究者计划测量同一时间点上许多国家的识字率和民主水平而检验该假设的话，那么他最好是重新表述假设，改成“具有更高识字率的国家要比低识字率的国家更为民主”。这种假设表达方式说明，研究者打算采用剖面分析，比较不同识字率国家的民主水平。这与比较一个国家在不同时间点上的民主水平来观察它是否与识字率变化相关的假设是两回事。

最后，一个好的假设是可检验的（testable），我们有可能且可行的方法获得表明该假设对错的数据。那些无法获得数据用以证实或证否的假设是无法进行检验的，因此无法进行经验研究。

我们来看下面这个颇有意义但却无法检验的假设：“一个人在孩童时期比他人更加支持政治当局，他长大成人后持政治异见的可能性就更小。”这是一个具有一般性的、合理的、相对具体并且也是经验性的假设，但目前我们无法对这种表述进行检验，因为没有足以证实该命题的数据。该假设要求测量个人还在孩子时的态度以及他们长大成人后的政治行为。目前的调查数据仅仅有 1965 年的 17 岁和 18 岁的调查对象及其父母的政治态度和行为以及同一批人在 1973 年的数据。[2]但是，这些数据缺乏对这些父母在孩童时期的测量，而其他人仅仅只有青少年时期和成年初期（20 多岁）的测量。结果，实践上的测量困难使得我们无法检验这个其他方面都过得去的假设。

在大学里上过一个学期的研究方法课之后，许多学生往往违背了这一约束。一个学期通常并不足以让学生有充分的时间去收集和分析数据，一些数据的获取成本往往过于高昂。许多有意义的假设无法得到检验仅仅是因为研究者并不拥有资源来收集检验所不可或缺的数据。

以同义反复形式出现的假设也是无法检验的。**同义反复**（tautology）是一种将两个本质上是一回事的概念联系起来的陈述。比如，“人们对一个国家的政治制度的支持度越少，该国的政治系统的稳定性就越脆弱”。该假设是难以证实的，因为这两个概念是相似的。要予以合理的检验，我们必须以不同的方式分别测量对政治制度的支持和政治系统的稳定性。

波和泰特对政府侵犯公民权利的研究将人权界定为滥用强制行为（比如基于个人政治观念的谋杀、折磨、强迫消失和关押）以获得人们的服从。[3]如此定义侵犯人权后，他们避免了通过民主过程或经济条件来界定人权——其他学者的定义往往把这些内容包括在人权之内——因为他们想把民主权利和经济条件作为自变量来解释政府侵犯人权这一因变量。

因此，许多假设的表述方式使得研究者无法在经验研究中对它们进行有意义的检验。政治科学中经验研究的读者以及研究者本人必须留意到，研究假设应当是经验的、一般性的、合乎情理的、具体的、与数据相符以及可检验的。那些不具备这些特征的假设有可能给研究者和读者带来同样的困难，因此也无益于增加我们的科学知识。

规定分析单位

在提出两个或更多的变量之间的关系之外，假设还规定了它将要应用的政治行动者的类型或水平。我们把它称为假设的**分析单位**（unit of analysis），研究者应当慎重考虑它的选择。

正如第 2 章所指出的，政治学家对理解所有各种类型的政治行动者的行为或属性感兴趣，这些政治行动者包括个人、群体、州、政府机构、组织、地区和国家。政治假设中所界定的政治行为的行动主体的具体类型就是该研究项目的分析单位。比如，在立法机构行为研究方面，众议院的个体成员有可能成为下述假设的分析单位：

> 与那些属于另外政党的议员相比，那些与总统属于同一政党的众议院议员更有可能为总统所期望的立法投赞成票。

在下面这一假设中，城市构成分析单位，因为它所要探讨的是城市的属性：

> 东北部城市更有可能实行市长制，而西部城市则实行市政经理制。

最后，我们来看这一命题：

> 那些更富裕的国家更有可能拥有民主政治制度。

这里的分析单位是国家。它测量的是可以检验该假设的相关国家特征——富裕程度（自变量）和民主政治制度（因变量）。总之，研究假设表明，研究者的分析单位是什么以及应当测量该分析单位的什么行为和属性。

有时研究者从事**跨层次分析**（cross-level analysis），其中他们使用从某个分析单位所收集的数据来推断其他分析单位的结论。克里斯托弗·H·艾钦和 W·菲力普斯·夏夫利（Christopher H. Achen and W. Phillips Shively）指出，“由于成本和获得途径的问题，用于某个集群层次的理论和描述往往只能用另外一个层次上所获得的数据来检验”[4]。不管怎么说，这在假设所规定的分析单位与实际上经验观察到的实体行为之间造成了不平衡，容易引发各种问题。

通常而言，跨层次分析的目的是进行**区位推断**（ecological inference），使用集群数据来研究个体行为。[5]各类从学区、选区、县、州、国家以及其他集群所收集的数据都可以用来推断个体行为。学校的平均考试成绩与儿童接受午餐补贴比例之间的关系、国家贫穷程度与儿童死亡率的关系、城市的空气污染指数与疾病发生率的关系、国家刑事惩罚的严厉程度与犯罪率的关系等，这些都是使用集群数据来探讨的事例。这些研究所隐含的假设是，接受午餐补贴的儿童在标准化考试中的成绩更低，贫穷儿童更有可能死于幼儿疾病，个人的健康问题受到暴露于空气污染物的影响，以及严厉的惩罚有可能威慑那些意图犯罪的个体。然而，如果在这些群体指标或特征之间确实存在某种关系的话，它也并不必然意味着群体中的个体的这些特征之间存在关联。使用群体层次上的关系的数据来推断个体层次上也存在相同的关系，但事实上却表明个体层次上不存在这种关系，我们把这类推论称为**区位谬误**（ecological fallacy）。

我们来看下面这个事例是如何因为弄混了分析单位而出现区位谬误的。设想一位研究者希望检验这样一个假设："非裔美国人要比意大利裔美国人更有可能支持女性候选人。"在该假设中，分析单位为个体。如果研究者选择了一个有女性候选人的选举事例，并有投票记录以及非裔美国人和意大利裔美国人在每个选区的比例，这里的数据都是集群数据，而不是个体投票者的数据。如果他发现，女性候选人在非裔比例更高的选区获得了比意大利裔美国人比例更高的选区更多的票数，研究者也许会把它当成支持假设的证据。但这一结论存在致命的问题。除非这些小区全部由非裔美国人或全部由意大利裔美国人组成，否则研究者并不能够从选区的投票行为得出个体的投票行为的结论。因为有可能一位女性候选人在高比例非裔美国人的选区所获得的选票绝大多数来自非裔美国人之外的投票者，而该女性候选人在意大利裔美国人社区所获得的选票绝大多数来自意大利裔美国人。如果情形果真如此，那么该研究者就犯了区位谬误。在集群层次上为真的判断并不必然在个体层次上也为真。

我们来用两个虚拟的选区来说明这一谬误是如何发生的。设想选区 1 为"非裔美国人"社区，而选区 2 为"意大利裔美国人"社区。如果非裔美国人社区的投票中 67%投给了该女性候选人，33%投票了其他人，而在意大利裔美国人社区的投票中 53%投给了该女性候选人，47%投给了其他人。我们也许会草率地得出结论，个体层次上的非裔美国人要比意大利裔美国人更倾向于该女性候选人。

我们不妨设想来看看每个选区的内部情形来了解不同种族个体的投票行为，也就是说，我们获得了各个社区的个体的信息。表 4—1 的数据表明，在非裔美国人社区中，非裔美国人投该女性候选人的票数是 25 票对 25 票，意大利裔美国人的投票是 28 票对 2 票，而其他族裔的票数是 24 票对 6 票。这一结果导致选区 1 中该女性候选人的票数是 67%对 33%的结果。在意大利裔美国人社区的投票中，非裔美国人选择该女性候选人的票数是 16 票对 24 票，意大利裔美国人的票数是 30 票对 20 票，而其他族裔的票数是 7 票对 3 票。这一结果加总为选区 2 中该名妇女的票数是 53%对 47%。当我们比较非裔美国人、意大利裔美国人和其他族裔投给她的票数的比例，不同种族群体的投票行为差异就昭然若揭。在这两个社区中，非裔美国人投给该女性候选人的比例都低于其他族裔投票者。在选区 1，50%的非裔美国人投票给该女性候选人，相比之下，意大利裔美国人投票者的比例是 90%，而其他族裔的投票者为 80%。在选区 2，只有 40%的非裔美国人投票给该女性候选人，而意大利裔美国人的比例是 60%，其他族裔的比例为 70%。换言之，在这两个选区中，作为个体的意大利裔美国人要比作为个体的非裔美国人更有可能投票给该女性候选人。而仅仅知道选区的总比例却得出了相反的印象。一旦把两个社区的数据依据种族来合并与分解，总体而言，68.6%的意大利裔美国人和 45.6%的非裔美国人投票给该女性候选人。

表 4—1　非裔美国人、意大利裔美国人和其他族裔美国人投给一个女性候选人的选票

	原始投票数			投票比例（%）	
种族	数量	投给男性	投给女性	投给男性	投给女性
选区 1					
非裔美国人	50	25	25	50.0	50.0
意大利裔美国人	20	2	18	10.0	90.0
其他族裔	30	6	24	20.0	80.0
总计	100	33	67	33.0	67.0
选区 2					
非裔美国人	40	24	16	60.0	40.0
意大利裔美国人	50	20	30	40.0	60.0
其他族裔	10	3	7	30.0	70.0
总计	100	47	53	47.0	53.0
个体投票					
非裔美国人	90	49	41	54.4	45.6
意大利裔美国人	70	22	48	31.4	68.6
其他族裔	40	9	31	22.5	77.5
总计	200	80	120	40.0	60.0

注：假设数据。

在第 1 章提到的安瑟拉贝赫尔与其合作者的研究中，他们测量了 34 场参议员竞选中竞选广告的调子与投票率，其中那些广告具有消极调子的州的投票率要比正面的竞选广告调子的州要高。其推论是那些接触了消极的竞选广告的个体要比那些接触正面竞选广告的个体更不愿意去投票。但研究者缺乏参议员竞选中个体实际接触竞选广告与其投票行为的关系的数据。但是，研究者检验了从实验室中所获得的个体层次上的数据，这样做的话，他们并未仅仅依赖于集群数据来检验他们有关个体的假设。有些情况下，使用集群数据来检验个体层次上的假设是不可避免的，因为缺乏个体层次上的数据。艾钦和夏夫利指出，在调查问卷研究之前，集群数据通常往往是政治学家所能够得到的唯一数据，因此经常被他们利用。[6]学者们还采用了一些统计学方法来矫正基于集群数据的推论，对这个问题的讨论已经超出了本书的范围，因此不再继续。[7]

另一个研究者往往会犯的错误是在同一个假设中混淆了不同的分析单位。“一个人拥有更多的教育年限，其所在国家就更加民主”，这一假设之所以不成立，是因为它将个体与国家这两个分析单位混淆不分。但是，“政府机构越小，其雇员也更加快乐”涉及机构的属性和个体的属性，这一假设却在某种程度上是成立的。个体工作所在的机构也许是个体现象发生的环境的重要内容，从而影响了个体属性。在这里，分析单位显然是个体的，但许多人所经历的现象被用来解释个体行为，这些人往往处在相同的环境中。

总之，研究者应当细心处理假设中所使用的分析单位以及它与所测量单位的对应。一般来说，研究者不可以混淆假设中的分析单位。

四、界定概念

如果我们想提出假设并避免同义反复的话，概念的清晰定义就非常重要。清晰定义还有助于我们从假设中检验得来的知识是否可以转化，并确保其经验性质。

政治学家所感兴趣的是为什么人们或社会群体（组织、政党、立法机关、州和国家）以某种特定的方式行事或拥有某些特定的属性或性质。我们用来描述这些行为或属性的术语就叫作概念（concepts）。概念应当准确和精确地传达了信息。

在日常生活中，我们经常使用概念来命名和描述我们的环境。比如，我们把某些蛇描述为毒蛇，而其他蛇为无毒的；某些政治家是自由主义的，而另外一些政治家为保守主义的；某些朋友是内向的，而其他朋友为外向的。这些属性或概念有助于我们观察和理解所处环境的一些方面，它们还有助于我们与其他人交流。

概念或属性还有助于我们辨识和界定研究所属的科学学科。事实上，在很大程度上一门学科所以能够保持其同一性，是因为该学科中不同的研究者都对相同的概念感兴趣。比如物理学关注重力和物质（还有其他概念等）；社会学关注社会阶级和社会流动性；心理学关注个性和偏离。相比之下，政治科学关注诸如民主、权力、代议、正义与平等之类的概念。但是，学科的界限通常并没有严格的界定。比如，政治学家、发展心理学家、社会学家和人类学家都对社会的新成员是如何“社会化”从而接受了社会的规范与信念感兴趣。即使如此，在其重要概念方面，由于特定学科有一些最低层次共享的共识，研究者在与自己学科的其他研究者沟通方面要比与其他学科的研究者沟通方面更为容易。

学者之所以认为这些概念的共识很重要，是因为它直接涉及理论的发展。如此，政治理论将确定一些重要概念，并解释为什么它们对于政治现象的理解至关重要。某些社会群体（部落、民族、文化、职业）给某种现象或属性赋予特定的命名，概念就在这样一个过程中产生了。这一过程将永远持续下去，它有时是任意的，并且不能保证所有人都对同一现象赋予相同的命名。比如，在美国的某些地区，“苏打”是指一种碳酸饮料，而另外一些地方用它来指称一种含有冰淇淋的饮料。同样地，英语中只有一种语词来表达爱，而希腊语则用了三个不同的语词分别表示罗曼蒂克之爱、家庭之爱以及一般性的关爱情感。[8]当概念不再被需要的时候，它就会从该群体的语言中消失，而新的现象出来并呼唤命名的时候，人们又会发明新概念（比如计算机“程序”和“软件”、“文化帝国主义”和“机能亢奋”行为）。

某些概念——诸如“汽车”、“椅子”和“投票”——是非常准确的，因为有关它们的含义存在广泛的共识。另外一些概念非常抽象，这使得它们的定义也不尽相同，比如“自由主义”、“犯罪”、“民主”“平等机会”、“人权”、“社会流动”和“异化”。一个类似的概念是“橙色”。虽然有关它们的含义存在一定程度上的共识（橙色同样不会与紫色相混），但这些共识远不是普遍的（某个特殊的物体究竟是橙色还是红色，就不是那么显而易见）。

政治学家与之打交道的许多重要概念是抽象的，缺乏非常精确和共识的含义。这妨碍了研究上的交流，并对现象的测量带来了不确定性。结果，研究者必须解释他所用概念的确切含义，之后才能进行测量。而对于读者和评审者来说，只有其含义符合自己对它的理解后，他才能做出自己的决定。虽然政治学家所使用的一些概念——诸如“正式受教育年限”、“总统选举的投票”和“外贸规模”——并不是那么抽象，而另外一些概念——诸如“政党重组”、“政治整合”和“政制支持”——就抽象得多了，因此需要审慎的考虑和定义。

比如，假定研究者对各个国家的政治制度类型感兴趣，尤其是为什么有些国家比其他国家更加民主这个问题。“民主”就成为一个关键概念，有必要对其加以定义和测量。该术语包含我们绝大多数都认可的含义，也就是说，我们都拥有一种什么制度民主和什么制度不民主的观念。但一旦认真思考这个概念，我们就会发现，它远非初看上去那么清晰。对某些人来说，一个国家是民主的，只要它存在“竞争性政党和自由选举，以及相当水平的民众在这个过程中的参与”[9]。对另外一些人来说，一个国家是民主的，仅仅只要它存在保护言论、出版、宗教等自由的正式法律。还有一些人认为，一个国家是民主的，只要政治领袖所做的决策为民众所接受。还有一些人认为，民主意味着公民之间存在经济机会的平等。如果一个国家拥有所有这些属性，那么不管根据哪一条标准，它都是民主的，因此也不存在将该国分类的困难。但如果一个国家仅仅只拥有上述所说的一种属性，对它的分类就是不确定的，因为根据某些定义它是民主的，而根据另外一些定义它又是不民主的。不同的定义要求不同的测量，并有可能导致不同的研究结果。因此，界定研究者的概念非常重要，尤其是概念过于抽象从而难以达成共识的情况下。

概念定义对于研究过程所产生的知识质量有着直接的影响。比如，假定一位研究者对经济发展和民主的关系问题感兴趣，其假设是，那些经济发展水平很高的国家更有可能拥有民主的政府形式。假定该研究存在两种有关经济发展的定义和两种民主的定义。最后，假定研究者获得了 12 个国家（从 A 至 L）的数据。表 4—2 显示，每个概念上所选择的定义对于各个国家的归类有着直接的影响。根据定义 1，国家 A、B、C、D、E、F 属于经济发达国家；而根据定义 2，国家 A、B、C、G、H、I 才是经济发达国家。根据定义 1，国家 A、B、C、D、E、F 是民主国家；而根据定义 2，国家 D、E、F、J、K、L 才是民主国家。

这还只是麻烦的开始。当寻找包含国家经济发展与民主的模式时，我们发现，答案主要取决于如何定义这两个概念。如果使用这两个概念的第一组定义，我们发现，所有经济发达国家同时也是民主国家（A、B、C、D、E、F），这支持了我们的假设。如果我们在经济发展上采取第一种定义，而在民主上采取第二种（反过来也一样），结果是半数经济发达国家是民主国家，半数不是。如果我们使用两个概念的第二组定义，没有一个经济发达国家是民主国家，而所有经济不发达国家都是民主国家（D、E、F、J、K、L）。换言之，由于不能对两个概念给出准确的定义，并且由于每个概念的两种定义导致对这 12 个国家的完全不同的分类，我们的假设有可能被手上的数据证实或证否。概念上的含混让我们处在一个难堪的境地。

表 4—2　　概念界定：经济发展与民主的关系

该国经济是否发达				
			根据定义 1：	
			是	否
	根据定义 2：	是	A、B、C	G、H、I
		否	D、E、F	J、K、L
该国是否民主				
			根据定义 1	
			是	否
	根据定义 2	是	D、E、F	J、K、L
		否	A、B、C	G、H、I

我们来看另外一个事例。设想一位研究者对为什么有些人是自由主义者（liberal）而有些人不是这个问题感兴趣。在这里，我们需要定义何谓自由主义者，从而辨识出他们。“自由主义者”是一个经常使用的术语，但它包含许多含义：喜欢变革的人，倾向再分配收入或社会福利政策的人，支持扩大政府支出和增税的人，或者反对政府干预公民的政治行为的人。如果一个人拥有全部这些特征，那么在确定他或她是否为自由主义者的问题上就不存在争议了。然而，当一个人仅仅只拥有这其中的部分特征时，问题就来了。

上述这些事例说明概念的歧义之处，因此需要加以定义。经验研究者必须承担起“定义术语”这个不可缺少而又充满挑战的任务。遗憾的是，许多政治学研究者所使用的概念都非常抽象的，因此需要审慎思考和深入细化。

研究者在澄清他们所使用的概念时只需以清晰易懂的方式界定其关键概念的含义。它要求研究者深入思考其研究所使用的概念，并与其他研究者共享其含义。其他研究者往往对概念定义提出质疑，因此研究者必须对其概念的含义进行阐述并加以辩护。

另外一种有助于研究者定义概念的方法是评述和借用（也可以加以修正）该领域内其他人所做的定义。这也是为什么研究者要对当前的研究进行文献综述的理由之一，这是第 5 章将予以介绍的任务。比如，一位研究者对美国民众的政治态度和行为的关系感兴趣，他有可能会发现现存文献中有如下关键概念的定义：

> 政治参与：或多或少以直接影响政府人事或政府行动为目标的普通公民行为。[10]
>
> 政治暴力：政治共同体内所有反对政治制度、政治体制内的行动者——包括相互竞争的政治群体以及现职人员——及其政策的集体攻击行动。[11]
>
> 政治效力：对于个体政治行动影响或能够影响政治过程的感觉——它值得人

们去履行自己的公民职责。[12]

信念体系：一种观念和态度的组合，其中各种因素由于某种形式的约束或功能上的相关而结合在一起。[13]

这里的每一个概念都是比较模糊的，并且有关其含义缺乏广泛认可的共识。此外，我们可以对这里的每一个定义提出自己的质疑。比如，我们可以注意到，这里"政治参与"的定义排除了政府雇员（通常被视为"非普通"公民）在政治行动中的参与，而该"政治效力"的定义则排除了集体政治行动对政治过程的影响。最后，我们也许会觉得这些或其他定义不尽恰当，因此修正其定义，从而更为准确地表达我们的含义。

长期而言，一门学科如果在其科学研究所关注的概念含义上没有达成最低限度的共识的话，其学科是难以发展的。研究者必须审慎思考研究计划所命名的现象，并且清晰定义所有容易产生歧义的概念。

结　论

本章我们讨论了科学研究项目的最初几个阶段。研究项目必须——向科学知识的生产者和消费者——提供这些问题的答案：研究者打算理解和解释什么样的现象？研究者为研究问题的政治行为或属性提供了什么样的解释？这一解释中概念的含义是什么？有待检验的联系两个或更多变量的具体假设是什么？观察所要进行的分析单位是什么？如果所有这些问题得到了恰当的答案，研究将获得一个坚实的基础。

注　释

[1] 该术语参见 Susan Ann Kay, *Introduction to the Analysis of Political Data* (Englewood Cliffs, N. J.: Prentice-Hall, 1991), 6。

[2] 有关这类数据集合的描述，参见 M. Kent Jennings and Richard G. Nieml, *Generations and Politics* (Princeton, N. J.: Princeton University Press, 1981)。

[3] Steven C. Poe and C. Neal Tate, "Repression of Human Rights to Personal Integrity in the 1980s: A Global Analysis," *American Political Science Review* 88 (December 1994): 853-872.

[4] [5] Christopher H. Achen and W. Phillips Shively, *Cross-Level Inference* (Chicago: University of Chicago Press, 1995), 4.

[6] Ibid., 5-10.

[7] 比如，可参见 Gary King, *A Solution to the Ecological Inference Problem* (Princeton, N. J.: Princeton University Press, 1997); Achen and Shively, *Cross-Level Inference*; and Barry C. Burden and David C. Kimball, *Why American Split Their Tickets: Campaigns, Competition, and Divided Government* (Ann Arbor: University of Michigan Press, 2002), chap. 3。

[8] Kenneth R. Hoover, *The Elements of Social Scientific Thinking* (New York: St. Martin's,

1980)，18-19.

[9] W. Phillips Shively，*The Craft of Political Research*（Englewood Cliffs，N. J.：Prentice-Hall，1980)，33.

[10] Sidney Verba and Norman H. Nie，*Participation in American*（New York：Harper and Row，1972)，2.

[11] Ted Robert Gurr，*Why Men Rebel*（Princeton，N. J.：Princeton University Press，1970)，3-4.

[12] Angus Campbell，Gerald Gurin，and Warren E. Miller，*The Voter Decides*（Evanston，Ill.：Row，Peterson，1954)，187.

[13] Philip E. Converse，"The Nature of Belief Systems in Mass Publics，" in David E. Apter，ed.，*Ideology and Discontent*（New York：Free Press，1964)，207.

术语介绍

前因变量：先于其他自变量变化的自变量。
箭头图：研究人员说明方案的图示。
跨层次分析：运用某个分析单位的数据推断其他分析单位。
因变量：被一些其他现象改变、影响或引发的变量。
定向假设：确定两个或更多变量之间预期关系的假设。
区位谬误：基于个体所属群体关系的观察推导出错误的个体属性或行为间的关系。
区位推断：基于群体或综合数据个体特征间关系的过程。
假设：提出两个或更多变量之间关系的陈述。
自变量：改变、影响或引发其他现象的变量。
中间变量：解释方案中出现在自变量与因变量之间的变量。
负向关系：一个变量的值增加而另一个变量的值减少的关系。
正向关系：一个变量的值增加（或减少）而另一个变量的值增加（或减少）的关系。
关系：一个变量的值与另一个变量的值的关联、相依和共变。
同义反复：自变量与因变量同一的假设，使得不可能驳斥。
分析单元：研究人员假设中指定的行动类型（个人、组织、机构、国家）。

建议阅读书目

Achen，Christopher H.，and W. Phillips Shively. *Cross-Level Inference*. Chicago：University of Chicago Press，1995.

King，Gary. *A Solution to the Ecological Inference Problem*. Princeton，N. J.：Princeton University Press，1997.

第 5 章

文献综述

我们已经讨论了经验政治科学的性质以及研究所应遵循的几个初始步骤，包括确定研究策略或设计，并提出可检验命题。前面已经指出，科学是一种积累性活动。新的“发现”往往源于以前的工作。我们还认识到，经验研究的一个突出特点是它要求研究结论能够用于独立的检验与证实。此外，本书强调指出，对于学生（甚至包括研究生）而言，实际上几乎不可能提出崭新的理念。基于上述理由，绝大多数研究者必须耗时去了解其他人对某个主题说了些什么。我们将这种活动称为背景研究，或者简称为文献综述。

当提出一个特定的研究问题后，你应当对相关文献进行评述，以确保你所要做的研究不会完全重复他人的工作。更重要的是，文献综述能够帮助你限制研究主题，从而有效地引导研究得出有意义的结论。本章将详细讨论文献综述的理由以及方法。

对大多数同学来说，确定研究主题往往耗时颇久而且徒劳无功。尽管本章主要讨论的是已经确定主题（在一般的意义上来说）之后所要做的事情，但我们也会在此给出一些建议，它们能够帮助你熟悉政治科学中的各个领域，并且找出那些很可能有趣的问题来加以研究。此外，我们还将演示一些在网络上查找信息的技巧。

一、确定研究主题

有关政治学的潜在研究主题的来源多种多样：你自身与亲友的经验和政治活动；课堂上的阅读、演讲以及讨论；报纸、电视与杂志；等等。你不妨熟悉公共事务的当前问题，这有助于培养出对研究主题的敏锐感。你可以浏览报纸杂志上有关政府政策和政治方面的文章。与本书英文版相配套的CD和网址也提供了许多相关的信息以及其他相关网站的列表。一个非常有益的办法是阅读那些以深度分析政治问题见长的严肃刊物。报刊摊通常都能见到这些杂志，如《大西洋评论》（*Atlantic*）、《哈珀杂志》（*Harper's*）、《美国瞭望》（*American Prospect*）、《国家评论》（*National Review*）、《新共和国周刊》（*New Republic*）、《纽约客》（*New Yorker*）、《旗帜周刊》（*Weekly Standard*）。这些都是周刊，并且往往存在党派倾向（保守的或者自由的，共和党的或者民主党的）。但重要的是，发表在这些杂志上的都是讨论内政外交的严肃文章，学生可以从中找到大量珍贵的思想与政策主张的资料。此外，学生还可以考虑阅读像《纽约时报》（*New York Times*）和《华盛顿邮报》（*Washington Post*）之类的重要报纸。

另外再提示一点：出版物中编者按语或编读往来的内容也是一种潜在的研究主题来源，这一点往往为人们所忽视。何以见得？这些简短片段尽管仅仅是表达某种意见，但作者毫无例外都引用一些经验事实来支持他们的主张。比如一位编辑声称“死刑可以吓阻犯罪”，并引用经验证据来证明。根据第3章的叙述，你会发现这一陈述包含了一个因果判断，即X（死刑的存在）导致（“吓阻”是一种具有因果关系的动词）Y（犯罪）。这似乎有些诡异，但你不妨比较采用死刑和废除死刑的国家之间的杀人事件来检验这一论断。

另一些可供汲取研究思想的资源是有关实质内容的课程，如比较政治学和国家关系。它们能够迅速地帮助研究者进入研究领域的前沿。以第1章所叙述的司法判案为例，政治学家在法官决定的动机究竟更倾向于政治意识形态抑或法律程序与原则上存在争议。你可以对某件诉讼做个案研究，以查清该法官的行为更支持哪一种理论。

无论从哪个方面来选择，都必须缩小你的研究范围。这也是文献研究的重要性所在。

审查民众的信念

通俗读物和大众媒体是指那些为普通民众所阅读的报纸和杂志。你可以从中找到许多为民众所广泛认可和转述，但在你看来却容易误导甚至是彻底错误的观点。针对某个重要问题上的流行观点，如果你能够用经验数据证明它的错误，那么，你就会对公众的时事知识作出潜在的甚至是明显的贡献。

二、为什么要做文献综述?

初入手时，许多研究主题显得过于宽泛以至于难以把握。比如，类似“国际恐怖主义”或“中东地区的恐怖主义根源”之类的课题，如果你对于该主题方面的大量文献没有广泛浏览并选择该问题的某个方面来加以研究，在这个问题上你就不可能提出有意义的见解。出色的研究必然包含对已有观点的评述。这样做的理由有：(1) 看看已有的研究内容是什么，还没有研究的内容是什么；(2) 对于政治行为和现象提出包含各种可检验变量的一般解释框架；(3) 确定各个概念之间的关系，并提出研究假设；(4) 从他人的研究中学习如何界定和检验这些关键概念；(5) 熟悉其他研究者所使用的数据来源；(6) 识别出各项研究之间的关联。下面让我们来逐项考察这些理由。

很常见的情况是，一个刚接触经验研究的人仅仅表现出对某个课题的泛泛兴趣，比如恐怖主义、竞选海报的作用、公共舆论或国际关系。此时他还不能提出某个具体的研究问题（比如“哪一类人将成为恐怖主义者”、“消极的电视竞选广告是否会赶跑选民”或“公众倾向于孤立主义还是国际主义”）。对已有研究的综述帮助你把握其他研究者的主要研究问题，从而使你的主题更为清晰。此外，头脑中有清晰的研究主题使网络调研大为便利。

在阅读完该领域中已有的研究成果后，研究者将能够确定此前研究尚未解决的问题所在。这样，我们就可以把研究计划设计成用一种新方法来解决某个“老”问题。需要提醒大家的是，许多公开出版的研究报告往往包含了大量的根据未加证实的假设而提出的重要观点。任何其中一点都足以让我们开展研究了。

此外，我们也可以从某个假设作为出发点来进行研究，或者将研究的目标设定为解释某种早已为经验事实所观察到的关系。在此，文献综述可以揭示出其他人所得出的类似研究结论，研究者可以针对已有的各种理论提出一种更具解释力的理论。如果研究者能够针对已经观察到的事实或者假设提出一种具有普遍性的解释，要比证实存在某种关系的研究有价值得多。

除了寻求让某个假设更具有解释力和适用性的理论之外，研究者还应对各种相互竞争或替代的假设具有敏锐的意识。起初，研究者可以提出假设，在两个变量之间建立一种简单的联系。显然，政治现象通常都不是由一种单一的因素或变量所引致的，因此研究者还应当寻求其他可以构成自变量的潜在原因或相关因素。在这里，数据的整理还应包括对其他变量的测度，如此研究者就可以排除掉那些对立的解释，或者至少能够更为准确地描述出在最初的假设中各个变量之间关系的性质。

比如，某个人提出一个假设，当人们对政府政策感到极端不满的时候将积极投身于政治。然而对政治参与的文献研究表明，政治参与还与正式受教育年限、对公民职责的态度以及对个人影响政治事务的能力的看法具有强相关关系。此时明智的做法是在研究计划中将这些变量的影响也纳入进来，并将政治不满的解释与其他有关政治参与的解释进行比较研究。事实上，如果不做文献综述，研究者很可能根本没有想到其他变量的潜在重要性。

研究者还应将他或她自己对概念的定义与其他研究者的定义相比较。与其他研究者使用相同的定义，这将有助于同一研究主题上各种结论的可比性。此外，如果对文献的回顾表明，其他研究者所使用的定义是模棱两可的，或者包含两个或两个以上需要分别对待的含义，那么，这将大大提高你的研究方法的适用性。有时你还可能遇到另一种相反的情形：其他研究者使用了一种过于狭隘的定义，这使得他或她的研究无法概括该概念的某个重要方面。比如，你需要设计一种调查量表以观察人们对民主价值观的支持因素，如果将民主价值观仅仅定义为一种对例行选举的信念，那么你将丧失这一概念中许多有意义的内容。对民主价值观问题上已有文献的研究将提醒你其他定义的存在，比如对政治正义性的坚持。

已有的研究报告可以为我们提供各种重要信息，比如可行的研究设计、测量方法、数据收集手段。但是，我们在此有必要保持谨慎。这些报告很少会自揭逻辑的硬伤和错误。公开出版的报告总是试图让我们相信，它就像教科书一般有条不紊地进行研究，没有任何瑕疵。通过对文献的考察，我们可以发现一些作者本来也可以采用这些显而易见的研究设计、测量方法和数据收集手段，但他们却有充分的理由拒绝这么做。有时候，作者会表明自己改进方法的地方，并解释为什么没有采用这些通常的做法。但更多的时候，你需要自己细细揣摩。尽管阅读已有的研究报告并不能告诉你所有其他研究者所曾经试过并拒绝的路径，但仍然包含了许多提示，你能够借此改进你自己的研究设计和测量方法，从而使你的研究更有意义，也更有成效。

下面举例说明文献综述的好处。我们来看政治学家理查德·乔斯林（Richard Joslyn）所做的一个述评，其内容是有关电视新闻报道对美国公众的政治舆论和行为的影响。具体而言，他想探讨看电视新闻是否影响人们对政治参与有效性的信念。

乔斯林对政治参与文献的评述对其研究具有四种重要的作用。第一，他发现，此前的研究者已经提出了一种与他的假设相关的概念。它叫政治效力（political efficacy）或公民能力感（sense of civic competence）。这一概念的定义有以下几种：

- 将会发生政治与社会变革，而个人能够在这一变革中发挥作用。[1]
- 这是民主理论的永恒主题，它主张民主体制下社会成员应当将拥有政治权威的公职人员视为对民众负责的机构，而社会成员自身为了这一体制的荣誉和运转则有必要积极参与。[2]
- 个人有关政治行动以及该行动成功概率的信念。[3]
- 对个人政治行动的效力的信念，包括：（1）认为普通公民能够而且必须影响公共机构的信念；（2）有关如何影响公共机构的过程的知识；（3）对于有适当时间和地点来运用这一知识的充分自信。[4]

在作者看来，这可以构成观看电视新闻之所以有影响的一个概念。

第二，乔斯林发现，最新的文献将政治效力划分为两种不同的信念类型：内在的政治效力，或者称为“对政治制度中个人权力的认知水平”[5]，以及外在的政治效力，即“针对政府对民众需求的回应而产生的个人与公众影响政治过程的感觉”[6]。这一区分的存在意味着研究者在任何给定的假设中都必须确定政治效力的具体所指。

第三，文献综述揭示出其他研究者用以测量内在政治效力和外在政治效力的方式。通常研究者首先使用一组包含 6~8 个问题的问卷来测量一般意义上的政治效力，然后再分别用一组问题来测量内在的政治效力与外在的政治效力。

第四，文献综述表明，大量研究检验了对于政治效力变量的不同解释（见表 5—1）。这些解释集中关注个性、社会地位、社会凝聚力与政治经验，如此在解释政治效力的问题上，这些变量就构成了独立于观看电视新闻这一变量的对立解释。在此基础上，乔斯林在其研究设计中将这些变量选项都纳入进来，从而能够对电视新闻假设的影响给出更为充分的评估。

表 5—1　　作为自变量的政治效力概念的解释

个性	
政治犬儒主义	自信/个人的效力
舆论压力	政治利益
人际信任	世界大同主义
社会地位	
教育	宗教
地区	性别
居住地的规模与位置	种族
年龄	相对贫困
收入	智商
职业	
社会凝聚力	
婚姻状况	组织的成员/领导者
孩子数目	政治与社会活动的参与
居住年限	社区的规模
去教堂的频率	
政治环境/经验/互动	
报纸曝光	意识形态
现任者的支持	政治环境（对于城市的政治腐败的熟悉程度）
政党的控制程度	政治亚文化
政党的竞争程度	接触政治骚乱的情况
成功的政治经验	朋友的政治态度
事件/时期/历史	父母的政治态度
积累的民主经验	教师的政治态度
政党的认同感	

资料来源：Richard Joslyn，“The Portrayal of Government and Nation on Television Network News：Content and Implications”（Paper delivered at the annual meeting of the Midwest Political Science Association，Cincinnati，Ohio，1981）。

这样，在结束文献综述的时候，研究者对与其假设有关的政治现象的概念和测度方法已经相当熟悉，他找到了一些让他感兴趣的数据，了解了各种相对立的假设，而在检验政治效力与观看电视新闻的时候，他必须考虑这些假设。现在，我们看到，对于绝大多数研究过程来说，文献综述对于澄清概念、经验以及理论上的目标大有裨益。

三、如何进行文献综述?

文献综述的方法取决于评论的目的、研究主题的发展阶段以及可资利用的文献状况。如果你最初对某个主题仅仅抱有一种泛泛的兴趣，并未形成一个具体的假设，那么你不妨去找一本涉及该主题的教科书，仔细阅读相关章节，然后将其中的注释所提出的文献一一搜索。在图书馆中按目录搜寻也可以帮助你确定讨论该主题的论著。这样，就可以细化你的主题，并提炼出一个更为具体的研究问题。另一种启动研究的办法是浏览政治的专业杂志，看能不能找到讨论你所感兴趣的领域的论文。上面这两种做法都可在图书馆中实现，但是通过公众网络或者电子数据库之类的电子资源往往可以更为迅捷地完成这一任务。

虽然文献综述可以将任何有关你的研究主题的公开出版物都纳入进来，但我们强烈要求你熟悉一些社会科学的专业杂志与学术杂志。（许多导师拒绝那种引用大众出版物的做法，除非它们的内容构成你研究的主题。）下面列出了一部分重要的学术杂志，其中虽非全部但有许多已经将内容放在网上。

《美国政治学杂志》(*American Journal of Political Science*)，主要登载有关讨论美国政府和政治的论文。

《美国政治学评论》(*American Political Science Review*)，美国政治学学会的官方杂志。

《英国政治学杂志》(*British Journal of Political Science*)，虽然可以从比较的视角来阅读，但这份杂志也往往刊载了一些研究美国制度和政治行为的重要文章。

《比较政治学》(*Comparative Politics*)，在这里我们可找到讨论跨国政治和政府研究的各类文章。

《国际组织》(*International Organization*)，刊载有关国际关系的重要文章，是该领域的权威杂志。

《冲突解决杂志》(*Journal of Conflict Resolution*)，一份在国际关系、战争与和平、个人态度与行为等领域中被广泛引用的杂志。各种各样的研究方法与研究设计充塞其中。

《政治学杂志》(*Journal of Politics*)，主要刊载有关美国政府与政治的论文。

《立法研究季刊》(*Legislative Studies Quarterly*)，发表有关立法机构、职能及选举行为的论文。

《政治分析》(*Political Analysis*)，面向对方法与统计学感兴趣的学者。所刊载的论文也经常包含一些实质性的论断。

《政治研究季刊》(*Political Research Quarterly*),其前身是《西部政治学季刊》,涉及政治学和公共行政的各个方面。

《政体》(*Polity*),发表讨论美国政治、比较政治学、国际关系以及政治哲学的论文。

《社会科学季刊》(*Social Science Quarterly*),讨论的领域涉及社会科学的各个方面。

读者还应该注意到,许多论文在发表在这些学术杂志之前往往已经提交给一些学术会议。如果想了解论文的细节或者说你的研究主题相当新颖,在学术会议的论文中你将找到相当有价值的材料。

《人文与社会科学会议索引》(*The Index to Social Sciences and Humanities Proceedings*)公布了有关学术会议的信息。美国政治学学会(APSA)和地方性的政治学学会年会并未公布。美国政治学学会的会刊夏季卷将列出该年年会的初步议程,其中包括所提交论文的作者与标题。《国际研究通讯》(*International Studies Newsletter*)则公布有关国际研究学会(International Studies Association)的年会议程。有关其他政治学或相关学科的会议(通常会公布于《政治学学会会刊》)的论文可以从该会议的主办单位那里获得。某些研究领域中的文摘——比如《社会学文摘》——往往也收录学术会议上的论文。一旦获知学术会议中让自己感兴趣的论文,就可以直接与作者联系获得论文。许多学术机构都将其论文草稿和会议的提交论文公布在网上。

为了帮助读者进一步寻求主题并及时获取相应的文献资源,本书的网址将列出大量的其他相关学术杂志,以及索引、书目、数据库与政治学资源指南等内容。[7]其中一部分资源是以光盘数据库的形式呈现的。只要你的图书馆能够提供这些资源,就可以从图书管理员那里得到帮助来寻找相应的信息。

搜剔引文

每次发现一篇有用的文献,你都应当查看它的注释和参考文献。比如,一篇论文可能会引用两篇更有价值的文献。你顺藤摸瓜,可以找到两篇或更多的参考文献,如此可以循环往复下去。你可以从最初的几篇文献,很快就积累起大量的资源。这样,你就有可能覆盖相关主题上的所有重要文献。

四、通过网络查找文献

虽然绝大多数读者都有过上网的经历,但利用网络来查找文献仍然是一件相对新鲜的任务。并不意外的是,网络的效力与作用日新月异。我们可以将网络视为一个储藏在全世界的电脑上的庞大的文献或档案库,你可以从中寻找各类信息,包括文本、统计数据、图画以及视听文档。所有这些文献所在的网站都可以登录。你可以使用个人电脑或终端与网络相连接，然后下载、检索和选择有用的信息。一些网站可以让访客在它们的文件中进行统计运算，并画出相应的统计图形。这类网站的数目不多，但日渐增长。本章将讨论网络的各种用途。总之，万维网（World Wide Web）是一个网络连接的信息系统，可以让人极其方便地寻找和检索信息。[8]

你可以使用 Netscape 或 IE 等商业浏览器或者像 Earthlink 的网络服务商所提供的软件来访问网站，用以寻找、查看各类文档、数据，并按照你所希望的方式来进行检索。这一全球通信革命所带来的一大便利是它几乎能够准确地根据研究者的指令来提供所需求的海量信息。互联网还可以让人检索到传统图书馆所无法找到的文档与数据以及许多大学没有收藏的资源。

为了解通过网络来检索文献的优势以及存在的问题，我们不妨假设你对“公共舆论与外交政策”这一研究主题感兴趣。正如第 4 章所强调指出的，将兴趣集中于一组具体的问题和假设将有助于研究的进展，并必然更富有教益。美国人是如何看待国际事件的？他们支持联合国吗？他们是否支持裁减核军备？他们如何看待抵制全球变暖的《京都议定书》？更进一步说，是什么影响了其政治态度的变化？为使问题具体起见，我们来看下面这个例子。在第 1 章所举出的有关公共舆论和国际主义倾向之间关系的研究中，宁西科指出“有关公众的国际主义倾向（即对国际事务关心），不存在任何确定的趋势”[9]。也就是说，公众对于美国涉足世界事务的支持在过去 40 多年来相当稳定。但也许中东的局势和恐怖主义改变了美国公众对国际事务的认知。在公众态度的趋势中是否存在一个峰值或者突变？相应地，你可以探讨作者另一个有关“国际主义倾向与教育俱增”的论断。[10]换句话说，拥有高等教育背景的人是否比不足或仅具有高中文化程度的人更倾向于参与海外事务？如果这一判断成立，他们将更乐意支持政府去参与全球事务。

让我们从一个坦率的问题开始：是哪一类人支持 2003 年的伊拉克战争，又是哪一类人反对？民主党人？自由党人？北方人？蓝领工人？大学生？简言之，我们的目标是找到这一冲突中将支持者与反对者区别开来的相关因素。接下来，我们就开始寻求三类信息：(1) 有关伊拉克战争的一般信息的描述；(2) 学者对公众信念和伊拉克战争态度的论文；(3) 能够用来研究甚至是独立分析的实际数据来源。所有这些信息都助于深化研究，并往往提示一种新的研究路径。

你可能会觉得只需在**搜索引擎**（search engine）——一种系统访问和搜索页面的计算机程序——中输入几个**搜索词**（search terms）或关键词就万事大吉了。(此处所使用的搜索引擎包含三个部分，第一部分叫“蜘蛛”或“网页爬虫”，它连续断地访问互联网上的站点并跟踪找到这些关键词的链接。第二个组成部分是保存这些网页内容的索引或目录。最后一部分是一个用来从这些亿万网页中找到使用者所搜索的具体词语的软件。）然而不论搜索引擎如何强大，搜索过程并非那么简单。搜索引擎对于所搜索到的结果毫无辨析能力，结果给使用者留下大量并不需要的冗余网页。

这里给出一些建议。首先，列出一些经过精心考虑后的关键词再来搜。比如，如果你想写有关公众对外交关系的认知与情感，关键词应当包括“公共舆论”、“外交政策”、“信息”、“知识”、“民意测验”、“国际主义”和“孤立主义”。如果你想知道公众对 2003 年的冲突的看法，你自然会去搜索“伊拉克”、“中东”之类的词汇。搜索程序在互联网上搜剔出那些包含这些词法和短语的文档。但你有可能会粗心大意，事实上这里也有一些窍门，它帮助找到尽可能多的合适文档的时候，同时排除掉那些无关的网页。

要完成任务你必须事先就得计划妥当。必须有一个初步研究计划之后，你才能够在电脑前坐下。首先列出你需要确切寻找的东西。你是想找有关该主题的著作还是文章？你所关心的是哪一个时期？如果你需要文章，你希望它是来自学术期刊上的论文还是来自报纸杂志的文章？如果是后者，你寻找的是像《纽约时报》和《新闻周刊》之类的大众出版物，还是像《前进》（*Progressive*）、《美国观察者》（*American Spectator*）、《新共和》（*New Public*）之类的“舆论导向刊物”？你是否需要政治演说或论文？你是否要分析“原始”数据，比如民意测验结果或者政府的统计公报？回答这些问题有助于你更好地搜索。

一旦澄清这些问题，你应当琢磨你的假设，并提出所需搜索的词汇列表。我们不妨假定你的研究中包含几个初步的命题，比如“在教育水平与对战争的支持方面存在关联”。这些命题中究竟包含哪些词汇、概念、短语以及思想？除非你头脑中已经有了明确的资源地点，否则你首先得去求助于那些包罗广泛的电子目录。目录就跟电话本上的黄页一样，它根据主题将各种术语以次**目录**（directory）排列，这样研究者就可以从一般性的主题进入具体的研究主题。比如，“政治”这个大范畴下的子范畴可以是“公共舆论”。而这一术语自身还可以进一步缩小到“国内”与“外国”。目录包含了通向 Web 页的链接，但其自身并不包含这些页面或页面的索引，因此它还允许针对相关链接的目标搜索或结构搜索。本书的网址也列出了一个搜索目录。

如果你希望全面搜索，那么就可以使用如前所述的全面搜索引擎数据库，它可以链接大量的网页以及这些页面上的所有关键词。通过对现存网页的关键词搜索，你可以获得大量的链接页面。但正如我们已经提醒的，这些程序毫无目的地在网络上搜寻，极其机械地收集信息，因而其数据往往包含大量你所不需要的或者无关的信息。

搜索页面上的术语

绝大多数浏览器（比如 Internet Explorer，IE）都有一个“热键”组合，它可以帮助你在一个打开的页面上找到某个特定的单词或短语。（IE 的热键是“control＋f”。）当你浏览一篇充满表格与框架但文字较少的大文档时，不妨利用这个办法。

有时，我们可以再次搜索，将那些无关的内容排除出去。比如，假设你的研究内容是美国的公共舆论，你可以排除那些与其他国家有关的搜索结果，这些结果在一般

的搜索中都会列出来。

一旦在你的假设中确定了一组关键词或短语，你就可以考虑它的同义词。在这里，主题更为清晰且更为狭小，你就能更为容易找到它的同义词。比如你可以不去研究“公众与外交事务”之类的大课题，而将研究缩小至一个具体的问题：“公众对这次战争的支持水平是否跟随前一次冲突中的模式?”或者：“是否如宁西科所言，较少受教育的公民要比具有大学文化程度的公民更反对对伊拉克的战争?”现在，我们就可以很容易地列出在互联网上搜索的主要概念及其同义词。这一列表可以包括：

概念	同义词
战争	冲突、敌意、战斗
舆论	态度、信念、判断
支持	声援、认可、同意

此外，使用下面列举出来的办法，你就可以搜索这些词的不同组合，比如“公共舆论”、“公众态度”或“公众信念”。

上网

网络上的资源繁复多样。除了像雅虎（Yahoo）和美国在线（AOL）之类的常用网站外，还有各种学术组织、政府机构、研究所、利益集团、媒体公司等各类机构所维持的专注于某个特定主题的网站。这里，我们仅仅讨论其中的一部分，尤其是那些包含学术论文的网站。

除了这些包罗万象的目录与搜索引擎外，**电子数据库**（electronic database）也为人们所广泛应用。电子数据库是由一个公司或组织所建立起来的文档集合体。（它不同于网页爬虫型的搜索引擎，而是由人工搜索和维护的目录。）[11]通常，它会列出信息的具体类型，比如政府文件、研究报告、数字资料、报纸或杂志文章。其中一部分数据库为私人所有，一般公众无法进入，但仍然有许多数据库可以使用。本书的网址列出了大量的各类社会科学方面的电子或网络数据库的地址。要想进入其中一个数据库，只需输入它的 URL（网络地址，通常以 www. 或 http://www. 开头），然后点击“转到”（go to）。

我们再次以伊拉克战争中的公共态度来说明这些更为专业的工具。在作者写作的此刻，想找到有关伊拉克战争——它还在进行之中——的学术论文还为时过早，但仍然有大量的关于战争的一般性论述。如果想知道其他学者是如何说的，我们可以找一个学术论文库，比如 JSTOR，这是一个综合性的学术杂志和出版物的电子档案馆。尽管并非每个学校都可以访问它，但它的数据库可以到处链接上，并且有关它的搜索可以很好地说明其他的数据库。

在 JSTOR 上搜索其标题包含“公共舆论”和“战争”这两个词的论文（见图 5—1）。请注意对搜索的限制。因为如果我们只搜索标题包含“公共舆论”而且全文包括“战争”的文章，将有太多的作品涉及公共舆论和外交政策。我们还将搜索的范围限制在最近几年（1996—2004 年），并且仅限于政治学杂志。

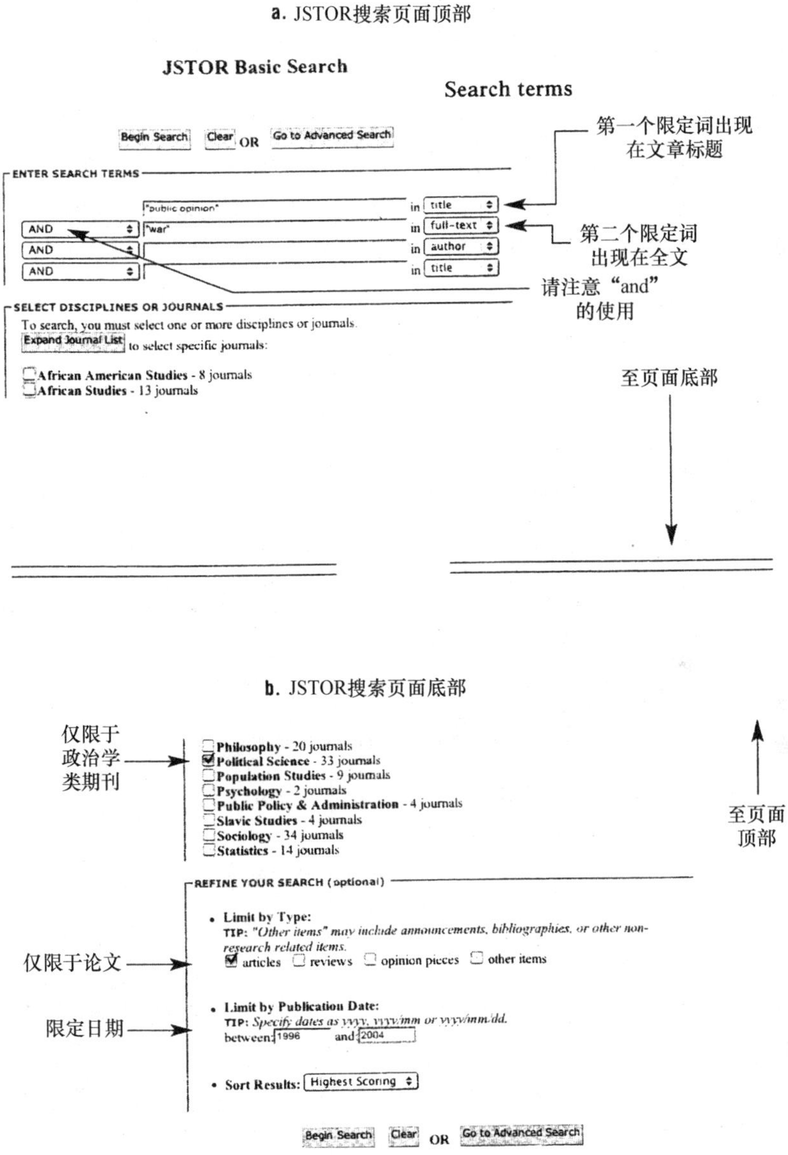

图 5—1 JSTOR 搜索页面

注：在 2005 年早期，JSTOR 计划重新设计其搜索页面。以上截屏也许无法反映其中的一些变化。
资料来源：www.jstor.org；courtesy of JSTOR. © 2004-JSTOR。

搜索结果如图 5—2 所示。根据我们所使用的特殊标准，目录返回了 20 多项结果。我们可以阅读其摘要或者全文。这些标题说明，我们找到了很有帮助的背景论文，它们有助于我们对自己的假设作出部分调整或者作为基准来比较当前的公共舆论。我们前面已经说过，我们不指望在这个目录中找到有关伊拉克战争的论文，因为伊拉克战争在 2003 年发动，而这个数据库与当前的出版物比较通常滞后3～4年，并且对伊拉克战争的研究也需要几年的工夫才能加以彻底研究，并反映到学术刊物上。学术出版物的一个惯例是一年仅出版四期或六期。我们还发现，这些有关刊物内容的数据库并非总是不出差错。因此，我们最好是在两个或以上的数据库。比如在搜索学术论文时还可以考虑 Expanded Academic ASPA Plus 与 ISI Citation Database。

其他还有许多机构与组织也提供向公众开放的 Web 页面。其中大多数都有可以检索的文档。本书的 Web 页面列出了一部分颇有帮助的网址。我们将这些网址列出，是考虑到它们的数目庞大，并且是否去访问这些网址完全看个人的取舍。一旦有了新的资源或者旧的数据库无法再使用，我们将随时更新。

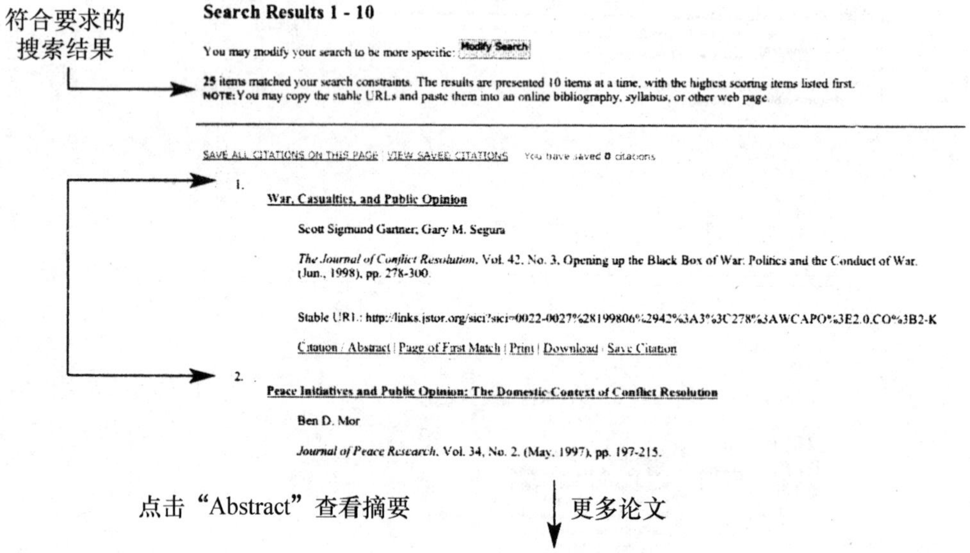

图 5—2 JSTOR 搜索结果

注：在 2005 年早期，JSTOR 计划重新设计其搜索页面。以上截屏也许无法反映其中的一些变化。
资料来源：www.jstor.org；courtesy of JSTOR. © 2004-JSTOR。

访问这些网址时，你会发现它们只不过是列表之上再加列表。这就是说，它们本身并不包含任何文档，但指向文档的所在位置。比如，如果你想获得有关竞选的信息，你可以从一个政治学或社会科学网站出发。在那里，你会发现它提供了许多与具体的网址相联系的链接，比如各党派、竞选总部、民意测验公司、调查研究所等的网址。在这些网址中，你会找到自己所需要的信息。

对有效电子文献作综述的建议

不妨多多练习对有效的电子文献作综述，这将对你大有帮助。就跟许多运动一样，你做得越多，它就越容易。无论如何，遵从一些行之有效的教导让这一过程会更为顺利。

绝大部分搜索引擎和数据库都提供了各种根据研究者需要而缩小搜索范围的手

段。通常一个人只想看到那些包含所有这些单词——甚至是某些特定的短语，比如“国际恐怖主义”——的列表。更高级的搜索方法容许你使用连接词或修饰词来确定哪些词应当包含在内，哪些词应当排除在外。如果仅仅输入你所要搜索的词，而不加任何修饰的话，搜索程序很可能返回所有那些包含了任意其中一个词语的结果，但却不必然是同时包含所有词语的结果。因此，你必须强迫搜索引擎寻找那些同时包含所有词语或者一个完整的短语的文档，如果那是你所希望的。

要想完成这一任务，不同的程序有着不同的做法（因此，你必须查看该程序的“帮助”文档），但通常都采用如下两种中的一种。为了确定同时包含所有这些词语的文档，一些程序要求你在这些语词间使用布尔算子（AND），而另一些则要求你在词语之间插入加号（+）。

比如，假定你在研究有关伊拉克战争的公共舆论，如果你输入

public opinion Iraq war

检索的结果将包含所有包含其中任意一个词语或它们的组合的文档。既然任何一篇包含 war 的文档都可能出现，你显然不可能阅读所有这些与你的主题并不相干的文档（比如向犯罪宣战、向毒品开战）。但是你输入

public AND opinion AND Iraq AND war

或者

public + opinion + Iraq + war

（这取决于你所使用的程序），你就能指挥程序挑选出那些包含所有这四个词语的文档。

如果你找某个短语或专用术语，你可以用引号把它标出。比如输入

“public opinion”

程序就接受你的指令去搜索该短语。（请注意，专有名词比如 George Bush 通常并不需要使用引号。）

如果该搜索引擎使用“AND”，那么它也容许使用“OR”来搜索。比如，你输入

war OR conflict

程序就会搜索包含“war”或“conflict”的所有文档。

此外，使用者还可以让程序跳过包含某词语的文档，办法是使用“NOT”，有些情况下用减号（－）。比如，输入

war NOT poverty

结果就是所有那些剔除了含有“poverty”的文档之后的包含“war”的文档。但如果你想搜索有关“war on crime”的数据，还需要进一步收缩搜索范围。

搜索互联网

这里介绍一些网上冲浪的诀窍。

首次访问某个网站时，如果它具有搜索功能，点击“帮助”按钮，通常能提供一些在该站点搜索所需要注意的事项。

可能的话，最好先访问一个有关政治学的页面，然后再从那里去寻求更为具体的网站。

如果你有一个清晰的主题，首先找一个专业的网站，比如研究机构或大学所办的网站。这样可以减少搜索的无益结果。

打开一个简单的文字处理程序，比如记事本或写字板。抓住并复制页面上挑选出来能够更有效地传达信息的词语。确定准确无误地记录下材料的来源。这一技术在复制那些复杂和很长的网址（URLs）时特别方便。

在一个复杂的带有大量文字和图片的页面中，使用浏览器中的“搜索”按钮，它可以迅速确定单词或短语的位置。

用好搜索选项。如果可能的话，将搜索限定于特定的时段、特定类型的文章、特定作者、特定主题或特定的数据格式。

你也可以查看本书网址（http://psrm.cqpress.com）中有关专业主题的链接。

不管你用哪一种搜索引擎，利用它的高级搜索程序都有助于你更为彻底并且有效地找到相关文献。正如搜索者所希望的那样，绝大多数结果都是有关公共态度的文章。当然，信息是否符合研究者的需要，取决于他的研究计划。

如何确保一份可信赖的网络文献综述

不管是什么类型的研究，当综述网络文献的时候，你都应当确定不仅仅找到尽可能多的参考文献，这些参考文献还都是可以信赖的。不能仅仅因为信息来自万维网，就断定它是可靠信息。某些资源显然并不可靠。事实上，任何人或任何群体，不管其可信度有多高，都能够创建一个网站。唯一能够确定你所寻求的信息可靠与否的办法就是了解该网站的主办方。通常情况下，那些由个人所创建的网站，即使他们拥有引人注目的头衔和身份，也不具备你的文献综述所要求的那种可信度和学术立场。相反，你可以信赖那些被专业刊物或权威作者引用的资源。还需要注意的是，如果某种观点来自公共舆论，这并不必然意味着它的可信度会因此下降。许多机构虽然在政治和意识形态方面有着强烈的倾向和立场，但仍然能够提供许多值得参引的有用信息。如果你对任何所考虑引用的资料的可靠性抱有怀疑，可以与你的老师或导师沟通。他或她能够帮助你评价你所获得的资料是否有用。

由于网络资源的质量参差不齐，而且重要的是任何文献的引用都必须做到准确恰当，因此，必须确保你的资料来源的可信度。在这方面，作者总是信任他们自己的数据和观点，而你的读者则会检验所引数据和观点的准确性以及你的理解程度。

除了访问该文章的网址外，你的引用应至少包括页面的作者或创建者以及文章的标题。下面是在参考文献或者注释中引用一个网页的通常格式。

作者［姓，名或机构全名］.（出版日期，如果有的话）标题［在线］. 参见：网址全名（访问日期）.

比如：

Reynolds, H. T. (1996) Power Elite Theories [Online]. Available: http://www.udel. edu/htr/American/(February 21, 2004).

它意味着你的引文来自由 H. T. Reynolds 所著的一个题为“Power Elite Theories”的网页，你于 2004 年 2 月 21 日访问了 http://www. udel. edu/htr/American 这一网址。

你所采用的具体引用方式取决于你的机构或导师所设定的标准，但应当包括足够多的细节从而保证读者能够检索该页面并验证你对该信息的解释。

组织参考文献

当你第一次作综合性的文献综述时，你所找到的文献数量也许会完全淹没你。因此，系统地整理这些文献是一项挑战性的工作。你不妨将每个相关的引文录入一张单独的 3 英寸宽 5 英寸长的索引卡片上。如果需要使用这些引文，就将该引文的全部书目信息录入你将用于记录参考文献的卡片上。可以根据不同的主题对这些卡片分类。这种方法保存了文献综述的研究成果，对研究者很有用，并且它保存了列表引文内容然后录入卡片内容的工作。

在线搜索研究数据

这里再一次指出网络最大的优势之一：它不仅提供了公开发表的和未公开发表的文本，而且提供了大量的“硬”数据。换句话说，你不仅可以检索到一次民意测验的结论，而且可以检验这些民意测验的原始材料，比如，你可以根据这些原始数据来绘制图形或者进行常规的统计分析。一些网站可以让你在线进行民意测验的统计分析；另一些网站允许你去复制和下载数据，从而在自己的机器上运算。这里有一个现成的例子。

假定你调查公众对伊拉克冲突的看法与态度。你可以首先搜索向公众开放的数据“中心”，然后查看是否有必要的材料与程序用于当前的分析。对于这一研究课题来说，你最感兴趣的无疑是调查或民意测验数据，但这些地方也可能是加总的数据（见第 4 章），它们能够用于其他方面的研究（见第 11～13 章对技术的解释）。这里，我们不详细解释具体的步骤，而只是对整个过程作一个概述。

首先我们在网上用“在线”、“研究”、“民意测验”几个词汇来搜索这些研究中心的列表。结果有数项，其中有堪萨斯大学的一个研究中心。在那里，我们会得到一些链接，其中一个是“The（Howard W. Odum）Institute for Research in Social Science—University of North Carolina”，该站点包含大量的民意测验数据。既然该研究所有数据库，我们可以检索有关战争支持态度的调查数据（见图 5—3）。我们输入“伊拉克”和“战争”，并将检索限制在最近的民意测验（2000 年之后）。（毕竟，我们所关心的是最近的冲突。但我们完全可以将这一结果与公众对 1991 年战争的认识与态度作个比较。是否这样做取决于我们的主题与假设。）如图 5—3 所示，奥德姆研究所的数据库可以让你根据自己的需要决定是否缩小检索范围。

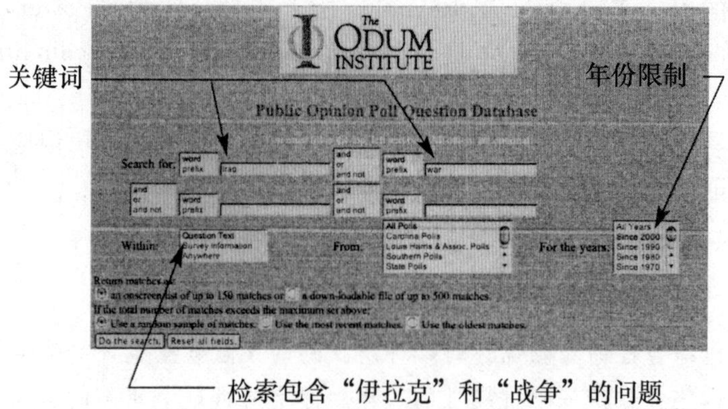

图 5—3　奥德姆研究所档案的检索

资料来源：www. irss. unc. edu/data _ archive/pollsearch. html；courtesy of Odum Institute，University of North Carolina。

该搜索引擎返回了有关 2000 年以后包含所指定关键词的民调数据（见图 5—4）。民意测验的问题依次列出。我们尤其应当注意“你是否赞成或否定……”之类的问题。图 5—4 展示了 2003 年 12 月检索到的与该主题相关的数据。我们点击“Display”按钮，就可以获得如图 5—5 所显示的信息。

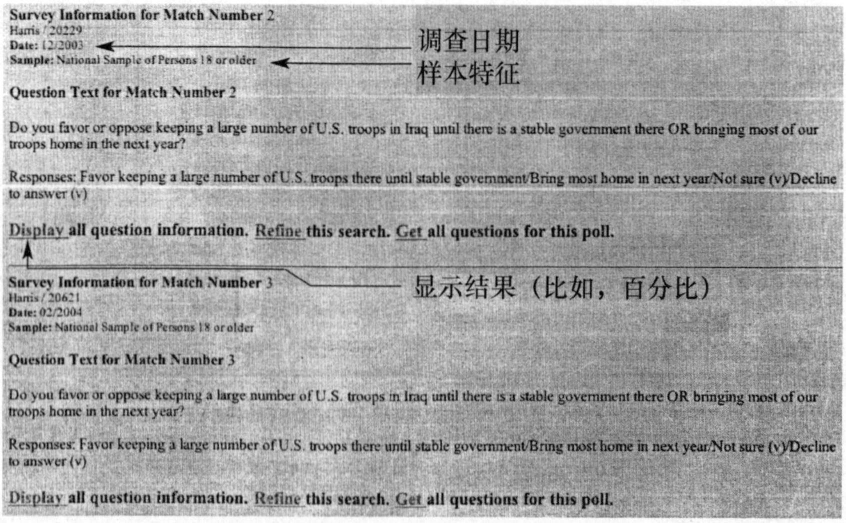

图 5—4　检索包含“伊拉克”和“战争”的问题的部分结果

资料来源：www. irss. unc. edu/data _ archive/pollsearch. html；courtesy of Odum Institute，University of North Carolina。

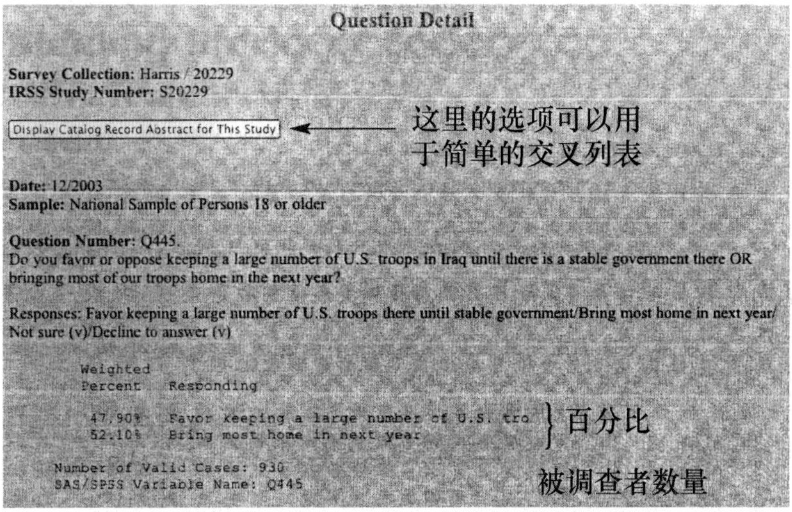

图 5—5　“美国人倾向于……?”的检索结果

资料来源：www. irss. unc. edu/data _ archive/pollsearch. html；courtesy of Odum Institute，University of North Carolina。

结果显示，这个全国调查中，刚过半数的被调查者倾向于在“第二年”撤回美国军队（52%对 48%）。当然这个问题仅仅触及了冰山一角，还有许多问题有待探讨。自战争爆发以来，支持率是否下降？如果将这一反对的比率与相似情况下其他战争的支持率进行比较，是哪些人支持和反对撤军？我们能否因此而做出有关公共舆论和国际主义的一般结论？显然，我们还需要更多的数据。而这就是这一网站以及其他相似网站的一大优点：我们可以直接接触整个民意调查，并将对它的分析延伸至个体特征。

虽然我们才刚刚起步，但在此不妨做一个预演。首先，我们把原始数据（即未经处理的数据）**下载**（download）到工作计算机上，这样我们就可以随时进行统计处理和绘图。下载仅仅意味着复制一份文档到一部个人计算机。比如，我们可以把信息复制到本地计算机，然后用 Excel 之类的软件来计算百分比、绘图和执行更高级的运算。

结　论

不论文献研究的最初目的是什么，你都必须把它做彻底。在你的研究报告中，你必须说明那些给研究现象进行解释并支持假设的资料。你还必须讨论你的研究是如何与别人的研究相关的，并用手头的文献来证明你的研究价值。第 14 章包含了一份研究综述的样本。也许更快学会综述的办法是阅读一些主要的政治学刊物——前面已经列出——中刊出的论文。

注　释

［1］Angus Campbell，Gerald Gurin，and Warren E. Miller，*The Voter Decides*（Evanston，Ill.：Row，Peterson，1954），187.

［2］David Easton and Jack Dennis，"The Child's Acquisition of Regime Norms：Political Efficacy，" *American Political Science Review* 61（March 1967）：26.

［3］Robert Weissberg，*Political Learning*，*Political Choice*，*and Democratic Citizenship*（Englewood Cliffs，N. J.：Prentice-Hall，1974），470.

［4］Donald R. Matthews and James W. Prothro，*Negroes and the New Southern Politics*（New York：Harcourt，Brace and World，1966），276.

［5］Jerome D. Becker and Ivan L. Preston，"Media Usage and Political Activity，" *Journalism Quarterly* 46（Spring 1969）：130.

［6］Arthur H. Miller，Edie N. Goldenberg，and Lutz Erbring，"Type-Set Politics：Impacts of Newspapers on Public Confidence，" *American Political Science Review* 73（March 1979）：67.

［7］本章有关杂志、索引、书目和文摘的评论大部分来自 Bill Katz and Linda Sternberg Katz，*Magazines for Libraries*，6th ed.（New York：Bowker，1989）。

［8］互联网和万维网是两个不同的事物，为简便起见，我们不加区别地使用这两个概念。

［9］［10］Miroslav Nincic，"Domestic Costs，the U. S. Public，and the Isolationist Calculus，" *International Studies Quarterly* 41（December 1997）：606－607.

［11］有关"爬虫型的搜索引擎"与"人工目录"的差异，参见 Danny Sullivan，ed.，"How Search Engines Work，" available at http：// www. searchenginewatch. com/links/article. php/2156221（February 20，2004）。

术语介绍

目录：一个按主题将概念进行排列的数据库，可以从一般性的主题进入具体的主题。

下载：从远距离的网站上复制信息（文本、图形、数据）到一部个人计算机上。

电子数据库：存储在电磁介质上的（任何类型）信息集，可以通过某些计算机程序进行检索和计算。

搜索引擎：一种访问互联网上的 Web 页面并寻找包含特定目录或语词的计算机程序。

搜索词：一个输入计算机程序（搜索引擎）的单词或短语从而在互联网上的 Web 页面中寻找那些包含该单词或短语的页面。

建议阅读书目

Cooper，Harris M. *Integrating Research：A Guide for Literature Reviews*. 2d ed. Newbury Park，Calif.：Sage Publications，1989.

Lester，James D. Citing Cyberspace：How to Search the Web [Online]. Available：http://longman. awl. com/englishpages (November 5，1999).

Sarah Byrd Askew Library. Guide for Citing Electronic Information [Online]. Available：http://www. wpunj. edu/library (November 16，2000).

第 6 章

社会科学研究的模块：测量

在前面的章节中，我们讨论了政治科学研究的初始阶段：选择研究主题，科学解释的格式，可检验假设的建构以及概念的定义。这一章我们将说明如何检验我们所提出的假设。它包括我们所欲探讨的变量的**测量**（measurement）问题，或者说系统观察现象并用分值或数字来表示的程序。

第 1 章我们指出，科学知识建立在经验研究之上。这一章我们来看这一事实的含义。如果想检验有关某个政治现象的科学解释的准确性和效力，我们必须观察和测量我们所用以理解现象的概念的存在性。此外，为使检验做到充分有效，我们必须尽可能实现测量的精确无误。测量过程的重要性体现在它将我们提出的解释框架与它们所欲解释的经验世界连接起来。

第 1 章所探讨的研究者测量了各种政治现象。伯纳姆测量了一段时间内不同社会阶层的投票率（turnout rates）。[1]波与泰特测量了民主程序和人权保护、左翼政府和军政府、人口与经济增长、国际战争和国内战争经验与国家恐怖主义的频率。[2]那些探讨政党对政府的控制与收入再分配的关系的研究者针对 14 个后工业民主国家测量了各种相关的概念。[3]赫尔曼、泰特洛克和维瑟测量了个人倾向与外交处境以探讨这些因素是如何影响个人对战争的支持态度。[4]

西格尔和科弗测量了政治意识形态和最高法院在有关民权与

自由方面的判例中的文字意见。[5]伍德和沃特曼测量了各个官僚机构的决定以观察它们是否受总统或议会干预的影响。[6]安瑟拉贝赫尔、延加、西蒙和瓦伦蒂诺在他们的实验中测量了参与者所报告的投票倾向，看他们是否受消极的竞选消息的影响。[7]在上述每项研究中，研究者测量某些政治行为或特征，从而检验某种科学解释是否成立。

一、设计测量策略

正如我们在第 4 章所指出的，研究者必须界定他们在假设中所使用的概念。研究者还必须确定他们将如何切实地测量这些概念在现实世界中存在与否以及其存在的程度。政治学者将这一过程称为概念的**操作性定义**（operational definition），换句话说，确定哪一类经验观察现象可以用来测量一种特征或行为的存在。

举例来说，我们不妨回到研究者试图解释民主在不同国家的状况问题上。如果研究者假定识字率更高则民主更有可能，那么就有必要定义两个概念——识字率与民主。在这两个定义之上，研究者可以制定一种策略，用以测量这两种属性在不同国家存在与否以及存在的程度。

假定识字率定义为“完成了 6 年的正式教育”，而民主定义为“一种通过竞争性选举来挑选官员的政府制度”。这些定义就将用于制定两个概念的操作性定义。这些操作性定义将表明，可以从经验上观察到什么从而来测量识字率和民主，并且还可以说明，可以收集哪些数据来检验研究者的假设。在这个研究案例中，识字率的操作性定义可以是“根据联合国公布的数据，那些至少 50％的人口接受过 6 年正式教育的国家”，而民主的操作性定义可以是“在过去 8 年中，竞选主要行政长官时其所得票数第二的候选人至少有一次获得了至少 25％的选票的国家”。

一旦研究者确定了概念的操作性定义，在该项研究中，该概念的准确含义也就得以澄清。在前面这个事例中，我们得知了研究者使用识字率和民主的确切含义。同一个概念，不同的人有不同的定义，因此操作性定义极其重要。一些人可能会认为，用正式教育来定义识字率可能会忽视一些人虽然完成了 6 年正式教育但仍然不能读写的可能性。同样，也可能会有人争辩指出，用竞争性选举来定义民主忽略了民主的其他重要特征，比如言论自由和公民参加政府行为。此外，竞争性选举的操作性定义也有可议之处。选举的“竞争性”究竟取决于候选人的数目、胜利的差距程度，抑或某一政党在一系列选举中连续获胜的次数？遗憾的是，操作性定义很少绝对正确，也很少绝对不正确；相反，评价它们的标准只能是看其是否恰当地对应了所用以测量的概念。

因此，我们不妨将操作性定义视为定义概念过程中的最后一个步骤。我们首先从抽象概念（比如民主）起步，然后对它作出合理的定义，最后再来看如何根据具体的指标来测量它。在最后一个步骤中，我们希望能够得出一个恰当的定义，它既符合我们对概念的理解，又能够告诉我们如何去测量这个概念。

我们来看另一个事例：研究者对一些个人比另一些个人更具有自由主义倾向感兴趣。自由主义在此被定义为："相信政府应当致力于那些为低收入者提供福利的政策。"接下来的任务就是给出一个操作性的定义，以观察具体的个人是否具有自由主义倾向。在一次公共舆论的调查中，研究者可以根据人们对如下问题的回答来确定是否是一名自由主义者："联邦政府应当增加用于食物券和免费午餐计划的经费。"

现在，作为抽象概念的自由主义有了一个可以用来针对个人来测量概念的操作性定义。这一定义与概念的原始含义相关，它准确表明了研究者将如何观察世界。但是，它绝不是唯一可能的操作性定义。还可以有其他的问题，比如种族优惠政策、学券制、死刑、福利政策、色情作品等都可以用来测量自由主义。重要的是慎重思考你所选择的操作性定义，并尽可能确保该定义符合概念的原始含义。

二、政治测量举隅

我们来看一些政治学者所使用的操作性定义的详细例子。伍德和沃特曼打算测量"政治控制机制"和"官僚回应"。他们辨识出那些代表着能够"产生'预期回应'的政治信号"的事件。[8]这些能够代表控制机制的事件包括政治任命、辞职、增减预算、国会监督听证会、行政机构重组和立法。官僚机构回应或行政输出的测量内容包括诉讼、裁决以及行政决策。他们将管制机构作为观察的对象，因为管制机构的输出很容易测量。这样，当他们对如何测量这些概念的方法作出具体的规定之后，"政治控制机制"和"官僚回应"的含义也更为清晰。

在克服一些困难的测量问题以满足检验一个科学假设的需要方面，西格尔和科弗对美国最高法院判例的研究堪称典范。[9]与以前的一些研究者一样，西格尔和科弗也对最高法院对案件的投票究竟在何种程度上取决于法官们个人的政治态度这个问题感兴趣。测量法官们在最高法院的判例中的投票不存在任何问题；这些投票都是公开信息。但是，测量法官们的政治态度——独立于他们的投票（第 4 章我们已经讨论过要防止同义反复）——却成为一个问题。许多我们所关注的法官已经去世，而且也很难通过个人访谈或调查问卷来获知在世的最高法院法官们的政治态度。还有可能会是这种情况，即使选择了一种可以测量法官政治态度的方法，但那种标准本身很可能就与最高法院的判例相关。

西格尔和科弗决定将他们的研究范围限制在 1953—1987 年间有关公民自由方面的判例，这时他们需要一种测量最高法院法官在该时期的政治态度的手段。他们根据每个法官在被总统提名至参议院通过期间几种主要的日报有关他们的评论来推断该法官的政治态度。熟练的分析家阅读这些报刊评论，逐一研判每个段落是否宣称（或者认为该段落不足为凭），在"支持刑事案件中的被告权利、平等权案件中的妇女权利和少数族裔权利和相对于政府的隐私权以及涉及《宪法第一修正案》等案件中的个人权利"方面，该被任命而尚未就职的法官是自由主义者、温和派还是保守主义者。[10]

他们挑选出两份自由主义报纸和两份保守主义报纸的评论作为测量法官政治态度的依据。

由于难以实现理想的测量，西格尔和科弗不得不通过报刊理解法官的态度，而不是自身直接与法官接触来测量法官的态度。这种方法尽管存在一定争议，但终究做到了对人们感兴趣但此前从未检验的最高法院法官们的政治态度方面的假设进行测量。如果测量的结果是准确无误的，这一测量策略还可以让研究者对重要的假设进行经验证实。如果没有这些测量，假设就无从得以验证。

下面，我们来看布拉德利及其研究伙伴是如何研究政党对政府的控制与财富的分配与再分配之间的关系的。尽管这一问题很重要，但因为缺乏足够数目的案例的可比较数据，限制了该研究的深入。对他们的研究目的而言，有必要在卢森堡收入研究项目（LIS）的数据库的基础上作出改进，该数据库提供经济合作与发展组织的长期的各国收入数据。[11]他们决定对 LIS 公布的包括领取退休年金人员在内的收入不平等的数据作出调整。因此一些国家为退休人员提供了广泛的福利，人们几乎不必为自己日后的退休而积蓄。这样，在接受政府实施的收入转移之前，这些人往往被认为是贫穷的。而将退休人员纳入计算，在扩大这些国家的收入转移的同时，也同时提高了收入转移前的贫穷程度。布拉德利与其同事决定将研究范围限制在成员年龄在 25 岁至 59 岁的家庭（如此也排除了学龄人口），然后从 LIS 的数据中得出自己测量的结果。他们指出，其测量的数据包括不同收入群体之间的再分配，但不包括生命周期性的收入再分配，诸如针对学生与退休人员的收入转移。收入被定义为工资、自谋职业的收入、贫困救济金以及个人的养老储蓄。他们还使用一个等价量表对家庭规模作出调整，将家庭中的成员数调整为相等的成年人数。这里，等价量表考虑了共同的家庭支出而产生的规模经济因素。

研究接触消极的竞选广告对选举的影响的学者采用了各种方法来测量竞选的基调和竞选广告。卡恩和肯尼通过三种方式测量参议员竞选的基调：首先以候选人所投放的电视广告作为样本依据；其次以参议员竞选所在州的发行量最大的报纸上的选举文章作为样本依据；最后是直接与候选人联系，向他们提出问题以确定在竞选中抹黑对手的程度。按三等不同程度来给每一种竞选广告定级，并根据负面信息与正面信息的比例计算出相应的负分。这一负分再乘以竞选中所耗费的金钱，依据是假定钱花得越多，就会有更多的人接触这些竞选广告。瓦滕伯格和布赖恩则通过调查问卷测量了受访者是否还能回忆起竞选的情况，以及当时的竞选总体上是正面的还是负面的。最后，安瑟拉贝赫尔与其同事通过对报纸和杂志上的文章测量了 1990 年参议员选举中人们接触这些消极的竞选广告的情况，并确定这些文章中所包含的竞选的基调。

前面所讨论的这些事例很好地说明了研究者是如何测量现实世界中的重要政治现象（行为或态度）的。不管所研究的现象是法官的政治态度、收入不平等、竞选广告的基调、政治控制，还是官僚机构的回应，研究者设计了种种测量手段用以检验和测量所研究的概念的存在性与存在程度。这些观察方式被广泛用作检验研究假设的基石。

要想为政治行为提供有用的科学解释，对政治现象的测量必须密切符合研究概念的原意。它们必须为研究者提供足够的信息，用于作出合理的比较。因此，我们可以从测量的准确性（accuracy）和精确性（precision）来看测量的质量。

三、测量的准确性

因为要使用测量手段来检验我们对政治现象的解释是否有效，所以这些测量手段必须尽可能准确。不准确的测量将导致错误的结论，因为它们会使我们无法正确地观察两个或两个以上变量之间的关系。

对于测量的准确性而言，存在两种主要的风险。测量之所以不准确，或者是因为它们不可信（unreliable），或者是因为它们是无效的（invalid）。

信度

信度（reliability）“是指一次实验、检验或任何测量程序在重复实验中所导致相同结果的程度……通过重复测量而得出的结果的一致性程度更高，则测量程序的信度更高；相反，如果结果的一致性很低，则信度较低”[12]。

比如，你负责在某个公共部门计算 1 000 张纸质选票。第一次清点后，你得出一个具体的数字。但也许你在清点选票的过程中，曾被打断过，两张或三张选票粘在一起，或者一些选票飘落到地上，或者你在写下总数时出现笔误。因此，为谨慎起见，你亲自再清点五次，还让其他四个人来各自清点一次。这十次清点选票的结果相似，意味着测量结果可信。

或者假定你设计出一个调查问卷来测量人们的愤世程度如何，并找了一群人来回答这些问题。几天后，你针对这群相同的人问同样的问题，这两次答复相互照应意味着测量了人们愤世的信度（假定人们的愤世程度并未发生变化）。相应地，假定你想检验《纽约时报》要比《华尔街日报》更倾向于批评联邦政府这一判断，你就必须检验这两份报纸中的文章所体现的批评程度。你得设定一个尺度或标准来确认和测量批评程度。测量的信度可以通过如下方式来评价：让两个人分别阅读所有的文章，然后根据你的标准各自对这两份杂志中的批评程度作出评判，比较他们的结果。如果两个人就所涉及的文章的内容方面得出了相同的结果，就证明了该测量手段的信度较高。

可以用不同的方式来计算政治科学测量的信度。**再测法**（test-retest method）意味着过一段时间后将相同的“检验方式”用在相同的对象上，然后再比较不同检验的结果。比如，在两个不同的日期中拿一系列问题来询问一群受访者以检验自由主义的倾向，这两次得分情况的比较就可以用来作为自由主义测量的信度的指标。在我们的日常生活中，常常使用这种再测法方式来观察。一种很常见的现象是，往往在间隔几秒钟之后，人们再次踏上浴室中的台秤上以察看体重，甚至不厌其烦。

测量信度的再测法可能极其困难，而且存在问题，因为研究者必须在两个不同的时点上再次测量该现象。很可能会得出两个完全不同的结果，因为所测量的对象已经发生变化，而不是因为测量的准确度出了问题。比如，如果浴室中的台秤在间隔几秒钟后给出两个不同的数据，这说明台秤出了问题，因为你的体重不可能发生变化。但是，如果你在一个月之内每隔一个星期称一下体重，你可能会每次都有不同的结果，那么到底是台秤出了问题还是你的体重发生了变化？用再测法来衡量信度的做法还存在另一个有争议之处，那就是第一次测量的结果往往影响第二次测量的结果。比如，个人参加第一次科研能力测验的得分与第二次测验的得分往往存在差异，这种差异不能解释为检验不可信，而应解释为参加测验的人在参加第一次测验之后改正了原有的做法。

测量信度的**复本法**（alternative-form method）也对相同属性进行两次或两次以上的测量，但对同一概念使用不同的测量手段，而不是相同的手段。比如，研究者可以设计出两组不同的问题来测量自由主义这一概念，然后比较受访者的得分。使用不同的测量形式可以避免第二次测量的结果受到第一次测量的影响，但它仍然要求两次测量同一政治现象，并且其信度取决于两次测量的时间间隔，否则所测量的内容可能会发生变化。

再回到前面那个浴室里的台秤事例，如果你在家里的台秤称体重，然后去体育馆的台秤称体重，并得到相同的数据，你可能会得出结论说，家里的台秤是可靠的。但如果得到两个不同的数据呢？假定你的体重没有变化，问题出在哪里？如果你马上回家，然后再次站在浴室的台秤上，这次的测量得出了一个不同于第一次的结果，如此你得出结论，家里的台秤出了问题，结果不一致，因此也是不可靠的。但如果家里的台秤给出了与第一次相同的数据呢？这些数据似乎是可靠的，而体育馆的台秤是不可靠的。你再次回到体育馆测体重。如果体育馆得出了和第一次不同的数据，那么那里的台秤是不可靠的。但是如果体育馆的台秤显示出相同的读数呢？显然，其中一台（也许两台）秤是不准确的，而此时你遇到的测量问题已不仅仅是所需要解决的信度了。在我们继续讨论这个问题之前，让我们来看另一个检验信度的方法。

折半法（split-halves method）测量信度是指同时用两种测量手段测量同一概念，然后比较两种测量的结果。这种方法避免测量时概念本身发生变化。折半法往往用于其内容可以分为两个等价部分的多项目测量（multi-item measure）。比如，我们可以设计出一个有关公共舆论的调查问卷，由十个问题组成。其中有一半问题代表了一种对自由主义的测量，而另一半则代表另一种测量自由主义的方法。如果一个人对这两种自由主义测量问题的回答结果是相似的，那么可以说这包含十个问题的测量手段用折半法来看是可信的。

再测法、复本法和折半法为计算两次或两次以上采用相同或相等的测量结果的相似方面提供了基础。这些结果的不一致性程度越高，其测量手段的信度越低。政治学家所使用的测量手段的信度是一个严重的问题。调查者们很关注他们所收到的结果的可信程度。比如，不同时候，受访者所给出的答案往往差异极大。[13]如果受访者对调查心不在焉，或者没把它当一回事，他们所提供的答案也许最好被排除出去。

现在，我们回到测量方法给出一致的答案这个问题上，比如两台秤前后一致地给出各自不同的体重数。每台秤似乎都是可信的（它们在随机的情况下并未给出不同的重量），但其中必然有一台是错误的，或者两台都是错误的。也就是说，没有给出正确的重量。这是评价某种测量手段是否有效的一个问题。

效度

从根本上说，一次有效的测量就是一个测量到所打算测量的内容的活动。信度取决于重复应用相同的或等价的测量方式是否得出相同的结果，与此不同的是，**效度**（validity）是指测量手段与所欲测量的概念之间的对应程度。

我们来看一些无效测量的事例。研究者假设城市的警察力量越大该城市的犯罪率就越低。这需要测量不同城市的犯罪率。现在我们假定，某些警察局有系统地高估该城市的犯罪率，让市政当局相信犯罪是一个严重的问题，因此当地警察局需要更多的投入。而另一些城市的警察局则可能有系统地低估犯罪率，从而让人觉得该城市安全。如果研究者依赖于官方的犯罪率报告，这种测量就是无效的，因为它们没有严格地说明某些城市的实际犯罪情况。还要考虑，并不是所有的犯罪案件都报告给警察。因此，更有效的犯罪率的测量可能是“受害”调查，即对人们调查，询问受访问者是否曾是一项犯罪的受害者。

许多研究调查了影响投票率的各种因素。这些研究致力于准确地测量投票率。一种测量投票率的办法是询问人们是否参加过最近的一次投票。然而，在美国这种将投票视为一种值得称道的国度，难道所有上次选举时没有投票的人都会如实坦白吗？很多人会说他们投了票，而不是如实说出，这将导致投票率的测量结果不准确。事实上，这是很常见的事情。投票者调查往往比实际的投票率要高出几个百分点。[14]

相比较信度而言，测量的效度更难以在经验上加以证明，因为效度涉及概念的测量与该概念本身的存在性或存在程度之间的关系。有关两者对应的信息往往不多，但仍有办法来评估某次测量的效度。

当测量工具在测量所打算测量的概念时，就可以说该测量具有**表面效度**（face validity）（没有得到经验上的证明）。评估测量的表面效度，我们需要知道所测量的概念的含义，并且判断所收集的信息是否“与该概念密切相关”。[15]比如，你想测量个人的政治态度，看某人是保守派、温和派，抑或是自由主义者。最简便的方法是用个人对有关政党认同等问题（假定倾向民主党的属自由主义者，倾向共和党的属保守派，而倾向独立党的属温和派）的回答来作为测量手段。但是，某些民主党人所持的观点属于通常的保守主义，而共和党人也可能持自由主义观点，政党认同并不必然一一对应于政治倾向这个概念。与此类似的是，有人指出，许多标准的智商测试所反映的是白人中产阶级的文化，因此其有关智力的结论并不是那么有效。

一般而言，当我们有充分的理由质疑测量方式与概念之间的对应性时，就可以说，测量缺乏表面效度。换句话说，评价表面效度本质上是一种判断问题。如果有关所打算测量的概念的含义上不存在共识，那么测量的表面效度往往就大打折扣。

内容效度（content validity）与表面效度相似，但它的检验（事实上是逻辑论证而不是检验）涉及确定一个特定概念的全部定义域或含义，并确保该定义域的各个组成部分都被包含到测量技术之中。比如，假定你想设计一种测量某国政治制度是否民主的方式。正如前面已经指出的，不同的人对民主有着不同的含义。雷蒙德·D·加斯蒂尔（Raymond D. Gastil）设计了一种民主测量方式，其中包括两个维度：政治权利和公民自由。每个维度又由 11 项标准组成。[16]政治学家往往对那些具有多种维度或复杂含义的概念感兴趣，并且花了许多时间讨论和辩护他们测量手段的内容。

第三种评估测量效度的方式是通过经验来证明的**建构效度**（construct validity）。对一个概念的测量被认为与相关的另一个概念的测量有关，就足以证明建构效度。换句话说，研究者可以在理论上规定，两个概念应当相关（比如政治效率与政治参与有关，或者教育与收入相关）。研究者对每个概念都设计出一种测量方法，然后检验它们之间的关系。如果测量的结果相关，那么对其中一个概念的测量就具有相对于另一次测量的建构效度。如果测量不相关，那么就缺乏建构效度。那样的话，要么理论上的相关关系是错误的，要么其中一次或两次测量方式都不足以准确代表概念，要么用以检验两者相关关系的程序是不恰当的。测量没能显示所假设的相关性并不能说明测量是无效的，但相关性的存在却能够说明测量的效度。

一个说明建构效度的恰当事例就是教育考试服务处（the Educational Testing Services，ETS）所出的研究生入学考试（Graduate Record Exam，GRE）的试卷，这是一种标准化的为大多数研究生院所采用的入学测验。GRE 的考试分数被认为能够测量个人进入研究生学习的能力，如果该考试分数确实能够反映个人在研究生学习阶段的成绩，那么建构效度就能够得到证明。ETS 曾连续几年检验了 GRE 分数与研究生第一学年的总平均成绩（grade point averages，GPAs）之间的相关度。表 6—1 显示的结果似乎说明，GRE 分数并不能很好地预测研究生学习阶段的成绩，因此并不具有建构效度。事实上，近年来有关这个问题以及 GRE 分数在入学方面的作用有过许多讨论。这一事例很好地说明了缺乏强相关性的情况并不必然意味着测量缺乏建构效度。因为那些 GRE 分数很低的人通常不被允许进入研究生阶段学习，我们缺乏有关他们的成绩测量结果。而我们所以检验分数与成绩之间关系的那些总体上的能力都是相似的，因此难以在他们的研究生学习成绩方面表现出有意义的差异。因此，如果针对一部分不那么具有选择性的考生（包括那些没有读研究生的人），考试分数也许是一个有效的指标，从而事实上表现出与成绩的强相关性。表 6—1 削弱了考试分数的效度，但它并不必然否定了这种效度。

表 6—1　　研究生入学考试分数的建构效度

GRE 成绩、平时测验成绩、大学总平均成绩和研究生第一学年的总平均成绩之间的平均相关度								
院系类别	院系数目	考生人数	预测指数					
			V	Q	A	U	VQA	VQAU
所有院系	1 038	12 013	0.30	0.29	0.28	0.37	0.34	0.46
自然科学	384	4 420	0.28	0.27	0.26	0.36	0.31	0.44
工程学	87	1 066	0.27	0.22	0.24	0.38	0.30	0.44
社会科学	352	4 211	0.33	0.32	0.30	0.38	0.37	0.48

续前表

院系类别	院系数目	考生人数	预测指数					
			V	Q	A	U	VQA	VQAU
人文艺术	115	1 219	0.30	0.33	0.27	0.37	0.34	0.46
教育学	86	901	0.31	0.30	0.29	0.35	0.36	0.47
商学	14	196	0.28	0.28	0.25	0.39	0.31	0.47

V=GRE 语言能力，Q=GRE 数学能力，A=GRE 分析能力，U=大学总平均成绩。

分析所列入的各院系参与了 1986 年至 1990 年的 GRE 效度研究项目。表中所涉及的每个院系类别至少包括 10 个系，并且进行了不少于 100 场的测验。

注：表中所列数字为积差相关值——数值从－1.0 到＋1.0 不等，表示一个变量与另一个变量相关的程度。数值越接近±1，则两个变量的相关程度高；系数越接近 0.0，则相关性越弱。由于本表中 VQA 与研究生第一学年总平均成绩的相关性处于 0.30～0.40，相关性并不高。还请注意，大学总平均成绩并不是一个有关研究生第一学年总平均成绩的好的预测指数，但如果将 GRE 成绩和大学总平均成绩一起则提高了预测性。

资料来源：摘自 GRE® 2003—2004 使用手册，2003 年版。蒙版权所有者美国教育考试服务处惠允重印于此。对此部分 GRE 资料的重印许可并不构成美国教育考试服务处将此公开资料视为或认可为对全部考试情况或其他考试情况的代表。

第四种方法是通过**项目间关联**（interitem association）来论证效度。这是一种政治学家经常使用的效度检验手段。它取决于一个概念的多种测量手段的相似性，从而证明整个测量计划的效度。

我们回到研究者想设计一个自由主义的有效测量方案的问题上。首先，研究者可以测量人们在下面这些问题上的态度：(1) 福利；(2) 军事支出；(3) 堕胎；(4) 社会保障水平；(5) 种族优惠政策；(6) 累进所得税；(7) 学券制；(8) 保护被告权利。然后研究者确定对每一个问题的回答是如何与对其他问题的回答相关的。如果人们对这八个问题的回答之间显示出强烈的相关性，那么测量方案的效应就得到了证明。

这类项目间关联检验的结果往往以**相关矩阵**（correlation matrix）的形式表达出来（见表 6—2）。矩阵内容表示出测量方案中的一个项目是如何与其他项目之间相关的。在表 6—2 上所展示的假设数据中，我们可以看到，人们对这八个问题中的六个问题的回答彼此强相关，而对保护被告权利和学券制的回答却与整个倾向不符。这样，研究者就可以得出结论，前面这六个项目都能够构成测量自由主义的一个维度，并且作为整体上构成一次对自由主义的有效测量。

表 6—2　　自由主义测量的项目间关系的效度检验

	福利	军事支出	堕胎	社会保障水平	种族优惠政策	累进所得税	学券制	保护被告权利
福利	×							
军事支出	0.56	×						
堕胎	0.71	0.60	×					
社会保障水平	0.80	0.51	0.83	×				
种族优惠政策	0.63	0.38	0.59	0.69	×			
累进所得税	0.48	0.67	0.75	0.39	0.51	×		
学券制	0.28	0.08	0.19	0.03	0.30	−0.07	×	
保护被告权利	−0.01	0.14	−0.12	0.10	0.23	0.18	0.45	×

注：假设数据。此表中的数据为积差相关，表 6—1 的注中有说明。显著相关表明人们如何回答这两个不同的测量自由主义的问题相关程度很高。最后两行数据比其他记录更接近 0.0，这表明人们对于“学券制”和“保护被告权利”的回答并没有像问题的回答一样遵循相同的模式。因此，相比较其他问题，“学券制”和“保护被告权利”看起来不像自由主义测量的部分。

埃达·菲尼夫特（Ada Finifter）和埃伦·米茨凯维奇（Ellen Mickiewicz）在他们有关苏联人民对待政治变革的态度方面的研究中使用了这样的一个程序。[17]他们设计了六个问题来测量人们看待政治变革各方面的态度：政治变革的步伐、个人社会福利的（个人的或集体的）责任所在、个人收入和生活标准差异的可接受性、政治表达的非传统方式的可接受性、言论自由的重要性以及对竞争性选举的支持水平。问题如下：

1.（迅速变革对渐进变革）"一些人认为，要解决我们最紧迫的问题，有必要毅然迅速变革，因为任何延迟可能使事情变得更糟。另外一些人则认为变革应当谨慎和循序渐进，因为你永远无法确定变革带来的损害是否会高于所带来的好处。你更倾向于同意哪一种观点？

"下面是一些在与我们社会的发展相关的问题上广泛流传但彼此对立的判断。你最有可能同意哪一种判断？"

2.（个人责任对国家责任）"国家与政府应当对人民的成就和福利承担主要责任"或者"人民应当自己承担责任，为成功而自我决定如何去做"。

3.（收入差异）"国家应当为每一个人提供尽可能挣更多收入的机会，即使这样做有可能导致人们的生活水平和收入之间发生根本性的差异"或者"国家应当全力以赴以减少人们的生活水平和收入之间的差异，即使这样做使得人们不愿意努力工作以挣得更多"。

4.（抗议对传统手段）"罢工、自发示威、政治集会和其他抗议手段是完全可以接受的群众行动和有效的解决社会问题的方式"或者"这些抗议形式对社会无益，应当尽量避免这些手段，而应采取更为和平的、传统的和更有组织性的解决社会冲突的手段"。

5.（言论自由对秩序）"为改善我国的状况，人们应当有机会说出他们的想法，哪怕这将引起公共混乱"或者"保持社会和平应当是主要的努力方式，哪怕不得不限制表达自由"。

6.（竞争性选举）"在下一次地方苏维埃选举中，我们应当在几个候选人中作出选举，就好像我们在绝大多数的自发性选举所做的那样"或者"避免选举所引发的冲突，回到原来的选举制度上不是更好吗？"[18]

菲尼夫特和米茨凯维奇发现苏联人民对这六个问题中的五个的回答存在一个模式。对个人福利的责任所在问题的回答与其他问题的回答仅仅只是弱相关。这样，作为项目间关联得到检验的结果，研究者仅仅将其他五个问题的回答合并成一个"支持政治变革"的态度尺度。

在一个概念上不存在广泛认可的含义时，内容效度和表面效度很难加以评价，而建构效度由于要求一种充分认知的理论视角，往往能够得到一个略弱于定义的结果。项目间关联检验要求对同一概念进行多方面的测度。虽然这些效度检验提供了重要的证据，但其中谁也不能对一次具体测量手段给出不容置疑的决定性支持。

政治科学测量中的信度和效度问题

密歇根大学调查研究中心所做的一个研究项目恰当地说明了政治科学测量的信度和效度所可能遇到的威胁。1980 年该中心在全国范围内抽样访问了合格选民并用如下问题调查了他们的收入水平：

请看本页，并标出 1979 年你的家庭所有成员的税前收入所属的收入群体前的字母。这一数字应当包括工资、退休金、分红、利息及其他各种收入。

受访者有如下选择：

A. 没有收入或者少于 2 000 美元
B. 2 000～2 999 美元
C. 3 000～3 999 美元
D. 4 000～4 999 美元
E. 5 000～5 999 美元
F. 6 000～6 999 美元
G. 7 000～7 999 美元
H. 8 000～8 999 美元
J. 9 000～9 999 美元
K. 10 000～10 999 美元
M. 11 000～11 999 美元
N. 12 000～12 999 美元
P. 13 000～13 999 美元
Q. 14 000～14 999 美元
R. 15 000～16 999 美元
S. 17 000～19 999 美元
T. 20 000～22 999 美元
U. 23 000～24 999 美元
V. 25 000～29 999 美元
W. 30 000～34 999 美元
X. 35 000～49 999 美元
Y. 50 000 美元及 50 000 美元以上

这种测量收入的做法不管是信度还是效度都存在问题。损害该测量的信度因素存在如下几种可能：

1. 受访者也许并不清楚他们挣多少钱，因此无法正确给出答案。
2. 受访者也许并不知道家庭其他成员的收入，因此无法正确给出答案。
3. 受访者知道自己的收入多少，但是随意选择了一个错误的类别。

4. 访谈者[1]在听取受访者的回答时可能画错圈。

5. 数据输入小组在将答案输入计算机时可能打错数字。

6. 不诚实的访谈者也许在受访者没有回答完问题时错误估计受访者的收入。

7. 受访者也许并不确定应将哪一个家庭成员的收入纳入加总数字之中；一些受访者可能只是将部分家庭成员纳入进来，而另一些可能将一些疏远的亲戚也算进来。

8. 受访者的收入处于两个类别的临界点时，可能无法确定应当选择哪一个。一些选择较高的类别，而另一些则选择较低的类别。

所有上述问题都有可能导致测量收入时发生错误，并出现那种对一些受访者来说归类过高而另一些受访者则归类过低的测量不准确的情况。因此，如果过一段时间再向同一批人访谈时，有可能会出现不同的结果。

除了对信度的损害之外，还存在损害该测量的效度的因素：

1. 受访者也许有他们不想披露的非法收入，因此有意低估其收入。

2. 受访者也许希望系统高估其收入来给受访者或他们自己留下印象。

3. 受访者也许会系统地低估他们的税前收入，因为他们仅仅看到拿到手里的钱，而低估了从其薪水中所扣除的部分。

在这个相对较为具体的概念上，这种直接测量信度所蕴含的信度和效度的问题都如此之多。我们可以想象得出，针对那些抽象概念（比如智力、自尊或自由），设计出可信的和有效的测量方法将困难得多，而测量方案也将复杂得多。

政治学家对其测量的信度和效度的证明很难让每一个人满意绝大多数政治现象的测量既非彻底有效，也非彻底无效，既非绝对可信，也非绝对不可信。因此研究者通常提出理论根据和证据以支持其测量方法，试图说明他们的测量至少要比其他测量方法准确。即使如此，从读者的角度来对某次政治测量的信度和效度进行怀疑往往总能得到合理的支持。

信度和效度不是一回事。一次测量也许是可信的，但是无效的。比如，我们可以设计一套测量自由主义的方法，用这套方法测量同一些人总是得到相同的结果，但仍然可能得出错误的结论。然而，一次有效的测量却必须是可信的，因为如果它准确地测量了所研究的概念，那么它必然在不同的测量方法中都会得出一致的结论。因此，更重要的是测量效度，而不是信度。然而通常情况下，信度更容易得到，而且也可以很精确地得到检验。

四、测量的精确性

测量不仅要做到准确，还应做到精确；也就是说，测量应当包含尽可能多的有关

① 本书亦译作“访谈员”，视具体语境不同而异。——译者注

所测量的行为和属性的信息。测量越精确，我们对两个或三个变量之间的关系的检验就会越完整和丰富。

比如，假定我们想测量政治候选人的身高，来看高个子候选人是否更容易赢得选举。身高可以有各种不同的测量方法。我们可以有两类不同的身高类别：高的和矮的，然后将所有的候选人分别归入这两类中，看他们是高于平均身高还是低于平均身高。或者我们也可以比较竞争同一职位的候选人的身高，并测量出谁最高，谁其次高，如此类推。我们还可以用卷尺测量候选人的身高，测量可以精确到英寸并记录下来。很显然，最后一种测量方法包含了候选人身高的绝大部分信息，因此是该特征的最精确的测量。

当我们考虑测量的精确度时，我们指的是**测量层次**（level of measurement）。测量层次包含的信息有我们认为测量所需要包含的信息以及能够在同一变量上的不同观察结论上作出横向比较的信息。测量层次还指当我们对测量进行赋值时的要求。

存在四种不同的测量层次：定性的、定序的、定距的和定比的。政治科学研究中所使用的概念本身很少只要求进行某种层次的测量，因此在任意一项具体的研究工作中所需要的测量水平取决于研究者的考虑和材料，而当研究者在测量每个变量时，就必须对测量层次做出决定。

定性测量（nominal measurement）用于对仅仅代表不同的类别或分层的变量进行赋值时对该变量的测量。在这种情况下，任何一类对象既不比其他类别更多，也不更少，它们仅仅是不同的类别。比如，假定我们测量个人的宗教，我们询问他们是否是新教徒、天主教徒、犹太教徒或其他教徒。既然这四种类别或者说值对于这一变量“宗教”来说是完全不同的，因此这里的测量处于定性测量上。

定性层次的测量所使用的概念应当是穷尽性的，同时彼此排他；也就是说，所设置的类别应当包含所有可能的测量结果，但这些类别应当彼此有别，做到每个个案将能够并且仅仅归入一类。比如有关宗教的测量划分是穷尽的（因为有“其他”类），同时也是相互排他的（因为一开始就假定一个人不能属于一个以上的宗教）。如果我们想测量“政治制度类型”，将政治制度分为民主的、社会主义的、权威主义的、不发达的、传统的、资本主义的、君主制的，这样分类将既不是穷尽性的也不是相互排他的。（日本、英国和印度将属于哪一类？）由于将许多国家纳入哪一类存在困难，这将严重妨碍下一步的测量工作。

定序测量（ordinal measurement）假定变量的多少是可以测量的，并且能够对所观察到的属性的多少进行比较。比如，我们可以对正式教育进行定序测量时按照如下分类：“八年级或者更低”、“高中生”、“高中毕业”、“大学生”、“学士学位或更高”。请注意，这里并没有说明各种教育年限之间的确切差异，而只是涉及一类是否比另一类更高或更低。或者假定我们设计了三个问题来测量社会信任，我们可以认为，一个在三个问题上都给出肯定回答的人要比一个在两个问题上给出肯定回答的人拥有更多的社会信任，而后者又比一个仅在一个问题上给出肯定回答的人拥有更多的社会信任。我们可以给第一个群体的人打 3 分，第二个群体打 2 分，第三个群体打 1 分，而那些在这三个问题上的回答没有显示任何社会信任的人打 0 分。在这里，个人的分值越高，其社会信任感也越高。在定序测量中，我们给这四个群体的数值并不重要，既可以是 0、1、2、3，也可以是 5、6、7、8、10、100、1 000、10 005，或者 100、101、107、111。数字之间的差异不具有任何意义，它仅仅说明较高的数字代表着比较低的数字拥有更多的特征。

而在**定距测量**（interval measurement）中，类别之间的差距或观察到的值是有意义的。对定距测量来说，一次具体的测量到的值之所以重要，不仅仅是因为它能够说明它比其他的值更大还是更小（如同定序测量一样），而且也因为它能够说明它有多大或多小。比如，假定我们记录某件事件发生的年份。如果我们观察到三次——1950 年、1960 年、1970 年——我们知道，1950 年发生该事件，十年后的 1960 年再次发生，20 年后 1970 年又发生。我们还知道 1950 年至 1970 年之间的差距是两倍于 1950 年至 1960 年之间的差距或者 1960 年至 1970 年的差距。在这一测量中，一个单位的变化的含义是同一的：十年。而在前面讨论的社会信任的事例则不是这样，因为我们无法确定得分 1 与得分 2 之间的差距就等同于得分 2 与得分 3 之间的差距。

另一个将定距测量区别于另一个层次的测量（定比）的特征是零点，是任意给定的，并不代表缺乏某种属性。比如，许多时间与温度刻表有一个任意给定的零点。因此公元零年并不意味着时间的起点——如果真有这么一个时间的话将不会有公元前的日期。0℃并不意味着缺乏热度；相反，它指水结冰的温度。由于这个缘故，定距测量无法计算比率；也就是说，我们不能说 60 ℉是 30 ℉温度的两倍，因为它并不代表两倍的热量。

最后一个测量层次是**定比测量**（ratio measurement）。这类测量包含了数字的所有数学特征。不同类别的值可以对各类别进行排序，说明各类别之间的差距，并且准确地表明各类别的变量值的相对程度。比如，研究者声称，十个单位的变量所产生的属性恰恰就是五个单位的变量所产生的属性的两倍多，那么这就是定比测量。

作出这一假设的关键之处在于变量中零的值实际上代表着该变量不存在。由于定比测量拥有一个真实的零值，因此就可以说一次测量结果是另一次测量结果的倍数。比如，我们可以说 60 岁的人的年纪是 30 岁的人的年纪的两倍（60/30＝2），却不可以说 60℃是 30℃的两倍热。[19]

确定变量的测量层次很重要，因为它影响到所能使用的数据分析技术以及就变量之间的关系所能得出的结论。但是，通常并不是直接做出这一决定，而在这些问题上，政治学家往往存在疑问与分歧。很少有哪些政治现象仅仅只要求某一个层次的测量。更常见的是，可以在任意层次上对它进行测量，而这取决于研究者所使用的具体技术以及研究者就测量结果所提出的结论。

政治科学研究者在定比层次上对许多概念进行了测量。人们的年龄、失业率、某个候选人的得票率和犯罪率都是包含零点并且其结论具有所有数学特征的测量事例。但是，政治科学研究往往更多地依赖于定性测量和定序测量，而不是定距测量和定比测量。这对假设的类型和政治学家所乐意使用的分析技术构成了限制。

研究者通常应当尽可能对他们所使用的概念进行较高层次而不是低层次测量（定性测量为最低层次，而定比测量为最高层次）。测量层次越高，就能够运用更先进的数据分析技术，而对于变量之间的关系也就能够得到更为精确的描述。因此，研究者可以首先采取定性测量，然后设法将它改进为定序测量或定距测量。比如在研究竞选支出对竞选结果的影响方面，研究者可以设计出定序测量，仅区别出候选人相对其对手的竞选开支是多还是少。但是，如果对候选人比对手所多（或少）支出的费用能够测量出来，这一定比层次的测量就能够说明更多的信息。与此类似，测量政治态度或个性的研究者往往在定性测量的基础上设计一个量表或指标，这样至少允许在不同的观察结论中作出定序层次上的测量。

五、多项目测量

许多测量只包含一个项目。耶茨和惠特福德在测量影响法官决定的因素时只考虑一个因素，比如为总统所任命的法官是否卷入政策方面的案件，法官是否有过在行政部门任职的经历，法官的政党倾向，在所有这些现象的测量中只考虑一个测量因素，即总统的影响。但在许多情况下，研究者必须设计出一个以上的方面或维度来测量那些复杂的现象。比如，赫尔曼、泰特洛克和维瑟测量军事自信心、国际主义、政治意识形态和政治知识，而布拉德利和其同事测量政治分权。这些都是可以用不同方式来测量的复杂概念和复杂现象。在这种情况下，研究者就要设计出一种测量方案，方案可以测量一个复杂现象的各个方面，但同时又能够用一个单一的代表值来说明它在一个具体事例中的存在性。通常这需要建立一个多项目指标或者多项目量表来表示复杂现象的各个方面。这些多项目测量之所以有用，是因为它们提高了测量的精确度，将研究者的数据简化成一个可以处理的规模，同时又提高了现象的测量层次。在这一节接下来的部分，我们将描述几种常用的指标或量表。

指标

指标（index）是一种在单个项目上积累分值以测量复杂现象的复合手段。指标的建构方式是在一定数量的项目上分配一定的可能分值范围，针对每次观察在每个项目上确定相应的分值，然后将各个项目之间的分值合并为一个观察结论。最后分值的加总就是该现象的代表性测量结果。

比如，有的研究者对测量各个国家的自由程度感兴趣，他可以通过列出与该概念相关的各种项目来建构一个政治自由指标，确定单个国家在每个项目上的分值，然后将这些分值加总就得出一个总的测量数据。表 6—3 使用了一个假定指标来测量从 A 国到 E 国的自由程度。

表 6—3　　测量各国自由程度的假定指标

该国是否具备：	A 国	B 国	C 国	D 国	E 国
私人办报	1	0	0	0	1
所有成人都拥有投票权	1	1	0	1	0

续前表

	A国	B国	C国	D国	E国
合法组织政党	1	1	0	0	0
重要的公共职位进行竞争性选举	1	1	0	0	0
限制政府逮捕公民的权力	1	0	0	0	1
总分值	5	3	0	1	2

注：假设数据。分值 1 表示回答是，0 表示否。

表 6—3 的指标是一个简单的可加指标，也就是说，在加总分值的时候每一个项目与其他项目都占有同样的权重，而总分值就是单个项目上的分值的求和。但是，我们也可以用更复杂的加总程序来建构指标，其中一些项目被赋予比其他项目更大的权重。在前面这个事例中，研究者也许会认为表中一些自由指标要比另外一些更重要，从面让它们在最后的加总数据中占有更大的分量。办法可以是对项目指标乘以表明其重要性的系数，也可以是对那些认为更重要的属性赋以更高的分值。

指标往往用于测量政治态度中的公共舆论调查。这是因为政治态度是一种复杂现象，难以用某个单一项目的测量方法来表述。所以我们往往对受访者提出几个问题，然后将这些答案加总成一个数据，用以代表受访者的态度。比如研究者在测量人们在堕胎问题上的态度时，可以要求受访者针对下面三个问题做答：(1) 允许在怀孕前三个月内堕胎；(2) 如果怀孕危及孕妇生命，应允许堕胎；(3) 只要孕妇愿意，就允许堕胎。受访者回答时提供五种可能的反应中的一种：强烈同意，同意，不好说，反对，强烈反对。

计算堕胎态度指标的方法可以是对每种回答赋予一个数值（比如强烈同意为 1，同意为 2，不好说为 3，依此类推），然后将受访者对三个问题的回答数值加总。(研究者还应当决定当受访者没有回答其中的一个或更多的问题时应如何处理。) 最低的分值将是 3，表示最极端的倾向于堕胎的态度；而最高的分值是 15，表示极端的反对堕胎的态度。两者中间的分值表示程度不等的允许堕胎的情形。

菲尼夫特和米茨凯维奇在测量苏联人对政治变革的态度时，也采用了这类态度指标。在确定人们对其中调查问卷中的五个问题有着一致的模式后，他们对倾向于改革的态度赋值 1，而对于维持现状的答案则赋值－1，然后将受访者对五个问题的回答加总。最后得出的指标分值代表了受访者个人对五个问题的回答，其值域从＋5 到－5。在进一步的分析中就采用这种在政治变革的态度上所测量的指标分值。

另有一个对欧洲女权主义的态度的研究中所使用的多项目指标的事例。[20] 为弄清楚欧洲社会中支持女权主义的范围与分布，李·安·巴纳斯扎克（Lee Ann Banaszak）和埃里克·普鲁策（Eric Plutzer）建构了一种倾向于女权主义的测量方案。他们向受访者提出了六个问题，这些问题涉及女权主义观念体系的各个方面（比如在工作和事业中男女平等，反对那些歧视妇女的人，在照顾孩子方面实现性别平等）。在每个问题的回答上，他们根据倾向于女权主义的程度而赋予从 0 到 3 不等的分值。受访者在所有六个问题上的回答最后被加总成一个从 0 到 18 的指标分值。

指标是一种将类似于政治态度的复杂现象转化成单个代表分值的简易而常用的办

法。它们通常要比绝大多数单项目测量方法更为准确，但也可能在一些重要的方面存在缺陷。比如，在加总不同项目的分值时，不同的项目在该概念的加总测量时往往有着相同的权重，或者所使用的诸项目完全超出了概念的定义域。虽然也可以针对总测量中不同的项目赋予不同的权重，但我们很难有充分的信息来确定相应的权重。

政治科学研究中有几种常见的标准指标。比如，研究者常常使用联邦调查局的犯罪指数和消费者价格指数。虽然单一的加总指标通常比复杂现象的单一测量结果更为准确，但难以判断这些加总指标的效度如何以及它们所代表的测量层次是什么。

量表

虽然相对于单一项目测量而言，指标算得上是一种改进，但在指标的建构过程中仍然存在任意性的因素。不管是在选择组成指标的具体项目，还是在将各个项目上的分值加总的过程，都取决于研究者的主观判断。量表也是一个多项目的测量，但在选择项目以及合并项目分值时通常要比指标更加系统。政治科学研究中长期使用的多项目量表只有几种。这里我们讨论其中的三种：李克特量表（Likert Scales）、哥特曼量表（Guttman Scales）以及语意差异（the semantic differential）。

李克特量表通过对单个项目中所赋予的分值来计算总分。通常情况下，每个项目要求受访者表达出对该项目同意或不同意的程度，比如前面所讨论的堕胎案例。但李克特量表不同于指标的地方在于，在每个项目的分值得出之后，仅仅只有其中的一部分被挑选出来用以加总出最后的分数。在这些项目上，研究中可以很方便地将那些得分高的人与得分低的人区别开来。研究者在这些项目的基础上再重新计算出一个新的量表分值。

比如，研究者对一群受访者的自由主义倾向感兴趣。由于自由主义的定义五花八门，研究者无法肯定应当挑选出自由主义的哪些方面来进行测量。使用李克特量表，研究者可以开始提出一大堆问题来问受访者是否同意，这些问题涉及自由主义的方方面面。这样，一个假定的有关自由主义的李克特量表可能如下：

	强烈反对(1)	反对(2)	不好说(3)	同意(4)	强烈同意(5)
政府应当确保所有人免于贫困	____	____	____	____	____
应当削减军事支出	____	____	____	____	____
满足人民的需要比平衡联邦预算更重要	____	____	____	____	____
不应削减社会保障	____	____	____	____	____

政府应当花钱改善城市的住房与交通	______	______	______	______	______
富人应当比穷人支付更高的税收	______	______	______	______	______
应当给公共学校提供班车	______	______	______	______	______
应当严格保护刑事案件中被告的权利	______	______	______	______	______

在具体的操作上，可以将这些问题散见于调查问卷中，这样受访者将不会发现它们之间的相关性。其中一些问题还可以设计成语意相反的问句（也就是说，“同意”将意味着保守主义的回答），以确保答案的真实性。

将受访者对这八个问题的回答加总，得出一个临时的分值。在这里，得分范围是 8～40。极端自由主义者和极端保守主义者对每个问题的回答将会形成严重对立，而在两个立场严重对立的受访者的回答中存在相似答案的项目，则予以排除——因为这些项目无法区分出自由主义与保守主义。然后再从剩下的项目中重新计算，得出一个新的量表。

李克特量表相比指标来说是一个改进，因为多项目测量的组成部分的挑选是基于受访者的回答，而不是研究者的判断。但李克特量表仍然没有摆脱指标的其他两个缺陷：研究者无法确定该概念的所有维度都得到了测量，确定每个项目之间的相对重要性时仍然带有任意性。

哥特曼量表也使用了一系列项目来得出受访者的量表得分。与李克特量表不同的是，哥特曼量表为受访者提供的态度选项有一个范围，在该范围内其选项将是越来越难以认同的；也就是说，其项目的范围包括那些很容易认同的选项一直到那些难以认同的选项。那些认同“最困难”的选项的受访者通常也认同那些“不那么困难”的选项。（哥特曼量表也可以用于测量属性而不仅仅是态度。但它最主要应用的领域是态度研究，因此，这里以态度研究作为案例来说明。）

我们回到那个研究人们对待堕胎问题的态度的事例上。研究者可以设计出一系列选项，从“那些乐于同意的”选项一直到“难以同意的”选项。我们可以用下面的选项来说明这种情况：

你是否同意在下列情况中可以允许堕胎：

1. 当可能危及该妇女的生命时；
2. 在乱伦或强奸的情况下；
3. 当胚胎显示不健康时；
4. 当孩子的父亲不希望生下他时；
5. 当该妇女因为贫困无法承担起养育孩子的费用时；
6. 只要该妇女愿意。

这组选项所得出的结果很有可能符合哥特曼量表的特征。受访者同意其中某个选项的，很可能会同意前面的选项。其结果就会出现哥特曼量表的“逐级增进”的模式。

假定有六个人回答了这组问题，其结果如表 6—4 所示。一般来说，受访者的回答是可以预见到的：那些在“最困难的”选项上回答同意的人，也应在“不那么困难的”选项上回答同意。但是，有三个人（2、4 和 5）对有关父亲的偏好选项的回答不符合这个模式。因此，有关父亲的这个选项不符合这一模式，应从量表中剔除出去。剔除后就可以看出一个逐级增进的模式。

表 6—4　　　　　　　　　　　　　　　　　堕胎态度的哥特曼量表

受访者	危及生命	乱伦或强奸	不健康胚胎	父亲的态度	养育能力	随时	回答同意的数目	修改后的量表得分
1	A	A	A	A	A	A	6	5
2	A	A	A	D	A	D	4	4
3	A	A	A	D	D	D	3	3
4	A	A	D	A	D	D	3	2
5	A	D	D	A	D	D	2	1
6	D	A	D	D	D	D	1	0

注：假设数据。A＝同意，D＝不同意。

在真实的数据中，不大可能所有的受访者的回答都完全符合这个模式。比如表 6—4 中的受访者 6 对乱伦或强奸选项给出了一个“同意”。这一回答出乎预料，并不符合该模式。因此，如果我们对受访者 6 的回答赋予 0 分，可能就会出现误差。我们可以使用统计方法来计算数据在多大程度上符合这一结果。如果数据符合模式的程度较高（误差值很小），研究者可以认为该量表是一个恰当的测量工具，并对该受访者的“错误”进行“纠正”。（在前面这个事例中，可以认为或者在乱伦或强奸选项上的“同意”出错，或者认为在危及妇女生命的选项上的“不同意”出错。）

哥特曼量表不同于李克特量表的地方在于它使用了一组回答而只得出一个具体的量表分值。也就是说，在堕胎量表上得到一个 3 分，需要一组特别的回答模式（或者相似的回答）。在李克特量表的情况下，不同的回答模式却有一个相同的量表分值。相比较李克特量表，哥特曼量表更难以设计，因为其选项必须作出合理安排，而且也应当被受访者理解为同一态度在不同选项所显示出来的愈渐困难的特征。

李克特量表与哥特曼量表在它们的测量层次上都有不足之处。李克特量表所得出的测量层次充其量只是定序层次（因为我们无法确定每个项目的相对重要性，所以某个项目上的分值“5”与另一个项目分值上的“5”不可相提并论），而哥特曼量表的测量层次通常也被视为定序性质。

还有一种多项目测量技术叫**语意差异**。该技术为受访者提供了一系列的形容词组，让受访者表达出对某个对象的反应方式。受访者的回答可以反映对该对象的属性，也可以用来反映他对对象之间的比较评价，或者两者兼而有之。

比如，假定你为某个在职的参议员参谋重新当选的事宜。你可能对有关你的顾客的公众态度感兴趣，这样你就能够确定他或她的优势与劣势所在。如果无法肯定人们对你的候选人的态度，你可以使用语意差异来探讨人们的态度。

在典型的语意差异方法中，受访者面对每一对形容词组（反义词），有七种反应可供选择，他们采用每一组形容词来对对象进行评价。比如，可以按照下面这种方式来询问受访者对于某位候选人态度。

下面有几组可以用来形容参议员 *X* 的词语。在每组词之间有七个空格。请将 *X* 置于每组中一个你能够恰当描述他的空格。

参议员 *X*

正直	___	___	___	___	___	___	___	欺诈
聪明	___	___	___	___	___	___	___	迟钝
真诚	___	___	___	___	___	___	___	不真诚
肤浅	___	___	___	___	___	___	___	深沉
善良	___	___	___	___	___	___	___	邪恶
严肃	___	___	___	___	___	___	___	幽默
强硬	___	___	___	___	___	___	___	软弱
容易相处	___	___	___	___	___	___	___	不易相处
乐于助人	___	___	___	___	___	___	___	不合作
有影响力	___	___	___	___	___	___	___	没有影响力
积极	___	___	___	___	___	___	___	消极
富有活力	___	___	___	___	___	___	___	老朽不堪
平易近人	___	___	___	___	___	___	___	令人畏惧

对应用语意差异的研究表明，在绝大多数对象上，隐含着三类基本的态度评价上的维度：评价性维度（受欢迎的对不受欢迎的）、潜力维度（强硬对软弱）和行动维度（积极对消极）。通常情况下，对这些形容词组的回答都可以按照这三个维度来分析，研究者还可以引用受访者对一个或更多的对象的态度。在上述这个事例中，正直—欺诈、聪明—迟钝、真诚—不真诚、善良—邪恶、容易相处—不易相处、乐于助人—不合作、平易近人—令人畏惧等形容词组所说明的是评价性维度，而肤浅—深沉、严肃—幽默、强硬—软弱、有影响力—没有影响力等形容词组所说明的是潜力维度。而积极—消极、富有活力—老朽不堪所测量的是行动维度。借助这种方式来询问公民对某个候选人的态度，政治顾问可以比一种单纯的调查问卷更准确地判定人们心目中该候选人的评价、潜力以及行动能力。

因素分析

前面所描述的建构多项目测量的程度是直接的。但有时，研究者试图测量抽象的复杂现象，此时他们无法确定所要测量的定义域。**因素分析**（factor analysis）是一种用来揭示不同测量之间的模式的统计技术。当研究者拥有许多测量方法但无法确定这些测量方法之间的相关性时，因素分析尤其有用。因素分析往往用于态度研究，可以从大量的调查问卷上的项目中建构出一个有限的态度量表并得出相应的量表分值。

因素分析要求计算出每一组测量结果之间的相关性的统计值，然后再去寻求那些彼此之间密切相关的测量结果集合。这些密切相关的测量结果集合叫作在某个因素上的荷载（load），它描述了在该现象上的某个方面或维度。

我们来看巴纳斯扎克和普鲁策所提供的一个事例，他们试图测量欧洲的男人与女人是如何看待女权主义的。他们的调查问卷中包含六个问题。当然，他们并不知道，这六个问题是测量了六种不同的态度，还是一种态度，抑或介于其中的某些态度；他们也不清楚这六个问题是否同样有效地测量了人们的女权主义态度。通过对人们对问卷的回答进行因素分析，他们揭示出：全部六个项目事实上高度相关；每项测量结果构成了一个并且是唯一的一个因素或态度；并且每个问题都是同样有效地测量了人们的女权主义观。根据这些信息，我们就可以用人们对全部六个问题的回答来建构一个单一的态度量表。

丹尼尔·D·达彻（Daniel D. Dutcher）研究了水滨地产所有者对水滨地产使用的态度，他向土地所有者提出了 12 个问题以观察他们如何看待这些问题的重要性。他发现，所有这些问题可以归类三个维度的因素。第一个维度可以标为“维持资产景观”，其中包括维护河流景观、整洁以及开阔视野等问题。第二个维度包含涉及河水质量的问题。第三个维度涉及保护资产不受损害或流失。[21]

因素分析不过是诸多探讨测量的维度并建构多项目量表的技术之一。本章后的建议阅读书目为那些对变量测量的这个方面特别感兴趣的同学提供了相关的资源。

通过指标与量表，研究者可以提高其测量的准确性与精确性。多项目测量技术广泛运用于态度研究，它们也可以用于其他方面。指标与量表的使用都要求研究者在单个项目的选择以及在这些项目的赋值方式上作出决定，两者合起来才可能为政治现象提供一种有用的测量结果。

结　论

在很大程度上，研究计划的成败取决于它所设计与运用的测量。不准确的测量将影响对政治现象的科学解释，并导致错误的结论。不精确的测量将限制比较的范围，此时我们本可以在一些判断之间作出相应的比较；此外，不精确的测量还限制了我们从经验中获得更多的知识。

尽管完善的测量如此重要，但政治学家发现，他们的测量往往无法摆脱某种不稳定的准确性与精确性。很难以一种有效的方式对抽象的概念进行测量，而时间与金钱的限制又往往损害了测量的信度与精确性。研究者测量的质量严重影响了他或她的经验研究的结论，因此不可等闲视之。

有些情况下，可以采用多项目测量来提高测量的准确性。借助于指标与量表，研究者挑选出一个现象的多方面指标，对每个指标赋予分值，然后将这些分值加总成一个总的测量结果。这些方法最常见于态度研究方面，它们也可以用于其他情况以提高单项目测量的准确性与精确性。

注 释

[1] Walter Dean Burnham, "The Turnout Problem," in A. James Richley, ed., *Elections American Style* (Washington, D. C.: Brookings Institution, 1987).

[2] Steven C. Poe and C. Neal Tate, "Repression of Human Rights to Personal Integrity in the 1980s: A Global Analysis," *American Political Science Review* 88 (December 1994): 853-872.

[3] David Bradley, Evelyne Huber, Stephanies Moller, Françoise Nielsen, and John D. Stephens, "Distribution and Redistribution in Postindustrial Democracies," *World Politics* 55 (January 2003): 193-228.

[4] Richard K. Herrmann, Philip E. Tetlock, and Penny S. Visser, "Mass Public Decisions to Go to War: A Cognitive-Interactionist Framework," *American Political Science Review* 93 (September 1999): 553-574.

[5] Jeffrey A. Segal and Albert D. Cover, "Ideological Values and the Votes of U. S. Supreme Court Justices," *American Political Science Review* 83 (June 1989): 557-565.

[6] B. Dan Wood and Richard W. Waterman, "The Dynamics of Political Control of the Bureaucracy," *American Political Science Review* 85 (September 1991): 801-828.

[7] Stephen Ansolabehere, Shanto Iyengar, Adam Simon, and Nicholas Valentino, "Does Attack Advertising Demobilize the Electorate?" *American Political Science Review* 88 (December 1994): 829-838.

[8] Wood and Waterman, "Dynamics of Political Control," 805.

[9] Segal and Cover, "Ideological Values."

[10] Ibid., 559.

[11] 有关LIS数据库的内容，参见 http://www.lis.ceps.lu。

[12] Edward G. Garmines and Richard A. Zeller, *Reliability and Validity Assessment*, Series on Quantitative Applications in the Social Sciences, No. 07-001, Sage University Papers (Beverly Hills, Calif.: Sage Publications, 1979).

[13] Philip E. Converse, "The Nature of Belief Systems in Mass Publics," in David E. Apter, ed., *Ideology and Discontent* (New York: Free Press, 1964); D. M. Vaillancourt, "Stability of Children's Survey Responses," *Public Opinion Quarterly* 37 (Fall 1973): 373-387; J. Miller McPherson, Susan Welch, and Cal Clark, "The Stability and Reliability of Political Efficacy: Using Path Analysis to Test Alternative Models," *American Political Science Review* 71 (June 1977): 509-521; and Philip E. Converse and Gregory B. Markus, "The New CPS Election Study Panel," *American Political Science Review* 73 (March 1979): 32-49.

[14] Raymond E. Wolfinger and Steven J. Rosenstone, *Who Votes*? (New Haven: Yale Univer-

sity Press，1980），Appendix A.

[15] Kenneth D. Bailey，*Methods of Social Research*（New York：Free Press，1978），58.

[16] 参见 Ross E. Burkhart and Michael S. Lewis-Beck，"Comparative Democracy：The Economic Development Thesis，" *American Political Science Review* 88（December 1994）：Apendix A。

[17] [18] Ada W. Finifter and Ellen Mickiewicz，"Redefining the Political System of the USSR：Mass Support for Political Change，" *American Political Science Review* 86（December 1992）：857-874.

[19] 定距测量与定比测量之间的差别并不是非常清晰，有些政治学家倾向于对两者不做区别。政治科学使用定距测量是相当罕见的；定比测量（比如开销、年龄、孩子的数量、居住在某地的时间）则更为常见。

[20] Lee Ann Banaszak and Eric Plutzer，"The Social Bases of Feminism in the European Community，" *Public Opinion Quarterly* 57（Spring 1993）：29－53.

[21] Daniel D. Dutcher，"Landowner Perceptions of Protecting and Establishing Riparian Forests in Central Pennsylvania"（Ph. D. diss.，Pennsylvania State University，May 2000）.

术语介绍

复本法：一种通过在两次或更多次的不同时间点上重复不同但等价的测量手段来计算信度的方法。

建构效度：通过证明某种测量结果与另一个概念的测量结果相关来证明的效度。

内容效度：通过测量概念的全部定义域来证明的效度。

相关矩阵：一种说明不同测量方法之间关系的表格。

表面效度：通过证明测量结果与所欲测量的概念密切相关而主张的效度。

因素分析：一种通过建构多项目量表来测量概念的统计技术。

哥特曼量表：一种多项目测量方法，受访者需要面对逐步增加难度的表明其同意态度的测量项目。

指标：一种将一组项目上的单个分值加总成一个总分值的多项目测量方法。

项目间关联：一种对被认为测量相同概念的不同项目间的分值是否相同进行检验的方法。其结果用相关矩阵表示。

定距测量：一种在全部测量范围内一个单位分值的差异全部相同的测量方法。

测量层次：表示对经验观察数据赋予分值或数字的含义。

李克特量表：一种多项目测量方法，其中项目的选择依据是它们能否区分出测量中哪些得分高、哪些得分低。

测量：系统观察现象并用分值或数字来表示的程序。

定性测量：一种测量方法，其中不同的分值表示不同的类别，这些类别没有高下之分。

操作性定义：测量概念并赋予分值的规则。

定序测量：一种测量方法，其中分值表示有排序之分的类别，但这些类别彼此之间并不必然存在等距的差异。

定比测量：一种测量方法，其中赋予的分值具有数字所拥有的全部属性。

信度：测量所具有的通过重复实验而得出相同结果的程度。

语意差异：一种测量人们针对某个对象的态度的技术，其中受访者需要面对一系列反义形容词组。

折半法：一种信度的计算方法，它要求对同一时间所作两种完全等价的测量的结果进行比较。

再测法：一种在两次或更多次不同的时间点进行相同的测量以检验信度的方法。

效度：测量手段与所欲测量的概念之间的对应程度。

建议阅读书目

Carmines, Edward G., and Richard A. Zeller. *Reliability and Validity Assessment*. Series on Quantitative Applications in the Social Sciences, No. 07001. Sage University Papers. Beverley Hills, Calif.: Sage Publications, 1979.

DeVellis, Robert F. *Scale Development*. Newbury Park, Calif.: Sage Publications, 1991.

Hatry, Harry P. *Performance Measurement: Getting Results*. Washington, D. C.: Urban Institute Press, 1999.

Kim, Jae-On, and Charles W. Mueller. *Introduction to Factor Analysis*. Beverly Hills, Calif.: Sage Publications, 1978.

Lodge, Milton. *Magnitude Scaling*. Beverly Hills, Calif.: Sage Publications, 1983.

Maranell, Gary M. *Scaling: A Sourcebook for Behavioral Scientists*. 4th ed. Hawthorne, N. Y.: Longman, 1983.

Rabinowitz, George. "Nonmetric Multidimensional Scaling and Individual Difference Scaling." In William D. Berry and Michael S. Lewis-Beck, eds. *New Tools for Social Scientists*, 77–107. Beverly Hills, Calif.: Sage Publications, 1986.

Robinson, John P., Jerrold G. Rusk, and Kendra B. Head. *Measures of Political Attitudes*. Ann Arbor, Mich.: Institute for Social Research, 1969.

第 7 章

经验观察：直接观察与间接观察

一、数据类型与收集技术

政治学家通常使用三类广义的经验观察方法，或者说数据收集方法，采用哪一种取决于他们所研究的现象。访谈数据是从某群受访者回答的书面问题或口头提问而得来的数据，第 10 章将讨论这个问题。这类数据收集可能是访谈全国成年人口中具有代表性的部分人或者挑选出来的政治行动者，比如国会中各委员会的要员们。访谈可以是面对面交流，也可以通过电话或电子邮件来进行。访谈可以是严密设计好的根据调查问卷来进行，也可以是随意开放的讨论。不管具体的访谈类型是什么，收集数据的实质都是相同的：数据来源于受访者对研究者的口头或书面的提问的反应，而且受访者知道他的反应将被记录下来。

除了访谈数据之外，政治学家还严重依赖于存在于各类档案记录中的数据。这类数据收集方法叫作资料分析（它是第 8 章的主题），其中研究者记录和保存政府机构、私人机构利益集团、媒体乃至个人的活动。虽然其中部分数据来源于访谈数据，但它们往往以概要或总结的形式出现。比如失业数据可以从人口调查局的《当前人口调查》中获得，这是一项每月一次针对家庭而展开的调查。文本分析区别于其他数据收集办法的地方在于研究者通常不是数据的最初收集者，而收集这些数据的最初原因并不是为了某个具体的科学研究项目。数据的保存者并不清楚他们所收集的数据最终将用于哪些方面，而且所记录的数据通常并不是个人的信念或态度，后者通常只能通过访谈来取得。

最后，还可以通过观察来收集数据，这也就是本章所要讨论的主题。在这类数据收集方法中，研究者通过观察政治行为本身或行为的物质痕迹来收集有关政治行为的数据。与访谈不同，这类数据收集的方法并不依赖于人们对研究者所提出问题的回头反应。在有的情况下，那些其行为成为观察对象的人也许并没有意识到他们正在被研究者观察。

政治学家究竟采用哪一种数据收集方法取决于多种因素。一个重要的考虑因素是看哪一种方法所能够允许做到的测量效度。比如，研究者想测量不同城市的犯罪率，他可能会认为，对他的研究来说，当地警察部门所报告给联邦调查局的犯罪率数据也许不够准确。研究者所关注的问题是一些警察部门可能会有意夸大或低估犯罪率，或者一些犯罪的受害者也许没能将犯罪事实报告给警察部门，这样使得警察部门提供的犯罪率数据是无法接受的。于是，研究者认定要得到更准确的犯罪率数据，还要对各个城市的部门居民进行访谈，询问有关他们本人所经历的犯罪状况。

苏珊・J・卡罗尔（Susan J. Caroll）和德布拉・J・利博维茨（Debra J. Liebowitz）回顾了有关测量效度的文献后，注意到研究妇女政治的学者对妇女参政的研究中使用问卷调查持批评态度。[1]一个问题是各种调查问卷所使用的政治的定义并不能充分涵盖妇女政治行为的范围。他们建议归纳性地看待这个问题，即研究妇女的行为，然后再确定她们的哪些行为属于政治行为。根据这一目标，观察、深度访谈（in-depth interview）及核心群体（focus group）这些数据收集方法要比调查问卷更合适。

政治学家还会受到数据收集方法的反作用，即针对测量对象收集数据时本身所具有的效果。当人们知道他们的行为受到观察时，他们会了解或者猜测观察的目的，并从而改变他们的行为。其结果是，所观察到的行为可能是对观察过程的不自然的反应。比如，人们可能不愿意向访谈者承认他们的反犹主义立场或者他们没有去投票这一事实。因此，许多研究者倾向于不被打扰的或者不含反应性的政治行为的测量，因为他们其测量结果更为自然或者说更为真实。

研究者所要考虑的另一个重要因素是数据收集所涵盖的人口。这里的人口是指所要观察的行为的主体。一些数据可能只能在很少一部分人那里取得，而另一些类型的数据则允许进行大量的、有趣的并有意义的比较。比如，对政治顾问进行研究时，研究者认识到，仅仅依赖于一小部分政治顾问公开发表的回忆录并不能涵盖所有的对象（更不用说这些数据的效度问题），因此有必要挑选出一些有代表性的政治顾问进行访谈。而对政治腐败感兴趣的研究者可能会认为，广泛对那些受到腐败指控的政治家进行访谈是不可行的，这些数据只能从大众媒体所披露出来的各种有关腐败行为的报道中获取。

此外，成本与可行性也是选择数据收集技术时的关键因素。一些数据收集技术要比另外一些耗资更多，而一些观察方法更容易实现。比如，大规模的访谈成本既高费时又久，而且所询问的问题与观察到的行为也十分有限。从档案记录中收集数据的成本相对较低，因为保存记录的机构已经承担了大部分收集数据并将之出版的成本。随着计算机的广泛应用，一些机构开始系统地收集研究者感兴趣的数据。但它的不足之处在于，因为不在研究者的控制之下，并且只按照记录保存机构的意愿来提供，它可能会拒绝研究者的请求，或者虽然满足研究者的要求但历时过久。最后，观察可能会耗时颇久（如果研究者本人来做的话），或者费用过高（如果研究者出钱让别人来做的话）。

除了以上因素，研究者还应考虑其研究项目的伦理因素。在绝大多数情况下，你所打算研究的课题不会激起严重的伦理抗议，而且你所采取的数据收集方法也不应损害研究对象的利益。即使如此，你应意识到，社会科学研究仍然有可能带来道德上的争议，并且可能对研究对象造成伤害。在涉及人类主体的研究方面，你应认识到研究者所应遵循的访谈程序。

根据联邦法令，大学和研究机构在其教职员与学生进行涉及人类的研究时，要求研究者应向一个**制度性审议委员会**（institutional review board，通常称为人类主题评审委员会）提交申请。在那些不受联邦资助的研究项目中，具体做法会有所不同，但正确的做法是与你所在机构的研究办公室联系，询问有关涉及人类研究主题的评审政策。这里有三个评审层次：一些研究可以豁免审议，一些研究只需简单的审议，另一些研究则需要提交给委员会的全体成员进行审议。即使你的研究似乎完全能够符合豁免审议的条件，你应提出申请，以获得一个豁免的资格。[2]

三种伦理原则——尊重人、有益和正义——构成了评价以人作为主题的研究的伦理维度的基础。这三种原则为《贝尔蒙特报告》所确认，这是全国保护医学与行为研究人权委员会提交的报告。[3]尊重人的原则是指个人必须主动参加，并且能力递减的人应当得到保护。有益原则是指避免使人们受到伤害，并且尽可能维护他们的福利。正义原则是指研究者考虑研究项目的成本与收益的分配问题。

尊重人的原则要求研究对象应当有机会选择什么将要发生在他们身上的事情或者什么不应发生。知情同意意味着研究对象了解该研究，包括研究程序、目标、风险以及预期收益；了解替代性的程序（涉及治疗的情况下）；研究对象是如何选择的；个人对研究所承担的责任。此外，研究对象应有机会作出声明，表示愿意接受提问并随时可以从研究项目中退出。知情与声明的方式应当以研究对象所能够理解的方式来作出，而研究对象的同意必须是自愿的。

对风险与收益的评估直接关涉有益原则，应有助于确定对研究对象的风险是恰当的，并且向研究对象提供有用的信息以获得他们的**知情同意**（informed consent）。正义原则往往用于选择研究对象，如此某些人更有可能成为研究的目标。

在本章以及接下来的一章中，我们根据效度、反应性、覆盖面、成本和可用性的标准来分析每一种主要的数据收集方法的利弊所在。同时，我们也会指出在应用这些数据收集方法时所可能引发的伦理问题。

二、观察

虽然观察是人类学家、心理学家和社会学家的常用工具，政治学家也使用政治观察来研究政治竞选、群体政治、决策的领导与执行、实施计划、法律程序以及美国国会与州议会的立法程序。任何熟悉这方面的人根据自身的经历写日记或者论文都在使用这种数据收集方法。

每一天我们都在使用观察方法来“收集数据”。我们观察到人们的某些属性与特征，然后从这一观察中推断出某些行为特征。比如，我们看到前面的车在道上弯弯曲曲行驶，可以推断驾驶员已经喝醉。我们观察到一名同学在全班同学前演讲时不自然的动作、声调和表情，并推断该同学极其紧张；在听证会开始之前，我们听到绝大多数与会者彼此之间的评论，我们就可以推断出大多数与会公民将反对某个方案。政治学家所使用的观察技术只是这些数据收集方法的扩展而已。它们与日常的观察相似，但更为自觉、更为系统。

观察的分类方式至少有四种：直接观察与间接观察、参与式观察与非参与式观察、公开观察与隐蔽观察、结构化观察与非结构化观察。最基本的区别在于观察是直接的（即第一手观察到实际的行为，包括语言与非语言行为）抑或是间接的（即所观察行为的后果或物证）。[4]比如一种非间接的观察学生学习地点的办法是清早赶在保洁人员之前测量校园里的教室与观察大楼中哪些地方充满了食品包装袋、饮料罐或其他垃圾。而直接观察同一事件的办法是当学生在的时候在大楼里四处走动。

在**参与式观察**（participant observation）中，调查者在所观察的群体或行为中属于一个固定的参与者。比如，研究政治竞选的人如果积极卷入该活动，就成为一名参与式观察者。但是，观察者并不需要全身心投入该群体才能称得上参与式观察者。有必要确定一个双方相互认可的角色或身份。比如，鲁思·霍罗威茨（Ruth Horowitz）在研究芝加哥芝加诺社区中的青年时，并不需要成为一名黑帮的成员。[5]她与黑帮成员交往，但并没成为他们的成员。她并未参与黑帮打斗，并且有权拒绝帮助黑帮成员藏匿武器。非参与式观察者并不需要参与到群体的行动，或成为群体或社区中的一员。比如，调查者对公共交通部门或市政委员会的听证会感兴趣，他可以观察对象的程序，而不用参与其中。

第三种划分观察的方法在于看它是公开的还是隐蔽的。在**公开观察**（overt observation）中，被调查者清楚调查者的存在以及意图。而在**隐蔽观察**（covert observation）中，调查者是隐藏的，或者其身份没有告知被调查者，或者其意图被掩饰住。比如，研究人们使用公共厕所后洗手的比例就可以使用这类观察。在调查私人在公众面前的行为时采用隐蔽观察通常并不会导致伦理上的困难，只要被观察的个人无法被指认出来，并且对其身份的披露也不会危及该人的利益。不过当选官员或任命官员并不受这方面规定的限制。伦理标准以及应用或执行的做法已经发生了改变，很有可能早期的一些参与式观察的研究，尤其是涉及隐蔽观察的研究，现在不会得到人类研究对象审议委员会的批准。比如，社会科学家玛丽·亨利（Mary Henle）和玛丽安·B·哈布尔（Marian B. Hubble）曾藏在学生宿舍的床底下来研究学生们的谈话内容。[6]

在**结构化观察**（structured observation）中，调查者寻求并系统地记录特定行为的发生情况。在**非结构化观察**（unstructured observation）中，所有行为都被视为是相关的，至少在最初是如此看待的，并被记录下来。只有经过后来的反思之后，调查者才将那些重要的行为与无关紧要的行为区别开来。

三、直接观察

政治学家所进行的观察研究中绝大多数都包含了**直接观察**（direct observation）。其中研究者观察实际的行为，而且观察更多发生在自然背景下，而不是在实验室中。当然，调查既可以是结构化的，也可以是非结构化的。**实地研究**（field study）通常是指在自然背景下所进行的开放的、广泛的、通常是非结构化的观察。作为学者，你不太可能将自己的观察永远限制在实验室内。

在实验室环境下进行观察的优势在于可以控制被观察对象的环境。这样，研究者可以进行更为严格的实验设计，而不是在一个不可控制的自然环境下进行观察。此外，观察更为容易，也方便记录与保存，因为在实验室中，单向可视的窗户、记录设备以及其他观察辅助手段都是现成的。

实验室观察的一个缺陷在于被观察者知道他们正被观察，因此有可能改变他们的行为，这使得所收集数据的效度让人怀疑。采取某些手段，让观察者远离实验环境，并将实验室设计成尽可能自然和容易相处，也许有可能使研究对象的行为更为自然，也更为自觉。

一个创造自然的实验室环境的事例见于斯坦利·米尔格拉姆（Stanley Milgram）和R·兰斯·肖兰德（R. Lance Shotland）的书《电视与反社会行为》。[7]研究者对电视节目对成年人行为的影响感兴趣，尤其是电视剧对偷窃之类的反社会行为的刺激作用。他们设计了四种版本的节目，叫“医疗中心”，每一种都有不同的做法，并且针对四类不同的听众放映不同的版本。其中有一类节目的人物有偷钱的行为，而不同版本之间的差异在于这种偷窃行为是否遭到惩罚。然后要求研究的参与者在一个特定的时间去一个特定的办公室领取免费的晶体管收音机，这是他们参与该研究活动的报酬。当他们到达办公室（实验室）时，遇上了一个标识说所有的收音机丢失了。研究者对他们如何反应感兴趣，尤其是他们是否会模仿他们所看到的“医疗中心”版本所描述的行为（比如从透明的塑料盒中偷钱）。研究者隐蔽在一个单向可视的镜子后面观察他们的行为。一旦研究对象离开办公室，他们就被引导到另一个地方，在那里才真正获得到事先承诺的收音机。他们的研究报告于 1973 年发布，但引发了有关欺骗研究对象的伦理争议。

在一个自然环境下进行直接观察有其优势。其中一个是，在自然环境下而不是人工设定的实验室环境下观察人们，人们的行为跟平时一样。此外，相比较实验室观察，调查者可以在一个更长的时间段内进行观察。事实上，实地调查的一个突出特点就是调查者有充分多的时间来耗在观察实地上。并不鲜见的情况是，调查者在他们所调查的社区中生活上一年乃至更长的时间。威廉·F·怀特（William F. Whyte）对意大利贫民窟生活的经典研究著作《街角社会》是在长达3年（1937—1940）的观察基础上形成的，马克·罗斯（Marc Ross）对肯尼亚内罗毕的政治参与的研究也花了一年多的时间。[8]为研究美国众议员在其选区的行为，理查德·芬诺（Richard Fenno）在近7年的时间里对18个选区每间隔一段时间就去实地调查，共进行了36次单独的访问，共用去110个工作日。[9]鲁思·霍罗威茨共用了3年时间调查芝加哥芝加诺社区的青年。[10]

有的时候，研究者没有别的选择，只能在政治现象的自然环境下来对它进行观察。事件的文字记录也许并不存在，或者它的文字记录无法满足研究者的兴趣。依赖研究者个人的描述也许并不让人满意，因为参与者对事件的倾向性的观点、不完整的回忆或者无法观察到研究所感兴趣的内容。琼·E·麦克莱恩（Joan E. McLean）建议，在研究妇女竞选公共职位问题上的决策模式时，最好花些时间放在竞选过程上，以收集有关决策的信息，而不是依赖于选举过后的调查问卷或任务报告环节。[11]

如果研究目标是描述与探索的话，那么开放的、灵活的观察是适当的。比如芬诺的研究目标是研究“众议员实际身处选民之中的时候对其选民的认知”[12]。

正如芬诺的解释，他与众议员对其选区的访问完全是开放的和探讨性的。

> 他任何事情也不放过，试图加以观察和询问，包括这些人所做的所有事情。他们所关心的，也是他所关心的。他没有事先假定对哪些方面感兴趣，相反，他对在这一过程中所出现的任何问题都感兴趣。所收集的数据也是如此。研究方法在很大程度上是记取各种事情、闲聊或四处游荡的过程。[13]

在这些研究领域中，研究者最开始并没有需要检验的假设。对他们所要观察的内容，他们的所知往往并不足以列出所要寻找并系统记录的内容和具体的行为类型。研究的目的是揭示出这些行为的实情。

一些政治学家把观察当作初步的研究方法。[14]比如詹姆斯·A·罗宾逊（James A. Robinson）在国会的工作经历为他在国会规则委员会和国会在外交政策方面的作用提供了第一手的信息。[15]拉尔夫·K·休伊特（Ralph K. Huitt）作为林登·B·约翰逊的参议院多数党领袖的参谋为其研究民主党领导参议院提供了方便。[16]戴维·W·米纳（David W. Minar）曾有任学校董事的经历，他根据这一经历为芝加哥的不同学区进行比较研究设计调查问卷。[17]前面也曾提到过，卡罗尔和利博维茨建议首先观察妇女们的行为，以辨识那些此前在政治行为研究中没有注意但却具有政治后果的行为。接下来的问卷调查则纳入那些询问这些行为的问题。

你可以把在一个社区或政治组织中的实习、志愿者工作或参与视为利用直接观察来进行研究工作的机会。在很大程度上，你的成果将成为一个个案研究，其中你可以将现实世界与通常的读物或教科书上的理论和一般性预期判断相比较。如果幸运的话，你的研究将成为一个批判性的或者转变研究方向的个案研究。

绝大多数实地调查都蕴含着参与式观察。调查者不可能成为俗话中所说的墙头上的苍蝇，从而得以长期观察人们而不为其所知。通常情况下，他或她必须假定成为所研究群体中的一个角色或接受群体的身份，然后参与到群体的行为中去。正如前面提到的，许多研究国会的政治学家曾在国会的委员会或办公室工作过。卡罗尔·哈迪-范塔（Carol Hardy-Fanta）在研究拉丁美洲妇女与政治时，除了对波士顿一些有影响力的拉丁美洲人进行访谈，还加入了波士顿拉美裔家庭协会这一社群组织。她指出，这一策略与访谈相得益彰：

> 加入波士顿拉美裔家庭协会这一社群组织使我得以深入理解一个社区群体的长期历史。参与正式的有组织的政治活动——比如在拉美裔候选人的竞选办公室负责电话筹款，出席政治宴会、公共论坛、集会和研讨会——提供了另一种观察视角，它告诉我性别与文化是如何互动从而刺激——或压抑——政治参与的。我还参加了示威游行、集会，并根据选民登记上用西班牙语记录下的信息而追踪到一个妇女行动联合会的群体。此外，我从许多非正式交流中获益匪浅：在一些防止家庭暴力的群体中，在拉美裔社群中心的午餐上，以及与来自各国并有着不同背景的拉美裔的闲聊中。当我们与社群背景下的人们交谈并观察他们是如何在政治上互动的时候，渐渐认识到拉美裔妇女的政治角色以及政治理解的性别差异。这样，多方面的观察就可以让我检验我在访谈中所听到的内容，有关如何激励拉美裔参与以及拉美裔妇女和拉美裔男子是如何进行政治活动的判断。[18]

如果调查者试图从研究背景的自然性获益的话，群体的接受是必不可少的。为自己在群体中谋一个适当的角色而协商可能是一个具有挑战性的工作，而且需要时间。芝加哥黑帮研究者鲁思·霍罗威茨指出，研究者也许根本无法希望——或者能够——承担起所观察群体中的一个“成员”。研究者的个人特征（性别、年龄、种族）或者伦理上的考虑（黑帮暴力）可能会使得研究者无法参与。[19]研究者所能够确立的角色取决于外在的环境以及群体的成员。

> 我最终成功地与群体进行协商以取得多重身份与关系，这些身份与关系在这种环境下是少见的，但仍然足以让我接近其成员以开展研究。我意识到这些身份的性质、内容和后果，因此能够利用这多重身份来收集不同类型的数据，同时又能够避免作为一个全身心参与的成员所可能面临的困难。[20]

采用参与式观察的调查者往往让所观察群体的成员充当**线人**（informant），他们愿意就自己以及所属群体的行动与行为而接受访谈。线人还可以帮助研究者解释这些行为。研究者与线人之间的密切关系有助于接近群体的其他成员，不仅仅因为线人可以让研究者熟悉社群的其他成员和社群规范，而且也因为线人与研究者的密切关系，可以将研究者的信息传达给社群。[21]某些参与式观察只有一个关键的线人，而另一些则有好几个。比如在怀特的研究中一个叫“道克”的街头帮派首领成为关键线人，而芬诺研究的18个众议员都可视为线人。

虽然线人极有价值，但仍然可能会造成问题。研究不应过于依赖一个或少数几个线人，因为他们可能会对社群抱有偏见。如果该线人在一个派系众多的社群中与其中一派走得很近，或者只是社群的边缘人物（因此更愿意结交研究者），研究者与线人的密切关系将限制而不是有助于研究者了解社群。[22]

参与式观察具有自然环境的各种优势，研究者有机会长期观察人们，这样就可以研究他们的互动与变迁，从而获得一种文本或调查中所获得的回忆数据所无法达到的准确性与完整性。亲身观察市政议会或学校董事会或公共听证或者对稀缺土地使用的审批，这比阅读官方记录或抄本更有助于理解整个事件的来龙去脉。但是，这种方法也存在显著的局限性。

作为政治学家的经验研究方法，直接的参与式观察的主要问题是许多意义重大的政治行为的事例无法进行观察。投票者在秘密投票间的隐秘性得到法律的保护，美国最高法院会议不向法官之外的任何其他人开放，政治顾问和官僚通常并不希望政治学家刺探他们讨论和决策的内容，而绝大多数白宫的谈话与协商都有着严密的保护。只有很偶然的情况下，这些隐密的行为才得以公开，比如“水门事件”中尼克松与其助手的谈话录音。政府决策的某些方面，比如国会听证会和最高法院的口头辩论，有时也得以披露。但通常情况下，接近都构成了对重要的政治行为进行观察的障碍。

另一个参与式观察的缺点是缺乏对环境的控制。研究者无法挑选出单个因素，然后再来看它们是如何影响行为的。参与式观察还为所涉及的小数目个案所局限。比如，芬诺仅仅观察了国会的 18 名议员或准议员——这对于任何一种统计分析来说样本都太小了。他将“分析深度”置于“分析广度”之上，18 个个案就是芬诺认为他在智力上、技术上、经费上和客观条件上所能够处理的最高限度。[23]怀特深入观察了一个街头帮派，虽然他也观察了其他帮派，但没有如此细致。由于个案的小数目，参与式观察所得出的结论的代表性就值得怀疑。但是，正如我们在探讨研究设计（第 3 章）时已经指出的，对于研究主题来说恰当的个案数目取决于研究的目的。理解特定的社群中人们是如何行动的可能正是研究所需要的，而不是特定的社群相对于全部社群的代表性。

非结构性的参与式观察也被批评为无效的和带有偏见的。研究者可能会有选择性地认知行为，对其中一些加以注意，而忽略另外一些行为。行为的解释可能反映出观察的个性与文化，而不是被观察对象所固有的含义。此外，观察者的存在可能会改变被观察对象的行为，不管观察者如何努力让社群接受为不具有威胁性的组成部分。

为了减少其数据效度的威胁，实地调查者让自己沉浸于所观察的文化之中，并不厌其烦地记录下发生在他们身上的任何事情，不管它是如何微不足道。一些在观察时觉得并不重要的事情，在事后的反思中可能会变得重要，并且能够揭示出特殊的含义。当然，详细的记录将会导致很高的“废弃率”；当最终概括时，许多记录下的东西与研究问题并不相关。对于研究者来说，抛弃大量的资料是一件很痛苦的事情，但在这类研究中却是司空见惯的。

另一种提高数据效度的办法是让被调查者阅读和评价所记录下来的东西，并指出哪些事情与行为被错误解释。但这种办法也有局限性或者毫无意义，如果被调查者没有阅读能力，或者对被调查者的描述以研究者所接受的学术训练的语言来表述，就会超出被调查者的理解能力。

调查者如果过于信任被观察对象或线人的话，也可能会使他的观察结论大打折扣。正如殖民者“完全土著化了”这一现象所说明的，调查者对被观察对象的描述可能会有过多的赞扬。要克服这个问题，研究者必须回到自己的文化立场上来分析数据，并请其同事或他人来评价他的发现。

实地调查的必需且极其重要的部分是做记录。记录可以分为三类：心记、草记以及实地记录。心记是指有意回忆起所观察到的事物，比如“谁以及多少人在那里，当地的特征是什么，谁对谁说了什么，谁又怎么去做，以及事件发生的一般特征是什么”[24]。由于心记很容易遗忘，因此有观察者以草记的办法来保存。草记的内容是一些短词或关键词，用以帮助记录者事后回忆，然后记录下全部的实地记录。如果被观察者允许的话，研究者可以使用记录设备。

录音谈话并未构成“全部的”实地记录，后者还应包括有关谈话和事件的粗略描述。在这个方面，约翰·洛夫兰德（John Lofland）建议，研究者应尽可能尊重事实和细致具体，避免做出自己的推论，而使用参与者的描述与解释。全部的实地记录应当包括最初遗忘但后来又回忆起来的资料。洛夫兰德建议在口述的资料中区分于准确的回忆、大概或接近事实的回忆以及合理推断的回忆。[25]

实地记录还应包括研究者的分析观念和推论、个人的解释与感受以及提醒进一步观察的记录。[26]由于研究者自身的经历与情绪状态有可能影响观察，这些也应当记录下来。进一步观察的记录为接下来的观察提供了导向，或者是填补观察中所遗漏的部门，注意将要发生的事情，或者检验分析的主题。

全部实地记录应当合乎法律，并且不时加以评论，因为时间的流逝有可能为过去的观察提供一个新的视角，或者能够将它与其他的孤立事件相联系从而揭示出新的模式。创建和评论实地记录是一个重要的观察手段。因此，实地工作者应当在其实地记录上下工夫，就跟他或她的实地观察一样。幸运的是，现在有了计算机文本分析程序有助于分析实地记录与访谈。

四、间接观察

作为对行为的物质痕迹进行观察的办法，间接观察本质上是一种侦察工作。[27]根据物理痕迹来对人们及其行为来作出推论。作为一种非干扰性的研究方法，间接观察也是非反应性的：研究对象并不需要改变他们的行为，因为他们不知道自己被研究一事。

物质痕迹测量

研究者在间接观察中使用两种测量手段。**侵蚀测量**（erosion measure）是指对某些材料的损耗进行测量。比如，校园规划者对大学草地的道路损耗情况进行观察，然后重新调整人行道以符合行人流量最大的情况。另一些自然的侵蚀测量事例是对图书馆藏书的损耗情况、数卷书中某些文章的破损情况以及库存情况，比如报纸的销售量。

另一种间接测量方式是**附加测量**（accretion measure），是指测量材料的贮藏和积累。考古学家和地质学家通常采用附加测量来测量、绘制和分析材料的累积。其他学科也可以采用这一办法。尤金·韦布（Eugene Webb）与其同事根据一个汽车服务部门有关汽车收音装置的记录来估计广播公司为听众接受的情况。[28]他们使用这些信息是为了选择广播公司以服务于客户的广告需求。计算电视节目的收视率也可以用播放商业广告时的水位记录来表示，因为观察发现在看流行的节目时，人们通常只有在商业广告期间才去上厕所。反过来也可以用来说明这样一种大家熟悉的情况，在超级杯橄榄球赛时播放的商业广告要比球赛本身更受欢迎。相应地，电话使用的频率下降可以说明电视节目受观众欢迎。表演后窗户玻璃上的手迹与鼻子印迹可以说明人们对演出的兴趣，也可以说明那些喜欢这一演出的人的年龄与规模。各种保持卫生的政策与保护环境的节目的有效性也可以通过物证来测量，而墙上涂鸦的程度与内容也反映了人们的观念、态度与情绪。

使用附加测量方法的最著名的一个事例是 W. L. 拉思杰（W. L. Rathje）对人们处理垃圾的研究。[29]他根据人们扔在垃圾桶里的东西来推断人们的行为。一个研究主题是研究穷人是不是比那些更富有的人浪费更多的食品，结论是：不是。

间接观察要比直接观察更少招惹伦理上的争议，因为对个人行为的测量通常是在人们已经离开现场之后进行的，这样在绝大多数情况下就能够保证匿名性。然而，拉思杰对垃圾的研究却引发了伦理上的讨论，因为某些扔掉的垃圾（比如信件和账单）有可能会辨认出垃圾主人的身份。虽然法院支持拉思杰的立场，认为人们扔掉垃圾，就不再对垃圾拥有任何法律上的利益，但仍然有人怀疑，通过细心搜检垃圾可能会导致隐私的泄露。在一项收集家庭信息的研究中，必须获得被观察对象的知情同意书，其条款将家庭信息与垃圾数据联系起来，结果这一条款被违背。拉思杰的助手在另一个有关垃圾的研究事例中，被指示不要检查任何带有字条的内容。

还有可能，垃圾包含一些犯罪性质的物证。在拉思杰的研究中，他曾两次发现了尸体，虽然这并不是在作为研究对象的垃圾袋中发现的。拉思杰坚持这一立场：忽略没有受害者的犯罪证据；报告恶性犯罪的证据。当然，由于拉思杰的垃圾研究为人们所知，也使得他们不敢这样处理类似的证据。这里又引发了一个反应性的问题：一旦人们知道他们所废弃的东西有可能会被检查，这将在多大程度上改变人们处理垃圾的习惯？

这一事例也说明了，如果对物质痕迹的观察紧接着行为之后的话，对行为物质痕迹的间接观察的可能性与对观察对象的直接观察几乎没有什么差别。在一些情况下，额外的测量应当保证研究对象的匿名性。

另一个附加测量的成功事例是库尔特·兰格（Kurt Lang）与格拉迪丝·恩格尔·兰格（Gladys Engel Lang）对芝加哥 1951 年的麦克阿瑟日游行的研究。[30]当时根·道格拉斯·麦克阿瑟与哈里·S·杜鲁门总统之间正陷入严重的政治斗争之中，兰格夫妇想知道究竟有多少人对游行感兴趣。他们使用的数据包括团体旅客的开支、酒店的入住率、零售商店与街头摊贩的销售额以及街头横幅的数量来测量当麦克阿瑟出现时民众欢迎的规模。

间接观察的效度问题

虽然物质痕迹测量没有参与式观察和调查问卷所存在的调查对象的反应性问题，但损害这些测量效度的威胁仍然存在。侵蚀测量与附加测量也可能存在倾向。比如，某些物证更容易观察到，因为其材料能够更久保存。物质痕迹可能提供了选择性的而不是部分的发生过的场景。损耗模式有差异不一定是因为使用上的差异，而是因为材料上的差异。垃圾的研究者应当谨慎，不可以认为垃圾是全部使用或消费的内容。比如，一些自己拥有垃圾粉碎机的人通常比那些没有的人要废弃更少的垃圾。

研究者在将物质痕迹与具体的原因相联系时，应当谨慎从事。其他因素也可能会影响测量结果的变化。韦布与其同事建议，数种物质痕迹测量应当同时采用，或者采用其他的数据收集方法来作为物质痕迹测量的补充手段。[31]比如，在有关娱乐设施使用的物质痕迹测量——比如公园中哪一个垃圾箱最快填满——方面，还可以辅之以调查问卷的方式，询问公园游客有关使用娱乐设施的情况。

在有关导致物质痕迹的行为的推断方面，也应特别留意。比如博物馆设施的磨损情况可能说明了参观展览的人数，也可能说明了人们在接近展物时是拖着步子观看的。在这里直接观察可以决定这一问题的答案，而物质痕迹测量却无法说明过去所发生的实情。

政治科学研究中使用间接观察的事例并不多。但是，使用这种方法可以获益良多，在适当的情况下，你可考虑采用这种办法。比如，可以用社区出现的标语的数量来衡量候选人受欢迎的程度。或者在估计当选众议员的访客以及与选民联系的程度时，你可以用其办公室门口的地毯磨损的情况来作为证据。虽然，这并不是一个准确地评估访额数量的方法，但这可以让你不必去设立一个调查者的职位或者去询问其办公室的职员。

直接观察，如果能够灵活运用的话，可以成为一种低成本的研究方法，而且免于许多困扰直接观察的伦理争议。现在，我们来看在实地调查以及简单的非实验的实验室观察所可能遇到的伦理问题。

五、观察中的伦理问题

伦理困境主要出现在当观察有可能对被观察者带来潜在伤害的情况下。在绝大多数的观察中，给被观察者带来严重伤害的可能性很小。观察通常并不涉及极其敏感的、私人或非法的行为，因为在这种情况下，人们不愿意接受，因此不会签署知情同书。实地调查与简单的实验室观察通常无须对研究对象进行实验性的操纵。但是，对被观察者来说，观察过程仍然存在风险与损害。这些风险与损害包括：(1) 由于研究者的地位、族裔或外部身份，使得与研究者打交道给被观察者带来了负面作用；(2) 被人窥探隐私；(3) 研究过程中互动而带来的压力；(4) 由于将行为或信息透露给研究者使得给被观察者带来的伤害，包括在研究的过程之中和之后。与研究者的合作可能违背社群的规范。比如，调查者研究一个已知极力避免与外部接触的社群时，可能会让线人陷入被社群指责的境地。

美国的社会科学家在那些对美国抱有敌意的国家中进行研究时也可能会遇上困难。[32]线人与研究者可能被指控为间谍，而线人可能负有被指控为同情“敌人”的危险。甚至在研究结束之后，仍然可能会产生敌意从而导致伤害。研究资助的军方、中央情报局或其他政府背景也可能损害被观察者。

另一个对被观察者的损害来自观察所涉及的隐私的探知。虽然研究者已经被允许观察，但被观察者可能会忘记这一角色。事实上，当研究者与线人混熟后，线人很有可能将研究者视为朋友，并向他或她透露那些可能是危险的信息。研究者并未时刻警告：“记住，你正在被我观察！”此外，如果研究者被视为朋友的话，这样的警告可能会损害两者的关系。研究者必须考虑应当如何使用研究对象所提供的信息。他们必须判断，公布这些信息是否构成对信任关系的背叛。[33]即使访谈对象并不将研究活动视为对隐私权的侵犯，但如果谈话的主题对于研究对象来说情感上非常痛苦，这种研究活动也带来了压力。

实地调查中对研究对象的损害往往来自公开信息的结果。他可能对描述其行为的方式或公开出去的做法感到不安，或者对研究者的描述有可能造成他所属的更大群体的损害而感到困惑。毫无顾忌的公开可能会损害研究初始时保密和匿名性的承诺。而带有价值判断的术语有可能损害那些被描述的对象。[34]

卡萝尔·约翰逊（Carole Johnson）准备了下面这个纲要，以用于准备发表的手稿的“伦理上的校对”。为了减少对被观察者的损害，研究者应当记住以下九点：

> 1. 假定研究的地理位置以及个人的身份都被发现。这一发现将给所研究的社群带来什么样的损害？对个人有什么样的损害？在社群内部和外部，将会带来什么样的结果？你是否相信，当你公开这些信息所带来的发现是否足够重要以至于这些结果并不足以抵消？当这些结果发生时，你本人能否承受这些结果？
>
> 2. 检查你的手稿中所使用的词语。你是否带有判断，抑或仅仅是描述？这些对被观察现象的描述是否准确？比如，说某个社群是落后的是一个判断。而说10%的成年人既不能读又不能写则属于一个描述。后面这种描述在科学上和伦理上都是值得提倡的。
>
> 3. 当有必要描述一个私人的或者不那么受欢迎的特征时，首先进行一般性的概述，然后再描述细节……这使得研究的参与者觉得不那么突出。这也使得写作具有一种教育的功能。
>
> 4. 即使所研究的社群与个人的身份没有披露，但公布的数据仍然会以一种一般性的方式来影响所研究的社群以及相似的社群。比如，在詹姆斯·韦斯特

(James West) 的《美国的普雷维勒镇》一书中，当地的人们被描述成落后的。其中一些人被说成像动物一样生活。一些人被说成像动物一样脏。韦斯特还说，许多人离开那里去城市找工作。由于这种对来自农村的人的否定性漫画描述，有关农村社区的描述性信息难道不会影响他们得到工作的机会吗？因此，你应当追问自己你所提供的信息能否产生正面的影响，抑或是负面的影响，并再三反思，是否值得为这样的结果而披露这些信息。

5. 你的研究地点还能被其他研究者再次使用吗？或者你的研究是否毁灭了这个地点？你是否毁灭了相似的研究地点？对于这种毁灭，你获取并公布这些信息是否值得？

6. 你对于研究对象的视角是什么？你的倾向是什么？你的视角与倾向——包括正面的与负面的——是如何影响你观察研究对象以及写作方式的？

7. 用什么样的方式告诉研究的参与者有关实地调查者的角色以及客观报道实际情况的性质？合理的做法是，在研究的各个阶段都提醒你的研究对象，一个人对另一个人的描述通常不那么容易阅读。

8. 从事一个更大的研究项目中的一部分时，了解研究项目其他成员有关每个人在短时间内和长时间内有权公布的内容的期望，也就是，是否有任何限制？如果没有，应当从哪些方面加以伦理限制？谁对资料的公布有最后的发言权？谁将拥有这些数据？谁将有权看到这些数据，根据什么样的条款？如果数据公布后，将会有什么样的影响？最重要的是，首先获得同意，然后签署一份法律上能够执行的合同。

9. 让其他人来对你的手稿进行“伦理上的校对”。这些人中的一个或数个应当是你的研究对象。他们应当检验数据的准确性，并且欢迎他们提供一般性意见。你的一个或两个同事也应当阅读手稿。最好这些同事是那些不是特别支持或同情你的研究但能够提供建设性意见的人。[35]

手稿的伦理校对可以保护线人，以免因为研究者的粗心大意而导致出现最糟糕的情况，但它无法避免观察本身可能带来的对被观察者的损害。在开始观察之初就避免对被观察者的损害并评估可能的风险可能难以做到。观察对被观察者带来的风险也许无法准确估计，任何避免测量损害的切实措施并不是那么容易实施的。因此，研究者在操作时应当尊重伦理道德。判断实地研究的适当的伦理标准是，不管对研究者的个人目标抑或职业上的目的而言，都应“按照人类永远应被看成目的而不仅仅是手段这一基本原则，尊重个人或群体的自主性”[36]。

结论

观察是政治学家的一个重要研究方式。观察性的研究可以是直接的，也可以是间接的。间接观察相对不那么常用，但它的优势在于是一种非反应性的研究手段。社会科学家直接观察人们产生了大量的研究成果，这些成果深化了我们对人类及其行为的认识与理解。实地调查——由参与式观察者在一个自然环境下进行的直接观察——是各种直接观察中最著名的一种，虽然直接观察也可以在实验室环境中进行。观察倾向于得出定性的数据，而不是定量的数据。由于研究者本人就是一种测量设备，这种方法容易产生有关研究者倾向和数据效度的问题。由于观察者与被观察者之间的关系往往容易发生变化，参与式观察要求极其严格，而且其结果难以预测。实地调查之所以困难，还有部分原因是来自其伦理困境。

作为一名学生，你有可能会处在一个观察者的位置上，但更有可能你是已有观察性研究的消费者与评估者。在这种情况下，你可以根据以下各种因素来进行评估：研究者是否受被观察者的影响，或者他或她的观察是否带有倾向？使用了多少个线人？几个或仅仅一个？被观察者是否向研究者隐瞒了一些重要的行为信息？是否由于研究是在实验室环境下进行或者所观察的案例数目不多，而使得研究得出的一般性概括带有局限性？该研究蕴含着什么样的伦理问题？能否避免这些伦理问题？如果在一个相似的情况下，你会怎么做？这些问题有助于你评估观察性研究的效度与伦理问题。

注　释

[1] Susan J. Carroll and Debra J. Liebowitz, "Introduction: New Challenges, New Questions, New Directions," in Susan J. Carroll, ed., *Women and American Politics: New Questions, New Directions* (Oxford: Oxford University Press, 2003), 1-29.

[2] 豁免类别如下："1. 在已建立或已经得到普遍认可的教育环境中实施的研究，包括正式的教育实践，如（a）常规性的或是特殊的教育策略研究，或（b）有关教育技巧、课程或课堂管理方法的有效性的研究或比较研究。2. 涉及教育测试（认知、诊断、智能、成就）的使用的研究、调查程序、访谈程序或者对公众行为的观察。除了（a）信息被记录的方式导致对象的身份能够被确认出来，不管是直接的还是通过标志符号；和（b）任何对象的回答的泄露能够导致对象面临刑事或民事责任，或者危及对象的财务收入、就业和声誉。3. 涉及教育测试的使用的研究、调查程序、访谈程序或者对公众行为的观察，而又没有在本节第 2 条所得到豁免的，如果（a）对象被选举或委任为公共职位或是公共职位的候选人，或者（b）联邦法令要求个人可确认的信息的机密将保持到整个研究过程及以后——如果豁免的话。4. 涉及对现存数据、文件、记录、病理样本或是诊断样本的收集和使用的研究，如果这些材料是公开可获得的或者如果信息是由调查者记录的，而且对象不能够被确认——不管是直接的还是通过标志被确认。5. 有部分或机构领导来主持，或得到其同意的研究和实证方案，并是用来学习、评估或是测试的：（a）公共利益或是服务项目；（b）在这些项目里获得利益或是服务的程序；（c）这些项目或是程序的可能变化或是替代；或者（4）在这些项目里的利益和服务支付方法上或者层次上的可能变化。6. 口味和食品质量评估，和消费者接受度研究：（a）如果不含添加剂的有益食物的消费，或者（b）如果一种被消费的食物所含的食物成分等于或低于标准，但不危及健康；或者农作物的农药含量或是环境污染物等于或低于标准，但不危及健康，需有食品和药物管理局或环境保护组织或美国农业部的食物安全和检查服务组织的许可。"摘自《联邦管制条例汇编》46.101（b），第 45 条，1991 年 6 月 18 日。这些豁免条例并不适用于囚犯、胎儿、孕妇或人类体外受精。第 2 条规定不适用于儿童，除非研究程序包含公共行为的观察，并且调查者并未参与被观察的行为中。

[3] National Commission for the Protection of Human Subject of Biomedical and Behavioral

Research (April 18, 1979), "The Belmont Report: Ethical Principles and Guidelines for the Protection of Human Subjects of Research," available online at http://helix. nih. gov:8001/ohsr/mpa/belmont. php3 (November 15, 2000).

[4] Eugene J. Webb and others, *Nonreactive Measures in the Social Sciences*, 2d ed. (Boston: Houghton Mifflin, 1981).

[5] Ruth Horowitz, "Remaining an Outsider: Membership as a Threat to Research Rapport," *Urban Life* 14 (January, 1986): 409-430.

[6] Mary Henle and Marian B. Hubble, "Egocentricity in Adult Conversation," *Journal of Social Psychology* 9 (May 1938): 227-234.

[7] Stanley Milgram and R. Lance Shotland, *Television and Antisocial Behavior: Field Experiments* (New York: Academic Press, 1973).

[8] William F. Whyte, *Street Corner Society: The Social Structure of an Italian Slum*, 3d ed. (Chicago: University of Chicago Press, 1981); and Marc H. Ross, *Grass Roots in an African City: Political Behavior in Nairobi* (Cambridge: MIT Press, 1975).

[9] Richard F. Fenno Jr., *Home Style: House Members in Their Districts* (Boston: Little, Brown, 1978).

[10] Ruth Horowitz, *Honor and the American Dream* (New Brunswick: Rutgers University Press, 1983).

[11] Joan E. McLean, "Campaign Strategy," in Susan J. Carroll, ed., *Women and American Politics: New Questions, New Directions* (Oxford: Oxford University Press, 2003), 53-71.

[12] Fenno, *Home Style*, xiii.

[13] Ibid., xiv.

[14] Jennie-Keith Ross and Marc Howard Ross, "Participant Observation in Political Research," *Political Methodology* 1 (Winter 1974): 65-66.

[15] James A. Robinson, *The House Rules Committee* (Indianapolis: Bobbs-Merrill, 1963); and James A. Robinson, *Congress and Foreign Policy-making* (Homewood, Ill.: Dorsey, 1962). 此外，有关国会的第一手观察资料还见于下面这本书的许多文章中，参见 Raymond E. Wolfinger, ed., *Readings on Congress* (Englewood Cliffs, N. J.: Prentice-Hall, 1971)。

[16] Ralph K. Huitt, "Democratic Party Leadership in the Senate," *American Political Science Review* 55 (June 1961): 333-344.

[17] David W. Minar, "The Community Basis of Conflict in School System Politics," in Scott Greer and others, eds., *The New Urbanization* (New York: St. Martin's, 1968), 246-263.

[18] Carol Hardy-Fanta, *Latina Politics, Latino Politics: Gender, Culture, and Political Participation in Boston* (Philadelphia: Temple University Press, 1993), xiv.

[19] Horwitz, "Remaining an Outsider," 412.

[20] Ibid., 413.

[21] [22] Ross and Ross, "Participant Observation," 70.

[23] Fenno, *Home Style*, 255.

[24] John Lofland, *Analyzing Social Settings: A Guide to Qualitative Observation and Analysis* (Belmont, Calif.; Wadsworth, 1971), 102-103.

[25] Ibid., 105.

[26] Ibid., 106-107.

[27] Webb and others, *Nonreactive Measures*, 4.

[28] Ibid., 10-11.

[29] 同上，参见该书对拉思杰的研究工作的讨论，15～17 页。

[30] Kurt Lang and Gladys Engel Lang, *Politics and Television* (Chicago: Quadrangle, 1968).

[31] 参见 Webb and others, *Nonreactive Measures*, 27-32。

[32] 参见 Myron Glazer, *The Research Adventure: Promise and Problems of Field Work* (New York: Random House, 1973), 25-48, 97-124。

[33] 参见 Fenno, *Home Style*, 272。

[34] 有关参与式观察者在公开报告中所使用的带有价值判断的术语的事例及其讨论，参见上书。

[35] Carol Garr Johnson, "Risks in the Publication of Fieldwork," in J. E. Sieber, ed., *The Ethics of Social Research: Fieldwork, Regulation and Publication* (New York: Springer-Verlag, 1982), 87-88.

[36] Joan Cassell, "Harms, Benefits, Wrongs and Rights in Fieldwork," in ibid., 14.

术语介绍

附加测量：通过积累材料的间接观察来测量现象。

隐蔽观察：一种观察方式，其中调查者的存在或者目的不为被调查者所知。

直接观察：行为的实际观察。

侵蚀测量：一种现象测量方式，通过有选择性的某些材料的损耗来进行间接观察。

实地研究：在自然环境下进行的观察。

间接观察：对行为的物质痕迹的观察。

线人：帮助研究者采用参与式观察的人，解释线人以及线人所属群体的行动与行为。

知情同意：告知潜在研究对象有关他们被请求进入的研究的情况的程序。原则上，研究者应当在对象参与研究过程之前得到研究对象自由作出的同意。

制度性审议委员会：研究者在涉及人类研究对象的建议研究时应当向它提交申请的一个小组。

公开观察：被调查者清楚调查者的存在以及意图的观察。

结构化观察：系统性观察，并且记录下特定行为发生的频率。

非结构化观察：所有行为与行动都加以记录和观察。

建议阅读书目

Fenno, Richard F., Jr. *Home Style: House Members in Their Districts*. Boston: Little, Brown, 1978. See the Introduction and Appendix, "Notes on Method: Participant Observation."

Glazer, Myron, *The Research Adventure: Promise and Problems of Field Work*. New York: Random House, 1972.

Horowitz, Ruth, "Remaining an Outsider: Membership as a Threat to Research Rapport." *Urban Life* 14 (January 1986): 409-430.

Ross, Jennie-Keith, and Marc Howard Ross, "Participant Observation in Political Research."

Political Methodology 1 (Winter 1974)：63-88.

Shaffir，William B.，Robert A. Stebbins，and Allan Turowitz，eds. *Fieldwork Experience：Qualitative Approaches to Social Research*. New York：St. Martin's，1980.

Shrader-Frechette，Kristin. *Ethics of Scientific Research*. Lanham，Md.：Rowman and Littlefield，1994.

Sieber，J. E. *Planning Ethically Responsible Research：A Guide for Students and Internal Review Boards*. Newbury Park，Calif.：Sage，1992.

——，ed. *The Ethics of Social Research：Fieldwork，Regulation and Publication*. New York：Springer-Verlag，1982.

Whyte，William F. *Street Corner Society：The Social Structure of an Italian Slum*，3d ed. Chicago：University of Chicago Press，1981. See Appendix A，"On the Evolution of *Street Corner Society*."

第 8 章

资料分析：利用文字记录

在检验假设问题上，政治学家拥有三类主要的数据收集方法：访谈、资料分析和观察。其中，访谈与资料分析是最常使用的。上一章，我们讨论了观察技术；这一章我们讨论如何利用**文字记录**（written record）来进行经验观察，这些文字记录包括文档、报告、统计数据、手稿和其他书面的、口头或视频材料。

政治学家转向"文字记录"是因为他们感兴趣的政治现象无法通过使用调查问卷的个人访谈或直接观察来实现测量。比如，当研究者对大规模的集体行动（比如社会骚乱和政府预算的安排）或那些时间久远的事件（在南北战争期间最高法院的决定）或空间遥远的现象（不同国家的国防支出）感兴趣时，访谈与直接观察就没有多大的用处。

通过文字记录来观察的政治现象繁复多样——比如，有关宗教自由的法官判例、州长选举的投票率、苏联军事支出的变迁、中华人民共和国政治腐败的严重程度。[1]在第 1 章提到并贯穿全书的政治科学研究案例中，波和泰特对政府侵犯人权的调查、耶茨和惠特福德对最高法院的法官们在涉及总统权力的判例的研究、西格尔和科弗对最高法院的法官们的意识形态的研究以及卡恩和肯尼对全国选举的研究全部依赖于文字记录来测量重要的政治概念。[2]政治学家并不是对所有的文字记录不分轻重。因此我们来讨论文字记录中让政治学家感兴趣的那些部分以及研究者如何利用这些部分来测量重要的政治现象的方法。

一般来说，使用文字记录所涉及的伦理问题远远少于观察与访谈。对现存数据、文档或记录的收集与研究通常并不会给个人带来风险，因为数据的分析单元并不是个人。此外，在那些利用个人记录的地方，只要不能直接辨识出个人身份，或者研究者虽然提到个人，但记录是公开的，比如有关总统或国会议员等公众人物的文件，那么一般不会出现个人风险的争议。但是，允许研究者看到研究对象的私人档案也许会对个人造成一定的风险。因此，利用私人文档应当符合保护相关个人利益的条款。

一、文字记录的类型

某些文字记录是一直延续的，涵盖一个较长的时段。而另一些则时断时续。一些记录是由公共部门利用纳税人的钱来做的记录；另一些则由一些私人部门基于商业目的留下。一些记录做得很细致，并编有索引；另一些记录则容易被人遗忘。这一节我们讨论两种类型的记录：片断记录和连续记录。

片段记录

那些不是通过持续的、系统的记录保存计划来实现的，而是其生成与保存都带有一种更为随意的、私人的和偶然的特征的记录叫**片段记录**（episodic records）。最明显的事件是私人日记、备忘录、手稿、通信和自传；传略和其他传记材料；组织的临时记录；短期存在的媒体材料，比如小册子、海报、活页。对于政治史学者来说，这些片段记录尤其重要，因为他们所关注的大部分主题只能通过这些数据来进行研究。

前任总统与国会议员的文章与回忆录也属于这类片段记录，虽然他们所保存的资料已经耗用了不少的经费与人力，因为这些资料的保存内容与手段各种各样，而且处在相同的位置也不一定能够得到所有这些资料。

使用文字记录时，研究者首先应当获取材料，然后将它们编码并加以分析。取得片段记录有时非常困难。[3] 在整个数据收集工作中，寻找恰当的资料往往耗时最多。

研究者通常使用片段记录来描述现象，而不是用来统计分析像大样本和数字测量之类的数据。其结果是，从研究材料中摘录的引文或片段往往用作一种理论或假设的证据。多年以来，社会科学家根据这类片段记录对政治现象作出了一些特别有趣而且富有想象力的研究。下面我们叙述三个具体的研究案例，看他们是如何使用片段记录来说明一种重要的政治现象的。

马萨诸塞海湾殖民地的离经叛道行为。30 多年前，社会学家卡伊·T·埃里克松（Kai T. Erikson）研究了 17 世纪清教徒定居的马萨诸塞海湾殖民地的离经叛道行为。[4] 他对社区如何判定某种行为属于异端的过程感兴趣。具体而言，他想检验这种观念，即随着时间的流逝，社区将改变他们对异端的定义以及社区利用异端行为来重申和建立合意行为的界限。与传统的有关异端行为是有害的看法相反，埃里克松相信，对离经叛道行为的确认与反应有益于实现社区的社会目标。

很显然，殖民地时代清教徒的法官已经不可能接受访谈。于是，埃里克松必须搜索现存的历史记录来寻求与其理论相关的证据。他找到两本与其研究相关的集子：《新英格兰马萨诸塞海湾的总督与公司档案》和《1636—1682 年马萨诸塞殖民地埃塞克斯县四分之一法庭档案》。[5] 有了这些档案，埃里克松就能够组成一个引人入胜的有关 17 世纪中叶清教徒的生活方式、犯罪与判刑的故事。

埃里克松所主要关注的是马萨诸塞海湾殖民地的法院是如何判定异端行为的。从埃塞克斯县的法庭档案中，他收集了自 1651 年至 1680 年间所有 1 954 个判罪的案件情况。有了这些数据，他就可以研究犯罪行为的频率，并初步计算出海湾殖民地在这一时期的犯罪率。

埃里克松对历史记录的分析并不简单。比如，他发现清教徒们在拼写人们的名字时极其随意。一个名叫弗朗西斯·尤塞尔顿（Francis Usselton）的人在埃塞克斯法院的档案中出现过许多次，而法院的档案中，他的名字至少有 14 种不同的拼法。这在他的案子中倒没产生什么不方便的地方，因为他的名字极其独特。但在其他的时候并非如此，比如他难以确定埃德温·巴特（Edwh Batter）与埃德华·巴特（Edward Batter）是否同属一人，“1649 年偷过一只鸡的乔治·汉普顿（George Hampton）”是否就是“1651 年酗酒的乔治·汉普登（George Hampden）”。[6]

清教徒档案的另一个问题是他们往往将相同的姓名一代代传下去，因此有时无法肯定两件相隔 20 年的犯罪案件是否为同一人所为抑或分别由父子两人所为。比如，在 1656 年至 1681 年间，约翰·布朗（John Brown）共被判七次违法。但由于约翰·布朗的父亲与祖父都用同一个名字，因此无法分清到底是谁犯了这些罪。

虽然存在这些困难，埃里克松的研究仍然出色地证明了历史记录能够研究重要的当代问题的可能性。没有那些保存并出版这些档案的人的远见，我们就难以测量新英格兰清教徒生活的一个重要方面。

经济学与美国宪法。1913 年，历史学家查尔斯·比尔德（Charles Beard）出版了一本有关美国宪法的书，该书极富想象力地使用了片段记录。[7] 比尔德认为，是经济利益推动了制定宪法的运动。他推断到，如果他能够证明宪法的制定者以及倾向于制定宪法的人了解一旦宪法通过将带来的经济利益，那么他就能够证明经济方面的考虑是制宪辩论中的核心因素。如果他能进一步证明，制宪者本人从宪法所规定的政府制度中获得了经济利益，那么他的证明理由就更为充分。这一看法曾引发了激烈的争议，比尔德用从各种片段记录收集到的数据对它进行了检验。

比尔德提交的第一部分证据是那些参与 1787 年制宪会议的人的财产状况。这些测量结果——比尔德不无遗憾地承认该结果是不完全的——分别得自六种不同类型的资料：传记，比如赫林（Herring）多卷本《国家肖像馆》和《国家传记丛书》；人口普查资料，尤其是 1790 年有关家庭人口的调查，其中包括一些制宪者家的奴隶数目；美国财政部的档案，包括涉及有价证券情况的账目；国家贷款办公室的个人记录；涉及某些行业史的记录，比如《北美银行业史》和《北美保险业史》，以及国会图书馆保存的私人文书。

从这些文字记录中，比尔德得以表现制宪者的职业、财产、奴隶数目、有价证券以及商业利益所在。他从中得出的一个结论是，那些在费城会晤以“修改”《邦联条例》的制宪者并非与其没有任何经济利益。

接下来，比尔德在有关制宪者的个人财富资料的基础上，又添上了有关其政治观点的证据。他的目标在于证明制宪者对宪法以及新的政府制度所蕴含的经济利益完全理解，并且对此进行了讨论。通过使用各种证据，包括现存的有关制宪会议的辩论，某些制宪者的个人通信与文章以及以詹姆斯·麦迪逊（James Madison）、亚历山大·汉密尔顿（Alexander Hamilton）和约翰·杰伊（John Jay）三人为作者的《联邦党人文集》——该书的目的就是劝告人们投票赞同宪法，比尔德成功地证明了制宪者关心并且认识到他们所制定的宪法所蕴含的经济利益。

第三部分证据得以让比尔德分析赞同和反对宪法的投票的分布。在数据允许的情况下，比尔德测量了民众投票批准宪法的地理分布情况，并将它与每个州中不同地理区域中的经济利益相比较。他还试图测量那些参与州的批准会议的人的个人财富，并将这一数据与会议中的票数情况联系起来。这些数据分别来自各州的财政档案、美国财政部以及各州批准会议的历史记录。

通过这种对历史记录的极其艰难而又耗时漫长的阅读，比尔德富有说服力地（虽然并不必然被证明）提出了他的结论：“美国的制宪过程是由四群人创议并实施下去的，这些人的个人利益在《邦联条例》下受到不利的影响：货币、有价证券、制造业、贸易与船运。”[8]

总统的个性。第三个使用片段记录的事例是詹姆斯·戴维·巴伯（James David Barber）的《总统的性格》。鉴于总统在美国政治制度中的重要地位以及总统职位的拥有者对美国政制的影响力，巴伯对 20 世纪曾担任过这一职位的人的性格感兴趣。他当然愿意直接观察从 1980 年到 1984 年间的 14 位总统（这是他的研究对象）的行为，但不得不依赖于有关他们的文字材料。

对巴伯而言，辨识出一位总统的个性意味着理解他的作风（style）、世界观（world view）和性格（character）。作风是指“总统处理他的三种政治角色——演说、私人关系、事务工作——的习惯方式”。总统的世界观可以用他的“基本的、与政治有关的信念，尤其是他对社会因果、人类本质以及当时核心的道德冲突”来测量。而性格“是总统对待生活的方式”。巴伯相信，总统的作风、性格和世界观“的动态组合可以用心理学术语来理解”，并且这种个性“关键性地塑造了总统在一些非同小可的事情上的行为”。但如何去测量他们的作风、性格和世界观呢？这些总统或者已经去世，或者不会允许一位政治心理学家去探究他们的思想与行为。尤其让这一工作更为困难的是，巴伯相信，“预测总统性格、世界观和作风的最好办法是，看它们在其年轻时是如何结合的，然后又是如何取得独立的政治成就的”[9]。

巴伯的解决办法是利用有关他所研究的 20 世纪总统的材料，包括传记、回忆录、日记、演讲稿，而有关理查德·尼克松的，还有总统谈话的录音记录。巴伯并没有使用全部找到的传记资料。比如他“丢弃那些竞选时明显的夸张之辞以及粗劣的有意毁掉政敌名誉的爆料”[10]。为了说明某个总统属于四种基本类型中的一种时，他频繁引用传记中的材料。如果找不到相关材料，或者其论断的准确性值得怀疑（比如巴伯只能找到一个孤立的段落）时，测量总统的个性就极其困难，即使不算是不可能的话。

巴伯对总统个性的分析完全是定性的；在全书没有一个图表。他使用传记来将每一位总统概括为四种个性类型中的一种，并且说明有着相似个性的总统将在就任后展示出相似的行为模式。简言之，巴伯使用两种维度——积极与消极（他在其总统职位上投入了多少精力?）以及正面与负面态度（他是如何看待他所做的事情?）——来定义总统个性的四种类型（见表8—1）。

表8—1 **总统的个性类型**

正面—负面态度	积极—消极	
	积极	消极
正面态度	富兰克林·D·罗斯福	威廉·霍华德·塔夫脱
	哈里·S·杜鲁门	沃伦·哈丁
	约翰·F·肯尼迪	罗纳德·里根
	杰拉尔德·福特	
	吉米·卡特	
负面态度	伍德罗·威尔逊	卡尔文·柯立芝
	赫伯特·胡佛	德怀特·艾森豪威尔
	林登·约翰逊	
	理查德·尼克松	

资料来源：Based on data from James David Barber，*The Presidential Character*，3d ed.（Englewood Cliffs，N.J.：Prentice-Hall，1985）. Courtesy of James David Barber，James B. Duke Professor of Science，Emeritus，Duke University，Durham，N.C。

巴伯的研究富有激发性和想象力地使用了片段记录——在这里指传记材料——来作出一系列有关总统个性的一般性概括。虽然巴伯并没像本书所介绍的一些做法那样对他的假设作出经验检验，但他确实积累了大量的证据来支持他的论断，根据提交证据的方式，读者可以评估他的说服力有多大。[11]

连续记录

与片段记录不同，**连续记录**（running record）更有可能由组织而不是个人来生产；它的保存很周密，容易让人检索，并且可以长期使用。涉及政治现象的连续记录非常广泛，而且持续增多。单单美国联邦政府在数据收集和报告方面所下的工夫就给人留下了深刻的印象，此外再加上由各州政府和地方政府、利益集团、出版社、研究机构以及商业公司所收集的文字数据，与政治相关的文字记录的数量以惊人的速度增长。比如，美国政府的报告涵盖从选举团的投票到电气化率，从税收到出租车的一切事物，而其概要，由美国统计局每年出版的《美国统计摘要》也有1 000多页。作为资源，连续记录尤其吸引人的地方是许多数据现在可以通过网络检索得到。比如，

《统计摘要》可以在 www. census. gov/statab/www/上找到。

在这一节，我们简要介绍几类主要的政治学家感兴趣的连续记录。

选举报告。选举报告的收集、制表和公布已经有近两百年的历史。在大多数联邦机构以及州和县层次上的某些机构都可以提供。最常用的资料来自《美国投票》（自1956年以来，选举研究中心和国会季刊杂志社每两年发布一次）和密歇根大学的大学间联合会的政治与社会研究（ICPSR）。

国会投票记录。ICPSR 提供了自 1789 年以来美国国会议员的投票记录。1945 年以来的国会记名投票以及其他大量的涉及国会成员个人的记录（比如总统支持情况与政党支持情况）被公布在每年出版的《国会年鉴》上。自 1972 年以来，国会季刊杂志社每两年出版一次《美国政治》，该杂志包括国会议员的极其详细的个人信息，比如个人所在的区或州、政治生涯、投票记录以及各个利益集团的评估情况。一些组织定期根据国会成员的投票情况来对他们进行评估。比如，保守投票者联盟根据每个成员对该联盟所关心的重要问题的投票来计算分值。www. lcv. org/scorecard/scorecardmain. cfm 上公布了这些分数。

法院判决。所有州与联邦的法院判决的摘要都可见于《十年文摘》（由韦斯特出版公司出版），而最高法院判决的文本可以在美国政府印刷局出版的《合众国报告》中找到。ICPSR 还保存了自 1946 年至 1969 年期间美国最高法院所判决的 4 573 个案例中法官所投的票。此外，ICPSR 还拥有一些有关更为细致的主题的数据，比如有关民事和刑事的联邦法院的判例（1962—1963 年），阿拉斯加州一些重罪的诉辩交易，州立刑事法院的判例（1962 年）和美国最高法院所发布的诉讼文件移送命令（1947—1956 年）。

有关最高法院、联邦法院和州法院的判决与相关档案的在线数据，可以尝试美国最高法院的多媒体数据库（Oyez，Oyez，Oyez）（http://oyez. nwu. edu/）；康奈尔大学法学院的法律信息研究所（www. law. cornell. edu/）；从 1937 年至 1975 年弗德沃德所保存的最高法院判决（www. fedworld. gov/supcourt/index. htm）；沃什伯恩大学法学院的网页（www. washlaw. edu/）。

政府政策。研究者可以从各种来源获得有关政府政策的信息。联邦政府每年通过的法律概要收入了《国会年鉴》，全文可在《美国法令全书》找到。联邦政府支出的数据被收入《国会年鉴》和《美国统计摘要》。（要想在网上找到那种容易看懂的有关联邦预算的数据，可以去预算管理局的网址 www. whitehouse. gov/OMB/budget/index. html。）有关州政府和地方政府的政策数据见于《州政手册》（由州政府协议会隔年出版），《县市资料手册》，《州与城市资料手册》（两者都由美国统计局出版，并可在网上检索，网址是 www. census. gov/statab/www/），《美国统计摘要》（也可在统计局的网站获得）和美国统计局的《政府年鉴》。

ICPSR 也有在国家、州以及地方层面上描述政府政策的历史数据。《美国年度时序统计》收录了从 1929 年至 1968 年联邦各部门、机构和委员会的支出情况。另有四次有关州政府的政策制定和政府支出信息方面的研究：一个涵盖了 1950 年至 1964 年的数据，一个提供了从 1890 年至 1960 年间每隔十年一计的数据，一个涵盖了 1956

年至 1965 年的数据，还有一个有选择性地收录了 19 世纪与 20 世纪的数据。在地方政府层面，ICPSR 拥有 676 个人口为 25 000 人左右的成建制城市区域的 20 世纪 60 年代的数据以及 130 个人口超过 10 万的城市政府自 1960 年以来的数据。这些以及其他数据都可以在 ICPSR 庞大的在线数据库（www. icpsr. umich. edu/archive1. html）上检索得到。

有关美国社会方面的数据，《美国统计摘要》堪称宝藏。它收录了国家政府在收集数据方面所作出的各种巨大努力而获得的数据的摘要。在书中你会发现有关医疗卫生支出、毒品使用情况、犯罪率与判罪率、拘捕数字与囚犯数字、空气质量、天气、环境控制的支出、休闲活动内容、州及地方政府的财政状况、联邦政府的人事及财政情况、退伍士兵的津贴、失业率、工伤情况、消费价格指数、银行业与出版业情况、外资控制的美国公司数目、能源的生产与消费情况、运输业收入、汽车事故、粮食产量、房屋建设、政府的廉租房情况、百货公司的销售情况、对外援助以及进出口情况。类似于这样的出版物确实称得上档案研究者的福音。

犯罪统计。一个产生大量记录的美国生活领域是刑事司法制度。其中许多数据可以从美国司法部司法统计局的网页（www. oip. usdoj. gov/bjs）上检索到。前面提到的《美国统计摘要》与 ICPSR 资源也提供了犯罪与刑事司法制度的一些方面的数据。一个更为综合性的犯罪数据是 www. albany. edu/sourcebook/index. html 上的《刑事司法统计资料》。

竞选支出。过去几十年来，政治学家对金钱在竞选中所发挥的作用十分感兴趣。但只在最近 30 年，研究者才能获得有关竞选支出的可信的综合性数据。作为 1971 年通过《联邦竞选行动法》的结果，一个联邦机构——联邦选举委员会——成立并负责收集有关竞选联邦政府的选举性职位的候选人的筹集资金和竞选支出情况的数据。联邦选举委员会还提供了总统竞选基金会在各州中分配款项情况的数据。联邦选举委员会的网址是 www. fec. gov/。然而，一个更好的并且容易利用的网址却是非党派的联邦候选人竞选资金网（www. tray. com/fecinfo/），该网站可以让读者检索具体到某个候选人的筹集资金与支出记录。

另外，相关性质的有《美国第三党全书》和《美国的利益集团与游说者全书》，后者也收录了候选人的捐款记录。[12]

演讲。政治家的公共陈述记录也有连续记录。比如，总统竞选演讲被收入了各种出版物，其中有单个候选人出版的资料（比如《尼克松说》，由尼克松—安格纽竞选委员会出版）以及收入每个总统讲话的资料（比如美国政府的联邦公报处每年出版的《合众国总统公众讲话》）。自 1960 年以来的总统候选人辩论的记录稿可以在总统选举辩论委员会的网址 www. debates. org/pages/sitemap. html 上找到。该网站也收录有关副总统候选人之间的辩论。庞特研究院的网址 www. poynter. org/Research/index. html 也提供了总统候选人辩论的记录稿以及其他相关信息。一个可供检索的演讲稿的数据库是道格拉斯美国公众演讲数据库 http://douglass. speech. nwu. edu/。虽然国会议员的议席发言记录被收入《国会记录》，但由于议员可以对他们的实际发言记录进行删减、修改和添加，因此这份记录并不是准确无误的。艾奥瓦大学的通信研究系的链接资源（www. uiowa. edu/～commstud/resources/speech. html）收录了大量的演讲记录的地址链接。总统就职演说收录在合众国总统就职演说网（www. landmark-project. com/Inaugural_Addresses. html）以及美国总统就职演说：从乔治·华盛顿到乔治·W·布什网（www. bartleby. com/124/）。

伊利诺伊大学出版社出版的《国家政党纲领》收录了自1840年以来每隔四年的美国政党的纲领性文件。

大众媒体材料。新闻机构的产出就是有关每天事件与公共事务的连续记录。文字故事、报道的政治问题与个性、配发的照片、所表达的意见等这些数据类型都可视作政治与社会生活的文字记录。前面提到的西格尔和科弗对最高法院法官的个人意识形态与司法判例之间关系的研究就依赖于公开发表的报刊资料来测量政治意识形态。[13]

以前，连续的新闻记录难以被利用，因为它如此庞大，没有经过整理，而且难以检索。但现在有了报刊与电视索引，大部分新闻报道都可以持续存在，并且容易查找。《纽约时报》的索引追溯至1851年，《华尔街日报》的索引追溯至1957年，《基督教科学箴言报》的索引追溯至1960年，《华盛顿邮报》的索引追溯至1971年。地方图书馆往往收集了大量的当地报纸。比如，费城自由图书馆保存了自1860年以来的《费城问询者报》、1847—1982年的《晚报》，1836—1934年的《公共账簿》以及1839—1925年的《北美人》（后面三种报纸分别于1982年、1913年和1925年停刊）。某些报纸将各类文章归档保存，但许多要求付费查阅。而莱克西斯-奈克西斯（Lexis-Nexis）公司提供了强大的法律与新闻数据库，可供搜寻和检索报刊文章。

如果研究者对某个可以用报纸内容来测量的政治现象感兴趣，连续的新闻记录通常保存得很好，而且涉及广泛。但是广播机构的连续记录并不那么令人满意。电视新闻报道的保存与编制索引始自1968年。据我们所知，除了国家公共广播中心，尚无广播新闻或当地电视新闻的存档与收集者。国家公共广播中心保存了其自己的新闻栏目《早间新闻》和《新闻综述》等，它们的音频形式可以在www. npr. org上检索。视频记录与记录稿也可以看到。

外交事务。对比较政治和国际关系感兴趣的学者利用了与各个主题相关的各类数据，包括国家的社会经济和政治特征；各个国家内部持不同政见者的地位、冲突或暴力；国家之间的冲突事件与合作；国家之间的贸易与武器交易；国家的国防支出以及军事力量的使用。这些数据包含了大量丰富而且容易获得的资料，如果仅让一个人去搜集的话会耗时过多而且极为困难。

联合国收集了大量的有关各国的统计数据。对环境、自然资料、人口和人类健康感兴趣的学者将会发现《世界资源》各卷特别有用，该书由世界资源研究所与联合国环境规划署以及联合国开发计划署联合出版，每两年一卷。该书所包含的资料已刻成盘。M. E. 夏普公司出版的《2000年世界排名插图本》包含了大量的国家排名，包括商业指标以及各类信息技术利用的情况。

传记资料。传记资料是连续记录的组成部分。利用《美国名人录》和《社会名流》之类的传记出版物，研究者能够追踪人们的出身和不同地位的人们之间的关系，并且可以比较不同类型的精英群体。[14] ICPSR 拥有高级联邦内阁成员（1932—1965年）、军备控制官员、美国联邦机构高级公务员（1963 年）、州最高法院与联邦最高法院的法官（1955 年）、美国最高法院的法官（1862—1865 年）以及美国国会议员（1789—1980 年）的传记资料。此外还有国外当选的精英人士的传记。ICPSR 的政治精英传记资料还包括东欧（1971 年）、肯尼亚（1966—1967 年）、坦赞尼亚（1964—1968年）、苏联（1966 年）、法国与德国（1964 年）、巴西（1860 年）以及乌干达（1964—1968 年）的资料。

统计索引。最后，还有几类统计指标也有助于研究，其中许多用光盘来贮存。下面是一些列表：

> 《美国统计索引》。1973—。华盛顿特区，国会信息办公室。这是一份附有月度增刊的年度出版物，是有关美国政府的统计数据出版物的综合性指南与索引。它的目的是将所有联邦政府出版的有研究意义的统计数据列表并编制索引，但其中并没有实际的数据。
>
> 《统计参考索引》。1980—。华盛顿特区，国会信息办公室。这是一份附有月度增刊的年度出版物。其统计索引涉及一些州政府机构、非政府组织、商业企业与联合会出版的统计数据。索引的内容有标题、发布机构、类别（种族、年龄等）以及主题。并不包含实际数据。
>
> 《国际统计索引》。1983—。华盛顿特区，国会信息办公室。附有月度增刊的年度出版物。索引对象包括联合国、世界银行、国际货币基金组织及其他非政府国际组织。并不包含实际数据。
>
> 《统计综合索引》，1970—。华盛顿特区，国会信息办公室。将所有三类索引都收录入光盘中。研究者可以同时检索三种索引或同时搜索有关统计数据摘要。不包含实际数据。
>
> 联邦统计网。网址是 www. fedstats. gov。联邦统计网包含了 70 多家美国联邦政府机构的数据与信息。它易于检索，研究者能够获得大量各种当前的以及历史的统计数据。

连续记录与片段记录的比较

相比较片段记录，利用连续记录有三个主要的优势。第一个是成本，不管是时间成本还是金钱成本。由于收集、归类、保存和发布连续记录中的数据的成本通常由记录保存者自身承担，政治学家往往能够以极低的代价利用这些资料。研究者只需拍摄参考书中的几页、购买一份政府报告或文本或者将数据下载入一个电子数据表格就可以利用连续记录。事实上，政府在数据收集和保存记录方面的持续对于各类社会科学家来说都是一个财富上的福音。

第二个相对优势是连续记录更容易获取。片段记录往往需要在随意堆放的箱子、破烂不堪的账簿和肮脏发霉的储藏室中花大力气翻检，而连续记录的使用者只需查找参考文献、政府出版物，或者按下打印输出就可以了。许多政治学家的研究成果完全由这类在干净敞亮的图书馆中的参考书与政府文档中的数据组成。

连续记录的第三个优势是，它涵盖了比片段记录更久的时间段。这样就可以进行第 5 章所讨论过的纵向分析以及因果研究。虽然片段记录也有助于解释某个具体事件或时期的原因，但连续记录能够对长时期的政治现象进行观察。

但是，连续记录并非没有问题。一个是研究者完全仰赖于记录保存机构的数据收集工作和程序。研究者无法影响记录保存的工作；相反，他们必须依赖于像美国统计局、联邦选举委员会、洛普公共舆论研究中心之类的机构。在容易获取资料与研究者对测量的影响之间是鱼与熊掌不可得兼的关系。一些机构——比如一些州政府和地方政府——并未如研究者所指望的那样前后一贯地保存记录。研究者发现，追踪特拉华州宪法修正案的最后结果是一项困难的任务。特拉华州是唯一一个不需要投票批准宪法修正案的州。相反，州议会必须在两届连续的议会——在两届之间举行过一次选举——中通过一项宪法修正案。这样，宪法修正案的命运就跟普通的法案一样，再跟踪它们就得看州议会的档案保存工作做得怎么样了。甚至即使有清楚的报告，比如市长竞选的选举报告，研究者仍有可能不得不一个个城市去收集，因为在各种统计资料中往往只收录了最大的城市的选举。

连续记录的另一个不足之处是有些机构不愿意将它们的原始资料与研究者共享。机构处理数据的过程——计算、分类和加总——可能是不准确的，无法说明情况。要获得公共信息的过程并不总是那么容易。获取公共信息的过程也可能会遇到在收集片段记录过程中的相似问题，比如有关某项具体的公共工程或公共机构的所作所为。埃米莉·范·邓克（Emily Van Dunk）是公共政策论坛——这是一家非党派的、非营利的研究威斯康星州居民所关心的重要问题的研究机构——的资深研究员，他提到从州政府和地方政府获得资料有时很困难，并为研究者提出了一些建议。[15]

最后，有时研究者弄不明白一些机构到底是怎么收集数据的。除非这些机构对其收集数据的程序作了说明，否则研究者无法确知这些机构是如何保存其记录的。这可能会造成一些特殊的问题，尤其是当收集数据的做法发生改变、从而以不为人知的方式改变了测量结果时。

虽然连续记录也有其不足之处，但政治学家有时在研究某个具体的问题时，往往不得不依赖于它。比如，研究美国犯罪率的唯一合理的做法就是利用联邦调查局的《犯罪统一报告》（Uniform Crime Report，UCR）。为了说明利用连续记录时所常见的问题，下面这一节我们就以《犯罪统一报告》——它是保存时间最长，也是最常利用的连续记录之一——为例来加以讨论。

《犯罪统一报告》

《犯罪统一报告》于 1930 年首次发行，它是唯一持续的、有关美国犯罪统计的全国性出版物，已经成为大量有关犯罪与警察行为的研究的基础。然而，最近几年来，UCR 所使用的测量方法的准确性与精确性受到了质疑，许多使用者对报告进行了批评。

联邦调查局对犯罪行为的测量根据是它从全国各地数以千计的执行机构送交上来的报告。各州和地方警察机构自愿提交它们的报告，而联邦调查局从来就没有被赋权参与实际的调查。虽然联邦调查局也对参与调查的警察机构进行指导和帮助，但每个警察机构必须承担提供信息的全部成本与责任。因此，联邦调查局所做的事只是做出一份反映警察机构的总体状况的报告，并未做任何的抽样调查。

各地警察机构负责报告两类信息：它们所关注的七类犯罪行为的数目（“第一类”犯罪）和它们基于其他类型的犯罪而逮捕的数目（“第二类”犯罪）。第一类犯罪包括谋杀、强奸、抢劫、恶性袭击、盗窃、偷窃汽车。第二类犯罪包括其他类型的侮辱、造假、挪用款项与欺诈、购买、接受和窝藏赃物、运输或占有武器、卖淫与性交易、性骚扰、袭击家庭与儿童、违反麻醉药品法律、违反酒精法律、酗酒、行为不端、流浪罪、赌博、酒后驾车、违反道路与交通法、违法停车、其他违反交通与机动车法律的行为、其他违法行为以及疑犯。[16]报告还包括长期的犯罪趋势以及每十万人的犯罪率。

这一节我们来看 UCR 的不足之处，以及这些不足之处导致的对美国犯罪行为的不准确的测量。最明显的问题是并非所有的犯罪都报告给警察局，因此一些可能永远也没有纳入 UCR 之中。[17]受害者没有报告犯罪的原因有许多：他们做不到（比如，他们可能已经被谋杀）；他们担心受到被告的报复；他们也许认为警察也没有用；他们不希望自己也参与的犯罪行为被揭露；他们也许觉得损失太小，犯不着为此而大动干戈；他们也许不希望把自己的受害事实公之于众；他们能够从其他地方获得补偿（比如，保险公司的理赔）。[18]还有许多犯罪行为在别处报告：军官、检察官以及拥有判案权力的管制机构，比如证券交易委员会。违反联邦法律、虚假广告、贸易限制、市场与价格操纵都不属于那些要向州和地方警察机构报告的犯罪类型。

此外，警察局本身也可能会——不管是有意还是无意——漏报一些犯罪情况给联邦调查局。原因包括经费紧张、记录不全、职员无能或者效率不高。此外，警察局也许想有意隐瞒一些犯罪事实，以保护他们的同事、上级、辖区以及城市的声誉。如果他们知道 UCR 的统计数据被用来比较他们所在城市与其他城市的安全情况，他们可能会有意低估其犯罪率。[19]谁愿意在一个被冠之以“世界谋杀之都”的城市里当一名警察呢？

另一个问题是第二类犯罪只有在逮捕行为发生时才予以报告。众所周知，一些第二类犯罪行为从未报告给警察，因此使得 UCR 中有关第二类犯罪的数据比第一类犯罪的数据更不可信。[20]

一些犯罪没有报告，而另一些报告的犯罪则从未发生过。毕竟，是由法院而不是受害者来确定某人是否犯有某项罪行。然后，UCR 则假定，所有实际报给警察局的犯罪行为事实上都已经发生，而不管这一案件的最终处理情况如何。因此，犯罪行为除了被低估之外，也可能被高估。[21]联邦调查局要求所报告的犯罪行为纳入 27 种犯罪行为中的一种——第一类有 7 种，第二类有 20 种。然而，构成每一类犯罪的行为，在不同的警察局中，在如何提交 UCR 时有着不同的处理办法。比如，袭击与偷窃往往用来取代抢劫，而在何谓酗酒、行为不端、卖淫、流浪罪、人身攻击和恶性袭击方面，各地的做法并不相同。[22]在内陆城市里的一个少数族裔青年的行为可能被视为犯罪，而在一个上流社会居住区的白人青年的同样做法却只是接受了警告，然后就可以自由地回家。[23]而联邦调查局却没有任何权力来命令州警察机构与地方警察局在其维护和执行法律时保持一致。只要是由每个州的议会来制定法律，而由州和地方的议会来执行法律，就永远无法指望在犯罪行为的定义方面实现一致性。[24]

至20世纪60年代末，绝大多数警察局都参与了UCR系统，大约涵盖了美国96%的人口的区域。[25]此前，参与UCR的比率要低得多，而在这个国家的大部分区域内并没有犯罪统计数据。因此，如果不说明其具体区域的话，UCR中有关长期犯罪趋势的数据，是值得怀疑的。

一种犯罪行为可能违反几种法律。但联邦调查局在UCR中的处理办法是，在犯有多种罪行的行为中仅仅只报告最严重的一类。比如，如果一个人入室抢劫价值300美元的珠宝，杀死了一名住户，伤害了一名路人，并偷了一部汽车用以逃走，其中只有谋杀被记录。显然这将系统地低估违反法律情况的数目。[26]

自1958年始，UCR开始编制报告中第一类犯罪行为的指数。计算这个指数的理由是第一类犯罪是最严重的，也最有可能报告给警察。[27]

这一犯罪指数遭到两种主要的批评。第一，由于它排除了第二类犯罪，该指数并不能反映许多性质恶劣并导致严重物质损失的行为（比如纵火罪、绑架和人身攻击）、巨额的金融和财产损失（挪用款项、蓄意破坏他人财产和行为不端）。第二，通过加总第一类犯罪，该指数对待每一种罪行都一视同仁，而没有考虑各自的特征。联邦调查局自己都认为，第一类犯罪中的各种犯罪有轻重的差别，而在编制指数时却取以相同的权重。这有违联邦调查局在测量犯罪时的初衷。[28]

总之，研究者在利用犯罪指数来得出结论时应当谨慎。该指数并不能反映所有犯罪，或者所有反映给警察局的犯罪，甚至也不能反映所有反映给警察局的恶性犯罪。即使在犯罪指数方面作出改动，也并不意味着犯罪程度就因此而更高或者更低。由于该指数纳入了许多种类型的犯罪，但却没有包括所有类型的犯罪，因此测量结果的含义是不清楚的。

正如我们所看到的，由于联邦调查局的记录保存制度，《犯罪统一报告》的效度与信度大打折扣。然而，即使如此，如果没有UCR，研究者要想进行犯罪行为的程度的假设验证工作将更为困难。事实上，利用连续记录的研究者都面临着这样的两难选择：是利用现存已知存在不足之处的数据，还是因为缺乏更好的数据而只能让自己的假设无法得到检验。由于连续记录往往是一些相关政治现象的信息的重要来源，而且无法通过其他方面来观察，因此每个研究者都必须确定是否能够容忍文字记录中的缺陷。

二、内容分析

有时研究者从文字记录中抽取片段、引文或事例来支持一个观察结论或关系。那些依赖于片段记录的人，比如比尔德和巴伯，经常这样来利用文字记录。在其他时候，研究者则利用记录保存者所计算出并以文字记录形式提交的数字结果，而没有作出实质性的改变。比如，利用《犯罪统一报告》的人单纯地使用报告提供的犯罪率来作为其研究的自变量或因变量，利用联邦选举委员会的有关竞选支出的研究者也是这样做的。在这两种情况下，研究者基本上与文字记录缺乏任何对话。

但是，研究者也可以从以非数字形式存在的广泛的文字记录中得出一些数字测量结果。比如，研究者可能想研究总统竞选的新闻报告，测量报道的定调对不同的候选人来说究竟持肯定倾向的程度有多大。这需要将数以百计的报刊文章和新闻节目浓缩成一些有关新闻报告定调的数字测量结果。

从非数字的文字记录中得出数字结果，研究者所使用的技术叫**内容分析**（content analysis）。这一程序可以让我们“将一份文字的、非定量的文档转换成定量数据”。研究者“首先建构一组彼此排他而又穷尽性的类别，然后用它们来分析文档，并记录每一类别在文档中出现的频率”[29]。这恰恰就是西格尔和科弗为了得出最高法院法官的政治意识形态的定量结果而在新闻评论上所做的事情。[30]

内容分析的程序

内容分析的第一步是确定哪些材料应当纳入内容分析的样本。如果研究者对公共职位的候选人的政治立场感兴趣，那么政党纲领和竞选演说就是恰当的样本。如果研究对象是社会的女性歧视水平，那么就可以拿电视节目与电影作为样本。或者如果研究者对自由主义者的思想感兴趣，不妨以自由主义杂志作为样本。实际上，在这一阶段包含两种任务：选择符合研究主题的材料（换句话说，选择适当的样本框）以及从样本框中选择实际要进行分析的材料。一旦适当的样本框得以确定，就可以使用第 9 章将要描述的任何类型的抽样——随机抽样、系统抽样、分层抽样、整群抽样和非概率抽样。

内容分析的第二个任务是定义将要测量的内容的类别。比如，对犯罪在新闻中所占的分量的测量可以将新闻分成以犯罪为主题的新闻与不以犯罪为主题的新闻。以犯罪为主题的内容还可以进一步分成犯罪类型的子类别。对某次总统竞选的新闻报道的研究可以按新闻内容对某个具体的总统候选人的报道是有利的、中立的抑或是不利的来测量。对黄金时段电视节目人物的研究可以测量这些人物的个性——意志力、热情、正直、谦卑和智慧——以及他们的性别、年龄、种族和职位。在很大程度上可以说，这一过程是内容分析最重要的部分，研究者测量内容的方式与其研究主题相关，他或她必须恰当地定义内容，从而保证测量的效度与信度。

第三个任务是选择记录单位。比如，从一个给定的文档、新的资料或其他材料，研究者可以编码的对象有：（1）每一个单词；（2）每一个人物或演员；（3）每一句话；（4）每一个段落；（5）每一个完整的项目。为测量日报对犯罪的关注程度，记录单位可以是文章。为测量新闻周刊有关总统选举的报道中的倾向性，记录单位可以是段落。而当测量的对象是电视新闻对不同的政府机构的关注程度时，测量单位可以是故事。

在选择测量单位的时候，研究者通常考虑的是单位与内容类别的对应性（当犯罪是研究主题时，故事可能比单词更适合作为记录单位；而政治候选人的个性成为测量的对象时，单个的单词或话语也许要比较大的单位更合适）。通常而言，如果记录单位过小，则一个个案有可能不包含任何一个内容类别。相反，如果记录单位过大，可能很难测量出一个单独的内容变量的类别（换句话说，个案拥有了给定内容变量的多重赋值）。对适当的记录单位的选择往往是一个试错、调整和妥协的过程，以期得出一种能够掌握材料内容的测量结果。

最后，研究者还必须针对有待编码的内容设计出一种记数系统。一个给定内容类别的存在或不存在可以测量为“该类别出现的次数”、“分配该类别的空间的大小”或“该类别所代表的强度”。[31]比如，假定我们编码西班牙裔在电视娱乐节目的存在程度，记录单位为节目。针对每个节目，我们可记下：（1）是否其中至少有一个西班牙裔；（2）其中有多少西班牙裔参与；（3）西班牙裔在屏幕上出现的时间有多久；（4）西班牙裔在整个故事中有多受欢迎或者有多么重要。

如果能够准确解释分析的程度与所使用的类别，内容分析的效度将大大提高。通常情况下，最好地证明内容分析的信度的做法是证明**编码员间信度**（intercoder reliability）。编码员间信度仅仅意味着两个或两个以上的分析者，在使用相同的程序和定义的情况下，在分析材料后的内容类别的重合程度。其重合程度越高，研究者就越有理由相信，内容分析的结果就越不依赖于进行分析的个人。如果不同的分析者分歧的程度较高，则意味着内容类别的定义尚不够清晰与精确。

下面这个内容分析的事例有助于说明这一点。假定你对《时代》和《新闻周刊》（样本框）2004年总统选举的报道感兴趣。你决定分析从9月1日至选举日的每一篇文章，并将文章视为记录单位。内容类别可以是：（1）文章的对象（也就是说“谁”）；（2）文章的标题（亦即“什么”）；（3）文章的调子（有利抑或不利）。对内容进行编码，你还须设计一个与表8—2相似的编码单。它列出了内容变量、每个变量下的类别、记录单位以及记数系统。用这类编码单就可以将数据量化。

表8—2　虚拟的总统选举报道的编码单

杂志	1.《时代》＿＿＿		2.《新闻周刊》＿＿＿＿＿							
日期＿＿＿										
页码＿＿＿										
段落数＿＿＿										
关注每个候选人的段落数		民主党	共和党							
	1. 总统候选人＿＿＿＿＿		3. 总统候选人＿＿＿＿＿							
	2. 副总统候选人＿＿＿＿		4. 副总统候选人＿＿＿＿							
文章主要关注的主题										
	1. 候选人前景＿＿＿＿＿		3. 政策问题＿＿＿＿＿							
	2. 竞选事件＿＿＿＿＿		4. 个性＿＿＿＿＿							
文章的总体调子										
	共和党票数	负面	1	2	3	4	5	6	7	正面
	民主党票数	负面	1	2	3	4	5	6	7	正面

内容分析的不足之处是当分析大量的文字记录时耗时颇久，并且容易犯错。比如，你想了解过去 50 年里政治集中的使用是如何变化的。你可以以总统讲话或竞选演说作为样本，仅仅计算某些短语出现的次数，比如“去做……并不是政府的角色（工作、职责）”。然后你计算并标出这类观念在长时段中的比例。这样做，要求你——或者说一名或数名编码员——阅读材料，细细寻找符合标准的短语，再计算点数。这是一个费时费力的活，如果一名编码员极其疲惫，他或她可能会忽略那些应当记录的事例，或者重复计数，或者犯其他错误。

今天，许多社会科学家利用计算机程序来进行内容分析。软件可阅读并存贮文本，然后搜索不同的语词模式，甚至能够寻求文本所隐含的观念。许多这类程序越来越先进。除了实际的内容分析，它们还能够撰写报告，并计算出加总的统计数字。这类程序如此之多，我们在这里解释它们的操作方式。进一步了解相关信息可以参看哈拉尔德·克莱因（Harald Klein）编撰的《文本分析指南》，该书也有网络版本，网址是 www. intext. de/TEXTANAE. HTM。

虽然政治学家运行文本分析的情况不多见，但它在某些领域的研究中特别有用。当大量冗长的半结构化的访谈转录入文字后，文本分析就可以派上用场了。

简单的计算机内容分析

假如你想保存好你的工作记录的话，你可以利用网页浏览器来搜索并分析演说或其他出版记录。比如，假定你想比较长期以来各位总统是如何定义政府职责的。你可以以总统就职演说作为分析对象。确定某篇演说后，你可以利用“查找当前页”的按钮来搜索“我们首先”或者类似的语句。因此接下来的句子或观念通常表明总统对政府职责的看法，因为当说“我们”时，通常指政府或社会。这样，你就能够计算参考语句的类型，然后看它们在长时段中是如何变化的。

总统竞选的新闻报道

内容分析的一个常见主题是竞选的媒体报道。鉴于媒体如何描述候选人以及如何对待选举过程极其重要，政治学家曾有段时间试图准确而系统地描述和解释竞选的新闻报道。绝大多数这类研究所关注的是报道是否对候选人有利，新闻报道是否给美国选民传递了有用的信息，新闻媒体是否准确地说明了复杂而烦琐的总统提名过程，以及记者总体上是否做到了客观、准确、公平，并且能够长人见识。

迈克尔·J·罗宾逊（Michael J. Robinson）和玛格丽特·A·希恩（Margaret A. Sheehan）对 1980 年总统竞选的新闻报道的研究就属于这种内容分析的成功事例。[32]我们来看他们所遵循的程序以及他们的分析中的长处与不足的地方。

最开始，罗宾逊和希恩必须选择要纳入其研究范围的新闻报道。鉴于总统竞选导致海量的纸质媒体报道和广播新闻，他们不可能分析所有的相关报道。1980 年的美国有 1 000 多份日报和 6 000 多家广播电视媒体。因此，他们不得不选择——或者说抽样——部分新闻报道来进行分析。这一抽样过程涉及六种不同的决定。

第一，需要确定分析哪一类媒体。考虑到不同媒体的受众的数量，他们主要选择了全国性的电视台以及新闻通讯社的消息。在这一过程中，他们没有像 1976 年那样选择了几家地方性的日报和周刊，也不同于他们在 1974 年曾做过的那样选择了对日报进行有代表性的抽样。[33]

第二，由于经费有限，罗宾逊和希恩还必须选择几家具体的媒体。换句话说，选择几家电视台和通讯社。根据受众的规模以及职业的声望，他们选择了哥伦比亚广播公司（CBS）和美联社（AP）。然而，AP 拒绝合作——这打乱了计划，但此类事情并不鲜见，往往将设计好的计划付诸东流。他们无可奈何，只好转向合众国际新闻社（UPI），虽然 UPI 的顾客更少，而且通常在日报中的文章也较少。这样，CBS 与 UPI 最终成为他们研究 1980 年总统选择的个案。

这两家媒体的哪些产品应当纳入研究的范围呢？这是罗宾逊和希恩所面临的第三个问题。CBS 有着不同版本的晚间新闻、早间新闻、日间新闻、新闻访谈和新闻特别节目。而 UPI 则有数种新闻电讯，其中有“A”级电讯报道全国性新闻，还有城市电讯以及广播电讯。而“A”级电讯也有两种版本，晚间版从正午直至午夜，白天版则从午夜至正午。研究者们决定使用白天版的“A”级电讯，理由是其报道的范围以及易获取性，而 CBS 则采用晚间新闻（至东部时区的早上 7 点），主要考虑是经费上的原因以及研究的方便。

第四，他们还必须在这些新闻栏目和电讯稿中挑选出具体研究的材料。他们决定只纳入与竞选或与竞选相关的故事。他们采用故事的标准是“只要提到了任何总统候选人，哪怕是一笔带过；提到总统候选人在竞选时的所作所为；提到任何总统候选人或其直系家属在一个非有关竞选的正式活动中的出现（几乎总有这样的有关总统的故事）；实质性地讨论任何低于总统竞选层次的选举活动”[34]。最后，UPI 和 CBS 共有 5 500 多份材料——大约占 UPI 和 CBS 总的新闻报道的 22%——符合这些选择标准。

第五，罗宾逊和希恩还必须确定研究对象的起始点。虽然总统竞选有一个明确的结束点，即投票日，但竞选的起始点却难以确定。研究者确定为整个 1980 年的工作日（这就是说，从 1 月 1 日至 12 月 31 日）的报道。为什么要排除周末报道，他们没有给出说明。

第六，罗宾逊和希恩还有一个重要的决定是排除 CBS 和 UPI 报道中的一些内容。他们排除掉所有的图片、电影、磁带或实况录像，而仅仅依赖于口头的（CBS）或文字的（UPI）的表达。他们的理由是，很难对图片进行解释，而且通常情况下图片信息也支持语言信息。此外，他们认为，将 CBS 的可视化内容及 UPI 的可视化内容进行比较是极其困难的。

在确定所要分析的新闻内容之后，罗宾逊和希恩还需要决定在对新闻内容进行编码时所要用的分析单位。一般情况下，他们分析故事，虽然有时也逐句或逐词分析。绝大多数这类分析用故事作为分析单位，但遗憾的是罗宾逊和希恩并没有详细解释这样做的理由，也没有指出确定一个故事在什么地方开始而在什么地方结束这个困难问题。

在确定测量竞选新闻报道所需使用的新闻内容之后，罗宾逊和希恩接下来决定所需编码的内容类别以及这些内容类别的赋值标准。针对 1980 年的每一个竞选故事，他们就其中 25 个不同的方面进行了编码。其中一些很简单，比如故事的日期、时间以及报道者。另外一些类别则属于研究的主题问题，这些不那么容易定义和测量。

研究者们主要关注五个方面的特征。CBS 和 UPI 是否：（1）客观；（2）在报道时做到平衡；（3）公平；（4）严肃；（5）全面。因此，他们必须就如何测量新闻报道这些方面的特征作出决定。

罗宾逊和希恩测量媒体报道的客观性的根据有四种方法：根据记者对候选人个性所作出的明确的并无证据支持的论断的数目；根据记者针对这次竞选所表达出的个人看法的次数；计算那些描述句、分析句以及判断句的数目；计算记者所使用的描述性动词、分析性动词和暗示性动词的数目。显然，每一种内容类别都蕴含了研究者的判断：什么构成了明确的并无证据支持的论断；什么构成了个人看法；什么构成了描述句；什么构成了分析句。研究者提供了不同类型编码内容的事例，并对每种类别的含义给出了简要的定义。比如，描述句“说出当天新闻里有谁、做什么、在哪里、在什么时候，而不含任何意义上的修饰或说明”，分析句“告诉我们为什么发生或者预测将要发生什么”，判断句“告诉我们事情应该怎样或者不应该怎样”[35]。

在确定媒体是否对每位总统候选人给予适当的报道时，罗宾逊和希恩对每位候选人报道的程度（CSB 以秒计算，而 UPI 则以栏目计算）进行了测量。他们并没有说明这样的编码是否仍然存在什么困难，虽然他们对每位候选人所得到的报道数量是否恰当进行了评价。

确定媒体报道是否公平要比确定媒体报道的数量更为困难，因为公平的评估需要对竞选报道的调子进行测量。要做到定调的可信与有效并不是一件容易的事情。罗宾逊和希恩如此定义调子与公平：

> 调子并不仅仅包含在记者所明确表达的信息之中，而且也存在于其隐含的信息之中。调子是我们对每个故事所做的总体的（并且可想而知是主观的）评价：对主要的候选人来说，这一故事是“善意的报道”、“恶意的报道”，抑或介于两者之间。根据我们的定义，“公平”是指对某位候选人的媒体定调的总得分；对候选人的报道在多大程度上偏离了中立性。[36]

他们对内容的评估是根据它是善意报道（故事所包含的候选人的信息中正面信息达到负面信息的三倍之多）抑或是恶意报道（负面信息是正面信息三倍之多）。但他们从未讨论何谓正面信息、何谓负面信息。此外，他们将分析限制在记者的行为上，排除了有关政治事件的信息（比如伊朗人质解救任务的失败）、民意调查结论、党派人物的评论以及“罪犯与反美人士”［比如菲德尔·卡斯特罗（Fidel Castro）与阿亚托拉·霍迈尼（Ayatollah Khomeini）］的言论。[37]总之，他们对公平的测量取决于他们对竞选故事的编码方法。其中一些做法是值得怀疑的，比如使用任意的 3∶1 的比率来决定善意或恶意报道，并且将政治事件、民意和候选人自身的言论排除在分析的范围之外。

报道的严肃性是通过对每个故事、时间以及每一句进行编码，然后根据它是否讨论政策问题、候选人问题、“比赛报道”抑或其他问题来判定。政策问题涉及“主要的问题，比如政府在社会生活中应当（或不应当）做什么”，候选人问题“关涉的是候选人在其选举过程中的个人行为”；而比赛报道则指“任何涉及选举的赢或输方面的考虑”。由于将所有的故事都仅仅编码成其中的一类，研究者转向更为严格地逐句分析。一些句子并不是属于并仅仅属于其中的一个类别，但“大多数句子都可以被相当容易地归为某一类新闻”[38]。这样，通过比较 UPI 和 CBS 有关 1980 年选举的报道中有关政策问题的数目与前几次总统选举中其他媒体对政策问题的报道进行比较，就得出了有关新闻报道的严肃性的测量结果。

最后，在评估 1980 年总统选举的媒体报道的全面性方面，罗宾逊和希恩将故事编码成报道对象的职位层次：总统层次、副总统层次、参议员层次、国会层次、州长层次。CBS 和 UPI 超过 90%的新闻报道都是总统竞选和副总统竞选的新闻。[39]

《电讯与电视》代表了政治学家所做过的最彻底的内容分析之一。显然，就所涵盖的时间段以及所分析的材料来说，这一研究可谓抱负宏大。但是，对内容分析程序的不恰当解释削弱了研究的价值。各类别的定义比较简短，而说明性的材料也过于疏略。此外，罗宾逊和希恩仅仅只用了一小节的篇幅来讨论测量的质量问题，其中他们提到，编码小组中四个编码员的编码员间信度平均值为 95%的重合度。[40]但是，他们没有说明这一信度是如何得出的，也没有说明不同的内容类别之间的重合度分值。即使存在这么多的缺点，这一研究仍然具有代表性，它说明了内容分析能够怎么样揭示出一个重要的政治现象所包含的信息。此外，它也说明了一些操作上的局限——如美联社拒绝参与，以及经费上的窘迫——往往限制了研究者所可能取得的成就。

三、文字记录的利与弊

使用资料与记录，或者说我们所谓的文字记录，对研究者来说有几个方面的优势。首先，它可以让我们讨论一些无法或很难通过直接的个人接触来研究的主题，因为它们或者属于过去的事情，或者是地理上很遥远的政治现象。比如，17 世纪马萨诸塞海湾殖民地有关清教徒的文字记录就得以让埃里克松研究他们有关犯罪控制的内容，而后来 18 世纪的记录又得以让比尔德提出并检验有关美国制宪的解释。如果没有那个时代的记录，像这类研究都是不可能的。

从档案中梳剔数据的第二个优势是原始数据通常是非反应性的。正如我们在前面几章所提到的，作为研究对象的人往往有意或无意对研究者抱有一种期望或者建立了某种关系，而这可能会影响他们的行为并且使得研究结论偏离常态。而那些写下并保存这些记录的人通常不会意识到未来的研究目标或假设，也就是说，他们根本不会想到他们的劳动成果会被用于研究。马萨诸塞海湾殖民地的记录保存者肯定不会想到，他们的记录有一天会用于研究一个社会是如何定义离经叛道行为，并作出相应的反应。同理，18 世纪末各州贷款机构的官员也毫不知情，200 年后的一位历史学家会用他们的记录来证明为什么一些人倾向于修改《邦联条例》。这种非反应性的好处在于能够让研究者对政治现象做出更准确的也更少保留的测量。

然而，记录的保存并非总是非反应性的。记录的保存者往往不大乐意创建和保存对他们或其朋友和上司不利的记录，也不想保存非法的或不道德的记录，以及那些反映了自身的愚蠢、贪婪或其他不那么光彩的属性的记录。比如，理查德·尼克松无疑后悔没有销毁所制作的臭名昭著的水门磁带，它记录了他的政府知悉 1972 年对民主党全国委员会总部的调查之事。今天，许多记录保存机构都利用碎纸机来确保一部分文字记录不再留存。研究者必须意识到这样一种可能性，所保存下来的文字记录是按照记录保存者的利益而被挑选出来的。

利用文字记录的第三个优势是那些保存很久的文字记录可以让研究者对长期的政治现象进行分析。第 3 章讨论的事前—事后的研究设计这时就可以派上用场了。比如，假定你对每小时 55 英里的车速限制（逐步为各州所采用，后来为许多州在其主干公路上所废弃）是如何影响交通事故率感兴趣。假定现存的文字记录中包含各州长期以来的交通事故率，你应当比较各州在采用车速限制之前和之后的交通事故率。然后再拿这些事故率的变化与那些没有采用车速限制的州做比较。这样交通事故率的变化中那些其他的影响因素就可以得到“矫正”。这里所使用的是间断的时间序列研究，该研究设计在某些方面优于横断面研究设计。鉴于时间、政治现象的长期变化以及获取因果时间的重要性，那些能够支持纵向分析的数据资料具有不可估量的价值。相比较访谈数据与直接观察，文字记录更容易被用于纵向分析。

研究者使用文字记录的第四个优势是它可以让我们将样本规模扩大到访谈与直接观察所无法达到的程度。比如，观察某一年度的所有众议院候选人的支出水平将是一件极耗费金钱和时间的事情。对候选人进行访谈也将要求大量的旅途往返、长途电话以及调查问卷的设计以获得相关的信息。相比之下，与华盛顿特区的联邦选举委员会联系，要求获得一份众议院候选人的支出的统计数据是何等容易，成本也何等低廉。在缺乏文字记录的情况下，研究只局限于一小部分竞选活动；而有了文字记录，现在可以将 435 场竞选的活动情况全部纳入进来。

这就涉及利用文字记录的第五个优势：成本。由于创建、组织和保存文字记录的成本是由记录保存者所承担，研究者可以用极低的成本来进行研究，否则如果由自己承担的话，其成本将非常高。事实上，联邦政府和新闻机构保存记录的一个主要受益者就是学术界。如果由研究者来对 25 000 多个城市的犯罪情况以及 435 个国会选区的投票情况进行记录，其成本将高得无法想象。然而，有了联邦调查局和选举研究中心的记录保存行为，就可以无成本或以极低的成本来获得这些信息。相应地，使用文字记录可以为研究者节约大量的时间。比起由我们自身来积累数据，去咨询出版的政府文件、参考资料、电子数据库要快得多。对研究者来说，文字记录是一座价值不可估量的宝藏。

然而，以这种方式来收集数据并不是没有缺点。一个问题就是前面提到的选择性保存。出于各种原因，记录保存者不会保存全部的资料，而是有选择性地保存那些最不容易困扰自己的、最不具有争议性的或最没有问题的数据。比如，很难想象政治候选人、竞选顾问以及政府官员会保存那些对自己不利的通信与备忘录。很显然，不管是谁来选择性地保存记录，所留下来的文字记录的准确性总是值得怀疑的。如果记录保存者的个人利益与研究者所关注的主题之间联系很小的时候，这个问题并不大。

文字记录的第二个缺点是它的不完全性。由于火灾或其他类型的损失、记录保存活动中的人手短缺、记录制造者或记录保存者对记录的不重性等原因，许多档案往往存在大量的缺损。我们对自己的每日记录弃之如敝屣，政治机构也不例外。很难确切知道哪一类记录应该保存，而对记录保存者来说，维持和保存海量的资料的成本也过于高昂。

记录不完整的另一个原因仅仅是没有人或机构负责收集和保存数据。比如，1930年以前，联邦调查局并不负责收集全国性的犯罪统计数据，而在1971年联邦选举委员会成立以前，有关美国国会竞选支出的记录也是不完整的，而且也不准确。

文字记录的第三个缺点是它的内容可能存在倾向性。不仅记录是不完整的或者是有选择性地保存，它也可能是不准确的，甚至是造假的，不管是无意还是有意。那些从未寄出的备忘录或信件也可能收入归档，事情的真相可能被不经意忘记了，或者错误地记叙，记录的作者可能受了蒙蔽，文字记录的日期可能作了改动；此外，政府报告的内容可能更多地说明了政治利益，而不是经验事实。比如，很多年以来，苏联和东欧政府明显夸大了它们的经济成就；学者（和调查者）试图探究清楚水门事件的经过，但却因为那些担心他们的合法性受此影响的人改动了记录而无法实现这一点。常见的情况是，历史解释往往依赖于谁说的或谁做的以及在什么时候说的。就文字记录的造假而导致错误的结论方面，记录保存的准确性问题往往引导一个研究项目的结论。负责任的记者所使用的一个重要的避免倾向的做法是：通过数个不同的资料来源来证实重要的信息。

第四个缺点是一些文字记录不向研究者开放。联邦政府会对档案进行分类，其中一些记录可能被打上封条（亦即不公开）直到某项法律行动终止或相关的政治人物已经去世，或者其保存的方式使得它们难以被利用。其他文字记录——比如多国公司、竞选顾问和最高法院的法官的备忘录——也很少公开，因为不存在公开的法律义务，并且其作者可以从它的保密中获益。

最后，文字记录可能会缺乏标准的格式，因为它是由不同的人来保存的。比如，芝加哥的预算办公室对公共支出的分类可能就不同于旧金山市的预算办公室的做法。或者也可能芝加哥预算办公室1960年以前的支出分类不同于1960年以后的做法。也可能法国在其公开的军事防卫支出所包括的项目中就不同于智利的军事支出项目。因此，研究者往往需要花需大量的精力以确保不同的记录保存机构所保存的记录的格式能够相互比较。

尽管存在这些局限性，政治学家通常认为，使用文字记录的利远大于弊。文字记录往往能够补充我们通过访谈和直接观察所得出来的数据，而且在很多情况下，它们是历史现象和跨文化的政治现象研究的唯一数据来源。

结　论

文字记录包括私人文档、档案文集、机构的统计数据以及新闻媒体的产品。对历史研究、具体事件或某个时段上的政治生活感兴趣的研究者通常利用片段记录。获得恰当的资料往往是这类数据收集方法中最耗经费的阶段，而相比较应用连续记录的研究而言，假设验证和结论通常是定性的并且不那么严格（一些人会说更为灵活）。

作为各级政府、利益集团和与公共事务相关的研究机构在保存记录方面的成果，机构的连续记录已经成为政治数据的丰富源泉。相比较片段记录，连续记录通常是定量的，并且可以用于纵向研究。利用连续记录来测量政治现象的成本相对较低，虽然这意味着研究者基于经济上的原因而往往放弃对数据收集方面的控制。

一种将大量的、非数字性的文字记录转化为数字测量然后来检验假设的做法叫内容分析。内容分析最常为那些对媒体内容感兴趣的政治学家所使用，但也用于对政治演讲、政策文件和法官判例方面的研究。

研究者可以通过文字记录来观察那些地理上、物理上和时间上距自己遥远的政治现象。如果没有这些记录，我们记录和测量历史现象、跨文化现象和那些并不为公众所知的政治行为的能力就会受到严重的制约。

注　释

［1］Fank Way and Barbara J. Burt, "Religious Marginality and the Free Exercise Clause," *American Political Science Review* 77 (September 1983): 652–665; Samuel C. Patterson and Gregory A. Caldeira, "Getting Out the Vote: Participation in Gubernatorial Elections," *American Political Science Review* 77 (September 1983): 675–689; William Zimmerman and Glenn Palmer, "Words and Deeds in Soviet Foreign Policy: The Case of Soviet Military Expenditures," *American Political Science Review* 77 (June 1983): 358–367; and Alan P. L. Liu, "The Politics of Corruption in the People's Republic of China," *American Political Science Review* 77 (September 1983): 603–623.

［2］Steven C. Poe and C. Neal Tate, "Repression of Human Rights to Personal Integrity in the 1980s: A Global Analysis," *American Political Science Review* 88 (December 1994): 853–872; Jeff Yates and Andrew Whitford, "Presidential Power and the United States Supreme Court," *Political Research Quarterly* 51 (June 1998): 539–550; Jeffrey A. Segal and Albert D. Cover, "Ideological Values and the Votes of U. S. Supreme Court Justices," *American Political Science Review* 83 (June 1989): 557–565; and Kim Fridkin Kahn and Patrick J. Kenney, "Do Nagative Campaigns Mobilize or Suppress Turnout? Clarifying the Relationship between Negativity and Participation," *American Political Science Review* 93 (December 1999): 877–890.

［3］查尔斯·比尔德说，华盛顿的美国财政部只有在“真空吸尘器弄走那些碎纸片”之后才让他看到一些记录。参见 Charles Beard, *An Economic Interpretation of the Constitution of the United States* (London: Macmillan, 1913), 22。

［4］Kai T. Erikson, *The Wayward Puritans* (New York: Wiley, 1966).

［5］有关总督的档案是由舒特莱夫根据马萨诸塞殖民地议会 1853—1854 年期间的决定而编辑和出版的；有关法院的档案是由乔治·弗朗西斯·道编辑，由马萨诸塞州塞勒姆的埃塞克斯学院出版的。

［6］Erikson, *The Wayward Puritans*, 209–210.

［7］Beard, *An Economic Interpretation*.

[8] 同上，324 页。比尔德的解释遭到几个史学家的挑战。其批评者包括 Robert E. Brown，*Charles Beard and the Constitution*（Princeton，N. J.：Princeton University Press，1956）；Forrest McDonald，*We the People*：*The Economic Origins of the Constitution*（Chicago：University of Chicago Press，1958）；and Gordon Wood，*The Creation of the American Republic*（New York：Norton，1972）。虽然比尔德的解释仍然存在争议，但一本主流的政治学教材的作者们指出，"虽然历史证据并不能完全支持比尔德的结论，绝大多数史学家都承认，在宪法的制定和批准过程中经济利益是一个重要的考虑"。Lewis Lipsitz and David M. Speak，*American Domocracy*，2d ed.（New York：St. Martin's，1989），76。

[9] James David Barber，*The Presidential Character*，3d ed.（Englewood Cliffs，N. J.：Prentice-Hall，1985），4，5.

[10] James David Barber，*The Presidential Character*，1st ed.（Englewood Cliffs，N. J.：Prentice-Hall，1972），ix.

[11] 有关巴伯分析的批评可以参见 Garry Wills，*The Kennedy Imprisonment*（Boston：Little，Brown，1982）。

[12] 参见 Immanuel Ness and James Ciment，*The Encyclopedia of Third Parties in America*（Armonk，N. Y.：M. E. Sharpe，1999），and Immanuel Ness，*Encyclopedia of Interest Groups and Lobbyists in the United States*（Armonk，N. Y.：M. E. Sharpe，2000）。

[13] Sega and Cover，"Ideological Values."

[14] 参见 C. Wright Mills，*The Power Elite*（New York：Oxford University Press，1956）；G. William Domhoff，*Who Rules America*?（Englewood Cliffs，N. J.：Prentice-Hall，1967）；and Andrew Hacker，"The Elected and the Anointed：Two American Elites，" *American Political Science Review* 55（September 1961）：539–549。

[15] Emily Van Dunk，"Getting Data through the Back Door：Techniques for Gathering Data from State Agencies，" *State Politics and Policy Quarterly* 1（Summer 2001），210–218.

[16] Marvin E. Wolfgang，"Uniform Crime Reports：A Critical Appraisal，" *University of Pennsylvania Law Review* 111（April 1963）：717–718.

[17] Ibid.；Sophia M. Robison，"A Critical View of the Uniform Crime Reports，" *Michigan Law Review* 64（April 1966）：1031；Marvin E. Wolfgang，"Urban Crime，" in James Q. Wilson，ed.，*The Metropolitan Enigma*（Garden City，N. Y.：Doubleday，1970），280；and U. S. President's Commission on Law Enforcement and Administration of Justice，*The Challenge of Crime in a Free Society*（New York：Dutton，1968），97.

[18] Peter P. Lejins，"Uniform Crime Reports，" *Michigan Law Review* 64（April 1966）：1018.

[19] Wolfgang，"Uniform Crime Reports，" 715；Wolfgang，"Urban Crime，" 280 – 281；President's Commission，*The Challenge*，107–112；and Robison，"A Critical View，" 1033–1037.

[20] Wolfgang，"Uniform Crime Reports，" 709–710.

[21] Lejins，"Uniform Crime Reports，" 1019–1020.

[22] Wolfgang，"Uniform Crime Reports，" 714，716；and Robison，"A Critical View，" 1040–1041.

[23] Robison，"A Critical View，" 1042.

[24] Wolfgang，"Urban Crime，" 279.

[25] Wolfgang，"Uniform Crime Reports，" 710.

[26] Ibid.，721–724；and Wolfgang，"Urban Crime，" 281.

[27] Wolfgang，"Uniform Crime Reports，" 709–710.

[28] Ibid.，709－710；and Robison，"A Critical View，" 1043－1045.

[29] Kenneth D. Bailey，*Methods of Social Research*，2d ed.（New York：Free Press，1982），312－313.

[30] Segal and Cover，"Ideological Values."

[31] Bailey，*Methods of Social Research*，319.

[32] Michael J. Robinson and Margaret A. Sheehan，*Over the Wire and on TV*（New York：Russell Sage Foundation，1983）；下一节所讨论的有关他们的观察决定，参见第 17～27 页。

[33] 有关 1976 年的竞选，参见 Thomas Patterson，*The Mass Media Election：How Americans Choose Their President*（New York：Praeger，1980）。有关 1974 年的国会选举，参见 Arthur Miller，Edie Goldenberg，and Lutz Erbring，"Type-Set Politics：Impact of Newspapers on Public Confidence，" *American Political Science Review* 73（March 1979）：67－84。

[34] Robinson and Sheehan，*Over the Wire*，20.

[35] Ibid.，49－50.

[36] Ibid.，92.

[37] Ibid.，94－95.

[38] Ibid.，144，145，155.

[39] Ibid.，173.

[40] Ibid.，22.

术语介绍

内容分析：一种将文字的、非定量的记录转换成定量数据的程序。

片段记录：一种不是定期的持续的记录保存行为所产生的文字记录。

编码员间信度：它证明了多个分析遵循相同的内容分析程序得出了相同的测量结果。

连续记录：一种持续的覆盖相当长时段的文字记录。

文字记录：经验研究所需的有用的文档、报告、统计数据、手稿以及其他记录下来的资料。

建议阅读书目

Hovey，Kendra A.，and Harold A. Hovey. *CQ's State Fact Finder* 2004. Washington，D. C.：CQ Press，2004.

Miller，Delbert C. *Handbook of Research Design and Measurement*. Thousand Oaks，Calif.：Sage Publications，2002.

Stanley，Harold W.，and Richard K，Niemi. *Vital Statistics on American Politics：2003－2004*. Washington，D. C.：CQ Press，2003.

Van Dunk，Emily. "Getting Data through the Back Door：Techniques for Gathering Data from State Agencies." *State Politics and Policy Quarterly*（Summer 2001）：210－218.

Webb，Eugene J.，and others. *Unobtrusive Measures*. Rev. ed. Thousand Oaks，Calif.：Sage Publications，1999.

第 9 章

抽　样

在第 1 章中，我们提出了一些有趣而重要的问题。为什么在民主政体中，有如此多的人像我们一样不参与投票呢？社会和经济状态在多大程度上影响着人们的决策呢？近半个世纪以来，参与投票的人数（投票率）是不是呈下降的趋势？正如我们在第 3 章中所提到的，人们通过各种不同的方式——包括使用模型和计算机模拟来解释和回答与之类似的问题。然而，社会科学家通常试图通过对真实世界的观察来检验理论假设。经验检验是科学方法的基石之一。

人们可能想知道，观察来自何方？如何观察？就投票问题而言，从理论上来说，我们需要观察每一个公民，问他或她是否投票，以及为什么投票这一问题。[1]但是，对每一个公民进行调查显然不具有可操作性，因此，大部分研究者只是收集一小部分个体的信息。这一做法带来了另一个问题：如果一项关于投票或不投票的研究，仅仅观察了 100 个或者 1 000 个对象，那么，我们能否据此推测两亿或者更多的美国人甚至是全体合法选民的投票行为呢？换而言之，它能导致具有信度和效度的结论吗？

我们曾经强调研究对于检验假设具有重要意义。在前面的两章中，我们已经解释了如何获得观测值，以及每种获取渠道存在的问题。在我们讨论第三部分也是最后一部分测量政治现象的技术之前，我们需要就待观察的案例的数量和种类进行一番讨论。

无论研究假设是什么，研究者必须判断什么样的观测适合用来检验假设。同样重要的是，研究者必须判断，他们是否需要测量所有或者仅仅只是部分观测值。如果研究者只收集了部分观测数据，那么，他们必须考虑用何种方法确保得到精确可靠的结论。

但是，研究者需要在头脑中对数据收集有一个基本的判断。**总体**（population）是分析单元。总体并不仅仅指人。总体可能是指居住在同一地域，如一个国家、一个州，或者是一个工作单位中的所有人。同样，总体可以指国家、公司、政府机关、事件、杂志文章或者年份。重要的是，总体应当得到全面而又细致的界定，而且总体应当与研究问题相关。**样本**（sample）是指在总体中通过某种方式获得的单元集（subset of units）。在这里需要澄清的重要事情是，抽样的方法和从总体中抽取观测的数量。在本章中，我们将探讨总体和样本的区别，以及从一个特定总体中抽取样本的方法。

让术语变得更直白

不要混淆总体这个词。正如正文中所指出的，总体仅仅指一个事物的集合。我们可以把居住在纽卡斯尔市（Newcastle）或特拉华州的人们看作总体。除此之外，总体也可以由纽卡斯尔市下辖的选区组成。在第一个例子中，分析单位是个体。在第二个例子中，分析单位是个体的总和。

一、总体还是样本？

一个研究者是为总体还是为样本搜集数据通常取决于实际需要。如果不考虑时间、金钱和其他成本，通过总体搜集数据通常要更好，因为这样做的话，我们可以确保观察的案例精确地反映了我们所感兴趣的总体特征。但是，即使不是绝大多数，至少是在多数情形下，我们对所有总体进行研究既不可能也不可行。例如，我们想象一下对（甚至只是）一个小城市中每一个成年人进行采访的困难程度。研究需要支付成本和时间，研究者必须在使用总体还是样本的利与弊之间进行权衡。使用样本的优点在于能节约时间和金钱，缺点则是，与基于总体获得的信息相比，基于样本获得的信息通常不那么精确或者更容易出错。[2]

有些研究不能简单地使用抽样，比如，案例研究是有用的并能推导出科学解释的方法，案例研究包括对一个或多个单元（units）的细致观察。[3]

让我们看一个例子，一个政治学家想要对政治竞选的电视广告进行假设检验，他是选择使用样本还是总体呢？在这个研究设计中，广告内容是分析单位，研究者需要考察大量的广告内容。从精确的角度来看，基于电视广告的总体而搜集数据，这种方法更好（换而言之，较好的是对每一个播放的竞选广告进行测量）。这种研究方法显然不可行，这是因为研究者既没有关于电视广告的数据库（data bank），又没有哪个人能知道在过去40年的时间里到底播放了多少电视广告。因此，研究者不得不依靠可获得的商业广告样本，以此对假设进行检验——这是一种可操作的、可行的、成本更低廉的方法，但是，这种方法可能带来一些误差。[4]

基于可行性、便捷性的考虑，政治科学的研究常常搜集关于总体的样本数据。事实上，关于民意和投票行为的研究基本上都采用抽样的方法。但是，如果研究者希望自己在样本中的发现能够准确地反映总体，研究者必须知道怎样选择更好的样本，并且理解通过样本进行总体推论的过程。

二、抽样的基础知识

正如前文所述，样本只是总体的一个子集（subset），如同血液样本只是你身体中所有血液的一个子集。如果样本选取得当，由样本获得的信息可以用来推测总体。由于民意调查常常使用抽样，人们常常误以为抽样只与民意调查有关。事实上，当一位研究者对总体中的观测值进行测量的时候，抽样问题就出现了。样本由总体定义，并包含在待检验的假设之中。任何由特定总体的样本获取的经验性调查结果，只能用来推测该总体。例如，如果以最近四次总统选举的竞选演说作为样本推测所有的美国总统的修辞艺术，这种做法是错误的。

在深入学习之前，我们应当注意，最重要的不是样本，而是分析的总体，或者说样本数据只是总体中的一个部分，只不过我们按照精心设计的规则获得这部分样本数据。为了理解其中的原因，我们需要梳理关于抽样的常见问题。[5]

社会科学家主要对总体的一些特征感兴趣，比如平均数、组间差异和变量间的相互关系。以上特性如果能够通过一个数（number）量化出来，我们就把这个数叫作**总体参数**（population parameter）。总体参数常用英文大写字母或希腊字母表示。例如，在一段时期内，登记为美国民主党党员的总体，可以用 P 或者 π（希腊字母 pi）表示。抽样的目的是获取能够正确估计总体参数的数据。**估计值**（estimator）是一个用样本观测估计总体特征或总体参数的统计量。用样本数据对总体参数进行估计而得到的估计值叫作**样本统计量**（sample statistic）。样本统计量也像总体参数一样常用符号或者字母表示。我们常常在表示参数估计的样本统计量的字母上加一个帽子符号（^）。但是，有时候我们也用另外的符号，例如用 Y 表示样本。

元素（element）（我们通常把它称作分析单位）是单一的事件、情况、案例或者研究的对象。政治科学研究的元素常常是个人，但是，也可以包括州、城市、机构、国家、竞选广告、政治演讲、战争、社会组织和专业组织、犯罪或者立法等。

如上所述，总体是研究者根据理论兴趣所确定的元素的集合。例如，总体可以指在最近四次总统选举中，候选人为了竞选总统职位而做的竞选演讲，也可以指发生在最近两百年间的所有国际武装冲突。研究主旨应当清晰。你可以把总统竞选演说作为你的关注点，但是，在很多情况下，你应当清楚哪个时期的演说是你所指的总体。

不要被符号和公式吓倒

从事经验研究的社会科学家常常以符号或字母作为速记方法来描述一些术语。这一做法可以让表达更为严格。但是，当你碰到符号和字母的时候，不需要感到害怕。通常而言，作者会说明这些符号的含义。

在本书中，我们用英语大写字母及其下标以及希腊字母来表示总体参数（如，均值或百分比），并在这些字母中上加一个帽子来表示对应的样本统计量。因此，P 表示总体的比值，它可以通过抽取某个样本，并计算样本百分比 $\hat{P}$，从而估计得出。为了组成有用的等式，字母可以组合成其他的符号。（在本书中，一个重要的例外就是，$\bar{Y}$ 总是表示样本均值。）

在抽取样本之前，我们可以对总体进行分层，即可以细分或打散（broken up）由相似元素构成的组。我们将简短地讨论一下这是什么原因。每一**层**（stratum）都是具有一个或多个总体特征的次级组织。例如，我们可以把最近四次总统选举的竞选演说分为四层，各层均包括四次总统选举的演说。在对态度进行研究时——尤其是在大学——我们可以按照学院、班级、专业、平均绩点（GPA）对学生进行分组。被抽取的层常常被认为是与我们所研究的因变量相关。

从其中抽取样本的总体被看成**抽样框**（sampling frame）。一般而言，那些引起研究兴趣的样本中的所有元素都应当是样本框的一部分。否则，我们基于获得的数据对总体进行研究就不具有代表性。然而，正如下面的例子所示的，抽样框通常并不全面。

假设一位研究者试图通过访谈进入当地一家超市的 1/5 的成年人，以此评价社区民意对雪山移动的看法。抽样框应当包括当研究者出现时进入超市的所有成年人，但是，除非当研究者在场时所有的社区成年人都去超市，否则，抽样框难以包括该社区的所有成年人（在一个社区中，这只是一个生动的假设）。一些人可能认为雪山移动太危险，从而更愿意待在家里而不去超市。因此，如果使用这样的抽样框，它可能会造成结果的偏差。抽样框越接近目标总体越好。

有时候，元素表（lists of elements）设定了样本框的范围。例如，大学有学生的名单，市长委员会有城市人口包含或超过 50 000 人的城市市长的名单。这些名单免掉了重新建表的需要，因此对研究者来说，这些名单很有吸引力。但是，如果表单过时了，那么它们可能只是提供一个不合适、不正确的样本框，或者与研究者感兴趣的总体不相符。一个常见的例子是研究者以电话号码簿为抽样框访谈一个服务区内的住户。那些没有登记电话号码的住户就会被遗漏；一些电话号码可能属于商业机构或者已经停用了；最近登记的电话号码并没有被包括。这样，电话号码簿为该地区的总体提供了一个不正确或者不合适的抽样框。

研究者应当仔细检查他们的抽样框是否有潜在的遗漏或者包含了错误的元素。使用研究成果的人也应当仔细检查抽样框是否与研究者试图研究的总体相匹配。1936 年的《文摘》（*Literary Digest*）中的民意调查，是一个采用不完全抽样框的例子。这次民意调查在进行了大量抽样的基础上预测总统大选的获胜者应当是阿尔发·兰登

(Alf Landon)，而不是富兰克林·D·罗斯福。这次民意调查所使用的样本来自电话号码簿和研究者汇编的汽车登记表。在当时的美国，电话和汽车的拥有情况并不像今天这么普遍。因此，抽样框只包括了富人。[6]但是，当时正是大萧条时期，前所未有的穷人参加了投票，他们以压倒性力量选举罗斯福为总统。

使用电话号码簿存在的一个更新的问题是有很多人没有登记电话号码，因此，依靠这样的号码簿很有可能导致有偏差的抽样。为了克服这一问题，人们发明了一种被称为**随机拨号**（RDD）的方法。采用随机拨号的方式，[7]所有的电话用户——不管他们是否登记了电话号码——都被包含在内。[8]但是，这种方法存在一个问题，并不是所有的住户都有电话。成百上万的分机让局面变得更加复杂。因此，即使是通过随机拨号方式产生的样本框仍然没有包含所有的住户，据估计，90%～98%的住户都拥有电话。[9]因此，如果要调查的总体是美国所有的住户，那么，电话样本并没有代表所有的总体。

在很多例子中，总体的清单不存在或不可能建立。但是，我们可以建构一个关于组的清单，接下来，研究者可以从组的清单中抽样并且列举出他们所选择的组的元素。在这种情况下，最终的抽样框将由组而不是元素构成。

比如，假设你想在大城市收集从事市民和社会服务的志愿者的态度与行为的数据，我们不是去建构志愿者的清单——那样做费时又费力——而是建构雇佣志愿者的组织的清单。然后，我们从这些组织中挑选一个子集，该子集包含了志愿者的清单。

抽样单位（sampling unit）是指一个抽样框中的单位。在简单抽样中，抽样单位就是元素。在一些更复杂的抽样设计中，抽样单位是元素的集合。在前面的例子中，雇佣志愿者的组织就是抽样单位。

三、抽样的类型

以收集数据的方式为依据，研究者可以区分不同的样本类型。先前我们讲到政治学家们经常选择一个样本、收集与样本元素有关的数据，然后运用这些数据推测总体。换而言之，他们从自己所知道的较小的组来推测整个总体。如果抽样框不充分或者不合适，就会导致**样本偏差**（sample bias）。那么，对于总体来说，这些样本不具有代表性，我们将得出有关总体的错误的结论。即使抽样框充分而准确，对元素的有偏差的选择同样会导致样本偏差。

笔者将在下面稍微正式地讨论一下这个问题。某位政治学者想估算某个城市中既不是共和党人也不是民主党人的居民或者登记为“独立者”的居民占城市居民的百分比。让我们把这个未知的比率称为 P。一项通过正确方式收集的样本之上的统计提供了关于 P 的一个估计值，我们把它记为 P。“正确收集”是什么意思呢？它是指在一定的意义上，估计值应当是关于 P 的完美的或者说无偏估计，应尽可能减少误差。在后面的章节中，我们将会对这一点进行详细的阐述，现在我们来分析案例。

在前面提到的关于雪山移动的舆论调查中，假设每一位成年人确实都进入研究者所在的超市。假设研究者不是对每隔五个进入超市的成年人进行抽样，而是避免接触那些急匆匆或者情绪不好的人（可能是由于路上下雪，步履匆匆）。在这个案例中，研究者的抽样框是好的，但是样本本身可能是有偏或者不能代表该社区的公共舆论。支持雪山移动的人数的估计 $\hat{P}$ 很可能是对 P 的有偏估计。

由于涉及样本偏差，我们应当区分两种抽样类型：概率抽样和非概率抽样。**概率抽样**（probability sample）很简单，它是指总体中每个元素/单位（element）都具有同等被抽中的机会。这样的话，研究者就能够精确地计算出样本对总体的反映度。与此相反，在**非概率抽样**（nonprobability sample）中，总体中每一个元素被抽中的概率未知。除非在进行统计推断时不知道概率，否则在任何时候，概率抽样都优于非概率抽样。

在接下来的几个部分中，我们考察几种不同的概率抽样：简单随机抽样、系统抽样、分层抽样（既是成比例，又是不成比例的）、整群抽样和电话抽样，然后我们将考察非概率抽样及其使用。

简单随机抽样

在**简单随机抽样**（simple random sample）中，每一个元素和元素组合被抽中的概率相同。我们必须提供总体中所有元素的清单，并运用一定的抽样方法以确保每一个元素都有均等被抽中的机会。[10]我们将考虑简单随机抽样的两种常用方式，以便让大家明白元素如何被均等抽取。

必须要注意到一点，尽管这是相当简单的“随机”的概念，但在实践中我们很难找到一个真正的简单随机样本。你试着随机写下一百（少于一千）个整数。像大多数人一样，一些细微的变化将不知不觉地体现在你所写的清单中。比如，你可能无意识地对数字“7”有一点轻微的偏好，结果，在你写的数字清单中，“7”就会出现太多的次数，而其他数字出现的机会将会偏少。这不仅仅是一个学术问题，也是许多研究者面对的一个实际问题。

有一个有启发性（并且著名）的故事详细地阐述了以上难题。随着美国不断深陷越南战争，反对战争的声音越来越强，政府决定采用一个相对公平的方案确保社会中所有的成员，而不仅仅是穷人或有色人种服兵役。显而易见，没有人有能力从人群中随机选人。因此，我们需要借助其他办法。征兵机构提出了一个随机抽样法，这个方法的基本原理看起来相当简单。年轻男子服兵役的概率由以下方式决定：把一年中的每一天分别写在独立的纸条上，把每一张纸条分别放进一个密闭的舱中，然后把密闭舱放进一个圆筒。当我们转动圆筒时，日期将会随机抽取。1969 年 11 月 1 日，美国民众通过电视直播看到征兵机构随机抽取日期。第一个被抽取的日期是 9 月 14 日，这意味着在这一天出生的所有男性公民成为第一批服役者。另外一个写着数字的日期被抽中，这意味着在那一天出生的男性公民成为第二批兵役者。这个程序包含了一年中的任何一天，因为有闰年出生的人，因此，2 月 29 日也被写进来了。征兵机构估计大于等于 200 的数字不会被抽中。因此，如果一个人的生日在一年中的前面，他就有可能要去服兵役，其他人可能稍微幸运一点。一般认为，这种随机的办法确保了征兵制度的公正性。

但是观察者很快就观察到号码小的那些人（很有可能被抽中）往往是在一年中后几个月出生的人。事实上，这就是笔者在第 12 章中所提到的出生日期和被抽中的号码之间存在一定的负相关性。对于大多数人来说，抽取的程序明显不是随机的，比如说，相比那些出生在 10 月、11 月或者 12 月的人，在 1 月或者 2 月出生的人被抽中的概率小于前者。这个问题是怎么出现呢？这是因为随机数字征兵的程序过于机械。密闭舱是按顺序放进圆桶中的，因此，一年中后面的日期处于上层，密闭舱没有被充分地搅动。这样，最后放进去的那些日期被最先抽出来的概率就大大增加了。[11]

这类问题使研究陷入困境。因此，在描述简单随机抽样之前，我们先解释实际研究中常常使用的一些方法。如何从清单中随机选取元素？方法之一是先在样本框中给每一个元素编号，然后使用随机数表选择组成样本的元素。**随机数表**（random numbers table）是一个由随机数字组成的简单清单。计算机也能按照要求产生一组随机数字。但是，在计算机产生随机数字的过程中，已被选中的数字也可能被抽进样本之中。

例如，假设有一个由 1 507 个元素构成的总体，我们想从中抽取 150 个组成一个样本。我们首先给总体中的每一个元素编号，1，2，3……依此类推直至 1507。然后，我们可以随机地从随机数表中任意一个地方开始，沿着数字纵列，交叉或者向下确定我们要选取的数（今天，计算机常用来产生随机数字）。有时候，它们也被称为“伪随机”，因为计算机运用计算规则会产生一连串数字，如果你了解计算规则，并且知道计算机开始计算的点，那么，你也可以非常精确地把这个表写出来。但是一旦产生后，这些数字能接受各种各样的随机数字检测（见表 9—1）。[12]每当 0001 到 1507 中一个号码被抽中，对应地，我们就从总体中选取该号码代表的元素。如果一个号码第二次出现，我们就略过这个号码，继续抽取另一个号码（这叫非重置性抽样）。例如，如果我们合并表 9—1 这一随机整数表前两列中的第一和第二栏，我们可以得到如下随机号码：4633、2339、9816、2038 和 0869，因为只有 0869 落在 0001 和 1507 之间，因此，0869（或者更精确地说，它代表的这个元素）将被包括在样本中。按照相同的方法抽取接下来的两列，我们可以得到落在总体范围中的 0554 和 1240 这两个元素，只要我们不特意要抽取某个特定的数字，我们可以从样表中的任意一个地方开始并使用任意一个规则抽取数字。正如笔者开始提到的，如果一个人对某个数字有所偏好，就会在某种程度上造成抽取的数字有偏。但是，一个人不太可能对一个四位数有所偏好。当然，在实际的项目中，我们可以运用计算机选取 150 个符合标准的随机数字，自动完成抽取程序。

表 9—1　　50 个随机抽样数字

46	33	35	65	86	18	16	15	43	77
23	39	49	87	40	97	45	85	63	23
98	16	97	48	06	86	93	11	07	24
20	38	05	54	41	28	32	55	29	93
08	69	12	40	80	32	45	85	33	35

注：50 个伪随机抽样整数由电脑随机产生，范围是 0 到 99。

选取随机样本的第二种方法是摇奖法。在这种方法中，我们把总体中的所有元素都放在一个盒子（或者类似的装置）中不断“摇动”，不断地抽取数字，直到达到我们所要的样本规模。这种方法要求“盒子”中的元素具有连续性并且充分搅动，以便余下的每一个元素都有相等的被抽中的概率。当总体规模很大时，这种方法相当麻烦。但是，它确实不需要我们对样本框中的每一个元素进行编号。

无论我们选择哪种方法，简单随机抽样都要求有总体元素的编码。这种方法适合在小规模的总体中使用。例如，研究者可以从100名参议员和435名众议员中产生一个关于国会成员的随机样本。研究者也可以从世界上所有国家中抽取国家的简单随机样本，或者，研究者可以从美国人数超过50 000人的城市中获得关于人数超过50 000人的美国城市的简单随机样本。换而言之，当研究者能够获得目标总体的清单，并且可以控制抽样规模的时候，研究者常常使用简单随机样本。从小规模的总体中抽取样本时，统计推断程序常使用另外一种“有限校正因子”（finite correction factors）的方法。既然这个话题超过了本书的范围，我们就跳过它，并简单地假定我们都是从规模较大（例如，从实践上来看是无限的）的总体中进行抽样。[13]但是，我们可能并非总是那么容易获得关于总体的清单，有时甚至难以获得总体的清单。

系统抽样

给每一个元素赋一个号码，然后运用随机号码选取元素，这一做法可能有点不太方便。幸运的是，通过规定的间距选取元素的**系统抽样**（systematic sample），这是一种更便捷的方法。这种方法也要求对目标总体列一个清单。但是，我们不是随机地从总体中抽取元素。每一个第j个元素被选中，那么，j所在的位置就是我们想要抽取的元素的号码。这个数字叫**抽样间距**（sampling interval），或者“空间”，或者是被抽取的元素之间间隔的数目。

假设我们想从5 000个进入大学的新生中抽取100个人的样本。如果采用系统抽样，首先需要通过我们所想达到的样本规模把清单中的元素分开，计算出样本间距。在这个例子中，可以按照我们需要的样本规模100，在5 000中得到抽样间距为50（$j=50$）。然后，我们可以等距地扫视清单并且每隔50个学生选择一个，一共选取100个学生。为了决定从哪里开始选起，我们需要一个**随机起点**（random start），即我们可以随机地选择一个数。在我们的例子中，我们可以采用随机数表或者其他方式，从1到50中间选择一个数。因此，如果我们随机地选择从31开始，那么，31、81和131将被抽中。

系统抽样非常适应于总体元素很多的情形。它常常被用来进行产品检验。假设你在公司承担一项工作，这个工作要求你在金枪鱼罐头被运往食品店之前保证罐头都被密封了。进一步假定，你所拥有的资源只允许你对一部分而不是所有的金枪鱼罐头进行检验。与检查所有的罐头或者随机地选择放在一个地方的罐头进行检验相比，当金枪鱼罐头一罐一罐地经过流水线时，系统地每隔300罐金枪鱼罐头进行一次抽样，这种方法更加容易操作。

尽管系统抽样有很多优点，但是，至少在两种情形中，它会导致有偏的样本。[14]产生有偏估计的第一种情形发生在总体中的元素按照某种特性进行排列的时候。在这种情况下，随机起点的位置将会影响样本的平均值。例如，如果按照平均绩点从低到高的顺序对学生排位，那么对学生进行系统抽样，1、51 和 101 的样本将比 50、100 和 150 的平均绩点低。每一个样本都会产生一个平均绩点，通过这种方法获得的平均绩点代表了对学生总体的有偏统计。

产生偏差的第二种情形发生在总体包含与抽样间距一致的周期性特征的时候。假设你正在做一个关于大家庭儿童态度的研究，你按照年龄对每一个家庭的儿童进行排序。如果你所研究的家庭都有六个孩子并且你的研究间距也是 6（或者是 6 的任意一个倍数），那么系统抽样可能得到在兄弟姐妹排行中处于相同位置的儿童的样本。如果出生先后顺序会影响儿童态度，那么，你的调查就是有偏的。

第二次世界大战期间，学者对士兵的一次调查就是一个很好地反映如上问题的案例。在这个案例中，抽样框中名册的周期性特征影响了无偏系统抽样。[15]士兵的名册以班为顺序，每一个班的名册都排成一列。抽样间距和班级规模都是 10。结果，那些在相同列的人员组成了样本，在这个案例中，这些人都是士官。很明显，士官并不能代表在第二次世界大战中服役的所有士兵。

分层抽样

分层抽样（stratified sample）是概率抽样，在这种抽样中，具有一个或更多相同性质的元素构成一组，然后，我们在总体中按比例从每一组中抽取元素。分层抽样利用了这一原理：总体越具有同质性，我们就越容易从中抽取代表性样本。在给定准确度的情况下，从相对同质的总体中抽取的样本规模要比从异质性总体中抽取的样本规模小得多。（在分层抽样中，抽样单位被分成许多层，每一个单位只会在某一层中出现。）简单随机抽样或系统抽样是从每一层中抽取元素。

分层样本既可以是等比例的，也可以是不等比例的。在等比抽样中，研究者使用分层样本，每一层都能代表其在总体中所占的比例——这就是研究者所说的**比例样本**（proportionate sample）。例如，假设我们有一个由 500 个彩球构成的总体：红球、黄球、橙色球和绿球各 50 个，蓝球、黑球和白球各 100 个，我们想抽 100 个球构成样本。为了确保由各种颜色的球构成的样本能够成比例地代表每种颜色的球在总体中的比例，我们首先要按照颜色对球分层。为了确定每种颜色的球抽取的数量，我们要估计**抽样比**（sampling fraction）。抽样比是指由总体规模所决定的样本的最佳规模。在这个例子中，抽样比是 100/500，或者是所有球的 1/5。因此，我们必须从每一层中抽取 1/5 的球。

既然总体中有 50 个红球，我们想抽取 10 个红球，或者说 1/5 个红球。那么，我们可以随机地选取 10 个红球或者我们可以以 1 到 5 中的任何一个数作为随机起点，然后每隔 5 个球抽取 1 个球。如果我们按照这种方法处理每一种颜色的球，那么，最终我们可以得到一个由红球、黄球、橙色球和绿球各 10 个，以及由蓝球、黑球和白球各20个组成的样本。注意一下，如果我们运用简单随机抽样抽取100个球，那么我们可能（即使机会很小）抽取全部由蓝球或黑球或白球构成的样本。分层抽样肯定不会出现这种现象，这就是分层抽样产生更具代表性样本的原因。

系统抽样不是从每一层，而是从整个样本中抽样，它没有很好地反映总体中每一层的代表性。抽样间距、随机起点和每一层中抽样的单元数会影响比例代表性，引起误差。

在选择对总体进行分层的属性时，你应当选取与你研究的因变量相关或会影响因变量的那些特征。例如，如果你想测量某个城市中每个家庭的平均收入，你可以按照教育、性别或者户主的民族等特征对家庭进行分层。由于收入可能受到教育、性别或民族的影响，因此，你可以肯定，通过这些因素获得的样本具有代表性。否则，对家庭平均收入的估计就可能有偏。

如果打算对国会议员的样本进行访谈，你可能按照两个主要政党或国会议员在国会工作的时间或者这两个因素对总体成员进行分层，这样可以确保你的样本精确地反映政党分布和国会议员的资历。或者，如果想选择电视新闻故事作为样本进行分析，你可能想按照电视台把新闻故事的总体分为四层，以此确保在你的样本中，NBC、CBS、CNN和ABC都被抽取大致相等数量的新闻故事。

有些名单内在就分好了层。因为姓氏与特定的民族有关，电话号码簿按照民族进行了一定程度的分层。连续排序的社会保障金名单按照地理区域进行了分层，因为这些号码按照申请人的居住位置排列。

在分层抽样的例子中，我们已经考虑得很周详了，我们确保能够得到一个更具代表性的样本。在这个样本中，每一层按照其在总体中的规模抽取相应比例的元素。但是，当我们想获得一个**非等比例样本**（disproportionate sample）时，如果我们使用分层样本，每一层的元素具有相同的属性，那么，就有可能导致有的层出现代表不足的问题，而有的层则出现过度代表的问题。[16]

例如，假设从一个学校选择200名学生进行调查，这个学校有500名文科的学生、100名工科的学生和200名商科的学生，总共有800名学生。按照每个系的规模，如果我们按比例从每个系（层）中抽样，我们会抽取125名文科的学生、25名工科的学生和50名商科的学生。如果我们想分析学生总体，这可能是一个可以接受的样本，但是，如果我们想就一些问题分别调查各个专业的学生，那么，25名工科的学生，这个样本就太少了，以致其不能代表工科学生的总体。

为了解决这个问题，我们可以非等比例进行抽样——例如，我们可以抽取100名文科的学生、50名工科和50名商科的学生进行研究。这样，我们就有足够的工科学生并依据他们对总体进行统计推断。既然我们的样本有偏，这是由文科的学生代表不足和工科的学生代表过度造成的，那么，现在我们的问题就变成了把学生看作一个总体。假设在工科中存在学生被过度代表的问题，并且假设工科的学生平均绩点都很高。那么，由于工科学生的样本是一个过度代表的样本，我们对学生个体的平均绩点的估计将会偏高。因此，当我们想要分析综合样本而不是一个系的时候，我们应当采用一些方法来调节我们的样本，以使每一个系都能反映其在整个学生总体中的真实代表性。[17]

表9—2描述了每个系的学生人数占整个学生人数的比例，以及每个系的大学生

的平均绩点的平均值。为了对整个学生的平均绩点进行无偏估计，我们需要采用**加权因子**（weighting factor），加权因子是处理非等比例样本代表性的计算因子。在这个例子中，每个系的平均绩点的平均值乘以每个系的人数占总体中的百分比（即加权因子）[18]，这样，平均绩点的平均值就是：0.625(2.5)＋0.125(3.3)＋0.25(2.7)＝2.65。

表 9—2　　按照专业对学生进行的分层抽样

	文科	工科	商科	总计
学生数量	500	100	200	800
比例	0.625	0.125	0.25	1.00
样本大小	100	50	50	200
样本平均绩点	2.5	3.3	2.7	

注：假设数据。

非等比例分层抽样让目标总体中每一个重要的层都获得精确的代表性。当我们运用样本推断目标总体的特征时，我们要对每一层的数据进行加权处理。当然，在进行非等比例分层抽样之前，我们必须知道每一层在目标整体中所占的比例。

整群抽样

到目前为止，我们考察了样本框中元素清单带来的问题。但是，有一种情况是样本中没有关于元素的清单，要创建这样的清单费用高昂，甚至令人难以负担。**整群抽样**（cluster sample）是抽样框由整群元素构成的概率抽样。整群抽样可以解决目标总体中没有元素清单的问题。既然我们只需要从样本中选取一些元素，那么，我们并不需要预先列出所有的元素。

在整群抽样中，元素组或整群被定义成抽样单位，样本从这些抽样单位中产生。只有在第一次抽样产生的抽样单位中，我们才能确定和抽取样本元素。例如，假设我们想在一个城市中选择 1 000 个人进行民意调查。由于没有完整的城市居民名单，因此，我们首先需要获得一张城市地图并确定和列出所有的街区。我们可以从这张包括所有街区名称的抽样框中，随机或系统地抽取一些街区。（有时候，我们把这些街区称作“初级抽样单位”。）接下来，我们可以抽取街区并把这些街区的住户名单列出来。然后，我们可以从这些街区抽取住户单元样本。最后，我们就可以民意调查直接接触和采访住户单位中的居民了。如果有 500 个街区，我们从这 500 个街区中随机抽取 25 个街区，这 25 个街区包括 4 000 户。由于我们的样本需要 1 000 人，因此，我们从上述住户中抽取 1/4。我们可以按照随机抽样或系统抽样的方法抽取 1 000 户。

请注意，即使我们事先并不知道住户的数目，每一户被抽中的机会是相等的。任意一个给定的住户被抽中的概率等于街区被抽中的概率乘以住户被抽中的概率，即 25/500×1 000/4 000＝1/80。因此，整群抽样符合概率抽样的要求。

我们的例子只含两个层级的样本（城市中的街区和住户）。很多群样本包括许多层级的样本。例如，在一个全国性的民意调查中，研究者应当对市进行抽样，并对市下的区抽样，然后对市下的普查区进行抽样，最后对普查区下的街区进行抽样——总共包括六层。

整群抽样让研究者解决无法获得目标总体中的元素清单的问题。与此同时，由于整群抽样抽取的访谈对象相对集中，因此，它也可以降低民意调查的成本。例如，在一次全国性民意调查中，受访者并不需要来自每一个州。这样就降低了出差和行政成本。

整群抽样的缺陷在于它不够精确。**抽样误差**（sampling error）是指观测值与真实值之间的差异，整群抽样的每一个阶段都有可能发生抽样误差。例如，由州组成的样本并不能完全代表所有的州，由县组成的样本并不能代表所有的县，如此等等。在整群抽样中，每一个阶段抽样误差的累计就是整体的抽样误差。

在整群抽样中，研究者必须确定从每一个整群中抽取多少元素。在前面举的例子中，研究者应当从500个街区中抽取两个街区（因此，不需要再对这两个街区进行抽样），或者从500个街区中抽取一个街区，并从该街区中抽取1 000户（因此，被抽中的这个街区十分重要）。我们也可以进行其他组合（在25个街区中各抽取40户，在40个街区中各抽取25户等）。研究者如何决定在每一层抽取多少样本单位呢?

我们知道当总体越具有同质性时，样本越精确。一般而言，组内的元素要比组间的元素更具有相似性。因此，与来自不同街区的住户相比，来自同一街区的住户之间具有更大的相似性。为了获得相同的准确度，异质性总体所需的样本规模更大，同质性总体所需的样本规模更小。（如果总体是完全同质的，那么由一个元素构成的样本的准确度也很高。）因此，我们可以通过多抽取一些街区，对每一个街区的少量住户进行访谈，以此降低抽样误差。极端的情况下，我们可以选取500个街区并在每一个街区中抽取两户作为样本。但是，这样我们要确认城市中每一户的名单，费用高昂，这与整群抽样的目标背道而驰。整群抽样的最大优点是它能通过减少生成抽样框的时间降低成本，提高样本准确度。有时候，当我们对整群分层的时候，我们可以通过获得更多的同质抽样单位来降低抽样误差。在选择样本元素之前，我们可以以民族为标准对州分组，以平均收入为标准对普查区进行分组，如此等等。

系统抽样、分层抽样（既包括等比概率分层抽样也包括非等比概率分层抽样）和整群抽样是常见的简单随机抽样。在每一种抽样中，每一个元素被抽取的概率已知，因此，研究者可以事先知道样本的准确度。研究者选取何种抽样方式取决于研究者已有的资源、准确度以及总体是否存在清晰的元素清单。

非概率抽样

非概率抽样是指总体中每一个元素被抽中的概率是未知的一种抽样方式。概率抽样常常优于非概率抽样，这是因为概率抽样能够更加精确地代表大规模的总体，并且在概率抽样中我们能估计估计值对总体值的反映度。但是，在某些情况下，概率抽样可能太昂贵（例如，探索性研究）。有时候，研究者难以确定目标总体，以至于无法进行概率抽样（前面讨论过的电视广告就是这样的例子）。研究者可能认为与对典型案例进行研究相比，选取不常见的一些案例进行研究可能收益更大。下面是对非概率抽样的一个简单描述。

在**目标式抽样**（purposive sample）中，研究者考虑什么是需要研究的对象。因为研究不需要对大规模的目标总体中的样本代表性进行分析，而只需分析具有差异性的、数量不多的观测。小瑞查德·芬诺（Richard F. Fenno Jr.）在《家居风格》（*Home Styles*）一书中描述了18世纪在位的议员行为，就是一个目标式抽样的研究案例。[19]与此类似，一项以华盛顿和纽约的著名记者为研究对象的研究是一项目标式抽样，而不是代表性抽样。

在**便利抽样**（convenience sample）中，研究者按照便利和易得的原则抽取元素。在民意调查的抽样中，研究者随意访谈愿意接受访谈的受访者，这就是一个便利抽样。一个由研究者所能获得的广告组成的关于竞选性广告的样本是便利抽样。一项关于愿意接受心理分析的政治家的个性的研究，也是一个便利抽样。同样地，任何一个由人们自愿发言构成的民意调查，都是便利抽样。当研究为探索性研究或者目标总体难以确定时，便利抽样是最合适的选择。与其他非概率样本不同，在不知道准确度的情况下，研究者能通过便利抽样对目标总体进行估计。

配额抽样（quota sample）是指按照总体中的比例抽取元素的一种抽样方式。从这个意义上来说，配额抽样与分层抽样十分相似。配额抽样和分层抽样的区别在于配额抽样中的元素不按照概率方式抽取，而是在定额内由调查人员按照主观判断或者按照便利原则抽取。由于不能对元素进行概率抽样，因此，配额抽样关于总体的估计常常有偏。更加重要的是，配额抽样无法确定准确度。

一位研究者打算对550名女性和450名男性进行民意调查。该研究者让访谈员在配额内访谈任何人，这些被抽中的人构成配额抽样。配额抽样出错的著名例子是1984年的盖洛普调查。这项调查预测总统大选中托马斯·杜威将打败哈里·S·杜鲁门。[20]

在**滚雪球抽样**（snowball sample）中，研究者要求受访者提供接受访谈的其他人员。[21]然后，我们对这些人进行访谈，并要求他们继续提供合适的受访名单。访谈员持续这种方法直至达到研究者所要求的访谈人数。滚雪球抽样适合于数量较少且难以找到的一些总体，如逃兵、政治抗议者、吸毒者、或者是与污水污泥打交道的园丁——这些人可能只占人口的3%～4%。[22]

我们讨论了政治科学中研究者搜集数据的各种各样的样本类型，样本能节约研究者的时间、金钱和其他成本。但是这种好处是相对的。为了节约成本，研究者不能对整个目标总体搜集数据，只能获得不那么准确的信息。接下来，我们将讨论样本信息的类型以及运用样本信息对总体进行统计推断的相关问题。

四、样本和统计推断

正如我们曾指出的，当研究者对某一个样本的某些特征进行测量时，测量的结果叫样本统计量。但是，一般来说，研究者对测量单个特殊样本的特征并不感兴趣。研究者感兴趣的是作为总体参数的相应估计值的样本测量。在此基础上，研究者能用样本统计量对感兴趣的总体特征进行初步的估计，这一过程就叫**统计推断**（statistical inference）。

从理想的状态来说，样本为我们提供了关于目标总体的特征以及特征之间关系的估计。例如，一项研究表明，在由国会成员构成的随机样本中，30%的人不接受政治行动委员会的竞选捐赠，这并不意味着确实有30%的国会议员拒绝捐赠。换而言之，研究者一旦选择基于样本进行研究时，他就得牺牲信息的准确度。研究者失去了多少准确度（即我们的估计有多么准确），取决于怎样抽样以及抽取的样本的规模或案例数。

一般来说，只有概率样本才能计算准确度，非概率样本则不行。概率样本中估计值的准确度的信心用术语**置信水平**（confidence level）表示，置信水平是指对所有的总体参数的估计值的值域——更明确地说，最高值和最低值。置信水平取决于**抽样分布**（sampling distribution）和**标准误差**（standard error）。抽样分布是样本规模为N的样本统计量的理论分布情况（而非实际分布情况），标准误是测量抽样分布中样本统计量变化和离散的一个数值。

在实际研究过程中，因为样本的统计推断十分重要，接下来我们将详细探讨这些概念。下一章，我们将在此基础上分析假设检验。

抽样分布

让我们从一个简单的案例开始学习。最近十年内，无党派人士的数量急剧增长。州议会的一个候选人想知道在她的选区里有多少无党派人士。选举局的报告指出，在登记在册的选民中，20%的人拒绝参加党派。但是，候选人认为这份报告严重过时了，她让你做一份民意调查，以此估计城市里18岁以上的居民中既不是民主党又不是共和党的自由公民的比例。

假设你随机抽取10个人进行访谈，发现他们中的两个承认自己是无党派人士。基于这样的调查，你可以估计20%的投票者是无党派。但是，由于你只调查了10个人，因此，从直觉上判断，你知道这样的估计有问题。"真实"的比例和这个估计值可能相去甚远，既可能比这个值大也可能比这个值小。

接下来，我们进一步假定选举局公布的数据是正确的：总体的1/4或者说25%承认自己是无党派人士，或者，用更正式的方式说，$P=0.25$，在这里P代表总体或"真实"的比例。（当然，没有人能够知道现在的总体值，因为，在你的这个调查中，总体值是未观测的，但是，我们做出这样的假设来阐述我们的观点。）那么，你第一次做出的估计值0.20略低于真实值。这个差距就叫作抽样误差，或者说，纯粹由随机性和偶然性造成的观测值和真实值之间的差别，就叫抽样误差。

你要做的就是测量出估计中的不确定性，这样，你就能告诉委托你研究的客户"边际误差"是多少。也就是说，你能够说："是的，我的估计很可能不能等同于真实值，但是，它接近真实值的概率非常大。""概率"和"接近"这样的词语到底意味着什么呢？

让我们从另一方面进行思考，从同一个地区抽取10个成年人构成独立样本，并且计算一下无党派人士的比例。（我们将假定这次抽样和第一次抽样间隔时间不久，因此，无党派人士的比率仍然是 25%，即 $P=0.25$。）现在的估计值是 0.30。正如第一个样本一样，如果 $P=0.25$，由于我们的数据来源于一个很小的样本，因此，样本不可能很精确地反映它所代表的总体的特征，那么，就有可能出现这样的结果。

让我们再次重复一下这个程序，接下来我们将会发现无党派人士的比率的下一个估计值是 0.40。这个估计值，尽管高于边际误差，但是，它仍然是可能发生的。接下来，继续抽取第四个独立样本，你会发现估计值是 0.20。至此为止，两个估计值过大，两个过小，还没有一个估计值比较精确。但是，请注意所有估计值的平均值，$(0.20+0.30+0.40+0.20)/4=0.275$，与 0.25 的真实值的差距不太远。你可能会想，如果你不停地按照这种方式进行下去，将会发生什么情况呢？即如果你重复地抽取 $N=10$ 的独立样本，并且计算出每一个样本中无党派人士的比率，结果将会怎么样？[23]不一会儿，你就会得到关于样本比例的一份长长的清单。它们的分布怎么样？图 9—1 是在重复 1 000 次的基础上得到的图表。

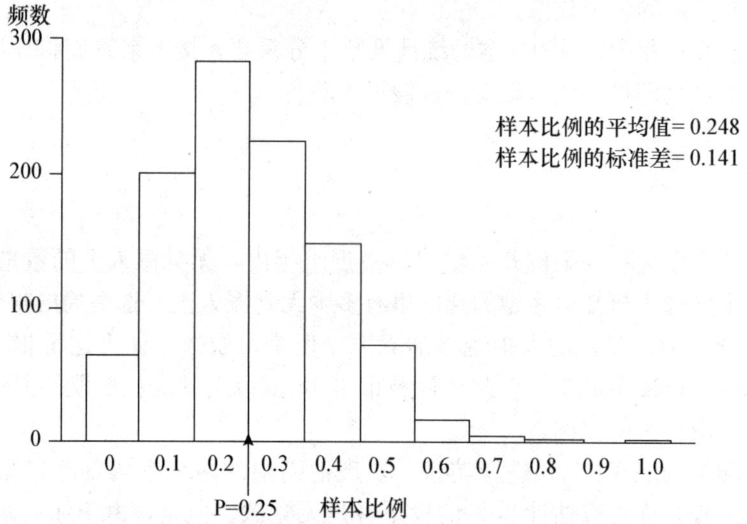

图 9—1　1 000 个样本比例的分布（样本规模＝10）

注：仿真数据。

样本中，无党派人士的比率 $\hat{P}_S$ 围绕着真实值（$P=0.25$）变动，呈现球状的曲线分布，即这条曲线是单峰的，对称的或者说是等斜率的。有少量几个估计值很小，甚至接近 0，有几个估计值高于 0.25。（频数可以通过 Y 轴在垂直线上的大小来决定。）更多的值在 0.15～0.35 之间变动，并且最中心的分布（即样本比例平均值）接近总体值 0.25。如我们所见，样本值的分布不存在偶然性。

上图强调了样本和通过样本计算出来的统计量的一些基本特点。第一，如果样本是按照独立性和随机性的原则抽取的，那么，无论样本规模有多大，统计量的平均值或均值——按照更为专业化的语言来说，研究者把这些统计量称为**期望值**（E）——将会与真实值或者说总体的统计量相一致。我们可以把这个观点更简洁地表述出来。让 θ 代表总体参数或诸如百分比或均值这样的总体特征，然后让 $\hat{\theta}$ 代表样本相应特征的估计值。我们可以写出：

$$E(\hat{\theta}) = \theta$$

在这里，$\hat{\theta}$ 是基于样本的估计，[θ] 是总体值。等式可以读作："估计值的期望（或长远）值等于样本所代表的总体的相应值。"

在通过简单随机抽样所获得的样本百分比的例子中，我们有

$$E(\hat{P}) = P$$

在这里，$\hat{P}$ 是估计的百分比，等式读作："样本百分比的期望（或长远，或平均）值等于总体百分比。"

用常用的语言来说，任何一个估计值都不可能等于数据代表的总体参数值[24]，但是，如果我们无限次地重复抽样，并且把每一次的估计值都计算出来，那么，这些估计值的平均值或均值将会等于真实值。图 9—1 说明了研究者能通过诸如比例这样的样本统计量计算出对应的哪些值。

当然，从长远来看，抽样程序是无偏的（即抽取一个由 10 个人组成的样本，并计算出样本中无党派人士所占的比例），还是无助于你解决让候选人知道在登记的选民中的无党派人士所占的比例这样一个现实的问题。因为，事实上，你仅仅只有一个样本和一个估计的比例。接下来，你所要知道的是你的估计值可能偏离真实值多远。

此时，我们需要借助于统计理论，因为它说明了如果总体中真实的比例是 P，并且如果一个人重复地从总体中抽取规模为 N 的样本，那么，样本百分比 $\hat{P}$ 将会呈现"正态"（一种单峰的）分布，标准差（或标准误，用 σ 表示）可以用 P 的均值描述如下[25]：

$$\sigma_{\hat{P}} = \sqrt{\frac{P(1-P)}{N}}$$

例如，当 P 等于 0.25，N 等于 10 时，百分比的标准误如下：

$$\sigma_{\hat{P}} = \sqrt{P(1-P)/N} = \sqrt{(0.25)(0.75)/10} = 0.137$$

这个数描述了在样本中的比值的离散程度。

简而言之，如果总体中的比值是 0.25，并且，我们重复地从中抽取样本，每一个样本规模都等于 10，然后计算出每一个样本中无党派人士所占的比例，那么，样本估计的期望或长远值（long run）将会是 0.25，标准差是 0.137。

这里还要讲一下理论值（theoretical values）。请注意，图 9—1 显示的是包含 10 个个体的 1 000 个样本；它们的平均值和方差非常接近理论值：1 000 个 $\hat{P}$ 的均值是 0.248，标准差是 0.141，两个都接近上面公式中算出的数。

我们会在第 11 章中解释标准误。现在让我们把标准误看作反映估计值有多大不确定性的指示器。例如，从图 9—1 中，大约有 2/3 的估计值在 0.248±0.141 或在 0.107 和 0.389 之间变动。我们可以把这个范围称为"66%的置信区间（confidence interval)"。相反，有 1/3 的估计值要么低于 0.107，要么高于 0.389。我们可以通过频数了解到没有多少数要么大于 0.5，要么小于 0.1。但是，当我们抽取样本规模为

10 的样本时，可能会有样本的结果落在这一范围之内。换而言之，任何一个样本都可能会远离真实值。因此，在这一过程中，我们有信心，但是信心不够大到说明观测到的估计值等于甚至是接近真实值。

此时，你可以告诉委托你研究的客户，这个地区无党派人士所占的比例可能是10%～39%。如果她问你，"可能"是什么意思，你可以回答她，"我只有 66%的把握"。

术 语

正如我们在其他地方提到的，不管公式看起来有多么复杂，我们都不要被它吓倒。公式简洁地定义数理概念或者说明得数如何计算出来。标准误的等式就是一个很好的例子。它表示某个百分比乘以一减去这个百分比的差，除以 N（样本规模），然后对这个结果进行开方得到的数。所有这些都可以通过手中的计算器完成。在这里，你应当关注这些术语的含义。我们常常采用口述公式的方法，这样，你对公式的含义介绍和计算就分步进行。在知道术语的含义后，我们把公式看作获得这些值的方式。

不用说，这种不确定性的估计可能对竞选并没有多大帮助，因为，竞选必须以争取有限的资源为目标。国会议员想要你缩小不确定性的范围。你该怎么做呢？答案很明显：抽取更大的样本，用 50 个案例代替 10 个。

这一次，假设你在 $P=0.25$ 的总体中进行简单随机抽样，得到由 50 个选民构成的样本，然后记录下无党派人士所占的比例的估计值。如果你抽取了 1 000 个这样的随机样本，并把无党派人士所占比例的估计值的分布用平面图画下来，你将会得到一个如图 9—2 所示的图形。

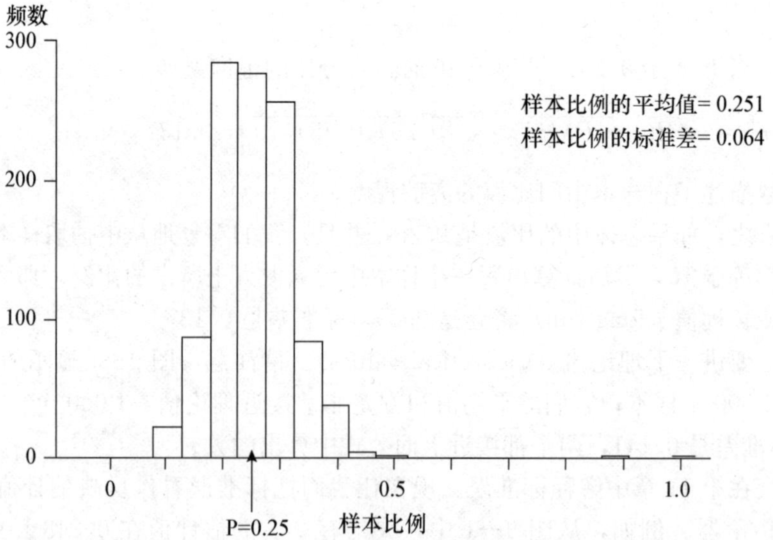

图 9—2　1 000 个样本比例的分布（样本规模＝50）

注：仿真数据。

请注意这1 000个样本中无党派人士的比例的均值是0.251，这个值非常接近真实值。[26]这个图再次说明了通过数理关系得到的结论，即 $\hat{P}_S$的分布大致与期望的相一致，期望值或者长远值等于总体中无党派人士的真实比例。但是，请注意图9—2中数值的分布并不像图9—1那么向外扩展。请运用标准误的公式计算。但是，也请注意，这个分布并不像图9—1所描述的那样散开。运用关于标准误的公式，我们会看到：

$$\sigma_{\hat{P}} = \sqrt{P(1-P)/N} = \sqrt{(0.25)(0.75)/50} = 0.061$$

图9—2中大多数的 $\hat{P}_S$位于0.20和0.30之间；很少有位于这个分布之外的数值。此时，需要使用关于标准误的公式计算无党派人士所占比例。请回想一下规模是10的样本的标准差是0.136，它是规模为50的样本的标准差的两倍。这个差异告诉我们，样本规模越大，估计值的标准差——关于估计值差异性的测量——越小。你也可以通过观察标准误的公式得到这一结论：分子恒为常数，因此标准误的大小仅仅取决于 P。当 N 不断增大时，分数会变得越来越小。

简而言之，样本规模越大，结果的确定性就越大。现在，你可以告诉你的客户你有66%的信心说明你的估计最多偏离真实值±0.06。这就是说，如果给定一个样本的百分比是0.31，那么，真实值极有可能在0.31±0.064这个区间，或在0.246到0.374之间。这个区间比样本规模是10的样本的区间要小。

图9—3和图9—4分别描述了案例为100和500的样本被不断重复抽取的情形。我们每一次都从 $P=0.25$ 的总体中抽取1 000个独立的随机样本，我们发现样本中无党派人士的比例的平均值很接近真实值，并且，我们越来越难以发现有哪个特殊的估计值偏离均值落在两端。（请看图9—4；没有一个估计值低于0.22或高于0.28。）[27]

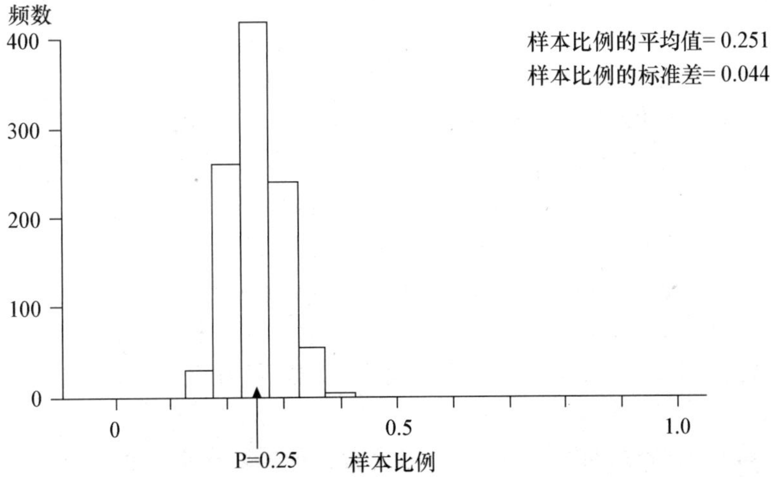

图9—3　1 000个样本比例的分布（样本规模＝100）

注：仿真数据。

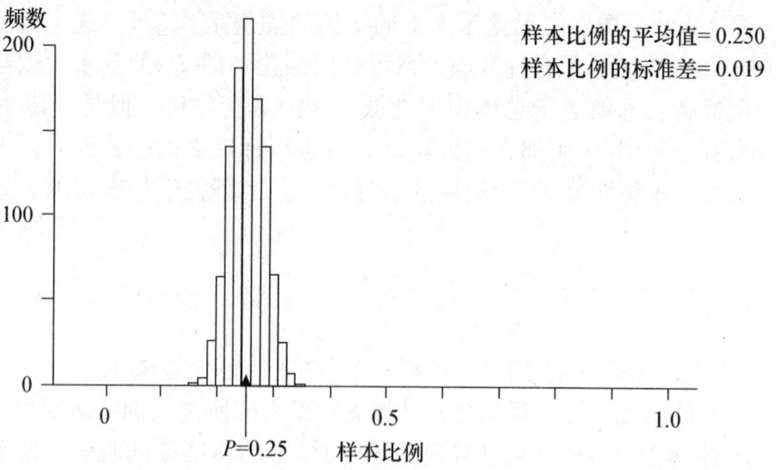

图 9—4　1 000 个样本比例的分布（样本规模＝500）

注：仿真数据。

这种直观的讨论告诉我们一个重要的事实：当我们对从总体中抽取规模为 N 的独立的、随机的样本进行计算的时候，样本统计量的抽样分布是一个理论形态（theoretical expression），它描述了均值、方差和各种统计量分布的形状。抽样分布可以被用来计算样本统计量落在某个总体参数区间的概率。当然，样本信息不能精确地告诉我们总体参数的值域在哪里，但是，它能让我们进行有根据的猜测。

进行这种猜测的基本方法非常简单。让 $\hat{\theta}$ 代表某个样本统计量，它对总体参数 θ 进行估计。（在前面的例子中，我们分别用 $\hat{P}$ 和 P 表示。）既然 θ 是未知的，我们想得到通过某个已知概率的值的范围和区间圈定关于 θ 的估计值。（例如，总体参数“可能”在 20～30 之间吗?）这个范围可以通过加上或减去标准误的某个倍数得到。

对于一些从简单样本中获得的样本统计量，我们可以说区间 $\hat{\theta} \pm 1.96$，$\hat{\sigma}_{\hat{\theta}}$ 有 95%的概率包含总体值。（为了更清晰地说明这一点，前面的论述意味着，如果我们在包含某一个参数 θ 的总体中抽取 100 个独立样本，我们相信在 100 个估计区间有 95 个估计区间包含这个值。这个参数不是变动的，而是一个常数。除此之外，样本与样本之间的置信区间是不同的。）明显地，我们需要知道如何计算标准误（$\hat{\sigma}_{\hat{\theta}}$），并且要知道像“1.96”这样的数是从哪里来的。我们将会在第 11 章中对此作出解释。就现在而言，只有一个基本的观点是重要的：通过加上或减去关于估计值标准误的某个倍数，我们能得到统计量的置信区间并把这个范围解释为“总体值被包含在这个计算区间的概率”。

对统计理论的简短讨论告诉我们，研究者合理抽取样本，正确计算统计量，就可以据此对未知的总体特征进行有规律的推断，研究者可以用客观的数据将出错的概率表示出来。反过来，这也表明，研究者和科研团体可以据此判断已有结论的可靠性。

边际误差和样本规模

当公布基于样本的调查结果或数据时，媒体通常使用“边际误差”，比如用“据估计，支持某个候选人的比率是54%，边际误差是±3%”，来描述不确定性。但是，作为我们在前面介绍并且将在第11章中进一步讨论的“标准误”或“标准差”的替代词，“边际误差”不是很准确。但是，它确实扣中了我们所强调的要点。样本估计值就是对不确定性的估计。

我们有时会看到基于样本信息的报道认为样本结果是对目标总体的精确估计。例如，在2000年总统竞选中，你曾看到这样的新闻标题，“布什引领戈尔，55%对45%”。这样的报道会形成误导。没有任何样本能够对全国范围内适龄选举人口的总体进行如此精确的估计。尽管结果可能是布什占55%，戈尔占45%，但是，在投票的总体中对总统偏好进行这样的估计，是错误的。

事实上，这些误差的计算和相关的“置信区间”直接来自统计量抽样分布和数理理论，这些理论在许多例子中已经讲解得很清楚了。但是，在头脑中，我们一直对估计有点怀疑。

从理想的角度来说，对目标总体的样本估计可以尽可能地正确和精确。边际误差应该可以很小。但是，消除抽样误差的唯一方式是从整个目标总体中收集数据（换而言之，完全不依赖样本）。一般来说，既然这样做不具有可操作性，因此，抽样误差是研究者为了降低总体特征的测量费用而支付的代价。

请注意，抽样误差不仅发生在民意调查中，也发生在基于样本进行研究的任何研究之中。例如，对国会议员、政党代表、普查区或者民族—国家的特征进行测量的样本都是对对应总体的估计，因此，都会产生抽样误差。

正如我们在前面学到的，影响抽样误差的最重要的因素是样本规模。一般来说，样本规模越大，抽样误差越小。假设样本规模在抽样分布中的作用是如此显著，你可能会想用增加 N 的方式把不确定性降低为零。但是，样本规模和抽样误差之间的关系是指数函数关系而不是线性关系。例如，为了把抽样误差降低一半，样本规模必须增加四倍。这意味着研究者必须在增加样本规模和他们所愿意容忍的抽样误差之间进行权衡。

表9—3展示了在盖洛普调查抽样中样本规模和边际误差的关系。[28]在民意调查中，增加样本规模的成本十分昂贵。通常而言，调查者抽取1 500～2 000人作为样本（不管总体大小）。这会产生（大约±3%）边际误差，这是很多调查机构能够接受的代价。但是，在这类研究中，为了少许地降低抽样误差会增加成本，对于大多数研究者来说，这些成本高得难以支付。

除此之外，前面给出的标准误的公式说明了有可能很多误差来自大规模样本。例如，如同前面一样，假设我们在 $P=0.25$ 的总体中抽取100个案例组成一个样本。标准误如下：

表 9—3 样本规模和抽样误差①的关系

样本规模	置信区间（%）
4 000	±2
1 500	±3
1 000	±4
600	±5
400	±6
200	±8
100	±11

注：该表根据 95%的置信水平，来源于盖洛普调查抽样。

资料来源：Charles W. Roll Jr. and Albert H. Cantril, *Polls: Their Use and Misuse in Politics* (New York: Basic Books, 1972), 72.

$$\sigma_{\hat{P}} = \sqrt{\frac{0.25(1-0.25)}{100}} = 0.043$$

现在，假设我们把样本规模增加 10 倍至 1 000。标准误会降低到：

$$\sigma_{\hat{P}} = \sqrt{\frac{0.25(1-0.25)}{1\,000}} = 0.014$$

因为获得新增加的 900 个调查数据，这是费时和昂贵的，因此，现在我们的研究费用已经明显地增加了，不过，我们也已经把误差降低了大约 2/3。但是，在样本规模是 100（$N=100$）的情况下，估计的比值是 0.26（$\hat{P}=0.26$），66%的置信区间是 0.26±0.043，或 0.217 到 0.303；若在样本规模是 1 000（$N=1\,000$）的情况下，估计的比值是 0.26（$\hat{P}=0.26$），置信区间是 0.26±0.014，或 0.246 到 0.274。尽管第二个的区间比较小，但是，从实际运用的情况来考虑，这种差距并不重要。在这个例子中，增加样本规模极大地增加了我们的成本，但是，相应地，收益只增加了一点点。

因此，不像置信区间取决于置信水平，样本规模的问题不应当取决于有偏还是无偏估计（毕竟，正如我们在前面所看到的，在很小的样本规模下，样本统计量的期望值可能是无偏的）。对于探索性的项目，只需大致接近就足够了，因此，样本不需要很大。但是，当研究者尝试获得更多特征的时候，他必须搜集更多的数据。

我们可以用另一个例子来说明这一观点。假设我们想要再对总体的均值进行估计，并且进一步假定我们想要估计有 99%的把握。（请注意，我们设定了一个特殊的置信水平——99%的确定性。）为了达到这一置信水平，我们的估计在多宽的区间内是有用的呢？一旦我们回答了这一问题，我们就能选择合适的样本规模。例如，如果我们想说，我们有 99%的把握，均值的真实值落在 25 500～28 500 美元的区间，那么，我们就需要确定样本规模（可能是 200）。但是，如果我们希望均值有 99%的把握落在 26 500～26 600 美元之间——只有 100 美元的差别——那么，我们将需要一个更大的样本。[29]

① 原书如此，疑应为“边际误差”。——译者注

抽样误差也依赖于样本的类型。在给定的样本规模下，简单随机抽样比整群抽样提供了更正确的估计（即更小的边际误差）。与样本中一半的元素共享某一特征相比，样本中大多数元素均共享某一特征，后一种样本的抽样误差更小。

最后，如果样本代表了大部分总体，即如果样本数量大于总体的1/4，那么，抽样误差会降低。但是，这种现象并不常见，因此，一般来说，抽样分数（sample fraction）对抽样误差的影响微乎其微。

结 论

在这一章中，我们讨论了从总体中抽取样本的意义，政治学家所使用的各种样本以及样本所揭示的各种信息。下述的概括可能可以帮助两类人：正犹豫是否采用某个样本进行研究的研究者以及对基于样本数据获得的研究成果进行评价的学生。

1. 一般来说，如果不需要考虑成本，且测量的效度不会因此受影响，那么，从目标总体中收集数据比仅仅从关于这个总体的某个样本中搜集数据要更好。

2. 通常来说，如果需要考虑成本和效度，那么就需要抽样，此时，概率抽样要优于非概率抽样，概率抽样才能确定样本估计值的准确度。如果不需要考虑或者不可能得到样本的准确度，那么，我们也可以使用非概率抽样。

3. 概率抽样能获得关于目标总体的估计值。所有的样本都会产生抽样误差；任何样本，无论它如何被很好地抽取，都不能提供关于目标总体的某个特征或某类关系的确切的估计。

4. 我们用边际误差和置信区间来表达样本估计的准确度。抽样误差主要取决于样本规模，但是，它同时也取决于待测量的特征的分布形状、概率抽样的类型和抽样分数。

研究者只要使用样本数据，就不可能避免产生抽样误差，但是，研究者可以通过细致的抽样技术使抽样误差最小化。当研究者进行调查研究的时候，非抽样误差也会干扰调查结论。在第10章中，我们转而讨论这一主题，并探讨调查研究的方法。

注 释

[1] 这既不可行也不精确。社会科学家常认为，如果研究样本较小，对总体中每一个人进行比较和研究将存在更多的错误。

[2] 这一点更为微妙。20世纪90年代，美国国会与克林顿争论，能否采用一个样本而不是访谈所有的人，从而得到2 000个统计量。国会中的一些人（大部分是共和党人）认为按照宪法，所有人都需被包括。但是，克林顿和联邦统计局认为如果覆盖所有的人则会产生很多错误，因为很多人无法覆盖，这些人包括没有护照的外国人、内陆城市和农村的本国人。他们认为应当对目标总体进行细致的抽样和测量。（我们应当注意到，就其本质而言，政治是这场争论的核心内容。众议院的席位和大量津贴按照人口规模分配。）

[3] 更多讨论，参见 Gary King，Robert O. Keohane，and Sidney Verba，*Designing Social Inquiry*（Princeton，N. J.：Princeton University Press，1994）。

[4] Richard A. Joslyn，*Mass Media and Elections*（Reading，Mass.：Addison-Wesley，1984).

[5] 关于抽样术语的讨论来自 Earl R. Babbie，*Survey Research Methods*（Belmont，Calif.：Wadsworth，1973），79-81。

[6] Ibid.，74-75.

[7] 事实上，随机拨号变得越来越复杂。如何使用这种方法的更多的讨论，参见 Johnny Blair and others，"Sample Design for Household Telephone Surveys，" Survey Research Center University of Maryland，available online at http://www.bsos.umd.edu/src/sampbib.html。

[8] 关于随机拨号的各种方法，参见 E. L. Landon Jr. and S. K. Banks，"Relative Efficiency and Bias of Plus-One Telephone Sampling，" *Journal of Marketing Research* 14（August 1977）：294-299；K. M. Cummings，"Random Digit Dialing：A Sampling Technique for Telephone Surveys，" *Public Opinion Quarterly* 43（summer 1979）：233-244；R. M. Groves and R. L. Kahn，*Surveys by Telephone*（New York：Academic Press，1979）；and J. Waksberg，"Sampling Methods for Random Digit Dialing，" *Journal of the American Statistical Association* 73（March 1978）：40-46。

[9] James H. Frey，*Survey Research by Telephone*（Beverly Hills，Calif.：Sage Publications，1983），22.

[10] 当我们在描述一种样本类型时，"随机"并不意味着随意；相反，随机表示每个元素都有相等的被抽取的可能性。严格而论，为了确保每个元素有相等的被抽取的机会，我们需要重置元素。这就是说，在抽取下一个元素之前，被抽中的元素应该重放回样本框。在简单随机抽样中，元素没有重置。这意味着在每一个抽取元素的过程中，由于元素越来越少，因此，剩下的元素被抽中的概率越来越大。但是，在这个过程中，剩下的元素被抽中的概率是相等的。如果样本规模小于总体的1/5，由于没有把抽中的元素重置，严格的随机抽样就会产生些许误差。参见 Hubert M. Blalock Jr.，*Social Statistics*，2d ed.（New York：McGraw-Hill，1972），513-514。

[11] 我们需要细致地考虑这个插曲。例如，参见 Stephen E. Fienberg，"Randomization and Social Affairs：the 1970 Draft Lottery，" *Science* 171（January 22，1971）：255-261，and Stephen E. Fienberg，"Randomization for the Selective Service Draft Lotteries，" in Frank Mosteller and others，eds.，*Statistics by Example*：*Finding Models*（Reading，Mass.：Addison Wesley，1973）：1-13。

[12] 想要进一步了解的读者可以参见 Micah Altman，Jeff Gill，and Michael P. McDonald，*Numerical Issues in Statistical Computing for the Social Sciences*（New York：Wiley-Inter-science，2003），esp. chaps. 2 and 3。

[13] 你也可以进行"重置性抽样"，但是，这会更复杂，我们在此不详述。

[14] Blalock，*Social Statistics*，515.

[15] Babbie，*Survey Reasearch Methods*，93.

[16] 在对分组数据进行统计分析时，为了获取更丰富的案例，我们更适合采用非比例抽样，这里有两个原因：在异质性分层数据中进行抽样，成本很高，结果可能产生更多的误差。研究者可能希望简化抽样，从同质性分层数据中抽样将降低成本，但是从异质性分层数据中抽样将增加成本。参见 Blalock，*Social Statistics*，518-519。

[17] Ibid.，521-522.

[18] 如果将学生的 GPA 乘以根据每个学生的专业所做的加权，然后计算每个学生的 GPA，这样我们也能得到相同的结果。

[19] Richard F. Fenno Jr.，*Home Style*：*House Members in Their Districts*（Boston：Little，

Brown，1978).

[20] Babbie，*Survey Reasearch Methods*，75.

[21] 尽管滚雪球抽样常常抽到一个概率样本，但是，它常被看成非概率抽样的一种方法。参见 Kenneth D. Bailey，*Methods of Social Research*（New York：Free Press，1978），83。

[22] J. W. Bergsten and S. A. Pierson，“Telephone Screening for Rare Characteristics Using Multiplicity Counting Rules，” 1982 *Proceedings of the American Statistical Association Section on Survey Research Methods*（Alexandris，Va.：American Statistical Association，1982），145-150.

[23] “重置性抽样”认为，至少从理论上而言，人们可能有两次或两次以上的机会被抽中。既然这并不会影响结论的效度，因此，我们忽略这个问题。

[24] 事实上，相似并不意味着这个值等于总体的值。

[25] 从技术上来说，样本估计值的分布可能精确或大致为正态分布，这取决于总体分布的形态。在这里，我们不用担心这个问题。

[26] 请大家也要注意一下，它接近从规模为1 000的样本中获得的值，此时 $N=10$。因此，从规模为10的样本获得的 *Ps* 的平均值与从规模为50的样本获得 *Ps* 的平均值之间没有多大差异。

[27] 我们需要一千万次或者更多次地重复这个过程。我们可能会发现在一个样本中，*P* 值与总体中的真实百分比差距很大。但是，若在500个样本中，这样的极端值将非常少，我们需要不断重复这个过程，看看是否会出现极端值。

[28] 事实上，影响样本规模的因素有很多，包括样本类型、测度水平、总体的异质性和数据分析的复杂程度。关于影响因素的更多的讨论，参见 Royce Singleton Jr.，Bruce C. Straits，Margaret M. Straits，and Ronald J. McAllister，*Approaches to Social Research*（New York：Oxford University Press，1988），158-163；and Edwin Mansfield，*Basic Statistics with Applications*（New York：Norton，1986），287-294。

[29] 请注意，样本规模不是影响统计参数的唯一因素。更多的讨论参见 Daniel D. Boos and Jacqueline M. Hughes-Oliver，“How Large Does *n* Have to be for *Z* and *t* Intervals?” *American Statistician* 54（May 2000）：121-128。

术语介绍

整群抽样：不存在元素列表时的概率抽样，抽样框最初由整群元素构成。

置信水平：值的估计范围的可信程度。更具体地说，一个高或低的值，包括或覆盖总体参数。

便利抽样：元素选取取决于研究者便利的非概率抽样。

非等比例样本：具有共同特征的元素不具代表性的分层抽样样本。

元素：收集信息的特定个案或实体；分析单位。

估计值：用于估计总体特征或参数数值的样本观测统计值。

期望值：总体中重复样本统计的平均值。

非概率抽样：每个元素在总体中被抽取概率未知的抽样。

总体：假设中包含的所有个案或观察值；假设所应用的所有分析单元。

总体参数：总体中出现的特征或属性（不是样本）。

概率抽样：每个元素在总体中被抽取概率已知的抽样。

比例抽样：元素来自与样本量成正比的分层总体的比例概率抽样。

目标式抽样：研究者为了观察裁定挑选元素的非概率抽样。

配额抽样：元素按照代表总体的比例抽取的非概率抽样。

随机拨号：为了提高代表性给列出及未列出号码相同抽取机会的电话抽样程序。

随机数表：以表格形式列出随机数字。

随机起点：系统抽样中决定从哪儿开始抽取元素的随机数的选择。

样本：来自特定总体的观察值子集或个案。

样本偏差：当总体中的一些元素被从样本中系统排除出现的偏差。

样本统计量：统计样本数据中总体特征或属性的估计值。

抽样分布：总体范围内样本统计值的理论（非观察的）分布。

抽样误差：可信度与误差同时出现。

抽样比：样本在总体中的比例。

抽样框：样本取自的总体，理想状态下与研究相关的总体一致。

抽样间距：样本框中被所需样本量分割的元素个数。

抽样单位：样本框中所列实体，或者与元素相同，或者是一个群体，或者是元素的集合。

简单随机抽样：每个元素有同等抽取机会的概率抽样。

滚雪球抽样：受访者被要求指定额外总体成员的抽样。

标准误差：样本分布的标准偏差，或可变性测量，或离差。

统计推断：基于样本统计与统计理论运用的总体参数和特征的概率陈述。

分层抽样：有一个或几个共同特征的元素被分组，每组元素个数与该组与总体比例一致的概率抽样。

层：总体中有一个或更多共同特征的次群体。

系统抽样：元素以既定间距从列表中被抽取的概率抽样。

加权因子：用来处理不成比例的样本代表的数学因子。

建议阅读书目

Govindarajulu，Zakkula. *Elements of Sampling Theory and Methods*. Upper Saddle River, N. j.：Prentice-Hall，1999.

Levy，Paul S.，and Stanley Lemeshow. *Sampling of Populations*. New York：Wiley，1999.

Lohr，Sharon L. *Sampling*. Pacific Grove，Calif.：Brooks/Cole，1998.

Rea，Louis M.，and Richard A. Parker. *Designing and Conducting Survey Research*. San Francisco：Jossey-Bass，1997.

Rosnow，Ralph L.，and Robert Rosenthal. *Beginning Behavioral Research*. Upper Saddle River，N. J：Prentice-Hall，1998.

第 *10* 章

精英访谈与调查研究

假设我们想要知道，美国人在国际事务上到底是“孤立主义者”还是“国际主义者”，我们可以尝试通过间接调查的方式回答这一问题。我们在第 1 章中曾提到，宁西科在他的一篇文章中采用过这种方法。我们可以以赞成或反对为标准，对报纸上的读者来信进行编码和归类（参见第 8 章）。同时，我们也可以观察人们对美国的外交活动持赞成还是反对态度，从而知道哪些人是“孤立主义者”、哪些人是“国际主义者”（参见第 7 章）。不过，我们可能并不能从以上这些间接调查的方法中得到我们想要知道的东西。如果我们直接询问人们，他们如何看待国际事务，在他们的眼中美国应该在国际事务中扮演什么样的角色，这种做法可能更好（甚至更容易）。这就是宁西科主张的策略：依靠调查数据得到结论。很多政治学家经常使用这种方法，他们认为直接提问是测量人们对当前事件的偏好、信念、观点和看法的最好方法。

在这一章中，我们主要解释精英访谈（elite interviewing）与调查研究这种数据搜集的方法。这种方法可以用于访谈政治领导者、政治活动家和专家，如大城市的市长、政治竞选顾问和国会议员，也可以用于和美国或其他国家一千个以上的成年人进行访谈。当我们只对少量的人进行访谈时，我们常常不太注意访谈的结构和形式——这些访谈甚至带有强迫的性质。但是，当我们需要对成百上千的受访者进行访谈时，我们必须对访谈进行细致的安排。

我们可以通过第1章讲到的选举中的选民投票率的问题来阐述精英访谈与调查研究的重要性。大家可以回忆一下，选民投票率的问题是指谁投票、谁不投票的问题。政治学家曾使用过许多假设和理论来回答这个问题，但是，这个问题的检验存在一个难题：我们如何判断在某次选举中谁参加了选举。这个难题看起来很简单、很直白，但是事实上，它是一个很难解决的问题。你可能会想，这还不容易吗？我们可以通过询问人们，“你参加了上一次选举吗”来解决这个难题。的确，大多数调查研究者采用的就是这种方式。这种方法的问题在于，有2/3～3/4的受访者承认曾参与投票。但是，调查的结果远远高于选举机构公布的真实投票率：投票率很少超过甚至远远低于50％。因此，通过问卷的方式得到的结论存在“过度报道”（overreporting）的问题，即很有可能那些没有参加投票的人声称自己曾参加过投票。因此，基于过度报道所形成的结论存在问题。[1]

如同在其他地方出现的情况一样，这个结果提醒我们需要仔细考虑如何进行访谈和调查。在这一章中，我们大致了解访谈的概况，然后转而讨论调查研究方法。最后，我们回到如何从这些数据中推导出有效和可靠的推断的问题上。

一、精英访谈

精英访谈（elite interviewing）是一种用非标准化的、个别的方式对受访者进行采访的过程。它是一种特殊的**个人访谈**（personal interview）的方式，个人采访是指对受访者进行面对面的提问。在德克斯特（Lewis Anthony Dexte）的经典性著作《精英和专门访谈》（*Elite and Specialized Interviewing*）中，德克斯特把精英定义为“根据访谈者的访谈目标，给予特别的、非标准化采访”（who in terms of the current purposes of the interviewer is given special, nonstandardized treatment）[2]的人。一般而言，访谈与高度组织化的、具有标准形式的调查研究有着实质性的区别。[3]这些区别是由如下原因带来的：第一，研究者可能对调查对象缺乏了解，以致无法事先设计出一个有效的、结构化的**调查工具**（survey instrument）或者问卷。研究者的唯一方法就是直接对那些参与者或目击者进行访谈，从而了解这些事件。第二，通常来说，研究者对接受访问的精英关于某些事件和议题的看法很感兴趣，他们不愿意过度约束这些精英或“内部人士”，以失去有价值的信息。正如一位研究者所说的，“相对来说，一个设计比较松散的访谈更加具有探索性，并强调客体的价值而不是研究者对该问题所做的定义”[4]。

最后，精英受访者讨厌回答一系列标准化的问题。例如，在朱克曼（Harriet Zuckerman）对获得诺贝尔奖的人的研究中，他发现这些人很快就察觉到访谈使用的是标准化的问题。这些人习惯把自己看成是具有独立意志的人，因此，他们憎恶“被标准化问题的外衣包裹”[5]。因此，那些访谈精英的人常常在访谈中变动要讨论的主题的顺序和提问的形式。

要从精英那里得到有效的信息，访谈者需要注意方法的灵活性。[6]精英访谈并不是列出一些问题然后聊天那么简单。进行精英访谈的研究者必须考虑大量推理和方法论上的问题。事前的准备十分重要。在采访精英之前，研究者应当找到相关文件和传记材料，并对其进行研究。事前准备有很多好处。第一，它可以减少对受访者提一些能从其他地方得到答案的问题，节约受访者的时间。当然，研究者也可以向受访者证实从其他地方获得的信息的正确性。第二，它让研究者对问什么问题、以什么方式提这些问题有一个基本的把握。第三，它帮助研究者辨别和理解受访者所说的内容的重要性，使研究者知道需要重新研究哪些主题，并把握受访者的说法和其他说法之间的矛盾之处。第四，研究者极度重视某个主题可能会给受访者形成某种导向。但是，我们绝不能让研究者的观点主导访谈。第五，对于那些将要采访重要人物的新手来说，良好的准备能够为自己提供自信。

提合适的问题

在进行精英访谈之前，我们不能过分强调待研究主题的重要性。此外，在进行访谈之前，先问自己：我要访谈的问题是否只能（或者至少是比较容易）从受访者那里得到答案？如果你能通过报纸或书籍得到答案，那么，占用别人的时间得到本应该从其他地方获得的信息，这种做法毫无意义。但是，如果你认为只有他或她能够帮助你得到有效的信息，那么，你就可以开始和他或她合作。非常重要的一点是，你要显得很专业。比如，不要戴棒球帽，也不能不带纸和笔进行访谈。

访谈前，我们需要向受访者明示访谈规则。[7]在访谈开始的时候，研究者应当询问受访者是否需要保密。如果他或她需要保密，研究者在撰稿时，应当注意不要写出受访者的真实身份。如果访谈中的问题需要以以前的访谈为基础，那么，保密性就成了一个棘手的问题。受访者可能会猜测以前访谈的那些人的身份，因为，在讨论特定的问题时，我们必须提及曾经接受访谈的受访者的观点。

研究者可能希望并允诺保密，以期受访者能更加坦率地发表见解。[8]如果受访者害怕他们揭示的问题会损害自己或者其他人，他们可能会要求保密。有一些受访者可能同意研究者按照他们所叙述的内容写作。无论哪种情况，研究者都有必要把写作中与受访者有关的内容给受访者检查，让受访者澄清自己的观点，这种做法是有益的。有时候，研究者和受访者可能会对访谈的内容或解释有不同意见。如果研究者让受访者拥有使用访谈内容的最后发言权，他们之间达成一致同意是很好的。否则的话，结论就仅仅只是研究者的个人决定——研究者可能会为了研究需要或获得访谈其他精英的机会而得出自己的看法。

有时候，我们难以接近精英。精英可能想要进一步了解研究者的研究目的或者想要证实研究者的专业能力。精英身边常有“守门者”，这些人限制别人接近精英。一个建议是获得认识受访者的人的推荐。有时候，以前接受过访谈的人愿意协助研究者获得接近其他精英的机会。因此，持有一封推荐信或经认识受访者的人的推荐可能会有助于对精英进行访谈。

1981年，英格兰的几个城市爆发市民暴乱，两位研究者试图对社团积极分子（community activists）进行访谈时碰到了如何接近受访者的问题。[9]这些积极分子被研究者称为“反对者—精英”或“受到威胁的精英”，他们不愿意和研究者合作，甚至有敌对情绪。因为他们害怕研究的目的是要在社团建立某些机构，或者研究者是反对机构派来的，如果这样的话，这些活动分子认为与研究者合作将会损害他们在社团中的地位。与其他精英不一样，社团积极分子认为社会科学研究没有用。

首先应该对谁进行访谈，这是研究者需要决定的第一个问题。首先对那些在某个事件中不那么重要的人或在组织中处于次要地位的人进行访谈，有助于研究者熟悉该组织的专业术语，并能在对关键性精英进行访谈前更好地了解研究对象。这样做能提高研究者的经验和自信。同时，由于处于较低地位的人能够观察大多数的参与者，且不会因为该事件受到过多的个人牵连，因此，他们可能会更坦率地揭示事件的经过。但是，如果我们首先对领导进行访谈，这意味着接下来我们可以访谈下属。而且，首先访谈关键性精英可能会较早地为研究者提供重要的信息，并使后面的访谈更有效率。其他因素也可能影响访谈顺序，这些因素包括受访者的年龄、能否找到受访者以及接触受访者的便捷性。

我们可以用录音笔或手抄本记录访谈内容。到底选择哪一种记录方式，取决于很多因素。如果用录音笔进行记录，研究者就有时间边思考受访者的回答，边核对笔记，并系统地提问。只要录音清晰，就不会发生记录错误的问题。这种方法的缺点是，它把所有的东西都记录下来了，因此，我们必须（花代价）把录音转化成文字并阅读，才能得到有用的数据。有些转化的文字可能是没有用的——这是精英访谈中常常存在的一个问题。同时，录音可能会让一些受访者感觉不舒服。即使研究者答应对这些数据保密，受访者仍然认为录音下来的东西不能否认，因此，他们的回答可能不会那么坦率。有时候，研究者不熟悉录音设备，可能会让访谈出现尴尬。

许多研究者采用手写的方式做记录。很重要的一点是，研究者要在访谈之后，趁访谈内容仍旧鲜活地存在于自己的头脑时，对访谈内容做一个比较完整的记录。由于这需要花费比访谈过程更长的时间，因此，研究者要合理分配足够多的时间用来整理记录。有些访谈需要研究者在一天之内整理出记录，这是因为，如果过了两三天以后，研究者可能无法清楚地再现访谈内容。研究者组织访谈的方式将按照主题、研究者和受访者的不同而变动。

尽管精英访谈通常不需要严格的结构化程序，但是，研究者仍旧可以对访谈进行控制和指引。许多研究者采用半结构式或柔性的访谈对精英提问，这种提问方式被称作**“焦点访谈”**（focused interview）。在这种类型的访谈中，研究者准备了访谈提纲，包括主题、问题和提问顺序。有时候，研究者准备了几种可供选择的提问形式。一般来说，研究目的越具有探索性，研究者进行的主题控制越少。研究者如果想要获得一些特殊主题的信息，就应当与受访者进行交流，这需要研究者有足够的控制能力，以保证访谈的顺利进行。

精英访谈是一项艰难的工作。研究者必须一边聆听，一边观察受访者的肢体动作，同时，还要一边思考，一边做笔记。研究者有必要和受访者保持良好的私人关系。尽管这种关系难以建立，但是，一旦建立，它将有利于信息的传达。在对精英进行提问时，研究者应当在多大程度上提一些具有冒险性的问题呢？这是一个具有争议性的问题。尽管冒险性的提问可以得到更多的信息，并有利于研究者辨别错误的信息，但是，它也有可能疏远或触怒受访者。朱克曼使用过改变受访者言论措辞的策略，以期最大限度地得到更多的细节，但是，在许多案例中，这些获得诺贝尔奖的受访者对这样的提问表示愤怒，认为她没有理解他们刚才说过的内容。[10]

在精英访谈中，我们需要获得有意义的、有效度的**访谈数据**（interview data），但是研究者的观测（observations）、设计的问题和访谈者的行为可能使访谈数据发生偏差。受访者可能会给出难以捉摸的或不真实的答案。前面已经提到，访谈者可以通过事先的准备辨明不符合事实的数据。受访者可以通过考察这些数据的合理性，核对它们的内在一致性并通过其他受访者证实等方式确定该数据的有效性。迪安（John P. Dean）和怀特（William Foote Whyte）指出，研究者应当了解受访者的精神特质，并了解这些特质如何影响他或她对事件的感知和解释。[11]戈登（Raymond Gordon）强调研究者和受访者之间的默契在研究者理解受访者的回答中的作用。[12]德克斯特警告到，只有在下面这种情况下，访谈者才能引导访谈，这种情况是指“访谈者有足够的把握，确信他们能从这样的访谈中得到有效数据，或者……他们有足够的理由……知道什么是有意义的、重要的需要询问的信息”[13]。

如果我们想通过描述和解释政治过程的参与者来了解利益行为的话，精英访谈是一个很好的收集数据的方法。相比于收集数据的其他形式，精英访谈常常能为政治现象提供一个更综合的、复杂的解释。它也能为研究者提供丰富多样的研究视角。精英访谈并不容易，它需要研究者提前了解大量的背景知识，并需要访谈技巧和个人毅力。和其他方法不同的是，精英访谈的成功取决于研究者能否接近精英，这些精英有助于我们理解政治和政府的过程。

二、调查研究

正如我们在第 3 章讲到的，“调查研究”有两个宽泛的含义。就研究设计而言，它是一种为实验、模拟实验和正式模型提供数据的方法。例如，我们并不探讨自变量对行为造成的实际影响，我们的调查设计仅仅询问受访者在多大程度上接受某些要素。研究者把受访者的回答与他们的行为联系起来进行研究。在这一章中，我们所说的“调查研究”是指基于直接或间接访谈基础之上的一种研究方法。“调查研究”就像“民意调查”这个词一样出名，它是一种常见的政治科学研究方法。我们几乎每天都能听到这个或那个民意调查的结果。民意调查包括对总统的表现和支持率的调查；在商业活动中，人们通过调查来了解产品和服务的满意度；新成立的组织通过调查来提高组织的凝聚力；非营利组织通过调查了解它们在公众中的形象，并探索如何提高业绩；公共机关的候选人通过调查制定竞选策略：民意调查告诉他们什么议题有利于选举成功，需要强调和避免什么议题；利益集团利用民意调查确定人们对它们所提议题的支持率；公共官员运用调查来评价他们负责的项目的效果，并通过调查了解政府还需要提供哪些新的项目以满足人们提出来的问题；法院也可以运用调查进行工作。例如，法院可以通过对社区成员的调查，以判定社区中有多少人曾经听说过某个大型犯罪案件，并收集人们对该案件中被告的看法。法官可以利用这些信息来决定是否需要改变审判地点。[14]我们也可以利用调查来分析欺骗性广告和商标侵害问题。[15]此外，社会科学家还运用调查研究检验与人们的理念和行为有关的理论。

作为一种研究方法，随着调查实践的发展，关于这个方法的研究也获得了发展。关于调查的研究侧重于研究调查结果的信度、效度以及调查研究的费用。相比于最开始使用调查研究方法，我们对调查的了解深入了很多，这在很大程度上得益于进行调查研究的研究者和被调查者。

高质量的调查要求有访谈结构（interview structure)，访谈结构可以让研究者从许多不同类型的受访者身上迅速得到想要的信息，因此，许多研究都事先设计了调查研究的题目或问卷。为了做出好的问卷，研究者必须注意措辞，选择合适的问题类型(以封闭式或者开放式的问题结束提问)，然后按照合适的顺序把问题排列出来。一个定义清楚的研究目的和构思良好的假设将有助于消除问题的不确定性，并降低受访者的理解难度和调查成本。无论对于调查者还是受访者来说，他们更容易接受和理解设计得好的问卷，这也有利于访谈的顺利进行。

在讲述调查研究方法时，我们首先讨论如何设计调查工具（survey instrument）或问卷。然后，我们讨论邮件、电话和对个人进行访谈的调查，比较它们的优点和缺点，并重新审视使用这些方法时要注意的重要议题。

提问措辞

调查研究的目的是通过向人们提问来准确地测量人们的态度、信念和行为。调查研究能否取得成功很大程度上依赖于问卷的质量。好的问卷有利于得到准确的答案；差的问卷只能提供不合适的信息，并导致不可靠或不准确的回答。在准备问题的时候，研究者应该避免一个提问包含两个问题，避免模棱两可的或引导性的问题，且使用恰当的措辞。如果一份问卷不能达到以上标准，受访者可能会对问卷感到失望或者感觉受到了冒犯，从而拒绝完成问卷，那么，研究者就只能得到无意义的数据。问卷设计的基本原则是：所提的问题必须容易理解，所提的问题必须容易回答。你可以尝试着把自己当成受访者。例如，一个普通的公民是否能对“你如何看待最近通过的银行进口/出口授权法案的修正案”这样的问题做出有意义的回答？

歧义的问题（double-barreled question）是指在一个提问中包含两个问题。例如：“你同意伊拉克的局势正在恶化，美国应当增加伊拉克驻军的说法吗?”那些认为伊拉克的局势正在恶化但是并不希望增加伊拉克驻军的人如何回答这个问题？或者，那些认为伊拉克的局势没有恶化，但是无论如何，他们认为增加伊拉克驻军的做法是明智的，这些人如何回答你的问题呢？研究者如何解释该问题的答案呢？我们并不清楚受访者回答的是两个问题还是一个问题。

尽管研究者有意识地定义和阐明概念，但是，多义词仍然可能带来问题。**模棱两可的问题**（ambiguous question）是指在一个提问中，概念没有定义清楚。一个典型的例子是，“你的收入是多少”这个问题到底是询问家庭收入还是仅仅只问受访者个人的收入呢？这个问题是问个人挣得的收入（薪水和工资）？还是包含股份和股票股息的收入呢？下面这个问题也是模棱两可的：“你是偏好品牌 A 还是品牌 B 呢？”受访者需要告诉我们他们购买过哪一个品牌，还是如果这两个品牌之间没有价格差异，他们将购买哪一个呢？

对“他”这个字的使用也可能带来模棱两可。受访者应该认为他通指男性和女性还是仅指男性呢？如果某位受访者把这个问题仅仅看成是针对男性的，并认为女性对该问题有不同的回应，研究者把这位受访者仅仅针对男性的回答看成是该受访者针对所有人的回答，那就会造成错误。[16]

1976 年，在总统竞选人吉米·卡特（Jimmy Carter）和杰拉尔德·福特（Gerald Ford）进行一番辩论之后，一份调查询问受访者对两位辩论人的评价：一样好，一样差还是无差异。这个模棱两可的问题让受访者感到迷惑，受访者想知道，在下面这些选择中，研究者询问的是哪一个问题呢？（1）把这次辩论和他们曾经目击过的其他的、一般的政治辩论进行比较；（2）把这次辩论和约翰·F·肯尼迪（John F. Kennedy）与理查德·尼克松（Richard Nixon）之间曾进行过的辩论进行比较；（3）对卡特和福特进行比较；（4）把这次辩论与在以前的辩论中与受访者的期望结果相左的候选人进行比较。与此同时，受访者也不知道比较的内容是候选人的风格、实质内容还是其他。[17]

我们除了需要清晰地提问，还应当用一种能够得到许多不同的回应的方式提问。如果你简单地问：“你是否喜欢打扫卫生——是或否？”几乎所有的受访者肯定都会进入“是”的范畴。例如：“你如何评价布什总统最近的表现？”答案有“(a) 很好”、“(b) 在很好和很差之间”以及“(c) 很差”，如果你这样提供选项，受访者只会选择(b)，你可能无法发现不一样的回应。因此，我们提供的选项应该包括每一种可能出现的情况。例如：“在上一次总统大选中，你投票支持谁？”除了列出布什和克里外，我们要考虑列出其他候选人［例如，拉尔夫·纳德（Ralph Nader)］，并提供“其他”和“没有投票”的选项（关于这一内容更多的讨论请参见下一部分的内容）。

研究者也要避免问一些带有引导性的问题。**引导性的问题**（leading question）暗示受访者选择某一个特殊的回答，这是因为，提出的问题暗示了研究者期待的答案。“你难道不认为全球变暖是一个严重的环境问题吗？”这个提问暗示人们不会选择否定的答案。词语也可能引导受访者的回应。研究显示人们更愿意帮助“贫困的人”，而不是“享受福利”的人。如果询问人们，他们是否喜欢“公费医疗制度”甚过“国民健康保险”，这样提问可能会减少回答“是”的人的数量。同时，把个体或机构的属性（personalities or institutions）与议题相联系也会影响回答。例如，人们对统治者的喜欢与否将影响他们对这个问题的回答，“你认为贝莱特州长推动经济发展的计划效果怎样：已经收到了很好的效果、相当有效、不是很有效，或根本就没有效？”[18]

还有其他许多引导受访者的方式，如，把某位受访者的偏好看成其他受访者的偏好，这会造成调查的非中立。[19]

政治组织和政治家举行的调查常带有引导性。例如，1980 年，共和党联邦委员会在调查中问道："最近，苏联武装力量公开侵犯独立国家阿富汗。你认为美国应该为反抗的自由战士们提供军事装备吗?"[20]我们在接受任何一个调查结论之前，应当核对所有的提问，以确认该调查既没有引导也没有偏差。

事实上，许多竞选、政党和政治组织已经开始通过一种叫作**导向性民意调查**（push polls）的技术把调查研究变成电话销售的一种形式。假装代表某个研究组织的访谈者常常通过调查的形式把关于某个候选人的虚假的、破坏性的信息告诉受访者。例如，有人可能会打电话询问受访者，"你同意还是不同意 X 候选人在我国纵容恐怖主义?"当然，这样做的目的不是研究而是利用暗示散布谣言和谎言。

问卷中也有可能存在其他类型的偏差。例如，正如马格里特·艾克勒（Margrit Eichler）所描述的，"一般来说，在一个由男女雇员组成的部门，你是不是认为男上司更好呢?"当受访者被问到他们同意还是不同意上面这样的言论时，偏差就产生了。这样的措辞使受访者不可能表达偏好女上司的答案。我们需要把表述改得好一点，例如，"一般来说，在一个由男女雇员组成的部门，你认为是女上司还是男上司更好呢?"同时，我们应该给受访者一个简述男上司更好、女上司更好或无差异的机会。[21]

研究者常犯的另一种错误是使用不合适的措辞。我们应该避免技术性词语、俚语和不常见的单词，因为受访者可能会误解它们的含义。多义词会带来模棱两可的回答。例如，"你需要多少面包?"这个问题的答案取决于受访者把面包看成实际的面包还是美元钞票。当我们进行跨文化的研究时，使用合适的措辞尤其重要。当研究者进行跨文化比较时，他们所提出的问题应当具有相同的意义。例如，"你对政治感兴趣吗?"这个问题既可以被解释成"在选举中，你参与投票吗?"也可以被解释成，"你属不属于某一个政党?"这些解释取决于受访者所处的国家和文化。

提问的方式应当因人而异。例如，在有关堕胎的问卷中，我们可以把"你有没有堕过胎"这个问题变成"你（或者你的妻子、女朋友）有没有堕过胎?"这样，研究者既能收集女性受访者的回答，又能收集男性受访者的回答。

同样，问题也应当服务于研究意图和调查总体。但是，正如萨德曼（Seymour Sudman）和巴德伯恩（Norman M. Badburn）所指出的，这并不意味着每一位研究者必须重新设置问题。[22]他们建议研究者检查前人问过的问题。大量的问卷包含在像书本那样长的研究报道中，或者，我们可以写信给期刊文章的作者获得问卷。下面这些渠道可以收集大量前人使用过的调查问卷。

《纽约时代周刊索引》

《盖洛普调查：民意，1935—1971》（盖洛普，1972）、《盖洛普调查：民意，1972—1977》（华盛顿：盖洛普，1978）和从 1979 年至今每年更新的数据

《社会调查概论，1972—2002：累计编码书》（芝加哥大学，全国民意调查研究中心，2002）

《国际民意索引，1978—1979》（哈斯丁和哈斯丁，1980）

《政治态度的测量》（鲁宾孙、茹斯和何德，1968）
《民意》（与舆论有关的部分）
《民意季刊》（民意调查部分）
《倾向性的调查数据：美国重复使用的调查问题的索引》（若普民意研究中心，1974），全美选举中心（在线）[23]

研究者使用现存的问卷，可以为自己带来许多好处。我们可以把自己的研究结果和以前的研究结果进行比较，这是一个重要的积累科学知识的方法。使用相同的内容和问题，得到相同的结论，这样可以显示测量的效度。既然是重复使用以前的问卷，因此，在测量前，我们可以作出倾向性的估计。[24]但是，在调查中，当我们使用以前的问卷时，研究者应该核实使用他人的问卷是否需要得到他人的许可。一般来说，使用这些问卷并不需要得到他人许可。

我们应当注意这些与提问的措辞有关的基本原则。这样做有利于受访者按照研究者的设计初衷去理解问题，更容易得到可信的、有效的回答。

问题的类型

问题的形式和它的措辞一样重要。问题有两类基本的形式：封闭式问题和开放式问题。**封闭式问题**（closed-ended question）由研究者提供一系列的回答，应答者只需从中做出选择。“你同意还是不同意政府应当更多地帮助农民呢”和“你认为政府对酒后驾车的惩罚太严厉，太仁慈还是刚好适当呢”，以上两个例子就是封闭式问题。

封闭式问题是一个包含多个选择的、需要应答者回答表示接受或拒绝的问题。一个包含多个选择的问题就是一系列封闭式问题。看看下面的例子：“我们曾对联邦财政赤字采取过许多策略。请标出下列选项中你可以接受或不能接受的选项：(a) 提高个人收入所得税；(b) 实施全国性消费税；(c) 降低军事支出；(d) 减少国内项目的支出。”

在**开放式问题**（open-ended question）中，研究者没有为应答者提供任何可供选择的答案。答案需要由应答者或访谈者写出来。一个开放式问题的例子是：“我想问您，这几位总统候选人的优点和缺点分别是什么？您为什么投票支持克里先生呢？”[25]

封闭式问题：优点和缺点。封闭式问题的主要优点是它容易回答，且不会耽误受访者太多的时间。由于我们可以预先对答案进行编码（例如，标上数字），调查结束后，我们很容易把这些编码从问卷转移到电脑。封闭式问题的另一个优点是我们容易对答案进行比较，这是因为我们可以按照事前所做的分类把所有的答案变成固定的数字。这些优点有助于我们快速地统计和分析数据。但是，在开放式问题中，研究者必须阅读每一个答案，判断哪些答案具有相似性，根据这些答案，确定我们需要多少种编码类型，并在数据输入电脑之前设计这些编码。

在进行数据编码之前，提前做好计划

受访者的回应最终都将转化为编码（已经分配好了的数字），并输入计算机进行

分析。为了使这一阶段的研究顺利进行，你应当考虑在封闭式问题中的应答选项是使用名义变量还是等序变量。如果是等序变量的话，你可以对应答选项进行升序或者降序排列。如果是名义变量的话，你就需要对答案进行重新编码。最重要的一步是，在对数据进行编码时，我们有机会提前测量，并有时间改正错误的编码。如果大多数的应答都是常规类型，但是，有一个应答项不是常规类型，你可能希望把这个选项放进应答选项。如果这个选项反映的信息很重要，你可能需要再单独问一个问题，从而得到你想要的信息。例如，在对大学生进行垃圾回收利用习惯的调查时，问卷中最后一个回答不适合采用常规的类型，此时，你需要将该项单列出来。你可以问其在家里垃圾回收利用的习惯。

你多久回收一次垃圾？

- 每天
- 每周
- 每月
- 一个月中很少
- 当我回家时，我才回收垃圾

相比于开放式问题，封闭式问题的另一个优点是应答者常常愿意通过选择某一类而不是写出准确的答案来回答私人性或敏感性的问题（如收入、年龄、政治观点等）。如果选项的类型是按范围划分的，答案会很真实。最后，封闭式问题也许有助于帮助应答者理解问题，避免因应答者错误地理解问题造成研究者不能使用应答的数据。

人们对封闭式问题的批评和指责包括：人们认为封闭式问题强迫应答者选择并不能准确代表其观点的答案。因此，这些回答没有什么意义，对研究者也没有什么帮助。封闭式问题常常由短语构成，因此，应答者必须在两个选项或表述中选择更偏好的一个。这样做可能导致过度简化或歪曲民意。有些封闭式问题有多个选项，这样不会强迫应答者简单地在两个选项之间进行选择。从这些问题中得到的信息显示了大多数应答者的意愿。通过这种形式得到的信息对政策制定者更有用，因为这样制定的政策可能更容易被大多数人接受。

正如提问的措辞可能影响回答一样，应答选项的措辞也会影响应答的结果。改变提问的方式会导致不同的应答分布。一个典型的案例是 20 世纪 60 年代有关从越南撤军的两个问题。[26] 1969 年，一份盖洛普调查问卷问道：

> 尼克松总统已经决定下令在 3 个月内从越南撤走 25 000 名美国士兵。你如何看待这个问题——你认为军队应该较快还是较慢撤走呢？

问卷没有给出“和现在一样的速度”这个选择，但是，我们假设有这个选项。应答分布如下：较快：42%；和现在一样：29%；较慢：16%；无意见：13%。我们比较一下 1969 年 9 月到 10 月所进行的哈瑞斯（Harris）调查。应答者被问道：

> 一般来说，你如何看待总统撤军，是太快了？太慢了？还是刚好？

对这个问题的应答分布如下：太慢：28%；刚好：49%；太快：6%；无意见：18%。

从这两个案例中我们发现，支持总统计划的比率从 29%提高到 49%。从这里，我们可以清楚地看到问题措辞的影响。答案的差异是由提问方式造成的：第一个问题提供了总统政策的内容，应答者只需判断是否同意该政策，另一个问题没有提供总统政策的内容，应答者按照自己的判断给出答案。

如果应答选项包含带有引导性和偏差性的语言，它就不能保障应答者有平等的同意或不同意该选项的机会。应答分布也可能受**单侧问题**（single-sided question）的影响。单侧问题是指研究者询问应答者同意还是不同意某一个论断，**双侧问题**（two-sided question）是研究者为应答者提供两个可供选择的答案的问题。下面是一个单侧问题的例子：

政府应当保证每个人都有工作，并过上好的生活，你是否同意以上论述呢？

双侧问题的例子有：

你认为政府是否应当保证每个人都有工作，并过上好的生活？或者，你认为政府应当让每一个人按照自己的方式生活吗？

当问到的是单侧问题时，大多数的应答者倾向于同意给定的答案。在如上的单侧问题中，40%的应答者认同政府应当保障就业，但是在双侧问题中，只有 30.3%的应答者持这个立场。[27] 从这里，我们发现，双侧问题降低了不发表看法的应答者的比例。[28]

封闭式问题可能会提供不恰当的选项，这会使得应答者不回答或选择“其他”的答案。除非我们允许应答者对“其他”进行解释（这样做的话，这个问题就成了一个开放式问题），否则，没有人能猜测到“其他”是什么意思。另外一个问题是，如果我们错误地对应答结果进行编码的话，数据就会产生错误。在没有书面回答结果的情况下，我们很难检查出那些不明显的错误。当一个问题有许多可能的答案时，也会产生问题。受访者阅读一大串固定的回答是一件费时的事情，他们可能会读一遍就忘记。解决这个问题的一个办法是使用应答卡片。那些需要应答者阅读和选择的回答都被写在卡片上了。

开放式问题：优点和缺点。非结构性的、允许自由应答的问题允许应答者说出他们知道的和想说的东西。应答者不需要对着几个固定的答案进行选择。开放式问题允许应答者定义他或她对一个复杂的议题和概念的看法。正如一位喜欢采用开放式问题的研究者所言：“也许——尽管这一点经常被忘记——调查和整个调查活动的最重要目的是让应答者自由地诉说、让他们告诉研究者他们所想的，而不是反过来，让研究者告诉应答者如何回答。如果我们不能让应答者自由地诉说，为什么要打扰他们进行访谈呢？”[29]

有时候，研究者不可能事先对某个问题的可能的回答项进行分类。这种情况比较适合使用开放式问题。当研究者试图检验应答者的知识背景时，我们也可以采用开放式问题。在封闭式问题中应答者对候选人名字的识别（即把候选人的名字从一串名单中挑选出来)，比在开放式问题中效果要更好。我们只需要使用一个这样或那样的问题，就能大致了解公民对候选人的了解程度。

但是，开放式问题的缺点是应答者可能回答得过多或过少。对于一个问题，有的回答可能长篇大论——这对于研究者来说，既费时又费成本。如果我们通过邮件进行开放式问题的调查，一些写作技巧很差的应答者可能无法回答。这可能导致有偏的应答。因此，我们需要根据调查的类型确定是否使用开放式问题。另外一个问题是，访谈者在记录应答者的答案时可能会出错。逐字记录回答是一件乏味的事情。而且，我们可能难以对非结构性的答案进行编码，答案可能有多种解释（这将影响数据的信度），用计算机来处理答案可能费时又费成本。基于以上这些原因，不到万不得已时，我们常常避免采用开放式问题。帕特里夏·拉鲍（Patricia Labaw）说：

> 我现在认为编码的成本已经转化成了数据加工的成本。为了代替开放式问题，研究者用无穷无尽的多项选择和同意/不同意的表述来扩张他们的问卷，然后，他们熟练地对这些答案进行数据分析处理，并试图从大量的预编码（precoded）和卡片数据中得出某些类型或意义。我发现一个设计得很好的开放式问题可以代替几个封闭式问题，前者更容易得到清晰的数据，后者由于需要对数据进行修改，容易造成数据的模糊。[30]

提问的顺序

研究者向应答者提问的顺序也可能影响答案的信度和效度。研究者把这种现象称为**问题顺序效应**（question order effect）。在问题排序中，研究者应当考虑前一个问题对应答者的影响，应答者完成问卷的可能性，并需要针对特定的问题对应答者进行分组。很多时候，应答者接受某个调查，这本身就是一个学习的过程，前一个问题将影响后一个问题的答案。这对研究者来说既是挑战也是机遇。

研究者常常把调查中第一次出现的个别问题挑出来，作为破冰之用。这些问题通常是比较容易回答的基本问题。复杂的、专业化的问题会令应答者认为问卷可能很难，从而导致应答者停止回答或不完成问卷。研究者常常把私人性的问题或敏感性的话题留在最后。否则，一些应答者可能会怀疑调查不是调查公众的态度和行为，而是对他们进行检查。但是，在一些案例中，我们首先需要搜集人口统计学的信息。在一个关于人们对堕胎态度的研究中，一位研究者使用人口统计学的信息来推测中断调查的统计意义何在。她发现低收入的老年妇女最有可能在堕胎的问题上中断调查。既然这些群体与那些完成了调查的人和那些强烈反对堕胎的人一起构成调查的总体，因此，该研究者得出结论：中断调查意味着反对堕胎。[31]

我们需要避免出现**应答集**（response set）或直线型应答的问题。在一系列的问题中，当每一个问题都有一个相同的选择答案时，应答集就会出现。在第一个问题中，某个人“同意”某一个选项，接下来，当他浏览后面的问题时，他发现每个问题都有该选择项，因此，对每个问题，他都会选择该答案。当问题的主题比较相关时，这种情况最有可能发生。为了避免出现应答集的现象，我们应当对选项字斟句酌，使应答者可以同意第一个，但是不同意第二个。这样的话，在做出回答前，应答者必须阅读每一个选项。

除了问题顺序效应，调查还存在突出性、冗长性、一致性和疲乏性的问题。[32]突出性是指在调查中，研究者着重提到了某个议题，这可能会导致应答者在后面的回答中谈论该议题：前面的问题提前影响了应答者回答后面的问题。例如，在某次调查中，如果研究者提前向应答者询问了一些与社区犯罪有关的问题，那么，在接下来的问题中，应答者很自然地把犯罪作为影响他们社区稳定的一个因素。冗长性与突出性相反。如果在前面的一般性问题中，应答者谈过犯罪问题，那么，在后面的回答中，他们可能不愿意重新叙述自己的观点，因此，他们可能不会说犯罪是影响社区稳定的一个因素。应答者也可能尽力表现出一致性。对前面一个给定选项的问题的回答可能会影响对后面问题的回答。最后，疲乏可能导致应答者对调查问卷中后面的问题给出敷衍的答案。在冗长问卷中，疲乏常导致应答集问题的产生。[33]

李·西格尔曼（Lee Sigelman）曾运用调查研究工具对总统声望的不同的调查结果中所存在的顺序效应问题进行研究。[34]他发现把关于总统声望的选项放在调查的前面和放在调查的后面相比，前者得到更多“无意见”的答案。我们可以做出这样的解释，在应答者没有信任访谈者之前，他们倾向于用一种安全或被社会期待的方式回答问题，而不是全身心地参与并进行激烈的批判。由于关于总统声望的结论常常基于所有的应答者，包括那些没有意见的人的回答，因此，在问卷的前面部分提出这个问题，将减少某位总统的支持率或反对率。

另一项研究认为，某些特定的问题将对一般性问题产生突出效应（saliency effect）。[35]如果我们首先提出关于政治和宗教的问题，然后再提其他问题，此时，研究者发现人们明显地显示出对政治和宗教问题的更多的兴趣。但是，在评价能源和经济问题的严重性时，应答者的回答并没有受到前面提到的能源和经济问题的影响。这可能是因为，对一个问题进行评估，需要应答者做更多中立的、具体的判断。因此，人们的兴趣更容易受到问题顺序的影响。研究也显示，如果研究者一开始就询问应答者关于某项行为的问题，这样，在后面的问题中，前面的问题会对后面的回答造成提示效应。[36]例如，对“你是否经常参加体育运动”这个问题的回答可能依赖于应答者是否在开始时被问到一些特定的体育活动。

现在，一个重要的研究议题是发生在调查中的学习问题。研究者想运用这个原理发现更多的与应答者的态度和潜在的行为有关的信息。拉鲍把这个称为“诱导”应答者，研究者用它来“再现真实生活中，信息、交流和教育对应答者的影响”。[37]当访谈者介绍一个议题的新信息时，应答者赞成或反对该议题，这可以清晰地反映受访者的学习能力。

在许多案例中，为了测验民意，我们必须采取这样的教育方式。例如，有一项研究试图对医学中的道德性议题进行民意调查。[38]一般来说，公众不知道与这些议题有关的知识，因此，我们需要设计一些方法，使应答者能够作出有意义的回答。研究者发明了一个叫作“研究性插图”的方法。每一幅插图描述或举例说明医学研究中碰到的一个难题。在每一幅插图后面，研究者要求应答者对一系列问题做出道德性判断。“研究性插图”的方法为应答者提供了一个有意义的决策背景知识，有利于应答者做出有意义的、自主性的回答，同时，也保证了应答者标准化的回应。这样，大多数的人，甚至是那些没有接受过高中教育的人，都能够表达有意义的、真实的观点。

如果没有特别需要，研究者可以随机地改变问题，以此控制问题顺序带来的偏差。计算机的语言编程使这个问题变得较为容易。[39]

在使用**树状问题**（branching question）或**过滤器式问题**（filter question）的时候，研究者也需要重点考虑问题顺序。树状问题是指研究者把应答者划分为不同的次级组织，不同的次级组织分别回答问卷中的不同部分；过滤器式问题是指研究者通过不合适的问题来挑选应答者。例如，研究者可以使用树状问题对新汽车市场进行调查。他们把人群分为几组：一组是过去已经买了汽车的人，一组是计划将来要购买汽车的人，一组是在可预见的将来不会购买汽车的人。每一组回答关于汽车购买的不同问题。研究者通常使用过滤器式问题来中断那些不了解问题的人的回答。例如，在1980年全国性选举研究中，研究者列出了一串总统候选人的清单，要求应答者从这些名单中把他们从来没有听过或不是很了解的人做上记号，然后，只回答那些与他们没有标记的名字有关的问题。

树状问题或过滤器式问题增加了访谈者和应答者出错的可能性。[40]这样做，可能会遗漏那些需要由所有应答者回答的问题。但是，我们可以通过问卷版面的悉心设计、对访谈者和应答者的清晰指导、提问顺序的合理安排，以此降低信息的混乱、丢失或得到不合适的信息。

问卷设计

问卷设计（questionnaire design）是指在物理上对问卷的版面设计和包装。问卷设计的一个重要目的是让问卷更吸引人，并使访谈者和应答者更愿意回答。好的问卷设计有利于提高问卷的回答率，并简化从问卷到计算机的数据转化过程。

邮寄式问卷的问卷设计尤其重要。第一，研究者完全只能依赖于邮寄给应答者的问卷材料给应答者留一个好的印象。第二，由于访谈者无法为应答者解释问卷，因此，一份邮寄的问卷必须具有自我解释性。电话和个人访谈员在对应答者进行访谈之前，应有足够的时间让自己熟悉问卷，但是，我们不可能要求邮寄式问卷的接受者花很多时间来理解一个设计得很差的问卷。因此，差的问卷设计增加了应答错误和无应答的可能性。

邮寄式问卷、电话访谈和个人访谈

到现在为止，我们已经讲述了调查研究的基本原理，现在，让我们把注意力转向三大类型的调查研究。**邮寄式问卷**（mailed questionnaire）是指研究者把问卷邮寄给被调查者，让他或她在方便的时候填写问卷，这是一种研究者或访谈者不在场的调查方法。由于网络或在线的问卷只在最近才流行起来，因此，在下面的讨论中，我们主要关注一般性的信件而不是电子邮件。[41]尽管我们讨论的许多方面明显也适用于电子邮件，但是，把电子邮件作为一种特殊的调查类型，还需要进一步的研究。**电话访谈**（telephone interview）是指研究者通过电话对应答者进行提问。个人访谈是指研究者和应答者进行面对面地交流。无论是电话访谈还是个人访谈 ，访谈者需要对应答者提问并记录答案。迄今为止，人们一般把调查研究看成是个人访谈，个人访谈包括电话式和邮件式调查。但是，现在也有一些人认为，在特定的情形下，个人访谈从属于电话式和邮件式调查。

在接下来的部分中，我们比较三种调查类型的应答率、应答者的代表性、应答质量、成本和管理要求。我们可以通过这四个要素来考察这些调查类型的比较优势。福勒（Floyd J. Fowler）指出，研究者可能可以在一个研究项目中综合使用邮寄、电话和个人访谈，发挥每一种类型的长处。[42]通常来说，研究者在选择调查方法时，必须有所取舍，做出折中的选择。正如唐·A·迪尔曼（Don A. Dillman）所言，“从三种类型中使用任何一种方法都意味着舍弃了另外两种方法的优点，我们不能抛开调查主题和要研究的总体而孤立地考虑问卷形式”[43]。

应答率

应答率（response rate）是指被挑选出来参与调查的那些人中实际参与的人的百分比。如果这个百分比很低，原因既可能是因为接触不到这些人，也可能是由于他们拒绝参与调查，这将限制我们对所研究的总体进行统计推断的能力。同时，那些参与调查的人和那些没有参与调查的人可能呈现系统的差别，从而造成调查结果有偏。如果我们通过增加调查样本的规模来弥补低应答率，这样只会增加成本。

一般来说，对整个人群进行的个人访谈的应答率明显地高于其他类型的调查的应答率。联邦资助的调查常常要求 80%～85%的应答率。[44]很少有比这更高的应答率。但是，到了 20 世纪 70 年代，个人访谈的应答率下降了。据报道，1979 年，在“在大的首府地区的中心城市，联系上并同意接受访谈的应答者的百分比下降到 50%左右”[45]。

一般来说，个人访谈应答率下降包括两方面的原因：与被调查者取得联系的困难的增加和应答者参与调查的抵触情绪的增加。现在，有很多家庭中的成年人在外面工作，这使调查者很难见到他们。

在大城市，造成无应答的其他原因包括：被调查者常不在家或他们更有可能是不太懂英语的移民，或者两个原因都存在；调查者可能难以在天黑之后进入被调查者居住的小区；多单元的公寓楼房的安全设置使调查者难以找到潜在的被调查者；由于工作条件差，我们难以找到在大城市工作的有调查经验的访谈员。同样，在稍微小点的城市和镇上，人们拒绝调查的倾向也在增加。[46]

稍高的拒绝率可能可以归咎为对陌生人的不信任的增加、对犯罪的恐惧和调查数量的增加。例如，在一项关于应答者的调查态度的研究中，大约 1/3 的人不相信参与调查对应答者有利，也不相信这些调查会对政府产生影响。[47]许多人认为调查太多了，并且很多调查都问了太多的个人性问题。许多调查者害怕《国家保密法》（National Privacy Act），这个法案要求研究者告诉应答者，应答者可以自愿参与调查，这样做将导致更多人拒绝参与调查。但是，一项研究发现，与人们是否自愿参与相比，个人的兴趣和过去的调查经验是人们拒绝参与的更为常见的原因。[48]

以上这些关于人们为什么不接受访谈的观点加剧了进行各种类型的调查研究的困难。大量无应答的存在已经降低了个人访谈相对于邮寄式或电话访谈的优越性。事实上，迪尔曼运用他设计的关于邮寄和电话访谈的“整个设计方法”已经达到了与个人访谈相媲美的应答率。[49]他得出结论认为，就个人愿意接受调查的概率来说，排在第一位的是个人访谈，电话访谈紧随其次排在第二位，邮寄式问卷排在最后。另外的研究成果发现，电话访谈和个人访谈的应答率差别殊微。[50]

人们常常认为个人访谈的应答率比较高，因为访谈者可以通过询问邻居，了解能够找到被调查者的最佳时间，这样可以使回访更有效率和效力。但是，访谈者重复地、单个地接触应答者的成本十分昂贵。相比之下，重复打电话的成本要便宜得多。

以下两个使用电话的准则有助于帮助研究者通过电话和应答者取得联系，并通过电话完成访谈。[51]首先，当有人在家的时候电话响了，大多数的人都会接电话。接电话表示调查有可能进行。但是，随着电话和调查次数的增加，这个准则可能会被改变。人们可以用呼叫者的地址和电话留言来过滤那些不愿意接听的电话。我们可能越来越需要进行事前安排或通过其他方法取得联系之后再采用电话访谈。

使用电话的第二个准则是，应当由呼叫者结束谈话。这个准则给访谈员介绍自己创造了机会。在电话访谈中，我们需要严格使用介绍性语言。这是因为应答者看不到呼叫者，因此，他们会产生不信任感。除非访谈员能够很快缓解应答者的不舒服，否则应答者会拒绝完成调查。由于这个原因，电话访谈比个人访谈更可能在访谈之前遭到拒绝。要求一位访谈员离开比简单地挂掉电话，前者更难一点。

邮寄式问卷的一个优点是由于邮局的邮件服务需要提前一年预定，因此，访谈员能够找到那些改变地址的被调查者。在电话访谈中，访谈员要找到那些已经搬走了的人就没有那么容易。在个人访谈和电话访谈中，访谈员同样难以接近那些一开始就拒绝访谈的人，因为，当个人不愿意接触调查时，他们会把被调查者不停的请求看作一种骚扰。

通过邮件不断地接触被调查者则不那么扰人。[52]由于高应答率的重要性，一些研究者曾试图研究如何提高应答率。例如，人们发现，在电话访谈之前提前送一封介绍信给受访者能降低拒绝率。[53]事实上，这样做获得的应答率与个人访谈的应答率没有显著的区别。[54]研究者也调查了在家里找到被调查者的最佳时间。一项研究发现，傍晚是进行电话访谈的最佳时间（尤其是 18:00 到 18:59），不过，不同的日子，这个规律有细微的变化（周末除外）。[55]另外一项研究得出结论认为，在家里找到被调查者的最佳时间是一周中下午的后段时间和夜晚的前段时间，但是，在周六，下午 4:00 之后才是一天访谈的最佳时间。[56]

由于邮寄式问卷的应答率通常最差，因此，许多研究者研究了提高应答率的方法。[57]他们发现，通过激励（钱、笔和其他纪念品礼物）能提高应答率，而且，提前支付的激励比承诺性激励要更有效。追踪调查、提前接触、邮资形式、项目的资助类型、介绍信中介绍人的头衔都是提高应答率的重要因素。在寄信之前，我们给被调查者打一个电话，可以提醒他们注意查收信件，这有利于提高应答率。电话也是提醒应答者完成和回寄问卷的一个快速的办法。好的追踪程序能够让研究者在不违反应答答案匿名性的前提下，知道哪些应答者已经回答了问卷，哪些还没有答复。[58]一般来说，当研究总体是高级知识分子并且他们对研究问题感兴趣的时候，邮寄式问卷是最好的方法。[59]

总之，在调查研究中，应答率是一个需要考虑的重要因素。当你评估基于调查得到的研究结果的时候，你应当核对应答率，并看看是否有什么方法可以提高应答率。假设你从来没有独自一个人做过调查，收集大量的信息有助于你得到较高的应答率。

应答者的代表性

调查结果的偏差既可能发生在一开始研究者选取应答者的阶段，也可能是由这些被选取的人的不完全参与造成的。每一个调查方法都不同程度地存在这些问题。如果可以列出总体中的所有要素，那么，所有要素被抽取进某个样本的机会就是平等的。但是，我们很难把所有的要素列出来。对某一个地区进行概率抽样，这样的个人访谈使每一个住户拥有平等的被抽取的机会，这样做可能比基于出版的名单——这些出版的名单常常不全——的邮寄式或电话调查更有代表性。随机拨号（使用随机产生的电话号码而不是电话簿，参见第 9 章）和不止用一个号码来核对住户提高了电话样本的代表性。这样的话，这个样本包括了那些没有登记在册的号码和新号码。否则，电话调查可能因为排除了这些用户而产生偏差。人们估计美国没有电话的家庭数量只占 10％～2％①，但是，在个人访谈抽样程序下，我们忽略了 5％的这样的住户单元。[60]

有时候，如果应答者不能或不愿意应答的话，研究者会找一个替代者。如果调查是专门针对被调查者而不是他们的家庭，那么，找另外一个家庭来替代就有可能会产生有偏差的结果。在个人访谈中，从相同街道中找另外一个住户代替比用另外一个电话号码代替要更好，因为城市中的街道大体具有同质性，但是，我们没有办法估计通过电话获得的住户具有相似性。如何在邮寄式问卷中寻找应答者的替代者，这是一个特殊的问题。研究者无法知道他们意愿的应答者本人或家庭中的其他成员是否完成了问卷。因此，由更换被调查者所带来的偏差的范围取决于调查的性质。

正如前面所提到的，我们关心应答率的主要原因之一是无应答者与应答者属于不同的人群类型。[61]我们有足够的证据显示，那些拒绝参与调查的人与那些参与了的人属于不同的类型。例如，人们发现美国黑人更有可能拒绝电话访谈。[62]老年人、中产

① 原书如此，疑有误。——译者注

阶级、城市居民和西部地区的人们更容易拒绝调查。[63]个人访谈和电话访谈常常随机选择住户进行调查。但是，这样做并不能保证抽样的完全随机性。一个解决方法是通过基于一个地区的成年男性的数量进行抽样，我们把这种方法叫作楚德-卡特法(Troldahl-Carte)。但是，许多独居的女性感觉这个问题侵犯了自己，从而拒绝参与。我们也可以运用相邻生日的办法，抽取具有相邻生日的成年人，这样就不会遭到那么多的拒绝，从而减少偏差。[64]

应答者拒绝参与，或者由于应答者地址变动，研究者无法找到他们而产生无应答，无应答导致偏差，偏差的程度取决于研究的目的和调查所强调的解释性因素。例如，如果城市化是关键的解释变量，同时，城市地区存在大量拒绝参与调查的现象。由于城市中那些参与调查的应答者和那些拒绝参与的应答者之间存在显著的差异，因此，在城市进行的这项研究可能没有找到具有代表性的应答者。在个人访谈中，我们有机会判断拒绝者的特征，并判断这种拒绝是否会导致偏差。[65]

应答质量

应答质量（response quality）是指应答者提供正确的、完全的信息的程度。不同的调查类型，应答质量也不一样。邮寄式调查可能有利于获得一些敏感问题的真实的答案。这是因为，邮寄式调查具有匿名性，应答者私下给出回答。邮寄式调查也有利于应答者在他们方便的时候利用充足的时间完成问卷，这样能够保证应答者核对所写的内容，以此提供正确的信息，在电话或个人访谈中，这一点就难以做到。

邮寄式调查的缺点类似于开放式问题的缺点。一些应答者可能缺少写作技巧或认为写冗长的答案是一个负担。此时，访谈员不在场，没有办法提供更多的信息或阐明一些复杂的或令人困惑的问题。邮寄式调查更深层次的缺点包括，问卷不能太长，研究者不能控制应答者回答的顺序，也不能鼓励应答者回答沉闷的、无聊的问题，而且无法排除其他人对应答者的答案的影响。

尽管个人和电话访谈之间存在一些重要的差异，但是，它们在获取有质量的应答方面也有相同的优点和缺点。个人和电话访谈优于邮寄式调查的地方在于访谈员在场。正如先前所说的，访谈员可能通过解释问题，获得更好的有质量的数据；通过开放式问题，调查出更多的信息；通过从观察应答者和他或她所处的环境得到更多信息(例如，对于个人访谈来说，房子和家具的质地是判断个人收入的一个指示器；对于电话访谈来说，背景噪声的大小可能影响应答者的注意力)。在个人访谈中，如果访谈员注意到另外一位家庭成员正在影响某位应答者的答案，访谈员可以采取措施制止他。在电话访谈中，由于只有应答者才能听到问题，因此，一般来说，其他人不会对应答者的答案造成影响。在电话访谈中，一个影响应答质量的问题是应答者没有集中注意力。访谈员难以发现并纠正这个问题。

访谈员需要对应答者进行鼓励。一般来说，人们认为能和应答者建立良好关系的、热情的、友好的访谈员能促使应答者给出有质量的答案并完成调查。不过，现在也有人开始质疑关系的重要性。[66]对于每一个问题，尤其是访谈的核心问题，无论应答者回答得好不好，访谈员都做出肯定性的反馈，这个访谈就是友好的、中立的、“关系型的”访谈。肯定性的反馈（“是的，这就是我想要的信息”）和否定性的反馈（“那是两件事情”）都可以提高应答质量。访谈员也需要向应答者说明如何给出完整的正确的信息。人们发现，与关系型的访谈相比，带有更多商务性的、任务导向风格的访谈能得到更好的信息。[67]

在电话访谈中，访谈员不太会影响访谈结果，这是由于应答者不能通过视觉判断访谈员是否诚实。[68]但是，即使是像声调这样简单的因素也可能影响数据的质量：在快结束提问的时候，那些声调大的访谈员能够提高应答者的回答兴趣。[69]

尽管个人访谈有利于提高应答质量，但是，访谈员和应答者之间的接触也可能造成应答者的答案发生偏差。访谈员可能会给应答者这样的印象：访谈员期待某些答案或认为某些答案是正确的。例如，人们发现，那些预期自己难以劝说应答者接受采访或谈论敏感性话题的访谈员，他们得到的应答和采访率通常比较低。[70]访谈员的年龄、性别或民族可以影响应答者是否愿意给出诚实的答案。例如，在采访与种族有关的问题时，相比于接受本种族的成员的采访来说，接受来自其他种族的成员的采访时，应答者会对访谈员更为恭顺（即不会冒犯）。[71]教育也会对不同种族的访谈员的访谈效应产生影响：没受到多少教育的黑人比受到良好教育的黑人表现得更为恭顺，受到良好教育的白人比那些没有受到多少教育的白人表现得更为恭顺。[72]

访谈员的偏差

当访谈员影响应答者的答案的时候，就产生了**访谈员的偏差**（interviewer bias）。它在电话调查中的效应比在个人访谈中的效应更大。[73]电话访谈的效率很高，即使是全国性的调查，它也不受地理的限制，因此，同样是完成一定数量的访谈，电话访谈需要的访谈员比个人访谈少很多。电话访谈的操作比较集中，有利于研究者集中管理和监督访谈员，辨别和控制访谈员带来的问题。无论是个人访谈中的访谈员，还是电话访谈员，访谈训练和实践都是研究过程中一个重要的部分。

一些研究比较了个人和电话访谈的应答质量。在开放式问题中，两者存在差异。电话访谈员不需要通过观察开展访谈，因此，电话访谈的进程很快；电话访谈员不可能像在个人访谈中一样，在电话中停下来看看应答者是否需要对一个答案进行补充，这样的停顿会显得比较尴尬。但是，对两者进行比较的研究结果有点矛盾。一项研究发现在电话访谈的开放式问题中，应答者给出的答案比在个人访谈中的要短一些，在那些通常给出完整和详细回答的应答者身上，这种现象表现得尤为明显；但是，另一项研究发现，在开放式问题中个人和电话访谈没有差异。[74]在电话调查开始的时候，问一个开放式的问题有助于放松应答者的情绪，延缓访谈的进程并确保应答者正在思考他或她的答案。[75]

由于我们可能难以在电话中询问一些复杂的问题或包括很多回答选项的问题，因此，电话访谈的应答质量可能比面对面的访谈低一点。研究也发现，相比个人访谈，应答者在电话访谈中所做出的回答存在更多的顺从、推脱或极端的答案。此外，在检测性问题中，电话应答者给出的答案存在更多自相矛盾的地方，但是，他们不太可能承认这些问题。[76]这个发现证伪了下面这个观点：由于减少了个人接触，电话访谈能获得一些敏感性问题的更精确的答案。

访谈须知

有时候，你需要独立完成一项调查：你可能要独立完成班上的一个项目或议题，或者你参加了一个组织或政治运动，并作为其中的一员进行调查。同时，你需要别人帮你一起进行调查。此时，你要记得你必须信任这些和你合作的人。这一点很重要，这是因为不管你是否付费，这些人不会抢占你的利益，修改你的意图。即使他们抢占了你的利益，修改了你的意图，他们也不会像你一样，敏锐地观察到访谈过程的细节和有用的东西。在他们进行调查之前，你需要指导他们，多实验几次。有时候，受访者可能感觉很累，很不耐烦，此时，访谈员需要鼓励他们。因此，请让你的助手知道如何处理上面这种情况。同时，你肯定也希望访谈员按照你的要求提问，而不是说"我不知道他为什么问这样的问题"。访谈员完成采访后，你必须通读一遍问卷，确保他们按照你的要求提问，提问时没有产生模棱两可的问题。

正如我们在先前提到的，邮寄式问卷的一个优点是在回答敏感性问题上为应答者提供了更大的私人空间。因此，在使用个人和电话访谈中，研究者发明了如何获取关于敏感性主题的精确数据的更多的技术。[77]这些技巧依赖于合适的措辞。例如，当我们对受访者采取的、不受社会认可的行为进行提问时，一个常见的方法是通过降低主题的重要性来减少问题的敏感程度。"过去的一个月里，你是否碰巧读过一些书?"的问题可能会比"上个月你阅读过什么书?"更容易得到精确的答案。研究者不要让应答者把做这件事情当作社会认为可取的行为，这样处理可以降低问题的敏感性，并减少过度访谈。

从敏感性问题中获取准确的答案，另外一个特别的解决方法是**随机应答技术**(randomized response technique，RRT)。[78]这个技术可以减少个人和电话访谈在调查敏感性问题上的弊端。RRT 可以让应答者在访谈员不知道问到了哪个问题的情形下，对敏感性问题做出真实的回答。例如，访谈员给应答者一个卡片，卡片上写着两个问题，一个是敏感性问题，另一个是非敏感性问题。我们通过一枚硬币或带有两颗不同颜色的珠子的盒子，以此随机地决定应答者将回答哪个问题。以掷硬币为例，如果出现硬币的正面，应答者回答一个问题；如果出现硬币的反面，应答者回答另一个问题。应答者自己投掷这枚硬币，在不把投掷结果告诉访谈员的情形下回答对应的问题。

为了计算对敏感性问题的肯定性回答的概率，我们必须知道对非敏感性问题的肯定性回答的期望概率。非敏感性问题可能是"你是在 7 月出生吗"。假设人们的生日在每个月中平均分布，那么，1/12 的应答者可能回答的是非敏感性问题。或者，我们也可以抽取一个样本，并直接就非敏感性问题对其提问，计算出关于非敏感性问题的概率。[79]我们可以通过如下公式估算应答者对敏感性问题做肯定回答的概率：

$$R_{yes} = P(S_{yes}) + (1-P)(N_{yes})$$

在这里：

R_{yes}＝对任意一个问题回答“是”的概率；

P＝应答者选取敏感性问题的概率；

$1-P$＝应答者选取非敏感性问题的概率；

S_{yes}＝应答者采取敏感性行为的概率；

N_{yes}＝应答者采取非敏感性行为的概率。

因此，

$$S_{yes} = \frac{R_{yes} - (1-P)(N_{yes})}{P}$$

我们假设从 1 000 个应答者中获得 500 个肯定性回答，同时，我们估计 80%的样本是对非敏感性问题的肯定性回答。如果我们使用的是一个平衡的概率，即 P 等于 0.5。我们把以上值代入下面这个公式，得到，

$$S_{yes} = \frac{500/1\,000 - (1-0.5)(0.80)}{0.5} = \frac{0.5 - 0.5(0.80)}{0.5} = 0.20 \text{ 或 } 20\%$$

RRT 的精度取决于我们假设每个应答者都会真实地回答敏感性和非敏感性问题。成功地获取精确的信息，取决于应答者理解这个方法的能力、照着提示做和他或她相信随机选择的装置不是舞弊的一种信念。[80]当我们把非敏感性问题设置成社会积极性行为时，这个技术运转得更好，这是因为这样进一步减少了附着在“是”这个回答上的污点。[81]

研究已经发现，在询问一些敏感性问题时，RRT 比其他方法——如让应答者对一个问题直接作答，并用密封的信封寄回——更加有用。[82]例如，相比于用其他方法，人们运用 RRT 得到了关于堕胎的更高的估计值。[83]电话和个人访谈也可以采用 RRT。应答者可以使用随机选择工具——这样就消除了应答者对工具的怀疑——或者研究者通过邮件把随机选择工具寄给应答者。[84]

成本和管理要求

当我们选择采取个人访谈、电话访谈还是邮寄式问卷的时候，成本和管理要求是一个重要的考虑因素。决定调查成本的因素有问卷设计所需要的时间、问卷的长度、样本的地理分布、程序、选取应答者的规则和是否有受过训练的访谈员。[85]

个人访谈是最昂贵的，因为它需要雇用有经验的、受过良好训练的、愿意容忍越来越不具有吸引力的工作条件的访谈员，这些需要花费成本。在全国性的个人访谈中，我们必须雇用地区管理的工作人员，同时，研究者和访谈员之间需要来来回回地传递调查指令，这些都会产生较大的执行成本。人们认为邮寄式问卷比电话访谈更便宜，但是，福勒指出，邮寄式问卷的执行成本可能与电话访谈的成本差不多。[86]

在执行上，电话访谈比个人访谈拥有更多的优点。[87]不考虑长途通话费，电话访

谈可以对调查集中管理，这是电话访谈的长处。电话访谈员比较容易训练，同时灵活的工作时间常常容易吸引雇员。但是，电话访谈的真正优点显现于调查开始之后。在电话访谈中，研究者可以对访谈员实行较多的监督，并把反馈结果迅速告诉访谈员。同时，当访谈员碰到问题时，他们很容易把问题报告给研究者。编码员能立即对数据进行编码。如果编码员发现任何错误，他们可以在出现大的问题之前把错误告诉访谈员。如果有合适的设备，访谈员可以直接在计算机终端对应答者的答案进行编码。在一些案例中，整个访谈计划都可以计算机化，我们可以把问题和答案展示在访谈员前面的屏幕上。人们把这个过程称为计算机辅助的电话访谈。相比于个人访谈和邮寄式问卷，计算机和电话技术的发展给电话访谈带来了显著的时间优势。电话访谈和数据分析几乎可以同时完成。[88]

当研究者和研究性组织经常使用电话访谈时，它有可能进一步推动电话访谈的发展，这又将降低这个方法的成本。例如，随机拨号的效率不断地得以提高。[89]电话访谈的效率也可以通过一些研究得到提高。例如，某项研究发现，几乎97%的住户需要呼叫4次才能找到他们，超过99%的住户需要呼叫5次才能找到他们；多次呼叫浪费时间和金钱。[90]

电话访谈非常适合于研究者必须找到或估计统计上很少出现的次组织（subgroups）的情形。例如，研究者使用电话访谈来估算一个地区的残疾人口（唯一的问题是听力有障碍的人的数据被破坏了）。[91]我们需要使用一个大样本来抽取适合调查的残疾人。在采用大规模样本的情况下，电话访谈的成本是个人访谈的1/2～1/3。[92]电话访谈减少了搜索总体的成本。在许多案例中，我们可以使用电话访谈寻找合适的住户，然后通过个人访谈来完成这个访谈。如果研究必须在短时间内完成的话，电话访谈是最好的方式。个人访谈没有电话访谈那么快，邮寄式问卷更慢。

研究者选择调查方法取决于要研究的总体、应答质量、访谈的代表性、成本和时间因素。没有哪种调查方法在所有的情形下总是最优选择。有时候，单独一个因素就可以决定需要使用哪种调查方法。在没有这个因素的其他情况下，我们则不一定选择该方法。在许多情况下，研究者会通过邮件、电话和个人接触的方式与应答者交流，以此确保数据收集的高应答率，从有代表性的应答者群体中得到高质量的应答。

三、效度和推论

经验研究的一个最重要的目标是得出有效度的、可信的测量结果。研究者希望能够运用一定的工具测量到他们想要测量的东西，同时，其他研究者也能使用该测量工具。为了达到这样的效果，研究者尝试建立标准化的程序，如一个简单的尺度或评断标准。这样的话，我们在排除小的、完全随机性的错误以后，能够运用这些程序——无论实验多少次，也无论谁来使用它——得出相同的结论。这些指导原则尤其适合在精英和大众面对面访谈的时候使用。我们的目的是要把口头说的和书面写的内容转化成“手头”数据。从应然的角度来说，我们即使使用名义变量，也能借助经验分析的方式，直接地、清晰地测量人们“真实的”特征、行为和观点。因此，我们应当严肃地对待写作、记录和问卷数据的处理。遗憾的是，这些方面存在一个根本性的难题。

我们没有足够的把握确信我们可以用标准化的方式提出问题（例如，音调、顺序）。这是一个与语言有关的问题。人类学者露西·萨奇曼（Lucy Suchman）和布里吉特·乔丹（Brigitte Jordan）观察到，访谈确实是受到约束的一类谈话。与此同时，“我们可以成功地使用调查问卷的措辞，但是，即使这样，访谈员仍然需要和应答者就问题和答案的含义进行商量……如果问题和答案的意义不确定，就会产生测量的效度问题”[93]。

澄清对词语的理解并得到清晰的、诚实的答案看起来是一件容易的事情。毕竟，我们可以和接受访谈的人们和睦相处，并或明或暗地和他们建立信任、合作的关系。但是，我们所讨论的问题并不是因为缺乏激励而产生的。相反，人们用不同的方式来理解貌似清晰的一些词语，如“政党”、“管制”、“变得更好”和“经济条件”，人们的不同理解带来了问题。他们也无法理解研究者为其提供的指导性方向（例如，“按照这个标准，你怎么评价自己……”）。因此，在做总结之前，我们有必要重新阐述一下一次成功的访谈的标准。（为了简单起见，让我们把应答者称为“R”。）

- R 清晰地知道研究者要问的信息（即不会忘记或误解）。
- R 必须知道什么是访谈员认为相关的、恰当的回答。
- 访谈员必须鼓励 R 提供相关的、恰当的回答。
- R 知道如何提供相关的、恰当的回答。
- 访谈员必须准确地记录 R 的回答。
- 答案应当反映 R 的意图，而不是访谈员的意图。
- 数据的其他使用者也必须用相同的方式来理解问题和答案。

不要过多地顾虑语言的问题，答案的长短无所谓。好好地思考一下你所写的每个问题。同样重要的是，当你阅读其他人的调查结果时，即使是由调查公司或研究组织所做的调查，请你把自己放在应答者而不是调查者的位置并试着思考应答者如何理解问题。

结　论

在这一章中，我们讨论了从个体收集信息的两种方式——精英访谈与调查研究。研究者采用电话、邮件和个人接触的方式，试图得出连贯的、完整的、精确和有益的信息。研究者通过考虑问题的措辞、问题的类型、问题排序和问卷设计，实现以上目标。研究者对个人的、电话的还是邮寄式调查的选择也会影响所搜集的数据的质量。如果对精英进行访谈，我们还需要注意一系列问题，同时，一般来说不要对精英进行结构性的访谈。

尽管你可能从来没有独立做过一次精英访谈或民意调查，但是，这一章的内容应当可以帮助你评价别人的研究。在美国，民意测验、调查和访谈的数据变得十分普遍，以至于我们必须知道研究者如何得到结论，研究者碰到了什么问题，这有助于我们从数据中获得独立的判断。

注 释

[1] 参见 Robert F. Belli and others，“Reducing Vote Overreporting in Surveys：Social Desirability，Memory Failure，and Source Monitoring，” *Public Opinion Quarterly* 63（Spring 1999）：90－108。

[2] Lewis Anthony Dexter，*Elite and Specialized Interviewing*（Evanston，Ill.：North-western University Press，1970），5.

[3] 但是，也有一个例外的规则，参见 John Kessel，*The Domestic Presidency*（Belmont，Calif.：Duxbury，1975）。相比于理查德对尼克松事件中国内法官的研究，凯塞尔采取了更为严格的调查结构。

[4] Joseph A. Pika，“Interviewing Presidential Aides：A Political Scientist's Perspective，” in George C. Edwards Ⅲ and Stephen J. Wayne，eds.，*Studying the Presidency*（Knoxville：University of Tennessee Press，1982），282.

[5] Harriet Zuckerman，“Interviewing an Ultra-Elite，” *Public Opinion Quarterly* 36（1972）：167.

[6] Raymond L. Gordon，*Interviewing：Strategy，Techniques，and Tactics*（Homewood，Ill.：Dorsey，1969），49－50.

[7] Dom Bonafede，“Interviewing Presidential Aides：A Journalist's Perspective” in Edwards and Wayne，*Studying the Presidency*，269.

[8] Richard F. Fenno Jr.，*Home Style：House Members in Their Districts*（Boston：Little，Brown，1978），280.

[9] Margaret Wagstaffe and George Moyser，“The Threatened Elite：Studying Leaders in an Urban Community，” in George Moyser and Margaret Wagstaffe，eds.，*Research Methods for Elite Studies*（London：Allen and Unwin，1987），186－188.

[10] Zuckerman，“Interviewing an Ultra-Elite，” 174.

[11] John P. Dean and William Foote Whyte，“How Do You Know If the Informant Is Telling the Truth?” in Dexter，*Elite and Specialized Interviewing*，127.

[12] Gordon，*Interviewing*，18.

[13] Dexter，*Elite and Specialized Interviewing*，17.

[14] Norman M. Bradbrun and Seymour Sudman，*Polls and Surveys：Understanding What They Tell Us*（San Francisco：Jossey-Bass，1988），59.

[15] Ibid.，60.

[16] Margrit Eichler，*Nonsexist Research Methods：A Practical Guide*（Winchester，Mass.：Allen and Unwin，1988），51－51.

[17] Doris A. Graber，“Problems in Measuring Audience Effects of the 1976 Debate，” in George F. Bishop，Robert G. Meadow，and Marilyn Jackson-Beeck，eds.，*The Presidential Debates：Media，Electoral and Policy Perspectives*（New York：Praeger，1978），116.

[18] Charles H. Backstrom and Gerald Hursh-Cesar，*Survey Research*，2d ed.（New York：Wiley，1981）142，146.

[19] Ibid.，141.

[20] Republican National Committee，*1980 Official Republican Poll on U. S. Defense and Foreign Policy*.

[21] Eichler，*Nonsexist Research Methods*，43-44.

[22] Seymour Sudman and Norman M. Bradburn，*Asking Questions：A Practical Guide to Questionnaire Design*（San Francisco：Jossey-Bass，1982），15.

[23] Ibid.，16-17. 作者进行了数据更新。

[24] Ibid.，16.

[25] 引证来自 1996 年美国国内选举研究，*HTML Codebook Produced March 30，2000*，可从 http://csa. berkeley. edu:7502/archive. htm 浏览（2000 年 11 月 22 日的数据）。

[26] Dean and Whyte，"How Do You Know If the Information Is Telling the Truth?" 127.

[27] Gordon，*Interviewing*，18.

[28] Dexter，*Elite and Specialized Interviewing*，17.

[29] Patricia J. Labaw，*Advanced Questionnaire Design*（Cambridge，Mass.：Abt Books，1980），132.

[30] Ibid.，132-133.

[31] Ibid.，117.

[32] Norman M. Bradburn and W. M. Mason，"The Effect of Question Order on Responses，" *Journal of Marketing Research* 1（1964）：57-64.

[33] A. Regula Herzog and Jerald G. Bachman，"Effects of Questionnaire Length on Response Quality，" *Public Opinion Quarterly* 45（1981）：549-559.

[34] Lee Sigelman，"Question-Order Effects on Presidential Popularity，" *Public Opinion Quarterly* 45（1981）：199-207.

[35] Sam G. MacFarland，"Effects of Question Order on Survey Responses，" *Public Opinion Quarterly* 45（1981）：208-215.

[36] Ibid.，213，214.

[37] Labaw，*Advanced Questionnaire Design*，122.

[38] Glen D. Mellinger，Carol L. Huffine，and Mitchell B. Balter，"Assessing Comprehension in a Survey of Public Reactions to Complex Issues，" *Public Opinion Quarterly* 46（1982）：97-109.

[39] William D. Perrault Jr.，"Controlling Order-Effect Bias，" *Public Opinion Quarterly* 39（1975）：544-551.

[40] Donald J. Messmer and Daniel T. Seymour，"The Effects of Branching on Item Nonresponse，" *Public Opinion Quarterly* 46（1982）：270-277.

[41] 更多的论述参见 David R. Schaefer and Don A. Dillman，"Development of Standard E-Mail Methodology：Results of an Experiment，" *Public Opinion Quarterly* 62（Autumn 1998）：378-397。

[42] Floyd J. Fowler，*Survey Reasearch Methods*，rev. ed.（Newbury Park，Calif.：Sage，1988），61.

[43] Don A. Dillman，*Mail and Telephones Surveys：The Total Design Method*（New York：Wiley，1978），40.

[44] Earl R. Babbie，*Survey Research Methods*（Belmont，Calif：Wadsworth，1973），171.

[45] Robert M. Groves and Robert L. Kahn，*Surveys by Telephone：A National Comparison with Personal Interviews*（New York：Academic Press，1979），3.

[46] Charlotte G. Steeh, "Trends in Nonresponse Rates, 1952—1979," *Public Opinion Quarterly* 45 (1981): 40-57.

[47] Laure M. Sharp and Joanne Frankel, "Respondent Burden: A Test of Some Common Assumptions," *Public Opinion Quarterly* 47 (1983): 36-53.

[48] Theresa J. DeMaio, "Refusals: Who, Where, and Why," *Public Opinion Quarterly* 44 (1980): 223-233.

[49] Dillman, *Mail and Telephone Surveys*.

[50] 参见 Theresa F. Rogers, "Interviews by Telephone and in Person: Quality of Responses and Field Performance," *Public Opinion Quarterly* 39 (1975): 51-64; and Groves and Kahn, *Surveys by Telephone*。在三种类型的调查中，应答率受不同的计算方法的影响。例如，对于电话和个人访谈来说，在计算应答率之前，无法接触或无效的受访者将被剔除。邮寄式访谈的应答率会比较低，因为它不能剔除无法接触或无效的受访者。如果无人应答的电话号码也被看成无法接触但是有效的受访者，那么，电话访谈的应答率也会比较低。电话公司应当愿意确认电话号码是否有效。如果邮寄式访谈也要考虑无效受访者的问题的话，研究者可以要求无效的受访者退回问卷，这样他们就不是无应答。

[51] James H. Frey, *Survey Research by Telephone* (Beverly Hills, Calif.: Sage, 1983), 15-16.

[52] Herschel Shosteck and William R. Fairweather, "Physician Response Rates to Mail and Personal Interview Surveys," *Public Opinion Quarterly* 43 (1979): 206-217.

[53] Don A. Dillman, Jean Gorton Gallegos, and James H. Frey, "Reducing Refusal Rates for Telephone Interviews," *Public Opiniom Quarterly* 40 (1976): 66-78.

[54] Fowler, *Survey Research Methods*, 67.

[55] Gideon Vigderhous, "Scheduling Telephone Interviews: A Study of Seasonal Patterns," *Public Opinion Quarterly* 45 (1981): 250-259.

[56] M. F. Weeks and others, "Optimal Times to Contact Sample Households," *Public Opinion Quarterly* 44 (1980): 101-114.

[57] 参见 J. Scott Armstrong, "Monetary Incentive in Mail Surveys," *Public Opinion Quarterly* 39 (1975): 111-116; Arnold S. Linsky, "Stimulating Responses to Mailed Questionnaires: A Review," *Public Opinion Quarterly* 39 (1975): 82-101; James R. Chromy and Daniel G. Horvitz, "The Use of Monetary Incentives in National Assessment of Households Survey," *Journal of the American Stati stical Association* 73 (1978): 473-478; Thomas A. Heberlein and Robert Baumgartner, "Factors Affecting Response Rates to Mailed Questionnaires," *American Sociological Review* 43 (1978): 447-462; R. Kenneth Godwin, "The Consequences of Large Monetary Incentives in Mail Surveys of Elites," *Public Opinion Quarterly* 43 (1979): 378-387; Kent L. Tedin and C. Richard Hofstetter, "The Effect of Cost and Importance Factors on the Return Rate for Single and Multiple Mailings," *Public Opinion Quarterly* 46 (1982): 122-128; Anton J. Nederhof, "The Effects of Material Incentives in Mail Surveys: Two Studies," *Public Opinion Quarterly* 47 (1983): 103-111; Charles D. Schewe and Norman G. Cournoyer, "Prepaid vs. Promised Monetary Incentives to Questionnaire Response: Further Evidence," *Public Opinion Quarterly* 40 (1976): 105-107; James R. Henley Jr., "Response Rate to Mail Questionnaire with a Return Deadline," *Public Opinion Quarterly* 40 (1976): 374-375; Thomas A. Heberlein and Robert Baumgartner, "Is a Questionnaire Necessary in a Second Mailing?" *Public Opinion Quarterly* 45 (1981): 102-108; and Wesley H. Jones, "Generalized Mail Survey Inducement Methods: Population Interactions with Anonymity and Sponsorship,"

Public Opinion Quarterly 43 (1979): 102-111.

[58] 改进邮寄式问卷的应答率的更多建议，参见 Dillman，*Mail and Telephone Surveys*。

[59] Fowler，*Survey Research Methods*，63.

[60] Groves and Kahn，*Surveys by Telephone*，214；Frey，*Survey Research by Telephone*，22.

[61] 研究者对由无法接近受访者或拒答带来的无应答的偏差的估计，参见 F. L. Filion，"Estimating Bias Due to Nonresponse in Mail Surveys，" *Public Opinion Quarterly* 39 (1975): 482-492；Michael J. O'Neil，"Estimating the Nonresponse Bias Due to Refusals in Telephone Surveys，" *Public Opinion Quarterly* 43 (1979): 218-232；and Arthur L. Stinchcombe，Calvin Jones，and Paul Sheatsley，"Nonresponse Bias for Attitude Questions，" *Public Opinion Quarterly* 45 (1981): 359-375。

[62] Carol S. Aneshensel and others，"Measuring Depression in the Community: A Comparison of Telephone and Personal Interviews，" *Public Opinion Quarterly* 46 (1982): 110-121.

[63] DeMaio，"Refusals，" 223-233；and Steeh，"Trends in Nonresponse Rates，" 40-57.

[64] Charles T. Salmon and John Spicer Nichols，"The Next-Birthday Method of Respondent Selection，" *Public Opinion Quarterly* 47 (1983): 270-276.

[65] Dillman，*Mail and Telephone Surveys*.

[66] 参见 Willis J. Goudy and Harry R. Potter，"Interview Rapport: Demise of a Concept，" *Public Opinion Quarterly* 39 (1975): 529-543；and Charles F. Cannell，Peter V. Miller，and Lois Oksenberg，"Research on Interviewing Techniques，" in Samuel Leinhardt，ed.，*Sociological Methodology 1981* (San Francisco: Jossey-Bass，1981)，389-437.

[67] Rogers，"Interviews by Telephone and in Person，" 51-65.

[68] 同上，并参见 Peter V. Miller and Charles F. Cannell，"A Study of Experimental Techniques for Telephone Interviewing，" *Public Opinion Quarterly* 46 (1982): 250-269。

[69] Arpad Barath and Charles F. Cannell，"Effect of Interviewer's Voice Intonation，" *Public Opinion Quarterly* 40 (1976): 370-373.

[70] Eleanor Singer，Martin R. Frankel，and Marc B. Glassman，"The Effect of Interviewer Characteristics and Expectations on Response，" *Public Opinion Quarterly* 47 (1983): 68-83；and Eleanor Singer and Luane Kohnke-Aguirre，"Interviewer Expectation Effects: A Replication and Extension，" *Public Opinion Quarterly* 43 (1979): 245-260.

[71] Patrick R. Cotter，Jeffrey Cohen，and Philip B. Coulter，"Race-of-Interviewer Effects in Telephone Interviews，" *Public Opinion Quarterly* 46 (1982): 278-284；and Bruce A. Campbell，"Race of Interviewer Effects among Southern Adolescents，" *Public Opinion Quarterly* 45 (1981): 231-244.

[72] Shirley Hatchett and Howard Schuman，"White Respondents and Race-of-Interviewer Effects，" *Public Opinion Quarterly* 39 (1975): 523-528；and Michael F. Weeks and R. Paul Moore，"Ethnicity of Interviewer Effects on Ethnic Respondents，" *Public Opinion Quarterly* 45 (1981): 245-249.

[73] 参见 Singer，Frankel，and Glassman，"The Effect of Interviewer Characteristics and Expectations on Response"；Groves and Kahn，*Surveys by Telephone*；Dillman，*Mail and Telephone Surveys*；and John Freeman and Edgar W. Butler，"Some Sources of Interviewer Variance in Surveys，" *Public Opinion Quarterly* 40 (1976): 79-91。

[74] 参见 Groves and Kahn，*Surveys by Telephone*；and Lawrence A. Jordan，Alfred C. Marcus，and Leo G. Reeder，"Response Styles in Telephone and Household Interviewing，" *Public Opinion Quarterly* 44 (1980): 210-222。

[75] Dillman, *Mail and Telephone Surveys*.

[76] Jordan, Marcus, and Reeder, "*Response Styles*"; Groves and Kahn, *Surveys by Telephone*. 亦可参见 Rogers, "Interviews by Telephone and in Person"。

[77] 参见 Sudman and Bradburn, *Asking Questions*, 55－86; Ferald G. Bachman and Patrick M. O'Malley, "When Four Months Equal a Year: Inconsistencies in Student Reports of Drug Use," *Public Opinion Quarterly* 45 (1981): 542。

[78] RRT 由 S. L. 沃纳在他的论文中首次提出来，其论文为 "Randomized Response," *Journal of the American Statistical Association* 60 (1965): 63-69。

[79] S. M. Zdep and Isabelle N. Rhodes, "Making the Randomized Response Technique Work," *Public Opinion Quarterly* 40 (1976): 531-537.

[80] Frederick Wiseman, Mark Moriarty, and Marianne Schafer, "Estimating Public Opinion with the Randomized Response Model," *Public Opinion Quarterly* 39 (1975): 507-513.

[81] [82] Zdep and Rhodes, "Making the Randomized Response Technique Work."

[83] Iris M. Shimizu and Gordon Scott Bonham, "Randomized Response Technique in a National Survey," *Journal of the American Statistical Association* 73 (1978): 35-39.

[84] Robert G. Orwin and Robert F. Boruch, "RRT Meets RDD: Statistical Strategies for Assuring Response Privacy in Telephone Surveys," *Public Opinion Quarterly* 46 (1982): 560-571.

[85] [86] Fowler, *Survey Research Methods*, 68.

[87] Groves and Kahn, *Surveys by Telephone*, and Frey, *Survey Research by Telephone*.

[88] Frey, *Survey Research by Telephone*, 24-25.

[89] Joseph Waksberg, "Sampling Methods for Random Digit Dialing," *Journal of the American Statistical Association* 73 (1978): 40-46; and K. Michael Cummings, "Random Digit Dialing: A Sampling Technique for Telephone Surveys," *Public Opinion Quarterly* 43 (1979): 233-244.

[90] Raymond J. Smead and James Wilcox, "Ring Policy in Telephone Surveys," *Public Opinion Quarterly* 44 (1980): 115-116.

[91] [92] Howard E. Freeman and others, "Telephone Sampling Bias in Surveying Disability," *Public Opinion Quarterly* 46 (1982): 392-407.

[93] Lucy Suchman and Brigitte Jordan, "Interactional Troubles in Face-to-Face Survey Interviews," *Journal of the American Statistical Association* 85 (March 1990): 240.

术语介绍

模棱两可的问题：包含定义不清楚的概念的问题。

树状问题：研究者把受访者划分为不同的次级组织，不同的次级组织分别回答问卷的不同部分。

封闭式问题：提供回答选项的问题。

有歧义的问题：一个提问中包含两个问题的问题。

精英访谈：以非标准化的、个别化的方式对受访者进行访谈。

过滤式问题：用来挑选受访者的问题，随后的问题只问那些对此问题回答正确的受访者。

焦点访谈：访谈精英时所采用的半结构化或开放化的访谈。

访谈数据：研究者从受试者那里得到的语言或书写的访谈资料。

访谈员的偏差：访谈员对受访者的影响。

引导性的问题：引导受访者得出特定答案的问题。

邮寄式问卷：通过邮件发送和回收问卷调查。

个人访谈：对受访谈对象进行面对面访谈。

导向性民意调查：受测者得到的是测试者受损或破坏了的关于候选人或原因的信息的民意测量。

问题顺序效应：一个问卷调查中问题的顺序带来的影响。

问卷设计：依据调研与预测的目的，列出所需了解的项目，并以一定的格式将其有序地排列组合成调查表的活动过程。

随机应答技术：一种为保护受测者的隐私而获得敏感性问题精确答案的技术。

应答质量：回收问卷的准确性和信息完整度。

应答率：选中参与调查者的问卷回应比率。

应答集：回答问题时没有仔细阅读问题而采用风格差不多的方式回答。

单侧问题：只有一个选项的问题。

调查工具：访谈受访者所用的问题安排。

电话访谈：调查者按照统一问卷，通过电话向被访者提问，笔录答案。

双侧问题：有两个回答选项的问题。

建议阅读书目

Aldridge, Alan, and Kenneth Levine. *Surveying the Social World*. Buckingham, England: Open University Press, 2001.

Braverman, Marc T., and Jana Kay Slater. *Advances in Survey Research*. San Francisco: Jossey-Bass, 1998.

Converse, J. M., and Stanley Presser. *Survey Questions: Handcrafting the Standardized Questionnaire*. Beverly Hills, Calif.: Sage Publications, 1986.

Dillman, Don A. *Mail and Electronic Surveys*. New York: Wiley, 1999.

Frey, James H., and Sabine M. Oishi. *How to Conduct Interviews by Telephone and in Person*. Thousand Oaks, Calif.: Sage Publications, 1995.

Nesbary, Dale. *Survey Research and the Word Wide Web*. Needham Heights, Mass.: Allyn and Bacon, 1999.

Newman, Isadore, and Keith A. McNeil. *Conducting Survey Research in the Social Sciences*. Lanham, Md.: University Press of America, 1998.

Patten, Mildred L. *Questionnaire Research: A Practical Guide*. 2d ed. Los Angeles: Pyrczak, 2001.

Rea, Louis M., and Richard A. Parker. *Designing and Conducting Survey Research*. San Francisco: Jossey-Bass, 1997.

Sapsford, Roger. *Survey Research*. Thousand Oaks, Calif.: Sage Publications, 1999.

Tanur, Judith M., ed. *Questions about Questions*. New York: Russell Sage Foundation, 1992.

第 11 章

单变量分析和描述性统计

那些希望对政治和政府进行科学理解的政治学家坚持一种特殊的方法论，那就是经验研究的原则。在第 1 章中所呈现的所有案例研究都接受这种原则。研究者提出具体的、可检验的假设，设法展开调查，对概念和变量进行细致的定义，建立严格的检验假设所需的数据收集的程序。在前面的章节中，我们讨论了这些步骤的一些细节。我们也考察了科学知识、假设形成、研究设计、测量以及很多观察和收集数据的方法。本书剩下的内容将讨论经验研究计划最后的步骤：从统计分析到撰写报告。

一般来说，大多数政治学家都认为统计性的基本知识对于政治科学从业者和学生来说同样重要。为什么？因为社会科学的经验研究要求结论应当得到确凿的证据的支持，而达到这个目的最普遍的方法就是统计分析。即使对于那些不打算进行经验研究的人来说，也不可能在不掌握定量分析方法的情况下跟上学科领域的发展。此外，只要掌握一些基本的原理，即便是“缺乏技术头脑”的政治学家都能够在现代计算机软件的帮助下使用相当先进的技术。

经验研究的主要目的是研究和检验与政治现象有关的变量之间的关系。它要求对两个或者更多的变量进行研究。但是，正如进行这种研究的第一步一样，研究者常常观察单变量的观察值的分布，然后，对这些值进行归纳分析，这个程序被称为**单变量分析**（unvariate data analysis）。**描述性统计**（descriptive statistics）有助于反映数据的特性，这些特性并不能通过观察整个数据集看清楚。

毫无疑义，读者可能已经很熟悉这类分析的例子了。例如，如果你把你的课程成绩等级列出来，然后把相同等级放入一组（例如，2 个 A，4 个 A－，7 个 B，3 个 C＋，1 个 D），你已经得到了关于这些观察值的简单的单变量分析。如果你对每一个等级赋值（例如，A＝4.0，A－＝3.7，B＝3.0，C＋＝2.3，D＝1.0 等），把它们相加，然后按照等级数对这个总和进行平均，你就进行了描述性统计的计算。算术均值或正如你可能知道的“平均数”就能概括你的学术表现。

一、数据矩阵

你在大众媒体或学术期刊上看到的大多数的统计报告通常只写了对大量数据进行长时间的收集、组织和分析得出的最后的结果。但是，弄懂它们背后的东西和理解这些经验结论一样重要。至少，从概念上来说，第一步是把观察值列成**数据矩阵**（data matrix），数据矩阵是标有数值的行和列的简单排列。有时候，这种数据表示方法也被称为**列举表**（enumerative table），因为它基本上列出了一个变量在所有案例中的值。独立行包含每一个案例的数据。如果你从左到右阅读一行，你所看到的就是关于某个案例的一些特定的值。每一列包含所有案例的同一变量的值。

表 11—1 是一个简单的数据矩阵。这组数据是 142 个国家“环境可持续性指数”（ESI）的得分。尽管我们不能从细节上了解它的构成，这些尺度“包括了对当下的状况、这些状况所带来的压力、对人类的影响和社会反响的测量”，目的是评估每一个国家“长期的环境可持续性的前景”。[1]它由大量的测量构成，如二氧化碳的浓度、人均收入和公民自由与民主制度的出现。我们的判断是“一个国家的 ESI 分数越高，越能肯定它在将来能保持一个有利的环境条件”[2]。

实际上，为了节约空间，表 11—1 把数据安排在三个“超大”列里。但是，事实上，它们应当被视作一个有 142 排和 2 列的矩阵。在这个例子里，分析的单元是国家，一个国家有两个“测度”：国名和 ESI 的数值。（参见表 11—1 中的第 1 栏和第 2 栏。）

表 11—1　　环境可持续指数的数据矩阵（2004 年）

列 1	列 2	列 1	列 2	列 1	列 2
阿尔巴尼亚	57.9	孟加拉	46.9	保加利亚	49.3
阿尔及利亚	49.4	比利时	39.1	布基纳法索	5.0
安哥拉	42.4	贝宁	45.7	布隆迪	41.6
阿根廷	61.5	不丹	56.3	白俄罗斯	52.8
亚美尼亚	54.8	玻利维亚	59.4	柬埔寨	45.6
澳大利亚	60.3	波黑	51.3	喀麦隆	45.9
奥地利	64.2	博兹瓦纳	61.8	加拿大	70.6
阿塞拜疆	41.8	巴西	59.6	中非	4.1

续前表

列 1	列 2	列 1	列 2	列 1	列 2
乍得	45.7	约旦	51.7	波兰	46.7
智利	55.1	哈萨克斯坦	46.5	葡萄牙	57.1
哥伦比亚	59.1	肯尼亚	46.3	罗马尼亚	50.0
刚果	54.3	科威特	23.9	俄罗斯	49.1
哥斯达黎加	63.2	吉尔吉斯斯坦	51.3	卢旺达	40.6
克罗地亚	62.5	老挝	56.2	沙特阿拉伯	34.2
古巴	51.2	拉脱维亚	63.0	塞内加尔	47.6
捷克	50.2	黎巴嫩	43.8	塞拉利昂	36.5
丹麦	56.2	利比里亚	37.7	斯洛伐克	61.6
多米尼加共和国	48.4	利比亚	39.3	斯洛文尼亚	58.8
厄瓜多尔	54.3	立陶宛	57.2	索马里	37.1
埃及	48.8	马其顿	47.2	南非	48.7
萨尔瓦多	48.7	马达加斯加	38.8	韩国	35.9
爱沙尼亚	60.0	马拉维	47.3	西班牙	54.1
埃塞俄比亚	41.8	马来西亚	49.5	斯里兰卡	51.3
芬兰	73.9	马里	47.1	苏丹	44.7
法国	55.5	毛里塔尼亚	38.9	瑞典	72.6
加蓬	54.9	墨西哥	45.9	瑞士	66.5
冈比亚	44.7	摩尔多瓦	54.5	叙利亚	43.6
德国	52.5	蒙古国	54.2	塔吉克斯坦	42.4
加纳	50.2	摩洛哥	49.1	坦桑尼亚	48.1
希腊	50.9	莫桑比克	51.1	泰国	51.6
危地马拉	49.6	缅甸	46.2	多哥	44.3
几内亚	45.3	纳米比亚	57.4	特立尼达和多巴哥	40.1
几内亚-比索	38.8	尼泊尔	45.2	突尼斯	50.8
海地	34.8	荷兰	55.4	土耳其	50.8
洪都拉斯	53.1	新西兰	59.9	土库曼斯坦	37.3
匈牙利	62.7	尼加拉瓜	51.8	乌干达	48.7
冰岛	63.9	尼日尔	39.4	乌克兰	35.0
印度	41.6	尼日利亚	36.7	阿联酋	25.7
印度尼西亚	45.1	朝鲜	32.3	英国	46.1
伊朗	44.5	挪威	73.0	美国	53.2
伊拉克	33.2	阿曼	40.2	乌拉圭	66.0
爱尔兰	54.8	巴基斯坦	42.1	乌兹别克斯坦	41.3
以色列	50.4	巴拿马	60.0	委内瑞拉	53.0
意大利	47.2	巴布亚新几内亚	51.8	越南	45.7
科特迪瓦	43.4	巴拉圭	57.8	刚果民主共和国	43.3
牙买加	40.1	秘鲁	56.5	赞比亚	49.5
日本	48.6	菲律宾	41.6	津巴布韦	53.2

资料来源：Yale Center for Environmental Law and Policy，"2002 Environmental Sustainability Index."（New Haven，Conn.：Yale Center for Environmental Law and Policy，in collaboration with the center for International Earth Science Information Network Columbia University），1，available online at http://www.ciesin.columbia.edu/indicators/ESI（accessed February 27，2004）. Reprinted with permission of CIESIN。

这个矩阵中的信息不是很有用，一方面是由于它的实际尺度，另一方面是我们甚至很难看出它的平均数是多少，更不要说变化的程度或值域了。它也没有告诉我们造成分数高低的原因。但是，这是数据分析中一个很必要的初始步骤。事实上，它用图表的形式展示了文本和数字怎么被储存在电脑里。例如，我们可以运用一个程序把第 2 列中所有的数值加起来，然后除以 142 就能得到 ESI 分数的均值。

我们在第 1 章中讨论过西格尔和科弗关于政治意识形态和最高法院法官的决策的论文，他们提供了类似的数据。例如，表 11—2 展示了每一位法官（分析单元）的政治意识形态的观察值（请记住，这个测量源于作者对报纸社论的内容分析）和法官对公民自由的支持程度，这一点可以通过司法案例反映出来。[3] 请注意每一行代表一个特定的法官，而每一列代表一个特定变量的各项取值。

表 11—2　　最高法院法官的政治意识形态和对公民自由的支持程度的分布

法官	观察值[a]	支持[b]
沃伦	0.50	78.1
哈伦	0.75	41.9
布伦南	1.00	77.9
惠特克	0.00	43.4
斯图尔特	0.50	51.5
怀特	0.00	43.4
戈德堡	0.50	89.6
福塔斯	1.00	80.4
马歇尔	1.00	79.7
伯格	−0.77	29.7
布莱克门	−0.77	42.9
鲍威尔	−0.67	37.9
伦奎斯特[c]	−0.91	19.5
史蒂文斯	−0.50	56.3
奥康纳	−0.17	30.9
伦奎斯特[d]	−0.91	23.0
斯卡利亚	−1.00	34.7
肯尼迪	−0.27	40.0

a. 来自西格尔和科弗。范围从−1.00（极端保守）到 1.00（极端自由）。

b. 在实际公民自由案件中投票的百分比（1953—1988 年）。

c. 尼克松任命。

d. 里根任命。

资料来源：Jeffrey A. Segal and Albert D. Cover, "Ideological Values and the Votes of U. S. Supreme Court Justices," *American Political Science Review* 83 (June 1989): 560. Reprinted with permission of Cambridge University Press。

相对于前一个表格来说，这个表格比较容易"看懂"，但是，大多数的研究包含太多的案例以致不能用单一的表格来表示。因此，研究者常常采用大量的图表工具来展示变量分布的形式和特征。他们也常用描述性统计作为这些图表的补充。

二、经验性的频数分布

对于大的数据集来说，研究者常以统计变量观察值的频数分布作为开始。经验性的**频数分布**（frequency distribution）只不过是展示一个变量的每个值的观察值的数目的表格。观察值也常被称为频数，它常用小写字母 f 表示。除此之外，频数分布也常有一个叫作**相对频率**（relative frequency）的数，这只需简单地把频率换成比率或百分比。比率通过把每一类中观测值的数目除以整个观测数目计算出来，百分比通过比率乘以 100 得到。相对于不常用的频率，比率和百分比传达的信息常常更有意义，也更容易理解。

表 11—3 和表 11—4 是两个频数分布。第一个，表 11—3 显示了一个**二项分类变量**（dichotous variable）：是一个对在伊拉克驻军问题的回答。二分变量只有两个类别（在这里是，“愿意维持现状”和“撤走大部分”）。通过匆匆浏览，我们可以看到在 2003 年 12 月，美国对是否在伊拉克长期驻军这个议题分成了大体持平的两派：446 个人，或 47.9%的人支持，484 个人，或 52.1%的人反对。

让我们停下来讨论一个重要的知识点。当我们看这个或其他频数分布的时候，请记住数据并不总是从每一个对象的所有变量中抽取。例如，由于被调查者拒绝回答某个问题、没有记录调查对象的回答、某个问题不适合某类群体应答，或者仅仅因为其他某些原因而无法进行测量，对导致一些案例的测量是无效的。这一点也适用于其他类型的分析单元。例如，由于一个国家环境服务太不完善了，以致我们不可能对该国的空气污染水平进行记录。这个“未记录”的信息常表示成“遗漏数据”。在表 11—3 中，由 993 个人构成的总体中有 63（6.3%）个人没有对伊拉克驻军问题进行实质性的回答，或者，由于某些原因，他们的回答没有被记录下来。因此，我们有两个总体。第一个是样本规模——常常用 N 表示——即，包含所有研究案例的总体，不管能否得到每一个案例的信息。第二，还有一个有效的或对每一个条款有记录的应答的部分合计或小计。表 11—3 包含 930 个实质性的或者说有效的应答。

表 11—3 　　**简单频数分布**

	频数	百分比（%）	有效百分比[a]（%）
支持驻大量的军队直至其建立稳定的政府	446	44.9	47.9
明年撤出大部分军队	484	48.8	52.1
小计	930	—	100.0
无效回答[b]	63	6.3	—
总数	993	100.0	

注：设定的问题是：“你是否支持在伊拉克驻军直到其建立一个稳定的政府或者明年就从伊拉克撤出大部分军队?”

a. 给予有效回答的百分比（没有缺失）。

b. “拒绝回答”和“不确定”被称为缺失值。

资料来源：Harris Study no. 20229 (December 10-16, 2003). Distributed by Odum Institute for Research in Social Science, University of North Carolina. The Harris Poll was conducted by telephone by Harris Interactive (December 10-16, 2003)。

当我们讨论某些结果，尤其是当我们在计算百分比或比率的时候，重要的是区分这两个“总体”并使用最适合研究目的的那一个。在这个案例中，我们看到有 47.9％的实质性或有效的应答支持在伊拉克驻军，但是，在全部的数据集中这个比率是 44.9％。在这里，这两个数只稍微有一点差距，但是在其他案例中并不常是这样。

事实上，这样的差异可以被理解。那为什么这个问题还很重要呢？想象一下，有人告诉你调查“证明”80％的美国人支持孤立主义的外交政策。你可能会想既然只有 20％的人反对，那么，肯定有压倒性的意见反对美国干涉世界事务。但是，假设有 1 000 个人参与了这个调查，其中，只有 200 个人给出了关于这个问题的实质性的回答。其他所有人的记录是“不知道”、“无意见”或“拒绝回答”，那么，“80％”很有可能会造成误导。

	原始频数	N 的百分比（％）	有效应答的百分比（％）
孤立主义者	160	16	80
国际主义者	40	4	20
小计	200	—	100
缺失值	800	80	
总计	1 000	100	

我们看到，事实上在整个样本中只有 16％的人采取孤立主义的立场。由于很多调查对象没有提供有意义的应答，因此，研究者可能不愿意做出一个基于这些数据所反映出的民意的一般性总结。这个教训是：在对百分比进行计算的时候，常常需要注意它的基数。[4] 如果你只计算有效应答的百分比，你同时也应当告诉你的读者哪些类型被排除在外，这些类型中每一类有多少个案例。

表 11—4 显示了某个包含四个类别的变量的经验性频数分布。它也显示了案例（观察数据）的数目和每一个值所占的百分比。几乎过半数的实质性的应答（57.5％）落在“完全错误”这一类。但是，在这里请注意，如果只简单地报告这个数据，我们就可能会对形势进行错误的估计，因为整个样本中只有 28.6％或 1/4 的人给出了回答。事实上，将近一半的样本是“无效回答”或者没有数据。因此，57.5％或 28.6％哪个百分比能更好地反映公众的情绪呢？

表 11—4 也提供了**累计比率**（cumulative proportions）（或百分比），这个数告诉读者总体的哪一部分处于或低于某个给定的值。例如，我们看到大约 70％（69.7％）给出实质性应答的调查对象选择了同性恋在某种程度上是“错误”的回答。因此，累计性百分比让读者能从数据中——尤其当变量是定序的时候——看出某些特征，这些特征可能难以通过其他方式看出来。

表 11—4　　**包含多个类别的变量的频数分布**

回答	频数	百分比（％）	有效百分比（％）	累计百分比（％）
完全错误	1 483	28.6	57.5	57.5
基本错误	119	2.1	4.6	62.1

续前表

回答	频数	百分比（%）	有效百分比（%）	累计百分比（%）
有时错误	198	3.5	7.7	69.7
完全正确	781	14.0	30.3	100.0
无效回答	3 001	46.2	—	
总数	5 582	100.0	100.0	

注：问题："对于两个同性成年人发生性关系，你认为这是完全错误的、基本错误、有时错误或完全正确？"

我们应当强调比率和百分比通常比简单的频数要更好，因为它们能让两个不同规模的总体变得更容易比较。例如，表 11—5 显示了男性和女性如何回答在伊拉克驻军的问题。百分比上的差异——61.1%的男性与 35.9%的女性支持驻军的这些比率——显示在这个议题上可能存在非常大的"性别鸿沟"。如果我们仅仅从频率来看，恐怕很难看清这一事实。百分比则能直接揭示信息。（毕竟，"百分比"意味着"每 100"，因此，这个表中的百分比告诉我们每 100 个男性中有多少人"支持……"，每 100 个女性中有多少人支持该议题。同时，请注意在两个类型中，每一列的百分比加点都等于 100。）在许多表格中，它们只告诉我们每一类的百分比，而把频数分布省略了。但是，如果观测数据的总量给定的话，人们很容易计算出频数分布。（从上面我们知道，在这个调查中，485 个女性中 35.9%的人"赞成……"，你只需让 485 乘以 0.359，从而得到对应的频数。）

表 11—5　在伊拉克驻军问题上，以性别为基础的两尾经验性频数

回答	男性	女性	
支持驻大量的军队直至其建立稳定的政府	61.1% (272)	35.9% (174)	
明年撤出大部分军队	38.9% (173)	64.1% (311)	
总计	100.0% (445)	100.0% (485)	N=930

注：设定的问题是："你是否支持在伊拉克驻军直到其建立一个稳定的政府或者明年就从伊拉克撤出大部分军队？"这个百分比给予了有效的回答。括号内是频数。

资料来源：参见表 11—3。

大多数情况下，研究者经常采用计算机软件程序把变量的观察值制成图表并得出频数分布。表 11—6 显示了通过一个叫作 SPSS 的软件得到的频数分布。[5]我们可以从这里看到在社会普查中调查对象对政党身份认同问题的回答。这个表显示了每一个应答类型的取值或"编码"（取值），在每一个类型中所观测到的数目（频数），每一个类型的观测量的百分比（百分比），排除了缺失的观察数据之后的每一个类型观测量的百分比和累计百分比（有效百分比）。例如，在全部的 35 284 个调查对象中 5 676 个人认为他们自己是"坚定的民主党人"（编码为 0）。这个数占全部调查对象的 16.1%，占有效调查对象的 16.2%。表格中的其他变量也可以用这种方式来解释。累计百分比显示了案例的百分比处于或低于一个特定的类型。像 0 对应"坚定的民主党人"这样的编码或数字有利于进行计算机分析。这样的软件使研究者能迅速地、准确地得到频数分布。

表 11—6　　运用 SPSS 得到的频数分布

		频数	百分比（%）	无效百分比（%）	累计百分比（%）
有效的	0 坚定的民主党人	5 676	16.1	16.2	16.2
	1 不坚定的民主党人	8 159	23.1	23.2	39.4
	2 接近民主党的无党派	4 232	12.0	12.1	51.5
	3 无党派	4 405	12.5	12.6	64.0
	4 接近共和党的无党派	3 135	8.9	8.9	73.0
	5 不坚定的共和党人	5 781	16.4	16.5	89.4
	6 坚定的共和党人	3 240	9.2	9.2	98.7
	7 其他党派	467	1.3	1.3	100.0
	总数	35 095	99.5	100.0	
无效的	8 不知道	10	0.0		
	9 丢失的	179	0.5		
	总数	189	0.5		
总数		35 284	100.0		

资料来源：General Social Survey，1972—2002 Cumulative Datafile。

还有另外一些显示和总结频数分布信息的方法。最常见的是条形图和饼图。**条形图**（bar chart）是一系列的长条，每一个长条表示某个类型的观察数据的频数或百分比。图 11—1 是关于表 11—6 调查对象的政党身份认同的条形图。**饼图**（pie diagram）是用一个圆代表一组观察值，其中，整个圆（或饼）代表所有的观察值，圆的每一部分（或扇形）代表每一种类型的观察值的比例。图 11—2 是关于上述政党身份认同数据的饼图。当某个变量的组数或值相对小的时候，条形图和饼图都是最有用的方式。但当你有一打或更多的数据类型的时候，你绘制其中的任何一种都要小心。

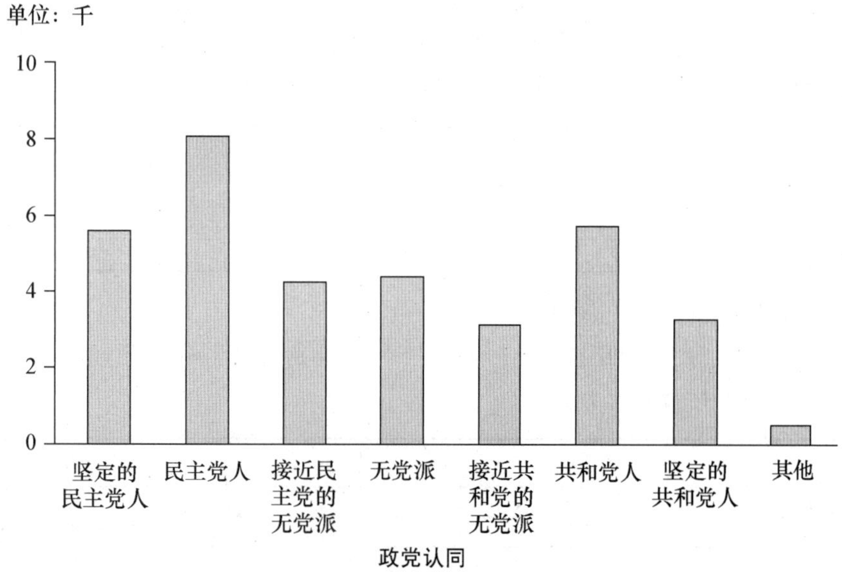

图 11—1　政党认同条形图

资料来源：数据来自表 11—6。

直方图是另外一种总结经验性频数分布的方法。**直方图**（histogram）是一类条形图，其中，长条的高度和宽度表示定类变量的每一种类型或连续变量的组距的频数的百分比。如表 11—1 显示的环境持续性指数，如果变量是连续变量，我们把变量分成几组或块，数一数落在每一组的案例的数目，然后用长条的高度来反映每一组在总体中所占的比例，这样就得到一个直方图。如果变量是定类变量，并且只有少数几个离散的类型，我们就刚好能用长条的大小来反映每一组中案例的比例。

计算和理解百分比

尽管百分比十分常见，但是人们有时会弄错它们的意义和计算方式。“百分比”这个词字面上意味着“每 100”。因此，百分比表明每 100 个案例或被试者中有多少持某种确定的属性。当你见到一个百分比，例如 25%时，你要问一下“这是什么的百分比”。这是 20 个男人的 25%，或是 20 个民主党员，又或者什么？当计算百分比或让电脑来处理的时候，这个问题更要谨记。

例如，假设你想比较男性和女性对“你相信上帝吗”这个问题的回答。正确的过程是：首先要找出有多少女性回答了这个问题，之后确定她们回答“是”的百分比有多少。这个百分比可以和男性回答“是”的百分比进行比较。这与找出“在所有回答‘是’的人中，有多少或百分之多少是女性”不同。下面的频数表分析了这一点。

	女性	男性	总数
是	100	50	150
否	100	50	150
总数	200	100	300

要比较女性和男性，我们首先应当了解每一组中有多少人回答了这个问题。我们看到有 200 名女性，其中 100 名或 50%回答了“是”。相似地，有 100 名男性及其中的 50%也回答了“是”。因此这项调查包括了一个列的百分比的比较：

	女性	男性
是	50%	50%
否	50%	50%
总数	100%	100%

请注意每一列下百分比总数为 100。

这个比较不同于问“回答‘是’与‘否’的性别构成”这个问题。对于这个分析，我们需要表示的百分比为：

	女性	男性	总数
是	67%	33%	100%
否	67%	33%	100%

我们看到 150 个人回答了“是”，其中 100 个或 67%是女性，33%是男性。

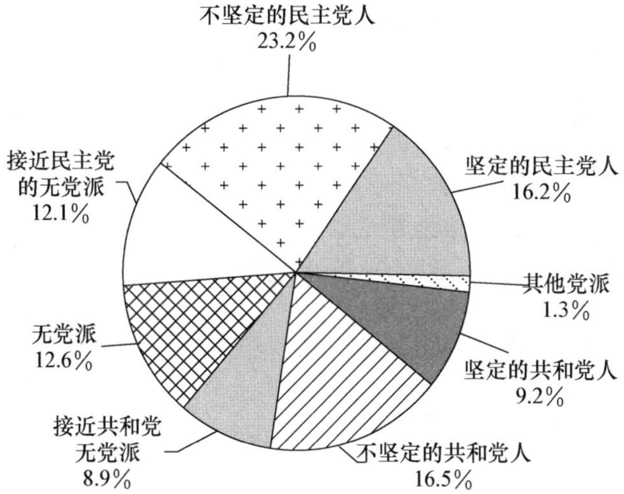

图 11—2　政党认同饼形图

资料来源：数据来自表 11—6。

如同其他描述性统计的工具一样，直方图省略了数据矩阵，通过这种方式我们能够很容易地看出某个变量的重要特征。图 11—3 是由 8 个组距构成的 ESI 数据的直方图。（组距的中点显示在 *X* 轴，也就是水平线上。）这个图简洁地概括了数据矩阵中一长串的数。例如，注意分布的中间位置大约是 50，大多数国家的得分在 40～60 之间变动，而很少处于分布的末端或“尾部”。有时候，我们把这种类型称为“正态”（单峰和对称的）分布。很明显最低得分是 24，最高得分是 74，因此，“全距”是 50。

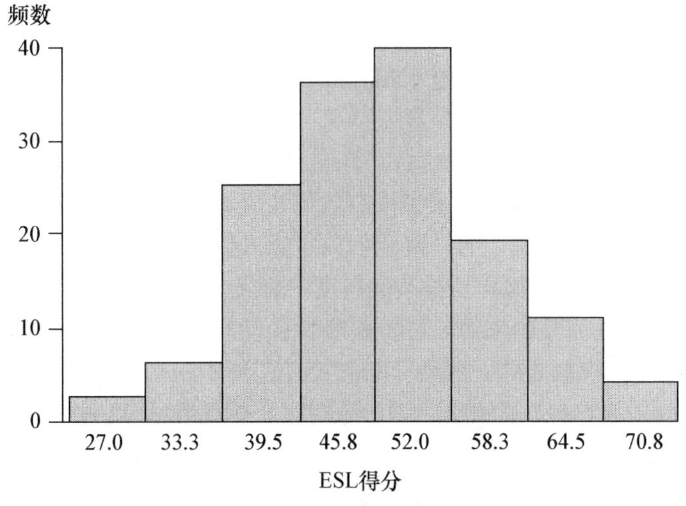

图 11—3　环境可持续性指标直方图

资料来源：数据来自表 11—1。

画直方图是一件费时的事，但是，幸运的是，大多数的统计程序甚至是最基本的那些程序都能很容易地完成这项任务。这种能力十分有用（in handy），因为调查员可能想要采用许多不同的组距画出一组给定的数据组的直方图。正如我们已经指出的，直方图很有用，因为它们既概括了值的“范围”又概括了这些数值的平均密度。但是，它们对切割点的定义十分敏感。（我们所说的“敏感”是指这种分布的形状可能会受到组距的数目和宽度的影响。许多程序没有给使用者较多控制组距的方法，因此我们在使用它的时候应该小心。）

让图表更简明

图表提供给读者关于数据的视觉上的描述。许多电脑程序可以绘制精美的图表。但是这些程序加入了太多额外的特征，例如三维条柱或彩色填充，以至于在打印中有些数据可能遗失。通常最好让线和区域尽可能地简单，这样读者可以更容易看出图表所传达的信息、确保标清楚变量和坐标轴的名称，不要使用普通读者不知道的缩写。审慎地使用注释（文本或符号）来强调你认为读者应该了解的数据的特征。

像直方图、条形图和饼图这样的图形被清晰地画出来并标上尺度，它们有助于读者观察数据的类型。但是，为了达到最好的效果，这些图形应当足够完整地传递所有必要的信息，但又足够简单从而易被解释。有许多计算机程序能在点一下按钮之后画出一些很好看的图形。但是，遗憾的是，这些软件经常通过画三维图形和添加无关的类型、颜色、符号和背景使数据的意思变得模糊。既然这样的做法妨碍我们的理解，我们建议尽可能让线条和空间保持简洁，同时把标题和标签写全。用塔夫特的话来说，在打印出来的内容中，必须尽可能地提高数据所占的比重。[6]

让我们回过头看一看图 11—1，这个图用条形图的形式显示了政党身份认同的分布。它的特征包括：

1. 标题中有一个数字，这样这个图在文章中就可以被查到。
2. 没有缩写的标题全称。
3. 完整标上的变量名（不好的是，许多计算机程序仅仅采用这些名称的简写，如“partyid,”这样的简写对读者来说没有任何意义，因此，你必须把它们改过来）。
4. 把类别的全称写下来，如“坚定的民主党人”，而不是“St. Dem.”。
5. 对 Y 轴进行描述，这样，长条的高度的意义才会清楚。
6. 引用数据标注完整的来源，标上解释性的注释（如果需要的话）。

除了环境持续性指数之外，频数分布和上述图形中每个变量都包含了相对较少的取值类型（例如，表 11—3 显示了一个二分变量，然而在表 11—6 中有 8 个关于政党身份认同的类型）。然而，有的变量测量出来的取值类型太多，以致不能用条形图、饼图甚至是频数分布的方式表示出来。ESI 就是一个好的例子。它有将近 140 个取值，每个国家一个值。这就是为什么要对变量分组并计算每一组的案例数的原因。就像在直方图中所做的一样，这是一个好办法。另外一个方法就是采用线形图或者频数曲线。

频数曲线（frequency curve）是关于频数分布的图形，其中变量的各个值被安排在 X 轴，观察数据的数目被安排在 Y 轴上。每一个数据点代表一个取值的观察数据的数量，然后，把这些点连接起来就构成了一个**线形图**（line diagram）。这样的图可以用作定类或定比层次的测量变量，因为这些变量具有数学特性。

图 11—4 是一个关于年龄分布的线形图，它的数据通过表 11—7 显示出来的。很显然，这种显示观察值分布的方法比单单只使用频数分布能提供更多的信息。线形图更常用来表示“时间序列”的数据或在离散的时间间隔内完成的测量。图 11—5 显示了男性和女性在赞同应该有法律禁止不同种族之间通婚这个问题上的百分比的变化。不需要看大量的数字，我们就可以很容易地看到，在过去 30 多年里，支持这样的法律的人的比例总体上持续下降了。并且，男性和女性都呈现这样的趋势。我们也可以发现，直到最近，女性稍微更倾向于支持法律禁止这样的婚姻。但是，主要的观点是，在一段时间内支持禁止不同种族之间通婚的法律的人已经处于少数，并且这样的人变得越来越少。

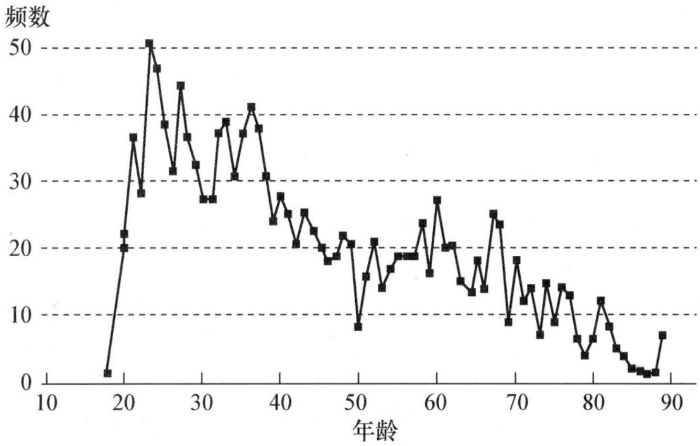

图 11—4　对美国成年人年龄抽样的频数分布曲线

注：数据来源于表 11—7。

表 11—7　对美国成年人年龄抽样的频数分布表

值	频数	百分比（%）	累计百分比（%）
18	2	0	0
19	20	1	1
20	23	2	3
21	37	3	6
22	29	2	8
23	50	3	11
24	47	3	14
25	39	3	17
26	32	2	19
27	44	3	22
28	37	3	25

续前表

值	频数	百分比（%）	累计百分比（%）
29	33	2	27
30	28	2	29
31	28	2	31
32	37	3	33
33	39	3	36
34	31	2	38
35	37	3	40
36	41	3	43
37	38	3	46
38	31	2	48
39	24	2	50
40	28	2	51
41	25	2	53
42	21	1	55
43	25	2	56
44	23	2	58
45	20	1	59
46	18	1	60
47	19	1	62
48	22	1	63
49	21	1	65
50	8	1	65
51	16	1	66
52	21	1	68
53	14	1	69
54	17	1	70
55	19	1	71
56	19	1	72
57	19	1	74
58	24	2	75
59	16	1	76
60	27	2	78
61	20	1	80
62	20	1	81
63	15	1	82
64	13	1	83
65	18	1	84
66	14	1	85
67	25	2	87
68	24	2	88
69	9	1	89

续前表

值	频数	百分比（%）	累计百分比（%）
70	18	1	90
71	12	1	91
72	14	1	92
73	6	0	93
74	15	1	94
75	9	1	94
76	14	1	95
77	13	1	96
78	6	0	96
79	4	0	97
80	6	0	97
81	12	1	98
82	8	1	98
83	5	0	99
84	4	0	99
85	2	0	99
86	2	0	99
87	1	0	99
88	2	0	100
89	7	0	100

缺失值

值	频数
99	6

有效个案：1 467　　缺失个案：6

资料来源：Marija J. Norusis，*SPSS/PC+Studentware*（Chicago：SPSS，Inc.，1998），97。

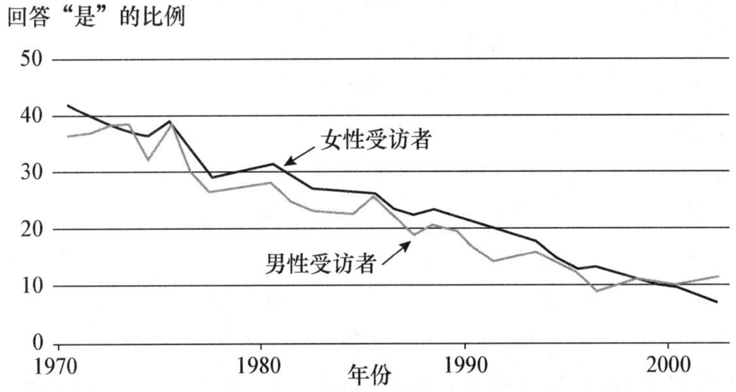

图 11—5　依据性别绘制的对种族间通婚态度的时间序列图（1972—2002 年）

注：设定的问题是：“你是否认为应该通过法律禁止黑人和白人通婚?”
资料来源：General Social Survey 1972—2002 Cumulative Datafile。

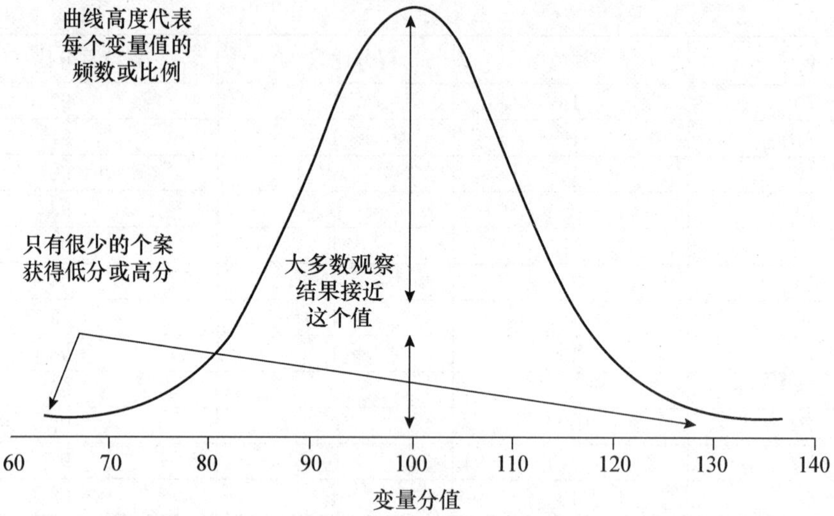

图 11—6　统计分布案例

所有的图形工具都显示了变量的取值分布。**统计分布**（statistical distribution）仅仅是显示他们观测到的或理论上发生频率的变量的各个取值的一种安排。图 11—6 显示了一个假设性的分布。这个变量只有一个单独的“峰”，这意味着大多数案例的得分或取值都是 100 左右。可以肯定地说，很少有取值在 80～90 或 110～120 之间，几乎没有值在 70 以下或 130 以上。而且，分布呈现一个对称的形状：左边的一半是右边那一半的镜像。尽管“典型性”的数值在 100 左右，我们也要看到这个数字的变化。分布图的漂亮之处在于它显示了平均数、中位数、分数和这个数值的离散程度或者说围绕这个数字的变化。例如，如果研究中所有单位的取值都接近一个值，它的分布图会集中在中间。相反，如果有许多值高于或低于中间值，它的分布将会散开。

正如你可能从我们在上面展示的图形中所预见的一样，分布可以有很多形式，对于研究者来说注意到这一点很关键。例如图 11—7 中显示的，它们可以是对称的（a，b，f），也可以是不对称的（c，d，e）。对称的分布是在观察值全距内中点两边的形状是一样的。非对称的分布可能是，如在（c）中，**正向偏态**（positively skewed）（也叫“右偏态”），或者，如在（d）中，**负向偏态**（negatively skewed）（也叫“左偏态”）。在正向偏态的分布中，很少有观察值远高于均值。在负向偏态的分布中，很少有观察值落在曲线的左边。

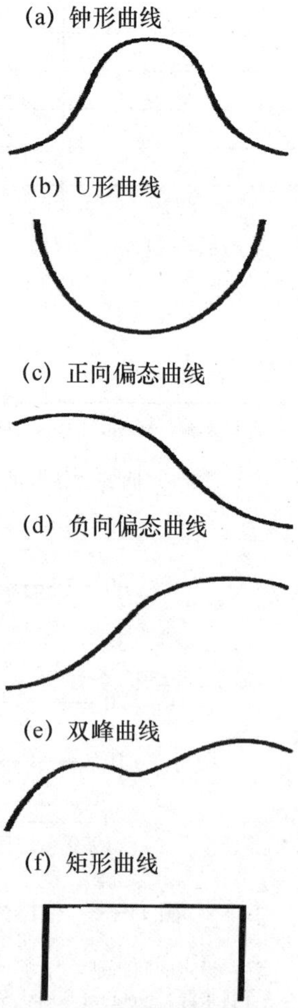

图 11—7　6 个频数曲线的例子

分布的形状对数据的实质性或统计性的解释都会造成

影响。考虑一下收入。大多数的总体都是如图 11—7（c）所示的正向偏态分布。这意味着大多数人的收入大致相似，都远远低于社会中少数富人的收入。我们立刻就可以看到，如果我们仅仅计算所有收入的平均数（均值），那少数几个大的取值就会“扯高”或“拉动”平均数，因而就会扭曲“典型的”人的收入。教训是：当有人说一样东西的平均数或均值是多少云云，我们应当试图查明这个分布的形状是怎么样的。如果形状是对称的（如图 11—6 一样），这个平均数是对正态分布的合理的测量，但是，如果数据偏向一个或另一个方向，在某一端的少数几个极端值可能会导致平均数不能代表普通案例。我们将在下面的内容中详细讲解这一点。

三、描述性统计

正如我们曾说过的，包含在一个频数分布中的信息可以通过许多方式显示出来。但是，有时候频数分布中的信息太多以致读者很难完全了解。而且，有时候读者也想同时比较几个频数分布的内容。我们可能需要通过另外一种方式来概括频数分布的内容，这样的话，它各方面都能够很容易地被掌握。例如，如果有人要你描述一下你在大学中的学业成绩，你可能会列举你所修的每一门课程的分数。但是，当你说了大约十门课程之后，那位听众就很难对你的整个成绩有一个清晰的判断（除非你每一门功课的分数都是一样的）。如果你告诉那个人一个单一的数字——如你的累计平均绩点——而这个数字又能很好地总结你的学业成绩，事情将变得更容易。

即使最大的一组数据也能通过一些描述性统计进行归纳。描述性统计仅仅是一些试图精确和有效地把握频数分布的内容的数字。其中，有两种类型尤其重要：一种叫作**集中趋势**（central tendency），即分布中的“典型”案例是什么样子；另一种是**离散**（dispersion）趋势，即这些数据之间的变化有多大。

但是，用描述性统计的方法对数据进行归纳有一个缺点：基于单个测度上的信息不可避免是不完整的。例如，如果你说你的平均绩点是 3.0（基于一个 4.0 的成绩分布上），那么，只有这一个指标，人们不可能知道你是否在一些科目上很优秀，而另外一些科目成绩不太好，或者，你是否一直只得到 B。为了将信息的损失减少到最低，研究者经常运用几个描述性统计对他们数据的不同方面进行归纳。相比于一个单独的统计来说，把这些统计汇总起来可以得到对单个测量更为清晰的印象。

不同的描述性统计适用于不同的测量层次，因此，我们接下来将分别讨论适用于定类、定序、定距和定比层次测量的描述性统计。

适合于定类变量的描述性统计

定类层次的测度把观察数据分成两个或者更多无序的类型。对定类层次的数据进行归纳是很直观的。测量集中趋势常用**众数**（mode），它是观测值中出现次数最多的类型。例如，考虑一下图 11—8，这是一个关于两个分布的比较图。调查对象被要求对“在……上，我们是花费太多、太少还是适中”这类问题进行回答。对于每一个问题，比如“改善国家的教育体制”或者“军事、武装和国防”，调查对象都可以选择“太多”、“太少”或者“适中”的答案。图 11—8 显示了关于教育的问题中的众数是“太少”，而关于国防的问题中的众数是“适中”。

图 11—8 展示了分布变化的另一种特性。请注意，当问及在教育上的花费时，大多数的人（大约有 70%）选择了“太少”。几乎没有人（6.3%）选择“太多”。比较一下对军事和国防所提的问题中对应的答案。在这个案例中，应答被平均分成了三类。结论是有关国防问题的应答比有关教育问题的应答的变化更大。

对于定类数据来说，离散最大的情形是观察数据被平均地分布在各种类型中。但是，如果观察数据属于同一类型，离散将完全不存在。

一种测量定类变量的离散的简单方法是观察值处于众数的类型中的比率。在众数中的观察数据的数量越少，离散程度就越大。[7]

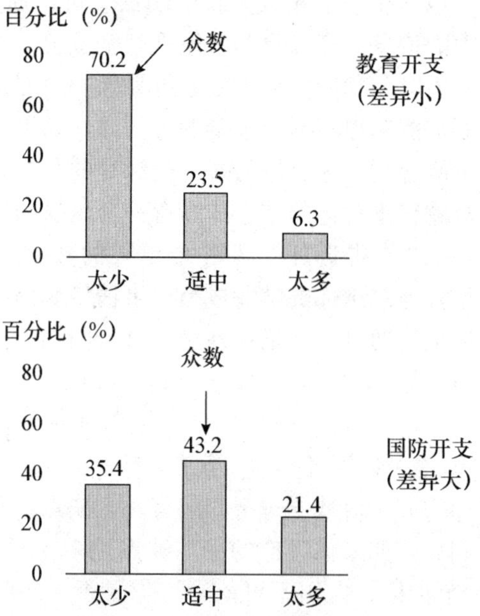

图 11—8　众数与差异比较

注：提问的问题是：“在……上，我们是花费太多、太少还是适中?”条形中的数字是实际的百分比，它们并不总被报道。

资料来源：1972 年至 1996 年“综合社会调查累积数据”，1 996 个受访者。

适合于定序变量的描述性统计

适合于定类变量的描述性统计同样适用于定序变量。定序数据包括按从最低到最高排列的取值类型。但是，当我们对数据中的信息进行归纳的时候，其他的统计量也需按顺序排列。

中位数（median）被广泛运用来反映定序变量的集中趋势。中位数（通常记作

M）是一个（不一定是唯一一个）把分布分成两半的值；也就是说，一半的观察数据大于中位数，一半则小于它。对于分组的数据，中位数是中间的观测数据归属的那一个分类。[8]例如，让我们看一看表 11—8，它按照年龄对 729 个调查对象进行分组。为了找出中位数，我们需要定位分布的中间位置。在 729 个调查对象中，中间的观察数据是 365。既然这个调查对象的答案落到了“35～44”这一类中，那么，中位数的年龄组就是“35～44”。

表 11—8　**受访者年龄的顺序分组**

年龄（岁）	18～24	25～34	35～44	45～59	60 及以上	总计
数量（个）	91	196	128	154	160	729

注：假设数据。

你可以通过如下公式来寻找奇数个观察数据（N）的中间位置：

$$mid_{obs}=\frac{N+1}{2}$$

在这个式子里，mid_{obs}是指“中间的观察数据”。当 N 是奇数时，正如前面的例子，中间的观察数据很容易找到。如果 N 是偶数，那么，mid_{obs}将包含一个 0.5，这是指你必须使用大于和小于 mid_{obs} 的观察数据。例如，如果 $N=200$，那么，$mid_{obs}=(200+1)/2=100.5$。中位数是第 100 个和第 101 个观察数据的取值的平均值。

举一个很简单的例子。假设我们有六个年龄：21，23，25，33，51，60。为了得到观测的中间位置，我们计算：

$$mid_{obs}=\frac{6+1}{2}=3.5$$

处于中位的年龄就是第 3 个和第 4 个观察数据的均值或平均数（加上或减去 0.5 来找 3 和 4），或者

$$M=\frac{25+33}{2}=\frac{58}{2}=29$$

定序变量的离散可以通过**极差**（range）来反映，极差是指最大和最小的观察数据之间的差或观察数据所处的不同类型之间的距离。表 11—8 中年龄的极差是“18～24”到“60 及以上”。当大多数的观察数据都只包含在一个很小的范围之内的时候，观察数据中某一个极端的例子可能导致极差变得很大。正基于此，**四分位距**（interquartile range）——它对少数处于极端的观察值不那么敏感——是测量离散的一个较好的方法。四分位距反映了 50%观察数据的中间位置：25%的值大于它，25%的值小于它。为了计算四分位距，我们需要去掉最小的 1/4 和最大的 1/4。例如，729 的 1/4 是 182.25；从年龄分布的最底端减去 182.25 个受访者，使四分位距的一端在“25～34”之间。从最顶端减去相同数目的受访者，使四分位距的另一端在“45～49”之间。因此，四分位距就是“25～34”到“45～59”。

请注意，定序变量的统计比定类变量能带来更多信息。对于定序变量来说，频数

分布的集中趋势可以通过众数和中位数来判断；对于定类变量来说，只能采用众数。原因在于定类变量不能从低到高排序，但是，定序变量能够按照大小依次排序。对于定序变量来说，极差和四分位距可以反映频数分布的离散度；对于定类变量来说，离散度只能通过处于众数类型中的案例的百分比来反映。

适合于定距和定比变量的描述性统计

定距和定比变量可以利用观察值的数学测度进行归纳。对定距和定比变量的集中趋势进行测量的方法有众数、中位数和算术平均数。**均值**（mean），在日常生活中被叫作平均数，是一个变量所有的值的总和除以值的个数。它可以用符号表示如下：

$$\bar{Y}=\frac{Y_1+Y_2+\cdots+Y_N}{N}=\frac{\sum Y_i}{N}$$

在这个等式中，$\bar{Y}$ 表示均值，它常被叫作“Y 拔”。[正如在第 9 章中所讲到的，通常来说，小写的希腊字母“mu”（μ）代表总体均值。] Y_i 代表一组值中的任意一个值，$\sum$ 是希腊字母“sigma”的大写，它的意思是对单个分数“求和”或“加总”。[9] 事实上，等式简单地阐明了我们经常做的，即把这些数值加总起来并除以它们的总数目。

尽管均值被广泛采用，但是，如果在频数分布中有极端的观察值，均值可能会成为一个误导性的指标。因此，当我们分析如图 11—7（c）和（d）所示的偏态分布时，统计学家常常更愿意使用中位数。我们前面对收入的讨论说明了原因。例如，在如表 11—9 所示的两个假定的社区中，人们的收入是同一的，但是，有一个人例外。社区 A 的平均收入是 37 500 美元，社区 B 的是 20 500 美元。如果只知道这两个社区的平均收入会让你误以为生活在社区 A 的人比生活在社区 B 的人生活得更好，但是，真实的情况是 A 中只有一个人比 B 中的人生活得更好。在这个案例中，中位数比均值能够更好地反映集中的趋势。两个社区的中位数是一样的：21 000 美元。在存在极大值和极小值的情况下，均值和中位数的值相差较大，那么，对两者都进行计算是最安全的一种方式。这就是为什么政府公报在描述典型性公民福利的时候，经常要报告中位收入而不是平均收入的原因。

表 11—9　两个社区的收入假设　单位：美元

个案编号	A 社区	B 社区
1	10 000	10 000
2	10 000	10 000
3	12 000	12 000
4	18 000	18 000
5	20 000	20 000
6	22 000	22 000

续前表

个案编号	A 社区	B 社区
7	25 000	25 000
8	28 000	28 000
9	30 000	30 000
10	200 000	30 000
	$\bar{Y}$=37 500	$\bar{Y}$=20 500

反映定距和定比数据离散性的指标包括极差和四分位距，还包括前面讨论过的**平均偏差**（mean deviation）、**标准差**（standard deviation）和**方差**（variance）。对于定距和定比数据来说，极差和四分位距用一个简单的数字（不同于定序数据中用一个范围）来代表，这是由于这两个变量的数学特性。例如，如果在一次测验中，最高分是 100，最低分是 25，测验分数的极差就是 100～25，或者说 75。如果 25%的测验分数在 80 分以上，25%的在 60 分以下，那么，四分位距就是 80～60，即 20。如果另外一次测验，分数的极差是 90，四分位距是 40，那么，这就反映出第二次测验分数的离散程度更大。除非数据中存在一些极大值或极小值，否则极差和四分位距在反映数值的差异上不如平均偏差、方差和标准差。因此，它们很少用来反映定距和定比变量的离散。

平均偏差（MD）是一种基于每一个数值离开平均数的偏差的测量方法。表 11—10 显示了它的计算方法。如果我们把每一个值减去均值，可以得出每一个数值偏离均值的差（第 2 栏）。这些偏差的总和总是零——这是均值一个很重要的数学特征。（你

表 11—10　　B 社区收入的分配、偏差和平均偏差表　　单位：美元

	Y	$Y-\bar{Y}$	$\lvert Y-\bar{Y} \rvert$
1	10 000	−10 500	10 500
2	10 000	−10 500	10 500
3	12 000	−8 500	8 500
4	18 000	−2 500	2 500
5	20 000	−500	500
6	22 000	1 500	1 500
7	25 000	4 500	4 500
8	28 000	7 500	7 500
9	30 000	9 500	9 500
10	30 000	9 500	9 500
总计	205 000	0	65 000
$\bar{Y}=20\,500$			
$\sum(Y-\bar{Y})=0$			
$\sum \lvert Y-\bar{Y} \rvert = 65\,000$			
$MD=\frac{65\,000}{10}=6\,500$			
$N=10$			

注：假设数据来源于表 11—9。

自己可以把第 2 栏的数字加总核对一下。）因为我们只对偏差的量感兴趣，并不关心偏差的方向或符号，我们可以对偏差的绝对值进行加总（第 3 栏），这就是说“省略掉这些值的负号（如果有负号的话）”。然后，我们用这个总量除以这些数值的数量，这样就能从均值得到平均偏差。平均偏差越大，数值围绕均值的离散程度越大。

平均偏差的等式如下：

$$MD = \frac{\sum |Y - \overline{Y}|}{N}$$

在这里，‖为绝对值的符号。换而言之，将数值减去均值，如果有负号的话，把负号去掉。尽管平均偏差反映了离散，但是，标准差和方差比平均偏差更常见。之所以这样的原因在于标准差和方差在更高级的统计学中更频繁地出现。我们会在第 12 章和第 13 章中讨论更高级的统计学。

样本标准差是每个数值减去均值的偏差的平方和除以样本容量减去 1 的平方根。

$$\hat{\sigma} = \sqrt{\frac{\sum (Y_i - \overline{Y})^2}{N - 1}}$$

由于它通常由一个有 N 个观察数据的样本进行计算，并经常被认为类似总体标准差的估计值，因此，它被叫作样本的标准差，并用小写希腊字母 sigma（σ）带一个小帽子来表示。如果我们有一个总体，我们可以用不戴帽子的 σ，并且公式的分母可以用 N 代替 $N-1$。[10]标准差可以被解释成平均数的均方差。

方差记做 $\hat{\sigma}^2$，它是标准差的平方：

$$\hat{\sigma}^2 = \frac{\sum (Y_i - \overline{Y})^2}{N - 1}$$

数据与平均数的离散度越大，标准差和方差的值就越大。如果所有的数据点都是一样的话，则标准差和方差都是 0。

假如案例的数目 N 并不是非比寻常地大的话，方差和标准差可以通过简易计算器计算出来。首先，我们计算出“总平方和”（TSS）：

$$TSS = \sum Y_i^2 - \frac{(\sum Y_i)^2}{N}$$

请注意，第一项是每一个 Y 的平方和。第二项是很多 Y 的总和的平方。许多计算机都有累计的键。输入一个 Y 并按 $\sum$ ＋键，就开始了加总程序。然后，输入另外一个值，按 $\sum$ ＋键，再输入一个值，按 $\sum$ ＋键，如此反复，直到所有的 Y 值都输入为止。接下来，Y 的平方的和（$\sum \mathrm{Y}^2$）以及 Y 的值的和（$\sum \mathrm{Y}$）将被存储在记忆中，它们可以被激活用来计算上面的 TSS。

接下来，我们只需要用 TSS 除以 $N-1$ 就能得到标准差。完整的公式是：

$$\hat{\sigma}=\sqrt{\frac{\sum Y_i^2-\frac{(\sum Y_i)^2}{N}}{N-1}}$$

表 11—11 是一个关于这个计算的例子。从这个表中，我们可以看到样本的标准差是：

$$\hat{\sigma}=\sqrt{\frac{3\,949-\frac{(157)^2}{7}}{6}}=8.443$$

表 11—11 中的数据的方差是 $(8.443)^2=71.29$。

由于方差或标准差的数值常常并没有直观的意义，尤其是因为它们不如均值或平均数那样在人们的日常生活中使用，因此，有时候结合频数分布来解释它会比较容易。例如，假设通过一次民意调查，我们对美国总统的声望进行测量，应答的标准差是 5.0。这个数字告诉了我们什么呢？它可能什么信息也没有说。如果总统的声望是只测量了 10 个案例，并且应答的均值是 6.0，那么，标准差是 5.0 可能反映每个人的答案的离散程度很大。但是，如果总体包括 100 个案例，并且均值是 65.0，那么 5.0 的标准差可能反映大多数人的答案是相似或者说集中在一起的。

表 11—11　　用 *TSS* 计算出来的和与平方和

观察数	Y_i	Y_i^2
1	22	484
2	33	1 089
3	15	225
4	17	289
5	29	841
6	30	900
7	11	121
$N=7$	$\sum Y_i = 157$	$\sum Y_i^2 = 3\,949$

标准差是一个重要的统计量，尤其是在与正态分布这种特殊分布联系的时候。接下来，我们将讨论正态分布。

四、正态分布

现在，我们来介绍一种理论上而不是经验上的分布形式，它就是正态分布。正态分布与类似正态的分布被看成可以与其他的观察数据分布进行比较的一种理想的类型。在判断一个结果在特定条件下是否可以被认为是不寻常或不可能发生的时候，正态分布也能提供指南。

正态分布（normal distribution）可以通过一个等式表示出来。它的图形是单峰的、对称的（“钟形的”）曲线，它有两个有趣的特征。首先，均值、众数和中位数都精确地落在分布的中间。其次，观察数据或案例按照一定的比例落在均值和任意位置之间，该位置离开均值的距离取决于标准差。对于任何一个一般正态分布来说，均值与大于或小于均值的任意距离之间的面积都是已知的，且已经被列成表。（附录D包含一个这样的表格。）图11—9描述了一些选定区域的信息。将正态分布下面的总面积设为100%。因为曲线是对称的，均值把曲线平分为二，这样，我们可以看到50%的区域在均值左边，50%在均值右边。

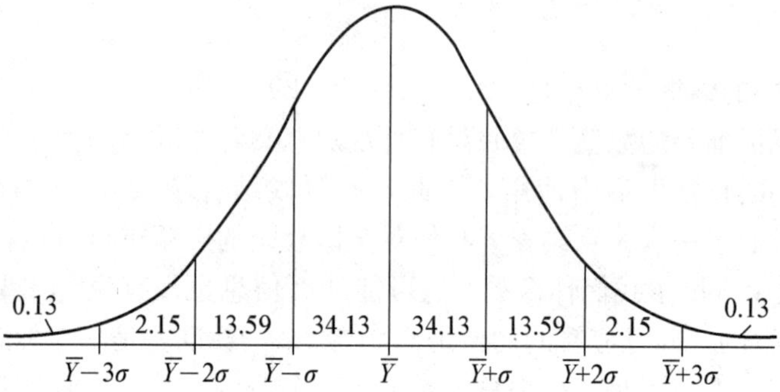

图11—9 选择点间个案的正态分布和百分比曲线

注：假设数据。

例如，正态曲线的表也显示了总面积的34.13%处于均值和大于均值一个标准差之间。因为图形是对称的，34.13%的总面积落在均值和小于均值一个标准差之间。而这两点之间的面积——均值减去一个标准差和均值加上一个标准差——就是总面积的68.26%。如果你看一看这个图并把这些区域加起来，你可以发现95.44%的区域都处于均值和均值加减两个标准差之间。不一定要使用标准差的整数倍。例如，将近95%的区域处于均值减去1.96个标准差和均值加上1.96个标准差之间。同样地，99%的区域处于均值加减2.58个标准差之间。

如果你要对正态分布表特定的点与点之间的区域进行更精确的描述，我们可以重新采用以前使用过的语言，例如，“正态分布下面大约有2/3的区域（0.682 6更加精确）处在X轴的$\bar{Y}-\sigma$和$\bar{Y}+\sigma$的两点之间”。举一个例子：假设正态分布中某一个变量的均值是50，标准差σ是10。那么，正态曲线下面的区域有68.26%的可能在落在50－10＝40和50＋10＝60之间。这种特性迟早有用，我们先在这里叙述它，然后在接下来的几页中，我们将对它进行深入的讲解。

举一个简单的例子。假设一个调查者建构了一个用数字表示意识形态的变量，它符合正态分布，其均值是50，标准差是5。知道了这些信息后，我们就能对意识形态进行描述。例如，我们知道50%的人关于意识形态的得分高于50，50%的人关于意识形态的得分低于50。除此以外，总体的95%处于50－1.96(5)＝40.2和50＋1.96(5)＝59.8之间。既然正态曲线下的区域是100%，我们也可以知道大约有5%的人的得分在40.2以下或59.8以上。因此，与总体中的大多数相比，得分在85的那些人可能是“极端值”。图11—10把这些点清晰地描述出来了。

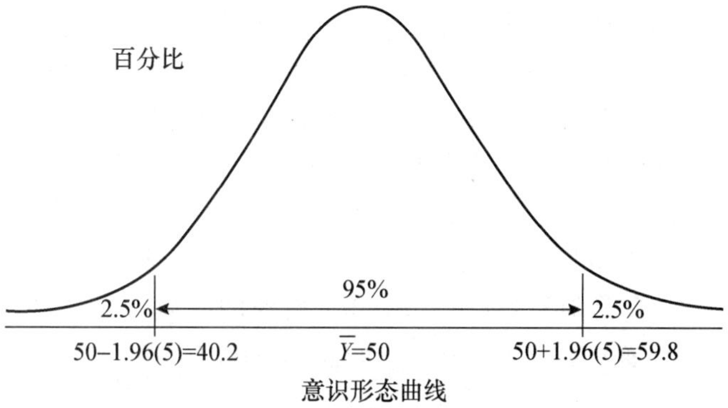

图 11—10　均值为 50、标准差为 5 的正态分布曲线

注：假设数据。

由于总面积被看成是 100%，因此，我们也可以计算大于和小于特定的点之间的区域的面积。例如，如果有 34.13%的区域处于均值和比均值大一个标准差之间，那么，50.00－34.13＝15.87%的区域处于均值与大于均值一个标准差之间。或者，让我们换另外一个例子，既然 99%的区域落在均值加上 2.58 个标准差和均值减去 2.58 个标准差之间，那么，只有 1%落在这些点之外。寻找这些区域的办法只需要大致地画一个正态分布的曲线，把中点标记出来，把整个区域看成 100 并把均值左边和右边的区域标记出来。

同时，也请注意如果我们的样本很大——比如，成千上万——前面所述的标记区域的方法可以变成对案例比例的描述。例如，如果在一个大的数据组中的某一个变量呈正态分布，我们希望找出 34.13%的案例或观察数据的取值在均值 $\bar{Y}$ 与均值加一个标准差之间。正如我们将要看到的一样，我们同样可以把正态分布下面的区域看成一个概率，这个区域的总面积是 1.0。

最后，既然所有的正态分布都具有这些特征，因此，我们可以使用一个“标准化”的形式——亦称为**标准正态分布**（standard normal distribution）——把它们转化成标准化的值，来寻找位于任意两点之间的区域。标准正态分布的均值是 0，标准差是 1.0。这种分布被看成是 z 分布。某个值离开均值的标准差数，被认为是 ***z* 分数**（z scorel）。

假设一个经验性分布的均值和标准差分别是 200 和 30。如果我们想知道有多大的区域（或多少案例）落在 230 这个量的右面，我们可以把 230 转化成 z 分数并运用标准正态分布表来得出答案。公式是：

$$z=\frac{(Y_i-\bar{Y})}{\hat{\sigma}}$$

在这个案例中，对应于 230 的 z 是：

$$z=\frac{(230-200)}{30}=1.0$$

然后我们可以用附录 D 来计算落在 1.0 右边的区域（案例或概率的百分比）的比例是多少，并由此确定观测数据的相应比例。附录 D 中的表告诉我们在分布的中点和 z 分数之间的区域的比例。为了确定处于 z 分数右面的案例的比例，你将需要用 0.5 减去从表中所得到的比例（0.5－0.341 3＝0.158 7）。

类似地，对于同样的情况，我们可以通过查 $z=(190-200)/2=-0.10$ 来确定落在 190 左面的案例的概率或期望的比例。（我们只需要去掉负号直接查询 0.1 就可以了，这是因为正态分布是对称的，因此，0.1 右面的区域和 0.1 左面的区域是一样的。）案例落在 190 下面的比例是（0.5－0.039 8）＝0.460 2。

五、正态分布和统计推论

让我们回忆一下在第 9 章中提到的一个要点：我们可以从一个总体中抽取大量的随机样本，计算出每一次所感兴趣的统计量，并考察这些样本统计量的分布。这个结果就叫作抽样分布。

考虑一下当样本的统计量是均值 $\bar{Y}$ 的时候会发生什么？当我们不断地从一个均值是 μ、标准差是 σ 的总体中抽出样本的时候。我们计算出每一个样本的均值 $\bar{Y}$，这些样本均值的分布就叫作均值的抽样分布，它们是均值为 μ 和标准差为 $\sigma_{\bar{Y}}=\sigma/\sqrt{N}$的正态分布，其中，$N$ 是样本容量。换而言之，大多数的样本均值会散落在 μ 的周围。当然，由于单个的 $\bar{Y}$ 是估计值，大部分 $\bar{Y}$ 不完全等同于总体的均值，但是，它们围绕总体均值分布。这些估计值的方差是抽样分布的标准差 $\sigma_{\bar{Y}}$（见图 11—11）。$\sigma_{\bar{Y}}$常常被称为均值的标准误，或者就叫**标准误**（standard error）（S. E.）。标准误就是抽样分布中的标准差。这一点让我们仅仅基于一个样本就能估计出总体均值的置信区间（关于置信区间和边际误差的讨论，参见第 9 章和第 12 章。）

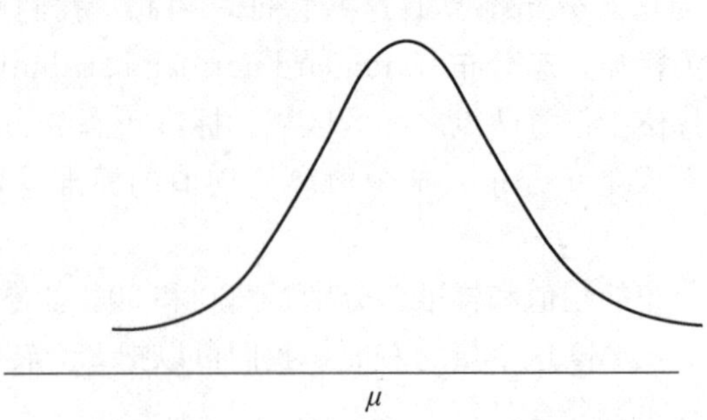

图 11—11　均值（$\bar{Y}s$）的抽样分布曲线

为了从一个样本中估计出总体的均值并用概率描述出来，我们需要计算出均值的标准误。对于一个容量是 N 的样本来说，（估计的）标准误就是：

$$\hat{\sigma}_{\bar{Y}}=\frac{\hat{\sigma}}{\sqrt{N}}$$

例如，我们可以通过抽取在某个大学中接受财政援助的学生样本，从而估计出这些学生接受财政援助的平均值。在一次调查中，抽取了 $N=100$ 个大学生，财政援助的平均值 $\bar{Y}$ 是 750 美元，标准差（$\hat{\sigma}$）是 50 美元。关于这所大学中所有学生接受财政援助的均值能告诉我们什么呢？我们能在多大程度上肯定对均值的样本估计量是恰当的呢？幸运的是，我们知道当样本容量很大的时候，我们可以运用样本的标准差（$\hat{\sigma}$）来估算出标准误：

$$\hat{\sigma}_{\bar{Y}}=\frac{50}{\sqrt{100}}=5.0$$

由于均值的抽样分布是正态的，68%的样本估计值都落在均值加上一个标准误和均值减去一个标准误之间。（请回忆一下标准误是一个标准差，这就是当面对一个标准的正态分布的时候，可以用标准误代替标准差的原因。）因此，我们可以说有 68%的把握肯定真实总体的均值，或者平均的资助量是 750 美元±5 美元，或者说处于 745～755 美元之间。运用同样的方法，我们有 95%的把握肯定这所大学学生所获得资助的平均值处于 740～760 美元之间（750±2 美元 S. E.）。

概率的计算

如果你需要计算一个人得分或落在某一分数之上（或之下）的人数的比例，试着通过文中列出的公式把信息转化成 z 分数。z 分数也有助于画出一条正态曲线的略图，将坐标轴标上“z”并且在中心标上 0。之后再按照比例标出曲线下的区域。这个结果可以被解释为概率或比例或百分比。

为了加强对概率抽样的了解，我们将用一种稍微不同的方式来解释这个过程。这里包括三种不同的分布：某个总体中单个变量的分布、从这个总体中所抽取的一个简单样本中同一变量的分布以及基于这个变量的某个样本统计量的抽样分布——即在当下这个案例中，各个样本均值的分布。

每一个分布都有一个标准差。总体的标准差用 σ 表示，通常来说，它的数学值是未知的。样本的标准差用 $\hat{\sigma}$ 来表示，它的值可以从 N 个观察数据中计算出来。抽样分布的标准差 $\hat{\sigma}_{\bar{Y}}$可以通过样本均值的标准差（的估计值）计算出来。

既然抽样分布被看作正态的，我们就可以计算出获得一个所有样本均值之中的均值和距离这个均值任一个标准误之间的样本均值的概率是多少。我们知道 N（样本容量）的值、样本均值和标准差。我们也知道正态分布的特征。最后，我们从统计理论中知道均值的抽样分布是正态的，并且，它的均值是 μ，标准差是 $\hat{\sigma}_{\bar{Y}}$。由于一个概率样本可以通过这样的方式与正态分布联系起来，因此，正态分布的特征可以被用来对分布参数进行概率描述。

我们也可以运用这一知识计算出为了达到某个样本统计量的预期的精度水平所需的样本容量。例如，假设我们想要测量某个随机样本反映的总统声望。如果计算出这个样本的标准差，我们也可以通过换算如下这两个公式，计算出这个给定的标准误所要求的样本容量：

$$\hat{\sigma}_{\bar{Y}}=\frac{\hat{\sigma}}{\sqrt{N}}$$

$$N=\frac{\hat{\sigma}^2}{\hat{\sigma}_{\bar{Y}}^2}$$

例如，如果我们用 100 的测度范围来测量总统的声望，样本均值是 65，标准差是 30，期望的标准误是 3，那么，样本容量就是 100：

$$N=\frac{30^2}{3^2}=\frac{900}{9}=100$$

简而言之，如果样本容量 $N=100$，那么我们有 95%的把握肯定总统声望的总体均值处于这个样本均值的正负 1.96 个标准误之间，或者说是 65±5.88 之间。如果估计不够准确，或者说如果研究者没有足够多的经费对 100 人进行访谈，那么我们可以调整样本规模。

表 11—12 描述了这一点。假设，均值 $\bar{Y}=65$，标准差是 30。我们可以利用这两个值计算出不在同一个样本容量下均值的估计抽样误差（$\hat{\sigma}_{\bar{Y}}$），然后找到我们有 95%的把握肯定包含真实的均值 μ 的区间。例如，如果 $N=36$，那么 $\hat{\sigma}_{\bar{Y}}=30/\sqrt{36}=5$，此时区间是 65±(1.96)(5)，或者是 55.2～74.8 之间。我们也可以从正态分布表中看出当 N 增加的时候，标准误下降，对应的区间变窄。

表 11—12　　不同样本量下的标准误差和 95%置信区间

N	$\hat{\sigma}\bar{Y}$	(1.96)($\hat{\sigma}\bar{Y}$)	区间
36	5	9.80	55.2～74.8
56	4	7.84	57.2～72.8
100	3	5.88	59.1～70.9
225	2	3.92	61.1～68.9
900	1	1.96	63.0～67.0

注：计算假设 $\hat{\sigma}=30$，$\bar{Y}=65.0$。

最后，如果首先给出样本均值和标准差的大小，我们可以运用上面给出的公式找到与给定的标准误相匹配的 N 值。[11]

结　论

在这一章中，我们讨论了对单变量的观察值的描述和分析。频数分布是某个变量的每个取值的观察值的数目，我们可以采用许多技术——例如条形图、饼图和频数曲线——从图形上对其进行描述。我们应当小心地画这些图形，以确保它们能清晰地、正确地概括频数分布中的数据。

描述性统计也被用来描述变量的观察值。单变量描述性统计反映了单个变量中数值的集中趋势和离散度。单个或少量的数就反映了这些重要的特征，这有助于我们处理一些数目较大的数据描述。不同的单变量统计量适用于定类、定序、定距或定比数据。

在我们讨论的所有统计量中，均值和标准差是最重要的变量。这是因为它们是进行更复杂的统计分析和探求变量之间关系的基础。在第 12 章和第 13 章中，我们要讨论两个或两个以上变量的关系的统计分析。

注　释

[1] [2] Yale Center for Environmental Law and Policy, "2002 Environmental Sustainability Index" (New Haven, Conn. : Yale Center for Environmental Law and Policy, in collaboration with the Center for International Earth Science Information Network, Columbia University), 1, available online at http://www. ciesin. columbia. edu/indicators/ESI (accessed February 27, 2004).

[3] Jeffrey A. Segal and Albert D. Cover, "Ideological Values and the Votes of U. S. Supreme Court Justices," *American Political Science Review* 83 (June 1989): 557-565.

[4] 遗憾的是，在公开出版物中我们往往不能将二者区分开来，特别是在大众媒体的报道中，因为作者根本没有提供必要的信息。这就是为什么我们鼓励研究者在报告百分比时同时也要报告总的频数。

[5] SPSS 是社会科学统计软件包（Statistical Package for the Social Sciences）的简称，这是一个开发了电脑软件来执行数据分析的公司的商标。它是社会科学家使用的几款软件包中的一款。

[6] Edward R. Tufte, *The Visual Display of Quantitative Information* (Cheshire, Conn. : Graphics, 1983).

[7] 实际上有不少的方法都可以测量定类变量的变化程度，而其中的许多方法被用来分析不平等的问题。详细的讨论可以参见 Philip B. Coulter, *Measuring Inequality* (Boulder, Colo. : Westview, 1989)。

[8] Kirk W. Elifson, Richard P. Runyon, and Audrey Haber, *Fundamentals of Social Statistics* (Reading, Mass. : Addison-Wesley, 1982), 100.

[9] Ibid, 95.

[10] 有些书在计算方差时分母是 N 而不是 $N-1$。当数据集比较大，比如大于 50 的时候，这事实上没有什么影响。(为什么?) 但是为了准确，我们使用 $N-1$，因为它为总体的标准差提供了一个无偏的估计。

[11] 正如第 9 章所言，样本的规模取决于成本、样本的类型和数据分析的方法。此外，样本规模必须对于各个有着不同的平均数和标准差的变量来说都是合适的，而不仅仅对一个变量来说合适。

术语介绍

条形图：一种展示频率和比例的图标。

集中趋势：在概率分布中最集中居中的值。

累计比率：在概率分布中位于或低于某一值的总和概率。
数据矩阵：用来存储数据的矩阵图形。
描述性统计：通过相应的统计量以及统计图和统计表来描述资料某些特征的统计方法。
二项分类变量：一种只有两种类型或值的变量。
离散：单项数值与平均值之间的差。
列举表：列出观测数值的表。
频数曲线：表示频率分布的线状图。
频数分布：每个变量的类型或数值的数量。
直方图：基本的几何形状，有四条边，相邻两边相互垂直。
四分位距：观测的中间 50%。
线形图：频率曲线的另一个名称。
均值：总数除以变量个数得出的数值。
平均偏差：总体所有单位与其算术平均数的离差绝对值的算术平均数。
中位数：代表一个样本、种群或概率分布各半的一个数值。
众数：在统计分布上具有明显集中趋势点的数值，代表数据的一般水平。
负向偏态：数值很少分布在中间值的左边，观察远离中间值。
正态分布：一种概率分布，正态曲线以均数为中心，左右对称，曲线两端永远不与横轴相交。
饼图：用圆形表示概率分布的图形。
正向偏态：数值很少分布在中值的右边，观察远离中间值。
极差：最高值和最低值之间的距离或观察在类型内的范围。
相对频率：在总体观察的总数中所占比例的特定数值。
标准差：在概率统计中最常使用作为统计分布程度上的测量。
标准误：描述对应的样本统计量抽样分布的离散程度及衡量对应样本统计量抽样误差大小的尺度。
标准正态分布：以零为中值，标准差和变异为 1 的正态分布。
统计分布：显示他们观测到的或理论上发生频率的变量的各个取值的一种安排。
单变量分析：关于单变量的分析。
方差：各个数据与平均数之差的平方的和的平均数。
z 分数：一个记分偏离标准分的标准方差的数值。

建议阅读书目

Blalock, Hubert M., Jr. *Social Statistics*. Rev. 2d ed. New York: McGraw-Hill, 1979.

Elifson, Kirk W., Richard P. Runyon, and Audrey Haber. *Fundamentals of Social Statistics*. Reading Mass.: Addison-Wesley, 1982.

Tufte, Edward R. *The Visual Display of Quantitative Information*. Cheshire, Conn.: Graphics, 1983.

第 *12* 章

测量相关性和检验假设：双变量分析

我们能够运用前面章节提到的方法对一组数据进行描述和归纳——我们把这种方法叫作数据矩阵或矩阵排列，其中，横排是案例的数据，纵列是变量的值——这样，我们一次就能看清变量的重要特性。例如，描述性统计学和图表让研究者知道“典型案例”处于什么位置（中间趋势）；观测的偏离程度（离散值）有多大，所有数据分布的形态（分布的形状）。研究者首先要收集这些信息，这一点很重要。但是，在本书中，我们碰到的大多数议题和争论几乎都是两个或更多变量之间的相互关系。例如，在第 1 章中，我们提到有多少人观看电视上的消极的竞选广告、投票者或不投票者的数目，我们对这些问题并不感兴趣。相反，我们感兴趣的是以上两者之间是否有联系，即观看消极的竞选广告的人数和低投票率是否有联系。你也可以回忆一下，在第 3 章中，变量之间的相互关系是进行因果推断（causal inferences）的重要步骤。

在这一章中，我们将讨论两个变量之间的相互关系。一般来说，如果一个变量的观测值与另一个变量的观测值有联系的时候，两个变量之间就会产生统计**关系**（relationship）。例如，如果随着人们逐渐变老，他们更频繁地参与投票的话，那么，因变量的值（投票或不投票）与自变量的值（年龄）存在关联。因此，这两个变量的观测值相关。如果我们知道一个变量的值，我们就可以预测（可能存在误差）另一个变量的值。当我们知道两个变量之间是相关的话，我们就可以进行预测。在思考因变量和自变量之间是否存在相关关系的时候，我们会碰到一些问题。相互关系有多强？它们的方向或形状是怎样的？相互关系在统计上显著吗？它是否只是偶然现象？我们简单地考虑一下这些问题。

一旦我们在一个自变量（或解释性因素）和一个因变量（或结果）之间建立某种联系，那么，这种关系的性质就变得非常重要。关系的方向和形状告诉我们自变量的哪些值与因变量的哪些值相互联系，而不是简单地说两个变量相互联系。例如，如果随着年龄的改变人们的投票率发生了改变，那么，在年龄和投票行为之间存在相互关系。两者相关的方向能够告诉我们自变量（年龄）的值如何影响因变量（投票结果）的值。关于两者相关的图形也可以告诉我们这种关系是否是线性的（即是否可以用一条直线大致画出来）或者是非线性的。“一个人越年轻，越有可能参与投票”的结论与“一个人越老，越有可能参与投票”的结论是完全不同的。在这两个结论中，两个变量之间都存在相关性，但是，相关性的性质是完全不同的。

相关性的强度（strength of relationship）显示了一个因变量的值与一个自变量的值之间相互关系的持续程度。如果自变量中的大部分观测值与因变量的值相互关联，那么，这种相关就是强相关。但是，如果自变量中只有一小部分的观测值反映了这种联系，那么我们就说这种相关是“中等强度的”或“微弱的”相关。因此，强度依赖于自变量能解释多少因变量的观测值。相应地，在强相关的情况下，预测的误差就会相对小，但是，在弱相关的情况下，预测的误差就会变得很明显。

这里总有一种可能的情况是，我们观察到的存在相互关系的样本可能仅仅只是碰巧或者并没有正确地反映我们在整个总体中观察到的现象。（参见第 9 章中对总体和样本的区分。）我们通过估计相关的**统计显著性**（statistical significance）来检验这种可能性。为了检验样本结果的显著性，我们需要提出一个统计假设，这个假设认为总体中的某种情形是存在的——我们把它叫作**虚无假设**（null hypothesis）——如果虚无假设是正确的，我们就能测量观测数据反映出虚无假设中的类型的概率。有时候，样本结果与虚无假设完全不一致，我们就拒绝接受虚无假设而接受它的反面。在关于两个变量相互关系的案例中，如果总体（虚无假设）中的变量之间没有相互关系，那么，测量的“预测值”或“期望值”与样本真实值之间存在很大差异。即使总体中的两个变量之间没有相互关系，我们也可以从期望值和真实值之间的比较中计算我们可以观测到的结果的概率。如果我们从样本中观察到的相关太微弱了，那么，我们没有信心说总体中存在相关性，我们可以忽略在样本中所观察到的任何相关性，并得出结论认为我们不能拒绝虚无假设，但是，如果观察到的相关性很强，以致与虚无假设不一致，那么，我们可以拒绝接受虚无假设。

请注意，许多统计学家强烈建议，在讨论假设的时候，我们不要使用“接受”这个动词。与此同时，没有一个统计学家说结果“证明”或“证伪”了某个假设。如何解释和表达假设检验，统计学家之间也存在相当大的争议。尽管我们也许无法准确地解释这一过程，但是，我们尝试运用英语习惯用语描述这些方法，并尽量解释清楚一点。

正如我们在第 3 章中所强调的，自变量和因变量之间存在相关性并不一定表示它们之间存在因果关系。在案例中，自变量可能是也可能不是因变量的原因，可能有一些其他的原因导致两者相关。例如，安瑟拉贝赫尔、延加、西蒙和瓦伦蒂诺曾研究过“攻击性的”消极的竞选广告的影响，并认为它们可能使得投票率下降。我们看到的问题是，即使广告和参与之间存在相关性，它也可能是虚假或错误的相关。因此，观测值之间的相关性仅仅只是研究因果联系的开端，这一研究通常是漫长而艰巨的过程。在这一章中，我们首先解释和回答与相关性有关的四个问题。观察相关是否存在、相关的方向、强度和统计显著性，这是一个相对客观的过程，在这个过程中，我们有完备的分析技术和规则用以估测显著度。我们将在下一章讨论因果关系。

测量相关性和检验假设的程序依赖于自变量和因变量的测度水平。当自变量和因变量都是定类变量或都是定序变量或者一个是定类变量另一个是定序变量的时候，我们首选的是交互表格分析（也叫作列联表）。当自变量是定类变量或定序变量，因变量是定距或定比变量的时候，首选的是均值差异检验（difference-of-means）或方差分析。当自变量和因变量都是定距或定比变量的时候，我们可以采用回归分析。[1]

一、列联表分析

让我们回过头来分析第 1 章举的例子，即公众支持国际干涉的问题。让我们回忆一下，我们解决问题的一个方法是比较 2003 年伊拉克战争的支持率。假设我们通过比较美国南部和西部，发现居住在美国东部的人们更不愿意支持战争。换言之，我们假设居民的居住地（自变量）和居民对伊拉克驻军是维持现状或撤军回国这一问题的看法（因变量）之间存在相关。为了核实这个假设的正确性，我们运用第 5 章中通过网络调查得到的数据进行分析。整个样本包括 993 个应答者，前 10 个案例的“值”各有两个变量：

案例	地区	观点
1	东部	维持驻军
2	南部	维持驻军
3	南部	撤军
4	西部	撤军
5	南部	维持驻军
6	中西部	维持驻军
7	东部	撤军
8	中西部	维持驻军
9	西部	撤军
10	东部	维持驻军

这些信息构成我们在上一章中所说的数据矩阵的一小部分。这里所示的（即使我

们列出了整体 993 个案例）数据并不能帮助我们对假设进行检验。仅仅只看地区和应答的清单，我们察觉不出任何问题。但是，我们可以列出一个表，在这个表上我们可以看到每一个案例的两个变量（地区与观点）的值，我们把自变量放在前面一列，因变量放在后面一列，构成一个盒子或一个小空间，每一个盒子都包含两个变量（这是传统的形式，但是，自变量也可以放在后面一列）。这样的布置就叫作交互表格或列联表。**交互表格**（crosstabulation）（简称交互表）把一组变量排列在一边，然后把另外一组变量放在表格顶部，这样就显示了变量值的交叉分布。这样的话，每一个案例的值都放入了表格，表格包含了相应变量的对应数值。

在表 12—1 中的 a 部分，案例被安排到了合适的表格或单元中。例如，我们看看数据矩阵中的第一个人来自东部地区，他支持美国维持在伊拉克的驻军。第二个人（案例 2）来自南部地区，他持“维持驻军”的观点。

但是，在假设检验中，重要的不是哪些案例有独特的自变量和因变量的值，而是每一个相同的值出现的频率。表 12—1 显示了每一个单元中观测值出现的次数或频数。

表 12—1　　简单的列联表：在伊拉克驻军问题上，地域和态度的关系

因变量：态度	自变量：地域				总数
	东部	中西部	南部	西部	
a.					
维持驻军	1，10	6，8	2，5		
撤军	7		3	4，9	
b.					
维持驻军	2	2	2	0	6
撤军	1	0	1	2	4
总计	3	2	3	2	10

注：设定的问题是：“你是否支持在伊拉克驻军直到其建立一个稳定的政府或者明年就从伊拉克撤出大部分军队？”

资料来源：Harris Study No. 20229 (December 2003). The Harris Poll was conducted by telephone by Harris Interactive (December 10-16 2003)。

这些组合如何帮助我们测量相关性并进行假设检验呢？我们预设的假设是住在东部地区的人们与住在其他地区的人们有不同的偏好。以地区为标准，我们对样本进行分类，以此比较人们的观点。我们注意到与我们期望的不一样，来自东部地区的三个人中就有两个人说他们愿意美军继续驻扎伊拉克。但是，显而易见的是，在我们这个小样本中，几乎每一个人都偏好维持在伊拉克的驻军。对于居住在中西部的人来说，他们对武力迫使美军回国这一观点不感兴趣，但是，2/3 的南方人希望美军继续驻军伊拉克。因此，在这一点上，假设没有被证实。但是，当然，表 12—1 的 b 部分只有非常少的样本。

事实上，大多数表格都包含十个以上的案例，并且常常不止八个单元（cells）。但是，不管案例和分组的数目是多少，程序都是一样的：(1) 按照自变量的值对案例进行分组；(2) 比较这些组的因变量的值；(3) 核实因变量的值是否不同于其他组内相应量的值。

现在，让我们分析整个样本。请考虑表 12—2。这个表显示了样本的相关性。

表 12—2　　在伊拉克驻军问题上，地域和态度关系的完整样本

态度	地域				
	东部	中西部	南部	西部	
维持驻军	92 43.8%	116 54.2%	137 45.2%	101 49.8%	
撤军	118 56.2%	98 45.8%	166 54.8%	102 50.2%	
总计	210 100.0%	214 100.0%	303 100.0%	203 100.0%	$N=930$

注：设定的问题是："你是否支持在伊拉克驻军直到其建立一个稳定的政府或者明年就从伊拉克撤出大部分军队?"

我们该如何解释这些数字呢？首先，注意表格中每一组都包含两个数；上面一个是处于同一个地区并且对于是否维持在伊拉克驻军的问题上持相同观点的人出现的频数。你可以看到，92 个东部地区的人认为他们支持军队继续驻扎伊拉克。另外 118 个东部地区的人持相反的观点。你可以用同样的方法看一看每一组：处于同一个地区并且对于是否维持在伊拉克驻军的问题上持相同观点的人数。如果你不善于比较的话，这些频数本身对假设检验并没有多大的帮助。这就是为什么每一组都包含一个百分比栏，百分比在每一组的第二行。

看一看住在东部地区的人们这一列。在表格底部，我们看到这个地区有 210 个人。我们希望从这 210 个人身上知道，他们中支持维持在伊拉克驻军的人占多大的比例或百分比？答案是 43.8%。你自己可以通过 92——东部地区的人持"支持"观点的人数，除以 210——东部地区的总人数，然后乘以 100 得到一个百分比。因此，百分比是一个相对频率。你可以把 43.8%看作"每 100 个人中有 43.8 个人支持维持在伊拉克的驻军的观点"。另外一个百分比可以通过相同的方式计算并得以解释。例如，让我们看看 203 个西部人。(我们可以在第四列的底部看到这个总数。) 你很容易就可以看出他们中有 101 个人或 49.8%持"维持驻军"的观点。

在这里，重要的一点是要在各列的底部加上 100%。你可能会把每一列的应答者看作一个子样本。我们想知道同一地区的应答者对同一个议题在多大程度上持不同的看法。因此，我们有必要把列的总数看作百分数计算的基数（分母）。因此，对东部这一组来说，持"维持驻军"观点的百分比（43.8%）加上持"撤军"观点的百分比（56.2%），等于 100%。对于另一组自变量来说，情况也如此。我们比较自变量在每一组的百分比的总数。例如，我们看一看第一行。支持维持在伊驻军的百分比分别是 43.8、54.2、45.2 和 49.8。我们很容易看出：（1）在大多数地区，不到一半的人支持美国军队继续驻扎伊拉克；（2）但是，东部和南部持支持观点的人最少。

解释得越清楚越好

学生们经常说一个变量与另一个变量相关，但是，并没有说两个变量如何相关。你应当告诉你的读者或听众一个变量的什么值与另一个变量相关。例如，你仅仅说年

龄和投票率相关，这还不够。你可以解释随着年龄的增长，老年人比年轻人更倾向于参加投票，但是，在某一个年龄点上，老年人由于太老以至于不能外出投票。

相关的强度

这些数据是否证实了继续维持伊拉克驻军的假设呢？正如我们刚才指出的，百分比这一栏暗示了这个假设只提供了很少的支持。为什么？因为支持在伊拉克驻军的百分比在各个地区中均匀分布。既然每一栏的百分比加起来都必须是100%，那么，各个地区中持“撤军”观点的人的百分比大致相似并不让人惊奇（请看一看表12—2的第2行）。我们总结为“地区和偏好的相关为零，或者最多是微弱相关”。

相关的强度是指在自变量已定的情形下，因变量观测值的变化程度。

一组自变量所对应的因变量的值完全不同于另一组自变量所对应的因变量的值，那么，这一组自变量和因变量之间具有最强的相关性。由于因变量与自变量完美相关，无一例外，因此，我们将这种关系称为“完美相关”（perfect relationship）。在将来的研究中，如果自变量和因变量完美相关，在已知自变量的值的情况下，研究者能准确地预测因变量的值。

弱相关性是指在自变量的不同分组中，我们所观测到的因变量的值的差异不明显。事实上，最弱意义上的相关是指，在每一组自变量中，因变量都不变——换言之，自变量和因变量之间没有任何联系。

为了更好地区分强相关和弱相关，我们运用假设的数据形成两个交互表：表12—3和表12—4。在表12—3中，频数和百分比显示自变量和因变量之间没有任何联系。每一组自变量的相对频数（百分比）都一样。从另外一个角度来说，不相关性是指自变量的值无助于预测因变量的值。在表12—3中，东部地区48%的居民选择“维持驻军”，但是，西部地区也有48%的居民持相同的观点。因此，对这个问题而言，两个地区都有48%的居民持同一观点。结论是：（1）在哈瑞斯的调查中，只有稍多于一半的应答者希望美国撤军。（2）地区之间没有显示出任何差异，地区影响民意的假设就被证伪。

表12—3　　在伊拉克驻军问题上，地域和态度零相关

态度	地域				
	东部	中西部	南部	西部	
维持驻军	101 48%	103 48%	145 48%	97 48%	
撤军	109 52%	111 52%	158 52%	106 52%	
总计	210 100.0%	214 100.0%	303 100.0%	203 100.0%	$N=930$

注：设定的问题是：“你是否支持在伊拉克驻军直到其建立一个稳定的政府或者明年就从伊拉克撤出大部分军队？”

现在，让我们来看看表 12—4，这个表反映自变量和因变量之间强的——甚至近乎完美的——相关性。例如，请注意，东部和中西部地区 100％的居民持赞成撤军的观点。同时，南部和西部地区 100％的居民持相反的观点。换言之，基于这样的结论，如果知道一个人的居住地，我们就可以预测他或她对撤军的态度。

表 12—4　在伊拉克驻军问题上，地域和态度完美相关的案例

态度	地域				
	东部	中西部	南部	西部	
维持驻军	0 0％	0 0％	303 100％	203 100％	
撤军	210 100％	214 100％	0 0％	0 0％	
总计	210 100.0％	214 100.0％	303 100.0％	203 100.0％	*N*＝930

注：设定的问题是："你是否支持在伊拉克驻军直到其建立一个稳定的政府或者明年就从伊拉克撤出大部分军队？"

像表 12—2 一样，列联表中大多数观测值都落在这些极端案例中。这就是说，两个变量之间可能存在弱（而不是不）相关，或者存在强（而不是完美）相关，或者存在一个"适中"的相关性。如果碰到很重要的案例时，分析者需要决定仔细考虑和测量哪些个案的相对频数。当有人问我们："*X* 和 *Y* 之间存在相关吗？"我们通常不简单地说是或否。相反，你的回答依然依赖于主观判断。如果你认为两者存在相关，那么你可以通过描述不同的自变量百分比的差异从而说明两者的相关性。但是，如果你认为两者之间不存在相关性，那么，你可以解释为什么你所观测到的差异有点细微。（例如，作者认为表 12—2 显示出一种弱相关，我们的判断可能是错误的，但是，由于我们已经说出了我们的理由，因此，不同意者有义务解释不同意的理由。）在本章稍后的部分，我们给出一些测量相关性强弱的传统的方法和工具。

相关的方向

在对自变量和因变量是否存在相关性做出判断后，研究者应当考查相关的方向。**相关的方向**（direction of a relationship）反映出自变量中的哪一个值与因变量中的哪一个值相关。当变量是定序变量时，诸如"高"、"中"、"低"或"强烈同意"、"强烈不同意"时，分析相关的方向显得尤其重要，表 12—5 反映了政党认同和对军费支出的态度之间的关系。在表 12—5 的 a 部分，共和党更倾向于增加军费开支。在表 12—5 的 b 部分，民主党更倾向于增加军费支出。在这两个案例中，两个变量之间存在相关，但是相关的方向不同。相关的方向可以揭示两个变量之间相关的重要信息，因此，对相关的方向的评估常常是进行假设检验的一个重要的部分。

当一个变量中较小的值与另一个变量较小的值相关，且第一个变量较大的值与第二个变量较大的值相关时，这两个变量之间存在**正相关**（positive relationship）。例如，"一个人所受的教育程度越高，其对政治越感兴趣"。当一个变量中较小的值与另一个变量较大的值相关，并且第一个变量较大的值与第二个变量较小的值相关时，这两个变量之间存在**负相关**（negative relationship）。例如，“一个人收入越高，其政治态度越保守”。图 12—1 通过图形将这个相关性描述出来。当然，只有当变量的类型是定序变量或定序变量以上层级的变量时，我们才有可能做出这些判断。因为定类测度的变量值并不能证明量多量少。因此，我们不能说定类变量之间存在正相关或负相关。

表 12—5　　政党认同和对军费支出的态度之间的正相关和负相关

因变量：对军费支出的态度	自变量：政党认同			总计	(*N*)
	民主党	无党派	共和党		
a.					
增加	20%	40%	60%	40%	(240)
维持现状	50%	40%	30%	40%	(240)
减少	30%	20%	10%	20%	(120)
总计	100%	100%	100%	100%	
(*N*)	(200)	(200)	(200)		(600)
b.					
增加	60%	40%	20%	40%	(240)
维持现状	30%	40%	50%	40%	(240)
减少	10%	20%	30%	20%	(120)
总计	100%	100%	100%	100%	
(*N*)	(200)	(200)	(200)	(200)	(600)

注：假设数据。

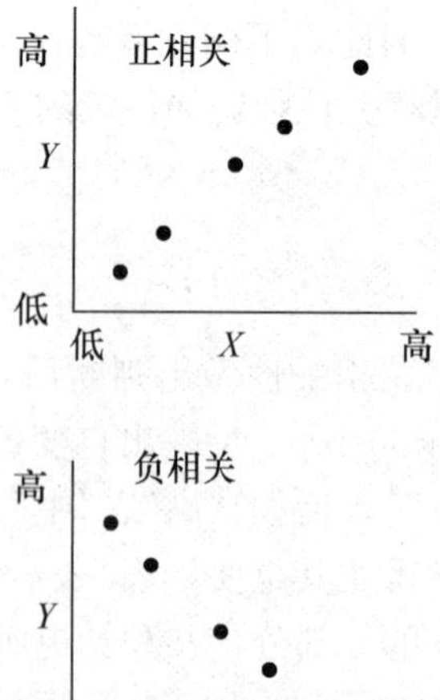

图 12—1　正相关和负相关

大多数电脑程序把小值画在交互表的左上方，而把大值放到表格的右下方。因此，如果相比于右上方和左下方来说，表格的左上方和右下方挤满了观测的值，那么，这反映了一种正相关。例如在表 12—5 中 b 部分的案例中，我们通过观察第一栏和第三栏，发现左上方分布的数据占总数据的 60%，右下方占 30%，而左下方只占 10%，右上方占 20%，因此，这里反映的是一种正相关。但是，如果表格的右上方和左下方有许多观测值，那么，这暗示两个变量之间存在负相关，表 12—5 就是一个这样的案例。相关的方向没有显示相关的强度，只揭示了相关的性质，这有助于我们进行与相关的方向有关的假设检验。

但是，当我们不知道表格中的数据是如何得到的时候，我们就不能确定正相关还是负相关。因此，我们在确定相关的方向之前，必须仔细分析交互表。

表格设置及其解释

正如我们在前面所提到的，在一个表格中，我们既可以把自变量放在行中，也可以放在列中，习惯的做法是把自变量放在顶端，然后把自变量的各种类型放在列中。但是，当我们把交互表列在纸上时，我们常常让大多数类型的变量集中在表格的一端。只要表格中自变量的值是用百分比的形式表现出来的话，那么自变量被安排在表格上端还是下端并不重要，重要的是对自变量进行类型划分并计算出每一类的百分比。由于相对频数不对称，因此，我们需要记录每一类自变量的变化轨迹并对每种类型的自变量进行加总。我们将解释表 12—6 的含义。

表 12—6　　自变量的选择如何影响百分比计算

a. 态度	自变量：种族		总数
	白人	非白人	
维持驻军	367 56.1%	56 23.5%	423
撤军	287 43.9%	182 76.5%	469
总计	654 100%	238 100%	892
b. 态度	**因变量：种族**		**总数**
	白人	非白人	
维持驻军	367 86.8%	56 13.2%	423 100%
撤军	287 61.2%	182 38.8%	469 100%
总计	654	238	892

注：设定的问题是："你是否支持在伊拉克驻军直到其建立一个稳定的政府或者明年就从伊拉克撤出大部分军队？"

资料来源：表 12—1。

为了看出变化，让我们考察一下白人和非白人对是否在伊拉克驻军这一问题的反应。首先，我们以种族作为自变量。从前面的论述中，我们知道需要比较 654 个白人和 238 个非白人的反应（参见表 12—6 中 a 部分的数据）。我们可以发现在白人中有

56.1%的人支持在伊拉克驻军。但是，在非白人中，持有相同态度的人仅为 23.5%。从这里，我们可以明显地看到存在种族差异。数据显示在种族和支持伊拉克驻军之间存在一个中等程度、甚至较强的相关性。表 12—6 的 a 部分提供了准确的数据，这些数据比较了种族之间持有相同偏好的差异。

接下来，我们可以比较同一种族下支持者伊拉克驻军和反对伊拉克驻军的人群。但是，这里有一点不同，因为这样处理是把偏好作为自变量。现在，我们来看一看在 423 个选择“维持驻军”的人中，白人占 86.8%，非白人只占 13.2%（参见表 12—6 的 b 部分）。在反对在伊驻军的人中，白人占 61.2%，非白人占 38.8%。这是一个有意思的比较。但是，这种比较不足以直接检验“与非白人相比，白人更倾向于支持美军在伊拉克驻军”的假设。我们最好看一看表 12—6 的 a 部分，而不是列显示的百分比。

为了概括这种核心思想，在保持表格的统一性时，我们应当确保自变量的每一种类型的总数是 100。为避免出错，我们需要知道第一种类型的自变量的案例有多少。然后，当我们把这些案例数转化成百分比时，我们只需在案例数后加上%。接下来，我们转向自变量的下一种类型，并重复这一过程。我们需要不断重复这一过程，直到穷尽自变量的所有类型。

统计独立性

在这里，我们有必要介绍一个在数据分析中发挥着巨大作用的术语。这个术语提供了显示相关强度的另一种方式。假设我们有两个定类或分类变量，X 和 Y。为了论证的方便，我们可以把前者定义为 a，b，c…，后者定义为 r，s，t…。令 $P(X=a)$ 代表简单随机抽样从变量 X 中抽取数值为 a 的案例。$P(Y=r)$ 代表通过简单随机抽样从变量 Y 中抽取数值为 b 的案例的概率。这两个概率被称为单个概率，它们仅仅表示某个观测值（如 a ）的大小的变化而不涉及其他值。$P(X=a, Y=r)$ 表示通过简单随机抽样获得的一个观测值，这个值同时包括 a 和 r 的共同的概率。当且仅当观测到的两个变量的联合值的改变等于一个变量的单个概率乘以另一个变量的单个概率时，这两个变量**统计独立**（statistically independent）。对于所有的 a 和 r 都有：

$$P(X=a, Y=r)=[P=(X=a)]\ [P(Y=r)]$$

例如，如果男性和女性的投票率相似，那么，这两个变量——性别和投票率——就具有统计独立性。因为在一个样本中，观测到的男性不投票的概率等于男性百分比乘以不投票者的概率。

在表 12—7 中，我们看到 300 个人中有 100 个男性应答者，并且这 300 个应答者中有 210 个人回答他们参与过选举。因此，单概率分别为 $P(X=m)=100/300=0.33$，且 $P(Y=v)=210/300=0.7$。这两个单概率的乘积是 $0.33\times0.7=0.23$。同时，请注意由于 70%的投票者是男性，男性和投票的联合概率是 $70/300=0.23$，这个值与单概率的乘积相同。在这组数据中，由于两个变量间存在相同的联系，因此，我们说表 12—7 中的两个变量具有统计独立性。

表 12—7 性别与投票结果

投票结果（Y）	性别（X）		总计
	男性（m）	女性（f）	
投票者（v）	70	140	210
没有投票者（nv）	30	60	90
总计	100	200	300

注：假设数据。表中数据为相应频数。

现在，假设我们有一组如表 12—8 所示的数据。在这个样本中，有 300 个应答者，其中，一半参与过投票，一半没有参与投票。投票和不投票的单概率都是 150/300=0.5。我们可以从这里清晰地看到较高阶层和较低阶层投票的单概率都是 0.5。如果这两个变量具有统计独立性的话，那么，较高阶层参与投票者的概率应当是 0.5×0.5=0.25。类似地，较低阶层中不参与投票的人的预期概率应当是 0.5×0.5=0.25。但是，我们从观测中发现，较高阶层和较低阶层投票的投票率分别是 0.33 和 0.17。既然观测到的联合概率不等于单概率的乘积，这两个变量就不具有统计独立性。相对于较低阶层来说，较高阶层更可能参与投票。

表 12—8 社会阶层与投票结果

投票结果（Y）	社会阶层（X）		总计
	上层（u）	下层（l）	
投票者（v）	100	50	150
没有投票者（nv）	50	100	150
总计	150	150	300

注：假设数据。表中数据为相应频数。

在这部分内容中，检验统计显著性实质上是对总体中两个自变量是否具有统计独立性的检验。假设在总体中变量之间具有统计独立性，我们运用观测到的相关关系来检验在这些观测到的数据中我们的观点能否站得住脚。决定统计显著性的关键因素是一个名叫卡方的统计值。我们将在本章后面的部分讨论卡方。一般而言，相关关系越强，统计越显著。这是因为如果这些变量之间相互独立的话，统计不可能具有显著性。但是，在某些情形下，即使是弱相关也可以导致统计显著。在这一章后一部分我们将解释这种情况是如何发生的。

相关测量法

迄今为止，我们已经通过观察自变量的不同分类在交互表中的百分比来测量两个变量之间的相关性。但是，如果某一个研究者在研究中碰到许多表格或者这些表格包含很多内容，因此，研究者需要概括表格中的信息。此时，我们就可以使用**相关测量法**（measures of association）。这种测量法有效地反映了交互表中两个变量之间是否存在相关性，相关的方向和强度。

相关测量法运用算术综合表格中的数据，根据不同的类型产生一个能够反映相关强度的单一的数。许多这样的测量法既能反映相关的方向，也能反映相关的大小，这个测量的值在－1～＋1之间变动。也有一些测度只反映了相关的大小。这个值越接近0，相关性越弱；这个值越接近1，相关性越强。相关的方向通过统计值前面的符号（＋或－）显示出来。

为了了解交互表的内容，我们需要使用哪种相关测量法取决于变量的测度层次和研究者的研究目的。当交互表中两个变量都是定序变量时，最常用的相关测量法有**肯德尔的 tau b 法**（Kendall's tau b）、**肯德尔的 tau c 法**（Kendall's tau c）、**萨默的 d 法**（Somer's d）和**古德曼与克拉斯卡尔的 gamma 法**（Goodman and Kruskal's gamma）。这些方法以发明者的人名而命名。大多数的计算机程序基本上都能对任意一个交互表中的统计量进行计算并按照研究者的要求把这些数值画下来。Tau、d 和 gamma 很相似，但不是完全一样。在概括交互表的内容的时候，每一种方法都运用交互表中大量的案例并测量每两个案例之间是否具有一致性、不相容性或存在相关性。

让我们来看一看教育和政治兴趣之间的相关性。在表12—9中，我们可以从交互表中看到6个案例，并分析哪些案例具有一致性、不相容性或存在相关性。具有一致性的两个案例是指一个案例中两个变量的值均大于另一个案例中两个变量的值的一对案例。观测1和观测2是一对具有一致性的案例，这是因为观测2中的教育和政治兴趣的值都大于观测1中的对应值。具有不一致性的一对案例是指一个案例中的一个变量值大于另一个案例中的该变量的值，而另一个变量值小于另一个案例中的该变量的值的一对案例。例如，在观测4中，教育水平的值大于观测3中的教育水平，但是，观测3中的政治兴趣的值大于观测4中的对应值。因此，观测3和观测4是具有不一致性的一对案例。在这两组案例中，随着教育水平的提高，政治兴趣反而下降了。与此类似，随着政治兴趣的提高，教育水平反而下降了。相关联的案例是指两个观测值至少有一个相关的一对案例。因为观测1和观测5的教育水平的值相似，因此，观测1和观测5存在相关性。

表12—9　　教育与政治兴趣的关系：一致性、不相容性或存在相关性

因变量：政治兴趣	因变量：教育		
	低	中	高
低	1		4
中		2	
高	5	3	6
	类型		
	一致性	不相容性	存在相关性
	1，2	3，4	1，5
	1，6	2，4	1，4
	1，3	2，5	2，3
	2，6	4，5	3，5
			3，6
			4，6
			5，6

注：假设数据。

Tau、d 和 gamma 运用对案例的估计来概括交互表中数据的相关性。最典型的是对具有一致性和不具有相关性的案例进行比较。如果这两类的案例数目都很多，统计值将为零，这表示两者之间不相关。如果具有一致性的案例数目很多，那么，我们将得到一个正统计量。如果具有不一致性的案例数目很多，那么，我们将得到一个负统计量。一对案例中一个数值比另一个值出现的频数更多，它将决定统计值的规模，并将显示相关程度。因此，如果一个表格中主要的对角线上都有观测值时，这种类型的案例就具有一致性，且统计量可能是＋1——完全正相关。如果对角线上只有少数几个观测值，所有的类型可能都是不一致的，且统计量可能是 －1——完全负相关。

Tau、d 和 gamma 的计算公式如下：

$$\text{tau b}=\frac{P-Q}{\sqrt{(P+Q+T_2)(P+Q+T_1)}}$$

$$\text{tau c}=\frac{P-Q}{1/2(n)^2[(m-1)/m]}$$

$$\text{Somer's asymmetric } d_{YX}=\frac{P-Q}{(P+Q+T_1)}\ \text{（取决于行变量）}$$

$$\text{Somer's asymmetric } d_{XY}=\frac{P-Q}{(P+Q+T_2)}\ \text{（取决于列变量）}$$

$$\text{Somer's symmetric } d=\frac{P-Q}{P+Q+(T_1+T_2)/2}$$

$$\text{gamma}=\frac{P-Q}{P+Q}$$

在这里：

P＝一致的对数

Q＝不一致的对数

T_1＝行变量的数值

T_2＝列变量的数值

m＝行数和列数中数值较小的那个数

n＝案例数目

对于所有的测量方法来说，上面等式中的分子是具有一致性的案例的对数和不一致性的案例的对数之差（P－Q）。但是，这些等式的分母存在差异。Gamma 等式没有考虑这些关联（tie），但是，其他的分析方法则用各自不同的方式考虑了这些关联。Tau b 适合于分析正方形的表格（即行数和列数相同的表格）；tau c 适合于分析不是正方形的表格；Somer's d 既适合分析对称的表格，也适合分析不对称的表格。这取决于表格中的因变量。[2]

我们可以运用表 12—10 中的数据阐述统计量的估计值。每一部分案例数乘以每一部分从下到右的值并进行加总，所得出的结果就是具有一致性的案例数目。

$$P=60(100+80+50+100)+30(50+100)+50(80+100)+100(100)$$
$$=43\,300$$

非一致性的案例可以通过每一部分的案例数乘以每一部分从上到右的案例，并对结果进行加总而计算出来：

$$Q=30(50+20)+10(50+20+100+80)+100(20)+50(20+80)=11\ 600$$

表 12—10　　教育与政治兴趣的关系：相关测量法

因变量：政治兴趣	因变量：教育			总计
	低	中	高	
低	60	50	20	130
中	30	100	80	210
高	10	50	100	160
总计	100	200	200	500

注：假设数据。

行中存在关联的数可以通过每一部分的案例数乘以行中剩下的案例对应的数值并对其进行加总。

$$T_1=60(50+20)+50(20)+30(100+80)+100(80)+10(50+100)+50(100)=25\ 100$$

列中存在关联的数是每一部分案例的数目乘以同列中余下的案例对应的数值，加总求和：

$$T_2=60(30+10)+30(10)+50(100+50)+100(50)+20(80+100)+80(100)$$
$$=26\ 800$$

一旦我们计算出这些值，每一个相关的观测分别可以通过如下方式计算出来：

$$\text{tau b}=\frac{43\ 300-11\ 600}{\sqrt{(43\ 300+11\ 600+26\ 800)(43\ 300+11\ 600+25\ 100)}}$$
$$=\frac{31\ 700}{80\ 846}$$
$$=+0.39$$

$$\text{tau c}=\frac{43\ 300-11\ 600}{1/2(500)^2[(3-1)/3]}=\frac{31\ 700}{83\ 333}$$
$$=+0.38$$

$$\text{asymmetric } d_{YX}=\frac{43\ 300-11\ 600}{43\ 300+11\ 600+25\ 100}=\frac{31\ 700}{80\ 000}$$
$$=+0.40$$

$$\text{symmetric } d=\frac{43\ 300-11\ 600}{43\ 300+11\ 600+(25\ 100+26\ 800)/2}=\frac{31\ 700}{80\ 050}$$
$$=+0.40$$

$$\text{gamma}=\frac{43\ 300-11\ 600}{43\ 300+11\ 600}=\frac{31\ 700}{54\ 900}$$
$$=+0.58$$

一般来说，对于任意一个给定的表格，Tau、d 和 gamma 的值可能相近，但不可能完全相同。当两个变量之间不存在相关性的时候，这三个值都为零，当两个变量之间存在给定的相关性时，这三个值的符号一致。但是，gamma 的值比其他两个值要大一点，这个值可能会夸大相关的程度。当研究者不能确定这三个测度的属性时，tau 可能是最可靠的一个值。当然，我们最好把三个值都计算出来。

当交互表中的一个或两个变量是定类变量时，tau，d 和 gamma 变得不合适，因为仅当变量是定序（一个值大于另一个值）变量的时候，我们才能判断一对案例的一致性和非一致性。（请注意：二分变量——一个变量同时属于两种类型——通常被看作定序变量。）因此，我们通常运用不同于相关测量法——**古德曼和克拉斯卡尔的 lambda 法**（Goodman and Kruskal's lambda）对其进行分析。

Lambda 用来检测一个变量的值是否会使另外一个变量的值整群分布，这样已知自变量的值有助于预测因变量的值。

Lambda 的公式是：

$$\text{Lambda}=\lambda=\frac{(E_{without}-E_{with})}{E_{without}}$$

在这里，$E_{without}$ 表示在不考虑自变量的影响下，关于因变量（案例中是指个人投票）的预计或估计出错的次数。E_{with} 表示用自变量预测因变量的值时出错的次数。如果这两个变量 X 和 Y 相关，那么，当我们知道 X 值，就能够预测 Y 值。例如，如果种族和议员偏好具有相关性，若我们知道某个议员是白人，那么我们就能更准确地预测他或她的投票偏好。因此，lambda 是一种测量方法，在这种方法中，我们对 X 的了解程度，有助于预测 Y 值。现在看来，前面的公式更有意义。$E_{without}$ 表示当我们不考虑 X 的影响时，预测过程中发生错误的次数，（$E_{without}-E_{with}$）表示当我们考虑 X 的影响时，预测过程中少出错的程度。

但是，解释和计算 lamda 是一件棘手的事情。因此，我们会慢慢地讲解这一内容。例如，假设我们有一个样本，该样本包括 1 000 个首次投票者，研究者想通过这个样本预测在 2004 年民主党党魁初选中每一个投票者的投票倾向。表 12—11 有助于解释这种情形。假设我们知道“总数”（marginal totals）或者投票支持每一位议员的人数。这个表同时显示了样本中白人、黑人、西班牙裔和亚裔的数量。但是，这个表并没有给出每类人群的投票倾向。（例如，有多少白人投票支持克里）。[3] 我们的任务是进行推测并尽可能少犯错误。接下来，我们来解释怎样计算。

表 12—11　　种族和 2004 年大选中民主党预选的关系：没有自变量支持的预测

因变量：	自变量：种族				
2004 年民主党预选	白人	黑人	西班牙裔	亚裔	总计
约翰·克里					410
约翰·爱德华兹					295
霍华德·迪安					295
总计	600	300	50	50	1 000

注：假设数据。

假设我们仅仅知道在整个样本中，有41%的人支持约翰·克里（John Kerry），各有29.5%的人支持约翰·爱德华兹（John Edwards）和霍华德·迪安（Howard Dean）。我们先来分析样本中的第一个人：马里·史密斯（Mary Smith）。如果我们完全不了解马里·史密斯，我们可能猜测她会投票支持克里。由于大多数投票者支持克里，那么马里·史密斯的选择具有理性。接下来，我们来分析样本中的第二个人拉里·门德斯（Larry Mendes）。假设我们没有任何数据，那么，我们会做出合理的判断，认为门德斯也会投票支持克里。我们做出这样的猜测的理由和上面一样，既然大多数投票者支持克里，那么，我们猜想门德斯也会投票支持克里。为什么？如果我们预测门德斯会投票支持迪安，那么，我们的预测会犯更多错误。（只有29%的民主党人选择支持迪安，但有41%的人支持克里。因此，相比于预测人们会支持克里，当我们预测人们支持迪安时，我们可能犯更多的错误。）表格中最后一列表示，我们在完全不了解样本中的受访者的情况下所做的最佳估计——换言之，所做的预测误差最小的预测——需要考虑因变量的类型。

让我们回到假设的由1 000个参与者构成的样本。假设我们预测样本中的1 000个人都投票支持克里。毫无疑问，并非所有人都做出如此选择，我们的预测肯定存在误差。误差有多大呢？在给定百分比的条件下，我们所做的预期0.41×1 000=410可能是正确的，而0.295×1 000+0.295×1 000=590可能是错误的。后者（590）是在缺少关于X或$E_{without}$的信息的情况下，预测出错的总数。

现在假设我们对全体选民的基本情况有所了解。具体来说，我们从选举结果中发现，对于白人来说，50%的人支持克里，40%的人支持爱德华兹，10%的人支持迪安；在黑人中，23%的人支持克里，10%的人支持爱德华兹，67%的人支持迪安。对于西班牙人来说，30%的人支持克里，20%的人支持爱德华兹，50%的人支持迪安；对于亚洲人来说，50%的人支持克里，30%的人支持爱德华兹，20%的人支持迪安。表12—12显示了这些数据。（这个表是关于种族与投票倾向的完全交互表，表12—11是不包括这些信息的交互表。）我们如何使用这些补充的数据呢？让我们首先考虑样本中的第一个人马里·史密斯。假设她是白人。我们知道大多数的白人（50%）支持克里。（参见表12—12顶部的第一行。）我们会做出理智的判断，认为马里·史密斯也是克里的支持者。当然，我们的判断可能是错误的，但是，从均值来看，当面对一个白人，我们预测他支持克里，这比我们预测他支持其他人的误差要小得多。举例来说，样本中有600个白人，如果我们假设他们都支持克里（请注意，克里是一个假设的候选人）。我们的预测有一半的可能是对的，也有一半的可能是错的。我们预测的误差有多大？让我们做一个算术题，预测可能是正确的数目是600×0.5=300。同样，我们也有600×0.5=300个错误。我们假设所有白人投票支持克里，但是事实上只有一半的人如此——请看一看表12—12的第三部分（我们用X表示误差）。表12—12显示了白人的投票偏好——因此，我们有50%的估计是错误的。

表 12—12　　2004 年大选民主党预选：有自变量支持的预测

因变量：2004 年民主党预选	自变量：种族				总计	(N)
	白人	黑人	西班牙裔	亚裔		
约翰·克里	50%	23%	30%	50%	41.0%	(410)
约翰·爱德华兹	40	10	20	30	29.5	(295)
霍华德·迪安	10	67	50	20	29.5	(295)
总计	100	100	100	100	100.0%	
(N)	(600)	(300)	(50)	(50)		(1 000)
预测						
约翰·克里	600	0	0	50	65.0%	(650)
约翰·爱德华兹	0	0	0	0	0.0	(0)
霍华德·迪安	0	300	50	0	35.0	(350)
总计	600	300	50	50	100.0%	(1 000)
误差（X）						
约翰·克里	0	69	15	0		
约翰·爱德华兹	240	30	10	15		
霍华德·迪安	60	0	0	10		
总计	300	99	25	25	449	

注：假设数据。

现在，让我们转而讨论美国黑人的投票倾向。表 12—12 的第二列显示 67%的黑人投票支持迪安。因此，如果我们从样本中抽取一个黑人并对其投票倾向进行预测，按照前面的逻辑，我们预测她会投票支持迪安。这样的预测结果误差最小。该预测既可能正确也可能错误。假设我们的样本中有 300 个黑人。如果我们估计这些黑人都投票支持迪安，从整体结果来看，我们可能做出 0.67×300=201 个正确的预测数，也可能做出 0.33×300=99 个错误的预测数。表 12—12 最下面的部分显示了预测黑人的投票偏好出错的次数。

我们把同样的推论运用到另外两个群体：西班牙裔和亚裔。如果以种族作为自变量，我们既会做出正确的预测，也有可能做出错误的预测。具体来说，预测西班牙裔的投票偏好出错的预测数据有 0.5×50=25，对于亚裔说也是 0.5×50=25。（你可能通过观察每一个种族的总数及其最优选择来检测这一数量。然后，你可以对百分比进行加总。）

请让我们重述一遍，我们已经知道：当我们不考虑种族因素时，我们对 $E_{without}$ 的估计误差数为 590。但是，如果我们考虑种族因素，我们对 $E_{without}$ 的估计误差数＝300＋99＋25＋25＝449。此时的误差数也不小，但是比 590 要小得多。事实上，lambda 显示了在**误差测量中误差比例下降**（proportional reduction M error measure）。我们把数据代入公式中，可以发现：

$$\lambda=\frac{(590-449)}{590}=0.24$$

我们可以这样解释：研究者对 X（种族）的了解使对 Y（对候选人的投票倾向）的错误估计量降低了 24%。如果 X 和 Y 完全不相关，那么，关于 X 的信息无助于预测 Y，错误降低率将为 0。相反，如果在某种意义上，X 与 Y 完美相关，我们的预测就不会出现误差，错误降低率将为 1。因此，lambda 的值域在 0～1。

错误预测的降低率或百分比是 lambda 的一个主要特征。假设我们有一个因变量 Y 和两个自变量 X 和 Z。进一步假设 Y 和 X 之间的 lambda 值是 0.25，Y 和 Z 之间的 lambda 值是 0.5。在其他条件都相同的情况下，我们可以说 Z 和 Y 之间存在强相关。我们不需要进一步推断就能得出，在对 Y 进行预测的时候，Z 的重要性是 X 的两倍。这是因为和我们已经讨论过的其他测度值一样，lambda 值部分依赖变量的边际分布(marginal distributions)。

Lambda 还有一些其他的特征。第一，如果每一种类型的自变量的最佳预测值（众数）与因变量的众值相同，那么不管每一种自变量类型的列百分比与行百分比是否存在显著差异，lambda 总为 0。在这种情形下，lambda 的估计值显示两个变量之间不存在相关性，但是，列百分比显示两个变量之间存在相关性。第二，当因变量的种类多于自变量时，即使案例数离散程度达到边际分布的要求，lambda 的值也不可能为 1。最后，请注意，lambda 是一个不对称的测量值。在稍后要讲到的回归系数的计算中，如果把 Y 当作因变量——待预测的变量——或把 X 当作因变量，两者得出的 lambda 的结果不相同。

应当指出，各种更为先进的、能分析各种类型的变量的方法被广泛应用。事实上，这等于说在某些地方有些方法已经开始替代相关测量法。但是，由于这些方法比我们这里的论述更加复杂，因此，我们建议对这一问题感兴趣的学生可以阅读参考书目中艾伦·阿格雷斯蒂（Alan Agresti）的《数据分析的类型导论》(*An Introduction to Categorical Data Analysis*)。

统计显著性的检验

尽管我们可以对样本数据的相关性进行观察，但是我们无法肯定这种观察增加了样本误差还是真实地反映了总体。统计显著性的检验有助于解决这一问题。显著性检验包括如下基本步骤。我们通常假设抽取样本容量为 N 的随机样本（看一看图 12—8 可能有助于加强理解）。

- 举出一个虚无假设，虚无假设是对总体特征的假设性论断，如“X 和 Y 之间不相关”或“一个总体中某个变量的均值与另一个总体中该变量的均值之间没有差异”。
- 确定虚无假设下某个统计量的抽样分布，简而言之，假设虚无假设为真的情况下，抽样分布是抽取某个统计量的可能值的概率的函数。我们运用抽样分布评估某个特定样本结果发生的可能性。附录包含了一些抽样分布。
- 基于某个规则或标准做一些规定。我们需要考虑，如果虚无假设成立的话，哪些统计量的值可能成立，哪些可能不成立。
- 在如上判断的基础上定义临界区域（critical region)。我们推论的逻辑如下：假设虚无假设成立，我们从总体中抽取一个样本并计算出样本统计量。如果虚无假设成立，我们只看到期待观察到的部分统计量。[如果你掷十次硬币，你期望有一半的机会出现硬币正面。但是，如果在你的十次扔掷过程中，出现十次硬币的正面（或出现十次硬币的反面)，你就会怀疑哪个地方可能出错了。] 如果虚无假设是真的，那么就不会出现这样的情况，但是，只要出现这样的情况，我们就可以拒绝虚无假设。

● 准确地抽取样本并计算出样本统计量。

● 选择一个合适的样本，并检验统计值。由于这个统计值是通过数据计算出来的，因此，它被称为观测统计值。(例如，在列联表中，这是卡方统计量，在均值或回归系数的检验假设中，它是 z 或 t 统计量。在下文中，我们会详细讨论这些统计量。)

● 核实所检验的统计量是否落在临界区域。在给定虚无假设的情况下，如果样本统计量是一个特殊案例，我们可能觉得观察到的这个案例不常发生，因此，用这个案例检验虚无假设是有问题的。那么，我们就拒绝这个特殊案例而考虑其他的选择。相反，如果我们发现当虚无假设为真的情况下，结论是随机发生事件所带来的结果。那么，我们就不能拒绝虚无假设。

让我们用更正式的语言把这个观点讲述一遍。统计显著性的检验有点类似你和你不太认识的人玩一个概率游戏。假设你和你的对手掷硬币。如果硬币正面朝上，你的对手赢，如果硬币反面朝上，你赢。在案例中，虚无假设是硬币正面或反面朝上的概率一样。我们可以把虚无假设精确地描述为："在 20 次简单的投掷过程中 ($N=20$)，硬币正面朝上的概率是 1/2。" 你需要检验的统计量是硬币正面朝上的次数 Y。假设你相信你的对手诚实，硬币是随机的。如果 Y 小于一个数，比如 15，那么"等于或大于 15"就是如果落在临界区域的游戏结果——假设你的对手出现 15 次或 15 次以上的硬币正面——你就会认为硬币游戏不公平，并打算采取其他合适的方式。[4] 但是如果你的对手只出现 14 次或 14 次以下的硬币正面，那么，你会认为这是一场公平的掷硬币游戏并接受结果。假设你的对手在 20 次掷硬币的过程中，出现 20 次硬币正面。由于这个结果落在临界区域之内，你肯定认为掷币游戏不公平，并决定不玩了。

当然，你可能也会判断错误。你的对手可能非常幸运。这是假设检验不可避免的结果。我们经常有可能得出错误的结论。

相关关系是否存在统计显著性，即我们是否拒绝虚无假设，该虚无假设认为两个变量之间不存在相关性。总体中变量的相关性取决于样本相关性，它不能仅仅依靠交互表，而需要计算出**卡方** (chi-square) (χ^2)。卡方显示从交互表中观察到的两个变量之间的相关性与我们随机观察到的相关性之间是否存在显著差异。卡方常用来表示从样本数据中观察到的相关性反映了目标总数中相关性的概率。

表 12—13 反映了在一个由 1 000 人构成的样本中，性别与对核电站所持态度的相关性。这个样本显示性别和对核电站的态度之间存在相关：女性比男性更反对核电站。表 12—14 有助于我们考察在虚无假设为真，即目标总结中两个变量之间不存在相关的情况下，我们期望看到的每一部分的案例数目。该表与表 12—13 类似，但是每一部分的数目是空值。每一部分的期望值既可以通过表 12—13 也可以通过表 12—14

计算出来。

表 12—13　　性别与对待核电站的态度的相关性：观察表和观察值

因变量：对待核电站的态度	自变量：性别		总计（%）	(*N*)
	男	女		
开更多核电站	a 部分：200	d 部分：100	30	(300)
保持现有规模	b 部分：100	e 部分：200	30	(300)
关闭一些核电站	c 部分：100	f 部分：300	40	(400)
总计（%）	40%	60%	100	
(*N*)	(400)	(600)		(1 000)

注：假设数据。

表 12—14　　性别与对待核电站的态度的相关性：预测值表

因变量：对待核电站的态度	自变量：性别		总计（%）	(*N*)
	男	女		
开更多核电站			30	(300)
保持现有规模			30	(300)
关闭一些核电站			40	(400)
总计（%）	40%	60%	100	
(*N*)	(400)	(600)		(1 000)

注：假设数据。

请大家回忆一下，不相关表示在一个交互表中，列的百分比等于行的百分比，并且列的百分比等于表格右下角的百分比。如果表 12—14 中的变量不存在相关关系，那么，30%的男性和女性支持建立更多的核电站，30%的男性和女性支持维持现状，40%的男性和女性支持关闭核电站。你可以运用统计自变量的公式证实这一结论。例如，在两个变量互相独立的情况下，支持建立更多核电站的男性的期望的百分比为 0.3×0.4＝0.12。因此，如果性别和态度互相独立的话，我们期望能在表格的第一部分看到，在 1 000 个受访者中，12%的男性支持建立核电站。在交互表中，案例的分布可能类似于表 12—15 。

一般而言，每一部分的案例期望数可以通过每一部分的横列值相乘，再除以样本总量。因此，表 12—15 中的期望值可能分别是：

a 部分＝(300)（400)/1 000＝120

b 部分＝(300)（400)/1 000＝120

c 部分＝(400)（400)/1 000＝160

d 部分＝(300)（600)/1 000＝180

e 部分＝(300)（600)/1 000＝180

f 部分＝(400)（600)/1 000＝240

表 12—15　性别与对待核电站的态度的相关性：预测值表和与观察频数

因变量：对待核电站的态度	自变量：性别		总计（%）	(N)
	男	女		
开更多核电站	a 部分：120	d 部分：180	30	(300)
保持现有规模	b 部分：120	e 部分：180	30	(300)
关闭一些核电站	c 部分：160	f 部分：240	40	(400)
总计（%）	40%	60%	100	
(N)	(400)	(600)		(1 000)

注：假设数据。

接下来，我们计算统计检验量，这个值表示观察频数（表 12—13）与基于虚无假设基础之上的期望值（表 12—15）之间的差异程度。这个值也能告诉我们，如果目标总体中两个变量之间不存在相关性，我们所观察到的两个变量的相关分布与期望分布之间相差的程度。为了计算出这一程度，我们可以用表 12—13 中的案例数减去表 12—15 中对应的案例数，把这个结果进行平方，然后除以表 12—13 中该部分的案例数。我们应当对两个表格中的每一个部分分开计算，然后把所有的部分加起来，得到卡方的值。卡方的计算公式是：

$$\chi^2 = \sum_i \left(\frac{(O_i - E_i)^2}{E_i} \right)$$

在这个公式中，Q_i是第 i 部分的观察频数，E_i是第 i 部分的期望频数。表 12—13 和表 12—15 的计算结果如下：

部分	观察值	预测值	差别	差别的平方	卡方值
a	200	120	80	6 400	53.33
b	100	120	−20	400	3.33
c	100	160	−60	3 600	22.50
d	100	180	−80	6 400	35.56
e	200	180	20	400	2.22
f	300	240	60	3 600	15.00
总计					131.94

这个例子中，卡方的值是 131.94。为了判断两个变量的相关关系是否存在统计显著性（该统计显著性是我们是否拒绝虚无假设的依据），我们必须考虑**自由度**（degrees of freedom）。自由度是表格中的列数减 1（$C-1$）乘以表格中的行数减 1（$R-1$）的结果。在所举的案例中，自由度是（2−1）×（3—1），即 2。接下来，我们在卡方表格中查找卡方的值，以此判断所得的卡方值是否能够说明相关关系具有统计显著性。（参见附录 A 的卡方表。）如果两个变量之间不存在相关关系（或者，换而言之，如果虚无假设是真的），那么，对于给定的卡方和自由度来说，卡方对应的 χ^2 的极值出现的概率越小越好。如果我们要拒绝虚无假设，虚无假设为真的概率必须小于先前所设定的初始值。一般来说，这个初始值为 0.05、0.01 或 0.001。我们所举的案例中，卡方等于 131.94，这个值大于 2 个自由度下 0.01 显著性对应的值 9.21。因此，

在 0.01 的统计显著水平下，我们可以拒绝虚无假设。换而言之，我们自信在样本中观察到的相关关系也存在于目标总体之中。

研究者通过考察卡方的值判断是否能够拒绝虚无假设。当观测到的表格和期望的表格极不相同且表格中的样本容量非常大时，卡方的值就会非常大。大样本中的弱相关关系也可能具有统计显著性，但是小样本中的强相关性可能统计不显著。换而言之，统计显著不同于显著强度或真实的显著性，卡方也不应当被看作测量真实显著性的方法。卡方仅仅有利于帮助我们判断是否拒绝虚无假设，即总体中是否存在相关关系。

在进一步论述之前，我们应当注意卡方检验的一个要点。首先，如果 N（整个样本容量）很大，卡方统计量的极值通常也会比较大，那么即使相关关系相当微弱，我们也可以拒绝虚无假设，这一点可以通过观察表 12—16 和表 12—17 加深理解。在表 12—16 中，百分比和卡方为 1.38，这说明在 X 和 Y 之间基本不存在相关关系。表 12—17 包括一个规模较大的样本，X 和 Y 之间基本上也不存在相关关系。表 12—16 中的所有数据乘以 10 的话就能把样本容量由 300 扩大到 3 000。但是，即使样本容量为 3 000，卡方统计（13.8）变得具有统计显著性了（统计显著为 0.05），这并没有改变 X 和 Y 之间的相关关系，两者的相关性仍然很微弱。

表 12—16　　根据 300 个样本所得 *X* 与 *Y* 的关系

变量 *Y*	*X*			总计
	a	*b*	*c*	
A	30	30	30	90
B	30	30	36	96
C	40	40	34	114
总计	100	100	100	300

注：假设数据。$\chi^2=1.38$ 和 4 个自由度（d. f.）。

表 12—17　　根据 3 000 个样本所得 *X* 与 *Y* 的关系

变量 *Y*	*X*			总计
	a	*b*	*c*	
A	300	300	300	900
B	300	300	360	960
C	400	400	340	1 140
总计	1 000	1 000	1 000	3 000

注：假设数据。$\chi^2=13.8$ 和 4 个自由度（d. f.）。

通过这个案例，我们得到的教训是：当我们碰到大样本（即 N 大于 1 500）时，微弱的相关关系也会变得具有统计显著性。[5] 因此，我们必须区分统计显著性和真实显著性。后者能够更好地测量和评估相关关系。卡方仅是判断统计假设的依据，而不是判断相关程度的依据。

二、均值差异检验和方差分析

当两个变量都是定类变量或定序变量时，列联表是一种合适的分析工具，但是，当自变量是定类或定序变量，而因变量是定距或比例变量时，所用来分析的附表可能有太多的行和列而不便于进行直观和有意义的分析。因此，这时候我们需要使用另外两种比较相似的分析工具**均值差异检验**（difference-of-means test）和**方差分析**（analysis of variance）。

这两种工具有助于帮助研究者分析定距或定比因变量与自变量之间是否存在相关关系。首先，我们以因变量的值为标准对其进行分类。然后，如果因变量的值具备如下两个条件：（1）自变量组内差异比自变量组间差异小；（2）通常来说，不同的自变量之间的数值差异很大，那么自变量与因变量之间就存在相关关系。

我们可以举一个简单的例子来阐述这一现象。假设性别（自变量 X）和竞选经费（因变量 Y）之间存在相关性。同时，假设我们对一个样本中的 10 个人（比较富裕的人）的性别和竞选经费进行测量，得到如下数据：

性别	竞选经费（千美元）	性别	竞选经费（千美元）
男	10	男	15
女	8	男	20
女	5	女	2
男	10	女	5
女	10	男	15

如果我们不考虑自变量的值，我们可以把这 10 个观测值用柱形图描述出来，并计算出竞选花费的均值是 10（千美元）。

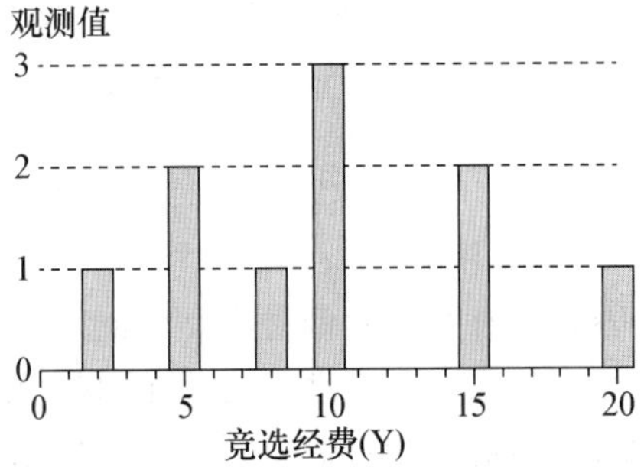

我们需要解释这个平均值的方差（真实的方差是 26.8）。

首先，我们来考虑一下自变量是否能够解释平均值的方差。毫无疑问，自变量是定类变量。如果我们以性别为标准，把案例分为两组，我们发现两组各自的原始方差如下：

男性	女性
10	2
10	5
15	5
15	8
20	10
总计＝70	总计＝30
$\bar{Y}=14$	$\bar{Y}=6$
$\hat{\sigma}^2=14$	$\hat{\sigma}^2=7.6$

两组所花费的竞选经费很不相同，组内竞选经费的差异明显小于组间竞选经费的差异。简而言之，自变量的观测值可以分成若干类型，自变量每一种类型中和观测值与因变量中的观测值存在差异，但是，同一类型中的自变量观测值和因变量的关系彼此相似。这个分析揭示了一种数据的类型，这种类型可以减少因变量中没有解释的方差。

这是以上两种分析技术的基本逻辑，我们以因变量中不可解释的变异的数据作为分析的出发点，以自变量的测量水平为标准，把案例分成若干分析组，然后判断组与组之间是否存在不同；这些组与原始数据之间是否存在同质性。均值差异检验比较自变量的组与组之间的差异，看看这种差异是否具有统计显著性，如果组间差异具有统计显著性的话，我们就拒绝虚无假设。在这一章后面的内容中，我们将说明该操作方法。当自变量可以分成两到三个组时，我们就使用方差分析。方差分析将比较每个组与因变量的关系，以此判断自变量能在多大程度上解释方差。

塔夫特研究车检政策与交通事故死亡率之间的相关性，这是一个关于定类变量和定比变量的很好的案例。[6]塔夫特想知道实行强制车检的国家的交通事故死亡率是否低于不实行强制车检的国家。他最初试图测量车检政策（该定类变量可以分为两个类别）和交通事故死亡率（该因变量为定比变量）之间的相关关系。

塔夫特首先观察因变量的 50 个观测值（每个国家一个），这些观测值标识每 100 000 个人出现交通事故的死亡率，这些观测值的均值为每 100 000 个人中有 29.8 的死亡率，方差为 60.55。然后，他把案例（国家）分成两种类型：实行强制车检的国家和不实行强制车检的国家。18 个实行强制车检的国家的交通事故死亡率的均值为 26.1（方差为 66.07），32 个没有实行强制车检的国家的交通事故死亡率的均值为 31.9（方差为 45.56）。因此，自变量的两种类型之间存在某种差别。进一步来说，我们从两类强制车检分布可以看出，每一类自变量的观测值的组内差异小于组间差异（参见图 12—2）。这样看来，我们把案例分成两个分析组的做法可取，两个变量之间存在相关。

既然研究中的案例数通常大于塔夫特所分析的 50 个，因此，在塔夫特的分析中，案例的分布不太充分。但是我们在研究中所分析的案例数通常都大于 50。进而言之，相关的方向和程度越精确，我们得到的相关性就越具有统计显著性。均值差异检验和方差分析需要提高判断变量相关性的精确度。

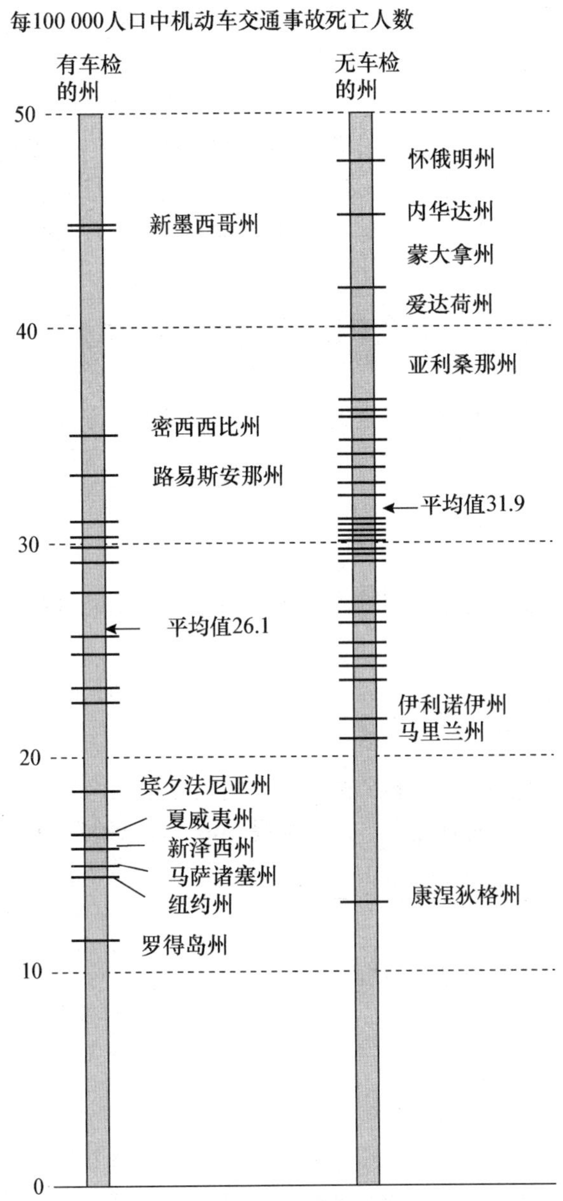

图 12—2 用均值差异检验测量车检政策和平均交通死亡率之间的关系

资料来源：E. R. Tufte，*Data Analysis for Politics and Policy*，p. 13。Copyright © 1975. Adapted by permission of Graphic Press，Cheshire，Connecticut.

均值差异检验和方差分析的第一步是计算出因变量的均值和方差。这个方差叫作**整方差**（total variance）。然后，我们按照自变量的性质，把案例分成两到三个组，并计算出每一组的均值和方差。

我们可以观察哪一组（或哪几个值）具有较高的均值，并比较分析组的方差和所有观测值的整方差，得出相关的方向和程度。在塔夫特的案例中，两个变量的相关性表现为：实行强制车检的国家，交通事故死亡率较少。相关的强度可以通过自变量的方差显示出来。但是，测量相关的更为精确的方法是方差分析和名叫**eta 的平方**(eta-squared）的相关系数分析。

在交互表中，eta 的平方类似于 lambda，eta 的平方反映了对案例的自变量进行分组造成的整方差的下降量。为了计算出 eta 的平方，我们可以用总偏差平方和减去分析组［**未解释的方差**（unexplained variance)］中的方差，然后用这个结果除以总偏差平方和。分子是**已解释的方差**（explained variance)，这个值越变大，相关性越强。

$$E^2=\frac{\text{总偏差平方和}-\text{未解释的方差}}{\text{总偏差平方和}}=\frac{\text{已解释的方差}}{\text{总偏差平方和}}$$

在前面所述关于性别和竞选经费的表格中，总偏差平方和是 26.8。未解释的方差是男性和女性这两个变量的平均值（这两类变量每一类的案例数分别是 14 和 7.60)：

$$\frac{5(14)+5(7.6)}{10}=\frac{70+38}{10}=\frac{108}{10}=10.8$$

接下来，我们用总偏差平方和减去未解释的方差得到已解释的方差，然后，用这个结果除以总方差，即

$$\frac{26.8-10.8}{26.8}=\frac{16.0}{26.8}=0.60$$

这个 eta 的平方表示自变量能够解释 60％的因变量，这是一种强相关关系。

在塔夫特对车检政策的研究中，总方差是 60.55，未解释的方差是：

$$\frac{(45.56\times32)+(66.07\times18)}{50}=52.94$$

已解释的方差与总方差的比例是：

$$\frac{60.55-52.94}{60.55}=0.13$$

eta 的平方等于 0.13，它反映的是一种弱相关关系。它表示自变量能够解释 13％的因变量。请记住，eta 的平方越接近 0，相关性越弱，越接近 1，相关性越强。

均值差异检验和方差分析都能测量定类或定序变量的自变量和定距或定比变量的因变量之间的相关的方向和程度，分析组的均值的符号告诉我们相关的方向，eta 的平方——通过比较已解释的方差和未解释的方差得到的值——告诉我们相关的程度。在方差分析中，如果我们以自变量为标准对案例进行分组的话，因变量的方差值反映了相关的程度。

均值差异检验和方差分析也可以判断相关的统计显著性。在均值差异检验中，如果分析组中因变量的均差足够大，我们就可以拒绝虚无假设并认为目标总体中的变量之间存在相关关系。请大家回忆一下，每一个样本均值都是对总体均值以及相应的边际误差的估计值。两个或三个样本之间的均差也是对目标总体中相应量的均差的估计值。我们拒绝虚无假设的必要条件是样本均差值足够大，因此，当与方差有关的样本均差越大，样本容量越大，我们确信总体均差也越大，总体具有统计显著性的可能性也越大。

当样本容量小于 30，我们可以运用 **t 检验**（t test）判断均差观测值是否具有统计显著性。（请注意，为了节约时间，我们在回归分析这一部分再对 t 检验进行详细的论述。）t 是 t 检验的统计量，它是均差的观测值与假设值之间的比较值。t 的计算公式为：

$$t_{obs}=\frac{(\bar{Y}_1-\bar{Y}_2)-(\mu_1-\mu_2)}{\hat{\sigma}_{\bar{Y}_1-\bar{Y}_2}}$$

一般而言，均差的假设值为零（即 $\mu_1-\mu_2=0$）。因此，上式可以简化为：

$$t_{obs}=\frac{(\bar{Y}_1-\bar{Y}_2)}{\hat{\sigma}_{\bar{Y}_1-\bar{Y}_2}}$$

分母是关于标准误的估计值，我们可以通过两种方式把它计算出来，选择哪种计算方式取决于我们对总体所了解的内容。如果我们假设总体方差相等（即 $\sigma_1=\sigma_2$），那么我们可以运用名叫综合估计（pooled estimate）的公式进行计算：

$$\hat{\sigma}_{\bar{Y}_1-\bar{Y}_2}=\sqrt{\frac{N_1\hat{\sigma}_1^2+N_2\hat{\sigma}_2^2}{N_1+N_2-2}}\sqrt{\frac{N_1+N_2}{N_1N_2}}$$

但是，如果我们没有任何理由假设总体方差均等（即 $\sigma_1\neq\sigma_2$），那么我们运用非综合估计（unpooled estimate）的公式进行计算。在这两个公式中，$\hat{\sigma}_1^2$ 和 $\hat{\sigma}_2^2$ 表示样本方差。

$$\hat{\sigma}_{\bar{Y}_1-\bar{Y}_2}=\sqrt{\frac{\hat{\sigma}_1^2}{N_1-1}+\frac{\hat{\sigma}_2^2}{N_2-1}}$$

一旦我们计算出 t 值，我们就可以把它与给定的标准值（criterion level）进行比较（假设是双尾检验），以此判断 t 值是否大到能够拒绝虚无假设的程度（参见附录 B）。

方差分析的统计显著性可以运用 **F 值**（F ratio）进行判断。类似于交互表中的卡方，F 值反映了虚无假设为真的概率。

$$F=\frac{\text{组间均值的平方}}{\text{组内均值的平方}}$$

F 值比较了分析组之间均值的平方（它可以通过均值平方除以自由度而得到）和分析组内均值的平方。由于均值平方的总和等于上式中的分子，因此 F 值实质上就是由分析组所带来的方差（自变量的影响）和分析组内存在的方差的比较值。F 值越大，自变量的影响越大。

只有当 F 值大于某个标准值时，自变量和因变量之间的相关关系才具有统计显著性。基于单尾检验的临界值取决于自由度（自由度由样本容量和分析组的案例数计算出来）和拒绝虚无假设的概率。一旦我们计算出 F 值，接下来我们就可以通过观察 F 表判断是否拒绝关于总体的虚无假设（F 表参见附录 C）。[7]

三、回归分析

假设我们想研究个人收入和个人与官员接触次数之间的相关性。在这里，自变量（收入）和因变量（接触次数）都是定距或定比变量。**回归分析**（regression analysis）是研究定距或定比变量之间相关性和检验假设的标准程序。尽管回归分析的术语初看起来有点复杂，但它和列联表分析、均值差异检验、方差分析的目标一样。

让我们考察一下个人收入和个人与官员接触次数之间正相关的比例（即一个人越有钱，他越经常与政治家和领导们接触）。首先假定样本包括 10 个案例。表 12—18 显示了自变量和因变量各自的取值。[8]尽管仅仅通过表中的数字难以发现什么，但是表格确实反映了这样一种倾向：高收入（自变量）与官员接触次数（因变量）具有相关性。我们首先用**散点图**（scatter plot）（或简单地说，就是“点图”）把案例描绘出来，其中 X 轴（水平线）代表自变量，Y 轴（垂直线）代表因变量（参见图 12—3）。这是一幅标准的散点图，它由两个轴构成，其中水平轴代表自变量，垂直轴（画在右上角）代表因变量。轴的单位是特定的量，如千美元。X 和 Y 的每一个观测值都用这种单位描点，即每一个案例都按照自变量和因变量的值在图上描出相应的点。

表 12—18　　个人收入和个人与官员接触次数之间关系的回归分析

个案	自变量：收入（美元）	因变量：接触次数
a	3 000	0
b	15 000	3
c	42 000	3
d	22 000	2
e	10 000	1
f	85 000	7
g	30 000	4
h	70 000	6
i	100 000	4
j	55 000	6

注：假设数据。

图 12—3 是表 12—18 中 10 个案例的散点图。自变量的值排在图底部 X 轴上，因变量的值排在图形一边的 Y 轴上。每一个案例都用自变量（X 轴）的值与因变量（Y 轴）的值的交点描绘出来。

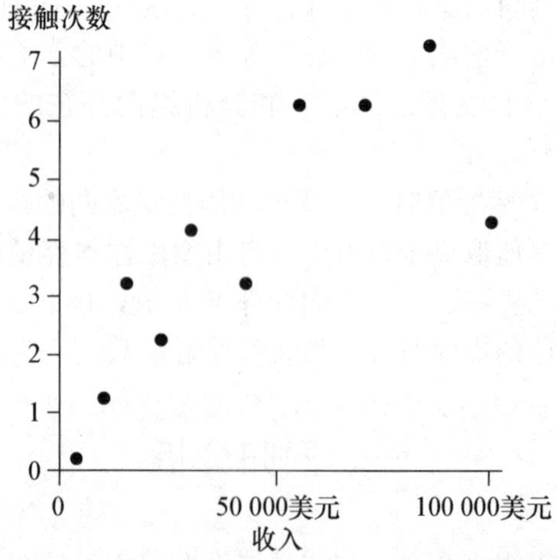

图 12—3　收入和政治接触的关系

注：数据来源于表 12—18。

我们可以运用类似图 12—3 这样的图形对两个变量之间相关的类型和程度做一个初步的猜测。图 12—3 显示我们的猜测正确：收入越高，接触官员的次数越多，自变量的小值对应的是因变量的小值。这样的相关性并不是完美的（比如案例“i”），但是，两个变量似乎确实存在正向的关系。而且，我们可以在这些点之间画一条直线，使大多数的观测值处于这条线的周围。这条线的斜率是正值，这意味着当 X 轴上的值变大时（即收入变高），Y 轴上的值也会变大（即个人接触官员的次数增多）。

我们可以通过回忆高中所学的代数进一步加深解释。一般来说，直线的函数式如下：

$$Y=a+bX$$

在这个等式中，X 和 Y 表示变量，a 是常数，且当 X 等于 0 时（用 0 代表 X），a 的值等于 Y 的值。我们也可以用几何的知识来解释这个等式。a 表示落在 Y 轴上的那个点（参见图 12—4），b 表示**斜率**（slope），它反映了每增加 1 单位的 X 时 Y 的变化程度。用几何的术语来说，b 反映了 X 每变动 1 单位时 Y 的变化程度。（如果我们把图 12—3 中的数据代入这个公式时，b 反映了每增加 1 美元的收入，能增加多少接触官员的机会。）既然直线的形状朝上，b 就一定是正值，那么，正斜率意味着 Y 随 X 的增加而增加。

如果两个变量之间存在负相关——如果斜率为负——直线将朝下倾斜，当 X 增加时，相应的 Y 值会下降。如果两个变量之间不存在线性相关，那么，斜率将为零。散点图将是一条平行于 X 轴的水平直线，以上三种类型的散点图参见图 12—4。

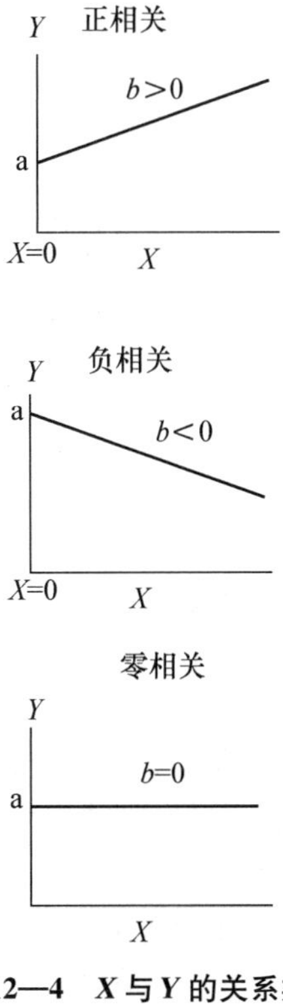

图 12—4　X 与 Y 的关系类型

我们开始分析直线的斜率的重要特征：斜率的大小取决于 X 的值。因此，假设我们反过来用 Y 表示自变量，我们所计算出的斜率的大小一般与以 X 为自变量而计算出来的斜率大小不相等。在这一章稍后的内容中，我们将进一步解释并举例说明。

回归模型

回归分析可以被看作关于两个变量相关性的分析，在这里，两个变量都是定距或定比变量。回归的目的是寻找最能反映数据属性的等式和图形。如果大部分变量的值存在线性关系，那么，一条斜率为正值（$b>0$）的直线将穿过大多数点；但是，如果一条斜率为负值（$b<0$）的直线穿过大多数的点，那么变量之间存在负向的关系。最后，如果直线的斜率为零（$b=0$），那么 X 和 Y 之间不存在线性关系。[9]

我们如何判断某条直线是否精确地反映了各个数据间的相互关系呢？在回归分析中，我们用一个等式表示真实值与回归线之间的垂直距离的最小平方和。例如，在图 12—5 中，d_1 和 d_2 代表观测值与回归估计线之间的垂直距离。回归分析用数学方法反映垂直距离的最小平方和这条线段（例如，这是一条使 $d_1{}^2$ 和 $d_2{}^2$ 加总的值最小化的线段）。这种方法被称为最小二乘法，它常被称为“普通最小二乘法”（OLS）。

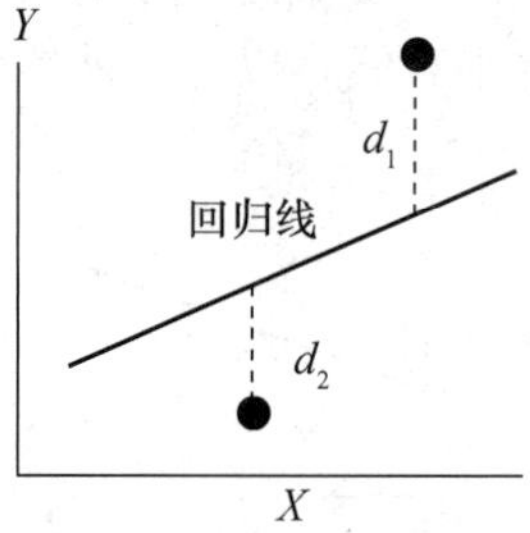

图 12—5　回归线外的数据点

我们常常用希腊字母表示总体参数、常数、斜率和误差项或“干扰项”，并用回归模型或回归方程表示它们之间的关系：

$$Y=\alpha+\beta X+\varepsilon$$

两个常数被称为回归参数。我们在前面解释了第一个常数 α 的含义：它表示 X 值为零时的 Y 值，第二个常数 β 被作为**回归系数**（regression coefficient），它反映了 X 每变动 1 个单位时 Y 的变动程度。回归系数通常采用因变量的单位，且具有非对称性。误差 ε 反映了回归线反映不了的那些观测数值。关于 Y 的观测值可以分成两个部分：一部分是由自变量导致的变化，它通过方程线性部分 $\alpha+\beta X$ 反映出来，另一份是由随机误差 ε 带来的变化。换而言之，如果我们知道某个人的收入并知道回归方程，那么我们可以把数字代入方程并得出关于 Y 的估计值。误差解释了估计值与观测值之间的差异。

观测值＝估计值＋误差

如果误差很小，即如果所有的数据都位于回归线附近，那么，估计值与观测值将十分接近。这样的话，我们认为回归方程充分解释了数据。相反，如果观测值与估计值差距很大，那么，误差值将十分大，回归方程没有很好地解释数据。

图 12—6 显示了上述观点。让我们来考虑一个特定的案例。它在 X 和 Y（X_i和 Y_i）上的值用一个点（.）表示，其在 X 上的值记作 X_i。如果我们画一条过（X_i，0）的垂线，与回归线相交，并过交点作一条与 Y 轴垂直的线，然后找到 Y 的估计值，记作 $\hat{Y}_i$。估计值 $\hat{Y}_i$与观测值 Y_i之间的差异叫作误差或**残差**（residual），常用希腊字母 ε 表示。这里有一点不同，ε 代表估计值与观测值 Y_i之间的差异，其中估计值根据**回归方程**（regression equation）计算出来。回归方程反映了两个定距或定比变量之间的关系。（如同我们先前所说的，ε 代表了未解释的 Y 值。）回归估计考虑了 α 值和 β 值，这两个值使所有的总方差平方和最小化。由于回归方程计算出来的是估计值，因此，它的常用形式是略去误差项而在头上加一个"帽子"，说明因变量不是关于 x 的精确函数。

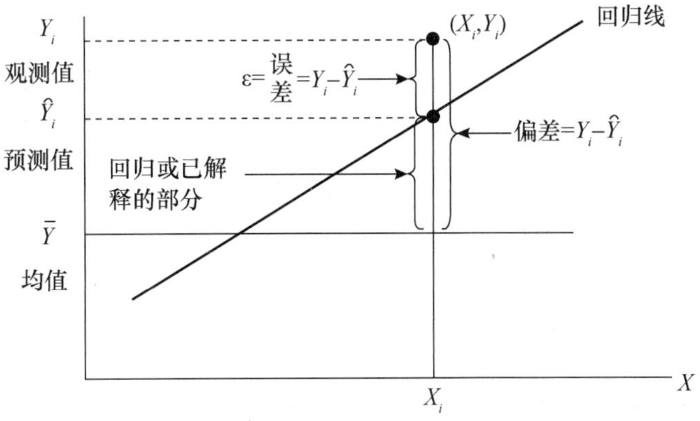

图 12—6　Y 的预测值和观测值

$$\hat{Y}=\hat{\alpha}+\hat{\beta}X_i$$

尽管最小二乘法看起来有点复杂，但是我们可以直接把数据代入下列公式计算出估计参数（$\hat{\beta}$ 和 $\hat{\alpha}$）：

$$\hat{\beta}=\frac{N\sum XY-(\sum X)(\sum Y)}{N\sum X^2-(\sum X)^2}$$

在这里，X＝自变量的观测值

Y＝因变量的观测值

$\sum$ ＝对所有的 i 加点求和

N＝观测值的数目

由于

$$\hat{\alpha}=\hat{Y}-\hat{\beta}\overline{X}$$

因此，只要我们计算出 $\hat{\beta}$，接下来就能计算出 $\hat{\alpha}$。

在 $\hat{\beta}$ 和 $\hat{\alpha}$ 值都被计算出来之后，我们就能画出回归线，回归线使 Y 的观测值与估计值之间的差的平方和最小化。计算机的计算程序能够迅速而准确地进行回归分析。但是，当数据不是很大的时候，一个好统计性计算器能够代替计算机进行分析。表 12—19 是运用表 12—18 中的数据进行分析的结果。如果我们有一个能自动加总求和功能（必须有这项功能）的计算器，我们就可以输入 X 和 Y 值，保留加总求和的值，然后把结果代入公式。在上面的例子中，回归系数（斜率）的估计值是 0.000 54，常数（截距）是 1.267，因此，回归线是：

$$\hat{Y}=1.267+0.000\,054X$$

表 12—19　　对表 12—18 的数据的回归计算

个案	收入（X）	X^2	联系次数（Y）	Y^2	XY
a	3 000	9 000 000	0	0	0
b	15 000	225 000 000	3	9	45 000
c	42 000	1 764 000 000	3	9	126 000
d	22 000	484 000 000	2	4	44 000
e	10 000	100 000 000	1	1	10 000
f	85 000	7 225 000 000	7	49	5 950 000
g	30 000	900 000 000	4	16	120 000
h	70 000	4 900 000 000	6	36	420 000
i	100 000	10 000 000 000	4	16	400 000
j	55 000	3 025 000 000	6	36	330 000
总和	$\sum X=432\,000$	$\sum X^2=28\,632\,000\,000$	$\sum Y=36$	$\sum Y^2=176$	$\sum XY=2\,090\,000$
均值（$N=10$）	$\bar{X}=43\,200$	$\bar{Y}=3.6$			

$$\hat{\beta}=\frac{(10)(2\,090\,000)-(432\,000)(36)}{(10)(28\,632\,000\,000)-(432\,000)^2}=0.000\,054$$

$$\hat{\alpha}=3.6-(0.000\,054)(43\,200)=1.267$$

注：假设数据。

参数解释

回归线的斜率和 Y 轴上的截距描述了两个变量之间相关的性质和程度。**Y 轴上的截距**（Y-ihtercept）反映的是当 X（自变量）$=0$ 时因变量的值，或者，用一种不常用的表述方式来说，截距反映的是当 $X=0$ 时回归线落在 Y 轴上的部分。

因此，Y 轴上 1.267 的截距反映的是当一个人的收入为 0 时，他可能与官员接触 1.3 次。当然，这个值是关于个人收入为“零”时接触官员次数的估计值。通常来说，我们认为那些低收入或无收入的人可能只能与官员接触一次。在许多案例中，由于自变量为零不具有多少理论意义。因此，真实值一般没有零值。但是，斜率和回归系数就不一样了。

回归线的斜率测量的是当 X 变动 1 单位时因变量的变动量。在上面所举的例子中，斜率为 0.000 054 意味着 X 每增加 1 美元，个人接触官员的次数可能增加 0.000 54次。用生活中常用的语言解释就是，如果某一个人的收入增加 1 美元，其与官员接触的次数只稍微增加一丁点。0.000 054 这个数很小，接近零，因此，我们可以认为这两个变量之间不存在相关或不可能存在相关性。但是在得出这个结论之前，我们应当仔细考虑 X 的测度的单位。收入的单位是美元。当一个人的收入增加 1 美元，并不能怎么改变这个人的行为。因此，我们可以预测要改变一个人的行为，个人收入不是 1 美元 1 美元地增加，而可能以 1 千美元为单位递增。假设有三个人对应的收入依次为 0 美元、1 美元和 1 000 美元。他们与官员的接触次数是多少呢？我们只需要把 X 值代入回归方程并计算出估计值：

$$\hat{Y}=1.267\,0+0.000\,054(0)=1.267\,0$$
$$\hat{Y}=1.267\,0+0.000\,054(1)=1.267\,1$$
$$\hat{Y}=1.267\,0+0.000\,054(1\,000)=1.321\,0$$

如前所述，当 X 变动 1 单位（1 美元）时，Y 的估计值没有多大的变动，但是，当 X 变动 1 000 美元时，Y 的估计值会发生显著的改变。尽管这一点没有多大的实践意义。为了真正认识斜率的意义，我们可以比较两个人——一个人的收入比另一个人多 20 000 美元。Y 的估计值将发生（0.000 054×200 000）即 1.08 的改变。因此，我们预测一个人的收入增加 20 000 美元，那么，他与官员的接触次数将增加 1 次。从数学的意义上来说，斜率反映了因变量对自变量变异的程度。在这个例子中，0.000 054 这个值有点小，但它确实反映了美国政治中“金钱协商”（money talks）的性质。

最后，斜率的符号反映了相关性的方向。正号反映的是正相关：一个变量值增加，另一个变量值也相应地增加。负号反映的是负相关：一个变量值变大，另一个变量值却减少。由于大多数图形把两个变量的最小值画在图形的底部和左手边。因此，通常而言，一条从左下方到右上方上升的直线反映的是正相关，一条从左上方到右下方倾斜的直线反映的是负相关。

回归线拟合性的测量

让我们稍停一下，重新来看一看图 12—6。在方差分析的最后一部分内容中，我们介绍了反映变量值之间差异量的一个术语。更精确地说，对每个 Y 值和均值（$\bar{Y}$）之间的偏差进行平方，然后把这些值加总，就得到反映差异的方差（*squared deviation*）的测量值。我们把这个数叫作“总方差”。现在，通过分析图 12—6，你可以发现观测值与均值之间的偏差；记住 $Y_i-\bar{Y}$ 可以分成两个部分。第一部分是指均值和估计值 Y 之间的差异，我们把这一部分叫作“回归”或“已解释的部分”。在某种意义上，它反映了自变量 X 对总体均值进行解释时存在的一部分偏差。第二部分叫作“残差”或“未解释的部分”或“误差”。“未解释的部分”这个术语十分恰当，因为它反映了估计值 $\hat{Y}$ 与观测值之间的差异。如果所有的估计都是完美的，那么，误差将为零，即未解释的总误差为零。

出于计算的便利，在加总求和之前，我们需要对每一部分进行平方。这样，我们得到了三个重要的数值：

$$TSS = \text{Total Sum of Squares} = \sum_i (Y_i - \bar{Y})^2$$

$$RegSS = \text{Regression(Explained)Sum of Squares} = \sum_i (\hat{Y}_i - \bar{Y})^2$$

$$ResSS = \text{Residual(Unexplained)Sum of Squares} = \sum_i (Y_i - \hat{Y}_i)^2$$

统计学家很早就发现了下述等式关系，这个等式反过来有助于巧妙地测量回归线与一组数据的拟合程度。

$$\text{TSS} = \text{RegSS} + \text{ResSS}$$

总偏差平方和（TSS）代表数据的所有偏差，既包括已解释的部分，也包括未解释的部分，但是回归平方和（$RegSS$）仅仅对应回归方程中自变量“解释”了的部分。因此，我们可以通过下列公式计算出“X 解释了的方差百分比”：

$$R^2 = \frac{RegSS}{TSS}$$

R^2 有许多名称，其中最常见的一个是 R 的平方，它可能是测量回归模型对数据拟合程度最常见的工具。[10]如果 R^2 乘以 100，就能得到被 X 解释了的 Y 的偏差的百分比。图 12—7 有助于进一步解释这一点。

在图 12—7 的图形 a 中，我们看到如果所有的数据点都位于直线上，那么，这里就不存在残差或未解释的偏差，即 X 100%解释了 Y。在完全正相关（$\hat{\beta}>0$）或完全负相关（$\hat{\beta}<0$）时，都有可能出现上述情况，此时，$R^2=1$。但是，如果所有的点位于正或负斜率的斜线周围时，R^2 将小于 1，这反映了 X 能解释 Y 的部分偏差（参见图 12—7 中的图形 b）。最后，如果 X 和 Y 之间不存在线性关系，R^2 将等于零。0 表示直线没有描述出任何相关性，它并不意味着统计独立。变量可能根本就没有任何关系，或者两者之间可能存在强曲线关系（参见图 12—7 中的 c 部分）。在这两种情形下，R^2 将为零或接近零，但是两者的意义不同。辨识这种差异的一个较好的方法是研究 $Y:X$ 的散点图。总而言之，R^2 在 0 和 1 之间变动，它绝对不会出现负值。最后，我们可以发现 R^2 不同于回归系数，它是一个对称值。回归系数的值以因变量还是自变量为考察对象而改变。R^2 不同于回归系数，X 对 Y 的回归与 Y 对 X 的回归均有相同的 R^2。

表 12—9 中的数值有助于说明个人收入和个人与官员接触次数的假设数据的 R 的平方值是如何计算出来的。对于样本数据来说，Y 的总偏差平方和可以通过如下方式进行计算（参见第 11 章）。

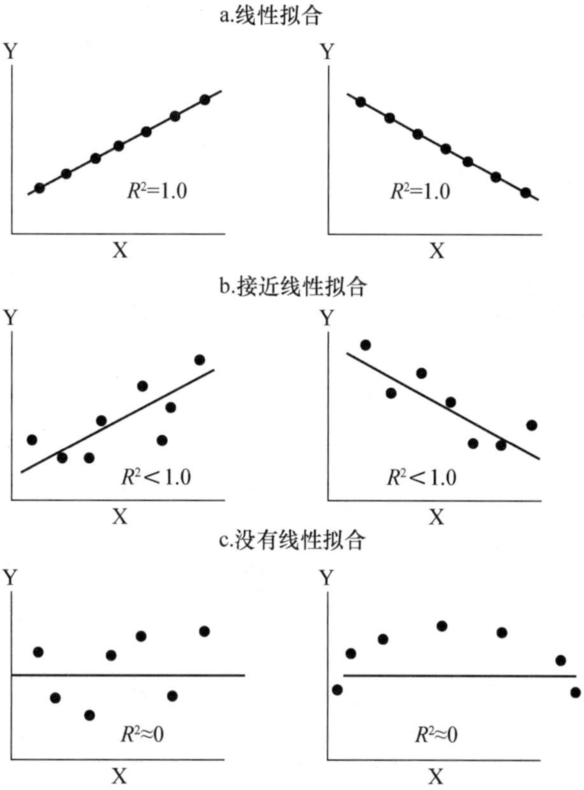

图 12—7　R 的平方值

$$TSS=\sum_i Y_i^2-\frac{(\sum_i Y_i)^2}{N}=\sum Y_i^2-N\bar{Y}^2$$

其他偏差可以通过如下公式进行计算：

$$RegSS=\frac{\left[\sum_i X_iY_i-\frac{(\sum_i X_i)(\sum_i Y_i)}{N}\right]^2}{\sum_i X_i^2-\frac{(\sum_i X_i)^2}{N}}=\hat{\beta}\sum_i X_iY_i$$

$$ResSS=TSS-RegSS$$

事实上，统计计算器自动计算并输出 R^2 和其他统计量。但是，如前所述，如果数据十分小，我们可以用统计性计算机计算 R 的平方。表 12—19 中各个数据的量分别是：

$$TSS=(176)-\frac{(36)^2}{10}=46.40$$

$$RegSS=\frac{\left[2\,090\,000-\frac{(432\,000)(36)}{10}\right]^2}{(28\,632\,000\,000)-\frac{(432\,000)^2}{10}}=26.688$$

$$ResSS = 46.0 - 26.688 = 17.712$$

$$R^2 = \frac{26.688}{46.40} = 0.618$$

因此，我们得出结论认为收入（X）解释了 62%的个人与官员的接触量。这个结论说明两个变量之间存在强线性相关，但是我们需要考察回归系数的符号或散点图来确认两者之间是否存在正向关系。由于我们已经看到的相关性是正向的，因此它反映了（就假设的数据来说）收入增加导致个人更多机会接触官员。在下一部分关于“相关”的内容中，我们将讲述所谓“相关系数”或皮尔逊的 r（Pearson's r）的测量方法。

在进一步论述之前，我们需要指出几个要点。在回归分析中，“已解释的部分”这个术语不同于其在日常生活中的含义。在统计学上，它是指某个变量的偏差可以在数学上被分成两个部分。一个是所谓的已解释的部分，它是估计值和总均值之差的平方的总和。这是一个具有严格统计意义的术语。在日常生活中，“解释”常常意味着对相关功能和本质的实质性理解。例如，如果我们得到两个变量（如个人收入和个人与官员接触次数）之间的一个大的 R 的平方值，用统计的术语来说，R 的平方反映了自变量解释了多少因变量。但是，这种发现并不足以说明我们理解了富人与官员接触的次数多于穷人的原因。事实上，正如我们在第 3 章提到的，相关关系可能是虚假的。请大家回忆一下，虚假相关性是由其他因素导致的虚假关联。以鹳的总量和鹳的出生率（Y）为例。鹳的总量和鹳的出生率之间的 R^2 值很大。因此，自变量解释了很大部分的因变量。但是，事实上这完全不符合实际情况。这是因为在这个案例中，回归分析得出的 R^2 这个值仅仅反映了一种线性相关。鹳不能繁衍后代，因此一个地区鹳的总数与鹳的出生率并没有多大关系。从这里可以看出，当碰到 R^2 这个值很大时，我们要特别小心。R^2 这个值可能解释了也可能并没有解释事物的本质。

显著性检验

第一部分的内容与第 9 章的“样本分布”十分相似，第 11 章的假设检验和本章前面的内容也十分相似。读者在学习这部分内容前最好简单地复习一下前面的内容。

与其他分析方法一样，回归分析可以应用于分析样本和总体数据。如果我们运用回归方法分析样本数据，样本统计值是对总体参数的估计值。在这一部分的内容中，我们假设在某一个给定的总体中，X 和 Y 之间存在相关关系。我们用 β 描述这种相关性。β 值是未知的，必须通过样本回归系数 $\hat{\beta}$ 进行估计。反过来，我们可以运用 β 值论证相应的总体值是否存在，如果存在，其大小是多少。

图 12—8 描述了检验假设的全过程。

一般而言，最重要的是检验 β 是否等于某个特殊值。如果虚无假设成立，那么无论样本结果如何，总体中的 X 和 Y 之间不存在任何线性关系。因此，在虚无假设中，β 值等于 0。但是，如果假设检验证明虚无假设不成立，我们就有理由相信总体中的变量之间存在某种相关，β 的估计值能够反映相关的方向和大小。

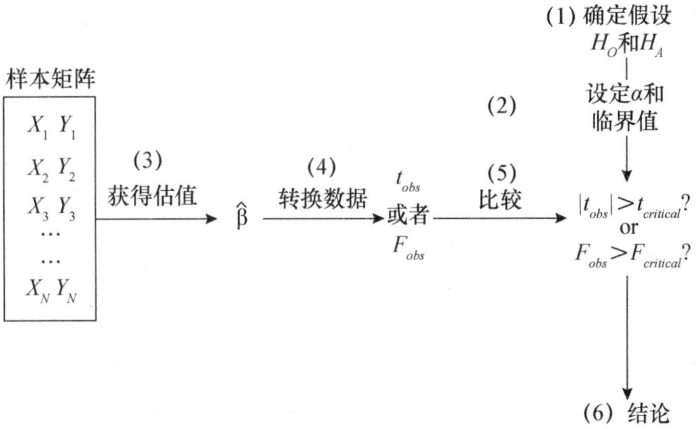

图 12—8　从样本到假设检验①

在提出一个虚无假设——如 H_0：$\beta=0$ 或其他类型（例如 $\beta>0$）（参见图 12—8 中的第一步）之后，我们要同时展开两个步骤：计算 t 值或 F 值。只要 t 值或 F 值中任意一个数大于临界值，我们就可以拒绝虚无假设。简而言之，我们需要通过比较两个值的大小，从而做出判断：

- $t_{观测值}$ vs. $t_{临界值}$
- 或 $F_{观测值}$ vs. $F_{临界值}$

$t_{观测值}$和 $t_{临界值}$表示统计量 t 的"观测值"（即通过数据计算出来的值）和从表格或通过估计得到的对应的临界值（参见附录 B）。我们以虚无假设能否支持估计值的或然论的方式确定临界值。两个 F 统计值可以用相似的方式来讲解[11]：第一个 F 值产生于观测值，第二个 F 值是理论上的比较值。判断的准则如下（见图 12—8）：

- 如果 $t_{观测值}$的绝对值（即不考虑 $t_{观测值}$的符号）大于或等于 $t_{临界值}$，我们拒绝虚无假设。否则，我们就接受虚无假设。
- 如果 $F_{观测值}$大于或等于 $F_{临界值}$。我们就拒绝虚无假设。否则，我们就接受虚无假设。

让我们进行 t 检验，看看界值 t 是怎么得来的？我们需要快速回顾一下统计假设的检验逻辑（参见第 11 章）。假设我们抽取一个中等规模的样本（例如，$N=30$），把 X 和 Y 值记录下来，并计算出回归系数的估计值。假设总体中 $\beta=2$。一般来说，样本中对应的估计值并不会精确地等于 2，但是可能是 2.5 左右。从同一总体中抽取另一个独立样本。[12]我们也会得到一个估计值，但是，这个值既不等于 β，也不等于前一次抽样的估计值。不过，它会接近以上两个值，可能是 1.7。如果我们从同一总体中抽取多个独立样本（例如，其中一个样本 $\beta=2$）并计算出每一个样本的 $\hat{\beta}$ 值，我们会发现所有的 $\hat{\beta}$ 值呈现出一个分布。[13]这个分布的期望值或均值可能是 $\beta=2$，它的标准差为 $\sigma_{\hat{\beta}}$，σ 表示"回归系数的标准误"。

中等大小样本的分布图，叫作 t 分布，它具有对称性和单峰（例如，形似一面钟的横截面图），曲线的真实形状取决于样本容量（N）或自由度，在有一个常量的双

① obs 是"观测值"的缩写，critical 的意思是"临界值"。——译者注

变量回归分析中，自由度等于 $N-2$，不同自由度下的 t 分布稍微有点不同，大家可以看看附录 B。随着样本规模的增加，大样本——超过 30 个案例数——的分布越来越类似正态分布。因此，在大样本研究中（即该样本包含 30 个以上的案例）我们能用标准正态分布定义临界区域和界值。从技术上来说，尽管自由度等于 10 时样本也有可能呈现正态分布（如果 β 值等于 2），但是，事实上，在这种情况下，正态分布显示的内容没有意义。

以上所有的内容都在讨论如何对未知的 β 值进行假设检验。例如，假设 β 等于 2，我们可以判断样本回归系数有很大的可能等于 2。进而言之，我们可以运用给定自由度下的 t 分布图判断样本统计量大于或小于 2 的概率。举例来说，如果 β 真的等于 2，t 分布有助于确定样本值等于 1.0、2.5、10.0 或任意数的概率。[14]因此，我们需要考虑的是回归系数的可能值和不可能出现的值，可能值会出现在哪一个特殊的样本中。我们把以上考虑定义为“界值”，该值把抽样分布划分成“置信”和“拒绝”区间。如果一个样本（它等于 1.7）落在置信区间，我们就没有理由拒绝虚无假设。相反，如果我们得到的估计值为 10——尽管从理论上来说这种情况可能发生——我们认为这个结果不可能发生，从而拒绝虚无假设 H_0：$\beta=2$。

如果 H_0 不成立，我们事先并不知道 β 值较大还是较小。因此，我们既可以以 β 值“太大”也可以以 β 值“太小”为由拒绝虚无假设。这就是说我们可以有两个临界区域，一个区间 $\hat{\beta}$ 值可能小于 2，另一个区间 $\hat{\beta}$ 值可能大于 2。按照这种方式进行的检验称为双尾检验。在其他情况下，如果我们对总体有一点了解，或者我们想对总体作一个假设，我们可能希望仅仅把样本系数不确定的大（或小）值看作拒绝虚无假设的理由。此时，就只有一个临界区域，我们就把这种检验方法称为“单尾检验”。单尾和双尾检验不同的地方在于，双尾检验有两个可能的临界区域（极小值和极大值），两者出现的概率总和记做 α，即显著性水平（在这部分内容中，α 表示长期概率，如 0.1 或 0.05，它与回归常数没有关系）。在虚无假设中，样本值没落在固定区间的概率为 $\alpha/2$。但是，单尾检验中，只有一个临界区域，它的大小为 α，临界区域中的数据既可以是正值也可以是负值，这取决于研究者认为 $\hat{\beta}$ 值是正值还是负值。

附录 B 的表格包括界定区间的界值，我们容易理解对界值进行检验假设的逻辑。既然 t 分布是对称的，即均值下面的部分和上面的部分完全一样。t 值表只包括正值，如果你想知道负的界值的对应值，你只需要查看一下 t 分布表，然后在对应的值前加一个负号。

临界区域的大小取决于研究者界定什么可能发生、什么不可能发生。社会科学的常用标准是 0.05、0.01 或 0.001，当然，这种取值也是随意的。在案例中，我们选定一个严格的临界值 t，这样，我们就能确保拒绝虚无假设的出错的概率小于或等于我们所选定的概率水平，我们把这个概率水平称为“显著性水平”或“α 水平”或“α”。[15]（如果我们选定一个小的概率数，我们错误地拒绝一个真实的虚无假设的可能性就会减少。）图 12—9 用术语把这个观点描述出来了。图 12—9 的 t 分布有 8 个自由度，这 8 个自由度被分成了两个区域。

a.概率小于0.05的双侧检验

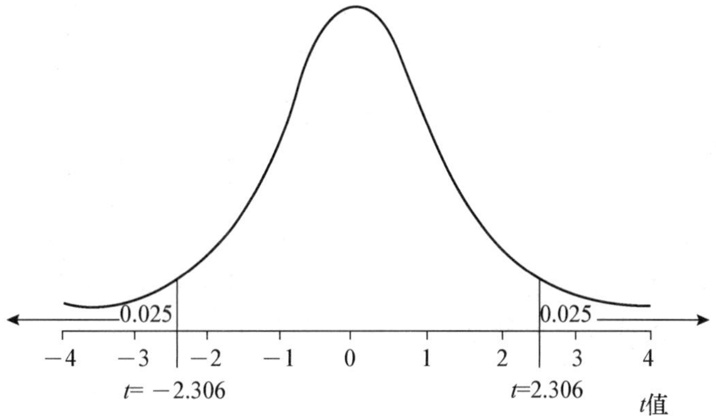

±2.306限定了2个临界区域，概率为0.05

b.概率等于0.05的单侧检验

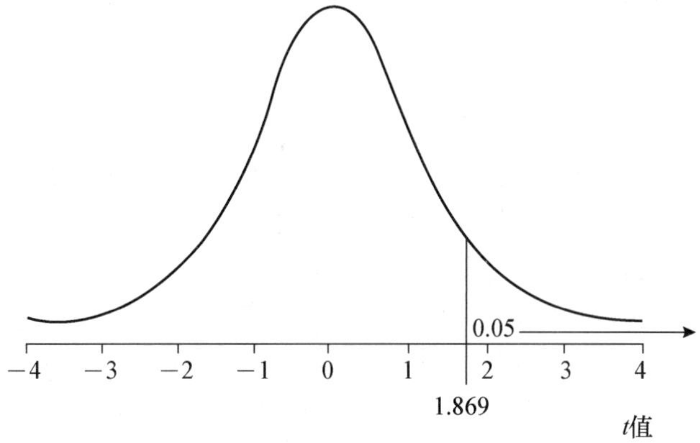

1.869限定了1个临界区域，概率为0.05

图 12—9　8 个自由度的 t 分布

为了更好地理解双尾检验（two-sided test），我们来看一看图 12—9，这个图显示的是 8 个自由度被分布在两个区间的 t 分布。如果我们考察到观测值 t 小于或等于－2.306，或者大于或等于＋2.306，我们就可以反驳并拒绝虚无假设。为什么？这是因为在虚无假设下，得到以上结果的概率小于或等于 0.05。更确切地说，如果我们要把一个观测值 $\hat{\beta}$ 变成观测值 t（如下），我们需要考察这个值是等于或小于－2.306，还是等于或大于＋2.306。（可以回过头来看看图 12—8。我们可以通过查询附录 B 在 0.05 的水平下双尾检验栏中的第八行，找到这个值。）如果情况是这样的话，我们就可以拒绝虚无假设并得出结论：总体中的变量之间存在线性关系。我们可以用同样的方法解释单尾检验。（请大家看一看图 12—9 的 b 部分，并在附录 B 中找到对应的值。但是，这一次我们需要使用 0.05 显著水平下单尾检验测量。）在这个案例中，我们仍然需要得出样本回归系数，并比较回归系数和关键值 t——1.869（参见表 12—8 的第 3、4、5 步）的大小。如果回归系数等于或大于关键值 t，我们就拒绝虚无假设。否则，我们就接受虚无假设（见图 12—8 中的第 6 步）。由于我们所求的是样本和样本参数，因此，我们有可能会出错。有时候，我们可能会偶然得到一个大的观测值 t。如果按照上面的方法，那么我们就会错误地拒绝虚无假设 H_0。不过，在两种类型的案例中（单尾和双尾检验），参数估计出错的概率都是 0.05。

如果因为某种特殊的原因，我们希望把拒绝虚无假设出错的概率降低到 0.01。我们只需要把关键值 t 变为 3.355（双尾检验）或者 2.896（单尾检验）（请再次查询附录 B）。

我们怎么得到观测值 t 呢（见图 12—8）？这个问题很容易得到解释：我们可以用一个公式把回归系数换算成观测值 t。当虚无假设 H_0：β=0 时，换算公式如下[16]：

$$t_{obs}=\frac{\hat{\beta}}{\hat{\sigma}_{\hat{\beta}}}$$

公式中的分子是回归系数标准误的估计值。当前计算机的微软程序能计算出它，因此，我们不必费神计算它。[17]在我们所举的例子中，这个值为 0.000 014 90，相应地，观测值 t 的大小为：

$$t_{obs}=\frac{0.000\,054}{0.000\,014\,9}=3.60$$

一旦我们选择了一个临界值 t，并计算出了观测值的大小，我们就可以使用上面所说的方式判断是否拒绝虚无假设：如果观测值 t 的绝对值等于或大于临界值 t，那么，我们就拒绝虚无假设（参见图 12—8 的第 6 步）。

综上所述，我们可以判断个人收入和个人与官员接触次数之间没有线性关系，即 H_0：$\beta_{接触次数 \cdot 收入}=0$。我们发现收入和接触次数之间的样本回归系数=0.000 054。在这种情况下，虚无假设可能是真的吗？为了简化分析，我们把可能发生的情况控制在 0.05 或 0.05 水平之下。用术语来说，我们的显著水平是 0.05。我们经常听到或看到这样的言论，“统计显著处于 0.05 的水平”。这个术语的意思是说与我们所推断的结果不符合的概率是 0.05，在 0.05 的概率下，观察者可以拒绝虚无假设。（如果统计结果为“不显著”，那么，我们就不能随便拒绝任何一个虚无假设。）在我们所举的这个案例中，我们可以认为个人收入和个人与官员接触次数存在正相关性（“收入越多，接触越频繁”），我们认为只有当相关值比较大时，才能因此拒绝虚无假设。（如果某个样本的系数为负值，例如 $\hat{\beta}=-0.01$，我们不能直接拒绝虚无假设 H_0。这就是说，如果 β 值大于 0 的话，我们就可以拒绝虚无假设。）我们把单尾检验 0.05 的显著水平用一个希腊字母作为缩写。

为了不对每一个可能的虚无假设设计一个 t 分布表，我们采用临界值的标准表，参见附录 B（换而言之，这就像把一大批计算器换成了一台计算机）。样本只包括 10 个案例，因此，自由度是 $N-2=8$。如果常数和回归系数都确定下来，自由度就等于 $N-2$。我们使用的是 0.05 置信水平下的单尾检验，通过查询附录 B，我们可以看到临界值 t 为 1.869。这就是说如果我们的观测值 t 大于或等于 1.869，我们就可以拒绝虚无假设。在前文中，我们知道这个案例中的 $t_{观测值}$ 等于 3.60。这个值比临界值

t（1.869）要大一些，因此，我们可以拒绝虚无假设，认为两个变量之间存在线性关系。更精确地说，对以上结论我们只有 0.000 054 没有把握。

我们的整个讨论都围绕着回归系数的显著性而展开。下面，我们将用同样的方式来分析如何得到公式中的常数项。在这里，我们不解释计算程序——这是一个特例——部分原因是实数集经常落在 β 上。

我们可以运用 F 检验进行分析，并对此进行评价。在 t 检验中，我们可以用估计的系数除以标准误，得到个体参数，但是，（通常而言）在 F 检验中，我们把模型看作一个整体，即我们的目的是假设所有的系数（例如，α 和 β）等于零。如果我们倾向于拒绝虚无假设，我们可以假设一个或一个以上的系数显著，但是，我们还需要进一步证实是一个、两个还是所有的系数都显著。因此，当一个模型中存在几个自变量的时候，F 检验是比较好的选择。我们同时要注意，大多数的计算机程序能够把两种检验方法的所有信息计算出来。最后，F 分布是分布的集合，临界值 $F_{临界}$ 要求至少有两个不同的自由度——1 和 $N-2$。在个人收入和个人与官员接触次数的案例中，我们有 1 和 8 个自由度，因此，我们可以因此得到合适的临界值 F。附录 C 是 F 分布表。

一个具体的案例

让我们举一个真实的案例：我们在上一章中提到的环境污染指数。让我们回忆一下这个指数，对“142 个国家的环境污染进行测量”，这个指标以其他的变量或指标为基础。[18] 我们可能需要考察这些指标两两之间的关系。“人类所需的基本生活品”的指标包括营养不良和获得干净的饮用水，“技术类”指标包括教育和技术创新的水平。我们把第一类变量称为因变量（Y），第二类变量称为自变量或解释变量（X）。我们可以做出一个简单的、经得起逻辑推敲的假设：随着一个国家技术能力的提高，这个国家可以通过提供大量食物和健康水来减少人们的痛苦。换而言之，我们认为 X 和 Y 之间存在正相关（用符号表示为，H_A：$\beta>0$）。请记住，我们并不需要直接检验这个假设。相反，我们假设 H_0：$\beta=0$。如果我们不能接受这个虚无假设，那么 H_A 就站得住脚。

图 12—10 描绘了这两个变量的散点图。图上的线是最小方差线。

首先来看一看这些点的分布，我们发现当技术指数不断增加的情况下，生活品指数呈现不断增加（即变得更好）的普遍趋势。这样，我们的案例就存在一个正关联或正相关。通过观察回归系数的值，即 $\hat{\beta}=0.727$，我们可以更好地分析正相关。正如我们已知的，这个系数说明，如果一个国家每提高一个单位的科学技术水平，我们可以预计人们的生活水平将提高 0.73 个单位。这个结论看起来有实质的收获。[19] 当然，我们的结论有意义，因为我们把生活标准的提高和科技水平的提高联系起来考虑。不过，请大家注意这里显示的相关不是完全（完美）相关。许多点都位于这条相关线的上面和下面，这就是说除了技术水平的提高以外，这个民族还通过其他方式或多或少地改善了人们的生活需求。图 12—10 显示了阿曼（Oman）和黎巴嫩（Lebanon）这两个国家的科技水平指数差不多。阿曼人的生活品需求量低于按照它的科技发展推断的

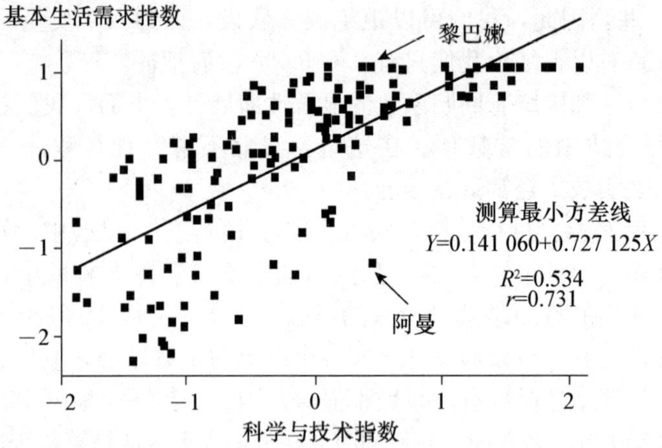

图 12—10　人们需要的满足与科学技术之间的关系的最小方差

资料来源：2002 年环境可持续指数。

水平，但是，黎巴嫩高于这个推断水平。简而言之，我们所看到的只是 X 和 Y 呈正相关的一种趋势。我们并没有解释一个国家在多大程度以及如何提高了人们的生活水平。

我们进一步来看一看常数项，请注意常数等于 0.141，这个常数是指在技术水平为零的情况下，人们预期的生活水平需求指数为 0.140。常数项有没有实践或理论意义呢？X 取负值，常数项的量也是确定的。除此之外，技术水平的中值大约为−0.21，需求指数的中值为 0.19。这就是说，负值也有实际的意义，因此，$X=0$ 也有意义。这些值累加起来就构成了观测值。因此，如果一个国家的 X 值靠近中值，那么，这个国家的 Y 值也靠近中值。同时，我们也要注意，如果我们把科技水平作为因变量——即改变 X 和 Y 的位置——系数变成了 0.735，这个系数和我们前面计算机计算的值（0.727）有点差别。这个差别说明了回归系数不具有对称性。

在这个案例中，(R^2) 为 0.534，这意味着科技指数解释了一半的生活需求指数的变动。通过看散点图，我们发现两个变量之间确实存在线性关系。不过，我们也要注意一下自变量有没有过度解释因变量。

最后，正如在注释 18 中提到的，环境污染指数研究获得的数据不构成一个样本，但是这些数据确实反映了所有民族的总体数据。因此，许多社会科学家把这些数据当成总体样本的数据看待。为了进一步阐述这个问题，我们对“总体”的回归系数等于 0 这一假设进行检验。为了论证的需要，我们需要假设两个变量之间存在正相关（如，$\beta>0$）。事实上，我们感兴趣的是检验 H_0：$\beta=0$ *vs.* H_A：$\beta>0$（H_A代表“备择假设”）。单尾 t 检验中有 $N-2=142-2=140$ 个自由度，临界值是 1.645（可以查询附录 B 的最后一行）。（之所以选择最后一行是因为有 140 个自由度的 t 分布接近于标准正态分布，正态分布对应的是标有“∞”的最后一行。）[20] 我们通过计算知道，回归系数的标准误的估计值为 $\hat{\sigma}$，t 的观测值为：

$$t_{obs}=\frac{0.734}{0.058}=12.67$$

这个数远远大于 1.645。因此，我们可以拒绝虚无假设，即认为技术水平和人们的生活需求之间存在线性关系。事实上，如果虚无假设成立，我们将很难得到如此之大的 t 值。当自由度为 8 时，12.67 远大于临界值。这个结论意味着，我们假设两个变量之间不存在线性相关，那么我们得到大于等于 12.67 的数的概率小于 0.001，即千分之一。用一般的统计学术语来说，这个相关是高度"显著的"。对进行实体研究的社会科学家来说，这一结论是否有显著重要的意义仍然值得商榷。在前文中我们提到过，统计显著性与实际重要性不是一回事。明智的做法是写出观测 t 值出现的真实概率。在我们所举的这个案例中，"回归系数在 0.001 的水平上显著"这样的话，读者就会明白我们有充分的证据证明总体参数不为零。

相关分析

在任意一组数据散点之中划一条直线，只要线的斜率不为零，我们就可以说自变量和因变量之间存在相关性。但是，这并不意味着这条线很好地拟合了这些数据点，或者这两个变量的相关存在统计显著性。这条线可能是最好的一条线，但是，这些数据点离散程度很高，以致我们找不到一条直线可以靠近大多数点。相关程度的指标是数据点离回归线有多远。数据点离回归线的距离越远，相关性越弱。数据点离回归线的距离越近，相关性越强。如前所述，如果所有的点正好都落在回归线上，那么，两个变量之间存在完全的线性相关。

如果有几百个点，我们常常难以形象地说出回归线离数据点有多远，两个变量之间的相关性有多强。统计学上有一个叫作**皮尔森积差相关**（Pearson product moment correlation）（r）的系数，这个系数能够清晰地告诉我们数据点和回归线之间的拟合程度。这个系数在 0 和 ±1 之间变动，0 表示不相关，±1 表示完美相关。它可以通过每一个点和回归线之间的垂直距离计算出来。

积差相关与 eta 的平方相似。但是，积差相关系数适用于定量数据，而不适用于定类变量，即使定类变量的标号是数字。相关系数的值取决于我们要解释的因变量的变化（整个方差）。我们通过在这些数据点中划回归线的方法尽可能地解释因变量的变化并根据自变量的值估算因变量的值。点到回归线之间距离的平方表示回归线解释不了的因变量的方差，平方和表示未解释的方差。

相关系数的平方（r^2）清楚地显示了自变量的解释能力。这一点听起来是不是有点熟悉？这是因为在双变量回归中，r^2 就是 R^2。皮尔森系数 r（而不是 r^2）很有用，这是因为它不仅显示 X 和 Y 之间相关的程度，而且显示两者之间存在正相关还是负相关。因此，当我们看到 r^2 时，我们测量的只是相关的强度，而没有测量相关的方向。R^2 和 eta 的平方十分类似，它表示自变量能够解释因变量的部分，这个值越靠近 +1，两者的相关性越强。

$$r=\sqrt{\frac{1-\text{未解释的方差}}{\text{总方差}}}\text{ 或者 }\sqrt{\frac{1-\sum_{i=1}^{N}(Y_i-\hat{Y}_i)^2}{\sum_{i=1}^{N}(Y_i-\bar{Y})^2}}$$

$$r^2=\frac{1-未解释的方差}{总方差}\text{或者}\frac{1-\sum_{i=1}^{N}(Y_i-\hat{Y}_i)^2}{\sum_{i=1}^{N}(Y_i-\bar{Y})^2}$$

在这里：

Y_i＝实际观测值

$\hat{Y}_i$＝预计观测值

$\bar{Y}$＝Y 的平均数

此表达式相当于前文所说的 R^2。也可以直接从所观测到的数据中计算 r：

$$r=\frac{N\sum XY-(\sum X)(\sum Y)}{\sqrt{\left[N\sum X^2-(\sum X)^2\right]\left[N\sum Y^2-(\sum Y)^2\right]}}$$

回归线的斜率和回归线的相关系数是两回事。斜率表示的是在自变量变动的情况下，因变量如何变动；相关系数（相关系数的平方）表示自变量在多大程度上解释了因变量。有时候，我们很有可能得到一条斜率很陡但是相关程度却很低的线段，这说明自变量每变动一单位，因变量的变化程度很大，但是回归线对数据的拟合程度不高。我们也有可能得到一个很小的斜率但是相关程度却很高的线段，这说明自变量每变化一单位，因变量的变化度不大，但是回归线很好地拟合了这些数据。

斜率的大小很大程度上取决于包含的变量和我们所使用的测量单位。但是，研究者总是希望相关度高，即回归线较好地拟合了数据。图 12—11 描述了用回归和相关分析方法得到的六种不同类型的结果：斜率很小的弱的正相关（a）；斜率大的弱的正相关（b）；斜率很小的弱的负相关（c）；斜率很小的强的正相关（d）；斜率大的强的负相关（e）；两个变量之间不存在相关性（f）。在最后一种类型中，无论自变量如何变化，因变量的值总是一定的。

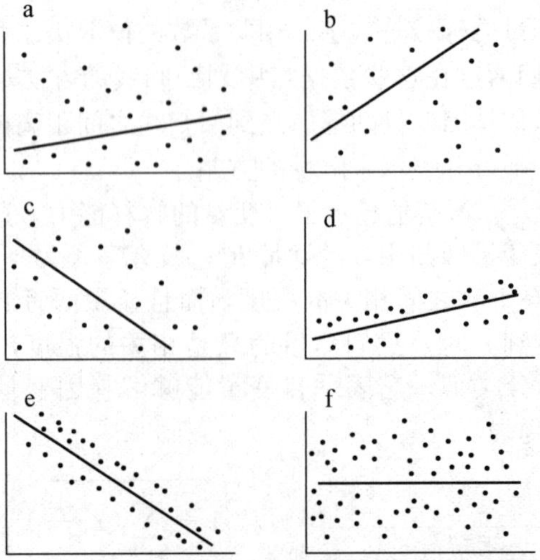

图 12—11　用回归和相关分析方法得到的六种图形

注：假设数据。

让我们再看一看图 12—10，请注意，这个图提供的是实际的散点图，r 等于 0.731。r^2等于 0.534，这有点像我们前面提到的作为自变量的科技水平对因变量的解释部分。另外一个相关分析的典型案例是西格尔和科弗研究的美国联邦法院就公民自由进行投票的案例。请大家回忆一下，他们感兴趣的是法官的价值观和投票行为的关系（见第 1 章），法官的价值观的数据来源于报纸主编。由于两个变量都是定量数据，西格尔和科弗计算出一个回归方程，协方差系数（product-moment correlation）显示两个变量之间的相关程度。协方差系数为 0.80，这表示价值观和投票行为之间具有强相关性。图 12—12 是两个变量的散点图。在关于公民自由权的案件中，相比于人们的期待，价值观处于回归线之上的法官倾向于投票支持公民拥有自由权，但是，价值观处于回归线之下的法官倾向于反对公民拥有自由权。

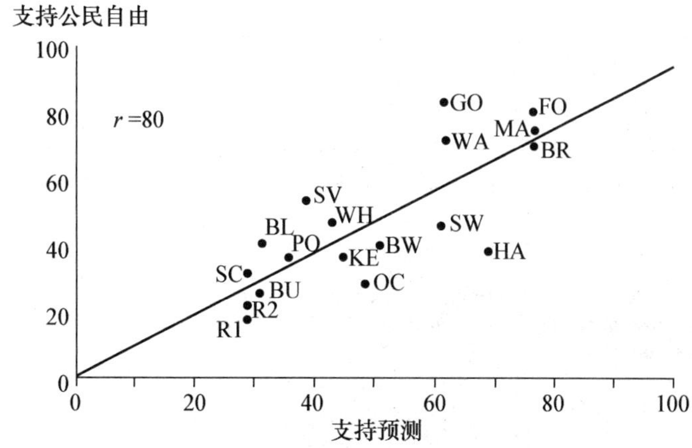

图 12—12　相关分析案例：法官的价值观与公民自由权案件裁决的关系

人名：WA=Warren，HA=Harlan，BR=Brennan，WH=Whittaker，SW=Stewart，BW=White，GO=Goldberg，FO=Fortas，MA=Marshal，BU=Burger，BL=Blackmun，PO=Powell，R1=Rehnquist（1971），SV=Stevens，OC=O'Connor，R2=Rehnquist（1996），SC=Scalia，KE=Kennedy。

资料来源：Jeffrey A. Segal and Albert D. Cover，"Ideological Values and Votes of U. S. Supreme Court Justices，" *American Political Science Review* 83（June 1989），562. Reprinted with permission of Cambridge University Press.

研究者常常使用相关分析来发现多个不同变量之间的相关程度。在上面的案例中，相关分析与自变量和因变量之间的数学方程关系不大，而与组内变量之间的相关程度有关。相关分析的结果常常被用来减少分析变量，因此，研究者能够很快找到与因变量最相关的因素。**相关矩阵**（correlation matrix）显示了变量之间的相关性，但是，散点图仅能显示简单相关。当然，两者都是数据分析中的常用方法。

相关分析的另外一个案例是约翰・B・麦科纳海（John B. McConahay）关于商业态度的研究。[21]麦科纳海感兴趣的问题涉及人们对校车①（busing）的态度和对种族的态度之间的关系。他计算出多个自变量和因变量（人们对校车的态度）之间的协相关系数。如表 12—20 所示，麦科纳海最终发现人们对种族的看法，而不是个人表现

① 美国学校为平衡黑白学童比例，常采用校车接送外区儿童上学。——译者注

与其对校车的态度有关。

表 12—20　　个人利益、种族观念和对校车的态度之间的关系：协方差系数

自变量	相关性
孩子到了入学年龄的父母	0.12[a]
公立学校孩子的父母	0.10[b]
坐校车孩子的父母	0.03
自己拥有住房者	0.09[b]
有亲戚在该地的	0.04
在该地居住很长时间者	0.09[b]
邻里关系融洽者	−0.06[c]
打算入住该地者	−0.01
个人利益指数	0.11[a]
现代种族主义	0.51[a]
传统种族主义	0.36[a]
对黑人的影响	−0.15[a]

a. p=. ≤001①. 这种相关性表明家有适龄入学儿童的父母比家里没有适龄入学儿童的父母更倾向于反对校车。

b. p=0.01.

c. p =0.05.

资料来源：John B. McConahay, "Self-interest versus Racial Attitudes as Correlates of 'Anti-busing' Attitudes in Louisville: Is it the Buses or the Blacks?" *Journal of Politics* 44 (August 1982): 711. Reprinted by the permission of Blackwell Publishing.

其他的议题

在我们总结相关和回归分析之前，我们还需要讨论两个问题。第一，回归分析能够帮助研究者分析因变量中没有被解释的部分。请大家回想一下，在每一个个案中，回归方程表示在自变量既定的情况下因变量的期待值。在讲述回归方程的部分，我们已经讲述，期待值和真实的观测值之间的差异被称为残差（residual）（剩下的部分），它能反映回归线对数据的拟合程度。研究者也能运用残差解释为什么因变量的有些值没有如回归方程预测的那样。除了第一个自变量，研究者还能确定第二个自变量，这个变量能够解释因变量尚未解释的部分（在第 13 章中我们将讨论更多的细节）。

在个人收入和个人与官员接触次数的案例中，从表 12—18 中，我们发现个人收入100 000 美元能和官员接触 4 次。根据个人收入和个人与官员接触次数的回归方程，个人收入 100 000 美元应该和官员接触 6.68 次。因此，与回归方程相比，这个人比期待少接触了 2.68 次，−2.68 就是残差。残差可以刺激我们的好奇心。与根据个人收入计算出的个人与官员的接触次数相比，为什么这个人与官员的接触那次，次数少这么多呢？这可以促使我们对所有与官员接触次数少于期待值的个人进行研究，并提出一个假设，这个假设可以帮助我们解释这个现象。因此，残差可以深化研究者的研

① 原书如此，疑有误。——译者注

究，通过调研，研究者能更深入地了解现实问题。研究者为了解释因变量的期待值和观测值的差异设计新的研究假设，在这个假设中，残差值可以成为因变量。

第二，我们需要讨论一下虚假的简单线性回归。计算机能在任意一组数据间画一条直线，产生线性回归方程，并计算两个变量的相关性。但是，有些数据可能更适合用 U 形曲线、J 形曲线或任意一条曲线描述，而不是直线。如果研究者忽视了这些可能性，又没有画出数据的距状图，并以为计算机计算出来的是拟合程度最好的直线，那么，研究者可能会忽视更多相关的典型特征。

沃尔芬格（Wolfinger）和罗森斯通（Rosenstone）关于投票次数的研究就是一个典型的曲线关系的例子。他们假设年龄和投票次数之间存在相关性。[22]散点图显示两个变量之间确实存在相关，但是，图 12—13 显示曲线而不是曲线更好地反映两个变量之间的相关性。中年人的投票更频繁，年轻人和老年人投票次数较少。因此，直线并不能很好地反映年龄和投票次数之间的相关性。

就像回归分析一样，相关系数 r 可以把没有线性关系乔装成强相关性。相关系数能反映数据点和最优直线之间的拟合性。在协相关系数较小的情况下，直线比曲线能更好地反映一组数据。但是，如果研究者根据计算出来的相关系数检查散点图，明显就能发现曲线能更好地反映这些数据点。那么，我们建议研究者根据每一个回归方程和计算出来的协相关系数重新检查散点图。

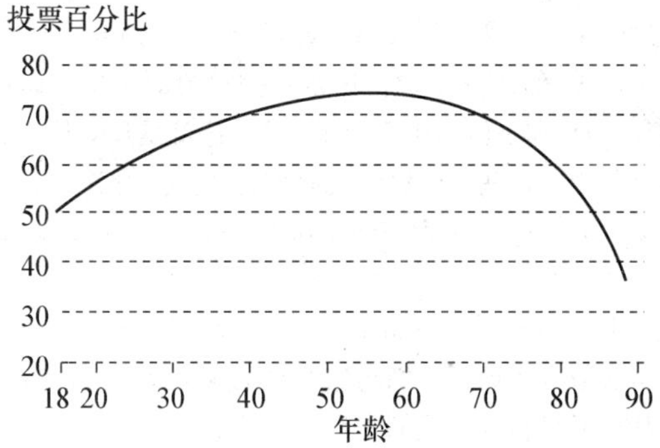

年龄	投票率（%）
18~24	53
25~31	62
32~36	67
37~69	74
70~78	68
79+	52

图 12—13　1972 年的年龄与投票关系曲线

资料来源：Raymond E. Wolfinger and Steven J. Rosenstone，*Who Votes*?（New Haven Conn.：Yale University Press，1980），38. Copyright © 1980. Reprinted with permission.

最后，有一个重要的提醒：相关并不等于因果关系。第 3 章详细地讨论了这个观点。你发现 X 和 Y 之间的 r 值为 0.7。当然，这个数表示两个变量之间具有强的正相关。既然 $r^2=R^2=0.7^2=0.49$，X 解释了 Y 一半的变化。但是这并不能证明 X 导致 Y。为了揭示非经验研究中的因果关系，研究者需要在控制一些变量的情况下进行测量（我们将在下一章解释如何控制变量），并确定 $X-Y$ 的相关关系。但是，由于研究者常常难以发现“潜在的、混杂的”因素，因此，以上做法几乎不可能实行。但是，研究者如何知道什么样的变量会影响相关关系？我们的建议是：研究者可以根据经验研究的结果，指出两个变量之间存在强、中等、弱或零相关或关联，但是，研究者不要试图证明变量间的因果联系。

结　论

在这一章中，我们介绍了如何测量两个变量是否存在相关、相关的方向、强度和统计显著性。本章也介绍了相关和因果之间的区别。最常用的分析工具是列联表、均差分析、方差分析、回归分析和相关分析，分析工具的选择部分取决于自变量和因变量的变量的类型——定类、定序、等距或定比变量。但是，研究者分析的只是两个变量之间的相关关系，并不意味着我们找到了引起因变量变化的原因。我们将在第 13 章中进行更详细的解释。

注　释

[1] 事实上，在给定变量水平的情况下，我们有很多方法分析变量之间的相关性。这一章介绍的方法是最常用、最简单的方法。

[2] 关于每一个统计量的计算公式的详细信息，参见 Alan Agresti and Barbara Finlay, *Statistical Methods for the Social Science*, 3d ed.（Upper Saddle River, N. J.: Prentice-Hall, 1997），272-282。

[3] 这种情形是第 9 章介绍过的生态推断问题（ecological inference problem）的一个例子。

[4] 决策规则是你必须接受小于 15 的任意 Y 值。这是单侧检验的基础。你也可以设定另外一个规则，规定 Y 的大值（大于等于 15）和小值（小于等于 15）。这就是双侧检验。

[5] 但是，请注意，在一些例子中，这些小的影响也有理论或实质意义。

[6] Edward R. Tufte, *Data Analysis for Politics and Policy*（Upper Saddle River, N. J.: Prentice-Hall, 1975）.

[7] 关于 F 比例的更多讨论参见 Agresti and Finlay, *Statistical Methods*, 398-401。

[8] 严格来说，因为因变量是次数（例如，人们与官员的接触次数），我们应当运用二元回归方法分析这些数据。但是，这些数据质量很高，我们仍然可以按照原定的方法使用这些数据。

[9] 重要的是，两个变量可能有关系——它们可能不具有统计的独立性——但是，两者之间并不存在线性相关。换而言之，我们应当尽可能寻找一条通过大多数数据的线段，这条线不一定是直线。

[10] R^2 被称为"多元回归系数"或"R 的平方"或"判定系数"（coefficient of determination）。在分析少量几个自变量时，我们常使用该术语。

[11] 事实上，在双变量回归分析中，两者具有相关性。

[12] 样本必须互相独立。

[13] 它被称为回归系数的抽样分布，是我们在第 9 章提到抽样分布时所举的例子。

[14] 严格而言，这个句子应该表述称"样本值等于或大于 1.0 的可能性是……"，但是，在这里我们不要求这么严格的表述。

[15] 重复一句，请大家不要把 alpha 与回归常数混淆。相同的希腊字母却有不同的含义。

[16] 如果虚无假设是其他形式，例如，$\beta=\beta_H$，那么，公式可以写成 $t_{obs}=\frac{\hat{\beta}-\beta_H}{\hat{\sigma}_{\hat{\beta}}}$，此时 β_H 表示假设值。

［17］此时，回归系数的标准误的计算公式是：$\hat{\sigma}_{\hat{\beta}} = \sqrt{\dfrac{\dfrac{ResSS}{(N-2)}}{\sum X_i^2 - \dfrac{(X_i)^2}{N}}}$，$ResSS$ 表示残差平方和。

［18］这里有一个不错而有趣的观点：既然在实践中研究包括世界上所有的民族，数据集就不是一个样本，而是全部的“总体”。因此，图 12—8 中的回归方程不是对两个变量的“估计”而是对两个变量的描述。如果我们的研究样本较少，我们需要讨论对整个民族各项系数的估计值。不管怎么样，大多数社会科学家都把收集的数据集当成一个样本，那么我们也这样处理。

［19］因为这或多或少只是一个摘要尺度（abstract scale），没有多少空间解释系数。但是如果看散点图，你会发现向上或向下移动一个尺度，就会包括一些国家。

［20］尝试解决这个问题。运用附录 D 标准正态分布表，找到 0.05 对应的 z 值和区域。我们将获得 t 表中一样的结果。

［21］John B. MaConahay，“Self-Interest versus Racial Attitudes as Correlates of ‘Anti-Busing’ Attitudes in Louisville：Is It the Buses or the Blacks?” *Journal of Politics* 44（August 1982）：692-720.

［22］Raymond E. Wolfinger and Steven J. Rosenstone，*Who Votes*?（New Haven：Yale University Press，1980）.

术语介绍

方差分析：一种测量一个名义变量和另一个内部变量之间关系的技术。

卡方：检测一种检测理论值与观察值之间有无差异的一种统计方法。

相关矩阵：也叫相关系数矩阵，是由矩阵各列间的相关系数构成的。

交互表格：一种用来测量名义和顺序层面测量的相关性的技术。

自由度：一种用来测度方差和其他测量方法之间关联的方法，用来决定统计学关联性。

均值差异检验：一种用来测度定距或定比变量与定类或定序变量之间关联的方法。

相关的方向：自变量与因变量之间的定向关联迹象。

已解释的方差：自变量对因变量变化的影响比例。

F 值：用来分析变异从而决定一个关系是否具有统计上的显著性。

古德曼与卡拉斯卡尔的 gamma 法：一种测量顺序变量的关联性的方法。

古德曼与卡拉斯卡尔的 lambda 法：一种测量定类或定序变量及定类变量的关联性的方法。

肯德尔法：一种测量顺序变量的关联性的方法。

相关测量法：两个变量之间关系的统计。

负相关：在回归与相关分析中，因变量值随自变量值的增大（减小）而减小（增大）的现象。

虚无假设：观察者提出的要放弃的假设，通常认为变量间无差异或不相关。

皮尔森积差相关：按回归分析计算出来指示区间变量的强度的统计方法。

正相关：一个变量和另一个变量成正相关关系。

误差测量中误差比例下降：与对一种情况没有任何知识的非独立变量的预测能力相比，对一种情况有知识的独立变量的预测能力有所提高，误差测量中误差比例下降就是对这种关系的一种测量。比如，古德曼与卡拉斯卡尔的 lambda 法、古德曼与卡拉斯卡尔的 gamma 法、eta 的平方以及 R 的平方。

回归分析：确定两种或两种以上变量间相互依赖的定量关系的一种统计分析方法。

回归系数：回归方程斜率的另一个名称。

回归方程：根据样本资料通过回归分析所得到的反映一个变量（依变量）对另一个或一组变量（自变量）的回归关系的数学表达式。

关系：一个变量的值与另一个变量的值之间相互相关、依赖、共变的关系。

残差：实际观察值与回归估计值的差。

散点图：用来表示一组成对的数据之间是否有相关性的一种图表。

斜率：表示一条直线相对于横坐标轴的倾斜程度。

萨默的 d 法：一种用来测量定序变量之间关联的方法。

统计显著性：一个用来表示观测关系发生的概率的指示。

相关性的强度：一个指示自变量与因变量之间关系强度的指数。

t 检验：在小样本情况下，检验随机变量的数学期望是否等于某一已知值的一种假设检验方法。

总方差：研究者准备加以解释的因变量变异值。

未解释的方差：因变量的部分变化无法由自变量来解释。

Y 轴上的截距：在回归方程中当 *X* 为零时 *Y* 轴的数值。

建议阅读书目

Agresti，Alan. *An Introduction to Categorical Data Analysis*. New York：Wiley，1996.

Agresti，Alan，and Barbara Finlay. *Statistical Methods for the Social Sciences*. 3d ed. Upper Saddle River，N. J. ：Prentice-Hall，1997.

Blalock，Hubert M. *Social Statistics*. 2d ed. New York：McGraw-Hill，1972.

Elifson，Kirk W. ，Richard P. Runyon，and Audrey Haber. *Fundamentals of Social Statistics*. Reading，Mass. ：Addison-Wesley，1982.

Healey，Joseph F. *Statistics：A Tool for Social Research*. Belmont，Calif. ：Wadsworth，1984.

Kinnear，Paul R. ，and Colin D. Gray. *SPSS for Windows Made Simple*，*Release 10*. East Sussex：Psychology Press，2000.

Lewis-Beck，Michael S. ，ed. *Basic Statistics*. Vol. 1. Newbury Park，Calif. ：Sage Publications，1993.

Mueller，John，Karl Schuessler，and Herbert Costner. *Statistical Reasoning in Sociology*. 2d ed. Boston：Houghton Mifflin，1970.

Nie，Norman H. ，and others. *SPSS*. 2d ed. New York：McGraw-Hill，1975.

Norusis，Marija J. *SPSS 10. 0 Guide to Data Analysis*. Upper Saddle River，N. J. ：Prentice-Hall，2000.

Phillips，John L. *Statistical Thinking*. San Francisco：W. H. Freeman，1973.

Ryan，Thomas P. *Modern Regression Methods*. New York：Wiley，1997.

Watson，George，and Dickinson McGraw. *Statistical Inquiry*. New York：Wiley，1980.

第 13 章

更复杂的解释和因果知识：多元分析

对于政治学的研究者和实践者来说，最头疼的问题可能是建构变量之间的因果联系。正如第 3 章所述，我们常常难以得到因果推论，例如“一个国家的死刑决定其犯罪率”，或者“在一个国家，识字率的提升将降低家庭暴力的水平”。在这两个例子中，“决定”和“将会降低”这两个词语都反映了一种因果联系。我们如何“证明”政治学中的这些论断呢?

第 3 章曾建议通过随机实验建立合理的程序发现变量间的因果联系。但是，困难在于并非所有的实验都具有可行性或合乎伦理。因此，研究者不得不求助于非实验的方法。这一章将介绍一个常用的方法：**多元分析**（multivariate analysis）。多元分析常用于分析多组变量。在其他因素已知的情况下，多元分析常用于发现、测量和检验两个或两个以上的变量之间的关联。多元分析可以用来进行因果分析，尽管这不是多元分析的唯一目标。

在其他变量（例如 W 和 Z）是常数时，研究者发现 X 和 Y 之间存在关联，这是进行因果推测的基础。我们知道一个变量与因变量具有强相关，这并不意味着这个变量与因变量具有因果关系。自变量和因变量都可能是第三个变量造成的结果，如果这样的话，我们可能得到关于第一个和第二个变量之间的相关性，但是，这是一个由第三个变量带来的错误的结论。在进行因果推论之前，我们必须好好考虑一下原来的自变量和因变量，也许第三个变量才是真正的原因。研究者只有消除这种可能性，才能说明自变量和因变量之间存在因果关系。图 13—1 反映了不同因果解释的区别。

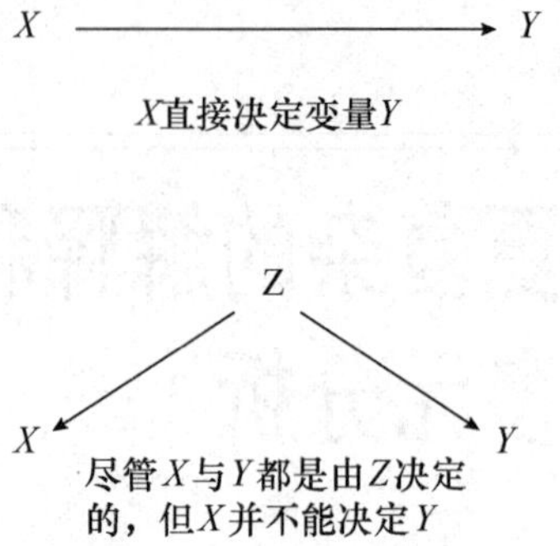

图 13—1　因果和非因果关系

第 1 章提到的案例能够反映因果推论中存在的问题。请大家回想一下，安瑟拉贝赫尔、延加和西蒙想知道消极的政治广告（所谓的攻击性广告）对政治参与是否有影响。[1]他们通过实验室的实验得到充分的证据，发现攻击性广告（对投票率）有消极的影响。但是，他们的研究有几个问题，其中一个问题是结果不能被无限放大到具有普适意义。这个批评恰当还是不当呢？这又带来另一个问题：我们是否可以用另外的方法演示这种因果关系？多元分析是一个选择。

我们也可以看看布拉德利和他的合作者展开的一项研究：“后工业民主的特征。”[2]他们想知道哪些因素会影响社会群体从政府获得好处。我们显然无法在实验室进行实验。因此，他们收集了大量的政治、经济和社会因素的数据，并运用统计方法对一些假设进行因果检验。例如，他们发现在其他条件不变的情况下，越是“左翼”的政府，越倾向于向穷人提供福利项目。“在其他条件不变的情况下”常被称为条件，它使研究结论更具有说服力和适应性。

我们将在这一章介绍政治学家如何控制第三个变量的影响进行多元分析。在测量自变量和因变量相关的强度和方向时，多元分析将去除其他变量的影响。通常而言，研究者既可以运用实验法，又可以运用统计法控制第三个变量的影响。**实验控制**（experimental control）是指在实验中挑选不同的实验组，并控制每一组的实验刺激。**统计控制**（statistical control）是指测量并比较控制变量的每一个观测值的一种程序，政治学家常采用统计控制的方法。

一、分类变量的多元分析

社会科学家有很多方法分析分类或交互表数据，我们先介绍一些简单的方法。在第 12 章中，我们分析和测量了两个定类或定序变量间的相关性。如果用交互表或列联表表示两个变量的分布时，我们能够看出因变量的值与自变量的值之间有什么关系。我们通过观察在自变量不同组别间对应因变量的不同值，可以看出相关的强度和方向。

例如，假设研究者想研究个人对政府开支的态度和总统选举投票的关系。我们的假设是“一个人越倾向于缩减政府开支，这个人越有可能投票支持共和党”。表 13—1 印证了这种假设。在表 13—1 中，在赞成缩减政府开支的人群中，64%的人投票支持共和党，然而，在支持维持或扩张政府开支的人群中，只有 46%的人投票支持共和党。在一个由 1 000 个案例构成的样本中，18%的差异反映个人对政府开支的态度和总统选举投票行为之间存在相关性。

很多人可能会就这一点提出疑问：“态度和投票之间是否存在因果关系（见图 13—1），或者这种差异是由另外一个因素，如健康造成的结果?”即使人们不讨论因果关系，另外一个问题是：“这项研究能否解释在控制其他变量的情况下，总统选举投票率下降的现象?”因为在倾向于缩减政府开支的人群中，有 36%的人没有支持共和党，而在倾向于维持或增加政府开支的人群中，却有 46%的人支持共和党。因此，研究者需要解释人们的投票行为，并使解释具有说服力。

表 13—1　　个人对政府开支的态度和总统选举投票的关系

因变量：总统选举投票	自变量：对政府开支的态度		(*N*)
	缩减政府开支	维持或增加政府开支	
共和党	64%	46%	(555)
民主党	36%	54%	(445)
总计	100%	100%	
(*N*)	(550)	(450)	(1 000)

注：假设数据。

影响总统选举投票的第二个自变量可能是收入。高收入者可能希望政府缩减开支，因为他们认为自己从政府的福利项目中获利甚少。这些高收入者也可能更愿意支持共和党，因为他们认为共和党的政策更有利于富人。相反，低收入者会倾向于支持政府增加开支，这样他们能从政府项目中获利，与此同时，他们认为民主党的政策更有利于穷人。收入既会影响人们对政府开支的态度，也会影响个人在总统选举中的投票行为，因此，收入会影响态度和投票行为之间的相关性。

为了考虑收入的影响，我们需要仔细分析态度和投票行为之间的相关性。在**多变量交互表**（multi variate crosstabulation）中，我们控制第三个变量。因此，我们进行**组群控制**（control by grouping），这就是说，我们根据第三个变量的值对观测进行分组，并观察每一组原始的相关性。在上面的案例中，每一组都由富人和穷人构成。如果在这些组内态度和投票行为之间仍然存在相关性，那么我们就能排除收入的影响。另外，我们还需要考察在不同的收入水平下——低收入、中等收入和高收入——个人对政府开支的态度和投票行为的关系。

表 13—2 描述了控制收入的结果。请注意，这里有三个交互表——不同收入水平下的对应值。在每一种收入水平下，个人的态度和总统选举投票行为之间没有关联。如果不考虑个人对政府开支的态度，80%的富人投票支持共和党，60%的中等收入者投票支持共和党，只有 30%的低收入者投票支持共和党。因此，通过在同一收入水平

下进行研究，我们去除了收入的差异，此时态度和投票之间的关联消失了。

因此，在没有考虑收入的情况下，态度和投票行为之间的相关性是虚假的。你可能会记起第3章中提到的**虚假相关**（spurious relationship），它是指两个变量之间的相关性由第三个变量造成。在上面的案例中，个人对政府开支的态度不是影响个人对总统选举投票偏好的直接原因，因为当我们加入收入的变量时，态度和投票行为之间的相关消失了。人们并不是以其对政府开支的态度决定其投票行为。

表13—2　当考虑收入变量时，个人对政府开支的态度和总统选举投票的虚拟相关性

控制变量：收入 因变量：总统选举投票	自变量 对政府开支的态度		(*N*)
	缩减政府开支	维持或增加政府开支	
高收入			
共和党	80%	80%	(240)
民主党	20%	20%	(60)
总计	100%	100%	
(*N*)	(250)	(50)	(300)
中等收入			
共和党	60%	60%	(210)
民主党	40%	40%	(140)
总计	100%	100%	
(*N*)	(200)	(150)	(350)
低收入			
共和党	30%	30%	(105)
民主党	70%	70%	(245)
总计	100%	100%	
(*N*)	(100)	(250)	(350)

注：假设数据。

但是，请大家注意，这并不意味着个人对政府开支的态度和总统选举投票行为之间完全没有关系，表13—1显示两者之间存在关联性。但是，两个变量最初的关联产生于不考虑第三个变量收入的条件。这种相关表示最初的相关性并不是因果关系；在收入水平相同的组内，个人对政府开支的态度并不是影响投票行为的原因。态度和收入最初具有相关性，这是因为受到收入的共同作用（参见图13—1的最下面部分）。

在使用假设的数据时，我们可能会碰到其他结果。例如，假设控制变量对个人的态度及投票行为没有影响。在这种情况下，结果如表13—3所示。我们会发现个人对政府开支的态度和投票行为的相关程度和方向与没有引入收入时一样。在这种特殊的情况下，高收入者的投票行为与低收入者的投票行为没有两样。在给定数据下，我们会提出假设认为，个人对政府开支的态度常常影响个人对候选人的投票。此时，批评者会指出，“你没有控制Z”。研究者会反驳，如果你要怀疑我的结论，你就需要指出为何Z会影响初始相关性。随机控制实验从理论上一举消除了其他解释变量。

表 13—3　在考虑收入变量后，个人对政府开支的态度和总统选举投票的关系与原初相同

控制变量：收入 因变量：总统选举投票	自变量 对政府开支的态度		(N)
	缩减政府开支	维持或增加政府开支	
高收入			
共和党	64%	64%	(192)
民主党	36%	36%	(108)
总计	100%	100%	
(N)	(250)	(50)	(300)
中等收入			
共和党	64%	64%	(224)
民主党	36%	36%	(126)
总计	100%	100%	
(N)	(200)	(150)	(350)
低收入			
共和党	64%	64%	(224)
民主党	36%	36%	(126)
总计	100%	100%	
(N)	(100)	(250)	(350)

注：假设数据。

这些假设的数据模拟了一些理想的情形。让我们看一看多元交互分析。在第 1 章中我们提出“伯纳姆问题”(Burnham problem)，认为在美国国内选举中，底层阶级投票率的下降高于上层阶级投票率的下降。假设政治学家不同意这种观点，他们认为这种观点是“有选择的阶级动员”，几乎每一个人的投票行为都与社会经济因素相关。由于职位、地位能反映个人的阶层地位，让我们对职位、地位与投票行为的假设进行研究，该假设通过已有文献研究反映出来，认为一个人所处的阶层越高越有可能参与投票。

首先，让我们对数据进行分类。数据来源于 2000 年美国选举研究，一部分数据来自正在进行的关于美国选民的特征与行为的研究。[3]在问卷中，受访者被问到，他们是否参与投票，如果没有参加，为什么没去投票。为了简化研究，我们把受访者分为“是”和“否”两类。当然，人们的职业经常变化。最初的研究询问人们“真实的”职位并按照国家统计局对阶层的划分标准对人们的职业赋值，然后按照分层理论对数据进行编码。我们的研究简化了分层，只分为四类：高收入阶层、中等收入阶层、熟练工人和低收入阶层。[4]这种分类有助于我们检验个人投票行为和社会经济地位的假设。

表 13—4 显示职位和投票之间具有强相关。这个结果证实了已有假设。首先，请注意表格“是”一行的“行边际”（row marginal），我们看到 75%的受访者宣称其参与投票。官方统计数据显示这个百分比过高；实际上，在 2000 年大选中，可能只有一半的选民参与了投票。这就出现了第 1 章提到的“过度报道”的问题。如果我们假设过度报道是职业分析常见的问题——承认这是一个有问题的假设——我们仍然可以观察不同职业类型下的投票行为。通过表 13—4 我们能清晰地看到，投票和不投票者的差异：上层阶级和底层阶级的投票存在 28%的差异。实际上，我们看表格的第一行会发现，不投票的比例稳定地下降。这种倾向显示两者可能存在正相关，这可以通过两个统计量——tau-b 系数和 gamma 系数反映出来，我们可以在表格底部找到这两个统计量。最后，卡方值比较大（$\chi^2=60.5$），这表示变量间的相关性不是由偶然性造成，也不是抽样误差，样本能在一定程度上反映总体。

表 13—4　　依据职位的投票率交叉表

是否参与了 2000 年的投票	低层	技术层	中层	高层	边际行总和
否	42.1%	31.3%	27.1%	14.4%	25.8%
是	57.9%	68.7%	72.9%	85.6%	74.2%
边际列总和	100% (178)	100% (297)	100% (424)	100% (451)	100% (1 350)

注：数据中没有农场工人；在 3 个自由度下，$x^2=60.5$（p=0.001）；tau b=0.19；gamma=0.35。
资料来源：2000 American National Election Study (ICPSR 3 131)。

到目前为止，一切都进展顺利。但是，在某种意义上来说，数据反映的信息并不丰富。换而言之，我们并没有发现变量间为何具有关联性。为什么这个职业参与投票的频数高于另外一个职业？它们之间是不是有工作联系或者网络联系？或者，我们是否可以用第三个变量解释职业和投票行为间的关系？教育也许能解释职业和投票行为之间的“原始”相关。换而言之，如果控制人们所受的学校教育的时间，我们将会发现职业对投票行为的影响变得很小。或者，我们会发现存在这种情况，对一定的教育水平的人群来说，教育与职业和投票之间不存在关联，但是，对于处于其他教育水平的人群而言，教育与职业和投票之间存在关联。这个问题被称为**解释**（explication），或被称为在不同的情况下 X 和 Y 之间存在或不存在关联。

表 13—5 给出了答案。初看这个表，情况有点不太好。但是，请大家看看交互表中教育背景对应的四种类型。表 13—5 反映了教育水平处于高中以下的人群，他们的投票行为和职位之间具有相关性。表格所反映的这部分人群的变量之间具有微弱的关联。但是，这种关联的强度显然弱于表 13—4 显示出来的关联强度。为了对其进行判断，行之有效的方法是比较两个表格的 χ^2 或者关联的测量值。表格（例如，表 13—4）反映 χ^2 为 60.5（在 3 个自由度的情况下），这个值偏离了统计独立性。在 3 个自由度的条件下，最低教育水平对应人群的 χ^2 是 11.2。［表格中的自由度总是等于 $(R-1)(C-1)$，其中 R 和 C 分别表示列和行。］这个值较小部分是由于表格中的案例数较少，但是，主要原因还在于变量间的关联比较微弱。

接下来，让我们看看表格中的第二个部分，这部分反映的是上过高中的人群对应的数值（见表 13—5 的 b 部分）。如果比较表 13—5 的 b 部分和表 13—4 中的第一行，你会发现对于高中毕业的这些人来说，投票行为和职位之间基本没有任何关联。请大家比较一下 χ^2 和关联的测量值，它们能告诉我们控制教育水平对结果的影响。表 13—4 的 gamma 系数值是 0.35，但是表 13—5 的 b 部分中的 gamma 系数值只有 0.30。这个结果反映了当我们控制教育水平后，原始相关性减弱了。表 13—5 中另外两个部分再一次证实了这个结论。例如，请大家看一看表 13—4 中关联的 tau b 系数值为（0.19），表 13—5 中四个部分对应的 tau b 系数值分别为（0.21、0.02、0.06 和 0.02）。只有表 13—5 的 tau b 系数值与原始 tau b 系数值吻合，其他部分的值都为 0。另外一个统计量 gamma 以及独立性检验的情况也是如此。经考虑，我们可以确定这些结果具有意义。教育可能既与职业又与投票行为有联系。受过高等教育的人较多从事高收入、享有社会地位的工作。与此同时，他们有能力也有闲暇参与投票。相反，受教育程度不高的人更多地从事不太好的职业，与此同时，他们可能没有时间也没有兴趣参与政治。当然，这些变量之间具有多重关联（interrelationship）。

表 13—5　　当考虑教育背景时，职位与投票关系表

是否参与了 2000 年的投票	低层	技术层	中层	高层	边际行总和
a. 高中未毕业[a]					
否	68.5%	46.3%	50.0%	23.1%	52.4%
是	31.5%	53.7%	50.0%	76.9%	47.6%
边际列总和	100% (54)	100% (67)	100% (32)	100% (13)	100% (166)
b. 高中毕业[b]					
否	31.2%	32.1%	35.3%	20.0%	31.9%
是	68.8%	67.9%	64.7%	80.0%	68.1%
边际列总和	100% (80)	100% (134)	100% (170)	100% (45)	100% (429)
c. 高中毕业且受过培训[c]					
否	32.0%	25.0%	26.3%	20.0%	24.5%
是	68.0%	75.0%	73.7%	80.0%	75.5%
边际列总和	100% (25)	100% (64)	100% (99)	100% (90)	100% (278)
d. 本科或更高学历[d]					
否	27.8%	10.0%	9.8%	11.3%	11.4%
是	72.2%	90.0%	90.2%	88.7%	88.6%
边际列总和	100% (18)	100% (30)	100% (122)	100% (302)	100% (462)

注：a. 在 3 个自由度下，$\chi^2=11.2$（在 p=0.01 时，显著）；tau b=0.21；gamma=0.35。
b. 在 3 个自由度下，$\chi^2=3.85$（在 p=0.05 时，不显著）；tau b=0.02；gamma=0.03。
c. 在 3 个自由度下，$\chi^2=1.92$（在 p=0.05 时，不显著）；tau b=0.06；gamma=0.13。
d. 在 3 个自由度下，$\chi^2=5.12$（在 p=0.05 时，不显著）；tau b=0.02；gamma=0.06。

从实践上来说，我们如何解释人们的投票行为呢？首先，我们可以说阶级（我们对其进行测量）和投票行为之间具有关联。当然这个发现与已有研究相同。此时，更重要的是要指出，教育可以解释阶级和投票行为之间的相关性。因为当我们控制教育水平时，投票行为和职业之间的相关性几乎消失了。相关性的消失表示这种相关是一种虚假的相关。最后，表 13—5 中的 a 部分显示，对于没受过高中教育的人来说，他们的工作与投票行为可能具有某种相关性，因为数据显示，在这一人群中，工作较好的人的投票率高于从事其他工作的人。[5]

我们可以把这些观点推广到一般的情形。在不止一个控制因素的交互表中，变量包括两种或三种类型，我们难以发现原始相关大小和属性的改变。即使情况相对简单，研究者只控制了第三个变量，我们仍然会得到五个一般性的结论。第一，如果原始相关性完全消失，这表示原始相关具有虚假性。个人对政府开支的态度和总统选举中的投票行为就是一个典型的案例。第二，如果原始相关没有完全消失，只是有些减弱，这表示原始相关是一个具有部分虚假的相关。**部分虚假相关**（partly spurious relationship）是指当引入控制变量时，原始相关会发生改变但不会完全消失的一种相关。第三，原始相关不会发生改变，这表示第三个变量对原始相关没有影响（见表 13—3）。第四，原始相关会增强，这表示控制变量对于自变量和因变量之间的真正（true）的相关性而言，控制变量没有任何意义。第五，控制变量的不同分类对应不同的相关性。这就是**特定的相关**（specified relationship）。在这种相关中，两个变量的相关性取决于第三个变量。例如，对于中等收入的人群来说，个人对政府开支的态度和投票行为具有强相关。在引入第三个变量的情况下，如果对应第三个变量的不同类型，原有的两个变量之间的相关性具有显著的不同，那么我们就可以说第三个变量或决定或“间接影响”相关性。

正如我们在上面的例子中指出的，关联的测量值和百分比有助于我们分析控制变量的影响。表 13—6 反映了在控制变量为常数的情况下可能产生的结果。每一部分最上面的一行表示没有引入控制变量的条件下自变量和因变量之间的关联的测量值。接下来的三行表示在控制变量的每种类型下，自变量和因变量之间的关联的测量值。比较没有引入和引入控制变量的结果，看看在这两种情况下原始相关的情况：虚假(a)、部分虚假（b)、没有改变（c)、增强（d）或者特定的相关（e)。（请注意，在 b 部分，在控制变量的每一种类型下，相关的测量值变小，但是并不等于 0。这表示控制变量部分而非完全解释原始相关。）

表 13—6　　引入控制变量时的五种结果

无控制变量时的关系	测量值	显著性水平
a	+0.35	0.001
类型 1	+0.05	0.07
类型 2	−0.03	0.14
类型 3	+0.01	0.10
b	+0.42	0.001
类型 1	+0.20	0.01
类型 2	+0.17	0.05
类型 3	+0.26	0.001
c	−0.28	0.01

续前表

无控制变量时的关系	测量值	显著性水平
类型 1	−0.30	0.05
类型 2	−0.25	0.01
类型 3	−0.27	0.05
d	−0.12	0.08
类型 1	−0.42	0.001
类型 2	−0.30	0.01
类型 3	−0.35	0.001
e	+0.31	0.001
类型 1	+0.55	0.001
类型 2	+0.37	0.01
类型 3	+0.15	0.05

注：假设数据。

当控制变量是定类或定序变量时，多元交互分析可以用来评估一个或多个控制变量的影响。尽管这是一种常用的研究方法，但是，它仍然有一些缺点。

第一，当研究者想要同时控制一些变量且这些变量都有很多分类时，多元交互分析难以满足这些要求。例如，假设当你控制教育（五种类型）、报纸类型（四种类型）和政治倾向（三种类型）时，你想研究电视新闻的观点和政治信息之间的关联性。你要分析六类不同的人群，并比较不同类型的人群中这两个变量的相关性。

第二，把相似的案例分成一组可以迅速减少每一种控制情形下的样本规模，得到不太精确的、不那么具有统计显著性的相关估计。假设在有关电视新闻报道和政治认知的相关性的案例中，开始的样本规模是 1 500 个受访者。如果我们把样本分成 60 个分离的控制组，用来测量新闻曝光与政治认知的相关性，那么平均每个组只有 25 个人。在实践中，很多组的样本数比这个还要少得多，有的甚至根本就没有这样的样本。这些表格的样本数极少，我们很难观察到新闻曝光和政治认知之间具有显著的相关性。

第三，多元交互分析的控制组常常忽视某一个或更多变量的变化。例如，在我们所举的个人对政府开销的态度和个人对总统的投票的例子中，为了控制收入，我们把所有的低收入者分成一组。这种分组或许会忽视每个人实际收入水平中的某些重要变化。

由于以上原因，社会科学家在进行百分比和关联的测量时，常常不使用多元交互分析法。最近 30 年，人们发展了一种更成熟、更具分析能力的分析技术。人们用更复杂的连续表格来描述“简化的”模型。[6]不过，这种新程序提到的数理知识已经超出了本书的范围（但是，在后一部分，我们确实要考察因变量）。在任何案例中，人们使用更复杂的程序，部分原因如下：人们分析的是两个或两个以上自变量对因变量的影响。

我们把多元交互分析法和第 3 章中讨论的随机实验性设计进行比较，从而得出本部分的结论。随机实验性设计的目的是考察一个变量对另一个变量是否存在影响。通过随机把个人分成试验组（实验组）和控制组，调查者（至少从理论上）可以在排除其他变量（例如 Z）的影响下，考察 X 和 Y 之间的相关性。然而，在大多数研究背景中，随机是不可能的。例如，假设我们要研究投票率和社会阶级的关系，研究者如何随机地把某个人“放”到某个特殊的地位，然后等待时机观察这个分层对个人行为的影响呢？因此，我们不是运用随机性来消除潜在的、被忽视的变化，相反，我们有必要人为地控制它们，即调查者需要清晰地描述可以影响 X—Y 之间相关性的变量（如 Z），对其进行测量，并如我们表 13—5 所做的那样，对这些变量进行统计控制。在这个案例中，我们实际上是考察在控制了第三个变量的情况下两者的关联性。如果控制变量是定类变量而且案例数很大，我们可以使用这种方法。而在其他不同的情形中，我们需要采用其他的分析技术。在下一部分，我们将讨论因变量为连续变量且因变量至少包括两种或两种以上类型的测量方法。

二、双因素方差分析

双因素方差分析（tuo-way analysis of variance）可以被用来估计自变量是两个或两个以上的定类或定序变量对因变量的变化程度的影响。这种方法的逻辑有点类似于第 12 章中描述的单尾方差分析。请大家回忆一下单尾方差分析，我们是从观察一个自变量的变化开始分析的。整个数据组的方差的计算方法是：每一个观测值减去均值，对其差进行平方，把所有的平方值加起来，然后除以 $N-1$。然后，我们根据每个自变量的大小，对观测值进行分组。接下来，我们计算出每一组的均值和方差。如果这些组的均值相互之间差距很大，而这些组内的方差远远小于“未分组”时因变量的方差，那么，这种分组对于解释因变量的变化就是成功的。组与组之间的均值的差异越大，同一组自变量之间的方差越小，自变量和因变量之间的相关性就越强。

双因素方差分析与单尾方差分析有些类似。我们也从因变量的方差开始展开论述。不过，这里我们有多于一个的自变量来解释因变量的变化。因此，我们需要按照自变量的值对观测值进行分组。因变量的均值和方差要在每一组内进行计算。

例如，请大家回忆一下塔夫特（第 12 章）的假设：实行交通管制政策的州和没有实行交通管制政策的州相比，前者的交通事故较少。单尾方差分析显示这两个变量之间存在弱相关性。为了更好地解释发生交通事故的原因，并证实州的车辆管制政策是影响交通事故变化的重要原因，塔夫特考察了另外一个自变量——人口密度——对交通事故的影响（见图 13—2）。

塔夫特认为一个州的人口密度对交通事故有多方面的影响——例如，个人驾驶汽车的速度、车距、针对突发事故的医疗服务水平。当他计算一个州人口密度和交通事故率之间的相关性时，他发现两者存在强的负相关，即当一个州的人口密度增加时，交通事故率下降。而且，他发现人口密度和汽车管制政策之间也存在相关性；8/9 的人口密度高的州都有汽车管制政策。因此，汽车管制和交通事故率之间的相关性可能存在疑问，因为人口密度高的州倾向于需要管制。相比于有无管制政策，人口密度可能

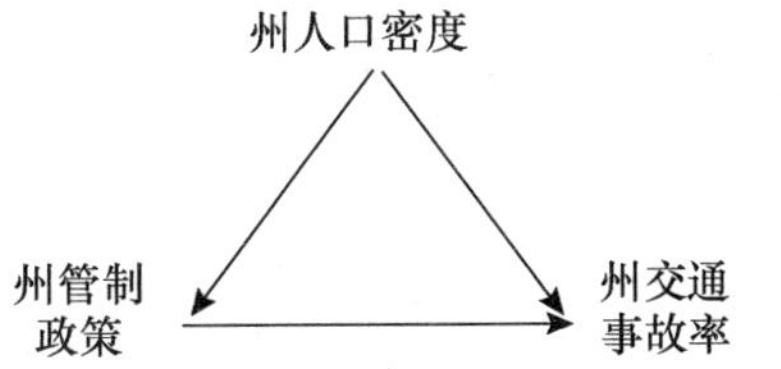

图 13—2　州人口密度对交通管制政策和事故率关系的影响

是解释交通事故的一个更加重要的变量。

我们可以通过把 50 个观测值（州）按照它们的人口密度和管制政策进行分类，从而测量人口密度和汽车管制政策对交通事故率的影响。如果计算出每组中交通事故率的均值及其方差，我们就可以估计两个自变量各自对因变量的影响和两个自变量的混合因素对因变量的影响。

表 13—7 显示了根据两个自变量分类的六种类型的州的均值和方差。各个组的均值显示不同人口密度的州类型的交通事故率之间有很大的差别，即便控制了管制政策这一变量（这可以通过观察行看出来）。除此之外，在对人口密度进行控制的情况下，有汽车管制的州的事故率比那些没有汽车管制的州的事故率仍然要低。在同一人口密度的类型中，没有管制政策的州的事故率分别是 2.5、3.2 和 5.3，而不对人口密度进行控制的话，这个差异是 5.8。因此，尽管交通事故率与汽车管制政策的相关性有所减弱，但是，这种相关性并没有完全消失。

根据表 13—7 的信息，我们可以精确地估算出每一个自变量对交通事故率的影响。我们也可以计算出两个变量总共解释了多少因变量。在这个案例中，当我们控制管制政策时，人口密度和交通事故率之间依旧呈现强相关性；但是，当我们控制人口密度时，管制政策和交通事故之间的相关性减弱、变小。在 50 个州中，两个自变量共解释了交通事故率的大部分（57%）。

类似于多元交互分析，双因素方差分析测量的是，在控制一个或更多的定类变量的情况下另一个定类的自变量和一个因变量的相关性。同样，类似于交互分析，双因素方差分析通过把相同或类似的案例放到一组，从而控制第三个变量。相比于多元交互分析，双因素方差分析最大的不同是因变量是定距或定比变量。因此，我们用方差的改变而不是样本在不同类型之间分布的改变来测量控制变量的影响。如果想更多地了解双因素方差分析的数学计算，大家可以进一步阅读本章末尾所列的书目。

表 13—7　　控制人口密度时，州交通管制政策和事故率的关系表

交通管制政策	人口密度 密度小 25 人/平方英里	人口密度 密度适中 25～125 人/平方英里	人口密度 密度大 125/平方英里	总计
无管制政策的州	37.4	31.6	23.6	31.9
(数量)	(10)	(16)	(6)	(32)
(方差)	(47.0)	(11.5)	(29.5)	(31.9)
有管制政策的州	34.9	28.4	18.3	26.1

续前表

交通管制政策	人口密度			总计
	密度小 25 人/平方英里	密度适中 25～125 人/ 平方英里	密度大 125/平方英里	
（数量）	(3)	(9)	(6)	(18)
（方差）	(77.6)	(33.6)	(23.1)	(26.1)
总计				
（数量）	(13)	(25)	(12)	(50)
（方差）	(49.4)	(20.8)	(31.8)	(61.8)

注：条目的意思是单元格里各州每组的汽车死亡率。塔夫特在他的分析中排除了阿拉斯加州，但此处它包含在“密度小、无管制政策的州”单元格。

资料来源：Adaped from Edward R. Tufte，*Date Analysis for Politics and Policy*，23，copyright 1974. Adapted by permission of Prentice-Hall，Inc.，Englewood Cliffs，New Jersey.

三、多元回归

到目前为止，我们讨论了如何通过对具有相同或相似值的案例进行分组，从而控制第三个变量的影响的方法。尽管当控制变量的值是离散的时候这种方法可以起作用，但是，正如我们在前面提到的那样，当我们分析多个变量时，潜在的控制组数量会迅速增加，而每一个控制组的样本规模则会减少，在这种情况下通过分组来控制变量的影响会存在很大的问题。

变量不会碰到这个问题。当所有的变量都是定距或定比变量（有时候，即使这些变量不是定距或定比变量）时，我们可以通过一种不同的、名叫**多元回归分析**（multiple regression analysis）的统计方法对变量进行控制。请大家回忆一下第 12 章提到的双变量回归分析，需要发现一个最好地拟合数据的等式，然后用这个等式描述自变量和因变量之间相关的性质。请大家进一步回忆一下回归系数，它是回归等式的核心，它能告诉我们自变量 X 每变动一单位因变量 Y 的变动程度。回归分析也能让我们对各种统计假设进行测量，例如，$\beta=0$表示自变量和因变量之间不存在线性关联。除此之外，回归等式还可以用来计算在给定一个 X 值的情况下 Y 的预测值。Y 的预测值和观测值之间的残差或差（R^2）可以被用来测量回归等式对数据的拟合程度。

顾名思义，多元回归仅仅只是不止一个自变量的回归方法。主要的差异——需要着重强调的是——**多元回归系数**（multiple regression coefficient）表示的是当模型中其他变量是常数或者被控制的情况下，自变量每变动一个单位因变量的变动程度。这里提到的控制不是通过分组而是通过数学工具来实现的。**调节性控制**（control by adjustment）是一种通过数学调节来估计第三个变量影响的统计控制形式，即我们不是通过将相似的案例进行分组，而是将每一个案例的值进行调节，从而考虑到其他所有变量的影响。

线性多元回归等式的基本形式是：

$$Y=\alpha+\beta_1 X_1+\beta_2 X_2+\cdots+\beta_K X_K+\varepsilon$$

为了便于理解，让我们逐个地考察上面这个等式。一般来说，这个等式表示因变量 Y 是一组自变量值的线性方程（或者说，因变量是由一组自变量引起的）。由于变量的影响是累积性的，因此方程是线性的。自变量对 Y 的影响程度取决于各个 β 值。

参数的下标是希腊字母。首先，字母（α）是**回归常数**（regression constant）。[7] 我们可以通过很多方法来解释 α，其中，最简单的方法是把 α 看作当所有的自变量为 0 时 Y 的取值。（如果令每一个 X 为 0，那么，我们可以注意到除了第一项以外，其他项都可以去掉，等式变成 $Y=\alpha+\varepsilon$。）在简单回归中，β 表示当其他变量被控制为常数时，自变量每变动一单位因变量的变化程度。每一个 β 都可以被称为**偏回归系数**（partial regression coefficient），这是因为，它表示在“部分排除”（partialed out）其他自变量或者同时控制其他自变量的前提下，特定的 X 和 Y 之间的相关性。ε 代表误差，它表示 Y 不是所有 X 的完美的反映。换而言之，即使我们知道所有的 X 值，我们也不能完全预测 Y；这一过程存在误差（在第 12 章，我们用符号 $Y-\bar{Y}$ 表示真实值和预测值之间的差距）。不过，在回归分析中，我们假设误差是随机的或者是可以消除的，且误差的平均值为 0。因此，我们可以把回归等式重新写成：

$$E(Y)=\alpha+\beta_1 X_1+\beta_2 X_2+\cdots+\beta_K X_K$$

这个等式表示：“Y 的期望值是关于 X 的线性（或累积性）方程。”

最后，Y 的预测值（记做 $\bar{Y}$）可以把自变量的值一一代入等式计算出来。

参数解释

偏回归系数很重要，因此，我们应当通过举例的方法详细地讲解它。让我们考察一下安瑟拉贝赫尔和他的同事对竞选广告对个人投票行为影响与否的研究。请大家回忆一下第 1 章和第 3 章提到的，研究者基本上基于实验设计来估计消极的电视广告对投票行为的因果影响。研究发现变量之间存在强的因果相关性，研究者希望通过扩大研究内容进一步增加研究结果的外部效度。因此，他们搜集了 1992 年第 34 次参议院选举的数据。主要的因变量是投票率，它的测度是州的投票数除以州的适龄投票人口数。自然地，研究者不是按照竞选的类型对州进行随机分类。相反，研究者通过阅读大量报纸和杂志对第 34 次议会选举内容的报道，并把竞选按照“竞选基调”分成“积极型”（记做 1）、“混合型”（记做 0）和“消极型”（记做−1）。[8] 基调是主要的解释变量或自变量。基本的观点是消极的竞选活动降低了人们对政治的兴趣和满意度，人们由此不愿意参与投票。因此，研究者希望得出投票和竞选基调之间的负关联性：基调越消极，投票率越低。

不过，他们只分析了两个变量，因此，他们得到的任何因果关系都会受到人们的高度质疑。现在我们知道这是什么原因了。为了阐述 X 和 Y 之间的因果关联，研究者必须排除对观测到的相关性的其他可能的解释。该实验通过把案例随机地分成试验组和控制组来实现这个目标。非实验性的研究要求研究者定义潜在的复杂的因素，对其进行测量，并从统计上把它定为常数。因此，安瑟拉贝赫尔研究团队搜集了他们认为对投票率造成影响的其他几个变量的数据。

表 13—8 显示了其结论的一部分。这个表是多元回归结果的标准形式。第一列表示各种变量；第二列和第三列表示偏回归系数的估计值和标准误差；第四列表示对应的统计量 t 的观测值。表格底部显示了多元 R 平方和其他信息。请大家逐一看看每一部分。请注意，由于安瑟拉贝赫尔研究团队的因变量是比值，大多数的自变量也是比值，因此，我们通过乘以 100，把结果变成百分数。

表 13—8 参议员选举结果数据的多元回归系数、标准误差和统计量的 t 值

自变量	估计系数	标准误差	t 值
常数	－0.295	0.124	2.38
竞选基调[a]	0.021	0.006	3.50
1988 年的投票率	0.571	0.090	6.34
邮件回复率	0.340	0.125	2.72
南部/非南部州[b]	0.047	0.013	3.62
大学教育（%）	0.172	0.076	2.26
候选人竞选经费[c]	0.011	0.006	1.83
竞选激烈程度	－0.068	0.039	1.74

注：选举人数 $N=34$；$R^2=0.94$。

a. 竞选基调：1 为积极，0 为中间，－1 为消极；

b. 南部/非南部州：0 为南部州，1 为非南部州；

c. 候选人竞选经费的对数。

资料来源：Based on Stephen D. Ansolabehere, Shanto Iyengar, Adam Simon, and Nicholas Valentino, "Does Attack Advertising Demobilize the Electorate", *American Political Science Review* 88 (December 1994): 829-838, Table 2.

我们首先来看基调系数，它是自变量，被称为“竞选基调”。该系数能够显示在等式中其他因素是常数的情况下，竞选基调（消极或积极）和投票率之间相关性的方向与强度。在这里，我们有一个方法来理解 0.021 的估计值：如果一个人通过某种方式能够改变议会选举中一个单位的基调指数——即使竞选多一个单位的积极性（或少一个单位的消极性）——那么，参与投票的人会增加 2%。我们需要注意的很重要的一点是，这种增加发生在模型中其他因素不变的情况下。由于调查者只是按照竞选基调对竞选进行粗略的分类，因此，从直觉或实际的情况来看，我们难以清楚地知道一个单位的改变表示什么。不过，我们知道消极的竞选可以记做－1，中间形态记作 0。因此，增加一个单位表示竞选风格和内容的不少的变化，并且，这种变化可能“引起”投票率增加 2%。投票率没有增加多少。不过，由于这是排除了其他许多因素的影响后竞选基调的影响，因此或许可以说，候选人更加积极、对其他候选人更少敌视的态度，会增加一点投票参与。

我们将用同样的方式来解释另外一个系数。例如，请大家看看“1988 年的投票率”。研究者们相信，在控制其他因素的情况下，一个国家的公民精神会影响投票率。因此，研究者试图根据“公民义务”这一变量的取值进行调整，并运用 1998 年的投票率作为替代的测量指标（假设有“公民精神”文化的州的投票率高于那些公民对政治不感兴趣并很少参与政治的州的投票率）。偏回归系数的估计值是 0.57。解释这个数值的一个方法是把其他的自变量设定为 0。那么，因变量的估计值可以通过如下方法计算：

$$\hat{Y}_i = -0.295 + 0.571(1988\text{ 年的选举结果})$$

在这个公式中，$\hat{Y}_i$ 表示除 1988 年的投票率之外的所有自变量都等于 0 时，该年投票率的估计值。（-0.295 的回归常数表示包括 1988 年的投票率在内的所有自变量都等于 0 时，我们所得到一个负的投票率。从这个无意义的结果中，我们可以得出两点启示。第一，正如我们在第 11 章指出的，回归常数并不总是具有实际意义。投票率怎么可能会低于 0 呢？第二，当因变量受到约束或者因变量必须位于特定的值域，如 0 到 1 之间时，我们必须谨慎地对线性多元回归的结果进行解释。原因在于预测结果可能落在允许的值域之外，只有在这个值域之内，我们才可以对结果进行解释。）在任何情况下，当其他的自变量等于 0 而 1988 年的投票率也为 0 时，1992 年国会竞选投票率的比值是 -0.295；当自变量增加一个单位时（即 1988 年的投票率从 0 升到 100%），1992 年的投票率增加到 0.276。[我们必须承认，当所有其他的变量（如开销）都为 0 的话，这种情况是没有意义的。不过，这种情形能阐述我们的基本观点。] 为了看清楚我们是如何获得这个结果的，我们把 X 的真实值带入等式：

$$\hat{Y}_i = -0.295 + 0.571(0) = -0.295$$

$$\hat{Y}_i = -0.295 + 0.571(1) = -0.276$$

简而言之，如果 $X_{1988\text{年的投票率}} = 1$（如，1988 年的参与率是 100%）而不是等于 0 的话，那么，国会竞选的预期投票率将上升 0.571 个点（或 57.1%）。这个相对较高的增加量意味着在一次选举中的参与水平会延续先前的选举 ，而从研究内容来看，控制这个变量无疑是适当的。

通过把自变量的值带入等式，研究者可以得出预期的投票率，并对其做出解释。有时候，研究者一次写下整个估计的等式和自变量的实际值，对研究也有帮助。我们只需要用一点假设的理性和常识就可以来解释这些数值的意义。“南部/非南部州”的指标就是典型的案例。

我们可能想知道如何测量“地区”。毕竟，地区是一类州事务。一个州可以在一个或者别的地区。安瑟拉贝赫尔在研究中使用了一个常用的方法，也就是虚拟变量来解决这个问题。**虚拟变量**（dummy variable）是一个假设的指标，它只能取两个值：0 代表存在（或不存在）某个事实，1 代表不存在（或存在）某个事实。虚拟变量常被用来把定类变量转化成适合数学分析的变量形式。[9] 在我们所举的例子中，调查员把南部州标记为 0，而把非南部州标记为 1。既然 0 和 1 都是完美和合法的数字，那么，我们就可以运用它来进行数值分析。更重要的是，这种编码有利于我们对结论进行解释。同样地，即便是对于虚拟变量，解释参数的好方法还是清楚地把等式写出来。现在，让我们把自变量的值带入等式。这样，我们就能“区分”南部州和非南部州，从而考察当其他因素为常数时，投票率有什么改变。我们将为自变量进行如下赋值：

- “积极的”竞选基调=1
- 1988年的投票率=0.5（即在符合资格的选民中，有一半人参与了投票）
- 邮件回收率=0.8（即80%的公民把问卷寄回了统计局）
- 受过大学教育的人口比例=0.4
- 候选人的竞选经费=100 000美元，研究者把它写成对数或5。[10]
- 竞选激烈程度为0。由于安瑟拉贝赫尔和他的同事使用的变量是民主党和共和党得票率之差的平方，因此，这次选择的竞争非常激烈。如果这个平方值等于0，那么，研究者就假设，在整个竞选过程中，两党是分裂的。（平方值大于0，则意味着竞争没那么激烈。）
- 南部州=0；其他地区=1（如，非南部州）

对于南部州来说（即 $X_{地区}=0$），我们可以把这些值代入等式，得到预期的投票比例（这个比例系数显示在表13—8的两行）：

$$\hat{Y}_i=-0.295+0.021(1)+0.571(0.5)+0.340(0.8)+0.172(0.4)+0.011(5)-0.068(0)=0.3803$$

非南部州（$X_{地区}=1$）的等式如下：

$$\hat{Y}_i=-0.295+0.021(1)+0.571(0.5)+0.340(0.8)+0.172(0.4)+0.11(5)-0.068(0)+0.047(1)=0.4273$$

假设所有其他值都取常数，我们发现，非南部州比南部州的投票率增加5个百分点。应当强调的是，类似于地区这样的虚拟变量编码有两个优点：从统计学上来看，它完全站得住脚，同时，它也有利于人们对结论做出解释。

除此之外，如果我们看到一个定类变量，它有两种以上的类型，我们可以对每一种类型赋予独立的虚拟变量的值。例如，假设州分布在四个地区：北部、南部、中西部和西部。代表这些类型的四个虚拟变量分别是：

该州处于东部地区时，$X_{东部}=1$；
0表示否
该州处于南部地区时，$X_{南部}=1$；
0表示否
该州处于中西部地区时，$X_{中西部}=1$；
0表示否
该州处于西部地区时，$X_{西部}=1$；
0表示否

以纽约州为例，在以上四个变量中，它的取值分别为1，0，0，0。亚拉巴马州的编码分别是0，1，0，0。加利福尼亚州的编码分别是0，0，0，1。其他州也可以根据虚拟变量的定义各自取值。由于算术的原因，在多元回归分析中，我们不得不放弃其中一个虚拟变量。被忽略的变量成为了参照点，尽管其真的代表着一种类型。假设我们想在地区（地区编码如上）、竞选基调和 1988 年的投票率的基础上，估计出投票率。回归方程如下：

$$\hat{Y}_i=\alpha+\beta_{1t}X_{东部}+\beta_2X_{南部}+\beta_3X_{中西部}+\beta_4X_{“基调”}+\beta_5X_{1988年的投票率}$$

在这个公式中，西部是参照类型，偏回归系数 β_1 到 β_3 测量了当一个西部的州变成其他地区的州时所带给 Y 的预期改变。我们可以用普通的数值形式表示其他回归系数。

回归等式的估计和计算

回归系数的数值来自哪里呢？正如在二元回归中，α 和 β 的值是按照最小方差的原则计算出来的：最小方差原则是指选择一组特定的回归系数，使每一个数据点到预期的 Y 值之间的距离的平方最小的数学程序。几乎每一个统计软件系统都包括进行多元回归分析的计算机程序。

标准回归系数

从标准化的变量中计算出来的回归系数被称为**标准回归系数**（standard regression coefficient）或者叫 Beta 值。它可以反映在特定的情形下，当控制其他变量的情况下，每一个自变量在解释因变量的变化过程中的相对重要性。为了得到变量的标准形式，我们需要用每一个变量值减去均值，然后除以标准差：

$$x_i=\frac{(X_i-\bar{X})}{\hat{\sigma}_{X_i}}$$

把所有的变量包括 Y 都按照以上方式转化成标准变量，然后在标准化的 X 的基础上对标准化的 Y 进行回归。标准化的系数显示一个 X 对 Y 的“标准”单位的“有偏的”影响。标准系数的绝对值越大，在控制或其他变量为常数的前提下，X 每变动一个标准单位，对 Y 的均值的影响越大。

我们也可以直接计算标准化的系数。对于一个特定的自变量，例如 X，计算标准系数 b_X 的公式如下：

$$b_X=\hat{\beta}_{YX}\frac{\hat{\sigma}_X}{\hat{\sigma}_Y}$$

在这里，σ 是 Y 和 X 的标准差，这里不存在自变量。β 是 X 对 Y 的偏回归系数的估计值。

表 13—9 是标准化和未标准化的变量回归的比较。这些数据来自国会 20 个选区的样本。统计分析的目的是要看看 1996 年克林顿总统在这些地区的得票与城市化水平，X_1 为非裔美国人居住的集中程度，X_2 为是否有关。理论假设是民主党的传统是

吸引城市地区和少数群体的支持的。尽管这个假设可能存在问题，但是，我们可能也可以尝试回答这个问题：城市化和民族、种族是解释 1996 年选举中克林顿获胜的“更重要”的因素。

表 13—9　对 1996 年选举中投票支持克林顿的城市人口和黑人的百分比进行回归分析

个案编号	克林顿的得票率（%）	城市人口投票率（%）	黑人投票率（%）	标准方差克林顿	标准方差城市人口	标准方差黑人
1	46	31.5	5.6	−0.357	−1.010	−0.390
2	47	94.8	1.3	−0.278	0.992	−0.656
3	71	100.0	3.5	1.608	1.156	−0.520
4	42	19.0	22.0	−0.671	−1.406	0.626
5	31	69.2	5.6	−1.536	0.182	−0.390
6	47	72.1	4.0	−0.278	0.274	−0.489
7	36	13.7	1.2	−1.143	−1.573	−0.662
8	47	15.8	3.9	−0.278	−1.507	−0.495
9	47	74.6	1.6	−0.278	0.353	−0.638
10	47	0.0	1.0	−0.278	−2.006	−0.675
11	81	99.2	71.0	2.394	1.131	3.660
12	28	64.1	1.1	−1.172	0.021	−0.669
13	51	23.6	3.3	0.036	−1.260	−0.532
14	48	78.1	4.8	−0.200	0.463	−0.440
15	84	100.0	42.7	2.630	1.156	1.907
16	86	100.0	62.3	2.787	1.156	3.121
17	59	95.9	15.8	0.665	1.014	0.242
18	58	5.9	17.9	0.586	−1.820	0.372
19	64	92.0	11.6	1.058	0.903	−0.018
20	39	52.3	2.7	−0.907	−0.352	−0.570

注：回归方程：

非标准变量：$\hat{Y}=38.1+0.116X_{城市人口}+0.555X_{黑人}$ $R^2=0.674$。

标准变量：$\hat{Y}=0.228X_{城市人口}+0.705X_{黑人}$ $R^2=0.674$。

资料来源：统计局提供的人口普查数据，一小部分数据来源于 Kenneth Janda，“Statistics for Political Research Web site，CD2000”，at http://www.janda.org/c10/data%20sets/menu.html，accessed May 24，2004。

表 13—9 的第 2 列到第 4 列给出了变量的值，第 5 列到第 7 列显示了根据上面的公式计算出来的标准化的变量。每一个回归系数都可以用普通的形式得以解释，我们把用这些实际的数据解释的任务交给读者。我们只需要注意一下在第二个等式中测量尺度是用差值表示的单位。例如，X_1 每增加一个单位意味着城市化变化一个标准差。标准差这个刻度并没有许多内在的优点，不过，使用标准化的值有助于我们估计在解释投票变动中每个变量的相对重要性。我们看到黑人的系数（0.705）是城市人口（0.228）的 3.5 倍。我们可能得出结论，认为种族比城市规模更能解释克林顿在选举中获胜。如果是这样的话，民主党人可能会集中精力寻求黑人的支持。[11]

最后，我们要注意两点。首先，把变量变成标准化的形式仅仅改变了这些变量的测度，并没有改变它们之间的相互关系。因此，未标准化的数据和标准化的数据都适合使用检验的显著性和拟合程度的测量。R^2s 明显地显示了这种性质（即两种类型的数据的 R^2 均等于 0.674）。所有的案例都如此。并且，当研究者使用标准化的变量时，等式中就没有回归常数了。

许多计算机程序通常都会报告标准化回归系数，它也经常出现在学术期刊和书籍中。学者们可以通过比较标准化的系数来比较一个自变量（例如 X）相对于另一个自变量（例如 Z）的解释力。例如，如果 b_{YX} 的绝对值大于 b_{YZ} 的绝对值，那么，我们很容易得出结论，认为前者对 Y 的解释力大于后者。（请注意，我们这里说的是标准化的系数，这些系数有相同的测度。）仍然需要强调的是，研究者在根据回归系数的数字大小来推断相应变量的重要性时应当十分小心。只有在所有的原始自变量都有一个共同的刻度或测量单位的情况下，我们才能对这些自变量对因变量的“相关性强度”进行比较。标准化的过程仅仅把变量变为“标准差”刻度。标准化的过程并没有改变或增加变量实际的解释力。另外一个原因是标准化受到样本方差的影响，在上面的公式中我们可以看到标准差的存在。因此，如果一个自变量的变化很大，而另一个自变量几乎没有变化的话，我们或许不能凭第一个自变量的标准化系数大于第二个，就说第一个自变量的解释力比第二个“更大”。[12]

拟合程度的测量

多元回归等式能否成功地解释因变量变化部分取决于**多元关联系数**（multiple correlation coefficient），我们常把它们称为 R^2 或判定系数。正如我们在前一章提到的，R^2 是被解释的因变量的变化占整个因变量的变化的比率，因此，它等于多元回归等式中所有的自变量一共能够解释的因变量变化的比例：

$$R^2=\frac{TSS-ResSS}{TSS}=\frac{RegSS}{TSS}$$

在这个公式里：

TSS＝**总**（total）偏差平方和

$ResSS$＝**残**（residual）差平方和

$RegSS$＝**回归**（regression）平方和

R^2 的取值范围是 0～1，它也有对应的显著性检验，该检验显示整个回归方程是否能对因变量提供具有统计显著性的解释。自变量的个数增加时，R^2 的值不会变小。但是，如果只是在一个模型中加入更多变量，这并不会有助于我们理解 Y。每增加一个自变量，都需要慎重考虑。在消极的竞选活动那个案例研究中，研究者没有报告方差总和，不过，他们注意到了国会选举的数据的 R^2 是 0.94（见表 13—8）。这个数字可能暗示自变量组解释了 1992 年投票率变化的大部分。

现在，请大家思考一下那个包括了 1988 年的投票率的模型，在州一级的水平上，某次选举的参与毫无疑问与以前的选举参与有关。很有可能大多数被解释的因变量要归因于 1988 年的投票率这个自变量。事实上，这就是为什么研究者要把 1988 年的投票率包括在内：研究者希望，在排除或控制那些影响投票的其他因素的前提下，考察消极的竞选活动的影响是什么。（因此，我们看到多元回归是如何提供了一个类似于控制性实验的程序的。通过在统计上把变量控制为常数，我们就可以得到类似于把各个样本随机地分配到不同的试验组的效果。）

显著性检验

由于类似于回归系数这样的总体参数是未知的，因此，研究者运用抽样和估计的方法来发现总体参数的估计值。不过，问题是：观测值能否支持各种假设呢？例如，安瑟拉贝赫尔的研究发明了一个模型，该模型证实了消极的竞选和其他因素是如何影响投票出席的。不过，既然安瑟拉贝赫尔他们研究的是一个样本[13]，我们就会问他们，他们发现的这些影响是否存在于“国会选举的总体”呢？

大多数的社会科学家将会通过一两个检验对上面的问题进行回应。首先，用什么是我们尚未具体解释清楚的这一问题来评估整个模型。具体而言，虚无假设是

$$H_0：\alpha=\beta_1=\beta_2=\beta_3=\cdots=\beta_K=0$$

这就是说，对这个检验的是假设所有的系数（例如，α 和所有的 β）等于 0。相反的假设是至少有一个系数不等于 0，不过并不特指是哪一个。我们经常首先采用的这种检验叫作 F 检验。F 检验包括我们在前面见过的 F 分布。大多数计算机回归软件自动生成一些统计值，并且很容易地计算出结果。我们在第 12 章和其他地方大致提过这种检验方法的程序：比较 F 的观测值——该值从数据中方差的不同总和中计算出来——和 F 的临界值，后者从交互表或计算出来的 F 分布表中挑选出来。

在表 13—8 中，作者没有报告任何 F 值或方差的总和，因此，让我们假设 F 的观测值是 10。我们可以把 F 的观测值和 F 的临界值进行比较。在我们的例子中，在 0.05 的显著水平上，F 的临界值为 2.39，在 0.01 的显著水平上，F 的临界值为 3.42。我们可以在附录 C 中找到这几个临界值。为了运用附录 C，我们还必须知道两种类型的自由度，一是回归模型的自由度（在附录 C 中，我们把它叫作“组间”自由度），另一个是误差或残差自由度（叫作“组内”自由度）。对于多元回归来说，组间自由度 K=自变量的个数，组内自由度$=N-K-1$。表 13—8 包括七个自变量，因此，$K=7$；它同时包括 34 个观察数据，因此，误差的自由度$=34-7-1=26$。我们对假设的 F 观测值和 F 临界值进行比较，发现，F 观测值比 F 的两个临界值都要大，因此，我们就可以在 0.01 的显著水平上拒绝虚无假设。这个结果意味着，我们有理由相信至少有一个回归系数不等于 0。

但是，哪个系数不等于 0 呢？基本的方法是利用计算的每一个系数的 t 统计量，并在 $N-K-1$ 的自由度下，比较 t 的观测值和 t 的临界值。[14]我们在第 12 章讲了 t 的观测值的计算公式，具体如下：

$$t_{观测值}=\frac{(\hat{\beta}-0)}{\hat{\sigma}_{\hat{\beta}}}=\frac{\hat{\beta}}{\hat{\sigma}_{\hat{\beta}}}$$

在这里，$\hat{\beta}$ 表示系数的估计值，$\hat{\sigma}_{\hat{\beta}}$ 表示回归系数的标准误差或标准差的估计值。我们用 0 做分子，这是因为，在多数出版的研究中，虚无假设都是总体系数 β 等于 0。我们可以再次检验 t 与临界值不符合，临界值是我们从类似于附录 B 这样的表格中获得的。大多数的计算机程序自动进行计算和检验，因此，使用计算机的人仅仅只需要对结果做出解释。

让我们回到表 13—8。最后一列给出的是每一个系数的 t 的观测值。因为我们的研究是在 34 个案例、7 个自变量和 1 个常数的基础上进行的，因此，合适的自由度的值是 34－7－1＝26。在双因素检验中（在这个案例中，如果 β 不等于 0，我们并不需要假设 β 是正值还是负值），0.05 的显著水平所对应的 t 的临界值是 1.706。表 13—8 中所有的观测值都超过了这个临界值。基于这个结果，我们认为，在国会选举这个案例中，“总体”中所有的变量对投票率都有影响。

四、逻辑回归

假设我们想要解释为什么美国人参加或不参加投票。正如我们多次建议过的，这样的研究需要从一个理论或者至少是一个政治参与的尝试性的观点出发从而展开研究。例如，我们可以假设诸如教育、民族这样的民主因素与投票与否有关：受到较好教育的白人比受教育程度不高的非白人更加经常地参与投票。为了检验这个假设，我们需要通过问卷调查来收集对教育、民族和投票的测量。

表 13—10 显示了来源于芝加哥大学民意研究中心组织的一般性社会调查中的一小部分数据。这些数据包括下面一些指数：投票与否（编码 1 表示“在 1992 年参加了总统大选”，而 0 表示“没有参加 1992 年的总统大选”）、种族（编码 1 表示“白人”，0 表示“非白人”）和迄今为止受教育的最高年限。（在这个案例中，受访者有4 417 个，但是为了节省空间这里只展现了前面的 15 个人。）投票和种族的编码是主观给定的，不过我们会发现这样的编码数字有助于我们的分析。

既然从严格意义上来说，因变量投票与否不是数字或者数值，因此，有人可能想知道我们如何运用像多元回归分析这样的方法来进行数据分析。（在前面，我们看到分类自变量可以通过虚拟变量编码的方式转化为数字变量，由此进行回归分析。）事实上，社会科学家碰到的一个很大的问题是怎么解释这种类型的因变量，这种因变量常被称为二分变量。例如，请考虑一下，在图 13—3 中，这个图显示了各个上学年限下的投票与否的点。我们看到两条由点构成的平行线，这条线并没有告诉我们太多关于投票和教育之间是否存在相关性的信息。

表 13—10　　原始数据

受访者	是否投票	种族	教育年限
1	1	1	11
2	1	0	16
3	1	1	16
4	1	1	15
5	1	1	17

续前表

受访者	是否投票	种族	教育年限
6	1	1	11
7	1	1	12
8	0	1	12
9	1	1	18
10	1	1	18
11	0	1	18
12	1	1	15
13	NA	1	12
14	1	0	4
15	0	0	10

注：该数据来自 1993 年和 1994 年对 4 417 个受访者进行访谈的一部分。

种族列中 1 代表白人，0 代表非白人。是否投票列中 1 代表参加了 1992 年总统大选投票，0 代表没有参加，NA 代表未知。

资料来源：James A. Davis，Tom W. Smith，and Peter V. Marsden，General Social Surveys，1972－2002：Cumulative File。

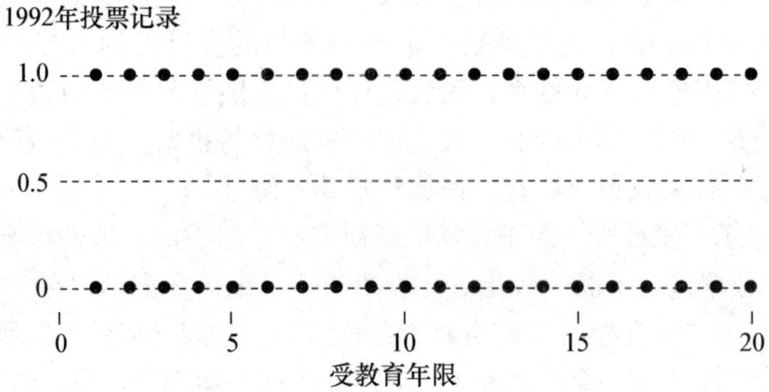

图 13—3 受教育年限对投票的影响

资料来源：James A. Davis，Tom W. Smith，and Peter V. Marsden，General Social Survey，1972—2000：Cumulative File.

无论如何，我们应当通过一些办法把问题概念化。对因变量 Y 的两种结果进行编码，1 表示“投票”，0 表示“没有投票”。换而言之，研究中的每一人在因变量上的取值不是 1 就是 0，其值取决于该人是否参与了投票。接下来，我们可以把 Y 的预期值解释成为“Y 等于 1 的概率”，这是因为

$$E(Y)=[1\times P(Y=1)]+[0\times(P=0)]=P(Y=1)$$

请注意，$P(Y=1)$ 表示“Y 等于 1 的概率”，即一个人参与投票的概率。$P(Y=0)$可以用类似的方式进行定义。[15]前面提到的，变量的估计值可以大致地等于变量的可能取值乘以它们发生的概率之积。[16]

现在，我们在 Y 等于 1 的概率——我们把它简记作 P——基础上，建构一个线性回归模型，即我们设计的模型中的两个自变量的基本形式是：

$$E(Y)=P=\alpha+\beta_1X_1+\beta_2X_2$$

我们把上式称为**线性概率模型**（linear probability model，LPM），它表示二分因

变量的期望值或者说（同样地）Y 等于 1 的概率是自变量 X_1 和 X_2 的线性方程。回归系数 β 仅仅表示，在模型中其他变量是常数的情形下，自变量每变化一个单元，概率预期的变动程度。

我们可以把来自芝加哥大学民意研究中心组织的一般性社会调查的数据带入线性概率模型，以此阐述以上观点。结果是：

$$\hat{Y}=0.214+0.035Education+0.043Race$$

这里的参数使用的是一般的形式：当教育等于 0、种族也等于 0（即非白人）时，预期的投票概率是 0.214。[17]教育每增加一年，种族保持不变的话，人们投票出席的概率增加 0.035。例如，一个受过一年教育的非裔美国人，他参与投票的预期值是：

$$\hat{Y}=0.214+0.035(1)+0.043(0)=0.249$$

（为了确保你理解了上面的内容，请大家取不同的教育和种族值，从而得到不同类型的人们参与投票的预期概率。）

尽管按照常用的标准所有的系数都具有统计显著性[18]，但是，拟合程度的测度 R^2 却只有 0.058（见图 13—3）。拟合程度不高以及因变量是二分的事实使得我们有理由怀疑线性回归是否是分析二分因变量的最好的工具。

当所有的预期值都位于 0.2～0.8 时，线性概率模型是合适的分析工具，但是，统计学家仍然认为，情况并不总是如此。一个理由是预期的概率可能是一些奇怪的值，既然模型的线性特征假定其取值范围可以从负无穷到正无穷，但是，概率的定义使得它必须位于 0～1。例如，一个受过 23 年教育的白人，他参与投票的预期概率是：

$$\hat{P}=0.214+0.035(22)+0.043(1)=1.027$$

这个值大于 1。

除此之外，线性概率模型违背了检验效度的一些假设。例如，假设检验的结果是，线性概率等式中的一个 β 等于零，这个结果可能是错误的。因为这样或那样的原因，社会科学家一般不用线性概率模型来分析二分性因变量。

因此，我们该做什么呢？我们确实不愿意放弃对二分性因变量或受访者的研究，因为它们往往很值得研究。一个常用的解决办法是采用**逻辑回归**（logistic regression），这是一个非线性模型，在这个模型中，一个受访者的回答的 log 的可能性与另一个回应相反，这就是因变量。[19]（我们会在后面解释 odd 和 log 的区别）。逻辑回归方程式有两个自变量 X_1 和 X_2，一个二分因变量 Y，回归方程的形式是：

$$Prob\ (Y=1)\ =P=\frac{e^{(\alpha+\beta_1 X_1+\beta_2 X_2)}}{1+e^{(\alpha+\beta_1 X_1+\beta_2 X_2)}}$$

这个方程的形式看起来有点神秘，不过，我们通过看图和进行几个运算就能容易地理解该方程式。首先，请注意 e，它常被写作 exp，它表示求幂功能。我们可以把一个方程看作一架机器：把一个一个的数字放进方程，这样，我们就能得到一个不同的数值。在我们这个案例中，既然 e 大致等于 2.718 28，我们把 X 作为 e 的一部分加入，那么 e 就成为另外一个值 2.718 28。例如，如果 X 等于 1，那么，e^1 大致等于

2.718 28，如果 $X=2$，那么 e^2 大致等于 7.389 1。[大多数的手动计算器都有一个 exp 键，常标为 e^x 或者 exp（X）。如果你要使用它，只需按该键就可以了。] 尽管上面的公式看起来有点抽象，它在统计学和算术上却常被使用，并被称为自然对数的反函数，即 $log(e^x)=x$。这个公式对我们很有帮助。

我们可以如下解释使用了 e 的对数函数：如图 13—4 的描述，$Y=1$ 的概率是关于 X 的非线性方程。图 13—4 的曲线显示当 X 增加时，$Y=1$ 的概率（即个人参加投票的概率）也在增加。不过，对于不同的 X 而言，$Y=1$ 的概率增加的量或者增加率是不一样的。在曲线下面的尾端，X 每改变一个单位所带来的 $Y=1$ 的概率的改变率很小。当 X 位于曲线的中部时，$Y=1$ 的概率急剧地上升。不久以后，X 的改变对 $Y=1$ 的概率的影响越来越小。我们将在实际的内容上对这种变化做出解释。例如，假设 X 表示家庭收入，Y 是一个二分变量，它代表个人是否拥有靠海滩的住房（如果一个人有靠海滩的住房，那么，$Y=1$；如果没有靠海滩的住房，那么，$Y=0$）。那么，对于那些已经富有（即高收入）的人们来说，即使他们的收入增加了，他们拥有海滩房的概率也不会发生多大的改变。相应地，即使低收入的人们的收入有了实质的增长，他们也不太可能买一个用于度假的别墅。只有当某些人达到一个临界点，在这个点上自变量一个单位的改变可能使因变量的概率发生较大的变化。

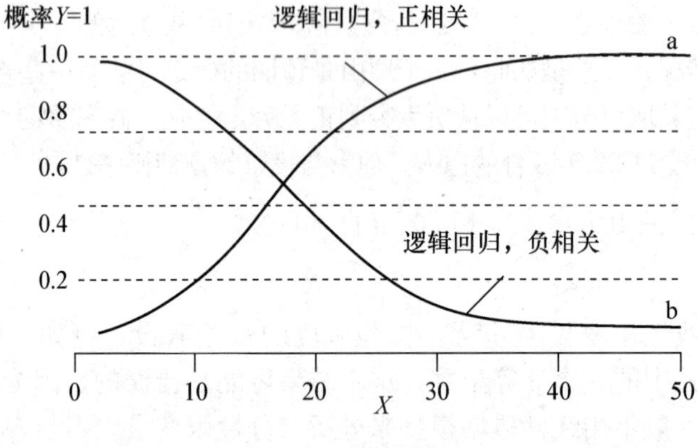

图 13—4 逻辑函数

注：假设数据。

我们可以用同样的方法解释图 13—4 中的曲线 b。当 X 增加时，$Y=1$ 的概率下降，不过下降量取决于自变量的变化的程度。

非线性模型的本质是自变量的影响不是固定的但取决于特定的数值。因此，逻辑回归方程可以得到合理的解释。我们也会碰到前面提到的反对意见，即预期值将会位于 0～1，这是概率的最小值和最大值，同时，我们也会碰到有关假设检验的问题。[20]

我们可以通过举一个数学例子来更好地理解逻辑回归。我们从芝加哥大学民意研究中心组织的一般性社会调查对投票的调查数据带入逻辑回归方程。

$$\hat{P}=\frac{e^{-1.593+0.182Education+0.210Race}}{1+e^{-1.593+0.182Education+0.210\,Race}}$$

在这个特定的等式中，α 等于－1.593，β_1 等于 0.182，β_2 等于 0.210。这些数字都叫作**逻辑回归系数**（logistic regression coefficient），这些系数与多元回归系数一样，显示了自变量的改变是如何带来投票概率的改变。

因为算术超过了本书的范围，因此，我们不可能讲述这些系数是如何计算出来的。（幸运的是，计算逻辑回归系数的计算机软件随处可见。）不过，我们会通过对等式中的自变量赋值的方式来对这些系数进行解释。当然，请大家记住，逻辑回归系数（β 值）类似于一般的回归系数：它们反映了当模型中其他因素是常数的情形下，特定的自变量的变化对因变量产生的影响。从这个意义上来说，因为这些系数表示“排除”等式中其他 X 的影响之外，某一个 X 的单独的净影响，因此，它们类似于多元回归中的“偏”回归系数。不过，我们需要记住，β 并没有直接反映给定 X 的变化所带来的 Y 的改变值。相反，β 反映的是对 log odds 或 logit 的净影响，这个值相应地与 Y 等于 1 的概率有关联。这样分析的话，对方程的解释就变得清晰了。

二分变量模型的类型

在二元和多元分析中，因变量（Y）是定量的或说数字的，统计的目的是解释因变量的变化。由于 Y 的概念化看起来比较自然，因此，我们能够比较直观地理解回归系数。然而，对于 Y 只有两种类型（例如，1 和 0）的案例，建立和解释模型却有很多的形式。一种方法是直接用模型表示 Y 等于 1 或 0 的概率。这些模型有类似于回归的 X 的系数，但是，这些模型是由一些看起来复杂的等式所构成的指数，而我们不能像一般回归那样将其简单地理解成“X 变动一个单位导致……”这个框架。因此理解逻辑回归系数不能那么直观。但是，我们也可以不用 Y 等于 1 的概率，而用 Y 等于 1 相对于 0 的可能性来建构模型。（Y 等于 1 的可能性不同于 Y 等于 1 的概率，我们在这一章后面的部分会着重讲解。）在这个方程式中，可能性变成了一种因变量，分析者的目的是寻找什么因素影响可能性。除此之外，一种更便捷的方式是求可能性的自然对数，得到“logits”。因此，logits 也可以看作一种因变量。Logits 被普遍运用，这是因为由它构成的模型是关于解释变量的线性方程。在这样的模型中，（偏）回归系数就能被解释成：在其他 X 被控制的情况下，X 变动一个单位会导致 logit 或 log odds 变动一个（偏）β 单位。当然，困难的是，现在因变量的含义——logit——不是很明确。幸运的是，所有这些方程式都相等，这样，我们就可以在它们之间相互转化。在逻辑回归这一节的前一部分，我们将会建构和解释概率的模型，而后一部分将会分析对数概率。

我们举一个例子来阐述上述观点。我们看一个没有受过任何学校教育（$X_1=0$）的非白人（$X_2=0$）的例子。等式变成：

$$\hat{P}=\frac{e^{-1.593+0.182(0)+0.210(0)}}{1+e^{-1.593+0.182(0)+0.210(0)}}$$

$$=\frac{e^{-1.593}}{(1+e^{-1.593})}=0.169$$

这个等式的结果表示一个没有受过任何学校教育的非白人预期投票的概率是0.169。（请注意，在这里，我们有效地控制了教育水平。）接下来，我们来看没有受过任何学校教育（$X_1=0$）的白人（$X_2=1$）。现在投票的概率是：

$$\begin{aligned}\hat{P}&=\frac{e^{(-1.593+0.182(0)+0.210(1))}}{1+e^{(-1.593+0.182(0)+0.210(1))}}\\&=\frac{e^{(-1.593+0.210)}}{1+e^{(-1.593+0.210)}}\\&=\frac{e^{(-1.488)}}{1+e^{(-1.488)}}\\&=0.201\end{aligned}$$

结果显示没有受过任何教育的白人的预期投票概率比没有受过任何教育的非白人高一点，它们的投票概率分别是 0.201vs. 0.169。在这个教育水平下“白人的影响”稍微地提高了投票的概率。（不同的教育水平下，这种影响是不一样的。）

一个类似的代入式显示了受过 9 年教育的非白人的投票概率是：

$$\hat{P}=\frac{e^{-1.593+0.182(9)+0.210(0)}}{1+e^{-1.593+0.182(9)+0.210(0)}}=\frac{e^{+0.045}}{(1+e^{+0.045})}=0.511$$

表 13—11 显示了教育和种族等因素对预期的投票概率的影响。请大家看看表格的前两列和最后一列。（现在，我们暂时不看“可能性”这一列。）例如，表格显示一个受过 20 年学校教育的非白人在 1992 年总统大选中（预期）的投票概率是 0.886，而相同教育水平下，白人的预期投票概率是 0.896。因此，在教育水平比较高的情况下，个人的种族对投票几乎没有影响。现在，请大家看一看中间的两行，这比较了受过 10 年学校教育的非白人和白人的投票概率。表格显示，他们各自的投票概率分别是 0.557 和 0.608。

表 13—11　1992 年总统大选的预期

教育年限	种族	对数	可能性	概率
0	0	−1.593	0.203	0.169
0	1	−1.488	0.226	0.184
10	0	0.227	1.255	0.557
10	1	0.437	1.548	0.608
20	0	2.074	7.745	0.886
20	1	2.152	8.602	0.896

注：种族列中 1 代表白人，0 代表非白人。

这里的结论不是很明显，但是，白人和非白人之间投票概率差异的大小取决于受教育水平。例如，当受教育水平很低的时候，投票概率的值尽管很小，但是两者的差异很明显。当受教育水平很高的时候，非白人和白人投票概率几乎没有差异。这反映了自变量和二分因变量之间的非线性相关性。（请大家再看看图 13—4 中的曲线 a。）因此，我们得出结论，不像一般的回归分析，逻辑回归下，一个自变量改变一个单位所带来的因变量的变化是可变的。这个结论有实质的意义。毕竟，个人有许多类似于收入或教育这样的特征，这些特征在特定基础上额外的增多可能不会真正影响该人投票的概率。

模型系数的估计

我们自然想要知道系数估计是如何得到的，如果我们直接提供一个计算系数的公式的话，这个问题就变得很简单了。不过，这一过程包括一些很难的等式。因此，逻辑回归分析一般采用特殊的电脑程序完成。由于逻辑回归被广泛运用，因此，类似于 SPSS、MINTAB、R 和 SAS 这样的统计软件包都包括进行逻辑回归的合适的工具。你的老师或计算机中的咨询功能会帮助你使用这些软件。如果你的因变量有两个变项，并且你想对其进行回归分析，那么，我们建议你使用逻辑回归程序。[21]

尽管关于如何使用逻辑回归的具体细节超过了本书的范围，但是，我们可以讲一讲估计未知系数的方法的基本理念：选择那些最近似于所观察到的数据的估计值。事实上，我们建立了一个包括特定的自变量和未知系数的模型。这个模型是一个“概率函数”（likelihood function）L。方程 L 中的参数给出了观测数据的概率，即这些数据点被看作固定值或常数，且概率是未知参数的方程。微分学原理是一种数学的运算法则。运用这一原理选择参数的值，将使概率函数最大化。从逻辑上来说，这些值叫作最大概率的估计值。因此，这种数值选择背后的目的是发现使获得观测值的概率最大化的参数值。出于计算的目的似然函数的对数被计算成对数似然函数，或者叫 LL。对数似然函数，这类方程有点类似于回归中的方差和，应用在许多模型拟合和检验的程序中，我们在下面将会看到。

如果系数的估计值被正确地计算出来，并且我们做出了一定的假设，那么这些系数就具有了有意义的统计特性。例如，这些系数是对应的总体参数的无偏估计并能用来进行统计显著性检验。

拟合测量

正如简单回归和多元回归中的案例一样，研究者想知道一个假设的模型在多大程度上“拟合”了数据。逻辑回归中，我们也碰到了同样的问题。建立一个模型后，我们想要知道这个模型在多大程度上描述或拟合了观测数据。我们有一些测量拟合程度的测度，虽然我们需要谨慎地运用它们。事实上，对于哪种测度是最好的，不同的人有不同的看法，而没有一种能够像多元回归系数 R^2 那样看起来能直接地揭示模型的拟合程度。

在普通回归分析中，计算拟合的一种方式是把因变量的预测值和观测值进行比较，并测量出误差的数量或大小。另一个办法是，我们可以判断多大比例的 Y 的变化能由自变量进行统计性解释。我们也可以观察计算出来的指数，诸如多元 R 或者确定

系数 R^2，后者提供了许多有用的信息，但是有时候这些信息可能会误导我们。

逻辑回归大致包括相同的步骤。不过，它的程序更复杂和累赘，因此，我们只需把握大概的意思。我们的主要目的是在工作中能理解实际的科研论文和计算机输出结果。

大多数的逻辑回归软件程序通常会报告对数似然函数 LL 的值。（它们可能是负值。）有时候，像大众的软件包 SPSS，给出的结果是 −2 乘以对数似然率，不过，我们可以通过适当的乘法或除法运算来把数值转回来或转回去。例如，关于教育和种族对投票与否的影响的逻辑回归的对数似然率是 LL=−2 508.82。这个数看起来有点大，它表示什么实际的意义呢？遗憾的是，这个数本身并没有提供多少信息。但是，我们可以比较从其他模型中所获得的 LL 值。这种比较反过来可以被用来观察系数组的整体拟合性和检验假设的真实性。

一个评估拟合程度的简易方法是比较只包含一个常数项的模型中的对数似然率 LL_0 和包含两个自变量 X_1 和 X_2 的模型中的对数似然率，我们把后者记作 LL_C。那么，这个拟合度的“改善”的测度是：

$$R^2_{pseudo}=\frac{LL_0-LL_C}{LL_0}$$

这个公式的分母起到了我们多次所见的方差总和所起到的作用。分子表示当自变量增加时拟合度的变化，这也可以大概地认为是因变量“被解释”的比例。结果中 R^2 中的“假的”表明这个数值不同于一般回归中的 R^2，它确实不表示已解释的变量。（千万别说：“这是被解释了的 Y 的百分比!”）不过，两者基本的理念是一样的：pseude-R^2 大致反映了一组自变量在解释 Y 等于 1 的概率中的作用。

我们还是举投票与否的例子，没有任何自变量（只有一个常数项）的模型的 LL_0 等于−2 639.80，包括教育和种族这两个自变量的模型的 LL_C 等于−2 508.82。因此，pseudo R^2 是：

$$R^2_{pseudo}=\frac{(-2\,639.80-(-2\,508.82))}{-2\,639.80}=\frac{-130.98}{-2\,639.80}=0.05$$

不同的是，许多软件包常把−130.98 称为“拟合度的改善”或者“模型系数的多项检验”。因为对数的概率已经粗略地计算出来了，因此，这个差值很容易计算出来。（请记住有些程序显示的结果是−2 乘以对数似然率。如果这样的话，你同样可以得出相同的结论，因为我们不需要考虑−2 这个因素。）这个值表示增加两个自变量并没有使模型的拟合程度提高多少，因为它只提高了 0.05（或 5%）的比例。不过，在拒绝该模型之前，我们应当记住 pseudo R^2 并不是一个没有缺陷的拟合度的指标，还有其他的拟合指标可以使用。[22]

除此之外，我们还有一个不同的评估拟合程度的方法。如果我们的模型很好地描述了这些数据，那么，我们就能据此做出正确地预测，即我们应当能够对每一个观测的自变量进行赋值，得到每个值的预期概率，然后，用这些预期值来预测某个人因变量是否等于 1。（例如，给定某个人的自变量的值，我们就能够预测该人是否会参加投票。）我们可以计算出正确分类和不正确分类的观测的数量，并得到“正确的分层率”（CCR）。如果模型的解释力比较大的话，那么，CCR 的值相应地会比较大，比如大于 75%，至少肯定大于 50%。就上面所举的芝加哥大学民意研究中心组织的一般性社会调查的数据而言，我们用估计的模型来预测个人是否会参与投票，并比较预期值和受访者的真实行为。表 13—12 显示了结果。

表 13—12　　观察和预测投票人数关系表

实际观察	模型预测	
	没有投票者	投票者
没有投票者	75	1 184
投票者	98	3 060

我们看到模型所做出的正确预测有 3 060＋75＝3 135，错误的预测有 1 184＋98＝1 282。既然研究中的个体总数是 4 417，那么，CCR 等于 3 135/4 417＝0.709 8 ，或 71%。（再重复一遍，许多逻辑回归的软件程序把 CCR 作为它们输出结果的一部分。）这样看来，这个模型较好地拟合了数据。

在这里，我们应当注意，对逻辑回归的拟合程度的测量并不同于在一般回归时那么直接，并且所有方法都是既有缺点也有优点。而且，可能由于逻辑回归最近才被运用到标准的政治分析中，因此，并没有被广泛接受和使用的方法来测量模型的拟合度。一些研究者提供了几个指标，但是其他的一些研究者则完全没有给出。因此，当阅读到运用了二分因变量和逻辑回归的文章和论文时，我们需要判断数据在多大程度上支持所列的模型。[23]

检验假设

首先，我们以类似于多元回归中的 F 检验来检验系数组的统计显著性。[24]这个程序与前面所讲的步骤类似。令 LL_C 为当前的或“完整的”模型的对数似然率——这个模型包括了研究者感兴趣的所有解释变量——令 LL_0 为“简化的”模型的对数似然率——这个模型比前一个模型少了一个或多个自变量。然后，我们以两个模型的差别作为统计检验的基础：

$$G=-2\ (LL_0-LL_C)$$

G 是对虚无假设的检验，虚无假设是一个 β 值或一组 β 值等于零，G 呈现 k 个自由度下的卡方分布，其中，k 表示简化的模型比完整的模型少了的变量数。我们可以用 G 来一次检验一个系数，其中，案例的自由度的数目是 $k=1$。G 的值比较小（接近零）意味着“被检验的”系数不具有统计显著性，不应该包含在模型中，当 G 的值比较大时，它表示回归系数可能具有（统计的）显著性。

就教育、种族和投票与否这个例子来说，我们感兴趣的虚无假设是 $\beta_{种族}=\beta_{教育}=0$。相反的假设是至少有一个参数不等于 0。计算出来的 G 值或观测到的 G 值等于 260.36。假设我们有 2 个自由度——我们比较只有一个常数项的模型和有两个自变量的模型——我们发现它们的差异非常显著。我们知道通过查询附录 A 中的卡方表发现，就虚无假设而言，在 0.001 显著水平下，2 个自由度的卡方的临界值等于 13.82。既然我们观察到的卡方的值大大地超过了这个临界值，因此，我们就可以拒绝虚无假设。[25]

学者们的研究文章经常使用不同的统计量对单个系数进行显著性检验。请大家回忆一下一个对显著性的统计检验的虚无假设是总体参数等于特定的值，经常等于零。在逻辑回归的例子中，我们想检验的假设是总体中的一个 β 等于零。例如，我们想检验的虚无假设可能是与教育和投票与否有关的偏逻辑回归系数等于零。这种检验的形式大致类似于我们在整本书中所描述其他检验的一样：系数的估计值除以标准误差。如果样本容量很大（如，大于 200），结论就是 z 统计量，这个量是一个正态分布，它有标准偏差，均值等于零。即，

$$z=\left(\frac{\hat{\beta}}{s.e.}\right)$$

在这里，β 表示系数的估计值，“s. e.”表示标准误差的估计值。这里的分母常被称为“Wald”统计量，它可以用一般的 z 检验程序计算出来：得出一个在虚无假设是认为 β 等于某个值的情况下的临界值，比较 z 的观测值和临界值的大小，然后做出判断。（请大家回忆一下 z 的临界值可以在附录 B 中找到。在某个显著性水平下，进行单侧或双侧检验，然后在附录 B 中找到对应的部分。）

软件程序的结果都会报告这些系数以及它们的标准误差和 z 或 Wald 统计量，因此，我们无须担心这些值需要手工计算。表 13—13 显示了芝加哥大学民意研究中心组织的一般性社会调查数据的结果，这些结果显示我们可以拒绝 $\beta_{种族}$ 和 $\beta_{教育}$ 都等于零的虚无假设。因此，我们可以据此得出结论，认为自变量引起的投票概率的变化具有统计显著性。

表 13—13　　投票数据的估计系数、标准误差和显著性检验

变量	估计系数	标准误差	Wald 统计量	自由度	概率
常数	−1.593	0.169	89.044	1	0.000
教育	0.182	0.012	223.545	1	0.000
种族	0.210	0.091	5.359	1	0.021

Wald 和 z 统计量也存在一个命名的小问题。一些研究者和软件把 z 的平方看作“Wald”统计量。（例如，SPSS 软件就是这样。）在这种情况下，Wald 统计量（如，z^2）在 1 个自由度的情况下有卡方分布，我们可以用前面和第 12 章所讲的方法对其进行分析。

在这一部分的结尾我们要指出 Wald（或 z）统计量取决于许多因素，如样本的大小。因此，一些统计学家建议使用 G 统计量一次检验一个系数，即先检验有 K 个自变量的模型，然后再从这些自变量中减去一个，得到 $K-1$ 个参数，再在此基础上检验这些剩下的系数。（前面一个模型叫作“现在”的模型，后面一个叫作“0”模型。）如果 G 显著，我们省略掉的变量就应当包括到模型中来。否则的话，我们就不能拒绝系数等于 0 的虚无假设。不过，由于 z 或 z^2 出现得如此频繁，因此，我们需要知道它们的用途。

对逻辑回归系数的另一种解释

我们可能会总结到，逻辑回归分析包括建立并检验模型，在这个模型中，Y 等于 1（或 0）的概率是自变量的非线性方程：

$$P(Y=1)=X\text{ 的非线性方程}$$

尽管如此，我们也可以通过重写逻辑回归等式来建立多个 X 和 Y 之间的线性关系。这样的话，我们就为逻辑回归的结果提供了另外一种解释途径。不是用线性概率模型来“解释”Y 的变化或用逻辑回归来“解释”P，我们可以用**可能性**（odds）作为因变量。可能性是一个变量取某个值的概率与这个变量取另外一个值的概率的比值。

假设我们从一组合格的投票者中随机地抽取一个人作为样本。我们可能会问：“这个人参加投票的概率（P）有多大呢?”或者，我们会问一个与之相关的问题：“这个人投票的可能性是多大呢?”概率和可能性不是一回事，因为可能性是两个概率的比值，即它是投票的概率比上不投票的概率：

$$Odds=O=\frac{P_{投票}}{(1-P_{投票})}$$

这个公式中，$P_{投票}$是指投票的概率。

我们将举一些例子来阐述可能性和概率的区别。假设从样本中随机地抽取一个公民，这个公民会参与投票的概率是 0.8。那么，这个人投票的可能性等于 0.8/(1－0.8)＝0.8/0.2＝4，或者，按照常用的说法是 4 比 1。换而言之，这个人参加投票的概率是他不参加投票的概率的四倍。我们来看另外一个例子，假设这个人投票的概率是 0.4，那么，可能性等于 0.4/(1－0.4)＝0.4/0.6＝0.666 7，或者说 0.666 7 比 1。在这个案例中，个人有更大的可能不参与投票。在以上两个例子中，除数都等于 1－P，这表示不参加投票的概率。(既然所有的概率加起来必须等于 1——一个人要么投票要么不投票——那么，不投票的概率当然是 1－P。)[26]我们不能混淆概率和可能性，它们具有相关性，但是并不完全相同。

一般来说，我们考虑变量 Y，它可能取两个值——0 和 1。令 P 表示 $Y=1$ 时的概率，$Q=1-P$ 表示 $Y=0$ 时的概率。那么，Y 等于 1 的反面 Y 等于 0 的可能性是：

$$O=\frac{P}{(1-P)}=\frac{P}{Q}$$

O 这个词给人一种直观的感觉，因为它符合可能性的腔调。可能性（O）可以从 0 到∞（或者说无穷大）。如果 $O=1$，那么 $Y=1$ 或 $Y=0$ 的概率就是一样的，即 1 比 1。如果 O 大于 1，那么，$Y=1$ 的概率大于 1/2；相应地，如果 Y 小于 1，那么，$Y=1$ 的概率小于 1/2。表 13—14 显示了概率和可能性的一些案例，在这些案例中，一个随机过程的结果是两个可能结果中的一个。

表 13—14 概率和可能性

概率	可能性
1	∞
7	2.333
5	1
4	0.667
1	0.111
0	0

注：可能性视为“X to 1”。

为什么我们厌烦可能性呢？请看一看逻辑模型。该模型是关于 P 和一些 X 的关系的方程，因此，我们应该能够通过把 1 带入方程，从而计算出 $1-P$ 来重写方程。接下来，我们可以把两个等式合并起来，得到一个关于 P 与 $1-P$ 的比的表达式。这就是我们操作的方法。简而言之，令 $Z=\alpha+\beta_1X_1+\beta_2X_2$。那么，关于 P 的表达式可以写成：

$$P=\frac{e^z}{1+e^z}$$

我们可以用同样的方式写下关于 $1-P$ 的方程式：

$$1-P=1-\frac{e^z}{1+e^z}$$

后一个表达式可以简化成：

$$1-P=\frac{1}{1+e^z}$$

现在，我们可以把以上两个表达式合并成一个，并得到关于可能性的表达式，$O=P/(1-P)$：

$$O=\frac{P}{1-P}=\frac{\frac{e^z}{1+e^z}}{\frac{1}{1+e^z}}$$

这个表达式可以简化成：

$$O=e^z$$

请注意，我们令 $Z=\alpha+\beta_1X_1+\beta_2X_2$，因此，表达式可以写成：

$$O=e^{\alpha+\beta_1X_1+\beta_2X_2}$$

我们已经找到了一个关于可能性的简单的表达式。不过，由于这是求幂的缘故，这个表达式反映的仍然是非线性的关系。方程的一个特征是 $\log(e^Z)=Z$，在这里 log 表示自然对数。因此，我们发现可能性的对数——被称做 log odds 或 logit——可以写成关于解释变量的线性方程：

$$Logit=\log O=\alpha+\beta_1X_1+\beta_2X_2$$

如果我们的因变量是 log odds 或 logit 而不是 Y 或概率的话，我们可以用多元线性回归中的一些术语来解释这个模型。例如，请大家回过头来看看表 13—11。中间的两行显示了种族和教育的共同作用下投票的 log 可能性或可能性。例如，没有受过学校教育（$X_1=0$）的非白人（$X_2=0$）有 0.203 比 1 的概率参与投票。一个受过很好的教育的白人（$X_1=20$，$X_2=1$），他投票的可能性是 8.6 比 1。我们可以对两者进行比较。

同时，我们也要注意如果对线性 logit 模型求幂的话，我们得到的关于一般的 odds 的等式是：

$$O=e^{\alpha+\beta_1 X_1+\beta_2 X_2}$$

这个等式可以写成：

$$O=e^{\alpha}e^{\beta_1 X_1}e^{\beta_2 X_2}$$

这个公式表示我们逻辑回归系数可以被解释为当其他变量为常数的情况下，某一个 X 增加一个单位对可能性的多元影响。

需要强调的是，这些结论仅仅只是对逻辑回归系数的另一种解释。此外，我们可以通过简单的操作把一种解释转化成另一种解释。大多数的计算机程序和文章都报告了这些系数和其他统计信息。为了弄明白这些系数的含义，我们需要把真实的数据值代入等式，并考察概率或可能性等于多少。

概率与可能性

我们来解释术语。至少在统计分析上，概率不同于可能性。概率是指诸如某个人参加投票这样的事件发生的概率。而可能性是两个概率的比值，如投票和不投票的概率的比值。例如，在样本容量为 N 的样本中，N_Y表示回答参加投票的人的数目，那么，参加投票的人的概率的估计值是：

$$\hat{P}=\frac{N_Y}{N}$$

不参加投票的人的概率的估计值是：

$$\hat{Q}=1-\hat{P}=\frac{N-N_Y}{N}$$

参加投票的人的可能性的估计值是：

$$\hat{Q}=\frac{\hat{P}}{\hat{Q}}=\frac{\frac{N_Y}{N}}{\frac{N-N_Y}{N}}=\frac{N_Y}{N-N_Y}$$

如果参加投票的概率是 0.6，那么不参加投票的概率是 1－0.6＝0.4，那对应的参加投票的可能性是 0.6/0.4＝1.5 或 1.5～1。

一个真实的案例

为了进一步理解逻辑回归的参数，我们用一个具体的案例来进行说明，这个案例来源于理查尔·赫恩斯坦（Richare Herrnstein）和查尔斯·默里（Charles Murray）所著的《钟曲线：美国生活中的智商和阶级结构》一书。赫恩斯坦和默里的研究受到争议，因为他们的研究认为一个人的智商比其社会经济背景在其经济成功中起的作用要更大，并且个人做出社会不能容忍的行为更多地来自其协调能力低下而不是偏见或缺少机遇。许多观察家将这两位学者的结论解释为相比于家庭背景和其他环境变量，基因或天性是解释个人成功的更重要的因素。如果结论果真如此的话，这些发现将对反歧视行动（如特殊教育和大量其他的公共政策）有极大的潜在的影响。

当然，我们不能证实赫恩斯坦和默里的研究。但是，我们可以运用其他书中的一个例子来实现一石二鸟的功效。更重要的是，作者运用逻辑回归分析来证实他们的观点，为我们提供了一个关于这个方法的有趣的例子。但是，这本书也显示了统计学如何影响政策分析，而人们对统计技术的理解又是如何帮助人们评估、强化或弱化来源于经验的观点。

表 13—15 反映了赫恩斯坦和默里的研究结论。研究者想说明智商——研究者通过标准化的检验作为测度[27]和各种人口统计学因素是如何影响接受社会救济这个因变量的概率的变化。这些变量包括社会经济地位指数、年龄和两个额外的指标：一个孩子出生前的财产状况（是否接受社会救济）和这个孩子出生时父母的婚姻状况（已婚或未婚）。表 13—15 的数据是基于“至少有一个孩子出生于 1989 年 1 月 1 日之前的妇女”的样本。[28]表 13—15“估计值”这一行是模型对妇女享受福利的概率或可能性的预测。

表 13—15　　接受社会救济的 log odds 的逻辑回归系数

变量	估计值	概率
常数（α）	−1.036	0.000
智商（β_1）	−0.580	0.002
社会经济地位（β_2）	−0.061	0.726[c]
年龄（β_3）	−0.113	0.439[c]
财产状况（β_4）[a]	−0.900	0.000
父母婚姻状况（β_5）[b]	1.053	0.000

注：a. 女人在生她第一个孩子时是否生活贫困？
b. 女人是否结婚或不在生产期？
c. 系数不显著并于 0。
资料来源：Adapted from Richard Harrnstein and Charles Murray，*The Bell Curve*（New York：Free Press，1994），607.

我们可以从中间一行读到模型 log odds 的估计值：

$$Logit = -1.036 - 0.580\text{智商} - 0.061\text{社会} - 0.113\text{年龄} - 0.900\text{财产} + 1.053\text{婚姻状况}$$

而预测的概率的等式是：

$$\hat{P}=\frac{e^{-1.036-0.580\text{智商}-0.061\text{社会}-0.113\text{年龄}-0.900\text{财产}+1.053\text{婚姻状况}}}{1+e^{-1.036-0.580\text{智商}-0.061\text{社会}-0.113\text{年龄}-0.900\text{财产}+1.053\text{婚姻状况}}}$$

如果我们把自变量的值代入等式，我们很容易得到 log odds、可能性和各种数值的预测概率值。我们很容易解释赫恩斯坦和默里测量这些自变量的方式，这是因为每一个自变量都以标准差为单位进行取值。例如，如果一个人的智商得分为 0，这表示这个人智商处于研究组智力的中等水平，如果一个人的智商得分为 1，这表示这个人智商高于研究组智商中等水平的一个标准差。同样地，一个人的智商得分为－1，这表示这个人智商低于研究组的中等水平。我们也可以用同样的方式来解释社会经济指标和年龄。我们不太关心其他的两个变量，这两个变量是二分变量，它们表示一个条件存在或不存在。（例如，非婚生子的妇女得分为 0，否则得分为 1。）把所有这些因素综合起来进行考虑，能够让我们比较不同社会背景和智商下的妇女，相信能够得出哪个变量是最重要的解释变量的结论。

首先，我们考虑一下那些智商、社会经济地位和年龄均处于平均水平（$X_1=0$，$X_2=0$，$X_3=0$），以及财产和婚姻状况上得分为 0 的那些妇女（$X_4=0$，$X_5=0$）。她们接受社会救济的 log odds 的预期值是[29]：

$$\text{Estimated Logit}=-1.036-0.580(0)-0.061(0)-0.113\text{年龄}-0.900(0)+1.053(0)=-1.036$$

Log odds 值可以转化成可能性的估计值：

$$\hat{O}=e^{-1.036}=0.355$$

这个数值告诉我们一个各方面都处于平均水平的妇女接受社会救济的概率低于 0.335 比 1。她的概率的估计值是：

$$\hat{P}=\frac{e^{-1.036}}{1+e^{-1.036}}=\frac{0.355}{(1+0.355)}=0.262$$

现在，让我们看看智商高于平均水平一个标准差但是其他几个自变量都与上例相同的妇女的情况。表 13—15 中或等式中的系数显示 log odds 将会下降 0.580。这个结果也可以理解成可能性和处于贫困之中的概率下降：

$$\hat{O}=e^{-1.036-0.580(1)}=0.199$$

和

$$\hat{P}=\frac{e^{-1.036-0.580(1)}}{1+e^{-1.036-0.580(1)}}=\frac{0.199}{(1+0.199)}=0.166$$

我们看到这个数据显示智商高于平均水平的妇女获得公共救助的概率更低。通过把其他变量的值赋为零或一，我们可以发现这些变量是如何影响福利地位的。（请记住，赫恩斯坦和默里所使用的这些系数的测量刻度是标准差。在这部分内容中，年龄取值为 20 并没有多少意义，因为这是指年龄“高于平均值 20 个标准差”，这样取值或许意味着一个人可以活到大大超过 200 岁。）

请注意这个表显示了每一个变量和 pseudo R^2 的显著水平。Pseudo R^2 等于 0.312，这个值表示这个模型很好地拟合了这些数据。除此之外，我们从表 13—15 中看到，智商、财产和婚姻状况都是显著的，不过，其他变量就不显著了。研究者据此认为 IQ——他们认为 IQ 大部分来源于遗传——相比于家庭背景对个人接受社会救济的概率有更大的影响。

最后，表 13—15 的结果似乎要显示智商比社会经济背景对个人接受社会救济的概率有更大的影响。这是因为：（1）IQ 的系数大小是社会和经济地位的系数的九倍；（2）智力的系数具有统计显著性，但是，社会经济地位系数却不具有显著性。但是，十分有争议的是，我们是否能够仅仅从这些数据就可以得到关于这些变量的相对重要性的可靠结论。这些系数的大小不仅仅取决于这些变量与其他变量之间相关性的强度。并且，正如第 12 章所指出的，统计显著并不总是代表实质上的显著。

结论

正如我们已经看到的，多元数据分析有助于研究者更为完整地解释政治现象和发现因果知识。当控制一个或更多的变量时，研究者通过观察自变量和因变量之间的相关性能够更准确地发现每一个自变量对因变量的变化的影响力，并为因果联系提供证据支撑。研究者能够同时对一组自变量和一个因变量进行观察，也有助于研究者更节俭、更完整地解释政治现象。

各种多元数据分析技术在如何控制变量方面有所不同。多元交互表和双因素方差分析通过把相同的观察数据归为一组达到控制变量的目的；偏相关分析、多元和逻辑回归通过校正变量的方式对变量进行控制。两种类型的方法既有优点也有缺点。通过分组控制变量可能放大分析表格的意义、将不同组中的案例数降到危险的境地，同时忽视控制变量的一些变化。同样地，通过校正变量的方式控制变量可能遮蔽了一些重要的相关性，即这些相关性超出了控制变量的观测值域。

注释

[1] Stephen D. Ansolabehere, Shanto Iyengar, and Adam Simon, “Replicating Experiments Using Aggregate and Survey Data: The Case of Negative Advertising and Turnout,” *American Political Science Review 93* (December 1999): 901-910.

[2] David Bradley，Evelyne Huber，Stephanie Moller，Franoise Nielsen，and John D. Stephens，“Distribution and Redistribution in Postindustrial Democracies，” *World Politics* 55 (January 2003)：193-228.

[3] Nancy burns，Donald R. Kinder，Steven j. Rosenstone，Virginia Sapiro，and the National Elections Studie. “National Election Studies，2000：Pre-/Post-Election Study，” ICPSR Study No. 3131 (Ann Arbor：University of Michigan，Center for Political Studies，2001).

[4]“上层”包括中高级管理人员、经理和专家；“技术工人”包括传统的蓝领工人、运输工人、建筑业工人和少量保护性服务的雇员；“中层”包括地产经纪人、牧师、技术工人和大量服务行业的雇员；“底层”包括从事生产劳动者、手工业劳动者、家政员工。我们的分类没有包括农民和服役军人。因此，我们考虑的总体只是美国工人的一部分。但是，对于我们的研究目的来说，这些数据已经能够满足研究需要。

[5] 请注意，表 13—5 中，有关教育和职业地位的样本规模确实很小。

[6] 一个非常棒的介绍来自 Alan Agresti，*Categorical Data Analysis*，2d ed. (New York：Wiley，2002)。另一本有用的书是 Bayo Lawal，*Categorical Data Analysis with SAS and SPSS Applications* (Mathwah，N. J.：Erlbaum，2003)。

[7] 在第 12 章我们也会把这个字母叫作“截距”，因为它有一个简单的几何解释。

[8] Stephen D. Ansolabehere，Shanto Iyengar，Adam Simon，and Nicholas Valentino，“Does Attack Advertising Demobilize the Electorate，” *American Political Science Review* 88 (December 1994)：833

[9] 这不是处理分类数据的唯一方法。另一种常用的方法叫作“结果编码”或者“偏离编码”，这种方法用－1、0 和 1 来作为测量单位。参见 Graeme Hutcheson 和 Nick Sofroniou，*The Multivariate Social Scientist* (Thousand Oaks，Calif.：Sage Publications，1999)，85-94。

[10] 文中并没有清楚地写出，但是调查者显然是使用了常用的对数，因此以 10 为底100 000的对数是 5。

[11] 当然，城市化水平和黑人的比例本身是相关的。因此，最好的办法是去除那些有大量非裔美国人的城市地区。

[12] 基于同样的理由，我们或许不愿意比较两个不同总体的样本的标准化回归系数。参见 John Fox，*Applied Regression Analysis*，*Linear Models*，*and Related Methods* (Thousand Oaks，Calif.：Sage Publications，1997)，105-108。

[13] 事实上，他们并没有任何关于总体的随机样本。他们只是从 1992 年举行的第 34 届参议院选举中收集的数据。这种数据显然不是这类选举的总体的样本。然而，正如我们在第 12 章所说，研究者们常常把它们当成样本。安瑟拉贝赫尔和他的同事这样做，我们也会这样处理。

[14] 自由度的公式通常被解释成：为了估计标准差，每一个回归系数加一所得的常数“损失”了一个自由度。关于自由度的更精确的统计学解释参见 Alan Agresti and Barbara Finlay，*Statistics for the Social Science*，3d ed. (Englewood Cliffs，N. F.：Prentice-Hall，1997)。

[15] 如果你想像这样清晰地表达，只需将变量的标签改成有实际意义的名字。例如，$P(Y=0)$ 在现在的文本中可以用文字说成“变量‘投票与否’的取值是‘没有投票’的概率”。

[16] 更准确地讲，一个概率的分布的预期值叫作分布的平均数。

[17] 注意这里的估计是基于整个样本计算出来的，而不仅是基于表 13—10 中的数据。

[18] 教育和种族的 t 值分别是 16.043 和 2.391，它们分别都在 0.05 的水平上统计显著。

[19] 逻辑回归并不是分析定类因变量的唯一工具。另一个常用的工具是“probit 分析”。尽管你会在社会科学研究中经常使用到它，而且它的原理和逻辑回归也很接近，但是由于篇幅的限制我们

不在这里讨论这种方法。一本非常好的参考文献是 J. Scott Long，*Regression Models for Categorical and Limited Dependent Variables*（Thousand Oaks，Calif.：Sage Publications，1997）。

[20] 当然，正如任何统计工具一样，逻辑回归分析假定特定的条件是成立的，如果这些条件不成立，逻辑回归分析的推断也就无效。

[21] 事实上，有不少方法可以分析这种类型的数据。一个相关的程序——叫作 probit 分析——也被广泛使用。同时，如果数据都是定类的，我们也可以使用 log-linear 分析。

[22] 例如参见 Long，*Regression Models for Categorical and Limited Dependent Variables*，104-113。注意也有一些统计学家建议不要在逻辑回归中使用大部分的 R^2 这类的测量工具。

[23] 事实上，同样的意见也适用于任何数据分析工具：我们在解释和接受经验结果时不得不小心谨慎。

[24] 比如，假设一个模型包含了两种类型的变量——一种测量人口统计学的因素，而另一种测量态度和信仰。调查者或许想知道当人口统计学的变量被去除时是否会导致信息的严重失真。

[25] 电脑程序通常会报告被观察的卡方的概率的计算结果，因此我们甚至不需要看表格中的关键数值。

[26] 这就是 $P+(1-P)=1$。

[27] 对智商的测量采用了军队的资格测试，也就是“一种用一张纸和一支铅笔来测试青年人是否达到最低要求的测试”。参见 Richard Herrnstein and Charles Murray，*The Bell Curve*（New York：Free Press，1994），579。

[28] Ibid.，607.

[29] 如果你自己重复这个计算的话或许不能得到完全一样的结果，因为你可能会算出更多的小数位。

术语介绍

调节性控制：一种为评估第三变量的影响的数学调整的统计学控制形式。

组群控制：一种将按照观测到的相同或相似的控制变量归为一组的统计学控制方式。

虚假变量：用以反映质的属性的一个人工变量，是量化了的自变量，通常取值为 0 或 1。

实验控制：为将分析测试结果的误差控制在允许限度内所采取的控制措施。

解释：一个系统的可经验证实的为什么某一现象会发生的理解。

线性概率模型：对分变量被视作因变量的回归模型。

逻辑回归：一个解释变量为二分类因变量的非线性模型。

逻辑回归系数：建立在逻辑模型之上的一种多元回归系数。

多元关联系数：测量一个变量与其他多个变量之间线性相关程度的指标。

多元回归分析：分析一个因变量和若干个自变量之间的相关关系。

多元回归系数：模型中其他变量保持不变，自变量一个单位的变化带来的 Y 的变化的数值。

多元分析：用于分析多组变量的数据分析技术。

多变量交互表：用来控制第三变量的过程的交互表。

可能性：一种回应或一个变量数值的概率与其他回应或其他变量数值的概率的概率。

偏回归系数：随机因变量对各个自变量的回归系数，表示各自变量对随机变量的影响程度。

部分虚假相关：两个变量之间的关系部分受第三变量的影响。

回归常数：当所有自变量的数值为零时，因变量的值。

特定的相关：两个变量之间的关系与第三变量相关。

虚假相关：两个变量之间的相关性是由第三个变量造成的。

标准回归系数：消除了因变量和自变量所取单位的影响之后的回归系数，其绝对值的大小直接反映了自变量对因变量的影响程度。

统计控制：通过对比控制变量的值来评估第三方变量的影响。

双因素方差分析：方差分析的扩展以便控制第三方变量。

建议阅读书目

Anderson，T. W. *Introduction to Multivariate Statistical Analysis*. New York：Wiley，1958.

Blalock，Hubert M. *Causal Inference in Non-Experimental Research*. Chapel Hill：University of North Carolina Press，1964.

——. *Social Statistics*. 2d ed. New York：McGraw-Hill，1972.

Draper，N. R.，and H. Smith. *Applied Regression Analysis*. New York：Wiley，1966.

Kendall，M. G.，and A. Stuart. *The Advanced Theory of Statistics*. Vol 2. London：Griffin，1961，Chapter 27.

Kerlinger，F. N.，and E. Pedhazer. *Multiple Regression in Behavioral Research*. New York：Holt，Rinehart and Winston，1973.

Long，J. Scott. *Regression Models for Categorical and Limited Dependent Variables*. Thousand Oaks，Calif.：Sage Publications，1997.

Overall，J. E.，and C. Klett. *Applied Multivariate Analysis*. New York：Mcgrawhill，1973.

Pampel，Fred C. *Logistic Regression*：*A Primer*. Thousand Oaks，Calif.：Sage Publications，2000.

Scheffe，Henry A. *The Analysis of Variance*. New York：Wiley，1959.

第 *14* 章

研究报告：附有说明的实例

在前面的各章中，我们描述了对政治现象进行科学研究的各个阶段。这一章我们来看研究项目的终点：写作研究报告。一份完整的精心撰写的研究报告涵盖了研究过程的各个阶段，它有助于研究者实现发现可传达的科学知识的目标。

这一章我们来看两位研究者是如何进行研究并做出报告的。我们将评估研究者在每个研究阶段的成绩，并看他们是否适当地描述和解释了其在研究过程中的选择。为了帮助读者理解，这里我们以系列问题的形式来说明研究过程的主要组成部分以及部分评价标准。读者在阅读文章的过程中可以参考相关的问题，并将问题的序号标示在与该问题相关章节的旁边。为方便对照起见，引文的每一节都以字母和数字标出。

1. 研究者是否明确地规定了研究的问题？研究的理由是什么？

2. 研究者是否说明了其研究的价值与意义？他们是否说明了其研究将对科学知识有何贡献？

3. 研究者是否对他们所感兴趣的政治现象给出了清晰的解释？他们所提出的假设是一种什么样类型的关系？他们是否讨论了其他的解释观点？

4. 是否确定了自变量与因变量？如果有，它们是什么？作者是否考虑了其他的变量或控制变量？如果有，请指出。

能否想出研究者没有提到的其他变量？

5. 其假设是经验性的、一般性的抑或是可行性的？

6. 假设中的概念是否得到了明确的界定？对于变量而言，所给出的操作性定义是否有效并且合理？对每个变量来说，其测量层次是什么？

7. 在作出必要的观察时，所使用的数据收集方法是什么？其观察是否是有效的和可信的测量？

8. 对于假设中的分析单位而言，研究者是否作出了经验观察？

9. 如果使用了样本，其样本类型是什么？该样本类型是否严重影响了研究所得出的结论？研究者是否讨论了该样本？

10. 所使用的研究设计的类型是什么？该研究设计是否恰当地检验了其所假设的关系？

11. 对于变量的测量层次来说，所使用的统计方法是否适当？

12. 是否明确地提出并讨论了研究结论？是否说明了用以判定某假设得到支持或反驳的标准？

A. 州议会中的女性议员①

过去几十年里，美国的女权运动显示出其政治意义，迫使州和联邦政府——不管是从其内部抑或外部——通过了一些对女性有利的法律。尤其是在选举公职的女性代表数目在这一期间有了急剧的增长。在美国众议院中，女性议员在议员中的比例从 1970 年的 2.3%上升到 2000 年的 12.9%（Center for the American Woman and Politics，2002）。在同一时期的美国参议院中，这一数字从 1.0%上升到 9%（CAWP，2002）。但女性代表上最显著的变化是在通常被视为政治阶梯中第一级的州议会（Berkamn，1994）。在这里，女性代表的数目有了 5 倍多的增长，从 1971 年的 4.0%增长到 2000 年的 22.5%（CAWP，2001）。

但女性议员数目的增长在各州的议会中并不一致。各州女性议员的比例相差极大，从最低的亚拉巴马州的 7.9%到最高的华盛顿州的 38.8%。我们应如何解释这种巨大的历时变迁以及横向的差异呢？本文将利用文化变迁理论来检验这个问题，该理论此前尚未应用到有关州议会的女性代表问题。

我们的目标是在有关选举性公职的女性代表问题的研究上作出两个重要的贡献。首先，虽然在州议会上的性别组成已经有了许多研究，但这些研究几乎全部只关注其截面上的差异。虽然也有一些研究者检验了一年以上的变化（Rule，1990；Nechemias，1987），或者从许多年份里来寻找数据（Arceneaux，2001），尚没有任何

---

① 取自 John F. Camobreco and Michelle A. Barnello，"Postmaterialism and Post-Industrialization：Cultural Influences on Female Representation in State Legislatures，" *State Politics and Policy Quarterly* 3 (Summer 2003)：117-138。

研究明确地对州议会长期的性别构成变化进行建模。检验这些变化有助于我们理解在任何一年中各州的差异。其次，在这个问题上我们发展了一种新的理论视角，利用了那些通常被广泛应用于解释政治和文化价值的理论——后物质主义与后工业主义。

发现表明，州议会女性议员的截面差异与历时变迁在很大程度上应归因于大学教育与宗教信仰的文化力量，哪怕存在对其他文化和制度因素的控制情况下也可以成立。这些发现说明，后工业理论为美国政治生活的这个方面提供了一个成功的解释。

B. 对州议会女性议员的影响因素——以前的研究

州议会的性别组成对政策或制度的合法性可能具有重要的影响。我们可以看到，妇女“由于不同的生活经验，在一些问题上要比男性更为积极主动”（Thomas，1998，11）。确实，许多研究表明，女性立法代表与促进妇女利益之间存在关联（Bratton and Haynie，1999；Thomas，1989，1994，1991；Saint-Germain，1989；同样参见 Barnello，1999）。[1]鉴于妇女在州议会所具有的政策含义，有必要对横向的女性代表的差异以及纵向的长期变化进行解释。仅仅讨论横向的女性议会代表的差异的研究给我们提供了诸多洞见。

如埃拉扎尔（Elazar，1966）所指出的，一个与女性议会代表相关的因素是州政治文化。在埃拉扎尔所区分的三种政治文化中，传统主义与道德主义对议员的性别有着最重大的影响。在传统主义政治文化占主导的州内，维护政治与社会地位是主要的政治目标，其精英主义政治体制则致力于减少政治参与。另一方面，道德主义政治文化占主导的州的政治目标则是提高公共的善，其开放的政治体制则鼓励所有人的政治参与。此前的研究都一致发现，不管研究的时期是什么，传统主义政治文化与州议会女性代表的数目负相关，而道德主义政治文化与州议会女性代表正相关（Arceneaux，2001；Hogan，2001；Norrander and Wilcox，1998；Vandenbosch，1996；Rule，1990；Nechemias，1987，1985；Hill，1981；Diamond，1977）。最近，阿西诺（Arceneaux，2001）还指出，除意识形态和埃拉扎尔的政治文化之外，另一种政治文化的维度——性别角色态度——对女性议员也存在影响。这进一步表明，深层次的政治信念对女性立法代表的影响。

研究者还发现，另一个影响议会中性别构成的因素是选民结构，尤其是在多席位议会选区。有明显的证据表明，相比较单一席位选区，多席位选区中往往有更多的女性候选人进入议会（King，2002；Arceneaux，2001；Hogan，2001；Norrander and Wilcox，1998；Darcy，Welch，and Clark，1994，1985；Carroll，1994；Darcy，1995；Matland and Brown，1992；Monchief and Thompson，1992；Rule，1995，1990）。研究者通常致力于证明这一结论，即在多席位选区给妇女提供了更多竞选公职的机会，而由于该区不止一位代表，因此选民也乐意选出一位女性代表。[2]

还有混合的证据表明，立法的职业化倾向对于女性立法代表也有影响。理由是相比较职业化程度较低的州议会，那些职业化程度更高的州议会为其成员提供了更高的工资和更高的声望，因此其席位在政治上也更具有吸引力。其结果是，对议员席位的竞争更为激烈，从而对女性参选有着负面的影响。阿西诺（Arceneaux，2001）研究了议会工资和州国民财富的水平与州议位席位的吸引力之间的关系。他发现，1974—1996 年，那些更具有吸引力的议会中，女性的比例更低。斯夸尔（Squire，1992）和内切米亚斯（Nechemias，1987）也指出议会的职业化倾向对于女性立法代表有着负面的影响。另一方面，诺兰德和威尔科克斯（Norrander and Wilcox，1998）发现，没有证据表明 1995 年的议会职业化与女性在议会中的比例之间存在关联，因此这一因素可能并不构成妇女参选的障碍。

虽然政治文化、多席位选区和立法的职业化倾向已被证明在女性立法代表方面的横截面差异的解释方面是成立的，但它们对于历时变迁却不能起作用。如果多席位选区有助于提高女性代表比例，而立法的职业化倾向将减少女性代表比例，为什么在过去的几十年来，女性议员的比例有了大幅的提高，恰恰在这一时期多席位选区的数目减少，而立法的职业化倾向有所增加？很有可能隐含的文化变迁能够解释这一女性立法代表的变迁。阿西诺（Arceneaux，2001）的研究提到了这一点，但却提出了这样一个问题，为什么在一些州女性的解放程度要大于另一些州。要回答这个问题，我们将注意力转到在其他语境中发展出来的文化与政治变迁理论。

C. 后物质主义

英格尔哈特（Inglehart，1997，1990，1977）在解释先进工业国在过去几十年的文化变迁时指出，这些国家中公民的关注重点从物质的（或经济的）问题转为“后物质主义的”（或文化的）问题。英格尔哈特认为，这种价值观的变化导致政治基础从经济到文化的变迁，原来经济上的政治问题比如经济增长、军事安全和国内秩序被诸如环保主义和妇女运动之类的文化问题所取代。英格尔哈特将这些变化归因为自第二次世界大战以来西方工业国家的经济增长和繁荣。由于这些社会中绝大多数人们已经过上了相当舒适的生活，基本的经济问题就不再是人们主要的关心所在，因此，新的政治斗争主要是围绕着文化问题或者说后物质主义问题而展开。

根据英格尔哈特的理论，这一文化变迁的背后隐含着两种主要的推动力量——经济增长与年龄分组。在相当富裕的生活中成长起来的那批人较少关心经济问题，他们的注意力主要放在文化或社会问题上。英格尔哈特相信，虽然财富的不平等仍然存在，那些在二战后出生的人要比他们的前辈人更关注文化问题。这是因为相对而言，即使在战后曾经经历过贫困生活的人也要比前一代的穷人要富裕得多。此外，英格尔哈特还推断，即使在这个富裕的时期，那些富人将比那些不那么富裕的人拥有更明显的后物质主义倾向（1997，45-46；1990，168）。因此，根据他的假设，年龄分组与相对富裕将决定个人对后物质主义价值的倾向，而后物质主义价值观的一个内容就是对妇女在社会中的地位持更为自由的观点。

英格尔哈特的理论与用以支持其理论的经验证据激起了大量的学术讨论与辩争。

弗拉纳根（Flanagan，1987，1982a，1982b）极富说服力地扩展了英格尔哈特的论点，他认为在后物质主义者那里有必要划分两种不同的情况：一种称为“自由意志论者”，他们对环保主义和妇女权利持更为自由的观点，而另一种则可以称为“权威主义者”，后者对文化持更为传统的立场。这样，后物质主义者在文化问题上既有可能更为自由，也有可能更为保守。弗拉纳根的研究表明，将财富、年龄和教育与权威主义/自由意志论的区别联系起来观察，在物质主义价值观向后物质主义价值观的变迁中，年轻的受教育程度更高的人更倾向于自由意志论（Flanagan，1982a）。杜赫和泰勒（Duch and Taylor，1993）也发现，在一个人的成长年代中，教育要比经济更能够说明后物质主义的价值观。

D. 后工业主义

教育也是另一个当代重要的文化变迁——向后工业经济的转变——中的关键因素。1973 年，贝尔最先指出，西方国家正处于从以制造业为基础的工业经济向以信息和服务为基础的经济的转型过程中，这在很大程度上应归功于计算机技术的发明与应用。贝尔预见到，这个新时代不仅仅以其经济结构的变化为特征，而且伴随着政治和文化上的变迁。这些变迁中最核心的内容是后工业经济中受过高等教育的职业工人作为一个阶级的崛起。

对新职业阶级的政治观点的研究表明，在社会和文化问题上，其成员通常比其他社会群体更具有自由的倾向。拉德（Ladd，1979，1978，1976—1977）发现，大量的证据可以支持他所描述的“旧的新政时期的阶级与意识形态关系的逆转”（1979，121）。这就是说，在总体的政治问题，尤其是社会与文化问题上，这一受教育的职业阶级要比原来的工人阶级持一种更为自由的立场。布林特（Brint，1994，1985，1984）也证明，该职业阶级在经济问题上与商业阶级同样保守，但在有关文化的政治问题上，该职业阶级内部存在显著的差异。但他与别人也找到证据证明，在许多社会问题上，这一阶级相比较其他阶级更为自由（Hout，Brooks，and Manza，1995；Brint，Cunningham，and Li，1997；Brooks and Manz，1997a，1997b）。在该领域的研究绝大多数使用个人的调查数据，而伯克尔曼（Boeckelman，1995）则利用州层次的总体数据显示，在各阶级中，该职业阶级倾向于低税收与严格的环境保护的比例最高。它说明了在后工业社会中这一重要群体在经济上的保守主义倾向与社会问题上的自由主义倾向。

如前所述，职业人士相比较其他工人阶级更有可能在社会问题上持自由主义倾向，因此他们更有可能支持女性的政治候选人。但为什么会是这样？一个原因就是大学教育。贝尔（Bell，1973，212-65）指出，在后工业社会中，更多的人上大学，这一更高的教育资历一方面提供了重要的就业机会，另一方面也为这些职业阶级提供了共同的文化背景。布林特（Brint，1984，60）指出，“高层次的教育背景显示出与政治和个人价值上的自由主义的正相关关系，虽然这一相关并不总是特别强烈”[3]。因此，布林特认为，是职业阶级的教育背景，而不是他们的职业本身，决定了他们的社会自由主义。

但是，有关更高的教育背景导致更高程度的社会自由主义倾向的证据有些复杂。布林特、坎宁安和李（Brint，Cunningham and Li，1997）认为，更高的教育与公民自由问题上的自由主义相关。巴茨（Butts，1997）发现，教育与女权主义价值观正相关。另一方面，韦尔（Weil，1985）认为，仅仅在自由民主国家里面，教育促进人们的自由主义才成立，而杰克曼和穆哈（Jackman and Muha，1984）发现，没有证据表明教育能够促进更高程度的民主价值观。具体到性别态度问题上，戴维斯和罗宾逊（Davis and Robinson，1991）发现，教育水平与致力于减少性别不平等的努力负相关，而杰克曼和穆哈（Jackman and Muha，1984）发现，教育与支持妇女就业权利的态度正相关。霍根（Hogan，2001）的结论是，各州的总体高等教育水平与女性立法代表比例强烈正相关。由此可见，教育与立法代表比例之间的关系还有待进一步的探讨。

E. 后工业主义与宗教

作为一个教育程度高的后工业社会，美国似乎可以假定为一个传统宗教价值观在政治上并不重要的国家。然而亨特（Hounter，1991）认为，一直以来，宗教在美国的文化与政治生活中扮演着重要的角色，并且继续如此，虽然其发挥作用的方式将有别于以往。原有的新教、天主教与犹太教的区分将让位于新的“正统”与“进步主义”之间的区分。正统是指**“信徒相信一种外部的、明确的和超验的权威”**，而对于进步主义者来说，**“可以根据现代精神——理性主义和主观主义的精神——来界定道德权威”**（Hunter，1991，44，黑体字为原文）。从政治上来看，正统立场倾向于文化上的保守主义，而进步主义立场则倾向于文化自由主义。

亨特（Hunter，1991，63）猜测，当代所引发的文化冲突源于从工业社会向后工业社会的变迁以及相应的教育程度的提高。大学是“一种以将年轻人世俗化而知名的机构”（Hunter，1991，76）。根据亨特的论述，大学入学率的提高颠覆了传统的文化秩序，使得各个教派之间的冲突远不如正统信念立场与进步主义信念立场之间的差异来得重要。因此，在后工业化的美国，大学教育的世俗主义者与宗教传统主义者之间的冲突可能会加剧文化自由主义与文化保守主义之间的对立。[4]

因此，在我们这个日益世俗化的后工业社会中，宗教的政治意义在美国政治方面也许更具有解释力。作为美国重要的文化力量，宗教也许对于女性州议员——一种非传统的女性角色——的选举会发挥其影响（Inglehart，1997，1977；Rempel and Clark，1997）。巴茨（Butts，1997）发现，宗教是反女权主义最重要的一个因素，而桑顿、阿尔温和坎伯恩（Thornton，Alwin and Camburn，1983）和克莱因（Klein，1984）发现，去教堂的频率与反对改变性别角色和反女权主义的观点存在相关性。希梅尔斯坦（Himmelstein，1986）发现，宗教人士最有可能反对《平等权利修正案》和堕胎的合法化，而范登博施（Vandenbosch，1996）发现基督教信徒与女性议员之间的负相关。另一方面，诺兰德和威尔科克斯（Norrander and Wilcox，1998）发现，那些居住更多的新教原教旨主义者的州实际上选出了更多的女性议员。他们假定这是这些教会号召女性保守主义者去参选的努力。

F. 假设

后物质主义与后工业主义为我们在文化价值观与州议会的性别构成关系上的预测提供了理论框架。后物质主义观点暗示，那些第二次世界大战后出生的人更有可能持后物质主义价值观，这意味着对妇女在社会中的作用持一种更为自由的观点。此外，那些更富裕的个人要比那些不那么富裕的人更倾向后物质主义立场。而后工业主义视角认为，社会自由观点与大学教育正相关。根据亨特（Hunter，1991）的理论，可以从后工业主义理论中推导出一种有关宗教联系的假设。这样，从每种理论中，我们可以得出两种假设。

从后物质主义理论中，我们得出如下假设：

1. 一个二战后出生的人占更高比例的州将比那些比例更小的州要拥有更多的女性州议会成员。此外，这一年龄组在长期范围内的增长将增加女性议员的比例。

2. 富裕的州将比较贫穷的州拥有更高比例的女性议员，而财富的增长将导致女性议员比例的提高。

根据后工业主义理论，我们可以得出如下假设：

3. 一个其受过大学教育的公民比例更高的州将比那些比例低的州拥有更高的女性州议员比例，并且受过大学教育的公民比例的提高将导致女性州议员比例的提高。

4. 宗教信徒比例更高的州将比那些比例低的州拥有更低的女性州议员比例，并且宗教信徒比例的提高将导致女性州议员比例的降低。

与以前的研究一样，我们也可以将政治文化、选民结构以及立法职业化倾向与州议会的性别结构相关联。鉴于埃拉扎尔的政治文化指标无法用来描述变化，我们的假设在这里仅仅讨论横截面的模型：

5. 拥有道德主义政治文化的州将比拥有其他政治文化的州具有更高比例的女性州议员。

6. 拥有传统主义政治文化的州将比拥有其他政治文化的州具有更低比例的女性州议员。

我们纳入研究模型的另一个有关政治变迁的方面是一州人民的一般性意识形态。阿西诺（Arceneaux，2001）以及诺兰德和威尔科克斯（Norrander and Wilcox，1998）发现，有更多自由主义者的州要比那些较少自由主义者的州拥有更高比例的女性州议员。我们将意识形态这一变量纳入进来，目的是防止关于文化态度的指标成为一般性意识形态的唯一代表。

7. 拥有更多自由主义者的州将比那些更为保守的州拥有更高的女性州议员比例，而选民的自由主义倾向的增长将促成该州女性议员比例的提高。

有关制度结构的影响，我们提出如下假设：

8. 拥有更高比例的多席位选区的州将比那些比例较低的州拥有更高比例的女性州议员，而多席位选区在所有选区比例的下降将导致该州女性州议员比例的下降。[5]

9. 其州议会的立法职业化倾向更突出的州要那些较少倾向的州拥有更低比例的女性州议员，而该职业化倾向的增加将导致女性州议员的减少。

我们还应考虑州议员任期限制的潜在重要（虽然只是近期的）影响。任期限制或许有助于女性候选人克服她们参选的障碍——当前正任职的男性议员。凯里、尼米和鲍威尔（Carey，Niemi and Powell，2000）发现有证据表明，在 20 世纪 90 年代，那些有任期限制的州比那些没有任期限制的州拥有更多的女性州议员，因此，我们假设：

10. 有议员任期限制的州将比没有任期限制的州拥有更高比例的女性州议员。

G. 数据与方法

为检验我们的假设，我们必须通过横向各州对比以及长期变化两个方面对这些关键的自变量对州议会的性别结构的影响进行评估。为实现这一点，我们使用了几种横截面分析来比较不同年份的各州数据，并且使用了一个面板设计图来分析这些州的历时变化。我们的因变量分别是 1971 年、1981 年、1991 年和 2001 年有关各州议会中的女性比例。[6]我们选择这些年份既有理论上的原因，也有实际的考虑。第一，既然我们所关注的是长期变迁——这是后物质主义和后工业主义理论的关注焦点，因此有必要检验一个较长的时段。第二，我们以十年为一期是因为女性立法代表的增长是一个渐进的过程。绝大多数州的下议院的席位全部都是每两年改选一次，而上议院席位的任期通常是四年。十年的间隔包含了五次下议院选举和至少两次上议院选举，从而足够让我们的因变量发生显著的变化。第三，其中几个关键的自变量的指标只有相隔近十年的数据。

H. 自变量

我们的年龄组变量是一个州的 1970 年的 21～24 岁年龄组在人口中的比例、1980

年的 18～34 岁年龄组在人口中的比例、1990 年的 18～44 岁年龄组在人口中的比例以及 2000 年的 18～54 岁年龄组在人口中的比例。[7]美国统计局提供了各州有关年龄组的分类数据。注意，这一数据不仅测量出人口的年龄，还特别测量出各州的 1945 年以后出生的投票人口所占的比例。这是因为后物质主义观点强调了发生在二战后出生的那些人身上的文化变迁。[8]

我们以人均收入来测量各州财富。也许有人会认为，鉴于美国整体上相对于世界各国而言是一个富裕的国家，各州在财富上的差异也许并不会影响后物质主义价值观。然而，国家财富并不意味着每个人都有享有相同数量的经济安全。事实上，过去几十年来，美国的贫富差距在扩大（Stonecash，2000；Reich，1991）。州政治的研究者发现，各州之间的经济差异有其相应的政治影响（Dye，1966）。迪茨-尼古拉斯（Diez-Nicholas，1993）发现，西班牙不同地区在后物质主义价值观上的差异可以视为一个财富的函数，其中富裕的地区更倾向于后物质主义（引自 Inglehart，1997，152）。虽然特朗普（Trump，1991）认为，没有证据能够支持在美国国内经济差异与后物质主义价值观相关，但我们认为这是一个开放的问题，有待进一步的检验。

我们的教育变量是 25 岁及以上具有 4 年大学教育经历的人口在州人口的比例。[9]大学教育是后工业主义的标志，同时它也能够说明该州劳动力专业化的程度。事实上，美国劳工统计局也有证据表明，那些拥有更高比例的受过大学教育的人口的州也同时拥有更高比例专业化的劳动力。1990 年，一个州的雇员受雇于“管理和专业技能”职业的比例与其居民接受大学教育的比例的相关性是 0.93，而 2000 年是 0.83。[10]

宗教的测量指标是犹太教—基督教信徒在各州人口的比例。这些数据由格伦玛丽（Glenmary）研究中心所调查和公布（Johnson，Picard，and Quinn，1974；Quinn et al.，1982；Bradley et al.，1992）。有关 1970 年、1980 年和 1990 年的数据是从美国宗教档案馆的网站（http://www.TheARDA.com）下载而来，这些数据还被用来估计 2000 年的数值。[11]

各州的道德主义和传统主义政治文化是通过两个独立的名义变量来测量，如果一个州被编码成 1，这表明它属于埃拉扎尔（Elazar，1966）所归类的基本上属于道德主义（或传统主义）的州，如果编码为 0 则不属于此类。多席位选区变量是由那些其席位不止一位的选区在该州选区中所占的比例。[12]立法的职业化倾向由议员的年薪来测量，但其中不包括车旅津贴、生产补助或其他报销项目。一州人民的意识形态则由贝里等人（Berry et al.，1998）所测量公民意识形态时所使用的指标来显示。[13]州议员任期限制的规定直到 20 世纪 90 年代才出现，因此我们仅仅在 2001 年的模型中使用了任期限制的名义变量（1＝有任期限制，0＝无任期限制）。

我们首先分析 1971 年、1981 年、1991 年和 2001 年的横截面模型（见表 14—1），然后利用各种面板设计图模拟四次变迁的浪潮。面板模型分析了 1971 年至 1981 年、1981 年至 1991 年、1991 年至 2001 年以及 1971 年至 2001 这一整个时期的变迁。有关横截面的分析采用了普通最小二乘法（ordinary least square regression，OLS）。[14]在面板模型的分析上，我们纳入了一个滞后因变量，并使用了 OLS。芬克尔（Finkel，1995）将这种做法称为静态核心模型或条件变迁模型，认为它优于各种变化核心模型。他认为，对这类模型采用 OLS 将能够得出一致的并且不会得出显著倾向性的估计值。[15]

表 14—1 影响女性州立法代表的因素——横截面模型

自变量	1971 年	1981 年	1991 年	2001 年
年龄组	−0.730 (0.803)	−0.519 (0.422)	−0.558 (0.492)	−1.130** (0.570)
收入	0.001 (0.002)	0.000 (0.001)	0.000 (0.001)	0.001* (0.000)
大学教育	0.303 (0.354)	0.599** (0.300)	0.758** (0.332)	0.445* (0.277)
宗教信仰	−0.088** (0.050)	−0.163*** (0.059)	−0.324*** (0.060)	−0.300*** (0.057)
道德主义政治文化	0.296 (1.486)	3.909*** (1.647)	3.464* (2.109)	4.712** (2.102)
传统主义政治文化	−0.548 (2.126)	−2.128 (2.098)	−2.841 (2.292)	1.391 (2.243)
多席位选区	0.003 (0.018)	0.055*** (0.023)	0.067** (0.033)	−0.042 (0.040)
立法职业化倾向	−0.000 1*** (0.000)	−0.000 1*** (0.000)	−0.000 1** (0.000)	−0.000 (0.000)
意识形态	0.033 (0.041)	0.084** (0.050)	0.022 (0.070)	0.013 (0.061)
任期限制	—	—	—	−0.854 (1.822)
截距	6.745 (8.262)	20.423 (13.459)	45.807** (19.644)	71.736** (30.927)
调整后的 R^2	0.14	0.58	0.66	0.58

因变量＝1971 年、1981 年、1991 年和 2001 年女性州议员的比例
*** $p<0.01$；** $p<0.05$；* $p<0.10$（单尾检验）
$n=50$
OLS 估值（括号内为标准误差）

I. 结果

表 14—1 列出了四个横截面分析的结果。1971 年的模型显示，一个较低的调整后的 R^2 以及仅仅两个具有统计意义的变量（宗教信仰和立法职业化倾向），两者都符合预期中的负相关。这些弱相关结论也许可以归因于 1971 年妇女在州议会中的低比例（平均为 4.2%），并且在这一点上各州之间大致相同。至 1981 年，女性立法代表的比例提高至平均为 11.7%，而模型的符合程度也得以大幅提高，许多变量都开始具有统计学上的意义。后工业主义变量（大学教育和宗教信仰）按照假设的那个方向具有统计意义，那些测量道德主义政治文化、多席位选区、立法职业化倾向和意识形态的变量也按照预期产生影响。值得注意的是，即使有道德主义和意识形态影响的存在，教

育和宗教变量仍然具有统计意义。这些变量似乎代表着不同的文化力量，它们各自独立地对女性立法代表比例产生作用。选举制度和立法职业化的统计意义表明，制度因素也发挥着影响，支持此前的研究结论。1991 年模型的结果与 1981 年模型的结果相似，只是意识形态不再具有统计上的意义。2001 年模型的结果再次证实了文化变量（大学教育、宗教和道德主义文化）的影响，但无法支持制度变量的作用（多席位选区、立法职业化倾向和任期限制）。令人奇怪的是，年龄组变量直到 2001 年才第一次具有统计意义，而该数据事实上与后工业主义理论的假设相对立。

因此，四个横截面分析结果清楚地表明，大学教育、宗教和道德主义政治文化在解释女性州议员比例在各州之间差异方面的重要性。它们还说明了制度因素长期以来在递减。[16]

虽然横截面分析有助于解释各州在女性州议员比例之间的差异，但它们无助于解释长时段时自变量对变化的影响。变化这个问题之所以重要，是因为后物质主义和后工业主义都试图解释政治与文化变迁，而在研究的这个时段内，女性州议员比例发生了剧烈的变化。我们的面板设计模型更为清楚地探讨了这些变化情况（见表 14—2）。

正如预期的那样，滞后因变量在每一个面板模型中都具有统计意义。对我们的假设检验更为重要的是，大学教育在我们的四个模型中都具有统计意义，并且都是正相关。宗教变量也具有统计意义，除了 1971—1981 年期间之外，它都是负相关。在这些模型中，自变量的系数可以解释为它们对这一期间的因变量的变化的作用。比如，在 1981—1991 年模型中，大学教育 0.612 的系数意味着，增加一个 1990 年受过大学教育的公民在人口比例的百分点，以 1981 年的女性州议员的百分比为控制组，从 1981 年到 1991 年的女性州议员的比例将提高 0.612 个百分比。换句话说，增加的大学教育具有统计意义，并且与女性州议员比例正相关。宗教对女性州议员比例的副作用也符合理论的预期。

表 14—2　　影响女性州立法代表变化的因素——面板设计模型

自变量	1971—1981 年	1981—1991 年	1991—2001 年	1971—2001 年
滞后因变量[1]	0.705*** (0.199)	0.760*** (0.152)	0.425*** (0.141)	0.478** (0.275)
年龄组	0.034 (0.431)	−0.514 (0.421)	−0.722* (0.548)	−1.058** (0.506)
收入	0.000 (0.001)	0.000 (0.000)	0.000 (0.000)	0.000 (0.000)
大学教育	0.625** (0.300)	0.612** (0.279)	0.449** (0.255)	0.789*** (0.245)
宗教信仰	−0.076 (0.063)	−0.188*** (0.064)	−0.165** (0.073)	−0.259*** (0.060)
多席位选区	0.034* (0.023)	0.037*** (0.030)	−0.065* (0.039)	−0.062* (0.043)
立法职业化倾向	−0.000 1* (0.000)	0.000 (0.000)	0.000 (0.000)	0.000 (0.000)

续前表

自变量	1971—1981 年	1981—1991 年	1991—2001 年	1971—2001 年
意识形态	0.127*** (0.046)	−0.011** (0.062)	0.025 (0.058)	0.011 (0.061)
任期限制	—	—	−0.023 (1.722)	—
截距	−1.392 (12.726)	36.836** (17.037)	45.864* (30.963)	69.385*** (26.487)
调整后的 R^2	0.58	0.74	0.62	0.57

因变量＝1971 年、1981 年、1991 年和 2001 年女性州议员的比例

*** $p<0.01$；** $p<0.05$；* $p<0.10$（单尾检验）

$n=50$

1. 在模型 1 中，滞后因变量是 1971 年女性州议员的比例；模型 2＝1981 年；模型 3＝1991 年；模型 4＝1971 年。

OLS 估值（括号内为标准误差）

另一方面，仅仅在 1971—1981 年模型中，意识形态、多席位选区和立法职业化倾向对女性州议员比例具有统计意义，符合预期的方向。出乎意料的是，在 1991—2001 年模型和 1971—2001 年模型中，多席位选区的减少事实上与女性州议员的增加相关。[17]但最令人困惑的结果是，在 1991—2001 年模型和 1971—2001 年模型中，年龄组具有统计意义的负系数。这意味着，二战后出生居民的增加事实上与这一期间女性州议员的减少相关。[18]这一结果与 2001 年的横截面模型的结果（见表 14—1）相似。

结　语

我们的研究通过证明大学教育和宗教信仰这些因素对女性州议员的强烈而一致的影响，从而增加了我们的相关知识。虽然我们的发现也证实了道德主义政治文化的影响（Hogan，2001；Arceneaux，2001；Rule，1990），但在其他文化变量的存在下，传统主义文化未能保持其影响。我们发现，不管是横截面层次上还是在长达 30 年的历时层次上，大学教育和宗教信仰都很重要，而且即使在其他变量的存在下也具有统计意义，而此前的研究将这些其他变量视为女性州议员的决定性因素，比如多席位选区、立法职业化倾向和意识形态。虽然多席位选区和立法职业化倾向在我们研究时期的早期具有统计意义上的独立作用，但在我们所研究时期的后期则失去了这一作用，这意味着文化因素取代了制度因素成为女性州议员的主要决定变量。这些发现与最近的研究一致，后者认为多席位选区在预测女性州议员方面不如大学教育（Hogan，2001）或宗教（Vandenbosch，1996）等文化因素重要。

大学教育和宗教信仰都属于后工业主义理论中关键的文化变量，它们在我们模型中的一致作用意味着该理论在解释过去几十年的政治和文化变迁方面的有用性。此外，虽然这些变量与后物质主义理论所提出的变量——比如年龄组和收入——具有重要的关联性，我们没有发现有证据显示后者对女性州议员具有该理论所预期的影响。

简言之，我们的理解为后工业主义理论提供了强烈的支持，但为后物质主义理论提供了很少支持或者没有支持。

我们的结果也与弗拉纳根（Flanagan，1987，1982a，1982b）有关文化左翼和文化右翼的观点以及亨特（Hunter，1991）有关进步主义和正统主义的区分相一致。虽然亨特集中关注于教徒的对立方面，我们的研究也为莱曼和卡麦恩斯（Layman and Carmines，1997）的发现提供了支持，他们认为在美国的教徒和非教徒之间也存在显著的文化差异。确实，从我们的研究中可以得出一个结论，这个国家的主要的文化问题上的冲突就是大学教育对宗教信念。进一步的研究也许可以探讨一州之内大学教育的范围是否与社会自由政策正相关，以及宗教信仰与这些政策负相关。如果这些因素在存在州意识形态因素的情况下仍能够发挥作用，那么这些关系的存在将进一步说明后工业主义理论为今日的美国政治提供了最清晰的解释。

注　释

本研究的部分资金来自克里斯托弗·纽波特大学的教员暑期研究资助金，感谢于尔·约瑟夫松、哈维·塔克、达莱尼·阿莱博、沃特纳·戴维斯以及三名匿名评审者对本文草稿的有益评论。

[1] 虽然在国会层次上的性别政治已经有许多研究（Burrell，1994；Clark，1998；Vega and Firestone，1995；Welch，1985），但我们仅仅只关注在州这一层次上性别与政治的关系，因为这是我们的兴趣所在。

[2] 在有关为什么多席位选区有利于女性候选人这个问题上，参见 Darcy，Welch and Clark（1994）更为广泛的讨论。

[3] 布林特进一步深化了他的所谓“积累性趋势解释”说，以解释职业人士的文化与政治立场。这一趋势包含“下面这些力量的共同作用：更为开放的高等教育体制的自由化效应、更大规模的社会和文化专家的传统的自由主义以及显著自由倾向的年龄组的形成”（Brint，1984，60）。关于这一论点的详细讨论，参见 Brint（1994，Chapter 6）。

[4] 亨特（Hunter's，1991）的研究集中讨论了在美国三个主要的犹太教—基督教派别中正统立场与进步主义倾向之间的冲突。他认为，世俗主义既可以是正统主义，也可以是进步主义，因此既有可能是文化保守主义者，也有可能是自由主义者。

[5] 我们的假设是多席位选区的减少而不是增加，这是考虑到那些拥有多席位选区的州的数目从 1970 年的 32 个减少到 2000 年的 10 个。

[6] 我们的数据包括两院在内的加总数据。有关 1981 年、1991 年和 2001 年的因变量数据来自美国妇女和政治中心的网站，有关 1971 年的数据则来自考克斯（Cox，1996）的报告以及州政府委员会（1972）。

[7] 美国宪法第 26 条修正案——该法案允许 18 岁及以上的人有投票权——直到 1971 年才得以批准。这就是为什么 1970 年的年龄组是自 21 岁开始，而不是 18 岁开始。

[8] 安布罗森和英格尔哈特（Abramson and Inglehart，1995，131）发现，在美国，年龄组与后物质主义价值观之间的联系要比其他国家更弱。然而，他们的数据仍然清楚地表明，在后物质主义价值观问题上，美国战前出生的年龄组与战后出生的年龄组之间存在显著的差异。

[9] 我们有关教育的数据分别是 1970 年、1980 年、1990 年和 2000 年。

[10] 自 1983 年以来，劳工统计局改变了它的职业分类，从而使得与此前的数据无法直接进行比较。此前，劳工统计局使用较为宽泛的"蓝领"和"白领"职业，而将通常的"职业人士"纳入白领一类。1980 年，一州职业人士占劳动力的比率与受过高等教育的人占劳动力的比率之间的相关性是 0.86。

[11] 见美国宗教档案馆网站上有关各州的宗教信徒的数据是如何计算出来的介绍。2000 年的宗教数据是根据其他三个年份的数据并采用普通最小二乘法计算出来的有关各州的预期值。在此，我们感谢美国宗教档案馆珍妮弗·麦金尼对我们在检索资料方面所给予的帮助。

[12] 与此前的研究一致（Arceneaux，2001；Hogan，2001；Moncrief and Thompson，1992），我们并不将那些其中一些候选人围绕着几个职业而展开竞选的选区视为多席位选区。这些数据来源多样，其中包括州政府委员会（不同年份的）、Niemi，Hill and Grofman（1985）、Gierzynski（1994）和 Barone，Lilley and DeFranco（1998）的研究。

[13] 贝里等人在他们的测量中采用了利益群体有关国会席位的分配、挑战者意识形态的估计值、选民对在职者以及挑战者的支持程度等数据。他们有关公民意识形态指标的测量包括了 1970 年、1980 年和 1990 年的数据，我们使用同一方法计算出了有关 2000 年的宗教数据。在此感谢佛罗里达州立大学的州政治和政策档案馆的 Charles Barrilleaux 为我们提供了这些数据。

[14] 在这些横截面模型中最大的估计值问题是某些变量之间的共线性，尤其是收入与大学教育之间。这些变量之间的双变量相关系数分布在 1970 年的 0.66 至 2000 年的 0.74 之间。虽然在两个或多个变量之间的高共线性并不会损害 OLS 的估值，但有可能扩大它们的标准误差。但由于系数估值未受影响，我们没有理由怀疑这些具有统计意义的结果。在 1971 年和 1981 年的横截面模型中，条件指标数分别为 65 和 85，这意味着中等偏上的多重共线性（Belsley，Kuh and Welch，1980，105）。在 1991 年和 2001 年的模型中，条件指标数分别为 118 和 175，意味着更为严重的多重共线性。

[15] 如果滞后因变量与误差期相关，那么 OLS 估计值将失去这些特征。我们对所有这四个模型进行了德宾的 m 检验（Durbin，1970；Spencer，1975），但并未发现存在这种相关性。因此，我们使用了 OLS 来估计这些模型。

[16] 在这些横截面模型中，道德主义文化对女性立法代表有着一致的影响，而传统主义文化却并不具有统计相关性。为什么会这样？一个原因可能是传统主义文化与大学教育负相关。如果这些回归模型同时纳入了这两个变量，传统主义文化不再具有统计意义，这意味着与那些州较低的公民受大学教育的程度无关，传统主义文化对女性州立法代表比例不具有作用。

[17] 这也许仅仅只是我们对数据进行编码后的结果。当这些变量被虚拟变量取代后（1 表示多席位选区，0 表示非多席位选区），它在 1991—2001 年和 1971—2001 年期间就失去了统计学上的意义。还应当指出的是，在 1991 年和 2001 年，只有少数几个州还在使用多席位议院选区制（分别为 12 个和 10 个）。

[18] 鉴于英格尔哈特（1997，1990）证明，后物质主义价值观与青年最相关，我们在模型中也使用了专门测量各州人口中青年的变量，即 18～24 岁的人口（1971 年为 21～24 岁）在人口中的比例。当使用这一变量来取代年龄组这一变量，它在 2001 年的横截面模型、1991—2001 年以及 1971—2001 年的面板设计模型中都未显示出统计意义上的相关。然而，在这一重新计算的模型中，在 2001 年的横截面模型中，收入和大学教育都不具有统计意义，而多席位选区在 1971—2001 年的模型中不再具有统计意义。这可能是因为最初的年龄组变量在最近的模型中成为一群持文化保守主义的老年人。这一结果说明还需要对这些后果进一步进行研究。

参考文献

Abramson, Paul R., and Ronald Inglehart. 1995. *Value Change in Global Perspective*. Ann Arbor, MI: The University of Michigan Press.

Arceneaux, Kevin. 2001. "The 'Gender Gap' in State Legislative Representation: New Data to Tackle an Old Question." *Political Research Quarterly* 54: 143-60.

Barnello, Michelle A. 1999. "Gender and Roll Call Voting in the New York State Assembly." *Women & Politics* 20: 77-94.

Barone, Michael, William Lilley, III, and Laurence J. De Franco. 1998. *State Legislative Election:; Voting Patterns and Demographics*. Washington, DC: Congressional Quarterly.

Bell, Daniel. 1973. *The Coming of Post-Industrial Society: A Venture in Social Forecasting*. New York: Basic Books.

Belsley, David A., Edwin Kuh, and Roy E. Welch. 1980. *Regression Diagnostics: Identifying Influential Data and Sources of Collinearity*. NewYork: John Wiley.

Berkman, Michael B. 1994. "State Legislators in Congress: Strategic Politicians, Professional Legislatures, and the Party Nexus." *American Journal of Political Science* 38: 1025-55.

Berry, William D., Evan J. Ringquist, Richard C. Fording, and Russell L. Hanson. 1998. "Measuring Citizen and Government Ideology in the American States, 1960-93." *American Journal of Political Science* 42: 327-48.

Boeckelman, Keith. 1995. "The American States in the Postindustrial Economy." *State and Local Government Review* 27: 182-7.

Bradley, Martin B., Norman M. Green, Jr., Dale E. Jones, Mac Lynn, and Lou McNeil. 1992. *Churches and Church Membership in the United States 1990: An Enumeration by Region, State, and County Based on Data Reported for 133 Church Groupings*, Atlanta, GA: Glenmary Research Center.

Bratton, Kathleen A., and Kerry L. Haynie. 1999. "Agenda Setting and Legislative Success in State Legislatures: The Effects of Gender and Race." *Journal of Politics* 61: 658-79.

Brint, Steven. 1984. "'New Class' and Cumulative Trend Explanations of the Liberal Political Attitudes of Professionals." *American Journal of Sociology* 90: 30-71.

Brint, Steven. 1985. "The Political Attitudes of Professionals." *Annual Review of Sociology* 11: 389-414.

Brint, Steven. 1994. *In an Age of Experts: The Changing Role of Professionals in Politics and Public Life*. Princeton, NJ: Princeton University Press.

Brint, Steven, William L. Cunningham, and Rebecca s. K. Li. 1997. "The Politics of Professionals in Five Advanced Industrial Societies." In *Citizen Politics in Post-Industrial Societies*, eds. Terry Nichols Clark and Michael Rempel. Boulder, CO: Westview Press.

Brooks, Clem, and Jeff Manza. 1997a. "Partisan Alignments of the 'Old' and 'New' Middle Classes in Post-Industrial America." In *Citizen Politics in Post-Industrial Societies*, eds. Terry Nichols Clark and Michael Rempel. Boulder, CO: Westview Press.

Brooks, Clem, and Jeff Manza. 1997b. "The Social and Ideological Bases of Middle-Class Political Realignment in the United States 1972—1992." *American Sociological Review* 67: 191-208.

Burrell, Barbara. 1994. *A Woman's Places Is in the House: Campaigning for Congress in the Feminist Era*. Ann Arbor, MI: The University of Michigan Press.

Butts, Paul. 1997. "The Social Orders of Feminism and Political Activism: Findings from Fourteen Countries." In *Citizen Politics in Post-Industrial Societies*, eds. Terry Nichols Clark and Michael Rempel. Boulder, CO: Westview Press.

Carey, John M., Richard G. Niemi, and Lynda w. Powell. 2000. *Term Limits in the State Legislatures*. Ann Arbor, MI: The University of Michigan Press.

Carroll, Susan. 1994. *Women as Candidates in American Politics*. 2d ed. Bloomington, IN: Indiana University Press.

Center for the American Woman and Politics, Various Years. "Fact Sheet: Women in State Legislatures." New Brunswick, NJ: Eagleton Institute of Politics, Rutgers University.

Clark, Janet. 1998. "Women at the National Level: An Update on Roll Call Voting Behavior." In *Women and Elective Office: Past, Present, and Future*, eds. Sue Thomas and Clyde Wilcox. New York: Oxford University Press.

Council of State Governments. Various Years. *The Books of the States*. Lexington. KY: The Council of State Governments.

Cox, Elizabeth M. 1996. *Women State and Territorial Legislators, 1895—1995*. Jefferson, NC: McFarland & Company.

Darcy, R. 1995. "Electoral Barriers to Women." In *The United States Electoral Systems: Their Impact on Women and Minorities*, eds. Wilma Rule and Joseph Zimmerman. New York: Greenwood Press.

Darcy, R., Susan Welch, and Janet Clark. 1985. "Women Candidates in Single-and Multi-Member Districts: American State Legislative Races." *Social Science Quarterly* 66: 945-53.

Darcy, R., Susan Welch, and Janet Clark. 1994. *Women, Elections, and Representation*. 2d ed. Lincoln, NE: University of Nebraska Press.

Davis, Nancy J., and Robert V. Robinson. 1991. "Men's and Women's Consciousness of Gender Inequality: Austria, West Germany, Great Britain, and the United States." *American Sociological Review* 56: 72-84.

Diamond, Irene. 1977. *Sex Roles in the State House*. New Haven, CT: Yale University Press.

Diez-Nicolas, Juan. 1993. "Postmaterialismo y Desrolllo Economico en Espana." Presented at the World Conference on Social Values, Madrid, Spain.

Duch, Raymond M., and Michael A. Taylor. 1993. "Postmaterialism and the Economic Condition." *American Journal of Political Science* 37: 747-79.

Durbin, J. 1970. "Testing for Serial Correlation in Least-Squares Regression When Some of the Regressors Are Lagged Dependent Variables." *Econometrica* 38: 410-21.

Dye, Thomas R. 1966. *Politics, Economics, and the Public: Political Outcomes in the American States*. Chicago: Rand McNally.

Elazar, Daniel J. 1966. *American Federalism: A View from the States*. New York: Thomas Y. Crowell Company.

Finkel, Steven E. 1995. *Causal Analysis with Panel Data*. Thousand Oaks, CA: Sage Publications.

Flanagan, Scott C. 1982a. "Changing Values in Advanced Industrial Societies: Inglehart's Silent

Revolution from the Perspective of Japanese Findings." *Comparative Political Studies* 14：403-44.

Flanagan，Scott C. 1982b. "Measuring Value Change in Advanced Industrial Societies：A Rejoinder to Inglehart." *Comparative Political Studies* 15：99-128.

Flanagan，Scott C. 1987. "Value Change in Industrial Societies." *American Political Science Review* 81；1289-319.

Gierzynski，Anthony. 1994. "Elections to State Legislatres." *In Encyclopedia of the American Legislative System*，ed. Joel H. Silbey. New York；Scribner's.

Hill，David B. 1981. "Political Culture and Female Political Representation." *Journal of Politics* 43：159-68.

Himmelstein，Jerome L. 1986. "The Social Basis for Anti-Feminism：Religious Networks and Culture." *The Journal for the Scientific Study of Religion* 25：1-15.

Hogan，Robert E. 2001. "The Influence of State and District Conditions on the Representation of Women in U. S. State Legislatures." *American Politics Research* 29：4-24.

Hout，Michael，Clem Brooks，and Jeff Manza. 1995. "The Democratic Class Struggle in the United States，1948—1992." *American Sociological Review* 60：805-28.

Hunter，James Davison，1991. *Cultures War：The Struggle to Define America*. New York：Basic Books.

Inglehart，Ronald. 1977. *The Silent Revolution：Changing Values and Political Styles Among Western* Publics. Princeton，NJ：Princeton University Press.

Jackman，Mary R.，and Machael Muha. 1984. "Education and Inter-Group Attitudes：Moral Enlightenment，Superficial Democratic Commitment，or Intellectual Refinement?" *American Sociological Review* 49：751-69.

Johnson，Douglass，Paul R. Picard，and Bernard Quinn. 1974. *Churches and Church Membership in the Unites States 1971：An Enumeration by Region，State，and County*. Washington DC：Glenmary Research Center.

King，James D. 2002. "Single-Member Districts and the Representation of Women in American State Legislature：the Effects of Electoral System Change." *State Politics and Policy Quarterly* 2：161-75.

Klein，Ethel，1984. *Gender Politics：From Consciousness to Mass Politics*. Cambridge. MA：Harvard University Press.

Ladd，Everett C.，Jr. 1976—1977. "Liberalism Turned Upside Down：The Inversion of New Deal Order." *Political Science Quarterly* 91：577-600.

Ladd，Everett C.，Jr. 1978. "The New Lines Are Drawn：Class and Ideology in America." *Public Opinion* 3：48-53.

Ladd，Everett C.，Jr. 1979. "Pursuing the New Class：Social Theory and Social Data." In *The New Class?*，ed. B. Bruce-Briggs. New Brunswick，NJ：Transaction Books.

Layman，Geoffrey C.，and Edward G. Carmines. 1997. "Cultural Conflict in American Politics：Religious Traditionalism，Postmateralism，and U. S. Political Behavior." *Journal of Politics* 59：751-77.

Matland，Richard E.，and Deborah Dwight Brown. 1992. "District Magnitude's Effect on Famale Representation in U. S. State Legislatures." *Legislative Studies Quarterly* 17：469-92.

Moncrief，Gary F. and Joel A. Thompson. 1992. "Electoral Structure and State Legislative Representation：A Research Note." *Journal of Politics* 54：246-56.

Nechemias，Carol. 1985. "Geographic Mobility and Women's Access to State Legislatures." *Western Political Quarterly* 38：119－31.

Nechemias，Carol. 1987. "Changes in the Election of Women to U. S. State Legislative Seats." *Legislative Studies Quarterly* 12：125－42.

Niemi，Richard G.，Jeffrey S. Hill，and Bernard Grofman. 1985. "The Impact of Multimember Districts on Party Representation in U. S. State Legislatures." *Legislative Studies Quarterly* 10：441－55.

Norrander Barbara，and Clyde Wilcox. 1998. "The Geography of Gender Power：Women in State Legislatures." In *Women and Electire Office：Past，Present，and Future*. eds. Sue Thomas and Clyde Wilcox. New York：Oxford University Press.

Quinn，Bernard，Herman Anderson，Martin Bradley，Paul Goetting，and Peggy Shriver. 1982. *Churches and Church Membership in the United States 1980：An Enumeration by Region，State and County Based on Data Reported by 111 Religious Bodies*. Atlanta，GA：Glenmary Research Center.

Reich，Robert. 1991. *The Work of Nations：Preparing Ourselves for the 21st Century Capitalism*. New York：Alfred A. Knopf.

Rempel，Machael，and Terry Nicholas Clark. 1997，"Post-Industrial Politics：A Framework for Interpreting Citizen Politics since the 1960s." in *Citizen Politics in Post-Industrial Societies*，eds. Terry Nicholas Clark and Michael Rempel. Boulder：CO：Westview Press.

Rule，Wilma. 1990. "Why More Women Are State Legislators：A Research Note." *Western Political Quarterly* 43：432－48.

Rule，Wilma，1995. "Multimember Legislative Districts：Minority and Anlgo Women's and Men's Recruitment Opportunity." In *The United State Electoral System：Their Impact on Women and Minorities*，eds. Wilma Rule and Joseph Zimmerman. New York；Greenwood Press.

Saint-Germain，Michelle. 1989. "Does Their Difference Make a Difference?：The Impact of Women on Public Policy in the Arizona State Legislature." *Social Science Quarterly* 70：956－68.

Spencer，Byron G. 1975. "The Small Sample Bias of Durbin's Tests for Serial Correlation." *Journal of Econometrics* 3：249－54.

Squire，Peverill. 1992. "Legislative Professionalization and Membership Diversity." *Legislative Studies Quarterly* 17：69－79.

Stonecash，Jeffrey M. 2000. *Class and Party in American Politics*. Boulder，CO：Westview Press.

Thomas，Sue. 1989. "Voting Patterns in the California Assembly：The Role of Gender." *Women & Politics* 9：43－47.

Thomas，Sue. 1991. "The Impact of Women on State Legislative Policies." *Journal of Politics* 53：958－76.

Thomas，Sue. 1994. *How Women Legislate*. New York：Oxford University Press.

Thomas，Sue. 1998. "Introduction：Women and Election Office：Past，Present，and Furture." In *Women and Elective Office：Past，Present，and Future*，eds. Sue Thomas and Clyde Wilcox. New York：Oxford University Press.

Thornton，Arland，Duane F. Alwin，and Donald Camburn. 1983. "Causes and Consequences of Sex-Rde Attitudes and Attitude Change." *American Sociological Review* 48：211－27

Trump，Thomas M. 1991. "Value Formation and Postmaterialism：Inglehart's Theory of Value Change Reconsidered." *Comparative Politics Studies* 24：365－90.

United States Bureau of Labor Statistics. 1998. *Geographic Profile of Employment and Unemployment, 1998*. Washington, DC: U. S. Government Printing Office.

United States Bureau of the Census. 2000. *Statistical Abstract of the United States*. Washington, DC: U. S. Government Printing Office.

Vandenbosch, Sue. 1996. "A Negative Relationship Between Religion and the Percentage of Women State Legislators in the United States." *The Journal of Legislative Studies* 2: 322-38.

Vega, Arturo, and Juanita Firrestone. 1995. "The Effects of Gender on Congressional Behavior and the Substantive Representation of Women." *Legislative Studies Quarterly* 20: 213-21.

Weil, Frederick. 1985. "The Variable Effects of Education on Liberal Attitudes." *American Sociological Review* 50: 458-74.

Welch, Susan. 1985. "Are Women More Liberal Than Men in the U. S. Congress?" *Legislative Studies Quarterly* 10: 125-34.

现在，你已读完这份研究报告样例，并对作者是否以及在什么地方涉及了这12个研究问题作为标注，那么就将你的发现与我们的答案作一比较。每个问题后面的字母与数字指所讨论文章中所标注的章节与该问题有关。

1. *研究者是否明确地规定了研究的问题？研究的理由是什么？*（A—2）

该文明确表述了其研究问题。约翰·F·卡莫布雷科（John F. Camobreco）和米歇尔·A·巴内罗（Michelle A. Barnello）两位作者提问："我们应如何解释"长期以来女性在州立法机关中的代表比例的增长。他们同时也打算回答为什么各州之间的女性议员比例存在差异这个问题。

2. *研究者是否说明其研究的价值与意义？他们是否说明其研究将对科学知识有何贡献？*（A—3，B—1）

卡莫布雷科和巴内罗声称，他们的研究对在竞选职位上的女性代表研究问题作出了两个重要的贡献。第一，与这个问题上的绝大多数研究者不同，他们的研究检验了州议会构成的长期变迁。第二，他们声称其研究采用了一种新的视角，运用了后物质主义和后工业主义理论两种理论。他们还指出，州议会的性别构成问题之所以重要，因为此前的研究已经证明，妇女有可能推进不同于那些男性议员所关注的议题的政策。此外，性别的代表还可以提高州议会的合法性。

3. *研究者是否对他们所感兴趣的政治现象给出了清晰的解释？*（B，C，D，E）*他们所提出的假设是一种什么样类型的关系？*（F）*他们是否讨论了其他的解释观点？*（B，C，D，E）

卡莫布雷科和巴内罗试图解释为什么州议会的性别构成在长时期内发生了变化以及为什么在各州之间存在差异。他们指出了其他研究者曾要探讨过的各种解释，比如政治文化、多席位选区、立法职业化（B—2，B—3，B—4）。

在C部分，他们讨论了后物质主义的概念，这是由英格尔哈特所提出的，该理论认为那些在二战后出生的人更关注社会和文化价值而不是经济问题。此外，该理论认为，更富裕的人要比较为贫穷的人更有可能拥有后物质主义价值观，这种价值观的一个方面是对女性地位持一种自由主义的作用。

在 D 部分，他们讨论了后工业主义，将向后工业经济的转变视为另一种有关女性代表增加的解释。后工业经济的特征是受过高等教育的职业化工人数量的增长，这些职业人士在社会和文化问题上通常要比其他群体持更为自由的立场。

E 部分讨论了宗教在美国政治中的重要性。该研究认为，那些持“正统的”宗教立场的人在文化上持保守主义，因此相比较那些“进步主义者”来说，更少可能支持妇女参政。该研究还提出，那些上过大学的人更有可能是世俗主义者，因此更可能持进步主义立场。

上述解释是 F 部分所提出的九个假设的基础。第十个假设基于另一个有关各州之间女性议员比例差异的解释（任期限制）。所有这些假设都非常具体。第 1、2、3、4、7、8、9 条假设都是有方向性的，也就是说，一个因素的增减都与女性州议员比例的增减相关。第 5、6 和 10 条假设提出，女性州议员的更高比例与道德主义政治文化、传统主义政治文化和任期限制各自的存在与否相关。

4. 是否确定了自变量与因变量？如果有，它们是什么？（G，H）作者是否考虑了其他的变量或控制变量？（H—2）如果有，请指出。能否想出研究者没有提到的其他变量？

因变量是州议会中的女性代表（G—1）。自变量是一州人口的年龄、财富、教育、宗教和意识形态以及一州的政治文化、多席位选区的采用、任期限制制度以及立法机构的职业化倾向。他们讨论了地区经济差异与美国的后物质主义价值相关的可能性，但并没有将地区作为一个变量来处理。

5. 其假设是经验性的、一般性的抑或是可行性的？（G）

这些假设都是经验性的。所有假设都与各州人民的特征相关。作者提供了每个假设成立的支持理由。这些假设是一般性的，因为它们可以用在所有的州。

6. 假设中的概念是否得到了明确的界定？对于变量而言，所给出的操作性定义是否有效并且合理？对每个变量来说，其测量层次是什么？（H）

每个变量都得到了清楚的界定，绝大多数定义似乎是合理的。女性代表被定义为 1971 年、1981 年、1991 年和 2001 年妇女在各州立法机构中的比例。年龄的测量依据是一个州自二战以后出生的拥有投票权的人口占全部拥有投票权的人口的比例；州的财富则依据州人均收入来测量；教育为一个州 25 岁及以上至少受过四年大学教育的人口的比例；宗教为犹太教—基督教信徒在各州人口中的比例；政治文化则采用埃拉扎尔 1966 年对州的政治文化的概括；立法职业化为议员的年薪。一州的意识形态则根据其他研究所设计的方法来测量。在指标的计算上，卡莫布雷科和巴内罗吸取了其他研究者有关 1970 年、1980 年和 1990 年的指标的计算结果。而 2000 年的数据，他们则根据其他研究者的方法独立作出计算。他们没有对这些计算方法作出解释，但可以根据他们所列出的参考文献来加以探讨。

也许有人会对采用埃拉扎尔有关 1966 年政治文化特征的解释这一做法进行质疑——自那时以来有多大的可能发生了变化？人均收入也许掩盖了一州之内的收入差异——也许中位数收入能够更好地测量出一州人民的财富。尚不清楚宗教信徒是如何判定的——犹太教信徒与基督教信徒的宗教信仰可能差异很大。研究者指出了数据来源，如果想检验界定宗教信徒的操作过程，你可以根据其参考文献来进行。

绝大多数这些变量的测量层次是定比测量。政治文化和议会任期限制是定性层次上的测量。

7. *在作出必要的观察时，所使用的数据收集方法是什么？（D，E，F）其观察是否是有效的和可信的测量？*

研究者使用资料分析法来测量绝大多数变量。在少数几种情况中，研究者向州政府致电咨询《双亲通知法》是否仍在执行，这属于一种访谈数据收集方法（E—7）。作者所使用的第二次资料都有出处，并且似乎是有效而且合理的。（E）

8. *对于假设中的分析单位而言，研究者是否做出了经验观察？*

本研究的分析单位为州。每个变量是一州或该州人口的特征，它们都可以在经验上进行观察。（B，E）

9. *如果使用了样本，其样本类型是什么？该样本类型是否严重影响了研究所得出的结论？研究者是否讨论了该样本？*

该研究并未使用样本。全部50个州都成为了分析的对象。

10. *所使用的研究设计的类型是什么？该研究设计是否恰当地检验了其所假设的关系？*

研究者使用了两种非实验性的研究设计。研究者对自变量没有进行任何控制，他们也没有将各州任意区分为“实验组”和“控制组”。第一种研究设计是横截面设计，其中研究者试图解释各州之间女性州议员之间的差异。他们研究的问题是，一些具有某些特征的州是否比其他一些不具备这些特征的州具有更高的女性州议员比例。这一研究设计对所得到的有关1971年、1981年、1991年和2001年四个年份的数据加以重复计算。第二种研究设计是面板设计，研究者探讨了其中各州之内的自变量的历时变化是否如假设所描述的那样导致因变量的变化。这一设计也分别在四个时期重复计算：1971—1981年，1981—1991年，1991—2001年，1971—2001年。这些研究设计对该课题的研究目的来说是十分恰当的。注意：在面板设计中，政治文化不再纳入作为一个自变量，因为研究者没有测量它们是否发生变化。

11. *对于变量的测量层次来说，所使用的统计方法是否适当？*

使用多元回归分析是适当的，因为有关因变量的测量的层次是定比的。

12. *是否明确地提出并讨论了研究结论？是否说明了用以判定某假设得到支持或反驳的标准？*

他们的分析结论建立在表14—1中的横截面研究设计以及相关的讨论之上。女性州议员比例总量的变化见调整后的R^2栏所示。结果显示，自变量解释了1971年14%的变化，但解释了其他年份58%和66%的变化。作者正确地指出，1971年的弱相关性应当归因于女性州议员的低比例，以及各州之间大同小异的缘故。表14—2给出了面板分析的结果，“Ⅰ结果”对此进行了讨论。自变量的变化能够解释所研究时期内妇女议员比例变化中的57%～74%。看来作者们找对了那些解释或影响州议会中女性代表的变量。

他们的另一个发现是讨论了在解释因变量的变化中，哪个自变量最重要的这一问题。作者使用统计意义这一指标来确认这些变量。虽然这一方法很常见，但未必是统计学的适当运用。[1]请记住，统计意义的检验仅仅用在这种情况下，即利用样本数据来计算在样本数据中所观察到的关系有多大可能发生在实际的情况中，或在适当的情况下这种观察到的关系是否会发生。而这里作者所提出的结论来自对全部 50 个州的观察。

另一种确认最重要的自变量的方法是观察自变量的回归系数。正如作者们所指出的，这些回归系数可以解释为它们对因变量的作用。系数除了表明这些作用的规模之外，也表示着作用的存在与方向。绝大多数自变量都以百分比的形式来测量。比如，在“Ⅰ结果”中，作者们指出，在 1981—1991 年的模型中，大学教育 0.612 的系数意味着每增加 1%的受过大学教育的公民，意味着 0.612 的妇女议员比例的增加。因此，我们可以提出批评，认为在评估假设是否得到这些数据的支持问题上，作者们应当集中关注回归系数而不是依赖于统计意义的计算。

作者们得出的结论是，大学教育和宗教信仰是最显著的变量，从而支持了有关女性州议员的后工业主义解释。我们来看表 14—2——比如 1971—2001 年的模型，就会明白，具有最大系数的变量是滞后因变量（意味着 1971 年妇女议员的比例）、年龄组、大学教育和宗教信仰。大学教育和滞后因变量都具有正效应，而年龄组与宗教信仰具有负效应。宗教信仰的负效应正如假设所解释的那样，然而年龄组的负效应却恰恰与假设所预期的相反。此外，年龄组在所有自变量中具有最大的系数。如何解释这一结果构成了挑战。由于收入、立法职业化、意识形态和任期限制不是以百分比的形式来加以测量的，它们的系数难以加以相互比较。记住，回归系数的大小受变量的测量方式的影响。由于这个原因，计算出标准回归系数或 β 权重将使得自变量之间的比较更为容易。

总之，作者的结论得到了其数据的支持。

结　论

研究报告很少能够回答一个主题的所有问题。精心撰写的报告要求详细解释研究者在研究过程的每个阶段是如何做的，这使得其他研究者更容易评估其工作。其他研究者可以采用不同的数据收集方法，对变量给以不同的操作性定义或采取新的研究设计。

现在，你应当明白，有关政治的科学知识是如何得到的。你应当知道如何提出一个可检验的假设，选择有效的或可信的测量方法对概念——在假设中提出来的概念——进行测量，实施研究设计，进行文献综述，并做出经验观察。你应当能够恰当地使用单变量、双变量和多变量统计方法来分析数据。最后，你还应当能够评估绝大多数研究报告，并能够自己写作一份研究报告。

我们鼓励你思考自己的研究问题。其中一些也许是需要一两个学期的时间才能完成的课题。通过自己的研究过程，你能够获得比阅读本书更多的知识。祝你成功。

注　释

[1] Jeff Gill, "Whose Variance Is It Anyway? Interpreting Empirical Models with State-Level Data," *State Politics and Policy Quarterly* 1 (Fall 2001): 318-338.

附录 A 卡方（χ^2）值表

自由度（df）	0.10	0.05	0.02	0.01
1	2.706	3.841	5.412	6.635
2	4.605	5.991	7.824	9.210
3	6.251	7.815	9.837	11.341
4	7.779	9.488	11.668	13.277
5	9.236	11.070	13.388	15.086
6	10.645	12.592	15.033	16.812
7	12.017	14.067	16.622	18.475
8	13.362	15.507	18.168	20.090
9	14.684	16.919	19.679	21.666
10	15.987	18.307	21.161	23.209
11	17.27	19.675	22.618	24.725
12	18.549	21.026	24.054	26.217
13	19.812	22.362	25.472	27.688
14	21.064	23.685	26.873	29.141
15	22.307	24.996	28.259	30.578
16	23.542	26.296	29.633	32.000
17	24.769	27.587	30.995	33.409
18	25.989	28.869	32.346	34.805
19	27.204	30.144	33.687	36.191
20	28.412	31.410	35.020	37.566
21	29.615	32.671	36.343	38.932
22	30.813	33.924	37.659	40.289
23	32.007	35.172	38.968	41.638
24	33.196	36.415	40.270	42.980
25	34.382	37.652	41.568	44.314
26	35.563	38.885	42.856	45.642
27	36.741	40.113	44.140	46.963
28	37.916	41.337	45.419	48.278
29	39.087	42.557	46.693	49.588
30	40.256	43.773	47.962	50.892

资料来源：Kirk W. Elifson，Richard P. Runyon，and Audrey Haber，*Fundamentals of Social Statistics*（Reading，Mass.：Addison-Wesley，1982），476. Reprinted with permission of McGraw-Hill，Inc.。

附录B　*t*分布的临界值

	单尾检验下 α 的水平						
	0.05	0.025	0.01	0.005	0.002 5	0.001	0.000 5
	双尾检验下 α 的水平						
自由度（df）	0.10	0.05	0.02	0.01	0.005	0.002	0.001
1	6.314	12.706	31.821	63.657	127.32	318.31	636.62
2	2.920	4.303	6.965	9.925	14.089	22.327	31.598
3	2.353	3.182	4.541	5.841	7.453	10.214	12.924
4	2.132	2.776	3.747	4.604	5.598	7.173	8.610
5	2.015	2.571	3.365	4.032	4.773	5.893	6.869
6	1.943	2.447	3.143	3.707	4.317	5.208	5.959
7	1.895	2.365	2.998	3.499	4.029	4.785	5.408
8	1.869	2.306	2.896	3.355	3.833	4.501	5.041
9	1.833	2.262	2.821	3.250	3.690	4.297	4.781
10	1.812	2.228	2.764	3.169	3.581	4.144	4.587
11	1.796	2.201	2.718	3.106	3.497	4.025	4.437
12	1.782	2.179	2.681	3.055	3.428	3.930	4.318
13	1.771	2.160	2.650	3.012	3.372	3.852	4.221
14	1.761	2.145	2.624	2.977	3.326	3.787	4.140
15	1.753	2.131	2.602	2.947	3.286	3.733	4.073
16	1.746	2.120	2.583	2.921	3.252	3.686	4.015
17	1.740	2.110	2.567	2.898	3.222	3.646	3.965
18	1.734	2.101	2.552	2.878	3.197	3.610	3.922
19	1.729	2.093	2.539	2.861	3.174	3.579	3.883
20	1.725	2.086	2.528	2.845	3.153	3.552	3.850
21	1.721	2.080	2.518	2.831	3.135	3.527	3.819
22	1.717	2.074	2.508	2.819	3.119	3.505	3.792
23	1.714	2.069	2.500	2.807	3.104	3.485	3.767
24	1.711	2.064	2.492	2.797	3.091	3.467	3.745
25	1.708	2.060	2.485	2.787	3.078	3.450	3.725
26	1.706	2.056	2.479	2.779	3.067	3.435	3.707
27	1.703	2.052	2.473	2.771	3.057	3.421	3.690
28	1.701	2.048	2.467	2.763	3.047	3.408	3.674
29	1.699	2.045	2.462	2.756	3.038	3.396	3.659
30	1.697	2.042	2.457	2.750	3.030	3.385	3.646
40	1.684	2.021	2.423	2.704	2.971	3.307	3.551
60	1.671	2.000	2.390	2.660	2.915	3.232	3.460
120	1.658	1.980	2.358	2.617	2.860	3.160	3.373
∞	1.645	1.960	2.326	2.576	2.807	3.090	3.291

资料来源：James V. Couch，*Fundamentals of Statistics for the Behavioral Sciences*（St. paul：West，1987），327。

附录C $\alpha=0.05$ 时 F 分布的临界值

组内自由度	组间自由度（df）																		
（df）	1	2	3	4	5	6	7	8	9	10	12	15	20	24	30	40	60	120	∞
1	161.4	199.5	215.7	224.6	230.2	234.0	236.8	238.9	240.5	241.9	243.9	245.9	248.0	249.1	250.1	251.1	252.2	253.3	254.3
2	18.51	19.00	19.16	19.25	19.30	19.33	19.35	19.37	19.38	19.40	19.41	19.43	19.45	19.45	19.48	19.47	19.48	19.49	19.50
3	10.13	9.55	9.28	9.12	9.01	8.94	8.89	8.85	8.81	8.79	8.74	8.70	8.66	8.64	8.62	8.59	8.57	8.55	8.53
4	7.71	6.94	6.59	6.39	6.26	6.16	6.09	6.04	6.00	5.96	5.91	5.86	5.80	5.77	5.75	5.72	5.69	5.66	5.63
5	6.61	5.79	5.41	5.19	5.05	4.95	4.88	4.82	4.77	4.74	4.68	4.62	4.56	4.53	4.50	4.46	4.43	4.40	4.36
6	5.99	5.14	4.76	4.53	4.39	4.28	4.21	4.15	4.10	4.06	4.00	3.94	3.87	3.84	3.81	3.77	3.74	3.70	3.67
7	5.59	4.74	4.35	4.12	3.97	3.87	3.79	3.73	3.68	3.64	3.57	3.51	3.44	3.41	3.38	3.34	3.30	3.27	3.23
8	5.32	4.46	4.07	3.84	3.69	3.58	3.50	3.44	3.39	3.35	3.28	3.22	3.15	3.12	3.08	3.04	3.01	2.97	2.93
9	5.12	4.26	3.86	3.63	3.48	3.37	3.29	3.23	3.18	3.14	3.07	3.01	2.94	2.90	2.86	2.83	2.79	2.75	2.71
10	4.96	4.10	3.71	3.48	3.33	3.22	3.14	3.07	3.02	2.98	2.91	2.85	2.77	2.74	2.70	2.66	2.62	2.58	2.54
11	4.84	3.98	3.59	3.36	3.20	3.09	3.01	2.95	2.90	2.85	279	2.72	2.65	2.61	2.57	2.53	2.49	2.45	2.40
12	4.75	3.89	3.49	3.26	3.11	3.00	2.91	2.85	2.80	2.75	2.69	2.62	2.54	2.51	2.47	2.43	2.38	2.34	2.30
13	4.67	3.81	3.41	3.18	3.03	2.92	2.83	2.77	2.71	2.67	2.60	2.53	2.46	2.42	2.38	2.34	2.30	2.25	2.21
14	4.60	3.74	3.34	3.11	2.96	2.85	2.76	2.70	2.65	2.60	2.53	2.46	2.39	2.35	2.31	2.27	2.22	2.18	2.13
15	4.54	3.68	3.29	3.06	2.90	2.79	2.71	2.64	2.59	2.54	2.48	2.40	2.33	2.29	2.25	2.20	2.16	2.11	2.07
16	4.49	3.63	3.24	3.01	2.85	2.74	2.66	2.59	2.54	2.49	2.42	2.35	2.28	2.24	2.19	2.15	2.11	2.06	2.01
17	4.45	3.59	3.20	2.96	2.81	2.70	2.61	2.55	2.49	2.45	2.38	2.31	2.23	2.19	2.15	2.10	2.06	2.01	1.96
18	4.41	3.55	3.16	2.93	2.77	2.66	2.58	2.51	2.46	2.41	2.34	2.27	2.19	2.15	2.11	2.06	2.02	1.97	1.92
19	4.38	3.52	3.13	2.90	2.74	2.63	2.54	2.48	2.42	2.38	2.31	2.23	2.16	2.11	2.07	2.03	1.98	1.93	1.88
20	4.35	3.49	3.10	2.87	2.71	2.60	2.51	2.45	2.39	2.35	2.28	2.20	2.12	2.08	2.04	1.99	1.95	1.90	1.84
21	4.32	3.47	3.07	2.84	2.68	2.57	2.49	2.42	2.37	2.32	2.25	2.18	2.10	2.05	2.01	1.96	1.92	1.87	1.81
22	4.30	3.44	3.05	2.82	2.66	2.55	2.46	2.40	2.34	2.30	2.23	2.15	2.07	2.03	1.98	1.94	1.89	1.84	1.78
23	4.28	3.42	3.03	2.80	2.64	2.53	2.44	2.37	2.32	2.27	2.20	2.13	2.05	2.01	1.96	1.91	1.86	1.81	1.76
24	4.26	3.40	3.01	2.78	2.62	2.51	2.42	2.36	2.30	2.25	2.18	2.11	2.03	1.98	1.94	1.89	1.84	1.79	1.73
25	4.24	3.39	2.99	2.76	2.60	2.49	2.40	2.34	2.28	2.24	2.16	2.09	2.01	1.96	1.92	1.87	1.82	1.77	1.71
26	4.23	3.37	2.98	2.74	2.59	2.47	2.39	2.32	2.27	2.22	2.15	2.07	1.99	1.95	1.90	1.85	1.80	1.75	1.69
27	4.21	3.35	2.96	2.73	2.57	2.46	2.37	2.31	2.25	2.20	2.13	2.06	1.97	1.93	1.88	1.84	1.79	1.73	1.67
28	4.20	3.34	2.95	2.71	2.56	2.45	2.36	2.29	2.24	2.19	2.12	2.04	1.96	1.91	1.87	1.82	1.77	1.71	1.65
29	4.18	3.33	2.93	2.70	2.55	2.43	2.35	2.28	2.22	2.18	2.10	2.03	1.94	1.90	1.85	1.81	1.75	1.70	1.64
30	4.17	3.32	2.92	2.69	2.53	2.42	2.33	2.27	2.21	2.16	2.09	2.01	1.93	1.89	1.84	1.79	1.74	1.68	1.62
40	4.08	3.23	2.84	2.61	2.45	2.34	2.25	2.18	2.12	2.08	2.00	1.92	1.84	1.79	1.74	1.69	1.64	1.58	1.51
60	4.00	3.15	2.76	2.53	2.37	2.25	2.17	2.10	2.04	1.99	1.92	1.84	1.75	1.70	1.65	1.59	1.53	1.47	1.39
120	3.92	3.07	2.68	2.45	2.29	2.17	2.09	2.02	1.96	1.91	1.83	1.75	1.66	1.61	1.55	1.50	1.43	1.35	1.25
∞	3.84	3.00	2.60	2.37	2.21	2.10	2.01	1.94	1.88	1.83	1.75	1.67	1.57	1.52	1.46	1.39	1.32	1.22	1.00

续上表

$\alpha=0.01$ 时 F 分布的临界值

组内自由度 (df)	组间自由度 (df) 1	2	3	4	5	6	7	8	9	10	12	15	20	24	30	40	60	120	∞
1	4 052	4 999.5	5 403	5 625	5 764	5 859	5 928	5 981	6 022	6 056	6 106	6 157	6 209	6 235	6 261	6 287	6 313	6 339	6 366
2	98.58	99.00	99.17	99.25	99.30	99.33	99.36	99.37	99.39	99.40	99.42	99.43	99.45	99.46	99.47	99.47	99.48	99.49	99.50
3	34.12	30.82	29.46	28.71	28.24	27.91	27.67	27.49	27.35	27.23	27.05	26.87	26.69	26.60	26.50	26.41	26.32	26.22	26.13
4	21.20	18.00	16.69	15.98	15.52	15.21	14.98	14.80	14.66	14.55	14.37	14.20	14.02	13.93	13.64	13.75	13.65	13.56	13.46
5	16.26	13.27	12.06	11.39	10.97	10.67	10.46	10.29	10.16	10.05	9.89	9.72	9.55	9.47	9.38	9.29	9.20	9.11	9.02
6	13.75	10.92	9.78	9.15	8.75	8.47	8.26	8.10	7.98	7.87	7.72	7.56	7.40	7.31	7.23	7.14	7.06	6.97	6.88
7	12.25	9.55	8.45	7.85	7.46	7.19	6.99	6.84	6.72	6.62	6.47	6.31	616	6.07	5.99	5.91	5.82	5.74	5.65
8	11.26	8.65	7.59	7.01	6.63	6.37	6.18	6.03	5.91	5.81	5.67	5.52	5.36	5.28	5.20	5.12	5.03	4.95	4.86
9	10.56	8.02	6.99	6.42	6.06	5.80	5.61	5.47	5.35	5.26	5.11	4.96	4.81	4.73	4.65	4.57	4.48	4.40	4.31
10	10.04	7.56	6.55	5.99	5.64	5.39	5.20	5.06	4.94	4.85	4.71	4.56	4.41	4.33	4.25	4.17	4.08	4.00	3.91
11	9.65	7.21	6.22	5.67	5.32	5.07	4.89	4.74	4.63	4.54	4.40	4.25	4.10	4.02	3.94	3.86	3.78	3.69	3.60
12	9.33	6.93	5.95	5.41	5.06	4.82	4.64	4.50	4.39	4.30	4.16	4.01	3.86	3.78	3.70	3.62	3.54	3.45	3.36
13	9.07	6.70	5.74	5.21	4.86	4.62	4.44	4.30	4.19	4.10	3.96	3.82	3.66	3.59	3.51	3.43	3.34	3.25	3.17
14	8.86	6.51	5.56	5.04	4.69	4.46	4.28	4.14	4.03	3.94	3.80	3.66	3.51	3.43	3.35	3.27	3.18	3.09	3.00
15	8.68	6.36	5.42	4.89	4.56	4.32	4.14	4.00	3.89	3.80	3.67	3.52	3.37	3.29	3.21	3.13	3.05	2.96	2.87
16	8.53	6.23	5.29	4.77	4.44	4.20	4.03	3.89	3.78	3.69	3.55	3.41	3.26	3.18	3.10	3.02	2.93	2.84	2.75
17	8.40	6.11	5.18	4.67	4.34	4.10	3.93	3.79	3.68	3.59	3.46	3.31	3.16	3.08	3.00	2.92	2.83	2.75	2.65
18	8.29	6.01	5.09	4.58	4.25	4.01	3.84	3.71	3.60	3.51	3.37	3.23	3.08	300	2.92	2.84	2.75	2.66	2.57
19	8.18	5.93	5.01	4.50	4.17	3.94	3.77	3.63	3.52	3.43	3.30	3.15	3.00	2.92	2.84	2.76	2.67	2.58	2.49
20	8.10	5.85	4.94	4.43	4.10	3.87	3.70	3.56	3.46	3.37	3.23	3.09	2.94	2.86	2.78	2.69	2.61	2.52	2.42
21	8.02	5.78	4.87	4.37	4.04	3.81	3.64	3.51	3.40	3.31	3.17	3.03	2.88	2.80	2.72	2.64	2.55	2.46	2.36
22	7.95	5.72	4.82	4.31	3.99	3.76	3.59	3.45	3.35	3.26	3.12	2.98	2.83	2.75	2.67	2.58	2.50	2.40	2.31
23	7.88	5.66	4.76	4.26	3.94	3.71	3.54	3.41	3.30	3.21	3.07	2.93	2.78	2.70	2.62	2.54	2.45	2.35	2.26
24	7.82	5.61	4.72	4.22	3.90	3.67	3.50	3.36	3.26	3.17	3.03	2.89	2.74	2.66	2.58	2.49	2.40	2.31	2.21
25	7.77	5.57	4.68	4.18	3.85	3.63	3.46	3.32	3.22	3.13	2.99	2.85	2.70	2.62	2.54	2.45	2.36	2.27	2.17
26	7.72	5.53	4.64	4.14	3.82	3.59	3.42	3.29	3.18	3.09	2.96	2.81	2.66	2.58	2.50	2.42	2.33	2.23	2.13
27	7.68	5.49	4.60	4.11	3.78	3.56	3.39	3.26	3.15	3.06	2.93	2.78	2.63	2.55	2.47	2.38	2.29	2.20	2.10
28	7.64	5.45	4.57	4.07	3.75	3.53	3.36	3.23	3.12	3.03	2.90	2.75	2.60	2.52	2.44	2.35	2.26	2.17	2.06
29	7.60	5.42	4.54	4.04	3.73	3.50	3.33	3.20	3.09	3.00	2.87	2.73	2.57	2.49	2.41	2.33	2.23	2.14	2.03
30	7.56	5.39	4.51	4.02	3.70	3.47	3.30	3.17	3.07	2.98	2.84	2.70	2.55	2.47	2.39	2.30	2.21	2.11	2.01
40	7.31	5.18	4.31	3.83	3.51	3.29	3.12	2.99	2.89	2.80	2.66	2.52	2.37	2.29	2.20	2.11	2.02	1.92	1.80
60	7.08	4.98	4.13	3.65	3.34	3.12	2.95	2.82	2.72	2.63	2.50	2.35	2.20	2.12	2.03	1.94	1.84	1.73	1.60
120	6.85	4.79	3.95	3.48	3.17	2.96	2.79	2.66	2.56	2.47	2.34	2.19	2.03	1.95	1.86	1.76	1.66	1.53	1.38
∞	6.63	4.61	3.78	3.32	3.02	2.80	2.64	2.51	2.11	2.32	2.18	2.04	1.88	1.79	1.70	1.59	1.47	1.32	1.00

资料来源：V. Couch, *Fundamentals of Statistics for the Behavioral Sciences* (St. Paul: West, 1987), 328, 330。

附录 D 标准正态曲线下的区域

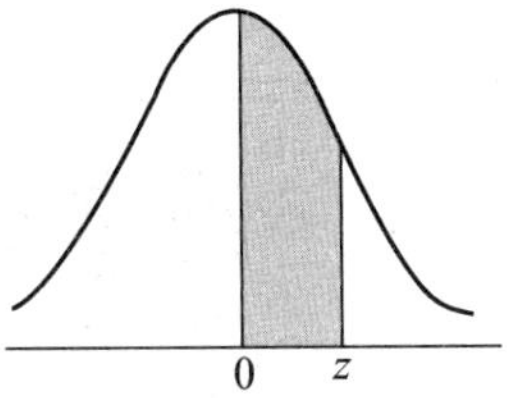

假定具有标准正态随机概率分布的值介于 0 和 z 之间

z	0.00	0.01	0.02	0.03	0.04	0.05	0.06	0.07	0.08	0.09
0.0	0.000 0	0.004 0	0.008 0	0.012 0	0.016 0	0.019 9	0.023 9	0.027 9	0.031 9	0.035 9
0.1	0.039 8	0.043 8	0.047 8	0.051 7	0.055 7	0.059 6	0.063 6	0.067 5	0.071 4	0.075 3
0.2	0.079 3	0.083 2	0.087 1	0.091 0	0.094 8	0.098 7	0.102 6	0.106 4	0.110 3	0.114 1
0.3	0.117 9	0.121 7	0.125 5	0.129 3	0.133 1	0.136 8	0.140 6	0.144 3	0.148 0	0.151 7
0.4	0.155 4	0.159 1	0.162 8	0.166 4	0.170 0	0.173 6	0.177 2	0.180 8	0.184 4	0.187 9
0.5	0.191 5	0.195 0	0.198 5	0.201 9	0.205 4	0.208 8	0.212 3	0.215 7	0.219 0	0.222 4
0.6	0.225 7	0.229 1	0.232 4	0.235 7	0.238 9	0.242 2	0.245 4	0.248 6	0.251 7	0.254 9
0.7	0.258 0	0.261 1	0.264 2	0.267 3	0.270 4	0.273 4	0.276 4	0.279 4	0.282 3	0.285 2
0.8	0.288 1	0.291 0	0.293 9	0.296 7	0.299 5	0.302 3	0.305 1	0.307 8	0.310 6	0.313 3
0.9	0.315 9	0.318 6	0.321 2	0.323 8	0.326 4	0.328 9	0.331 5	0.334 0	0.336 5	0.338 9
1.0	0.341 3	0.343 8	0.346 1	0.348 5	0.350 8	0.353 1	0.355 4	0.357 7	0.359 9	0.362 1
1.1	0.364 3	0.366 5	0.368 6	0.370 8	0.372 9	0.374 9	0.377 0	0.379 0	0.381 0	0.383 0
1.2	0.384 9	0.386 9	0.388 8	0.390 7	0.392 5	0.394 4	0.396 2	0.398 0	0.399 7	0.401 5
1.3	0.403 2	0.404 9	0.406 6	0.408 2	0.409 9	0.411 5	0.413 1	0.414 7	0.416 2	0.417 7
1.4	0.419 2	0.420 7	0.422 2	0.423 6	0.425 1	0.426 5	0.427 9	0.429 2	0.430 6	0.431 9
1.5	0.433 2	0.434 5	0.435 7	0.437 0	0.438 2	0.439 4	0.440 6	0.441 8	0.442 9	0.444 1
1.6	0.445 2	0.446 3	0.447 4	0.448 4	0.449 5	0.450 5	0.451 5	0.452 5	0.453 5	0.454 5
1.7	0.455 4	0.456 4	0.457 3	0.458 2	0.459 1	0.459 9	0.460 8	0.461 6	0.462 5	0.463 3
1.8	0.464 1	0.464 9	0.465 6	0.466 4	0.467 1	0.467 8	0.468 6	0.469 3	0.469 9	0.470 6
1.9	0.471 3	0.471 9	0.472 6	0.473 2	0.473 8	0.474 4	0.475 0	0.475 6	0.476 1	0.476 7
2.0	0.477 2	0.477 8	0.478 3	0.478 8	0.479 3	0.479 8	0.480 3	0.480 8	0.481 2	0.481 7
2.1	0.482 1	0.482 6	0.483 0	0.483 4	0.483 8	0.484 2	0.484 6	0.485 0	0.485 4	0.485 7
2.2	0.486 1	0.486 4	0.486 8	0.487 1	0.487 5	0.487 8	0.488 1	0.488 4	0.488 7	0.489 0
2.3	0.489 3	0.489 6	0.489 8	0.490 1	0.490 4	0.490 6	0.490 9	0.491 1	0.491 3	0.491 6
2.4	0.491 8	0.492 0	0.492 2	0.492 5	0.492 7	0.492 9	0.493 1	0.493 2	0.493 4	0.493 6
2.5	0.493 8	0.494 0	0.494 1	0.494 3	0.494 5	0.494 6	0.494 8	0.494 9	0.495 1	0.495 2
2.6	0.495 3	0.495 5	0.495 6	0.495 7	0.495 9	0.496 0	0.496 1	0.496 2	0.496 3	0.496 4
2.7	0.496 5	0.496 6	0.496 7	0.496 8	0.496 9	0.497 0	0.497 1	0.497 2	0.497 3	0.497 4
2.8	0.497 4	0.497 5	0.497 6	0.497 7	0.497 7	0.497 8	0.497 9	0.497 9	0.498 0	0.498 1
2.9	0.498 1	0.498 2	0.498 2	0.498 3	0.498 4	0.498 4	0.498 5	0.498 5	0.498 6	0.498 6
3.0	0.498 7	0.498 7	0.498 7	0.498 8	0.498 8	0.498 9	0.498 9	0.498 9	0.499 0	0.499 0

资料来源：Table ll of A. Hald, *Statistical Tables and Formulas*. Copyriaht © 1952, John Wiley. Reprinted by permission of John Wiley & Sons, Inc.。

译者后记

本书的中文翻译本是集体劳动的结果，其参与者及具体分工如下：

燕继荣（北京大学政府管理学院教授）：前言，第 1 章。

李风华（湖南师范大学公共管理学院教授）：第 4、5、6、7、8、14 章。

王　清（中山大学政治与公共事务学院副教授）：第 9、10、11、12、13 章。

杨晓曦（北京大学政府管理学院政治学博士生）：第 2、3 章。

张　宁（北京大学政府管理学院政治学博士生）：全书的图、表、公式和索引。

李修科（北京大学政府管理学院政治学博士生）：术语表，注释。

《政治科学研究方法（第五版）》适合政治学专业领域的教师、研究生、本科生阅读使用。由于专业水平和语言功力所限，译文错谬在所难免，敬请读者指正。

本书在翻译出版过程中得到中国人民大学出版社政治与公共管理出版分社社长郭晓明、编辑李慧平的大力协助，北京大学政府管理学院博士生彭莹莹在书稿校对过程中做了大量工作，在此对他们表示衷心感谢。

《政治科学研究方法（第五版）》中文翻译组

2015 年 10 月 1 日

Political Science Research Methods, 5e by Janet Buttolph Johnson, H. T. Reynolds

English language edition published by SAGE Publications, Inc. © SAGE Publications, Inc. 2005

Simplified Chinese edition © 2023 by China Renmin University Press.

图书在版编目（CIP）数据

政治科学研究方法：第5版/(美）约翰逊，（美）雷诺兹著；燕继荣等译．—北京：中国人民大学出版社，2016.3
ISBN 978-7-300-20415-4

Ⅰ.①政… Ⅱ.①约…②雷…③燕… Ⅲ.①政治学-研究方法-教材 Ⅳ.①D0-3

中国版本图书馆CIP数据核字（2014）第297654号

政治科学研究方法（第五版）
［美］珍妮特·巴托尔夫·约翰逊（Janet Buttolph Johnson）
H. T. 雷诺兹（H. T. Reynolds） 著
燕继荣 李风华 王 清 张 宁 杨晓曦 译
Zhengzhi Kexue Yanjiu Fangfa

出版发行	中国人民大学出版社		
社　址	北京中关村大街31号	**邮政编码**	100080
电　话	010－62511242（总编室）		010－62511770（质管部）
	010－82501766（邮购部）		010－62514148（门市部）
	010－62515195（发行公司）		010－62515275（盗版举报）
网　址	http://www.crup.com.cn		
经　销	新华书店		
印　刷	涿州市星河印刷有限公司		
开　本	787 mm×1092 mm 1/16	**版　次**	2016年3月第1版
印　张	24.75 插页1	**印　次**	2023年9月第3次印刷
字　数	550 000	**定　价**	88.00元